글로벌 경제 이슈와 정책

Joseph P. Daniels · David D. VanHoose 지음
전종규 · 박복영 옮김

명인문화사

글로벌 경제 이슈와 정책

제1쇄 펴낸 날 2017년 1월 20일
제2쇄 펴낸 날 2019년 2월 18일

지은이 Joseph P. Daniels & David D. VanHoose
옮긴이 전종규, 박복영
펴낸이 박선영
주 간 김계동
디자인 전수연
교 정 이지안

펴낸곳 명인문화사
등 록 제2005-77호(2005.11.10)
주 소 서울시 송파구 백제고분로 36가길 15 미주빌딩 202호
이메일 myunginbooks@hanmail.net
전 화 02)416-3059
팩 스 02)417-3095

ISBN 978-89-92803-95-3
가 격 28,000원

ⓒ 명인문화사

이 도서의 국립중앙도서관 출판예정도서목록(CIP)은 서지정보유통지원시스템 홈페이지(http://seoji.nl.go.kr)와 국가자료공동목록시스템(http://www.nl.go.kr/kolisnet)에서 이용하실 수 있습니다. (CIP제어번호 : CIP2017000723)

Global Economic Issues and Policies, 3rd edition
By Joseph P. Daniels and David D. VanHoose

Authorised translation from the English language edition published by **Routledge, a member of the Taylor & Francis Group.** Copyright ⓒ 2014.

All Rights Reserved.

KOREAN language edition published by Myung In Publishers, Copyright ⓒ 2017.

국내외 저작권법에 의거하여 복사제본과 PPT제작 등 **무단 전재**와 **무단 복제**를 금지합니다

간략목차

1부　글로벌 경제 입문하기　　1
　1장　글로벌 경제에 대한 이해　　3
　2장　비교우위: 국제무역은 어떻게 이익을 창출하는가?　　29

2부　국제무역: 불후의 이슈들　　51
　3장　비교우위의 원천　　53
　4장　국제무역에 대한 규제: 무역정책과 그 효과　　82
　5장　지역주의와 다자주의　　113

3부　국제금융: 주요 이슈　　143
　6장　국제수지와 외환시장　　145
　7장　환율제도의 과거와 현재　　186
　8장　차익거래의 힘: 구매력평가와 이자율평가　　217
　9장　세계경제와 중앙은행의 기능　　246

4부　현대 글로벌 경제문제와 정책　　287
　10장　세계화가 모두를 부유하게 할 수 있을까?　　289
　11장　경제발전　　324
　12장　글로벌 경제의 산업구조와 무역: 국경 없는 기업활동　　358
　13장　글로벌 경제의 공공부문　　391
　14장　금융위기 대응: 새로운 국제금융체제가 필요한가?　　421

세부목차

저자서문 _ xx

역자서문 _ xxvi

1부 | 글로벌 경제 입문하기

1장 글로벌 경제에 대한 이해 _ 3

글로벌 경제정책 및 이슈 _ 4
  세계화가 가장 진전된 국가   4
  세계화와 관련된 주요 이슈들   5

글로벌 재화 및 서비스 시장 _ 6
  실물부문   6
  국제무역의 중요성   7

국제통화시장 및 국제금융시장 _ 9
  외환시장   9
  외국인 직접투자   10
  신흥경제권으로의 자본흐름   11

글로벌 시장에 대한 이해: 공급과 수요 _ 12
  수요와 공급   12
  수요와 공급의 변화   14
  시장수요와 시장공급   17

소비자잉여와 생산자잉여 _ 18
  소비자잉여   18
  생산자잉여   18

iv

시장가격의 결정 과정 _ 20
    초과공급량과 초과수요량   21
    균형시장가격   21
    글로벌 시장   21
    글로벌 시장에서의 소비자잉여 및 생산자잉여   24
요약 _ 26
연습문제 _ 27
온라인 응용학습 _ 27
참고문헌 _ 28

2장 비교우위: 국제무역은 어떻게 이익을 창출하는가? _ 29

자급자족의 경제학 _ 30
    생산가능집합   30
    소비가능집합과 선택   33
절대우위 _ 34
    국제무역의 발생원인으로서의 절대우위   34
    절대우위가 의미하는 것과 의미하지 않는 것   36
비교우위: 무역이 무역참가자에게 이익을 창출해 주는 이유 _ 38
    비교우위   38
    무역의 이익   43
국제무역에 대한 다양한 시각 _ 44
    국제무역의 이익은 사라질 수 있다   44
    무역의 재분배 기능   45
요약 _ 46
연습문제 _ 47
온라인 응용학습 _ 49
참고문헌 _ 50

2부 | 국제무역: 불후의 이슈들

3장 비교우위의 원천 _ 53

국제무역과 요소부존비율 _ 53
    요소부존비율 접근법   54
    헥셔-올린 정리와 국제무역   57

요소부존비율 접근법은 국제무역을 얼마나 잘 설명하는가? _ 63
    레온티에프 역설   63
    요소부존비율 접근법에 대한 최근의 검증결과   64
무역, 요소가격 및 실질소득 _ 66
    요소가격 균등화   66
    무역과 실질소득   70
국제적 생산과 비교우위 _ 72
    생산의 국제화   72
    만화경(萬華鏡) 비교우위   73
경제성장과 국제무역 _ 74
    경제성장   74
    립진스키 정리   75
    성장과 무역   76
요약 _ 77
연습문제 _ 78
온라인 응용학습 _ 80
참고문헌 _ 80

4장 국제무역에 대한 규제: 무역정책과 그 효과 _ 82

조세가 가격에 미치는 직접적 효과 _ 83
    조세가 공급에 미치는 영향   83
    세금을 실제로 부담하는 주체는?   84
관세의 경제적 효과 _ 86
    관세의 종류   87
    소국경제에서의 관세 효과   88
    대국경제의 관세효과   91
쿼터: 직접적 무역규제 _ 95
    쿼터의 경제적 효과   95
    쿼터지대(地代)   97
    대국경제에서의 쿼터 효과   98
자발적 수출규제 _ 100
    자발적 수출규제의 매력   100
    미국 자동차 산업과 일본의 자발적 수출규제   101
    자발적 수출규제의 효과   101

수출보조금과 상계관세 _ 102
  수출보조금의 효과 102
  덤핑 104
무역장벽과 그 비용 _ 105
  최선과 차선의 정책 105
  보호무역정책의 비용 106
요약 _ 108
연습문제 _ 109
온라인 응용학습 _ 111
참고문헌 _ 111

5장 지역주의와 다자주의 _ 113

지역무역블록 _ 113
  지역무역협정 114
  지역주의의 무역 영향 측정 115
특혜무역협정과 자유무역지대 _ 121
  특혜무역협정 122
  자유무역지대 122
관세동맹과 공동시장 _ 127
  관세동맹: 외부자에 대한 동일한 대우 127
  공동시장: 자원이동의 자유화 128
무역창출, 전환 혹은 굴절? _ 129
  무역창출 대 무역전환 129
  무역굴절 133
다자적 접근과 그 이익 _ 134
  최혜국 지위 134
  다자간 무역규범 135
  지역주의는 결국 다자주의로 발전할 수 있을까? 136
요약 _ 138
연습문제 _ 139
온라인 응용학습 _ 141
참고문헌 _ 141

3부 | 국제금융: 중요 이슈

6장 국제수지와 외환시장 _ 145

국제수지 _ 146
복식부기 방식으로 기록하는 국제수지 146
국제수지계정 147
국제수지의 적자와 흑자 151
적자와 흑자를 측정하는 다른 지표들 152

글로벌 시장에서 외환시장의 역할 _ 154
환율과 외환시장은 어떻게 글로벌 거래를 촉진하는가? 154
외환거래는 어떻게 진행되는가? 155
외환시장이란 무엇인가? 156

현물환시장 _ 157
상대가격으로서의 환율 158
통화의 전체적인 강세와 약세 정도를 측정하는 방법: 실효환율 162

외환시장 리스크와 선물(先物)외환시장 _ 165
외환리스크 165
선물환시장 167
선물계약을 이용하여 외환 거래 시 발생하는 리스크 제거 168

통화에 대한 수요와 공급 _ 169
통화에 대한 수요 169
통화의 공급 170
균형환율 172

현물환율과 선물환율 간의 관계 _ 174
선물할증과 선물할인 174
표준 선물할증 174
선물환율과 미래 시점에서의 현물환율에 대한 기대치 175

다른 외환시장 수단들 _ 176
외환파생상품 176
일반적인 외환파생상품 177

요약 _ 181
연습문제 _ 182
온라인 응용학습 _ 184
참고문헌 _ 184

7장 환율제도의 과거와 현재 _ 186

환율제도 _ 187

금본위제 _ 187
  환율제도로서의 금본위제   188
  금본위제의 성과   189
  금본위제의 붕괴   191
  브레튼우즈협약   193
  브레튼우즈체제의 성과   197
  스미소니언협약과 스네이크체제   199

변동환율제도 _ 200
  경제정상회의와 새로운 질서   200
  변동환율제도의 성과   201
  플라자합의와 루브르협약   202

다양한 환율제도 _ 204
  전통적 페그 대 밴드 페그   204
  크롤링 페그   205
  통화바스켓   207
  기타 고정환율제도   208
  독립적인 통화기구   208
  달러통용제   209

고정환율제인가? 변동환율제인가? _ 210
  고정환율? 변동환율?   210
  불가능한 삼위일체   211

요약 _ 213

연습문제 _ 214

온라인 응용학습 _ 215

참고문헌 _ 215

8장 차익거래의 힘: 구매력평가와 이자율평가 _ 217

일물일가의 법칙과 절대구매력평가 _ 218
  차익거래와 일물일가의 법칙   218
  절대구매력평가   219

상대구매력평가 _ 222
  가격변화와 상대구매력평가   222
  환율에 대한 장기결정요인으로서의 구매력평가   223

국가 간 이자율 평가 _ 224
　　선물환시장과 무위험 이자율 평가　224
　　위험 이자율 차익거래　227
외환시장은 효율적인가? _ 232
　　적응적 기대 vs 합리적 기대　232
효율적 시장가설 _ 236
　　외환시장의 효율성　236
실물부문과 금융부문의 통합 _ 239
　　실질이자율평가　239
　　국가 간 통합 정도의 지표로서의 실질이자율평가　240
요약 _ 242
연습문제 _ 243
온라인 응용학습 _ 244
참고문헌 _ 244

9장　세계경제와 중앙은행의 기능 _ 246

중앙은행의 역할 _ 247
　　정부의 은행으로서의 중앙은행　248
　　은행의 은행으로서의 중앙은행　249
　　통화정책 집행기관으로서의 중앙은행　250
　　중앙은행 대차대조표상의 자산과 부채　250
은행과 화폐 및 이자율 _ 254
　　통화정책의 수단　254
　　통화정책과 시장이자율　258
외환시장 개입 _ 262
　　외환시장 개입의 역학　262
　　불태화 개입　263
외환시장 개입의 효과 _ 264
　　시장 개입의 단기적 효과　264
　　조율된 시장 개입이 장기적으로도 작동할 것인가?　265
상호의존적인 세계에서의 정책 수립 _ 268
　　구조적 상호의존성과 국제적 정책 외부성　268
　　상호의존성에 대한 설명: 국제적 정책 협력 및 정책 공조　269
국제적 정책 공조의 장·단점 _ 271
　　국제적 정책 공조의 잠재적 이점　271
　　국제적 정책 공조의 잠재적 문제점　272

최적통화지역과 통화동맹 _ 276
　　최적통화지역　　276
　　유럽의 공동통화 실험: 유럽통화동맹　　280
요약 _ 283
연습문제 _ 284
온라인 응용학습 _ 285
참고문헌 _ 285

4부 | 현대 글로벌 경제문제와 정책

10장　세계화가 모두를 부유하게 할 수 있을까? _ 289

국제무역과 임금 _ 290
　　개발도상국의 무역은 위협인가?　　290
　　임금과 국제무역　　292
노동과 자본의 이동 _ 303
　　노동의 국내이동, 국제무역 그리고 소득분배　　303
　　국제무역과 노동 및 자본의 이동　　307
국제노동 아웃소싱이 고용과 임금에 미치는 영향 _ 311
　　국제노동 아웃소싱이 고용과 임금에 미치는 영향　　312
국제노동 아웃소싱의 순효과 평가 _ 315
　　장기적 관점에서 본 국제노동 아웃소싱　　315
요약 _ 318
연습문제 _ 319
온라인 응용학습 _ 322
참고문헌 _ 323

11장　경제발전 _ 324

경제발전의 여러 측면 _ 325
　　기술발진　　325
　　생산물과 시장의 다양화　　325
　　경제성장　　326
　　경제성장의 기본 지표와 결정요인　　329
　　1인당 소득　　329
　　인구증가, 노동자원 증가율 그리고 경제성장　　331

노동 생산성, 인적자본 그리고 성장 _ 336
    자본자원, 기업가정신 그리고 경제성장   336
국제무역과 경제발전 _ 339
    개발도상국의 무역과 임금   340
    성장 촉진: 개방이냐 보호냐?   342
    자본이동과 개발도상국   344
    자본유입은 개발도상국에 "나쁜가?"   344
    개발도상국의 외채문제: 성장의 족쇄인가 아니면 성장의 열쇠인가?   347
금융을 통한 빈곤 감축 노력: 기관과 정책 _ 348
    세계은행   348
    기타 초국가적 기관   351
    신용, 자본 및 소액대출   352
요약 _ 353
연습문제 _ 354
온라인 응용학습 _ 356
참고문헌 _ 356

12장 글로벌 경제의 산업구조와 무역: 국경 없는 기업활동 _ 358

산업조직과 국제적 통합 _ 359
    규모의 경제와 국제무역   359
    생산물 다양성, 불완전 경쟁, 그리고 산업내 무역   363
    불완전 경쟁이론   363
해외직접투자와 무역패턴 _ 369
    해외직접투자의 유형   369
    해외직접투자의 무역효과   369
세계화, 산업구조 그리고 지리학 _ 370
    진입장벽   370
    불완전 경쟁의 대안적 형태   371
    경제지리, 산업구조 및 무역   373
산업구조와 경쟁 _ 378
    국가 간 인수 및 합병의 동기   378
    시장 집중과 그 효과에 대한 평가   379
글로벌시스템의 변화와 반트러스트 _ 381
    반트러스트법의 목표   382
    국경을 초월한 반트러스트 규제   382
요약 _ 385

연습문제 _ 387
온라인 응용학습 _ 389
참고문헌 _ 389

13장 글로벌 경제의 공공부문 _ 391

글로벌 경제에서 소비자와 생산자 이익의 보호 _ 392
    소비자 보호: 공통점이 있나?   392
    지적재산권의 보호   393

시장실패에 대한 대응: 글로벌 차원의 규제가 필요한가? _ 397
    시장외부성은 국경 안에서만 나타나는가?   397

글로벌 환경의 보호: 다국적 문제지만 다자간 해결책은 없다? _ 403
    글로벌 환경의 공공재적 성격   403
    세계 환경문제 해결을 위한 대안들   405

공공부문의 자금조달: 세계화와 국가 간 세금 경쟁 _ 409
    세금수입을 위한 국제경쟁의 심화   409
    세계화와 세금 경쟁   413

요약 _ 417
연습문제 _ 418
온라인 응용학습 _ 419
참고문헌 _ 419

14장 금융위기 대응: 새로운 국제금융체제가 필요한가? _ 421

국제자본이동 _ 422
    자본이동의 방향   422
    자본의 배분과 경제성장   425
    잘못된 자본배분과 그 결과   426
    금융중개기관의 역할은 무엇인가?   428

자본이동과 국제금융 위기 _ 429
    모든 자본이동이 동일한가?   429
    최근 금융위기에서 자본이동의 역할   430

환율제도와 금융위기 _ 432
    환율제도에 관한 견해들   432

금융위기와 국제적 정책대응 _ 434
    국제통화기금(IMF)   435

국제금융체제의 구조변화가 필요한가? _ 439
  정책당국이 국제금융위기를 미리 알 수는 없을까?   439
  경제제도와 정책을 다시 생각한다   443
요약 _ 445
연습문제 _ 446
온라인 응용학습 _ 447
참고문헌 _ 447

용어해설 _ 449
찾아보기 _ 462
역자소개 _ 468

도해목차

표

1.1	세계화 상위 10개국과 하위 10개국	5
1.2	외환시장의 연간거래액	10
1.3	글로벌 외국인 직접투자	11
1.4	개별 소비자의 수요스케줄	13
1.5	개별 기업의 공급스케줄	13
1.6	수요에 영향을 주는 요인들	15
1.7	공급에 영향을 주는 요인	16
2.1	노스랜드의 생산가능조합	31
2.2	전문화가 없는 경우 노스랜드와 웨스트코스트의 주간 생산량	35
2.3	전문화가 있는 경우 노스랜드와 웨스트코스트의 주간 생산량	35
2.4	노스랜드와 웨스트코스트의 생산가능조합	36
2.5	전문화 이전의 노스랜드와 사우스씨의 주간 생산량	37
2.6	노스랜드와 사우스씨의 생산가능조합	39
3.1	재화와 서비스 무역	60
4.1	운동화 제조업자의 공급스케줄	83
4.2	세후 공급스케줄	83
4.3	일부 품목에 부과된 미국의 관세율	87
4.4	미국의 수입쿼터	96
4.5	보호의 비용	107
5.1	주요 지역무역블록의 역내무역 비중 및 세계무역 비중	117
5.2	5개국으로 구성된 가상 세계의 연간 무역 규모	120
6.1	미국 국제수지 요약(대변 +, 차변 −)	146
6.2	국제수지계정에 수출을 기록하는 법	147
6.3	현물시장 환율	158
6.4	표 6.3을 이용하여 계산된 교차환율표	160
6.5	기본적인 외환파생상품	178
8.1	햄버거 기준	221
9.1	캐나다 중앙은행의 연결재무제표	251
9.2	M2의 구성	253
10.1	노동의 한계수입생산 계산 예	294
10.2	시장임금의 결정	299
10.3	가격 변화에 따른 시장임금의 변화	300
11.1	주요 저소득국가, 하위중소득국가 및 상위중소득국가의 연평균 1인당 실질소득 증가율, 1990~2013년	327
11.2	주요 고소득국가의 연평균 1인당 실질소득 증가율, 1990~2013년	328
11.3	성장률 차이에 따른 1인당 실질소득 1달러의 변화	328
11.4	주요 개발도상국의 단위노동 비용	342
11.5	세계은행 산하 기관들	349
13.1	주요 국제환경협정	407
14.1	FDI의 지리적 분포	423
14.2	IMF의 자금지원 프로그램	437

도표

1.1	재화와 서비스의 국제무역 성장률	8
1.2	국가별 재화와 서비스 교역의 변화 추세	8
1.3	개발도상국과 신흥시장으로의 민간자본유입	12
1.4	가솔린에 대한 수요곡선과 공급곡선	15
1.5	소비자잉여와 생산자잉여	20
1.6	균형시장가격	23
1.7	글로벌 커피시장	25
2.1	노스랜드의 생산가능곡선	33
2.2	노스랜드와 사우스씨의 생산가능곡선	42
3.1	요소부존량과 생산가능곡선	57
3.2	헥셔-올린 정리	59
3.3	요소가격 균등화의 정리	69
3.4	립진스키 정리 설명	76
4.1	조세의 효과	86
4.2	소국경제의 관세	91
4.3	대국경제에서의 관세의 효과	94
4.4	수입쿼터의 효과	100
5.1	지역무역협정의 분포	114
5.2	세계무역의 비중	117
5.3	주요 지역무역블록의 무역비중	118
5.4	주요 지역무역블록의 무역집중도지수	121
5.5	1980년 이후 미국 무역 중 캐나다와 멕시코의 비중	124
5.6	1980년 이후 캐나다 무역 중 멕시코와 미국의 비중	125
5.7	1980년 이후 멕시코 무역 중 미국과 캐나다의 비중	126
5.8	그래프를 이용한 무역창출과 무역전환 설명	132
6.1	일방적 이전지출이 총 국민소득에서 차지하는 비중이 큰 나라	150
6.2	외환거래는 어떻게 진행되는가?	157
6.3	미국과 중국의 소비자 물가지수	162
6.4	1980년 이후 실효환율 추이	164
6.5	유로에 대한 수요	170
6.6	달러 수요-유로 공급 간의 관계	172
6.7	균형환율	173
6.8	통화 스왑의 예	180
7.1	환율제도로서의 금본위제	189
7.2	브레튼우즈 환율제도	194
7.3	브레튼우즈체제하의 영국 파운드화 시장	196
7.4	미국의 재화와 서비스 및 소득 수지, 1960~1971년	198
7.5	1973년 이후 미국 달러의 명목실효환율	202
7.6	현재의 환율제도	205
7.7	2002년 이후 니카라과의 크롤링 페그제도	207
7.8	실현 불가능한 삼위일체	212
8.1	무위험 이자율평가와 이자율 및 환율조정과정	227
8.2	위험 이자율평가로부터의 이탈	230
8.3	선물환율과 현물환율 간의 차이	238
8.4	실질이자율 차이	241
9.1	1670년 이후의 중앙은행 수	247
9.2	균형이자율과 통화정책	261
9.3	미국, 독일, 일본이 시행한 외환시장 개입 규모의 합계	266
9.4	정책 공조를 하는 경우와 하지 않은 경우에 발생하는 후생수준의 가상 수치	273
10.1	미국 무역의 국가별 비중과 미국 제조업 노동자 임금 대비 개발도상국 제조업 노동자 임금의 비율	291
10.2	주요 국가의 제조업 부문 시간당 보수 비용 지수	292
10.3	노동수요 곡선	298
10.4	국제무역 증가에 따른 생산물 가격 하락이 노동시장에 미치는 영향	301
10.5	미국 고교 졸업자의 평균임금 대비 대학 졸업자의 평균임금 비율	306
10.6	미국으로의 이민 유입	310
10.7	미국의 IT노동 아웃소싱	313
10.8	멕시코 기업의 회계서비스 아웃소싱	314
10.9	주요 아시아 국가의 2030년 중위 연령 전망	317
11.1a	여러 나라의 인구와 1인당 소득	330
11.1b	여러 나라의 인구와 1인당 소득	331

11.2	환율 변환 및 PPP 변환 1인당 소득의 비교	333
11.3	각국의 유아 사망률과 저체중 아동 비율	335
11.4	여러 나라 성인 여성과 남성의 문해율	337
11.5	각국의 1인당 소득과 기업활동 편리성 순위의 관계	340
11.6	세계 지역별 인구 및 무역의 비중	341
11.7	무역장벽과 경제성장	343
11.8	개발도상국 내 민간 자본유입과 국민소득 증가	346
11.9	개발도상국 내 외국인 직접투자의 지역별 비중	347
11.10	세계은행 대출의 지역별 분포	350
12.1	다양한 상품군의 전체 무역 중 산업내 무역의 비중	359
12.2	항공기 산업의 장기평균비용 곡선 예시	362
12.3	독점적 경쟁기업의 수요, 생산, 및 가격 결정	366
12.4	독점적 경쟁하에서의 산업내 무역 효과	368
12.5	고정 한계비용하에서의 독점과 완전 경쟁의 비교	373
12.6	외국 독점기업에 의한 국내 덤핑	375
12.7	거리가 국제무역에 미치는 효과의 추정치	377
13.1	국제적 지적재산권 보호의 강화	395
13.2	주요국의 특허권 신청 건수	396
13.3	외부성 교정을 위한 정책	401
13.4	사회적 최적 수질 수준의 결정	407
13.5	EU, 일본, 미국의 평균세율	410
13.6	세금체계와 세율 조정을 통한 세수목표 달성	411
13.7	세율과 세수의 관계에 대한 동태적 관점	413
14.1	국제 인수합병 자금의 유입	424
14.2	IMF 회원국 수의 증가	435
14.3	IMF 쿼터지분	436

도표로 이해하는 글로벌 경제 이슈

1.1	수요곡선과 공급곡선	14
1.2	소비자잉여와 생산자잉여 분석	19
1.3	균형시장가격	22
1.4	글로벌 커피시장	24
2.1	생산가능곡선	32
2.2	생산가능곡선과 비교우위	41
3.1	요소부존량과 생산가능곡선	56
3.2	헥셔-올린 정리	58
3.3	요소가격 균등화 정리	68
3.4	립진스키 정리	75
4.1	조세의 효과	85
4.2	소국경제에서의 관세	90
4.3	대국경제에서의 관세 효과	93
4.4	수입쿼터의 효과	99
5.1	3국 모형을 이용한 무역창출과 무역전환의 이해	131
6.1	유로에 대한 수요	169
6.2	달러 수요와 유로 공급 간의 관계	171
6.3	균형환율	173
7.1	브레튼우즈체제하에서 파운드를 달러에 고정시키기	195
8.1	무위험 이자율평가조건이 중속되는 이유	226
9.1	균형이자율	260
10.1	노동수요 곡선	297
10.2	외국과의 경쟁심화가 임금과 고용에 미치는 영향	300
10.3	미국에서 아일랜드로의 노동 아웃소싱이 임금과 고용에 미치는 영향	313
10.4	멕시코에서 미국으로의 노동 아웃소싱이 임금과 고용에 미치는 영향	314
11.1	국가 분류를 위해 구매력평가 소득을 사용해야 할까?	332
11.2	1인당 소득을 높이려면 기업활동을 더 편리하게 만들어라	339
12.1	국제무역과 규모의 경제	361
12.2	장기와 단기에서의 독점적 경쟁	365
12.3	독점적 경쟁하에서의 산업내 무역	367
12.4	독점의 후생효과	372
12.5	해외 독점과 국내시장에서의 덤핑: 수혜자와 피해자	374

13.1	특허권 보호의 상충관계	395		5.2	환태평양경제동반자협정 협상 타결	123
13.2	다자간 개입을 통한 국제적 외부성의 교정	400		5.3	APEC 회원국의 무역창출 효과	130
13.3	오염감축 목표의 결정	406		6.1	일본이 새로운 무역의 시대로 접어들다	153
13.4	세수하락에 대한 정태적 대응	410		7.1	독일과 텍사스는 연준에 예치해 놓았던 금의 인출을 원한다	192
13.5	세원 감소에 대응한 세수목표 달성 노력: 동태적 관점	412		7.2	베네수엘라정부가 고정환율을 크게 변경하다	206
				7.3	이집트 파운드화에 대한 투기적 공격의 결과 이집트의 외환보유고가 고갈되다	211

온라인 세계화

1.1	인터넷 호스트의 국제적 확산이 세계화 측정 지표로 사용되는 이유	4
2.1	아이슬란드가 데이터센터 운영에서 비교우위를 발견하다	40
4.1	외국서적의 수입으로부터 프랑스의 서점들을 보호하기 위해 시행된 쿼터제도가 e-book의 위협을 받고 있다	97
5.1	지역무역협정이 글로벌 전자상거래에 관한 다자협상의 정체상태를 돌파할 수 있을까?	137
6.1	신용카드 사용금지가 소매 통화거래를 위축시킬 수 있다	179
9.1	이란에서는 통화량의 비공식집계에 웹 통화(Web currency)를 포함시키고 있다	252
10.1	수입품의 온라인 구매 증가가 나이지리아 택배기사의 고용을 증가시킨다	302
11.1	아프리카 학교들의 전자책 사용이 문해율과 생산성 향상을 가져올 것이다	337
12.1	글로벌 소비재 수출기업의 생산물 차별화	364

9.1	동아시아에서 통화동맹은 성공할 수 있는가?	279
11.1	양자협정은 외국인 직접투자 유치에 도움이 되는가?	344
12.1	산업정책의 귀환	383
13.1	미국의 새로운 대중 수출 때문에 민트차에서 석탄 맛이 나게 될까?	399
13.2	유럽의 세금 카르텔 형성을 어렵게 하는 요인들	415
14.1	유로는 사이프러스를 제외하면 어디서든 동일하다	431
14.2	변동환율의 혜택을 입은 아이슬란드	434

참고사례

1.1	세계화의 최근 두 흐름	7
1.2	미국의 대(對) 아시아 교역 비중 증가	9
2.1	쇄빙선을 이용한 천연가스 수송의 기회비용 절감	39
3.1	상대적으로 높은 로봇자본의 요소집약도가 미국기업의 이익증가에 기여하다	62
3.2	독일이 숙련노동집약적인 산업에서 비교우위를 유지하는 비결	65
4.1	미국 납세자들이 미국 수출품을 구매하는 해외 구매자들과 미국기업과 경쟁하는 외국 기업들에게 보조금을 지급한다	103
6.1	일부 국가에게 '해외송금 비즈니스'는 총 소득의 상당 부분을 창출한다	149
6.2	중국인들이 독일의 기술에 투자하다	151
6.3	아이슬란드에서 햄버거를 찾기 힘든 이유	167

정책사례

2.1	19세기 일본과 국제무역의 이익	44
3.1	열악한 운송시스템이 인도의 국제무역거래를 방해하고 있다	55
4.1	중국산 태양광패널에 대한 미국정부의 관세부과조치는 제3국에서 조립된 중국산 태양광 패널의 수입증가를 초래하였다	88
5.1	많은 아프리카 국가들 마침내 '문서상'의 지역무역협정을 넘어서다	116

8.1	구매력평가 맥 화폐(Mc Currency) 지표: 빅맥지수	221	10.3	일부 아시아 국가에서는 고령 인구가 아웃소싱의 이득을 줄이는 반면, 다른 나라에서는 청년 인구가 그 이득을 확대할 수 있다 316
8.2	금융위기와 무위험 이자율평가의 붕괴: 선진국 대 신흥시장	228	11.1	외국인 직접투자는 최신기술을 확보하는 지름길 348
8.3	국가 간 은행 대출이자율과 위험 이자율평가	231	12.1	대형제품의 수출을 미국이 주도하는 이유 362
9.1	유럽통화동맹의 시련으로 아프리카 통화동맹 지역의 기업은 더 큰 불확실성에 직면했다	282	12.2	왜 국제무역에서 거리의 중요성이 오히려 증가하고 있나? 377
10.1	국내 공장과 해외 공장의 결연을 통한 노동의 한계생산 증가	295	13.1	전세계 특허권 신청의 급증 396
10.2	중국 철강산업의 재채기에 미국의 석탄채굴 고용이 종말 직전에 이르렀다	297	13.2	미국 항공사들, 캐나다 항공기 승객을 위해 자리를 마련하다 414

저자서문

글로벌 경제와 관련된 각종 이슈와 정책 전반을 광범위하게 고찰하면서 학생들이 이해하기 쉽게 쓰인 책을 찾는 일은 쉬운 일이 아니다. 물론 시중에는 다양한 국제경제학 책이 출시되어 있다. 그러나 국제경제학 책의 대부분은 미시경제학이나 최소한 경제원론을 수강한 상대적으로 경제학 지식이 있는 학생들을 대상으로 발간된 것이다. 과거에는 글로벌 경제에 대한 관심 때문에 국제경제학을 수강하는 학생들 대부분이 경제학을 전공하는 학생들이었기 때문에 국제경제학 책만으로도 글로벌 경제 이슈와 정책을 공부하는데 큰 어려움이 없었다고 할 수 있다.

그러나 점차 경영학이나 공공정책 분야의 학생들이 글로벌 경제와 관련된 각종 경제 이슈에 관심을 갖기 시작하였다. 그 결과, 오늘날 글로벌 경제 과목을 수강하는 학생들의 학문적 배경은 지난 몇 년 동안 매우 다양해졌으며, 순수 경제이론에 관심을 갖는 학생의 수는 줄어들고 있다. 『글로벌 경제 이슈와 정책』의 집필 의도는 이와 같이 다양한 학문적 배경을 가지고 있는 학생들에게 적절한 글로벌 경제에 관한 책을 제공하는데 있다. 이 책은 주로 다음과 같은 목적의식을 가지고 집필되었다.

- 세계화에 의해 발생하는 다양한 경제 이슈 및 정책에 대한 탐구
- 경제이론과 더불어 사실에 대한 강조
- 세계화와 관련된 다양한 경제 이슈를 이해하는데 필요한 핵심 이론과 개념 설명
- 국제무역과 국제금융 분야의 핵심 이슈와 정책을 경제원론 수준의 개념을 이용하여 설명
- 경제학의 주요 개념을 쉽게 설명하며 도표는 학생들의 이해를 돕기 위해 부수적인 도구로만 사용

위의 목적을 달성하기 위하여 본문은 다음과 같은 내용으로 구성된다.

- 세계화와 관련된 전반적인 주제를 다룬다.
  - 국가가 무역을 하는 이유

- 정부가 국제무역을 규제하는 방법
- 무역정책에 있어서의 지역주의와 다자주의
- 외환시장과 환율제도의 역할
- 국제화폐 및 금융 관련 공공정책
- 세계화가 선진국과 신흥경제에 미치는 영향
- 글로벌 경제에 있어서의 산업정책 및 공공부문 정책
- 경제개발
- 금융위기 및 국제금융제도와 관련된 정책

- 이 책은 모든 장에서 글로벌 경제와 관련된 사실에 기초한 정보를 제공한다.
- 다양한 경제학적 개념들이 본문의 내용에서 자연스럽게 소개되고 설명되는데, 그 내용을 가르치기 위해 교수가 특별한 경제학 도표를 따로 사용하지 않아도 되도록 서술하였다.
- 이론 관련 도표는 모두 "도표로 이해하는 글로벌 경제 이슈"라는 부분에서 설명한다. 본문에서 도표를 사용하지 않고 설명되었던 이론이나 개념을 이 부분에서 도표 등을 이용하여 다시 설명함으로써 관련 이론과 개념에 대한 이해를 강화한다.

이 책의 특징

이 책을 통해 글로벌 경제를 공부하고자 하는 학생들의 이해를 더욱 심화시키기 위하여 세계 각국의 실제 경험 사례를 다양하게 포함하였다. 또한 본문 전체에 걸쳐 응용사례도 제공하였다.

■ 정책사례

글로벌 경제 정책의 수립과 관련된 다양한 사례가 현실에 존재한다. 이 책에는 정책이슈에 관한 다양한 사례가 적재적소에 주어져 있다. 정책 이슈와 관련된 사례로 다음과 같은 예를 들 수 있다.

- 19세기 일본이 국제무역을 통해 얻은 이익
- 인도의 국제무역을 저해하는 열악한 인도의 운송시스템
- 서류상의 지역무역협정이 아닌 실질적인 무역협정을 체결한 아프리카 국가들
- APEC 회원국에게 발생한 무역창출효과
- 중앙은행에 예치한 금을 되찾고자 하는 독일과 텍사스주(州) 정부

- 이집트 파운드의 가치가 폭락함에 따라 증발된 이집트의 외환준비금
- 중국에 수출하는 미국의 신규제품 때문에 민트차에 석탄 맛이 날 수 있는가?
- 사이프러스를 제외한 모든 곳에서 유로화의 가치는 동일하다

■ 참고사례

글로벌 경제에서 기업이 직면하는 다양한 이슈들을 설명하고 이에 대한 이해를 높이기 위해 이 책에서는 다음과 같은 주제들을 다룬다.

- 가장 최근에 발생한 두 개의 세계화 현상
- 쇄빙선의 사용과 천연가스의 국제운송 시 발생하는 기회비용의 감소현상
- 미국 납세자들이 미국 수출품을 구입하는 외국 구매자와 미국 기업의 외국 경쟁기업에게 보조금을 지급하게 되는 현상
- 금융위기 기간 중 발생한 무위험 이자율평형조건의 붕괴 – 선진국 vs 신흥경제
- 유럽통화동맹의 불안정성이 아프리카 통화동맹 내에서 활동하는 기업들에게 초래한 불확실성
- 중국의 철강 산업이 재채기를 하면, 빈사상태에 빠지는 미국 석탄채굴산업의 고용
- 국제무역에서 점차 중요해지고 있는 국가 간 거리의 의미
- 미국에 세금을 더 내고 캐나다에는 세금을 덜 내는 캐나다 승객들을 위해 전용좌석을 제공하는 미국 항공사들

■ 온라인 세계화

국제무역과 국제금융에 미치는 인터넷의 영향력은 이제 무시할 수 없는 수준이 되었다. 이 책을 통하여 학생들은 글로벌 전자 상거래와 관련하여 다음과 같은 내용을 배우게 된다.

- 인터넷 호스트의 국제적 확산이 세계화 정도를 측정하는 좋은 지표인 이유
- 데이터 센터의 운영에 비교우위를 보유하고 있는 아이슬란드
- 수입쿼터제를 통해 자국 도서산업을 보호하고 있는 프랑스 도서산업에 실질적인 위협이 되고 있는 e-book의 경쟁력
- 지역무역협정이 글로벌 전자상거래에 발생한 다양한 문제점을 해결할 수 있는가?
- 외환거래에 대한 신용카드 사용금지조치로 인한 소비자 외환거래의 위축
- 이란 시중에서 유통되는 통화량에 대한 비공식적인 통계에 포함되는 웹 통화
- 수입품의 온라인 구매로 인해 모터바이크를 이용하는 나이지리아 택배기사의 고용 증가
- 글로벌하게 수출하는 소비재 수출업자의 제품차별화

■ 도표로 이해하는 글로벌 경제 이슈

학생들은 도표를 이용하여 글로벌 경제 이슈와 정책에 관한 핵심적인 개념들을 더 깊게 이해할 수 있다. 도표를 이용하여 설명하고자 하는 주요 개념으로는 다음과 같은 것들이 있다.

- 수요곡선과 공급곡선
- 생산가능곡선과 비교우위
- 요소가격 균등화의 정리
- 소국경제에서의 관세
- 3개국 모형에서의 무역창출효과와 무역전환효과
- 달러수요와 유로공급 간의 관계
- 무위험 이자율평형조건이 성립하는 이유
- 외국기업과의 경쟁심화가 국내 임금과 고용에 미치는 영향
- 국제무역과 규모의 경제
- 외국 독점기업과 국내시장에서의 덤핑행위 – 누가 이익을 얻고 누가 손해를 보는가?

■ 비판적 사고 연습

비판적 사고는 대학 교육의 가장 중요한 측면이라고 할 수 있다. 비판적 사고능력의 함양을 위해 어떤 주제가 끝날 때마다 "심화 학습"이라는 제목 하에 응용문제를 제공하고 있다.

인터넷과 글로벌 경제 이슈와 정책

오늘날 전 세계의 학생들은 인터넷을 활용하여 학습을 하고 있다. 이런 흐름에 맞춰 이 책에서도 다음과 같이 인터넷을 이용한 학습 방법을 제공하고 있다.

- "관련 웹사이트"라는 제목으로 본문에서 다루는 어떤 이슈나 개념과 관련된 정보를 찾아볼 수 있는 웹 사이트 주소를 제공한다.
- "온라인 응용학습" 부분에서는 인터넷을 이용하여 보다 포괄적인 연습을 할 수 있도록 특정 웹 사이트 주소와 각종 응용연습문제를 제공한다. "온라인 응용학습" 부분의 마지막 문제는 그룹 과제의 형태로 주어져 그룹의 일원으로서의 토론과 분석능력 함양도 추구한다.

도표에 대한 주석

이 책은 80여 개의 도표를 포함하고 있다. 모든 도표는 동일한 형식으로 표현되어 여러 도표에 나타난 정보가 일관성을 가지고 독자들에게 전달되도록 하였다. 도표에 관한 좀 더 자세한 설명은 개별 도표의 하단부에 제공하였다.

주요 학습 도구

학습과정은 역동적인 과정이다. 학생들의 성공적인 학습을 위해 다양한 학습 수단을 제공하고 있다.

■ 핵심이슈와 해답

이 책의 주요 특징은 각 장이 끝날 때마다 5~8개의 핵심이슈를 제시한다는 데 있다. 각 장의 적절한 위치에 핵심이슈를 반복적으로 제시하고 그에 대한 해답도 제시되어 있다. 이를 통해 책을 읽으면서 본문의 내용과 핵심이슈 간의 관계를 보다 명확하게 파악할 수 있다.

■ 용어에 대한 이해

경제학 공부를 하는 많은 학생들이 경제학의 전문용어를 이해하는 데에 상당한 어려움을 겪고 있으며, 특히 국제경제학 과목을 수강하는 학생들이 많은 고충을 토로하고 있다. 이런 문제를 해결하기 위해 본문에 서술된 중요한 용어들을 시각적으로 강조한 뒤 해당 페이지의 여백 부분에 그 뜻을 다시 요약하여 표시하였다. 주요 용어의 개념은 책 말미에 다시 정리되어 있다.

■ 각 장의 요약

각 장의 시작 부분에 제기된 핵심이슈를 정리하는 요약을 각 장의 마지막 부분에 다시 서술함으로써 순환적 학습 구조를 강화하였다.

■ 연습문제

연습문제가 각 장의 말미에 주어져 있다.

■ **학습가이드**

학생들의 학습을 보조하기 위하여 온라인 응용학습에는 각 장의 개요, 주요 용어 및 개념과 연습문제가 주어져 있다.

■ **참고문헌과 추천도서**

각 장마다 본문의 내용과 관련된 참고문헌이 주어져 있다.

역자서문

지난 10여 년 동안 국제경제학을 학생들에게 가르치면서 교재와 관련하여 느끼는 아쉬움은 경제학의 다양한 이론과 개념을 소개하는 교과서는 시중에 많이 출간되어 있으나 그 이론과 개념이 경제 현실과 어떻게 연결되어 있는지를 보여주는 책을 발견하기는 쉽지 않다는 것이었다. 물론 경제 현실을 다룬 책들 역시 시중에 많이 나와 있다. 그러나 이런 책들은 경제 현실을 설명하는 경제학 이론에 대한 심도 있는 소개 없이 쓰인 경우가 대부분이라서 독자가 이미 경제학 이론에 대해 상당한 이해를 가진 경우가 아니라면 현실을 왜곡된 모습으로 받아들일 가능성이 크다.

결국 강의를 하는 교수나 공부를 하는 학생의 입장에서 볼 때 가장 이상적인 경제학 교과서의 형태는 적절한 수준의 이론과 그 이론으로 설명되는 현실을 상호 일관성 있게 구현한 것이라고 할 수 있다. 이 책『글로벌 경제 이슈와 정책』이 바로 이런 형태로 구성된 교과서이다. 기존의 국제경제학 교과서에서도 이론과 현실을 연결시켜 설명하려는 노력을 찾아볼 수 있으나, 글로벌 경제와 관련된 중요한 문제들을 부분적으로만 다루는 경우가 대부분이었다. 반면 이 책은 국제무역과 국제금융의 전 분야에 걸쳐 각종 경제 이슈와 그와 관련된 정부 정책 및 기업의 사례까지 총망라하고 있다. 이 책은 경제학을 전공하는 3학년 혹은 4학년 학생들에게 가장 유익하겠지만, 그 외에도 국제관계학, 정책학, 지역학을 전공하는 학생들에게도 좋은 교과서가 될 수 있다. 또한 글로벌 경제를 체계적으로 이해하고자 하는 일반인들에게도 이 책이 좋은 길잡이가 될 수 있을 것이다.

이 책은 크게 국제무역, 국제금융 그리고 그 외 글로벌 경제의 주요 이슈를 다루는 세 부분으로 구성되어 있다. 그런데 이 책의 일차적 목적은 국제경제에 관한 주요 이론들을 소개하고 정리하는 것이 아니라, 실제 글로벌 경제에서 발생하는 중요한 문제를 학생들이 체계적이고 논리적으로 이해할 수 있도록 하는 것이다. 그런 이해에 필요하다고 판단될 경우에 한해 관련된 이론들을 친절하게 설명한다. 이 책의 모든 장은 항상 학생들이 이해해야 하는 핵심적인 문제들을 제시하는 것으로 시작한다. 여기서 제시된 대부분의 문제들은 실제 현실에서 매우 중요한 문제들이다. 무역정책을 둘러싼 갈등, 지역주의 경향과 다자기구의 활용, 글로벌 불균형, 개방경제 하의 통화정책, 대외개방과 경제발전 및 불평등의 관계, 글로벌 공공재, 국제금융위기 등 말 그대로 세계경제의 거의 모든 중요한 문제들에 대해 이론과 사례를 활용하여 알기 쉽게 설명하고 있다. 실제 정부 정책이나 기업의 사례를 제시함으로써 본문의 설명을 더욱 생생하게 이해할 수 있도록 하고, 더욱 자세한 정보나 통계를 얻을 수 있는 온라인 사이트를 소개하는 것도 이 책이 지닌 큰 미덕 중 하나라고 할 수 있다.

　이 책의 주제가 광범하고 현실의 다양한 정책적 이슈를 비교적 구체적으로 소개하고 있기 때문에 책의 분량이 만만치가 않다. 그래서 두 사람이 공동으로 번역하기로 결정하였다. 작업의 원칙은 무엇보다도 학생들이 쉽게 이해할 수 있도록 번역하는 것이었다. 그리고 공동작업이지만 일관성 유지를 위해서도 많은 노력을 기울였다. 마지막으로 역자들과 더불어 좋은 책을 만들기 위해 세심한 정성을 기울인 명인문화사의 여러분들께 감사의 마음을 보낸다.

2017년 1월
전종규, 박복영

1부 글로벌 경제 입문하기

| 1장 | 글로벌 경제에 대한 이해 | 3 |
| 2장 | 비교우위: 국제무역은 어떻게 이익을 창출하는가? | 29 |

1장

글로벌 경제에 대한 이해

> **핵심 이슈**
>
> 1. 글로벌 경제 이슈와 정책을 왜 탐구해야 하는가?
> 2. 글로벌 재화와 서비스 시장은 얼마나 중요한가?
> 3. 국제통화시장과 금융시장은 얼마나 중요한가?
> 4. 시장수요와 시장공급은 무엇인가?
> 5. 소비자잉여와 생산자잉여는 무엇인가?
> 6. 시장가격은 어떻게 결정되는가?

2008년에 시작된 글로벌 금융위기로 인해 세계 각국의 국민들은 심각한 손실을 입었다. 예를 들어 2013년 독일국민의 실질소득은 2009년 수준으로 후퇴하였으며, 프랑스의 경우에는 7년 후퇴하여 2006년 수준으로 하락하였다. 손실 규모가 이보다 더 큰 경우도 많다. 이탈리아는 9년 후퇴하였으며, 스페인과 영국, 헝가리는 10년, 아일랜드와 포르투갈, 미국은 11년, 아이슬란드와 그리스는 12년이나 후퇴하였다.

하지만 실질소득과는 달리 2013년 기준으로 세계경제는 재화와 서비스의 실질교역규모가 위기 이전 수준으로 회복하는 모습을 보였다. 정확히 말하면 국제무역 규모는 2008년과 2009년 중 약 10퍼센트 정도 감소하였으며, 2008년 수준으로 회복하는 데 4년이 소요되었다. 많은 나라들이 국제무역 규모가 전반적인 경제활동수준보다 빠르게 회복되는 현상을 경험하였으며, 이로 인해 창출된 수출수입이 세계경제의 더욱 심각한 침체를 방지한 것으로 판단된다. 대부분의 경제학자들도 국제무역의 역할이 없었다면 세계경제의 소득 감소폭이 훨씬 더 컸을 것이라는 사실에는 별 이견이 없다.

세계화(globalization)는 무엇인가? 세계시장에서 재화와 서비스의 교역규모는 어느 정도나 되는가? 국제자본시장이 세계경제에서 차지하고 있는 중요성은 어느 정도인가? 국제경제와 관련된 다양한 이슈와 정책을 평가하기 위해서 경제학자들은 어떤 개념들을 사용하는가? 이 장에서는 이러한 질문들에 대한 해답을 모색함으로써 국제경제와 관련된 각종 이슈와 정책을 탐구한다.

글로벌 경제정책 및 이슈

세계화가 어떤 과정을 거쳐 진행이 되며, 세계화가 지구상의 모든 사회 및 개인들에게 어떤 영향을 주는가는 오늘날 여전히 중요한 논쟁의 대상이다. 일반적으로, **세계화(globalization)**는 인간과 사회 사이의 상호관련성이 증진되는 현상이자, 경제와 정부 그리고 환경 간의 상호의존성이 강화되는 현상으로 정의할 수 있다. 그런데, 세계화

- **세계화(globalization)**: 사람과 사람, 사회와 사회 사이의 국가 간 상호연관성이 증가하고 각 나라의 경제, 정부 및 환경 사이의 상호의존성이 심화되는 현상.

에 쏟아진 엄청난 관심에도 불구하고 세계화의 정도를 정확히 측정하는 방법은 없는 것이 현실이다. 그래서 세계화를 연구하는 학자들은 완벽하지는 않지만 세계화의 정도를 측정하기 위해서 다음과 같은 지표들을 개발해 놓았다. 예를 들어 세계 전체에서 사용된 국제전화의 총통화시간; 국가 간 여행객의 총 수; 재화와 서비스 및 자본의 교역규모; 가격과 이자율의 동조화 정도; 1인당 인터넷 서버의 수 등이 그 지표들이다. (경제학자들이 1인당 인터넷 서버와 같은 지표에 관심을 두는 이유를 이해하기 위해서는 아래 "온라인 세계화 1.1"을 참조하라.)

■ 세계화가 가장 진전된 국가

KOF 스위스 경제연구소(KOF Swiss Economic

✈ 온라인 세계화

1.1 인터넷 호스트의 국제적 확산이 세계화 측정 지표로 사용되는 이유

1990년대 초부터 세계 전체의 인터넷 호스트 수는 수백만 대에서 7억 대 이상으로 늘어났다. 지난 10년 동안, 북미지역에서는 인터넷 호스트 수가 두 배나 증가하였지만 이는 다른 지역과 비교해보면 가장 작은 규모의 증가에 불과하다. 같은 기간 유럽에서는 세 배 증가하였으며, 아시아에서는 네 배 이상 증가하였다. 남미와 중동지역 그리고 아프리카에서는 인터넷 호스트의 수가 열 배 이상 증가하였다. 이와 같은 북미지역 외에서의 인터넷 호스트의 급속한 증가는 세계 전체 온라인 인구의 재분포를 반영하고 있다. 오늘날 정기적으로 온라인에 접속하는 전세계 인구의 15퍼센트만이 북미지역에 거주하고 있으며, 유럽에는 25퍼센트, 아시아에 40퍼센트, 남미에 10퍼센트 그리고 아프리카에 5퍼센트가 거주하고 있다.

온라인 인구 대부분은 온라인으로 구매행위를 할 때 그들의 국가가 속한 대륙에 위치한 기업을 이용하는 경향을 보이고 있다. 그런데 대륙에는 여러 나라가 존재하므로 특정 지역의 온라인 구매 비중은 여러 나라에 걸쳐 발생하는 것이 일반적이다. 이런 관점에서 볼 때 세계 각 대륙에 걸친 인터넷 접속의 증가 현상은 결국 전세계 교역규모의 증가를 의미한다 할 것이다.

심화 학습: 외국에 위치한 기업으로부터 온라인으로 물품을 구매하는 경우에 대부분의 소비자들은 인근국가의 기업을 이용하는 경향을 보이고 있다. 왜 이런 현상이 발생한다고 생각하는가?

Institute)는 세계 각국의 세계화 정도를 측정하고 개별 순위를 매기기 위해 다양한 경제적, 정치적, 사회적 지표를 결합하여 사용하고 있다. 표 1.1은 세계화 상위 10개국과 하위 10개국을 보여주고 있는데, 세계화 수준에 있어서 상위를 차지하는 국가는 상대적으로 규제가 완화된 자본시장을 보유한 소규모 선진국 경제임을 확인할 수 있다. 일반적으로 산업화된 국가가 가장 세계화된 국가이지만, 남부중앙아시아(South-Central Asia)와 동유럽국가의 세계화 지수도 크게 증가하였다.[i]

세계화와 관련된 다양한 종류의 연구 중에는 세계화가 시민의 자유와 정치적 권리 그리고 부패의 정도 및 소득형태와 어떤 형태로 관련되어 있는가를 파악하고자 하는 시도도 있다. 이런 연구결과에 따르면 세계화는 시민적 자유의 증대와 정치적 권리의 강화 및 부패 감소와 확실한 관계가 있는 것으로 보이지만, 소득분배의 불평등과는 명확한 관계를 보이지 않고 있다. 다양한 세계화 관련 연구결과에 비추어 볼 때, 전반적으로 세계화의 진전은 세계화 과정에 있는 국가의 시민들에게 실질적인 혜택을 제공하고 있는 것으로 보인다. 그럼에도 불구하고 세계화는 여전히 많은 논쟁거리를 가지고 있는 주제임을 이 책을 공부해 나감에 따라 확인할 수 있을 것이다.

■ 세계화와 관련된 주요 이슈들

앞으로 우리는 세계화와 관련된 여러 근본적인 이슈들 및 국제교역에 영향을 주는 각종 정책적 수

표 1.1 세계화 상위 10개국과 하위 10개국

순위	국가	순위	국가
1	벨기에	178	아프가니스탄
2	아일랜드	179	코모로스
3	네덜란드	180	라이베리아
4	오스트리아	181	부탄
5	싱가포르	182	에리트레아
6	덴마크	183	솔로몬제도
7	스웨덴	184	적도기니
8	포르투갈	185	솔로몬군도
9	헝가리	186	키리바티
10	스위스	187	동티모르

* 글로벌 통합 지표를 이용하여 KOF 스위스 경제연구소는 세계화 상위 10개국과 하위 10개국의 순위를 산정하였는데 소규모 선진국 경제일수록 세계화 정도가 높은 것으로 나타남.

출처: globalization.kof.ethz.ch.

단들을 평가하는 기회를 가지게 될 것이다. 다음 두 절에서는 세계화의 경제적 측면에만 분석의 초점을 맞출 것이다. 즉, **경제통합**(economic integration)에 집중하고자 한다. 경제통합은 여러 국가경제 사이의 상업적인 연결 관계의 수준과 그 강도를 의미하는 것이며, 이는 구체적으로 재화와 서비스의 국제거래와 자산의 국제적 교환으로 나타난다.

이견의 소지는 있지만 경제통합이야말로 세계화라는 현상의 가장 중요하며 동시에 가장 논쟁적인 부분이라 할 수 있다. 이는 세계화의 경제적 측면이 가장 다이내믹하며 흥미로운 세계화의 연구 분야임을 의미한다. 앞으로 여러분이 공부하고 연구하게 될 국제경제 이슈 및 정책은 주로 다

---

i) **관련 웹사이트**: 국제적 이슈와 정책에 관한 시의적절한 자료를 찾기 위해서는 포린 폴리시(Foreign Policy)의 홈페이지(www.foreignpolicy.com)를 참조.

• **경제통합**(economic integration): 실물부문과 금융부문의 국가 간 연계성의 정도와 강도.

음과 같은 주제를 다루게 된다.

- 재화와 서비스의 국제교역과 통화 및 금융자산의 국제적 교환에서 발생하는 편익과 비용
- 재화와 서비스의 국제교역과 자유로운 자본이동이 초래하는 효율성의 증가
- 경제통합과 국제무역에 대한 규제가 초래하는 이익과 비용의 분포
- 공동의 규칙에 의해 회원국 간 무역이 통제되는 지역별 무역 블록에 가입함으로써 얻는 장·단점
- 세계화가 개발도상국과 선진국의 노동자에게 가져다 주는 편익의 규모
- 국제무역과 자본이동의 증가가 환경에 주는 시사점
- 재정지출 및 공공서비스 프로그램을 위한 정부의 자금조달 능력에 세계화가 미치는 영향
- 경제정책의 국제공조에 따르는 명과 암
- 국제기구와 각 나라의 정책 주권(policy sovereignty) 간의 관계 및 국제무역과 자본이동의 확대 및 통제에 있어서 국제기구의 역할

핵심 이슈 #1

글로벌 경제 이슈와 정책을 왜 탐구해야 하는가?

경제통합의 과정 속에서 통합 대상 국가들의 정치제도 및 사회제도의 변화가 발생하며, 각 나라의 정책결정 방식이나 소득변화 양상, 가계의 구매패턴의 변화가 수반된다. 이처럼 광범위한 영향력을 발휘하는 경제통합과 관련된 이슈는 오늘날 가장 뜨거운 논쟁거리 중 하나이다. 그러므로 글로벌 경제 이슈 및 정책에 대한 충분한 이해는 거의 모든 분야의 학생에게 중요하다 할 것이다.

글로벌 재화 및 서비스 시장

국내경제활동과 국제경제활동을 측정하기 위해 경제학자들은 일반적으로 재화 및 서비스의 생산과 금융자산의 교환을 분리하여 분석한다. 이는 이 두 형태의 경제활동이 서로 독립적임을 의미하는 것이 아니다. 사실상 재화와 서비스의 생산과 금융자산의 교환은 상호 독립적이지는 않지만 구별된다고 할 수 있다.

■ 실물부문

실물부문(real sector)은 재화와 서비스의 국내적 및 국제적 생산 및 교환을 의미한다. **금융부문**(financial sector)은 금융자산의 국내적 및 국제적 거래를 의미한다. 경제통합을 측정하는 가장 일반적인 지표는 다음의 세 가지 측면에 초점을 맞춘다.

1. 실물부문의 국제거래 규모
2. 글로벌 재화/서비스 시장규모
3. 국제금융시장의 거래규모

제2차 세계대전 이후 글로벌 재화/서비스 시장은 무역장벽의 축소, 통신수단의 발달 및 운송비용의 감소를 경험하였다. 그 결과, 글로벌 경제위기의 여파로 2009년 급격한 위축을 가져오기 전까지 재화와 서비스의 글로벌 교역규모는 지속적인 증가를 기록하였다. 인플레이션을 조정한 실질교역 규모는 위기 이전 수준으로 회복되었다.

- **실물부문**(real sector): 재화와 서비스의 생산을 담당하는 경제부문을 일컫는 말.
- **금융부문**(financial sector): 금융자산의 거래가 이루어지는 경제부문을 일컫는 말.

(세계화에 있어서 무역장벽의 축소가 갖는 중요성을 이해하기 위해서는 "참고사례 1.1"을 참조하라.)

도표 1.1은 1980년 이후 발생한 재화와 서비스의 국제무역 연간성장률을 보여주고 있다. 1980년 이후 1982년과 2009년을 제외하고 재화와 서비스의 국제무역 규모는 항상 증가하여왔다. 도표에 나타난 기간 전체에 걸쳐 세계전체의 무역규모는 연평균 5.5퍼센트 이상의 성장률을 기록하고 있다. 최근의 글로벌 금융위기 이후 무역성장세에 가파른 하락이 있긴 했지만 1980년 이후 국제무역 규모는 13배 가까이 증가하였다.

■ 국제무역의 중요성

대부분의 국가에게 재화와 서비스의 글로벌 시장은 갈수록 중요해지고 있다. 경제학자들은 개별 국가에게 국제무역이 갖는 중요성을 측정하기 위해 수출과 수입의 합계인 총교역 규모를 국내총생산으로 나눈 GDP 대비 무역비중을 사용한다. 이 지표는 한 국가의 국제무역 규모를 실물부문에서의 경제활동수준에 대한 비중으로 나타낸다.

도표 1.2는 10개국의 1980년과 2011년의 교역비중을 나타내고 있다. 도표가 나타내듯이 실물경제활동에서 국제교역이 차지하는 비중이 10개국 모두에 걸쳐 상당히 크게 상승하였음을 알 수 있다. 일반적으로 미국이나 일본과 같은 경제

♣ 참고사례

1.1 세계화의 최근 두 흐름

역사적으로 세계화와 관련되어 몇 가지 흐름이 관찰되어왔다. 가장 최근의 세계화 현상은 1870년~1913년에 발생한 것과 1950년~2000년에 발생한 것이라 할 수 있다. 이 기간에 관찰된 세계화 현상을 정확히 이해하기 위해 일련의 경제학자들이(잭슨[David Jacks, Simon Fraser University], 마이스너[Christopher Meissner, University of California-Davis], 노비[Dennis Novy, University of Warwick]) 1870년 이후 27개국의 무역통계를 분석하였다. 분석 결과 국제무역의 가장 핵심적인 결정요인은 무역비용인 것으로 나타났다. 여기서 무역비용은 국가 간 운송, 소유권 이전 및 재화와 서비스의 교환을 완결시키는 데 발생하는 비용을 의미한다. 1870년~1913년의 세계화 과정에서 무역비용은 평균 33퍼센트 감소하였으며, 1950년~2000년의 세계화 과정에서는 무역비용의 하락폭이 이전에 비해 줄어들기는 했으나, 역시 평균 16퍼센트라는 적지 않은 감소를 기록하였다.

국제무역 규모는 1870년~1913년의 세계화와 1950년~2000년의 세계화의 중간시기인 1913년~1950년의 기간 중 상당히 큰 폭으로 감소하였다. 이 기간은 제1차 세계대전 발발 직전부터 제2차 세계대전의 종전 후 기간과 일치한다. 무역비용은 이와 같은 탈(脫)세계화(de-globalization) 현상을 설명하는 주요 변수이기도 하다. 이 기간 중 무역비용은 평균 18퍼센트 증가하였으며, 이로 인해 국경을 넘어 재화와 서비스를 거래하고자 하는 경제적 유인이 감소하였다.

심화 학습: 국제통화기금(IMF)의 최근 추정치에 따르면 2008년 이후 평균 국제무역비용은 다소 상승한 것으로 나타났다. 무역비용의 상승추세가 지속된다면 위의 연구는 미래의 세계화 추세에 대해 어떤 시사점을 제공하는가?

도표 1.1 재화와 서비스의 국제무역 성장률

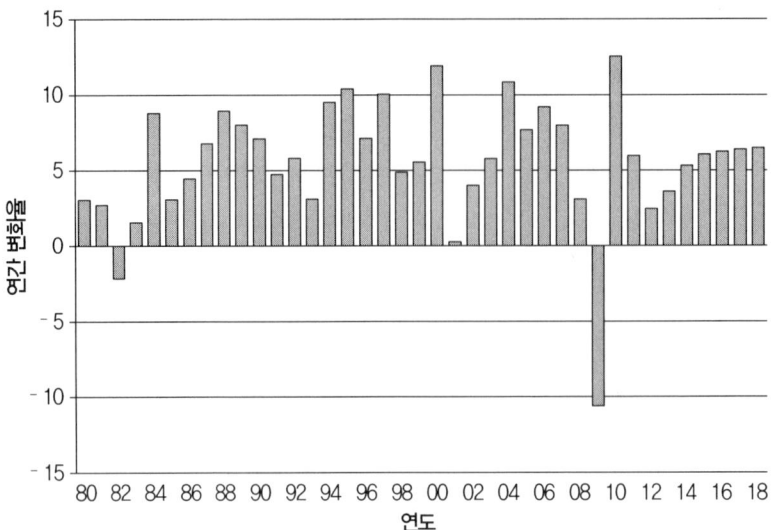

* 1980년 이후 재화와 서비스의 국제무역 규모는 연평균 5퍼센트 이상 증가하였다. 금융위기의 여파로 2009년에 발생한 국제무역의 위축에도 불구하고 1970년대 이후 국제무역 규모는 거의 6배 가까이 증가하였다.

출처: International Monetary Fund, *World Economic Outlook Database*, 2014년 이후는 IMF 전망치.

도표 1.2 국가별 재화와 서비스 교역의 변화 추세

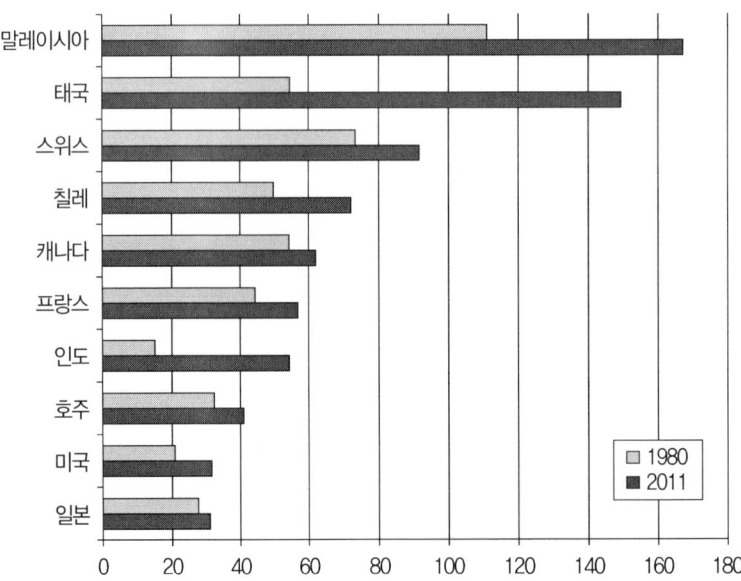

* 재화와 서비스의 글로벌 시장의 중요성은 갈수록 증가하고 있다. 도표는 1980년과 2011년에 걸쳐 총생산 대비 총교역 규모(수출+수입)를 보여주고 있다. 이 지표는 실물부문의 경제활동수준에 대비한 교역의 크기를 측정하고 있다. 이 지표는 1980년 이후 모든 국가에 걸쳐 증가하였다.

출처: World Bank, *World Development Indicators*.

대국의 경우 실물경제활동이 재화와 서비스의 글로벌 시장보다는 내수시장에 상대적으로 더 많이 의존하며, 태국이나 말레이시아와 같은 소규모 경제의 경우에는 글로벌 시장에 상대적으로 더 많이 의존하는 것으로 알려져 있다. 그러나 도표 1.2에 나타나 있는 나라의 경우, 국제무역이 차지하는 비중은 모두 일괄적으로 증가하였으며 작게는 12퍼센트에서 많게는 200퍼센트 이상 상승한 경우도 있다. (아시아 국가와 비아시아 국가 간의 교역 증가가 특히 크게 증가하였는데, 미국과 아시아 국가 간의 교역증가를 대표적인 예로 들 수 있다. "참고사례1.2" 참조.)

> 비스의 글로벌 시장 규모는 거의 13배나 확대되었다. 국내총생산(GDP)에서 국제무역이 차지하는 비중으로 측정해 본 결과, 거의 모든 국가에 걸쳐 재화와 서비스의 글로벌 시장이 갖는 중요성은 더욱 증대되었다.

국제통화시장 및 국제금융시장

비록 재화 및 서비스의 글로벌 시장규모가 괄목할 만한 성장을 이루었지만, 국제통화시장 및 국제금융시장은 더욱 큰 발전을 이루었다.

■ 외환시장

표 1.2는 전세계 **외환시장**(foreign exchange

> **핵심 이슈 #2**
>
> **글로벌 재화와 서비스 시장은 얼마나 중요한가?**
>
> 1980년대 이후, 재화와 서비스의 글로벌 무역규모는 연평균 5.5퍼센트 이상 증가해 왔다. 이런 성장의 누적효과로 인해 재화와 서

- **외환시장**(foreign exchange markets): 가계, 기업 및 정부가 각국 통화를 거래할 때 사용하는 민간은행, 외환브로커 및 중앙은행으로 구성된 일련의 시스템.

♣ 참고사례

1.2 미국의 대(對) 아시아 교역 비중 증가

1960년대 초반, 미국의 재화 및 서비스 수출의 70퍼센트가 대유럽수출이었으며, 미국 재화 및 서비스 수입의 75퍼센트가 유럽으로부터의 수입이었다. 당시 아시아 국가로의 미국 수출은 20퍼센트 정도였으며, 아시아 국가로부터의 수입은 20퍼센트도 안 되는 수준이었다.

그 후 50여 년 동안 미국의 대외교역 파트너는 상당부분 유럽으로부터 아시아국가로 이동하였다. 여전히 미국기업은 수출의 65퍼센트를 유럽을 상대로 행하고 있지만, 아시아 국가로의 수출도 30퍼센트 정도를 차지하고 있다. 미국 수입에서 유럽이 차지하는 비중은 50퍼센트 수준으로 떨어진 반면, 아시아 국가의 비중은 거의 40퍼센트 수준으로 상승하였다.

심화 학습: 지난 수십 년 간 미국의 대외교역에서 유럽이 차지하는 비중은 하락하였지만, 이 비중을 인플레이션을 고려하여 조정해보면 그 절대수치가 오히려 상승한 것으로 나타난다. 미국의 대외교역에서 아시아 국가가 차지하는 비중이 상승하고 있다는 사실은 아시아 국가의 대외무역규모 증가에 대해 어떤 시사점을 주는가?

markets)의 연간거래액 추정치와 전세계 수출액의 증가세를 함께 보여주고 있다. 첫 번째 열은 외환거래액 추정치를, 두 번째 열은 수출액을 나타내고 있다. 이 표에 의하면 1979년 이후 전세계 수출규모가 800퍼센트 이상 증가하였는데, 외환거래금액은 같은 기간 이를 훨씬 상회하는 5,000퍼센트 이상 증가하였음을 알 수 있다. 첫 번째 열의 마지막 항은 전세계 외환시장의 연간 거래액이 2013년 1,351조 달러에 달했음을 보여주고 있으며, 이는 일일 거래규모가 4조 달러를 상회함을 보여준다.

표 1.2의 마지막 열은 외환거래금액과 수출액 간 비율을 보여주고 있는데, 이 비율은 전세계 수출에 대한 외환거래의 상대적 가치를 보여준다. 이 비율은 전세계 외환거래액이 전세계 수출금액의 12배 수준에서 1998년 69배까지 증가하였으며 2001년에는 상당히 감소하여 45배를 기록하였음을 보여주고 있다. 2001년의 감소는 유로화의 도입과 일시적인 세계무역규모의 감소에 기인하는 것으로 추정된다. 2001년 이후 이 비율은 다시 증가세를 유지하고 있다.

■ 외국인 직접투자

국제통화-금융시장에서 나타난 두 번째 중요한 변화는 **외국인 직접투자**(FDI: Foreign Direct Investment)의 성장이다. 외국인 직접투자는 장기적인 관점에서 구체적인 수익 사업을 진행시키기 위한 목적을 가지고 외국에 이루어진 투자를 의미한다. 1970년대 이후 점진적으로 장기자본시

- **외국인 직접투자**(Foreign Direct Investment): 장기적인 사업관계 유지를 목적으로 외국에 위치한 기업의 자산을 취득하여, 10% 이상의 지배지분을 보유하는 것.

표 1.2   외환시장의 연간거래액

년도	외환거래규모 (조 달러)	세계재화수출 (조 달러)	비율
1979	17.5	1.5	12:1
1986	75.0	2.0	38:1
1989	190.0	3.1	61:1
1992	252.0	4.7	54:1
1995	297.5	5.0	60:1
1998	372.5	5.4	69:1
2001	300.0	6.6	45:1
2004	475.0	9.1	52:1
2007	797.8	13.9	57:1
2010	955.4	14.2	67:1
2013	1351.0	19.3	70:1

* 1979년 이후 세계 재화수출은 매우 인상적인 성장세를 보여 왔다. 외환시장의 거래규모는 세계 재화수출의 성장세를 훨씬 웃도는 증가세를 기록하였으며 적게는 12배에서 최대 70배 이상의 성장세를 기록하였다.

출처: Held et al.(1999), p.209, Bank for International Settlements, *Central Bank Survey of Foreign Exchange and Derivatives Market Activity*, various issues; International Monetary Fund, World Economic Outlook, various issues; 2013 IMF 추정치.

장에 대한 규제완화와 외국인 자본투자에 대한 조세 및 회계처리 방식의 변화가 함께 진행되어 왔다. 표 1.3은 이런 변화의 결과로 나타난 외국인 직접투자의 괄목할 만한 성장을 보여주고 있다. 1980년대 초반에 발생한 전세계적인 경기침체와 중남미경제의 외채위기 이후, 외국인 직접투자의 성장률은 전세계 수출증가율을 크게 상회하였으며, 이런 추세는 2000년대 후반 글로벌 경제위기가 발생할 때까지 계속되었다.[ii]

ii) **관련 웹사이트**: 외국인 직접투자 관련 개념정의와 데이터는 무역과 개발에 관한 UN 컨퍼런스의 홈페이지를 참조할 것(www.unctad.org).

표 1.3 글로벌 외국인 직접투자

연도	FDI 유입 (%증가율)	FDI 유출 (%증가율)	세계 수출 (%증가율)
1971~1975	19.8	17.3	24.0
1976~1980	18.5	17.4	18.1
1981~1985	2.1	2.4	−0.6
1986~1990	24.0	27.6	14.5
1991~1995	20.0	15.7	8.3
1996~2000	31.9	27.0	8.0
2001~2005	−2.4	−3.3	5.4
2006~2012	−1.4	−2.2	3.1

* 점진적인 장기자본시장에 대한 규제완화와 과세정책의 개혁은 외국인 직접투자의 빠른 성장을 가져왔다. 1980년대 초반의 세계경기침체에도 불구하고 FDI의 성장률은 세계 수출증가율을 상회하였으며, 1990년대에도 이런 추세는 지속되었다. 2000년대에 들어와, FDI는 2001년의 911테러와 2008년~2009년의 금융위기 및 세계경기침체로 인해 큰 타격을 받았으며 2010년과 2011년에 단기적인 반등을 보인 후, 2012년 다시 감소세로 돌아섰다.

출처: UNCTAD, World Investment Report, International Monetary Fund, *World Economic Outlook*, various issues; 저자 추정치.

■ 신흥경제권으로의 자본흐름

최근 국제통화-금융시장에서 발생한 주목할 만한 현상으로 신흥경제권으로의 민간자본의 대규모 유입을 들 수 있다. 도표 1.3은 이와 관련된 자본흐름의 가장 최근 통계를 보여주고 있다. 도표에서는 외국인 직접투자(FDI)와 단기 포트폴리오 자본투자가 구분되어 표현되어있다. 도표에서 볼 수 있듯이 1990년 이후 민간자본투자 규모는 평균 연간 1,900억 달러에 달하고 있다. 1997~1998년의 동아시아 및 러시아 금융위기 기간 중 감소한 적이 있지만, 세계경기침체가 발생한 2000년대 후반까지 꾸준히 증가하였다.

지난 수십 년간 글로벌 재화와 서비스 시장은 크게 성장하였다. 그러나 이런 성장도 국제통화-금융시장의 성장에 비한다면 보잘것없는 수준이 된다. 지금까지 실물부문과 금융부문의 글로벌 성장을 살펴보았으니 이제 각 부문에 대하여 보다 깊은 고찰을 할 차례이다. 본 장의 나머지 부분에서는 이 책의 대부분에서 사용되는 개념적인 분석틀을 설명하고자 한다.

핵심 이슈 #3

국제통화시장 및 금융시장은 얼마나 중요한가?

국제통화시장 및 금융시장은 대단한 성장세를 경험하고 있으며 재화와 서비스 시장의 성장세를 크게 웃돌고 있다. 외환거래량은 재화와 서비스 수출의 60배를 초과한다. 세계적인 경기침체와 채무 위기에도 불구하고 외국인 직접투자는 계속 증가하고 있다. 1997년~1998년의 금융위기와 2001년~2002년의 세계경기침체로 인해 침체했던 외국인 직접투자가 다시 회복되었다. 2000년대 후반의 금융위기와 글로벌 경기침체로 인해 국제 자본 흐름은 크게 감소하였다. 그러나 선진국과 신흥시장으로의 민간 자본유입은 계속 증가하고 있다.

도표 1.3 개발도상국과 신흥시장으로의 민간자본유입

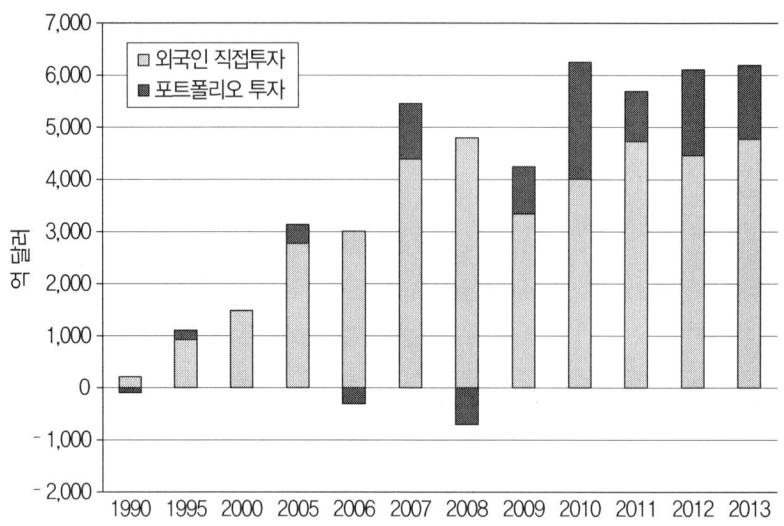

* 1990년 후부터 개발도상국과 신흥시장으로 민간자본이 매우 빠른 속도로 유입되기 시작하였다. 1994년의 멕시코 금융위기와 1997년~1998년의 아시아 금융위기에도 불구하고 2007년까지 외국인 직접투자와 포트폴리오 투자는 계속 증가하였다. 2008년~2009년에 발생한 금융위기와 글로벌 경기침체는 포트폴리오 투자를 크게 위축시켰다.

출처: International Monetary Fund, *World Economic Outlook Database*.

글로벌 시장에 대한 이해: 공급과 수요

이 장의 나머지 부분에서는 글로벌 이슈와 정책의 효과를 계량화하고 평가하는 데 사용되는 기본적인 경제학적 개념들을 설명하고자 한다. 공급, 수요, 소비자잉여, 생산자잉여 등의 개념을 배우고, 이런 개념들을 국내 및 국제경제적 이슈에 적용하는 방법에 대한 이해를 높인다.

■ 수요와 공급

어떤 특정한 양의 재화나 서비스의 구매를 위하여 소비자가 얼마나 지불할 용의가 있으며 지불할 능력이 있는가? 즉, 재화나 서비스에 대한 수요는 무엇인가?

수요

경제학자는 **수요**(demand)를 특정 기간 동안 다른 모든 변수가 일정하다는 가정하에 소비자가 지불할 의사가 있고 지불할 능력이 되는 상품의 가격과 그 가격에 대응하는 수요량 간의 관계로 정의한다. 가격과 수요량 간의 관계는 어떤 경제법칙을 따르는데, 이를 **수요의 법칙**(law of demand)이라 한다. 수요의 법칙에 따르면 가격과 수요량 사이에는 역(逆)의 관계가 성립한다. 가격이 상승하면, 수요량은 감소한다.

- **수요**(demand): 일정 기간 동안 다른 모든 조건이 일정하다는 가정하에 소비자가 지불 의사와 능력이 있는 재화와 서비스의 가격과 수량 사이의 관계.
- **수요의 법칙**(law of demand): 소비자가 지불할 의사와 능력이 되는 가격과 소비자가 구매를 원하는 수요량 사이에는 역(逆)의 관계가 존재한다는 경제법칙.

수요스케줄

수요스케줄(demand schedule)은 특정 기간 동안 다른 모든 변수는 불변이라는 가정하에 소비자가 지불할 의사가 있고 지불할 능력이 되는 재화와 서비스의 다양한 수요량과 가격을 나타낸다. 표 1.4는 가솔린에 대한 어떤 소비자의 수요스케줄을 보여주고 있다. 표에서 볼 수 있듯이 수요스케줄은 다양한 가격과 그 가격에 해당하는 수요량을 보여주고 있다. 예를 들어 갤런 당 가솔린 가격이 3.9달러일 때 소비자의 가솔린 수요량은 일주일에 2갤런이며, 갤런 당 3.85달러일 때 수요량은 일주일에 3갤런임을 보여주고 있다. 수요스케줄은 가격과 수요량 사이의 역의 관계를 보여주고 있다. 가솔린 가격이 오르면 가솔린 수요량은 떨어진다.

공급

경제학자는 **공급**(supply)을 일정 기간 동안 다른 모든 변수가 일정하다는 가정하에 생산자가 특정 수량의 생산물을 판매하기 위해 수락할 의사가 있는 가격과 그 가격에 대응하는 공급량 간의 관계로 정의한다. 가격과 공급량 간의 관계도 어떤 경제법칙을 따르는데, 이를 **공급의 법칙**(law of supply)이라 한다. 공급의 법칙에 따르면 가격과 공급량 사이에는 정(正)의 관계가 성립한다.

공급스케줄

공급스케줄(supply schedule)은 재화와 서비스의 공급량에 따라 생산자가 수락할 의사가 있는 최소 가격을 보여준다. 표 1.5는 개별 기업의 운송용 가솔린의 주간 공급량을 보여준다. 이 표에서 공급스케줄은 공급 가능한 가격과 그 가격에서 기업이 공급하는 주간 공급량을 묘사하고 있다. 예를 들어 가격이 갤런 당 3.9달러일 때 공급량은 주당 200갤런이며, 3.85달러일 때 150갤런으로 감소

- **공급**(supply): 일정 기간 동안 다른 모든 조건이 일정하다는 가정하에 생산자가 시장에 공급하는 생산물의 수량과 그 가격 간의 관계.

- **공급의 법칙**(law of supply): 생산자가 시장에서의 생산물 판매를 위해 수락할 의사가 있는 가격과 공급량 사이에 정(正)의 관계가 존재한다는 경제법칙.

표 1.4 개별 소비자의 수요스케줄

단위 가격 (달러)	수요량 (갤런)
3.95	1
3.90	2
3.85	3
3.80	4
3.75	5

* 수요스케줄은 소비자가 어떤 재화나 서비스에 대해 지불할 용의가 있는 가격들과 그 가격에서 구매하고자 하는 수요량을 보여준다. 수요량과 가격 사이에는 역의 관계가 존재한다. 예를 들어 가솔린의 가격이 하락할 때, 가솔린에 대한 수요량은 상승한다.

표 1.5 개별 기업의 공급스케줄

단위 가격 (달러)	공급량 (갤런)
3.95	250
3.90	200
3.85	150
3.80	100
3.75	50

* 공급스케줄은 다양한 시장가격과 그 가격에서 생산자가 공급하는 재화와 서비스의 공급량을 의미한다. 공급량과 가격 사이에는 정의 관계가 존재한다. 가솔린의 가격이 하락하면, 가솔린의 공급량도 감소한다.

한다. 표에서 볼 수 있듯이 공급스케줄은 가격과 공급량 사이에 정(正)의 관계를 보여주고 있다. 즉 가격이 하락할 때, 공급량도 하락한다. (수요곡선과 공급곡선에 대한 설명은 "도표로 이해하는 글로벌 경제 이슈 1.1"을 참조하라.)

■ 수요와 공급의 변화

앞서 보았듯이, 수요량과 공급량은 재화와 서비스의 가격에 의해 결정된다. 반면, 수요와 공급은 가격 외의 여러 요인에 의해 결정된다. 이 요인들은 가격 외의 변수들로서 수요와 공급에 영향을 주는 요인들이다.

수요에 영향을 미치는 요인들

수요에 영향을 미치는 요인들은 많이 있지만, 그 중 가장 대표적인 요인들을 표 1.6에 요약하였다. 소비자 기호와 선호를 이 중에서 가장 중요한 요

▧ 도표로 이해하는 글로벌 경제 이슈

1.1 수요곡선과 공급곡선

표 1.4와 1.5에 묘사된 가솔린 수요스케줄과 공급스케줄을 이용하여 수요곡선과 공급곡선을 도출하고자 한다. 도표 1.4의 그림 (a)에 D로 표현된 수요곡선은 여러 가격 수준에 대응하는 가솔린 주간 수요량을 표현하고 있다. 수요곡선은 가격에 대해 음(陰)의 기울기를 가지는데 이는 수요의 법칙, 즉, 가격과 수요량 사이에 존재하는 역의 관계를 보여주고 있다.

도표 1.4의 그림 (b)에 S로 표현된 공급곡선은 여러 가격 수준에서 개별 기업이 공급하는 가솔린의 주간 공급량을 표현하고 있다. 공급곡선은 가격에 대해 양(陽)의 기울기를 가지는데 이는 공급량과 가격 사이에 존재하는 정의 관계를 나타내고 있다.

수요곡선과 공급곡선을 사용함에 있어서, 수요와 수요량 그리고 공급과 공급량 간의 차이점을 정확히 이해하는 것이 중요하다. 수요곡선은 가격과 수요량 사이의 전반적인 관계를 나타낸다. 가솔린에 대한 수요는 수요곡선 전체에 의해서 표현된다. 수요량은 수요곡선 위의 특정 점에 의해서 표현된다. 예를 들어 도표 1.4 그림 (a)의 점 A는 가격이 갤런 당 3.90달러일 때 수요량은 2갤런임을 의미한다.

이와 마찬가지로 공급곡선은 가격과 공급량 간의 전반적인 관계를 나타낸다. 공급곡선상의 모든 점이 공급을 의미하며, 도표 1.4의 그림 (b)에서처럼 점 A는 특정 공급량을 나타낸다.

수요와 수요량, 공급과 공급량 간의 차이점을 좀 더 이해하기 위해서, 가솔린 가격이 변했을 때의 상황을 살펴본다. 가솔린 가격이 갤런 당 3.90달러에서 3.85달러로 하락하였다고 하자. 도표 1.4의 그림 (a)에서 볼 수 있듯이 가격이 하락하였을 때 수요곡선을 따라 수요량이 2갤런에서 3갤런으로 증가한다. 그림 (b)에서는 공급량이 200갤런에서 150갤런으로 감소한다. 즉, 가격이 변했을 때 수요량의 변화는 수요곡선상의 변화이며, 공급량의 변화는 공급곡선상의 변화이다. 수요곡선과 공급곡선의 위치가 변하지 않았으므로 수요와 공급도 변하지 않는다.

심화 학습: 가솔린에 대한 수요변화를 가져오는 요인은 무엇인가? 가솔린의 공급변화를 가져오는 요인은 무엇인가? 수요곡선과 공급곡선을 동시에 이동시키는 요인을 하나 든다면 무엇인가?

도표 1.4 가솔린에 대한 수요곡선과 공급곡선

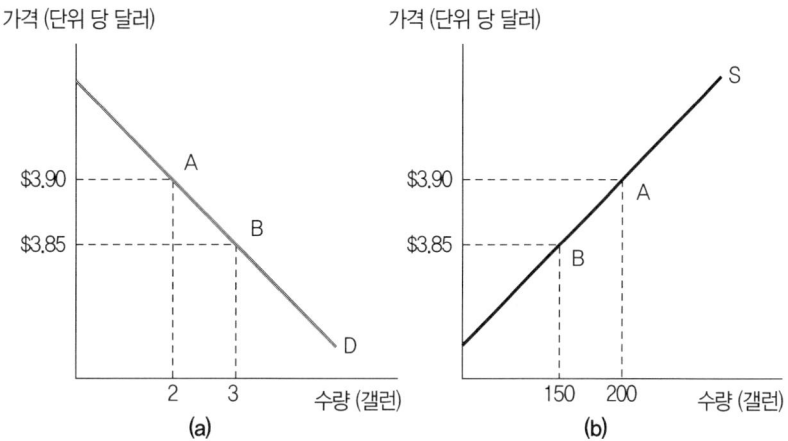

* 그림 (a)는 가솔린에 대한 개별 소지자의 주당 수요곡선을 나타내고 있다. 수요곡선 상의 점은 소비자가 특정 수량의 가솔린을 구입하기 위해 지불할 용의가 있고 지불할 수 있는 최대가격을 나타낸다. 그림 (b)는 개별기업의 주당 가솔린 공급곡선을 나타낸다. 공급곡선 상의 점은 특정 가격에서 생산자가 공급할 의사가 있는 공급량을 나타낸다.

표 1.6 수요에 영향을 주는 요인들

요인	수요에 미치는 영향
소비자 기호의 변화	특정 재화에 대한 소비자 선호의 증가는 수요를 증가시킴. 특정 재화에 대한 소비자 선호의 감소는 수요를 감소시킴.
소득의 변화	소비자의 소득이 증가(감소)하면 정상재에 대한 수요가 증가(감소)하고 열등재에 대한 수요는 감소(증가)함.
관련 재화의 가격 변동	보완재의 가격이 상승(감소)하면 관련 재화에 대한 수요가 감소(증가)함. 대체재의 가격이 상승(감소)하면 관련 재화에 대한 수요가 증가(감소)함.
소비자 숫자의 변화	특정 시장에 존재하는 소비자의 수가 증가(감소)하면 그 재화에 대한 수요는 증가(감소)함.

* 매우 다양한 요인들이 수요에 영향을 준다. 가장 영향력이 큰 요인으로는 소비자의 기호와 선호, 소득의 변화, 관련 재화의 가격변동, 그리고 시장에 참여하고 있는 소비자의 수라고 할 수 있다.

인으로 들 수 있을 것이다. 예를 들어 크로이펠츠-야콥병의 신종변형으로서 광우병이 인간에게 전염될 수 있다는 사실이 알려지자 소고기에 대한 수요는 즉각 감소하였으며 소고기의 대체재로서 야채버거에 대한 수요가 증가하였다. 즉, 모든 가격 수준에서 소고기에 대한 수요량은 감소하였으며, 모든 가격 수준에서 채소버거에 대한 수요량은 증가하였다.

소득이 변하게 되면 재화를 구입할 수 있는 소비자의 능력이 변하게 된다. 소득의 증가가 어떤 특정 재화에 대한 소비자의 수요 감소를 가져오는 경우, 그 재화를 **열등재**(*inferior good*)라고 한다. 반면, **정상재**(*normal good*)는 소득이 증가했을 때 그 재화에 대한 소비자의 수요가 증가하는 경우이다.

소비자는 다양한 종류의 재화와 서비스를 구매한다. 어떤 재화의 가격이 변동하였을 때, 소비자는 사용가능한 재원을 재분배해야 한다. 어떤 재화의 구입은 증가시키고 다른 재화의 구입은 감소시킬 것이다. 커피와 크림처럼 함께 소비되는 재화를 **보완재**(*complement goods*)라고 한다. 반면, 커피와 차처럼 다른 재화를 대체하는 경우, **대체재**(*substitute goods*)라고 한다.

공급에 영향을 미치는 요인들

수요와 마찬가지로 공급 역시 가격 외의 다양한 요인에 의해 결정된다. 공급이 증가(감소)한다는 것은 모든 가격 수준에서 공급량이 증가(감소)함을 의미한다. 공급에 영향을 주는 다양한 요인들이 표 1.7에 요약되어 있다.

공급에 영향을 주는 요인 중 가장 중요한 요인으로 투입요소와 자원의 가용성을 들 수 있을 것이다. 투입요소의 가격이 상대적으로 낮아지면 생산비용이 떨어지고 모든 가격 수준에서 생산자가 공급할 의사가 있는 재화와 서비스의 양이 증가한다.

기술변화도 투입요소의 가격변화와 동일한 방식으로 공급에 영향을 미친다. 기술진보는 기업으로 하여금 동일한 양의 자원을 이용하여 보다 많은 재화와 서비스의 생산을 가능케 한다. 결과적으로, 기술진보는 공급의 증가를 가져온다. 모든 가격에서 기업은 이전보다 많은 제품을 생산할 수 있게 된다.

관련 재화의 가격변화도 공급에 영향을 미친다. 어떤 재화의 생산측면에서의 대체재 가격이 상승할 때 그 재화의 생산은 감소한다. **생산측면의 대체재**(*substitute good in production*)는 생산과정에서 특정 재화의 생산을 대체하는 재화

표 1.7 공급에 영향을 주는 요인

요인	공급에 미치는 영향
투입요소의 비용과 가용성	투입요소비용이 감소(증가)하면 공급은 증가(감소)한다.
기술진보	기술진보는 기업으로 하여금 동일한 양의 자원을 이용하여 보다 많은 재화와 서비스의 생산을 가능케 한다. 그 결과, 어떤 가격 수준에서도 기업은 이전보다 많이 생산할 수 있게 된다.
관련 재화와 서비스의 가격 변화	생산측면의 대체재 가격이 상승(감소)하면 관련 재화의 공급이 감소(상승)한다. 생산측면의 보완재 가격이 상승(감소)하면 관련 재화의 공급이 상승(감소)한다.
세금과 생산보조금	생산자에게 부과되는 세금은 공급의 감소를 가져온다. 반면, 생산자에 주어지는 보조금은 공급을 증가시킨다.
생산자의 숫자	특정 재화나 서비스를 생산하는 생산자의 숫자가 시장 내에 많아지면(적어지면) 그 재화나 서비스의 공급은 늘어난다(감소한다).

* 다수의 요인이 공급에 영향을 준다. 경제학자는 이 요인들을 보통 다음과 같이 분류하는데, 가장 영향력이 큰 요인으로 투입요소의 비용과 가용성, 기술변화, 관련 재화와 서비스의 가격 변동, 세금과 생산보조금, 시장에 존재하는 생산자의 수를 들 수 있다.

이다. 반면, 어떤 재화의 생산측면에서의 보완재 가격이 상승하는 경우 그 재화의 생산은 증가한다. **생산측면의 보완재**(complement good in production)는 어떤 재화의 생산과 함께 생산되는 재화이다.

세금과 생산보조금도 공급에 영향을 주는 요인이다. 세금과 보조금은 생산자가 특정 수량의 제품을 공급하고 받고자 하는 가격에 영향을 주고, 결과적으로 공급을 변화시킨다. 세금과 보조금의 문제는 다른 장에서 보다 자세히 분석된다.

수요와 공급에 영향을 주는 기타요인들은 본장의 마지막 부분에서 살펴본다. 그 전에 개별수요와 개별공급과는 구분되는 시장수요와 시장공급의 개념을 먼저 다루도록 한다.

■ 시장수요와 시장공급

지금까지는 개별수요와 개별공급을 공부하였으므로, 이제는 시장수요와 시장공급을 공부하도록 한다.

시장수요(market demand)는 일정 기간 동안, 다른 모든 조건이 고정이라는 가정하에 여러 가격 수준에서 형성된 모든 소비자의 수요량을 모두 다 합해놓은 것이다. 앞으로 이 책에서 수요라는 용어가 나오는 경우 이는 특별한 언급이 없는 한 시장수요를 의미한다.

시장수요의 개념을 정확히 이해하기 위해서 1,000명의 동일한 소비자가 존재하는 특정한 시장을 상정해보자. 이 시장에서 개별소비자는 표 1.4(p. 13)에 나타나 있는 수요스케줄과 동일한 수요스케줄을 가지고 있다. 그러므로 모든 가격 수준에서 개별 소비자의 수요스케줄에 나타나 있는 수요량의 1,000배에 해당하는 시장수요량이 존재한다.

이제 수요에 영향을 미치는 여러 요인 중 하나인 시장에 존재하는 소비자의 숫자를 생각해보자. 소비자의 숫자가 변하면 당연히 시장수요도 변할 것이다. 앞서 설명했듯이, 시장수요는 여러 가격 수준에서 결정된 모든 소비자의 수요량의 총합이므로, 소비자의 숫자가 증가한다면 모든 가격 수준에서의 총 수요량은 증가한다. 반대로 소비자의 숫자가 줄어들면, 수요도 줄어든다.

시장공급(market supply)은 일정 기간 동안 다른 모든 조건이 동일하다는 가정하에 여러 가격 수준에서 형성된 모든 생산자의 공급량을 모두 다 합해 놓은 것이다. 앞으로 이 책에서 공급이라는 용어가 나오는 경우 이는 특별한 언급이 없는 한 시장공급을 의미한다.

표 1.5(p. 13)의 가솔린 공급스케줄을 가지고 있는 20명의 동일한 생산자가 존재하는 특정한 시장을 상정해보자. 각 가격 수준에서 개별 생산자가 공급하고자 하는 공급량의 20배에 해당하는 시장공급량이 존재한다. 이제 공급에 영향을 주는 요인 중의 하나인 생산자의 숫자를 생각해

• **시장수요곡선**(market demand curve): 일정 기간 동안 가격을 제외한 다른 모든 조건이 동일하다는 가정하에 다양한 수량의 재화나 서비스를 구입하기 위해 소비자들이 지불할 의사가 있는 다양한 가격들을 나타내는 곡선. 가격과 수요량 사이에 존재하는 역(逆)의 관계 때문에 수요곡선은 우하향한다.

• **시장공급곡선**(market supply curve): 일정 기간 동안 가격을 제외한 다른 모든 조건이 동일하다는 가정하에 다양한 수량의 재화나 서비스를 시장에 공급하기 위해 생산자들이 받을 의사가 있는 다양한 가격들을 나타내는 곡선. 가격과 공급량 사이에 존재하는 정(正)의 관계 때문에 수요곡선은 우상향한다.

보자. 앞서 설명했듯이, 시장공급은 여러 가격 수준에서 형성된 모든 생산자의 공급량의 총합으로 정의된다. 그러므로 생산자의 숫자가 증가한다면 모든 가격 수준에서 총 공급량은 증가한다. 결과적으로 공급이 증가한다. 반면, 생산자의 숫자가 감소하면 공급도 감소한다.

> **핵심 이슈 #4**
>
> 시장수요와 시장공급은 무엇인가?
> 수요는 소비자가 구매할 의사가 있고 구매할 능력이 있는 재화와 서비스의 수량과 그 가격 사이의 관계이며, 공급은 생산자가 공급할 의사가 있는 재화와 서비스의 공급량과 그 가격 사이의 관계이다.

소비자잉여와 생산자잉여

수요와 공급의 개념을 이용하여 소비자잉여와 생산자잉여의 개념에 대해 살펴본다. 국내 및 국제적 사안들과 그에 대한 정책대응이 소비자, 생산자, 납세자 및 정부의 후생수준에 미치는 영향을 측정하는 데 있어서 소비자잉여와 생산자잉여의 개념이 중요한 분석도구로 사용된다.

■ 소비자잉여

앞서 살펴보았듯이 수요는 소비자가 지불할 의사가 있는 재화와 서비스의 수량과 그에 해당하는 가격 간의 관계를 나타낸다. 표 1.4에 나타난 가솔린에 대한 수요스케줄은 이 소비자가 1갤런의 가솔린 구입을 위해 3.95달러를 지불할 의사가 있음을 나타낸다. 이는 다시 말하면 이 소비자에게 첫 1갤런의 가솔린은 3.95달러의 가치가 있음을 나타낸다.

하지만 만약에 시장에서 모든 소비자와 생산자가 상호작용한 결과 가솔린의 **시장가격**(market price)이 갤런 당 3.85달러로 결정되었다고 하자. 이 경우 소비자는 1갤런의 가솔린을 시장가격인 3.85달러에 구입하지만, 처음으로 구입하는 1갤런에 대해 소비자가 부과하는 가치는 3.95달러이므로 이 소비자에게는 일종의 이익이 발생한다. 소비자가 어떤 재화와 서비스의 특정 수량을 구매하기 위해 지불할 의사가 있는 금액과 그 수량을 시장가격에서 구입할 때 지불하는 금액과의 차이가 바로 **소비자잉여**(consumer surplus)이다.

■ 생산자잉여

공급은 생산자가 공급할 의사가 있는 공급량과 가격 간의 관계를 나타낸다. 표 1.5(p. 13)는 개별 공급자의 가솔린 공급스케줄을 보여주고 있다. 이 표에 따르면 가솔린 가격이 갤런 당 3.80달러일 때 생산자는 100갤런을 공급할 의사가 있다. 다시 말해, 생산자가 첫 100갤런을 공급하기 위한 동기부여가 되기 위해서는 갤런 당 3.80달러를 받아야 한다는 의미이다.

만약 가솔린 시장가격이 갤런 당 3.85달러이면 어떻게 되는가? 생산자는 첫 100갤런을 3.80

- **시장가격**(market price): 시장에 참가하고 있는 모든 소비자와 생산자 사이의 상호작용의 결과로 결정되는 가격.
- **소비자잉여**(consumer surplus): 시장가격의 존재로 인해 소비자가 얻게 되는 편익. 소비자잉여는 특정 재화나 서비스를 구입하기 위해 소비자가 지불할 의사가 있는 가격과 시장가격과의 차이를 이용하여 측정됨.

달러에 공급할 의사가 있지만 시장가격에 150갤런을 공급할 수도 있다. 그 결과 생산자는 이익을 얻게 된다. 이 이익이 **생산자잉여(producer surplus)** 이다. 생산자잉여는 생산자가 특정한 양의 재화와 서비스를 시장에 공급할 때 부과하는 시장가격과 그 수량을 공급할 때 받을 의사가 있는 최소가격 간의 차이를 의미한다. (소비자잉여와 생산자잉여에 대한 보다 자세한 내용은 "도표로 이해하는 글로벌 경제 이슈 1.2"를 참조하라.)

- **생산자잉여(producer surplus)**: 시장가격의 존재로 인해 생산자가 얻게 되는 편익. 생산자잉여는 특정 수량의 재화나 서비스를 공급하기 위해 생산자가 받을 의사가 있는 가격과 시장가격과의 차이를 이용하여 측정됨.

> **핵심 이슈 #5**
>
> **소비자잉여와 생산자잉여는 무엇인가?**
>
> 소비자잉여와 생산자잉여는 경제학자들이 시장가격의 존재로 인해 소비자와 생산자가 향유하게 되는 이익을 측정하기 위해 사용하는 개념이다. 소비자잉여는 특정 수량의 재화를 구입하기 위해 지불할 의사가 있는 가격과 지불해야하는 가격 사이의 차이이다. 생산자잉여는 특정 수량의 재화를 공급할 때 받을 의사가 있는 가격과 받을 수 있는 가격 사이의 차이이다.

도표로 이해하는 글로벌 경제 이슈

1.2 소비자잉여와 생산자잉여 분석

소비자잉여와 생산자잉여를 좀 더 이해하기 위해서 앞서 논의된 시장수요와 시장공급의 개념을 이용해보자. 도표 1.5의 그림(a)는 도표 1.4의 그림(a)에 표시된 수요곡선을 보유한 1,000명의 동일한 소비자들이 존재하는 경우의 시장수요곡선을 나타내고 있다. 도표 1.5의 그림(b)는 도표 1.4의 그림(b)에 나타난 가솔린 공급곡선을 보유한 20명의 동일한 생산자가 존재하는 경우의 시장공급곡선을 보여주고 있다.

도표 1.5의 그림(a)는 소비자들이 첫 번째 1,000갤런이 가솔린에 갤런 당 3.95달러의 가치를 매기고 있으며, 이 때 시장가격은 갤런 당 3.85달러임을 보여주고 있다. 이는 소비자가 잉여(surplus)를 누리고 있음을 의미한다. 이 경우 잉여는 소비자가 지불할 의사가 있는 가격과 시장가격 사이의 차이인 갤런 당 0.1달러이다. 두 번째 1,000갤런에 대해서 소비자는 갤런 당 3.90달러를 지불할 의사가 있다. 세 번째 1,000갤런에 대해서는 시장가격이 소비자가 지불할 의사가 있는 가격과 같다. 그러므로 세 번째 1,000갤런과 관련해서는 추가적인 잉여가 발생하지 않는다.

다른 재화와 서비스처럼 가솔린도 1,000갤런 단위가 아닌 매우 작은 단위로 구입할 수 있다. 그러므로 소비자가 갤런 당 3.85달러의 가격에서 구입가능한 모든 수량을 고려한다면 소비자잉여는 도표 1.5의 그림(a)의 삼각형 ABC와 같아지게 된다. 결국, 소비자잉여는 수요곡선 밑의 면적 중 시장가격을 상회하는 면적이라고 할 수 있다.

소비자잉여는 도표 1.5 그림(a)의 삼각형의 면적을 계산함으로써 간단히 구할 수 있다. 삼각형의 면적은 (밑변*높이)/2의 공식으로 구해지므로 이 예제에서의 소비자잉여는 300달러이다.

소비자잉여 = [($4.05 − $3.85) * 3,000]/2 = $300

생산자잉여도 유사한 방법으로 구할 수 있다. 도

표 1.5의 그림(b)는 생산자가 첫 1,000갤런의 가솔린을 갤런 당 3.75달러 이하로는 공급할 의향이 없으며, 시장가격은 갤런 당 3.85달러임을 보여주고 있다. 또한, 그 다음 1,000갤런에 대해서는 3.80달러의 공급가격을 받아들일 의사가 있음을 보여주고 있으며, 그 다음 1,000갤런에 대해서는 시장가격과 동일한 갤런 당 3.85달러에 공급할 의사가 있음을 보여주고 있다. 그러므로 세 번째 1,000갤런으로부터는 생산자잉여가 발생하지 않는다.

도표 1.5의 그림(b)에서 생산자가 갤런 당 3.85달러에서 공급할 의사가 있는 모든 수량을 고려해보면 생산자잉여는 삼각형 ABC로 주어짐을 알 수 있다. 그러므로 생산자잉여는 시장가격과 공급곡선 사이의 면적과 동일하며, 삼각형 ABC의 면적을 계산함으로써 생산자잉여를 계산할 수 있게 된다. 이 예제의 생산자잉여는 225달러이다.

생산자잉여 = [($3.85 − $3.70) * 3,000]/2 = $225

심화 학습: 석유수출국기구(OPEC: Organization of Petroleum Exporting Countries)는 회원국의 이익을 보호하고자 한다. 소비자잉여와 생산자잉여의 개념을 이용하여 OPEC가 어떻게 이 목적을 달성할 수 있을지 설명해 보도록 한다.

도표 1.5 소비자잉여와 생산자잉여

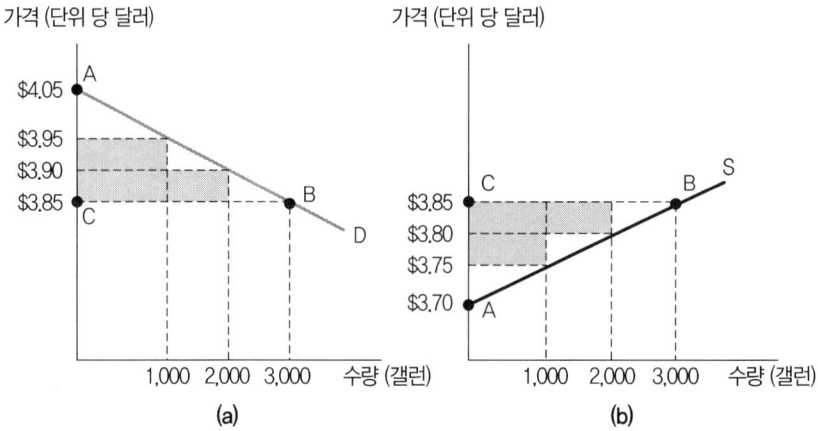

* 그림(a)는 1,000명의 동일한 소비자가 보유한 가솔린에 대한 주간 수요곡선을 나타내고 있다. 시장가격은 갤런 당 3.85달러이다. 각 가격 수준에서 나타난 수요량은 표 1.4에서 가져왔다. (예를 들어 갤런 당 3.95달러의 가격수준에서 1,000명의 동일한 소비자들은 총 1,000갤런을 구입할 것이다.) 소비자잉여는 삼각형 ABC의 면적 — 시장가격을 상회하는 면적 중 수요곡선의 아랫부분 — 으로 측정된다. 그림(b)는 20명의 동일한 생산자의 주간 가솔린 공급곡선이다. 그림(b)의 가격과 공급량은 표 1.5에서 가져왔다. 갤런 당 3.85달러의 시장가격 수준에서 생산자잉여는 삼각형ABC의 면적 — 시장가격 밑에 있는 면적 중 공급곡선의 위에 해당하는 부분 — 으로 측정된다.

시장가격의 결정 과정

시장가격은 어떻게 결정되는가? 수요와 공급의 개념을 이용하여 시장가격의 결정과정을 이해할 수 있다. 수요와 공급의 법칙은 소비자와 생산자가 가격을 바라보는 관점이 어떻게 다른가를 보여준다. 재화와 서비스의 가격이 상승하면, 공급량은 증가한다. 반면, 가격이 상승하면, 수요량은 감소한다. 이와 같은 가격에 대한 상이한 관점은 수요량과 공급량이 궁극적으로 같아지는 시장의 조정과정을 통해 이해될 수 있다.

■ 초과공급량과 초과수요량

주어진 시장 가격하에서 공급량이 수요량을 초과하는 경우 어떤 일이 일어날 것인가에 대해 생각해보자. 이 가격 수준에서는 초과공급량이 발생하는데, **초과공급량**(excess quantity supplied)이란 어떤 특정 가격 수준에서 수요량을 초과하는 공급량의 크기를 말한다. 초과공급량이 존재하면 생산자들은 초과재고량을 줄이려고 하기 때문에 시장가격에 대한 하락압력이 발생하게 된다. 결국 시장가격은 하락하게 되며 이로 인해 수요량은 증가하고 공급량은 감소하기 시작한다. 시장가격은 더 이상 초과공급량이 존재하지 않을 때까지, 즉, 수요량이 공급량과 일치할 때까지 계속 하락한다.

이제 시장가격이 수요량이 공급량을 초과하는 수준에 있는 경우 어떤 일이 발생할 것인가에 대해 생각해보자. 이 가격 수준에서는 초과수요량이 존재하는데 **초과수요량**(excess quantity demanded)이란 어떤 특정 가격 수준에서 공급량을 초과하는 수요량의 크기를 말한다. 시장에 초과수요량이 존재하기 때문에 시장가격은 상승압력을 받게 된다. 그 결과 시장가격은 상승하며, 이로 인해 공급량은 증가하기 시작하고 수요량은 감소하기 시작한다. 시장가격은 초과수요량이 사라질 때까지 즉, 수요량이 공급량과 같아질 때까지 계속 상승한다.

■ 균형시장가격

수요량과 공급량이 같을 때 초과수요량과 초과공급량은 존재하지 않으며, 이 때 시장은 청산(cleared)되었다고 말한다. 수요량이 공급량과 같아질 때의 가격이 **균형시장가격**(equilibrium market price)이다. 시장에 초과수요량도 초과공급량도 존재하지 않기 때문에 시장가격에 아무런 압력도 발생하지 않는다. 모든 조건이 일정할 때, 재화와 서비스는 시장청산가격(market-clearing price)에서 교환된다. (공급과 수요의 변화가 균형시장가격에 미치는 영향을 이해하기 위해서, "도표로 이해하는 글로벌 경제 이슈 1.3"을 참조하라.)

■ 글로벌 시장

시장공급과 시장수요의 개념은 재화와 서비스의 글로벌 시장 분석에 확장되어 사용될 수 있다. 즉, 글로벌 시장 분석에서도 글로벌 시장에 존재하는 모든 시장참가자의 공급과 수요를 일치시키는 힘이 필요하다. 앞에서 살펴보았듯이 수요량과 공급량이 같아지는 가격이 균형시장가격이다. 균형시장가격의 개념은 글로벌 시장의 관점에서도 여전히 유효하다. 다만 글로벌 시장의 관점에서는 초과공급량과 초과수요량이 좀 더 특별한 의미를 띈다.

- **초과공급량**(excess quantity supplied): 주어진 가격 수준에서 공급량이 수요량을 초과하는 부분.
- **초과수요량**(excess quantity demanded): 주어진 가격 수준에서 수요량이 공급량을 초과하는 부분.

- **균형시장가격**(equilibrium market price): 공급량이 수요량과 일치할 때의 가격. 균형시장가격에서는 초과수요량도 초과공급량도 존재하지 않음.

📊 도표로 이해하는 글로벌 경제 이슈

1.3 균형시장가격

균형시장가격의 결정을 시각적으로 이해하기 위해서 도표 1.6의 그림(a)를 보자. 도표 1.6은 도표 1.5의 수요곡선과 공급곡선을 결합시켜 놓은 것이다. 도표 1.5에 주어진 수치를 이용하여, 가솔린 가격이 갤런 당 3.90달러인 경우, 무슨 일이 시장에서 발생할 것인가 생각해보자. 이 가격에서 공급량은 4,000갤런이고, 수요량은 2,000갤런이다. 즉, 초과공급량이 존재한다. 생산자는 매출을 늘리기 위해 보다 낮은 가격에 가솔린을 공급할 것이며, 그 결과 시장가격은 하락하기 시작할 것이다.

다음으로, 시장가격이 3.80달러일 경우에는 무슨 일이 발생할 것인지 생각해보자. 이 가격에서는 수요량은 4,000갤런이고 공급량이 2,000갤런이다. 즉, 초과수요량이 존재한다. 소비자는 보다 높은 가격에서도 가솔린을 구입할 것이며 이는 시장가격의 상승으로 이어질 것이다.

가격이 3.85달러인 경우에는 공급량과 수요량이 동일하며, 초과공급량도 초과수요량도 존재하지 않는다. 그러므로 갤런 당 3.85달러가 균형시장가격이다.

이제 원유가격에 변동이 발생했다고 가정하자. 예를 들어 2000년대 후반 원유가격은 큰 폭으로 상승하였다. 가솔린은 원유를 정제하여 생산되기 때문에 원유가격의 상승은 핵심요소가격의 상승이라 할 수 있다. 원유가격의 상승은 가솔린의 공급감소를 가져오며, 이는 도표 1.6의 그림(b)에서 공급곡선의 좌측으로의 이동으로 표현된다.

갤런 당 3.85달러의 가격 수준에서는 가솔린에 대한 초과수요량이 존재한다. 수요량은 공급량을 2,000갤런 초과한다. 초과수요량으로 인해 시장가격은 상승하기 시작하며, 이로 인해 공급량은 증가하기 시작하고 수요량은 감소하기 시작한다. 가솔린 가격은 갤런 당 3.90달러까지 상승하며, 이 가격 수준에서 공급량은 수요량과 같아진다. 모든 조건이 일정하다면 2,000갤런의 가솔린이 균형시장가격인 갤런 당 3.90달러에서 지속적으로 교환될 것이다.

심화 학습: 가솔린 공급이 감소함에 따라 소비자의 수요가 보다 연비가 높은 연료절약형 차량으로 옮겨간다고 가정하자. 이 두 요인이 가솔린의 균형시장가격과 시장에서 거래되는 가솔린의 수량에 어떤 영향을 미치는가?

수출

PC의 글로벌 균형시장가격이 국제무역이 없을 때의 국내 균형시장가격보다 높다고 가정해보자. 만약 정부가 국내시장을 개방하게 되면 국내PC의 가격은 상승할 것이며 이는 공급량의 증가와 수요량의 감소를 가져올 것이다. 결국, 글로벌 가격 수준에서 국내경제에는 PC의 초과공급량이 발생할 것이다. 자국민은 PC의 초과공급량을 이용하여 국제무역을 하기 전에는 소비할 수 없었던 재화와 서비스를 구입, 즉, 수입할 수 있게 된다. 이런 의미에서 국내 초과공급량은 그 나라의 재화와 서비스의 수출과 동일하다 할 수 있다.

수입

반면, PC의 글로벌 시장가격이 국제무역이 없을 때의 국내 균형시장가격보다 낮다고 가정해보자. 국내시장이 개방되면 국내PC가격은 하락할 것이며, 이에 따라 공급량은 감소하고 수요량은 증가

도표 1.6 균형시장가격

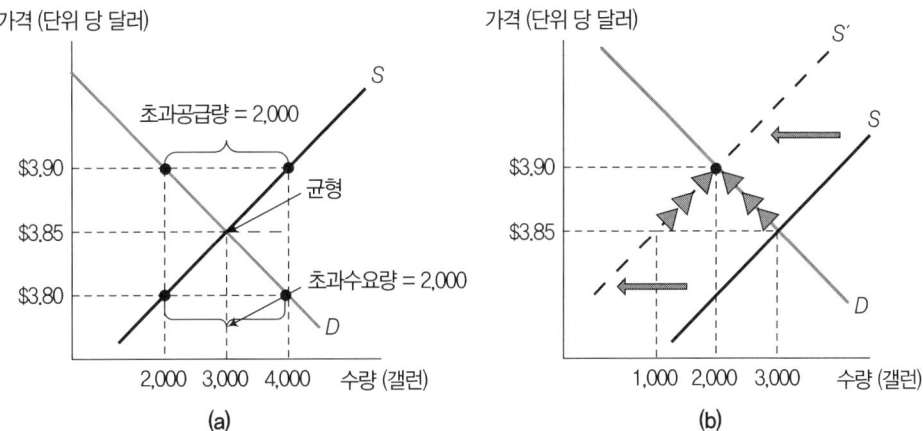

* 그림(a)는 가솔린에 대한 주간 수요곡선과 공급곡선을 보여주고 있다. 갤런 당 3.85달러의 가격에서 초과수요량과 초과공급량이 존재하지 않기 때문에 이 가격이 균형시장가격이다. 그림(b)는 공급곡선의 좌측 이동으로 표현되는 공급의 감소가 균형시장가격의 상승과 거래수량의 감소를 가져옴을 보여준다.

할 것이다. 결국 이 글로벌 가격 수준에서 국내경제에는 PC에 대한 초과수요량이 발생할 것이다. 자국민은 글로벌 시장에서 PC를 구입, 즉 수입함으로써 PC에 대한 국내초과수요를 해소하게 된다. 이런 의미에서 국내 초과수요량은 그 나라의 재화와 서비스의 수입과 같다고 할 수 있다.

글로벌 균형시장가격은 모든 초과수요량과 모든 초과공급량이 같아지는 가격이다. 달리 표현한다면 수출량이 수입량과 같아질 때 균형이 달성된다고 말할 수 있다.

사례: 글로벌 커피시장

글로벌 시장의 예로, 커피에 대한 국제적 수요와 공급을 알아보자. 브라질이나 콜롬비아와 같은 라틴아메리카 국가들이 국제시장에 공급되는 커피 공급량의 큰 부분을 차지한다. 그리고 미국과 캐나다와 같은 나라는 커피원두의 가장 큰 수입자이기도 하면서 가공된 커피의 주요 생산자이기도 하다.

가공되지 않은 커피의 국제가격이 파운드 당 1.65달러이며, 매년 300만 톤이 거래된다고 가정하자. 예상치 못한 서리가 브라질에서 발생하여 브라질 커피 생산에 큰 차질이 발생하였다고 가정하자. 의심의 여지없이 서리는 커피 공급의 급격한 감소를 가져올 것이다.

파운드 당 1.65달러의 가격 수준에서 커피수입국 소비자의 수입량이 커피생산국 생산자의 공급량을 초과한다고 가정하자. 달리 말하면, 커피수입국의 초과수입량은 커피수출국의 초과공급량에 의해 충족되지 못할 것이다. 그 결과, 커피의 글로벌 가격은 상승할 것이다. 가격의 상승에 따라 공급량은 증가하고 수요량은 감소할 것이다. 커피시장이 궁극적으로 청산될 때까지 커피가격은 계속 상승할 것이다.[iii]

iii) **관련 웹사이트**: 커피와 차의 글로벌 시장에 대한 정보는 다음의 웹사이트에서 구할 수 있다. Tea & Coffee Trade Journal, www.teaandcoffee.net.

■ 글로벌 시장에서의 소비자잉여 및 생산자잉여

국제무역에 자국시장을 개방하는 경우, 국제무역이 없었을 경우에 존재하는 국내가격과 국제가격 사이에 차이가 발생함을 배웠다. 그런데 가격이 변하면 소비자잉여와 생산자잉여도 변한다. 가격이 상승하면, 다른 모든 조건이 일정하다는 가정하에, 소비자잉여는 감소하고 생산자잉여는 증가한다. 보다 일반적인 의미에서는 누군가는 이득을 보고 누군가는 손실을 입게 된다는 뜻이다. (글로벌 균형시장가격의 결정과 소비자잉여 및 생산자잉여의 변화를 좀 더 자세히 이해하기 위해서는 "도표로 이해하는 글로벌 경제 이슈 1.4"를 참조하라.)

소비자잉여와 생산자잉여의 변화는 국제무역의 결과 이익을 보는 그룹과 손실을 보는 그룹에 대한 직관을 제공한다. 다음 장에서는 한 나라의 글로벌 가격우위(global price advantage)와 열위(disadvantage)의 원천에 대해서 공부한다. 또한 국제무역에서 발생하는 이익과 손실의 분포와 국제경제정책에 대해서도 깊게 다룰 것이다.

> **핵심 이슈 #6**
>
> 시장가격은 어떻게 결정되는가?
>
> 공급과 수요가 시장가격을 결정한다. 개별 국가차원에서는 초과수요량과 초과공급량이 존재하지 않을 때 균형시장가격이 결정된다. 그러나 국제무역을 개시하게 되면, 초과수요량, 즉, 수입이 초과공급량, 즉, 수출과 같아질 때 글로벌 균형시장가격이 결정된다.

▨ 도표로 이해하는 글로벌 경제 이슈

1.4 글로벌 커피시장

글로벌 균형시장가격의 결정과정과 소비자잉여 및 생산자잉여에 대한 국제무역의 영향을 시각적으로 분석하기 위해서 커피랜드(Coffeeland)와 크리머랜드(Creamerland)라는 두 가상국가의 공급과 수요를 상정해보자. 도표 1.7의 그림 (a)는 커피경작에 적합한 환경을 지니고 있는 커피랜드의 수요곡선과 공급곡선을 보여주고 있다. 반면 도표 1.7의 그림(b)는 커피경작에 적합하지 않은 환경을 지니고 있는 크리머랜드의 수요곡선과 공급곡선을 나타내고 있다. 당연히 크리머랜드의 국내커피산업의 규모는 매우 작다.

도표 1.7이 보여주듯이 두 나라가 교역을 하지 않으면 커피랜드에서의 커피의 균형시장가격은 파운드 당 1.35달러이다. 크리머랜드에서는 커피의 균형시장가격이 파운드 당 2.00달러이다. 각 나라에서의 소비자잉여는 삼각형 ABC의 면적으로 측정된다. 생산자잉여는 삼각형 CBD로 측정된다.

이제 두 나라가 교역을 시작한다고 가정하자. 2.00달러의 가격에서 커피랜드에는 20톤에 해당하는 커피의 초과공급량이 발생한다. 커피랜드의 커피생산자들은 이 수량을 수출하고자 한다. 그러나 이 가격에서 크리머랜드에는 초과공급량도 초과수요량도 존재하지 않기 때문에 커피랜드의 생산자들은 커피를 전혀 수출할 수 없다. 그 결과, 커피가격은 파운드 당 2.00달러 밑으로 떨어지게 된다. 반면, 1.35달러의 가격에서는 크리머랜드에 커피에 대한 초과수요량이 발생하며, 20

톤의 커피를 수입하고자 한다. 그러나 이 가격에서 커피랜드에는 초과수요량도 초과공급량도 존재하지 않기 때문에 크리머랜드는 커피를 전혀 수입할 수 없다. 그 결과, 커피가격은 파운드 당 1.35달러 이상으로 상승할 것이다.

그렇다면 글로벌 균형시장가격은 어디서 결정되는가? 크리머랜드 소비자의 커피에 대한 초과수요량, 즉, 커피수입량이 커피랜드 생산자들의 커피 초과공급량, 즉, 커피수출량과 정확히 같아질 때 커피의 글로벌 균형시장가격이 형성된다. 이 예제에서 균형시장가격은 1.65달러이다. 이 가격에서 커피랜드의 수출량은 크리머랜드의 수입량과 같아진다.

국제무역이 존재하는 경우 소비자잉여와 생산자잉여가 어떻게 달라지는지도 알아볼 수 있다. 두 나라가 시장을 개방하기 전에는 소비자잉여는 삼각형 ABC의 면적이고, 생산자잉여는 삼각형 CBD의 면적이다. 무역을 시작한 후에는 커피랜드의 소비자잉여는 그림(a)의 삼각형 AFE이고, 크리머랜드의 소비자잉여는 그림(b)의 삼각형 AGE이다. 무역을 시작한 이후, 커피랜드의 생산자잉여는 그림(a)의 삼각형 EGD이고, 크리머랜드의 생산자잉여는 그림(b)의 삼각형 EFD이다.

심화 학습: 서리가 발생하여 커피랜드의 커피생산에 큰 피해가 발생하였다고 가정하자. 커피의 국제가격과 두 나라의 소비자잉여와 생산자잉여에 어떤 변화가 발생하는지 설명하라.

도표 1.7 글로벌 커피시장

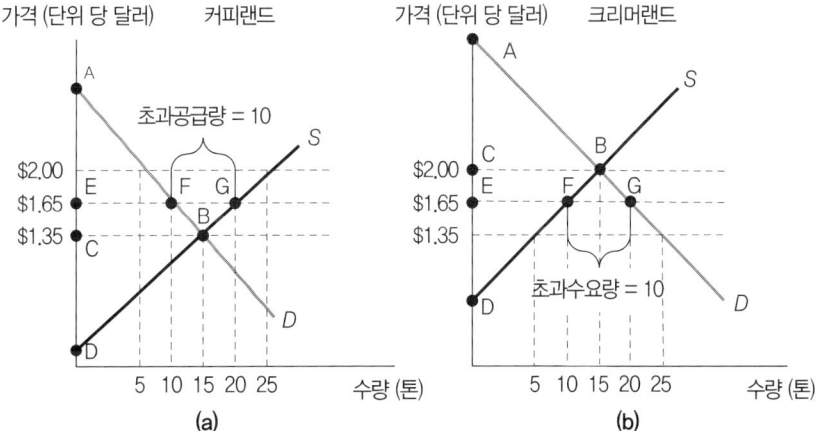

* 그림(a)는 커피랜드의 커피공급곡선 및 수요곡선을, 그림(b)는 크리머랜드의 커피공급곡선과 수요곡선을 보여준다. 가격이 파운드 당 1.65달러일 때 커피랜드의 생산자는 20톤의 커피를 공급하고, 소비자의 수요는 10톤이다. 즉, 커피랜드에는 10톤에 해당하는 초과공급량이 존재한다. 가격이 파운드 당 1.65달러일 때 크리머랜드의 생산자는 10톤의 커피를 공급하고, 소비자의 수요는 20톤이다. 즉, 크리머랜드에는 10톤에 해당하는 초과수요량이 존재한다. 자유무역이 이루어지면 글로벌 균형시장가격은 1.65달러이다. 왜냐하면 이 가격에서 커피랜드의 초과공급량이 크리머랜드의 초과수요량과 동일하기 때문이다.

요약

1. **글로벌 경제 이슈와 정책에 대한 이해**: 전세계적인 경제통합현상은 기업이나 정부의 정책적 의사결정뿐만 아니라 개인의 일상생활에도 다각도로 많은 영향을 미친다. 또한 기업과 정부의 의사결정이 거꾸로 경제통합과정의 속도와 그 범위에 영향을 미치기도 한다. 이와 같은 이유로 글로벌 경제 이슈 및 정책은 거의 모든 분야의 연구에서 중요한 지위를 차지하게 되었다.

2. **글로벌 재화와 서비스 시장의 중요성**: 최근에는 감소하기도 하였지만, 재화와 서비스의 국제교역규모는 지난 수십 년간 극적인 성장을 기록하였다. 국제무역의 지속적인 성장은 1980년 이후 글로벌 재화와 서비스 시장이 13배 가까이 커지는 결과를 가져왔다. 경제활동 수준에 대한 수출비중과 수입비중의 합계로 측정된 재화와 서비스의 글로벌 교역 규모는 거의 모든 국가에 있어서 지난 수십 년보다 최근 몇 년 사이에 그 의미가 더욱 중요해졌다.

3. **국제통화 및 금융시장의 중요성**: 재화와 서비스의 국제무역이 크게 증가하였지만 국제통화 및 금융시장의 성장에는 비할 바가 되지 못한다. 외환시장의 거래규모는 1979년에는 전세계 수출액의 12배에 불과했지만 최근에는 70배 이상으로 상승하였다. 전세계적인 경기침체와 예기치 못하게 발생하는 금융위기에도 불구하고 신흥시장과 개발도상국에 유입되는 선진산업국가와 민간자본의 외국인 직접투자는 계속 증가 해왔다.

4. **시장수요와 시장공급**: 수요는 일정 기간 동안 소비자가 지불할 의사가 있는 재화와 서비스의 가격과 그 수량 간의 관계로 정의된다. 수요의 법칙은 가격과 수요량 사이에 역(逆)의 관계가 있음을 말해준다. 수요스케줄은 여러 가격과 그 가격 수준에서 소비자가 구입하고자 하는 수량을 보여준다. 공급은 일정 기간 동안 생산자가 공급 가능한 공급량과 그 수량을 공급할 때 받을 의사가 있는 가격 간의 관계로 정의된다. 공급의 법칙은 가격과 공급량 사이에 정(正)의 관계가 있음을 말해 준다. 공급스케줄은 여러 가격 수준과 그 가격에서 공급되는 공급량을 보여준다.

5. **소비자잉여와 생산자잉여**: 글로벌 경제 관련 각종 이슈와 정책의 후생효과(welfare effects)를 평가하는 데 있어서 소비자잉여와 생산자잉여의 개념이 매우 유용하게 사용된다. 소비자잉여는 특정 수량의 재화나 서비스를 구입함에 있어서 지불할 의사가 있는 가격과 시장가격 간의 차이이다. 생산자잉여는 특정 수량의 재화나 서비스를 공급함에 있어서 생산자가 받을 의사가 있는 가격과 시장가격 간의 차이이다.

6. **시장가격의 결정과정**: 수요와 공급이 시장가격을 결정한다. 개별 국가 차원에서는 수요량이 공급량과 같아질 때 균형시장가격이 결정된다. 글로벌 시장 차원에서의 균형시장가격은 초과수요량, 즉, 수입이 초과공급량 즉, 수출과 같아질 때 결정된다. 수요의 증가는 균형시장가격을 상승시키며, 공급의 증가는 균형시장가격을 하락시킨다.

연습문제

1. 경제학자들은 보통 수출과 수입의 합계를 GDP와 같은 경제활동수준을 나타내는 지표로 나눈 수치를 이용하여 한 국가의 개방도를 측정한다. 일반적으로 이 수치가 높으면 개방도도 높다고 얘기할 수 있다. 그러나 이 지표가 높다고 해서 개방도도 항상 높다고 할 수는 없다. 그 이유를 설명하라.
2. 일부 연구자들은 한 나라의 일인당 인터넷 사이트의 수를 그 나라의 세계화 정도를 측정하는 지표로 사용한다. 이 지표가 세계화 지표로서 유용한 지표인지 아닌지 설명하라.
3. 농산물에 대한 유전자 조작 기술의 발전은 동일한 면적의 토지에서 보다 많은 농업생산이 가능토록 해준다. 이런 변화가 글로벌 시장에서의 수요, 공급, 수요량 및 공급량에 어떤 영향을 미치는지 설명하라.
4. 농산물을 많이 수입하는 지역의 소비자들이 유전자 조작 기술로 생산된 농산물이 건강에 미칠 위험성에 대해 경각심이 높아졌다고 하자. 이런 변화가 글로벌 시장에서의 공급, 수요, 가격, 수요량 및 공급량에 미치는 영향을 설명하라.
5. 3번과 4번의 상황이 동시에 발생하였다고 하자. 이 때 글로벌 시장의 공급, 수요, 가격, 수요량 및 공급량에 발생하는 변화를 설명하라.
6. 미국정부는 구제역(hoof-and-mouth disease)에 감염될 가능성이 높은 소고기의 수입을 우려하여 아르헨티나로부터의 소고기 수입을 제한하고 있다. 이 조치가 미국과 아르헨티나 양국 시장에서의 가격, 수량, 소비자잉여 및 생산자잉여에 미치는 영향에 대해 설명하라.
7. 도표 1.7을 사용하여 두 나라가 교역을 하지 않는 경우 각국의 소비자잉여와 생산자잉여를 계산하라.
8. 도표 1.7을 사용하여 두 나라가 교역을 하는 경우 각국의 소비자잉여와 생산자잉여를 계산하라. 소비자잉여와 생산자잉여는 어떻게 변하는가?
9. 커피수출국의 정부가 커피 수확 이전에 커피경작지의 1/3을 태웠다고 가정하자. 이런 조치가 커피의 국제가격과 수량에 미치는 영향을 설명하라.
10. 9번에 나타난 정부의 조치에 대해 생각해보자. 경제적인 관점에서 볼 때 정부가 이런 조치를 시행한 이유가 설명될 수 있는가?

온라인 응용학습

URL: www.imd.org/wcc
제목: World Competitive Center
검색: 국가별 경쟁력 순위에 관한 자료를 얻기 위해서 국제경영개발원(Institute for International Management Development)의 홈페이지를 방문한 후 다음의 순서로 클릭하여 경쟁력 순위 자료를 얻는다. 'Research and Knowledge' - 'World Competitiveness Center' - 'News and

Results' – 'Watch the video' link 혹은 'Learn more'를 클릭하여 PDF 자료를 다운로드한다.

응용: 비디오 자료나 PDF자료에 근거하여 다음의 질문에 대한 해답을 제시하라.

1. 경쟁력 순위의 상위 10개국과 표 1.1에 나타나 있는 세계화 순위의 상위 10개국을 비교하라. 표 1.1의 상위 10개국 중 몇 나라가 경쟁력 순위 상위 10개국에 포함되어 있는가?
2. 몇 개의 국가가 경쟁력 순위와 세계화 순위의 상위 10개국에 모두 포함되어 있는가? 그 국가들은 다른 국가들과 어떤 점에서 다른가?
3. 왜 이들 국가들은 경쟁력 순위와 세계화 순위에 모두 포함되어 있다고 생각하는가? 달리 말해 세계화의 정도가 경쟁력에 영향을 주는 것인가? 아니면 경쟁력이 세계화 정도에 영향을 주는 것인가?

팀 과제: 경쟁력 순위에 나타난 국가들을 다른 그룹의 학생들에게 알려주고 위의 세 문제에 대한 해답을 독립적으로 찾도록 한다. 해답을 찾는 과정에서 두 그룹의 학생들이 사용한 서로 다른 가정들의 차이점에 대해 토론하도록 한다.

참고문헌

Bhagwati, Jagdish. *In Defense of Globalization*. New York: Oxford University Press, 2004.

Bradford, Scott C., and Robert Z. Lawrence. *Has Globalization Gone Far Enough? The Costs of Fragmented Markets*. Washington, DC: Institute for International Economics, 2004.

Davis, John B., and Joseph P. Daniels. "Corporations and Structural Linkages in World Commerce." In Alan Rugman and Gavin Boyd, eds., *The World Trade Organization in the New Global Economy*. Cheltenham, U.K.: Edward Elgar Publishing, 2001, pp. 70–94.

Davis, John B., and Joseph P. Daniels. "US Corporations in Globalization." In Stephan S. Cohen and Gavin Boyd, eds., *Corporate Governance and Globalization: Long Range Planning Issues*. Cheltenham, U.K.: Edward Elgar Publishing, 2000, pp. 190–215.

Dreher, Axel. "Does Globalization Affect Growth? Evidence from a New Index of Globalization." *Applied Economics* 38(10) (2006): 1091–1110.

Dreher, Axel, Noel Gaston, and Pim Martens. *Measuring Globalisation-Gauging its Consequences*. New York: Springer, 2008.

Held, David, Anthony McGrew, David Goldblatt, and Jonathan Perraton. *Global Transformations*. Palo Alto, CA: Stanford University Press, 1999.

Jacks, David, Christopher Meissner, and Dennis Novy. "Trade Booms, Trade Busts, and Trade Costs." *Journal of International Economics* 83(2) (2011): 185–201.

Keidel, Albert. "China's Economic Rise-Fact and Fiction." *Policy Brief* 61. Washington, DC: Carnegie Endowment for International Peace, July 2008.

Lewis, Howard III, and J. David Richardson. *Why Global Commitment Really Matters*. Washington, DC: Institute for International Economics, 2001.

Rivoli, Pietra. *The Travels of a T-Shirt in the Global Economy*. Hoboken, NJ: John Wiley and Sons, 2005.

Rodrick, Dani. "How Far Will International Economic Integration Go?" *Journal of Economic Perspectives* 14(1) (Winter 2000): 177–186.

Rugman, Alan M. "Regional Multinationals and Regional Trade Policy: The End of Multilateralism." In Michele Fratianni, Paolo Savona, and John J. Kirton, eds., *Corporate, Public and Global Governance: The G8 Contribution*. Burlington, VT: Ashgate Publishing, 2007, pp. 77–86.

Schaeffer, Robert K., *Understanding Globalization*. Oxford, U.K.: Rowman & Littlefield, 2004.

Steger, Manfred B., ed. *Rethinking Globalism*. New York: Rowman & Littlefield, 2004.

2장

비교우위:
국제무역은 어떻게 이익을 창출하는가?

핵심 이슈

1. 한 국가의 생산가능집합은 무엇인가? 그리고 이는 한 국가의 재화와 서비스의 생산비용과 어떻게 관련되어 있는가?
2. 절대우위는 무엇이며, 이 개념은 국가가 국제무역에 참여하는 이유를 어떻게 설명하는가?
3. 절대우위의 개념만으로는 국가 간 교역을 충분히 설명할 수 없는 이유는 무엇인가?
4. 비교우위는 무엇이며, 비교우위는 무역참가국에게 무역의 이익을 어떻게 창출하는가?
5. 많은 이익에도 불구하고 왜 국제무역은 증가와 감소를 반복하며, 세계 여러 나라에서 많은 논쟁을 일으키는가?

2012년 런던올림픽에 참가한 미국선수단은 중국에서 제작된 유니폼을 입고 개회식에 참석하였다. 이를 본 미국의 한 상원의원은 다음과 같이 말하였다. "매우 화가 난다. 선수단 유니폼을 모두 수거하여 큰 통에 집어넣은 다음 다 태워버려라. 미국 섬유산업에도 일자리를 간절히 구하고 있는 많은 미국인들이 있다."

그 후 어떤 인터뷰에서 이 상원의원이 발언에 대해 논평을 부탁받았던 경제학자 아트 카든(Art Carden)은 다음과 같이 말하였다. "미국선수단의 유니폼은 중국에서 제조된 것이 아니라 아이오와주의 콩 경작지에서 재배되었다고 말할 수 있다. 미국은 중국에 콩을 수출한다. 미국은 콩 시장에서 믿기 어려울 정도로 생산성이 높기 때문에 (동시에 중국은 유니폼 시장에서 미국보다 생산성이 높다), 미국은 보다 많은 유니폼을 얻을 수 있고, 중국은 보다 많은 콩을 얻을 수 있는 것이다."

위에 예를 든 미국 상원의원의 발언은 국제무역이 미국인으로부터 일자리를 빼앗아 가는 원인이라고 인식하는 다수 미국인의 감성적 측면을 보여주고 있다. 반면, 경제학자 '아트 카든'의 논평은 국제무역이 발생하는 원초적 이유에 대한 일반적인 관점을 보여주고 있다. 어느 나라 국민도 자국 내의 일자리를 없애기 위해 국제무역에 참여하는 경우는 없다. 사람들은 양자 간에 합의가 가능한 수준의 편익을 창출하기 위해서 국경을 넘어 교역을 한다. 이 장을 공부하고 나면, 어떻게 국제무역이 세계 여러 나라에 큰 이익을 가져다 줄 수 있는지 이해하게 될 것이다.

자급자족의 경제학

경제규모가 큰 부유한 국가가 가난한 소규모 국가와 교역을 하고자 하는 이유를 이해하기 위해서 우선 외국과 교역을 하지 않는 자급자족 경제에 관해 살펴보자.

■ 생산가능집합

어떤 국가에서든 다양한 종류의 재화와 서비스가 생산되고 소비된다. 그러나 기본 개념을 강조하기 위해 분석을 단순하게 만들 필요가 있으므로 오직 두 종류의 재화만 생산한다고 가정하자.

한 국가의 생산가능집합

외국과 교역을 하지 않는 노스랜드(Northland)라는 가상의 국가를 가정하자. 노스랜드의 국민들은 현재 식료품과 컴퓨터를 생산하고 동시에 소비한다고 가정하자. 현재 주어진 기술과 자원 — 노동력과 기계 — 을 이용하여 생산할 수 있는 식료품과 컴퓨터의 양은 정해져 있다. 한 나라가 일정 기간 동안 생산할 수 있는 모든 생산량의 집합을 **생산가능집합**(production possibilities)이라고 하며 표 2.1에 나타내었다.

노스랜드 국민들이 1년 동안 생산할 수 있는 식료품의 최대생산량은 70만 바스켓이라고 가정하자. (식료품은 바스켓 단위로 측정되며, 음료와 과일, 파스타 등 특정 수량의 식료품이 한 단위의 바스켓에 포함되어 있다고 가정한다.) 만약 70만 바스켓의 식료품을 생산한다면 노스랜드의 국민들은 모든 가용자원을 식료품 생산에 투입해야 하며, 이 경우 컴퓨터는 전혀 생산할 수 없게 된다.

그리고 만약 노스랜드의 국민들이 식료품 생산을 포기한다면 1년 동안 100만 대의 컴퓨터를 생산할 수 있다고 가정하자. 100만 대의 컴퓨터를 생산하기 위해서는 모든 자원을 컴퓨터 생산에만 투입해야 하기 때문에 이 생산량이 노스랜드 국민들이 주어진 기술과 자원을 가지고 최대한 생산할 수 있는 컴퓨터의 수량이다.

표 2.1은 다음과 같은 기본적인 경제법칙을 설명하고 있다. 주어진 기술과 자원이 완전 고용된 상태에서는 어떤 재화의 생산을 늘리면 다른 재화의 생산 감소가 수반된다. 즉, 생산가능량 사이에는 상충관계가 존재한다. 예를 들어 최초시점에 노스랜드의 국민들은 오직 70만 바스켓의 식료품만 생산하고 있었는데, 이제 100만 대의 컴퓨터를 생산하는 선진기술경제로 전환하기로 결정하였다고 가정하자. 표 2.1은 이 경우 식료품 생산을 완전히 중단해야 함을 보여주고 있다.

생산가능집합과 기회비용

기회비용(opportunity cost)은 어떤 선택을 할 때 그 선택을 위해 포기해야 하는 대안 중 가장 가치가 높은 대안의 가치를 의미한다. 노스랜드의 경우, 생산과 관련하여 어떤 선택을 해도 기회비용이 발생한다. 이미 살펴보았듯이 노스랜드의 국민

• **생산가능집합**(production possibilities): 현재 주어진 가용 기술과 자원을 이용하여 한 국가의 국민들이 생산할 수 있는 재화와 서비스의 모든 조합.

• **기회비용**(opportunity cost): 어떤 것을 얻기 위해 포기해야 하는 대안 중 가장 가치가 높은 대안의 가치.

표 2.1 노스랜드의 생산가능조합

컴퓨터 (만 대)	식료품 (만 바스켓)
0	70
40	60
50	55
60	49
70	41
80	31
90	22
100	0

들은 100만 대의 컴퓨터를 생산하기 위해서 70만 바스켓의 식료품 생산을 포기해야 한다. 즉, 노스랜드에서는 주어진 기술과 자원을 이용하여 100만 대의 컴퓨터를 생산하는 경우, 그 기회비용은 100만 대의 컴퓨터를 생산하지 않으면 생산할 수 있었던 70만 바스켓의 식료품이라고 할 수 있다.

노스랜드가 단순히 식료품만 생산하거나 혹은 컴퓨터만 생산하지는 않는다고 가정하자. 현재 40만 대의 컴퓨터를 생산하고 있다고 가정하자. 이때 표 2.1이 나타내듯이 주어진 생산가능집합에 노스랜드는 60만 바스켓의 식료품도 생산할 수 있음을 알 수 있다. 만약 노스랜드 국민들이 10만 대의 컴퓨터를 더 생산하기로 했다면 총 50만 대의 컴퓨터를 생산하게 되며 식료품 생산에 투입되었던 지원을 컴퓨터 생산으로 재분배해야 한다. 이는 식료품 생산이 감소함을 의미한다. 표 2.1에 따르면 노스랜드 국민들은 식료품생산을 60만 바스켓에서 55만 바스켓으로 감소시켜야만 컴퓨터 생산을 40만 대에서 50만 대로 증가시킬 수 있음을 알 수 있다. 그러므로 10만 대의 추가적인 컴퓨터 생산의 기회비용은 5만 바스켓의 식료품이다.

여기서 노스랜드가 컴퓨터를 10만 대 더 생산하여 총 60만 대를 생산한다고 가정하자. 이는 식료품 생산을 55만 바스켓에서 49만 바스켓으로 감소시켜야 함을 의미한다. 결과적으로, 10만 대의 추가적인 컴퓨터 생산은 6만 바스켓의 식료품 생산 감소라는 기회비용을 발생시킨다.

노스랜드가 컴퓨터생산을 10만 대 더 증가시켜, 총 70만 대를 생산하고자 한다면 식료품 생산은 49만 바스켓에서 41만 바스켓으로 줄어들어야 한다. 즉, 컴퓨터 생산을 60만 대에서 70만 대로 증가시킬 때 발생되는 기회비용은 8만 바스켓의 식료품이다.

10만 대의 컴퓨터 생산을 추가하는데 드는 기회비용은 5만 바스켓의 식료품에서 6만 바스켓으로, 그리고 8만 바스켓으로 지속적으로 상승하여 노스랜드가 생산할 수 있는 식료품의 양을 감소시킨다. 이 예제는 생산가능집합과 관련하여 일반적으로 직면하는 상충관계를 보여준다. 즉, 특정 재화를 더 많이 생산할수록 이에 수반되는 기회비용은 증가한다.

이와 같은 상충관계가 발생하는 이유는 명백하다. 노스랜드가 식료품 생산에서 컴퓨터 생산으로 자원을 재분배하기 시작하는 초기에는 컴퓨터 생산에 적합한 인력, 즉, 마이크로프로세서, 모뎀, DVD드라이브, 운영체제 등을 디자인하고 제조하는데 숙련된 노동력에게 먼저 자원이 재분배되었을 것이다. 또한 실리콘이나 각종 희귀금속과 같은 컴퓨터 생산에 가장 필요한 자원부터 재분배가 이루어졌을 것이다. 그러나 노스랜드 국민들은 컴퓨터 생산이 늘어날수록 이전보다는 컴퓨터 생산부문에 재분배할 자원의 양이 점차 감소하고 있음을 발견하게 될 것이다. 식료품 생산에 종사하던 인력은 대부분 식물학이나 농산물

경작방법, 농기계 등에 전문지식을 가지고 있을 것이며, 컴퓨터 제조나 프로그래밍에 대해서는 잘 모를 것이다. 또한 농업에 주로 쓰이는 대부분의 원료, 예를 들어 비료나 농업용 철강 따위 등은 컴퓨터 생산에 당장 쓰이기에는 적합하지 않다. 이런 이유로 인해 10만 대의 컴퓨터 생산을 추가적으로 늘릴수록 컴퓨터 생산에 덜 적합한 자원이 식료품 부문에서 컴퓨터 부문으로 재분배되며, 이를 달리 표현한다면 컴퓨터 생산을 늘릴수록 식료품 부문에서 컴퓨터 부문으로 보다 많은 자원이 재분배되는 것을 의미하는 것이다. 결과적으로 컴퓨터 생산이 늘어날수록 식료품 생산은 더욱 감소하게 되며, 컴퓨터 생산의 기회비용은 상승하게 되는 것이다. (노스랜드의 생산가능곡선 상의 기회비용을 평가하기 위해서, "도표로 이해하는 글로벌 경제 이슈 2.1"을 참조하라.)

도표로 이해하는 글로벌 경제 이슈

2.1 생산가능곡선

노스랜드의 생산가능곡선은 도표 2.1과 같이 표현될 수 있다. 도표 2.1은 표 2.1에 주어진 식료품과 컴퓨터 생산의 조합을 나타내고 있는데, x축에는 컴퓨터의 수량을 y축에는 식료품의 수량을 표시하고 있다. 주어진 기술과 가용자원을 이용하여 생산 가능한 재화와 서비스의 모든 생산량 조합이 위치하는 곡선을 생산가능곡선이라 한다. 노스랜드의 국민들은 생산가능곡선 상에 위치하거나 내부에 위치한 식료품과 컴퓨터의 생산량 조합은 생산할 수 있으나 생산가능곡선의 밖에 위치한 생산량 조합은 생산할 수 없다.

도표 2.1의 점 A는 표 2.1의 두 번째 줄에 해당하며, 이 점에서 노스랜드의 국민들은 1년에 40만 대의 컴퓨터와 60만 바스켓의 식료품을 생산할 수 있다. 점 B는 다섯 번째 줄에 해당하며, 노스랜드의 국민들이 식료품 생산을 41만 바스켓으로 줄인다면 컴퓨터 생산을 70만 대로 증가시킬 수 있음을 의미한다. 즉, 생산가능곡선 위의 한 점에서 다른 점으로 움직일 때 기회비용을 계산할 수 있음을 알 수 있다.

노스랜드의 국민들이 점 A에서 생산하고 있을 때 컴퓨터를 한 대 더 생산한다면 그 때의 기회비용은 무엇인가? 이는 점 A에서 생산가능곡선에 접하는 직선의 기울기이다. 점 A에서 컴퓨터 생산을 한 단위 증가시킨다는 것은 점 A에서 우측 방향으로 수평적으로 움직이는 것이다. 이에 수반되는 식료품 생산의 감소는 점 A에서 수직으로 하향하는 움직임이다. 이 하향 움직임은 음(陰)의 값을 지니며, 바로 이 움직임의 크기가 식료품의 양으로 평가된 컴퓨터 한 단위의 추가생산에 수반되는 기회비용이다.

마찬가지로 점 B에서 컴퓨터 한 대를 추가생산할 때의 기회비용은 점 B에서 생산가능곡선에 접하는 직선의 기울기이다. 점 B에서 우측으로 한 단위 움직일 때 수반되는 수직 하향 움직임의 크기는 점 A에서보다 크다. 이는 컴퓨터 생산의 기회비용이 점 A에서보다 점 B에서 더 크다는 것을 의미한다. 즉, 이미 상당한 자원이 식료품 생산 부문에서 컴퓨터 생산 부문으로 재분배되어 있는 상황에서, 컴퓨터 생산을 추가적으로 한 단위 더 늘리기 위해 식료품 생산 부문에서 컴퓨터 생산 부문으로 자원을 재분배하면 식료품의 수량으로 평가한 컴퓨터 생산의 기회비용이 증가함을 의미한다.

심화 학습: 만약 노스랜드의 컴퓨터 생산량과는 상관없이 컴퓨터를 추가적으로 1대 더 생산할 때의 기회비용이 일정하다면, 생산가능곡선은 어떤 형태를 띠게 될 것인가?

도표 2.1 노스랜드의 생산가능곡선

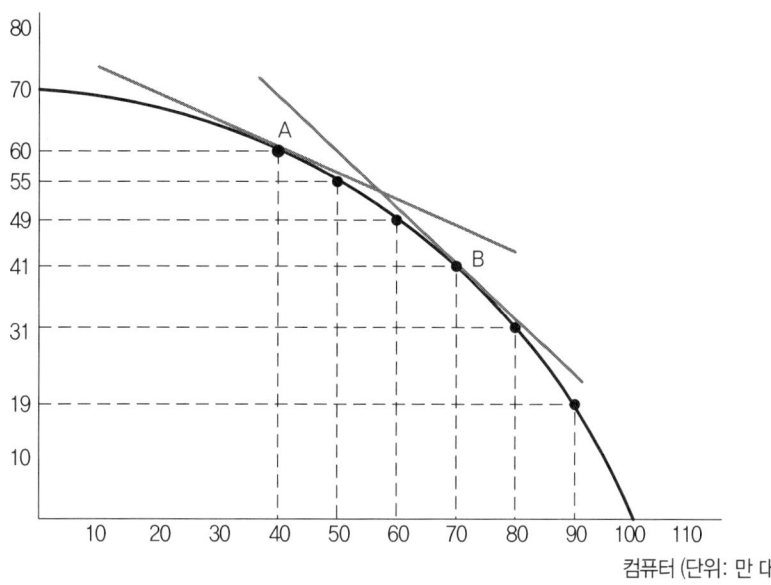

* 노스랜드가 생산할 수 있는 식료품의 양과 컴퓨터의 양의 조합을 보여주고 있다. 주어진 기술과 가용자원을 가지고 노스랜드는 생산가능곡선 위에 위치한 조합과 곡선 내부에 위치한 조합은 생산할 수 있지만, 곡선 밖에 위치한 조합은 생산할 수 없다. 컴퓨터 생산을 점 A의 40만 대에서 점B의 70만 대로 증가시키기 위해서 노스랜드는 식료품 생산을 60만 바스켓에서 41만 바스켓으로 줄여야 한다. 그러므로 30만 대의 추가적인 컴퓨터생산의 기회비용은 19만 바스켓의 식료품이다. 점 A에서 컴퓨터를 1대 추가 생산할 때 발생하는 기회비용은 점 A에서 생산가능곡선에 접하는 기울기이다. 마찬가지로, 점 B에서 컴퓨터를 1대 추가 생산할 때 발생하는 기회비용은 점 B에서 생산가능곡선에 접하는 기울기이다. 점 B에서의 기울기의 절대값이 점 A에서의 기울기의 절대값보다 크다. 이는 컴퓨터 생산을 증가시킴에 따라 기회비용이 증가함을 의미한다.

■ 소비가능집합과 선택

현재 노스랜드는 국제무역을 하지 않고 있는 것으로 가정하고 있다. 그러므로 노스랜드가 어떤 조합의 식료품과 컴퓨터를 생산하더라도 이는 국내 **소비가능조합**(consumption possibilities) 내에 포함되어야 한다.

이는 결국 노스랜드의 소비가능집합은 생산가능집합과 동일함을 의미한다. 소비가능집합은 소비자들이 소비를 위해 선택가능한 재화와 서비스의 모든 조합을 의미한다. 표 2.1에 주어진 생산가능조합은 노스랜드의 소비가능집합이기도 한 것이다.

노스랜드 국민들이 선택한 생산량과 소비량은 얼마나 될 것인가? 이는 노스랜드 소비자들의 선호체계에 달려있다. 만약 소비자들이 식료품에 대한 선호가 더 강하면 표 2.1의 윗부분에 있는 생산조합을 선택할 것이다. 반대로, 컴퓨터 게임

• **소비가능조합**(consumption possibilities): 한 국가의 국민들이 소비를 위하여 선택할 수 있는 재화와 서비스의 모든 조합.

이나 인터넷 검색을 더 좋아한다면 표 2.1의 아랫부분에 있는 생산조합을 선택할 것이다.

> **핵심 이슈 #1**
>
> 한 국가의 생산가능집합은 무엇인가? 그리고 이는 한 국가의 재화와 서비스의 생산비용과 어떻게 관련되어 있는가?
>
> 생산가능집합은 주어진 기술과 가용자원을 이용하여 생산자들이 생산 가능한 재화와 서비스의 모든 생산량 조합을 의미한다. 생산자들이 어떤 재화에 대한 생산을 늘리려면 다른 재화의 생산을 포기해야만 한다. 이로 인해 기회비용이 발생한다. 생산자들이 어떤 재화에 대한 생산을 늘릴수록 기회비용도 증가한다.

절대우위

생산력이 큰 국가의 국민들이 상대적으로 생산력이 작은 국가의 국민들과 교역을 하는 현상은 예외적인 것이 아니다. 많은 사람들이 이런 무역현상을 상식적인 직관과는 배치되는 현상으로 받아들이는 것 같다. 실제로 일부의 사람들은 큰 나라와 작은 나라 사이의 무역을 큰 나라(예를 들어 미국)가 작은 나라(예를 들어 네팔)를 착취하는 현상으로 해석하기도 한다.[i]

국제무역이 무역에 참가한 특성이 서로 다른 두 나라에 모두 이익이 된다는 사실을 이해하기 위해서는 우선 절대우위의 개념부터 공부해야 한다. 이를 공부함으로써 국제무역이 발생하는 이유를 이해할 수 있게 되지만, 실제 무역패턴을 설명하는 데에는 부족함이 있음도 깨닫게 될 것이다.

■ 국제무역의 발생원인으로서의 절대우위

여러 가지 이유로 인해, 예를 들어 토지, 기후, 기술 등의 차이로 말미암아 세계의 여러 나라들은 재화와 서비스의 생산능력에 큰 차이가 발생한다. 과거에는 국제무역이 발생하는 이유로서 어떤 국가가 더 낮은 생산비용에서 재화와 서비스를 생산할 수 있기 때문이라고 하였다. 여기서 생산비용은 한 단위의 재화나 서비스를 생산하기 위해 필요한 노동의 단위나 다른 투입요소의 양을 의미한다.

절대우위

주어진 투입요소를 이용하여 어떤 제품을 생산할 때 다른 나라에 비해 보다 많이 생산할 수 있는 경우 그 나라는 그 제품 생산에 **절대우위**(absolute advantage)를 가지고 있다고 한다. 과거에는 절대우위를 국제무역의 발생원인으로 강조하였다. 표 2.2를 이용하여 절대우위의 개념을 살펴보도록 한다. 표 2.2는 노스랜드의 생산자 100명이 주어진 생산요소를 이용하여 컴퓨터를 생산하는 경우, 일주일에 30대의 컴퓨터를 생산할 수 있음을 보여주고 있다. 또한 100명의 노스랜드 생산자들이 식료품 생산에 투입되면 일주일에 50바스켓의

---

[i] **관련 웹사이트**: 미국의 무역통계는 다음 웹사이트를 참조하라. www.census.gov/foreign-trade/balance/index.html

• **절대우위**(absolute advantage): 어떤 재화나 서비스를 생산함에 있어서 필요한 자원의 양으로 평가할 때 어떤 국가가 다른 나라보다 더 낮은 비용으로 생산할 수 있을 때 그 나라는 그 재화나 서비스의 생산에 절대우위가 있음. 달리 표현하면 주어진 생산요소를 이용하여 다른 나라보다 어떤 재화나 서비스를 더 많이 생산할 수 있는 능력이 절대우위의 개념.

표 2.2 전문화가 없는 경우 노스랜드와 웨스트코스트의 주간 생산량

	노스랜드		웨스트코스트		합계
	생산자 수	주간 생산량	생산자 수	주간 생산량	
컴퓨터	100	30	100	40	70
식료품	100	50	100	25	75

표 2.3 전문화가 있는 경우 노스랜드와 웨스트코스트의 주간 생산량

	노스랜드		웨스트코스트		합계
	생산자 수	주간 생산량	생산자 수	주간 생산량	
컴퓨터	0	0	200	80	80
식료품	200	100	0	0	100

식료품을 생산할 수 있음을 보여주고 있다. 인근 국가인 웨스트코스트(Westcoast)는 동일한 양의 생산요소를 이용하여 100명의 생산자들이 일주일에 40대의 컴퓨터를 생산할 수 있거나, 25바스켓의 식료품을 생산할 수 있다. 그러므로 두 나라가 무역을 하지 않는 경우, 양국의 생산자 200명은 일주일에 총 70대의 컴퓨터와 75바스켓의 식료품을 생산할 수 있다.

노스랜드 100명의 생산자들이 웨스트코스트 100명의 생산자보다 식료품 생산을 더 많이 할 수 있기 때문에 이 경우 노스랜드는 식료품 생산에서 절대우위를 가졌다고 말한다. 반면, 웨스트코스트 100명의 생산자들이 동일한 수의 노스랜드 생산자들보다 컴퓨터를 더 많이 생산할 수 있기 때문에 웨스트코스트는 컴퓨터 생산에 절대우위를 가졌다고 말할 수 있다.

무역 발생의 기초원인으로서의 절대우위

절대우위는 노스랜드와 웨스트코스트 사이에 발생하는 무역의 근거를 제공한다. 절대우위의 기본적인 논리는 양국이 모두 절대우위를 보유한 재화와 서비스의 생산에 전문화함으로써 이익을 얻게 된다는 것이다. 이를 이해하기 위해서 표 2.3을 살펴보자.

노스랜드가 절대우위를 보유하고 있는 식료품 생산에 모든 생산자를 투입한다면, 즉, 200명의 생산자가 식료품만을 생산하게 되며 일주일에 100바스켓의 식료품을 생산할 수 있게 된다. 동시에, 웨스트코스트가 200명의 생산자를 그들이 절대우위를 보유하고 있는 컴퓨터 생산에 투입한다면 웨스트코스트의 주당 컴퓨터 생산량은 80대이다.

표 2.2와 비교해보면 생산의 전문화가 양국의 총생산량을 증가시켰음을 알 수 있다. 전문화 이후 200명의 노스랜드 생산자들이 생산하는 주간 식료품 생산량 100바스켓은 전문화 이전 두 나라가 각각 생산하였던 식료품 생산량의 합인 75바스켓을 초과한다. 마찬가지로 전문화 이후 200명의 웨스트코스트 생산자들이 생산하는 주간 컴퓨터 생산량 80대는 전문화 이전 두 나라가 각각 생산하였던 컴퓨터 생산량의 합인 70대를 초과한다. 두 경우 모두 전문화 이전이나 이후 투입된 생산자의 수는 200명으로 동일하다.

이 예제는 두 나라 모두 생산의 전문화를 이루고 상호교역을 할 인센티브가 존재함을 보여주고 있다. 이제 양국이 컴퓨터 1대 당 1바스켓의 식료품을 교환하기로 합의했다고 하자. 이에 따라 노스랜드는 35바스켓의 식료품을 웨스트코스트가 생산한 35대의 컴퓨터와 교환한다고 가정하자. 이 경우 표 2.3은 노스랜드에 국내소비를 위해 여전히 65바스켓의 식료품이 남아 있음을 보여주는

데, 이 수량은 표 2.2에서 볼 수 있듯이 전문화와 교역 이전에 소비 가능했던 50바스켓의 식료품보다 많은 것이다.

웨스트코스트는 전문화와 교역을 통해 35바스켓의 식료품을 얻게 되며, 이는 교역이 없을 때 소비하였던 25바스켓의 식료품을 초과하는 것이다. 또한, 교역을 통해 노스랜드가 얻게 되는 35대의 컴퓨터는 교역이 없을 때 노스랜드 스스로 생산하여 소비하던 30대를 초과하며, 웨스트코스트는 35대의 컴퓨터를 노스랜드에 수출한 후에도 여전히 45대의 컴퓨터를 국내 소비를 위해 보유하게 된다. 이 45대의 컴퓨터는 생산의 전문화와 교역 이전에 웨스트코스트가 국내 소비하던 컴퓨터의 수량 40대보다 많은 것이다.

> **핵심 이슈 #2**
>
> 절대우위는 무엇이며, 이 개념은 국가가 국제무역에 참여하는 이유를 어떻게 설명하는가?
>
> 어떤 재화나 서비스를 주어진 자원을 이용하여 생산할 때 어떤 나라가 다른 나라보다 많이 생산할 수 있다면 그 재화나 서비스에 절대우위가 있다고 할 수 있다. 각국의 생산자들은 절대우위를 보유한 재화와 서비스의 생산에 전문화하고 교역을 할 인센티브를 갖게 된다.

■ 절대우위가 의미하는 것과 의미하지 않는 것

앞의 예제는 절대우위가 국가 간 교역의 근거를 제공함을 보여주고 있다. 각 나라는 절대우위를 보유한 재화나 서비스의 생산에 전문화하고 교역함으로써 전문화 및 교역 이전보다 잠재적인 소비 수준을 더욱 증가시킬 수 있다.

생산가능곡선과 절대우위

전문화와 교역을 통해 얻게 되는 이익을 생산가능곡선을 통해 설명할 수도 있다. 표 2.4에는 표 2.1에 표현된 노스랜드의 생산가능조합과 더불어 웨스트코스트의 생산가능조합이 함께 표시되어 있다. 표 2.4는 노스랜드가 웨스트코스트에 비해 식료품 생산에 절대우위가 있음을 보여주고 있다. 즉, 양국의 생산자들이 오직 식료품만 생산하는 경우, 노스랜드는 70만 바스켓을, 웨스트코스트는 60만 바스켓을 생산할 수 있다는 점에서 노스랜드가 식료품 생산에 절대우위가 있다는 것이다. 마찬가지 논리로 웨스트코스트는 노스랜드에 비해 컴퓨터 생산에 절대우위가 있다. 즉, 양국의 생산자들이 오직 컴퓨터만 생산하는 경우, 웨스트코스트는 125만 대를 생산할 수 있고, 노스랜드는 100만 대를 생산할 수 있다는 점에서 웨스트코스트가 컴퓨터 생산에 절대우위를 보유하고 있는 것이다.

표 2.4 노스랜드와 웨스트코스트의 생산가능조합

노스랜드		웨스트코스트	
컴퓨터 (만 대)	식료품 (만 바스켓)	컴퓨터 (만 대)	식료품 (만 바스켓)
0	70	0	60
40	60	35	58.5
50	55	50	55
60	49	65	49.5
70	41	80	42.5
80	31	95	33.5
90	22	110	12
100	0	125	0

그러나, 절대우위의 존재가 두 나라 사이의 교역을 항상 가져온다고 할 수는 없다. 예를 들어 두 나라가 모두 50만 대의 컴퓨터와 55만 바스켓의 식료품을 생산한다고 하자 (표 2.4의 세 번째 줄에 해당). 이처럼 두 나라가 동일한 생산가능조합을 선택하는 경우, 최소한 절대우위의 관점에서는 두 나라가 교역을 하는 이유가 불분명해진다.

절대우위는 국제무역을 충분히 설명하지 못한다

일반적으로 절대우위의 개념은 많은 국가가 교역을 하는 이유를 설명하는 데 있어서 제한적인 도움을 줄 뿐이다. 다음의 예를 생각해 보자. 노스랜드에 각각 100명으로 구성된 컴퓨터 생산그룹과 식료품 생산그룹이 있고, 인근 섬나라 국가인 사우스씨(Southsea)에도 역시 각각 100명으로 구성된 컴퓨터 생산그룹과 식료품 생산그룹이 있다고 하자. 표 2.5에서 볼 수 있듯이 노스랜드는 사우스씨에 대해 컴퓨터와 식료품 생산 모두에 있어서 절대우위를 보유하고 있다. 절대우위의 관점에서는 노스랜드는 생산의 전문화를 이루고 사우스씨와 교역을 할 인센티브가 없다.

그럼에도 불구하고 두 나라는 교역을 통해 이익을 얻을 수 있다. 표 2.5에 의하면 노스랜드는 30대의 컴퓨터를 더 생산하기 위해서 식료품 생산 부문에서 100명의 노동자를 컴퓨터 부문으로 재분배해야 하며 50바스켓의 식료품 생산을 포기해야 한다. 그러므로 이 경우 노스랜드의 컴퓨터 1대 추가생산의 기회비용은 (50바스켓의 식료품)/(30대의 컴퓨터) 즉, 컴퓨터 1대 당 5/3바스켓의 식료품이다. 사우스씨에서는 15대의 컴퓨터를 더 생산하기 위해서 10바스켓의 식료품을 포기하면 되므로, 사우스씨에서의 컴퓨터 1대 추가생산의 기회비용은 10바스켓의 식료품/15대의 컴퓨터, 혹은, 컴퓨터 1대 당 2/3바스켓의 식료품이다. 노스랜드가 컴퓨터 생산에 절대우위를 가지고 있어도 컴퓨터 생산의 기회비용은 사우스씨에서 더 낮다.

표 2.5는 노스랜드의 생산자들이 50바스켓의 식료품을 추가 생산하고자 할 때 30대의 컴퓨터 생산을 포기해야 함을 보여주고 있으며, 이는 노스랜드에서 식료품 한 단위의 추가 생산에 수반되는 기회비용이 30대의 컴퓨터/50바스켓의 식료품, 혹은 식료품 1바스켓 당 3/5대의 컴퓨터임을 의미한다. 반면, 사우스씨에서는 10바스켓의 식료품을 추가 생산하고자 할 때 15대의 컴퓨터 생산을 포기해야 한다. 결과적으로, 사우스씨에서 식료품 한 단위의 추가생산에 수반된 기회비용은 15대의 컴퓨터/10바스켓의 식료품, 혹은 1바스켓 당 1.5대의 컴퓨터이다. 그러므로 1바스켓의 식료품 생산의 기회비용은 사우스씨에서 보다 노스랜드에서 더 낮다.

이제 노스랜드와 사우스씨는 1대의 컴퓨터와 1바스켓의 식료품을 교환할 의사가 있다고 하자. 이 교환비율에서 교역을 하는 것은 노스랜드의 국민에게는 이익이 된다. 왜냐하면 사우스씨에게 1바스켓의 식료품을 주고 1대의 컴퓨터를 받는 것이 5/3바스켓의 식료품을 포기하고 1대의 컴퓨터

표 2.5 전문화 이전의 노스랜드와 사우스씨의 주간 생산량

	노스랜드		사우스씨		합계
	생산자 수	주간 생산량	생산자 수	주간 생산량	
컴퓨터	100	30	100	15	45
식료품	100	50	100	10	65

를 노스랜드 스스로 생산하는 것보다 유리한 거래이기 때문이다. 사우스씨 역시 1바스켓의 식료품을 생산하기 위해 1.5대의 컴퓨터를 포기하는 것보다는 노스랜드에게 1대의 컴퓨터를 주고 1바스켓의 식료품을 받는 것이 이익이 되기 때문에 이 교역은 사우스씨 국민들에게도 이익이 된다.

여기서 명백히 드러나는 것은 절대우위만으로는 많은 국가들이 국제무역에 참여하는 이유를 충분히 설명할 수 없다는 것이다. 기회비용의 차이야말로 어떤 나라가 다른 나라와 교역을 할 때 이익을 얻게 될지의 여부를 결정하는 기본요인 중의 하나라고 할 수 있다. 어떤 나라가 다른 나라와 교역을 하게 되는 근본적인 이유에 관하여 좀 더 깊게 살펴보도록 하자.

> **핵심 이슈 #3**
>
> 절대우위의 개념만으로는 국가 간 교역을 충분히 설명할 수 없는 이유는 무엇인가?
>
> 어떤 국가가 외국과 교역을 할 때 모든 재화와 서비스의 생산에 있어서 절대우위를 가질 수도 있기 때문에 절대우위의 존재만으로는 국제무역을 충분히 설명할 수 없는 것이다. 이는 어떤 제품을 국내에서 생산할 때의 기회비용이 그 제품을 외국으로부터 얻을 때 요구되는 재화와 서비스의 양을 초과할 수 있기 때문인 것이다.

비교우위: 무역이 무역참가자에게 이익을 창출해 주는 이유

앞의 예제에서 보았듯이 두 나라가 재화와 서비스의 생산에 있어서 서로에게 절대우위를 지니고 있으면 무역을 시작할 유인(誘因)이 있음을 알 수 있었다. 그 이유는 재화와 서비스를 생산함에 있어서 발생하는 기회비용이 나라마다 다르기 때문이다. 만약 소규모 국가가 특정 재화나 서비스를 소량 생산할 때의 기회비용이 동일 재화나 서비스를 대량생산할 수 있는 대국(大國)의 기회비용보다 작다면 무역은 소국(小國)과 대국 사이에 여전히 발생할 것이다.

■ 비교우위

어떤 국가가 어떤 재화나 서비스를 생산함에 있어 다른 국가보다 낮은 기회비용으로 생산할 수 있는 경우, 우리는 그 국가가 그 특정 재화나 서비스의 생산에 **비교우위**(comparative advantage)를 가지고 있다고 말한다. 어떤 국가가 재화나 서비스를 생산함에 있어서 절대열위를 가지고 있어도 하나 혹은 그 이상의 재화나 서비스의 생산에 있어서 비교우위를 가지고 있을 수 있으며, 이로 인해 다른 국가들이 이 나라와 교역을 할 인센티브가 생기는 것이다. (아래에서 보다 자세히 설명하겠지만, 기회비용의 차이에 의해 촉발된 무역은 무역참가국들이 재화와 서비스의 생산 및 소비를 확대시킬 수 있도록 보다 효율적인 자원 분배를 시행함을 의미한다. 재화의 분배와 관련된 기회비용의 감소가 무역을 촉진시킨다는 사실을 이해하기 위해서 "참고사례 2.1"을 참조하라.)

• **비교우위**(comparative advantage): 어떤 나라가 특정 재화나 서비스를 한 단위 추가 생산할 때 다른 나라보다 더 낮은 기회비용으로 생산할 수 있는 능력이 비교우위의 개념.

♣ 참고사례

2.1 쇄빙선을 이용한 천연가스 수송의 기회비용 절감

유조선 오브리버(Ob River)호는 초저온으로 냉각된 액화천연가스를 노르웨이에서 일본으로 수송한다. 초저온으로 냉각된 천연가스를 여러 나라에 수송하는 일은 새로운 것은 아니다. 그러나 이 국제 수송에 있어서 특별한 점은 '오브리버호의 수송경로'에 있다. 과거에는 지중해를 거쳐 수에즈 운하를 통과한 후 아시아 대륙을 돌아서 수송하였다. 오브리버호는 노르웨이를 출발하여 러시아 북쪽을 지나 북극해를 통과한다. 이 경로를 통과하면 지중해-수에즈운하 경로로 수송하는 경우보다 3주나 빨리 천연가스를 목적지에 수송할 수 있다.

오브리버호는 빙산으로 덮혀 있는 북극해를 뚫고 운항할 수 있는 쇄빙선의 한 종류이다. 빙산을 분쇄하여 북극해를 통과함으로써 단축되는 3주의 수송기간이 천연가스 운송에 수반되는 기회비용 — 천연가스의 장거리 수송을 위해 유조선이 바다 위에서 보내는 시간 — 을 감소시키는 핵심 요인이다. 오브리버 항로를 이용해 아낀 3주라는 시간을 이용하여 천연가스를 더 수송할 수 있으며, 이로 인해 천연가스의 국제적 운송비용이 크게 절감되는 결과를 가져왔다. 특히 대량으로 수송할수록 비용의 감소효과는 더욱 크다.

북극해에 항구를 가지고 있는 노르웨이 및 다른 국가들은 오브리버호의 성과를 매우 면밀히 관찰하고 있다. 이들 국가의 기업들은 지난 몇 년간 천연가스를 더 낮은 기회비용 — 천연가스 생산을 위해 포기한 재화와 서비스의 생산량 — 으로 생산할 수 있는 기술을 개발해 왔다. 쇄빙선을 이용한 천연가스의 수송은 앞으로 기회비용의 감소를 더욱 가속화할 것이며, 이는 북극해 연안 국가들이 천연가스의 국제교역에 있어서 보유한 비교우위를 더욱 강화시켜줄 것이 명백해 보인다.

심화 학습: 경제학자들은 기후변화로 인해 북극의 빙하가 녹게 되면 북극해에 항구를 보유한 국가들이 천연가스의 교역에 보유하고 있는 비교우위가 더 강화될 것이라고 예상한다. 그 이유는 무엇인가?

생산가능곡선과 비교우위

비교우위가 국제무역의 핵심적인 요인이라는 사실을 설명하기 위해 노스랜드와 사우스씨의 생산가능조합이 주어져 있는 표 2.6을 보자. 노스랜드의 식료품과 컴퓨터의 생산가능조합은 표 2.1(p. 31)과 동일하다. 사우스씨는 컴퓨터와 식료품 모두 노스랜드보다 생산가능수량이 적다. 그러므로 노스랜드는 두 재화의 생산에 모두 절대우위를 보유하고 있다.

이제 양국이 무역을 하지 않을 때 표 2.6의 5번째 줄에 해당하는 컴퓨터와 식료품의 조합을 생산

표 2.6 노스랜드와 사우스씨의 생산가능조합

노스랜드		사우스씨	
컴퓨터 (만 대)	식료품 (만 바스켓)	컴퓨터 (만 대)	식료품 (만 바스켓)
0	70	0	30
40	60	10	29.5
50	55	15	28.5
60	49	20	27
70	41	25	24
80	31	30	20
90	22	35	15
100	0	40	0

한다고 가정하자. 즉, 노스랜드는 70만 대의 컴퓨터와 41만 바스켓의 식료품을 생산하고, 사우스씨는 25만 대의 컴퓨터와 24만 바스켓의 식료품을 생산한다. 만약, 노스랜드가 컴퓨터 생산을 10만 대 증가시켜 총 80만 대 생산하는 경우, 식료품 생산은 10만 바스켓을 포기해야 하며, 이는 평균기회비용이 컴퓨터 한 대당 1바스켓의 식료품임을 의미한다. 반면, 사우스씨에서는 컴퓨터 생산을 10만 대 늘려 총 35만 대를 생산하려 할 때, 식료품 생산은 9만 바스켓 줄어들어 총 15만 바스켓을 생산하게 된다. 결과적으로 사우스씨에서 컴퓨터를 1대 추가 생산하는 경우 평균기회비용은 컴퓨터 1대당 0.9바스켓의 식료품이 된다. 즉, 주어진 생산가능조합하에서 사우스씨가 컴퓨터 생산에 비교우위를 보유하고 있음을 알 수 있다.

반면, 노스랜드는 식료품 생산에 비교우위를 가지고 있다. 만약 노스랜드가 식료품 생산을 31만 바스켓에서 41만 바스켓으로 증가시킬 경우 10만 대의 컴퓨터 생산을 포기해야 하는데, 이는 식료품 생산의 평균기회비용이 1바스켓의 식료품 당 컴퓨터 1대임을 의미한다. 사우스씨의 경우에는 식료품 생산을 15만 바스켓에서 24만 바스켓으로 9만 바스켓 증가시킬 경우, 10만 대의 컴퓨터 생산을 포기해야 하며, 이는 사우스씨의 식료품 생산의 평균기회비용이 1바스켓 당 컴퓨터 1.11대(10만 대의 컴퓨터/9만 바스켓의 식료품)임을 의미한다. 결국, 주어진 생산가능조합의 범위 내에서 식료품 생산의 기회비용은 노스랜드에서 더 낮기 때문에 식료품 생산에 있어서는 노스랜드가 비교우위를 가지고 있는 것이다. (아이슬란드는 미국에 비한다면 매우 작은 국가이다. 그러나 미국의 전자상거래 기업들은 아이슬란드로부터 데이터센터 서비스를 수입한다. 이와 관련하여 "온라인 세계화 2.1"을 참조하라.)

✈ 온라인 세계화

2.1 아이슬란드가 데이터센터 운영에서 비교우위를 발견하다

인구가 32만 5,000명 정도에 불과한 작은 나라인 아이슬란드는 데이터센터 서비스뿐만 아니라 대부분의 재화와 서비스 생산에 있어서 다른 나라에 비해 절대열위를 가지고 있다. 그럼에도 불구하고 아이슬란드는 전세계의 전자상거래 기업들에게 데이터센터 서비스를 제공하는데 필수적인 컴퓨터 서버를 운용하고 있으며, 이 컴퓨터 서버들의 가치는 400억 달러 이상이다.

아이슬란드는 화산지질과 평균적으로 낮은 온도를 보유하고 있기 때문에 지열에너지를 이용하여 컴퓨터 설비에 전력을 공급하고, 외부의 차가운 공기를 이용하여 컴퓨터 서버 및 기타 민감한 장비들의 온도를 조절하고 있다. 이런 특성이 아이슬란드가 미국이나 유럽보다 훨씬 낮은 기회비용 수준에서 데이터센터를 운영할 수 있게 해 주는 것이다. 이와 같은 비교우위의 덕택으로 아이슬란드의 데이터센터는 많은 미국과 유럽 기업들에게 데이터센터 서비스를 수출하고 있다.

심화 학습: 아이슬란드 데이터센터 노동자의 임금이 미국이나 유럽의 동종 업계 노동자의 임금보다 상대적으로 더 높게 상승한다면 아이슬란드가 데이터센터 서비스에 가지고 있던 비교우위는 어떻게 될 것인가?

생산가능곡선과 무역

노스랜드는 70만 대의 컴퓨터와 41만 바스켓의 식료품을 생산할 때 식료품 생산에 비교우위를 가지고 있고, 사우스씨는 25만 대의 컴퓨터와 24만 바스켓의 식료품을 생산할 때 컴퓨터 생산에 비교우위를 가지고 있다. 이런 상황이 노스랜드 국민들은 식료품 생산에 전문화하고 사우스씨의 국민들은 컴퓨터 생산에 전문화할 인센티브를 제공한다고 말할 수 있는가?

이 질문에 대한 해답을 구하기 위해 앞서 계산한 내용을 다시 보자. 만약 노스랜드의 국민들이 현재 70만 대의 컴퓨터를 생산하고 있다면, 이는 평균적으로 컴퓨터 1대 생산을 위해 1바스켓의 식료품 생산을 포기하고 있음을 의미한다. 그러므로 사우스씨의 국민들이 1바스켓 보다 적은 양의 식료품을 받고 컴퓨터 1대를 노스랜드에게 수출할 의향만 있다면 노스랜드는 사우스씨와 교역을 통해 컴퓨터 수입을 늘리려 할 것이다.[ii]

마찬가지로 사우스씨 국민들이 현재 24만 바스켓의 식료품을 생산하고 있다면, 이는 평균적으로 1바스켓의 식료품 생산을 위해 1.11대의 컴퓨터 생산을 포기하고 있음을 의미한다. 그러므로 사우스씨는 노스랜드의 식료품을 수입해 오는 데 있어서 1.11대보다 적은 수의 컴퓨터를 주고 수입할 수만 있다면 노스랜드와의 교역에 참가할 것이다. 1바스켓의 식료품과 1.11대의 컴퓨터가 교환되는 교환비율은 0.9바스켓의 식료품과 1대의 컴퓨터가 교환되는 교환비율과 동일하다. 그러므로 식료품과 컴퓨터의 교환비율이 '컴퓨터 1대 당 식료품 0.9바스켓'을 초과하는 한, 사우스씨 국민들은 그들이 생산한 컴퓨터를 노스랜드의 식료품과 교환할 의향이 있는 것이다.

결국 식료품과 컴퓨터 사이의 교환비율이 '컴퓨터 1대 당 식료품 0.9바스켓'과 '컴퓨터 1대 당 식료품 1바스켓' 사이에 존재하는 한, 노스랜드의 국민들은 그들이 생산한 식료품의 일부를 사우스씨의 컴퓨터와 교환할 의향이 있으며, 사우스씨 국민들도 그들이 생산한 컴퓨터의 일부를 노스랜드의 식료품과 교환할 의향이 있을 것이다. 양국이 식료품과 컴퓨터의 교환비율을 이 범위 내에서 결정하는 한 두 나라 모두 이익을 누리게 되며 이것이 국제무역을 발생하게 하는 기본적인 이유인 것이다. (비교우위와 교역의 원인을 이해하기 위해 "도표로 이해하는 글로벌 경제 이슈 2.2"를 참조하라.)

---

ii) **관련 웹사이트:** 미국 무역 통계 사이트 www.census.gov/indicator/www/ustrade.html

---

📊 도표로 이해하는 글로벌 경제 이슈

2.2 생산가능곡선과 비교우위

도표 2.2는 표 2.6에 근거한 노스랜드와 사우스씨의 생산가능곡선이다. 노스랜드가 식료품과 컴퓨터 생산 모두에 절대우위를 가지고 있기 때문에 사우스씨의 생산가능곡선은 노스랜드의 생산가능곡선 내부에 위치한다. 이는 절대우위의 개념만 가지고는 노스랜드와 사우스씨 사이의 교역을 설명할 수 없음을 의미한다.

표 2.6의 다섯 번째 행의 생산조합을 이용하여

노스랜드와 사우스씨의 평균 기회비용을 계산하였다. 노스랜드는 70만 대의 컴퓨터와 41만 바스켓의 식료품을 생산하고 사우스씨는 25만 대의 컴퓨터와 24만 바스켓의 식료품을 생산하는 상황이 도표의 점 S와 N으로 표시되어 있다.

컴퓨터를 1대 추가 생산할 때의 기회비용은 현재의 생산조합에서의 생산가능곡선의 기울기와 동일하다. 즉, 노스랜드가 컴퓨터 생산을 증가시킬 때 발생하는 기회비용은 생산가능곡선 상의 점 N에서의 접선의 기울기이다. 마찬가지로 사우스씨가 컴퓨터 생산을 증가시킬 때 발생하는 기회비용은 생산가능곡선 상의 점 S에서의 접선의 기울기이다. 점 S에서의 접선의 기울기는 점 N에서의 접선의 기울기보다 약간 작다. 이는 점 N에서 노스랜드가 컴퓨터를 생산하는 것보다 점 S에서 사우스씨가 더 저렴한 비용으로 컴퓨터를 생산할 수 있음을 의미한다. 식료품과 컴퓨터 간의 교환비율이 이 두 기울기 사이에서 결정된다면 이 두 나라는 교역을 시작할 인센티브가 있는 것이다.

심화 학습: 점 N과 S가 생산가능곡선 상의 다른 위치에 존재한다면 노스랜드와 사우스씨의 관점에서 볼 때 교역의 인센티브가 변할 것인가?

도표 2.2 노스랜드와 사우스씨의 생산가능곡선

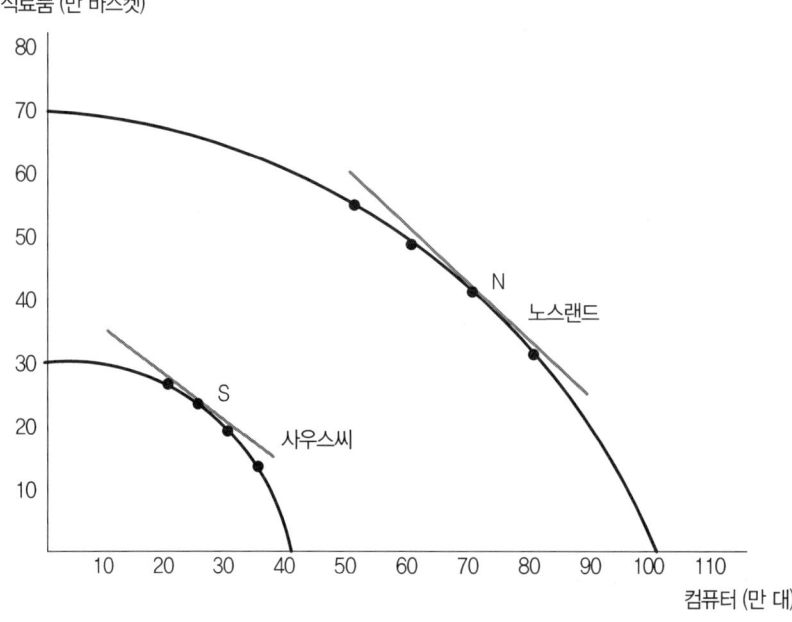

* 도표 2.2는 표 2.6에 나타난 노스랜드와 사우스씨의 생산가능곡선을 보여주고 있다. 노스랜드는 식료품과 컴퓨터 생산 모두에 절대우위를 보유하고 있다. 그 결과, 사우스씨의 생산가능곡선은 노스랜드 생산가능곡선의 내부에 위치하고 있으며, 절대우위로는 국가 간 무역을 설명할 수 없음을 알 수 있다. 현재 양국 국민들은 점 S와 점 N에서 생산하고 있다. 점 S에서의 접선이 점 N에서의 접선보다 덜 가파르다는 사실은 사우스씨가 상대적으로 낮은 비용으로 컴퓨터를 생산할 수 있음을 보여준다. 동시에 노스랜드는 상대적으로 낮은 비용으로 식료품을 생산할 수 있음을 보여준다. 결과적으로 두 나라가 모두 교역을 실시한 인센티브가 있음을 시사한다.

■ 무역의 이익

노스랜드와 사우스씨는 컴퓨터 1대 당 식료품 0.95바스켓의 비율로 식료품과 컴퓨터를 교환하기로 합의했다고 가정하자 (이는 대략 식료품 1바스켓 당 1.053대의 컴퓨터의 비율이다). 이 교환비율에서 노스랜드는 사우스씨에게 10만 바스켓의 식료품을 수출하고 10만 5,300대의 컴퓨터를 수입한다고 가정하자.

표 2.6은 두 나라가 모두 **무역의 이익**(gains from trade)을 누리게 됨을 보여주고 있는데, 이는 무역으로 인해 무역을 하지 않을 때의 생산량보다 증가한 재화와 서비스의 추가적인 생산량을 의미한다. 표 2.6에 따르면 노스랜드는 10만 바스켓의 식료품 생산을 포기하면 10만 대의 컴퓨터를 생산할 수 있다. 그러므로 사우스씨와의 교역은 노스랜드에게 5,300대의 컴퓨터에 해당하는 무역의 이익을 발생시킨다.

사우스씨 입장에서 볼 때 식료품 생산의 평균 기회비용은 1바스켓의 식료품 당 1.11대의 컴퓨터이다. 그러므로 무역이 없는 상황에서 10만 바스켓의 식료품을 생산한다는 것은 11만 대의 컴퓨터 생산을 포기한다는 것이다. 하지만 무역을 통해서는 노스랜드에게 10만 5,300대의 컴퓨터를 수출하고 10만 바스켓의 식료품을 수입할 수 있기 때문에 사우스씨는 4,700대의 컴퓨터에 해당하는 무역의 이익을 얻게 되는 것이다.

마지막으로 이 무역은 노스랜드의 식료품 무역수지에는 흑자로 컴퓨터 무역수지에는 적자로 기록된다. 동시에 사우스씨의 컴퓨터 무역수지에는 흑자로, 식료품 무역수지에는 적자로 기록된다. 만약 이 두 나라가 다른 국가에 대해서도 비슷한 비교우위를 가진다면 노스랜드는 식료품 무역에 있어서 전체적으로 무역수지 흑자를 기록하며 컴퓨터 무역에서는 전체적으로 무역수지 적자를 기록하게 된다. 사우스씨는 컴퓨터 무역에 있어서 전체적으로 무역수지 흑자를 식료품 무역에 있어서는 전체적으로 무역수지 적자를 기록하게 된다. 결과적으로 특정 재화나 서비스의 무역에 있어서 한 국가의 무역수지는 비교우위와 깊게 연관되어 있는 것이다. (무역의 이익은 기본적으로 국제무역을 하지 않던 국가가 국제무역에 참가하는 경우에 관찰할 수 있기 때문에 현실에서 무역의 이익을 계산하는 것은 쉬운 일이 아니다. 무역의 이익에 관한 좋은 케이스로써 1860년대 전후의 일본의 케이스가 있다. "정책사례2.1" 참조.)

> **핵심 이슈 #4**
>
> **비교우위는 무엇이며, 비교우위는 무역참가국에게 무역의 이익을 어떻게 창출하는가?**
>
> 어떤 국가가 다른 국가보다 재화나 서비스를 더 낮은 비용으로 추가 생산할 수 있을 때 그 나라는 비교우위를 보유하고 있다고 한다. 재화나 서비스를 보다 높은 비용으로 추가 생산하는 국가는 비교우위를 보유한 국가와 교역을 할 인센티브가 생긴다. 기회비용이 높은 국가일수록 스스로 생산하여 소비하는 것보다 무역을 함으로써 보다 낮은 비용으로 보다 많은 재화나 서비스를 소비할 수 있기 때문에 무역의 이익이 더욱 증가하게 된다.

- **무역의 이익**(gains from trade): 외국과 무역을 한 결과, 무역을 하지 않았을 경우의 국내생산량을 초과하여 국내소비자가 소비할 수 있었던 추가적인 재화와 서비스의 양을 의미.

정책사례

2.1 19세기 일본과 국제무역의 이익

1860년대 이전 200여 년 동안 일본정부는 일본인이 국제무역에 참여하는 것을 금지하였으며, 이로 인해 일본은 국제무역의 이익을 경험할 수 없었다. 그러나 1859년 일본정부는 무역을 개방하는 새로운 정책을 실시하였으며, 이로 인해 1864년부터는 국제무역이 본격적으로 시작된다.

노팅험대학교의 경제학자인 베른호펜(Daniel Bernhofen)과 브라운(John Brown)은 일본의 1865년 전과 후의 생산요소 데이터를 이용하여 국제무역이 개시된 이후 12년에 걸쳐 발생한 국제무역의 이익을 추정하였다. 국제무역 덕분에 다른 용도로 사용된 경작지의 규모를 이용하여 측정한 결과, 무역을 시작함으로써 일본은 경작지의 3.9퍼센트에 해당하는 규모의 무역의 이익을 얻은 것으로 추정되었다. 국제무역으로 인해 다른 분야에서 고용되는 노동력의 규모를 이용하여 측정한 결과, 남성노동력의 3.3퍼센트, 여성노동자의 5.5퍼센트에 해당하는 무역의 이익이 발생한 것으로 추정되었다. 즉, 19세기에 시장을 개방한 일본정부의 결정은 상당한 규모의 국제무역의 이익을 창출한 것으로 결론지을 수 있다.

심화 학습: 국제무역으로 인해 재화와 서비스의 생산이 증가하고 이를 위해 생산요소의 투입도 증대되는 현상이 궁극적으로 소비자의 이익으로 귀결되는 이유는 무엇인가?

국제무역에 대한 다양한 시각

절대우위는 국가가 특정 재화나 서비스의 생산에 전문화하게 하며 국제무역에 참가할 인센티브를 제공한다. 더 나아가 비교우위는 무역의 이익을 창출하며 절대우위로는 설명할 수 없었던 국제무역의 발생원인을 밝힌다.

그렇다면 왜 국가 간 무역량은 시간이 지남에 따라 증가하기도 하고 감소하기도 하는가? 또한 왜 국제무역은 전세계 각국에서 많은 논쟁과 토론의 대상이 되는가? 이 문제를 차례대로 생각해 보도록 한다.

■ 국제무역의 이익은 사라질 수 있다

20세기 중반까지만 해도 네팔의 어느 마을 대장장이는 손으로 만든 구리 그릇을 다른 나라에 수출할 수 있었다. 그러나 20세기 후반에 들어서면서 네팔 대장장이의 그릇 수출은 거의 사라져버렸고, 21세기 들어오면서 네팔의 무역량은 다소 회복되기 시작하였다. 이런 회복이 21세기 들어 그나마 가능했던 것은 인터넷을 이용한 마케팅 능력이 증대됨에 따라 네팔의 그릇 장인들이 수제공예품의 국제시장에서 나름 새로운 시장을 확보할 수 있었기 때문이다. 그러나 기회비용의 변화는 여전히 국제무역에서 가장 중요한 역할을 수행하였으며, 이는 다른 국가들이 네팔의 구리 그릇 대체품을 개발하고 그 생산에 비교우위를 가지게 됨으로써 20세기 후반 내내 네팔의 수제공예품 수출을 구축(驅逐, crowd out)하는 결과를 가져온 것이었다.

앞서의 예제 중 생산가능곡선과 기회비용을 분석함에 있어서 다음의 두 가지의 가정을 강조하였다. 즉, (1) '주어진' 기술조건과 (2) '주어진' 가용자원이다. 물론 이 가정은 단기에 적합한 가정이다. 한 국가의 생산가능곡선은 장기적으로는 불변이 아니다. 기술진보가 생산가능곡선을 확대시키며, 노동과 같은 생산요소의 부존량 역시 시간에 걸쳐 증가하며 생산가능곡선을 변화시킨다. 더 나아가 기술진보나 생산요소의 부존량 증가는 특정 재화나 서비스의 생산에 상대적으로 더 유리하게 작용하기도 한다.

이는 어떤 국가가 특정 재화나 서비스의 생산에 대하여 어떤 시점에서 가지고 있던 절대우위가 시간이 흐름에 따라 약해질 수 있음을 의미한다. 특히 장기적인 관점에서 다른 국가들이 동일한 재화나 서비스의 생산에 있어서 더욱 확충된 생산능력을 보유하게 됨에 따라 어떤 국가가 특정 시점에서 보유한 절대우위는 변하게 된다. 또한 기술진보나 요소부존량의 변화가 특정 재화나 서비스의 생산과 관련된 기회비용의 변화를 가져오며 이는 특정 재화나 서비스의 생산을 상대적으로 더욱 저렴하게 만들기도 한다. 이런 이유로 인해 한 때 수제 구리 그릇의 생산에 비교우위를 가졌던 네팔이 다른 국가에서 발생한 기회비용의 변화로 인해 그 비교우위가 몇 년 만에 사라지는 것을 경험한다.

결론적으로 특정 시점에서 특정 재화와 관련하여 얻는 무역의 이익도 한 순간에 사라질 수 있으며, 또한 몇 년 후에 다시 발생할 수도 있음을 의미한다. 그리고 종종 한 국가의 생산가능곡선의 변화는 무역의 이익을 완전히 반대방향으로 변화시키기도 한다. 즉, 특정 재화의 생산에 비교우위를 보유하여 그 재화의 순수출국이었다가 다른 국가가 동일 재화의 생산에 비교우위를 개발함에 따라 순수입국이 되기도 한다.

■ 무역의 재분배 기능

네팔의 대장장이에게 변화는 고통스러운 것이었다. 20세기 중반까지만 하더라도 네팔의 그릇 장인은 저렴한 그릇이나 항아리, 단지 등의 생산에 있어서 비교우위를 보유하고 있었으며, 이런 종류의 재화를 생산하여 판매함으로써 부유하지는 않지만 평범한 삶을 유지할 수 있었다. 그러나 이런 제품에 대한 대체재들이 훨씬 낮은 기회비용 수준에서 생산될 수 있는 상황이 되자 네팔의 생산자들은 인도로 이동하여 인도가 비교우위를 보유한 재화나 서비스의 생산에 종사하고자 하였다. 그러나 수년 전부터 발생한 마케팅 기술의 발전, 소비자 선호의 변화 및 네팔 이외 지역에서의 기회비용의 변화로 인해 네팔의 대장장이에게는 다시 호황이 돌아오고 있다. 예를 들어 미국과 다른 지역의 소비자들이 네팔 대장장이가 만든 구리 그릇을 구입하기 시작함에 따라 네팔의 생산자들은 무역의 이익을 다시 누리게 되었다.

네팔 구리 그릇의 호황 및 불황 스토리는 국가 간에 발생하는 절대우위나 비교우위의 변화로 인해 개별국가가 경험하게 되는 **국내적 변화**를 보여주는 작은 일례에 불과하다. 이런 변화는 **무역의 재분배 효과(redistributive effects of trade)**를 보여주고 있는데, 구체적으로 이는 국제무역의 변화로 인해 발생하는 한 국가 내에서의 소득흐름의 변화를 의미한다. 생산가능곡선을 변화시키

• **무역의 재분배 효과(redistributive effects of trade)**: 국제무역의 변화로 인해 자국 국민들 사이에 발생하는 소득 재분배.

고 절대우위나 비교우위의 변화를 가져오는 기술변화 및 기타요인들이 재분배 효과를 통하여 국제적 영향력뿐만 아니라 국내적 영향력도 가지게 된다. 당연히 무역의 재분배 효과는 국내 정치에 주는 시사점도 크다. 특히, 무역의 재분배 효과는 사람들의 복지수준에 영향을 미친다. 이 주제는 앞으로 계속 다루기로 한다.

> **핵심 이슈 #5**
>
> 많은 이익에도 불구하고 왜 국제무역은 증가와 감소를 반복하며, 세계 여러 나라에서 많은 논쟁을 일으키는가?
>
> 절대우위나 비교우위에서 발생하는 전문화 및 무역의 잠재적 이익은 시간이 흐름에 따라 변한다. 즉, 기술변화나 생산요소 부존량에 변화가 발생하게 되고 이것이 한 국가 내에서 기회비용의 변화를 가져옴에 따라 전문화 및 교역의 잠재적 이익도 달라진다. 시간이 흐르면서 국가는 절대우위와 비교우위에 변화를 모색하고 국내에서 소득재분배가 발생하게 된다.

요약

1. **생산가능집합 및 재화와 서비스의 생산비용과의 관계**: 생산가능집합은 어떤 국가의 국민들이 현재 사용가능한 기술과 생산요소를 이용하여 생산 가능한 재화와 서비스 생산량의 모든 조합을 의미한다. 특정 재화나 서비스의 생산 증가는 다른 재화나 서비스의 생산 감소를 수반하며, 이는 기회비용이 발생함을 의미한다. 특정 재화나 서비스의 생산을 늘릴수록 그 품목을 생산하는 데 수반되는 기회비용은 상승한다.

2. **절대우위와 국제무역 간의 관계**: 어떤 국가의 국민들이 특정 재화나 서비스를 다른 나라의 국민들보다 더 많이 생산할 수 있으면 그 재화나 서비스의 생산에 있어서 절대우위를 가지고 있다고 말한다. 이 경우 그 나라의 국민들은 절대우위를 보유한 재화나 서비스의 생산에 전문화할 인센티브를 가지게 되며, 절대우위를 가진 재화나 서비스를 교역할 수 있다.

3. **절대우위는 국제무역을 설명하기에 불충분하다**: 절대우위의 개념만으로는 국제무역이 발생하는 원인을 충분히 설명할 수 없다. 이는 어떤 국가가 특정 제품의 생산에 절대우위를 보유하고 있다 하더라도 그 제품을 생산하는 데 수반되는 기회비용이 다른 국가가 동일 제품을 생산할 때 발생하는 기회비용을 초과할 수 있기 때문이다.

4. **비교우위와 무역의 이익**: 어떤 국가가 특정 재화나 서비스를 한 단위 추가 생산할 때 다른 국가보다 낮은 기회비용으로 생산할 수 있다면 그 재화나 서비스의 생산에 비교우위를 가지고 있는 것이다. 더 높은 기회비용으로 동일 제품을 생산하는 국가는 비교우위를 보유한 국가와 교역을 할 인센티브가 생기게 되며, 교역을 함으로써 이익을 얻게 된다. 즉, 국내에서 자체적으로 그 재화나 서비스를 생산하는 경우보다 교역을 통해 상대적으로 더 낮은 비

용으로 동일한 재화나 서비스를 더 많이 얻을 수 있게 된다.

5. **무역의 이익에도 불구하고 왜 국제무역은 증가와 감소를 반복하며 논쟁의 대상이 되는가?**: 기술진보와 생산요소 부존량의 변화 등이 국가 간 상대적 기회비용에 영향을 미치며 이로 인해 어떤 국가가 보유한 절대우위나 비교우위에도 변화가 발생한다. 그 결과 생산의 전문화 및 무역이 초래하는 잠재적 이익도 시간이 흐름에 따라 변하게 되며, 이에 따라 어떤 국가는 기존의 절대우위나 비교우위를 상실하게 되고 어떤 국가는 절대우위나 비교우위가 새롭게 생기기도 한다. 이런 변화는 국내적으로 소득의 재분배를 초래하기도 한다.

연습문제

1. 컴퓨터 모뎀과 DVD 드라이브를 생산하는 어떤 국가의 생산가능집합을 가정하자. 현재 이 국가는 50만 개의 모뎀과 57만 개의 DVD 드라이브를 생산하고 있다.

DVD 드라이브 (만 개)	모뎀 (만 개)
80	0
70	30
64	40
57	50
49	60
40	70
25	80
0	90

(a) 모뎀을 20만 개 추가 생산할 때 기회비용은 얼마인가?
(b) DVD 드라이브를 7만 개 추가 생산할 때 기회비용은 얼마인가?
(c) 모뎀 생산에만 전문화하는 경우의 기회비용은 얼마인가? 이 나라의 국민들이 모뎀 생산에 전문화하려는 이유는 무엇인가?

2. 다음 표에는 노스랜드와 이웃 국가인 이스트쇼어의 생산요소와 생산가능집합과의 관계가 주어져 있다.

	노스랜드		이스트쇼어		합계
	노동	생산	노동	생산	생산
모뎀	50	25	50	45	70
DVD 드라이브	50	50	50	15	65

(a) 모뎀 생산에 절대우위를 보유한 나라는? DVD 드라이브 생산에 절대우위를 보유한 나라는?
(b) 모뎀 생산에 비교우위를 보유한 나라는? DVD 드라이브 생산에 비교우위를 보유한 나라는?

(c) 다른 생산요소의 영향은 없다는 가정하에, 노스랜드와 이스트쇼어 사이에 모뎀 및 DVD 드라이브교역이 가능해지는 모뎀과 DVD 드라이브 간 교환비율의 범위는 무엇인가? 만약 무역이 발생한다면 모뎀수출국은 어느 나라이며 DVD 수입국은 어느 나라인가?

3. 다음 표를 이용하여 문제에 답하라.

노스랜드		이스트쇼어	
모뎀 (만 개)	DVD 드라이브 (만 개)	모뎀 (만 개)	DVD 드라이브 (만 개)
0	80	0	50
30	70	10	48.5
40	64	15	45.5
50	57	20	40
60	49	25	33
70	40	30	25
80	25	35	16
90	0	40	0

(a) 모뎀 생산에 절대우위를 보유한 나라는? DVD 드라이브 생산에 절대우위를 보유한 나라는?
(b) 현재 두 나라는 표의 4번째 줄에 나타난 생산가능조합을 생산하고 있다고 가정하자. 10만 개의 모뎀을 추가 생산할 때 발생하는 평균기회비용에 근거하여 판단해 볼 때, 노스랜드가 Eastshore와 교역을 함으로써 교역이 없을 때보다 더 많은 모뎀을 얻게 되며, 무역의 이익을 누리게 되는 것이 가능한가?

4. 아래 표는 두 나라가 두 종류의 재화를 동일한 양 생산하고자 할 때 필요한 노동투입량을 나타내고 있다. 노동 외 다른 생산요소는 불변이라고 가정하자.

	치즈	와인
덴마크	8	4
포르투갈	10	4

(a) 치즈 생산에 절대우위를 보유한 나라는? 와인 생산에 절대우위를 보유한 나라는?
(b) 치즈 생산에 비교우위를 보유한 나라는? 와인 생산에 비교우위를 보유한 나라는?
(c) 만약 덴마크가 수입을 한 단위 증가시키면 노동투입량은 얼마나 줄어드는가?
(d) 만약 포르투갈이 수입을 한 단위 증가시키면 노동투입량은 얼마나 줄어드는가?
(e) 상대 국가가 비교우위를 보유한 제품을 수입하는 경우 덴마크와 포르투갈이 무역의 이익을 얻게 되는데 그 이유를 설명하라.

5. 아래 표는 두 나라가 세 종류의 재화를 동일한 양 생산하고자 할 때 필요한 노동투입량을 나타내고 있다. 노동 외 다른 생산요소는 불변이라고 가정하자.

	곡물	와인	의류
네팔	3	4	3
인도	4	3	1

(a) 네팔이 비교우위를 보유한 재화는? (비교우위가 가장 높은 재화부터 낮은 순으로 나열하라.)

(b) 네팔이 인도에 수출하여 무역의 이익을 얻을 수 있는 재화는? 반대로 인도로부터 수입했을 때 무역의 이익을 얻을 수 있는 재화는?

6. 2번 문제의 표를 참조한다. 2번 문제의 표는 노스랜드와 이스트쇼어의 10년 전 상황이라고 가정하자. 두 나라에서 기술진보가 발생하여 생산의 전문화와 교역이 발생하기 전 아래 표의 상황이 발생하였다.

	노스랜드		이스트쇼어		합계
	노동	생산	노동	생산	생산
모뎀	50	50	50	150	200
DVD 드라이브	50	100	50	75	175

(a) 모뎀 생산에 절대우위를 보유한 나라는? DVD 드라이브 생산에 절대우위를 보유한 나라는?

(b) 모뎀 생산에 비교우위를 보유한 나라는? DVD 드라이브 생산에 비교우위를 보유한 나라는?

(c) 다른 생산요소의 영향은 없다는 가정하에, 노스랜드와 이스트쇼어 사이에 모뎀 및 DVD 드라이브 교역이 가능해지는 모뎀과 DVD 드라이브 간 교환비율의 범위는 무엇인가? 만약 무역이 발생한다면 모뎀수출국은 어느 나라이며 DVD 수입국은 어느 나라인가?

온라인 응용학습

URL: www.census.gov/foreign-trade/data/index.html

제목: U.S. international trade in goods and services

검색: U.S. Census Bureau의 홈페이지에서 'Business and Industry' 섹션에 있는 'Foreign Trade'를 클릭. 'Data' 클릭한 후 'Latest U.S. International Trade in Goods and Services Report'를 선택.

응용: 주어진 명령을 수행하여 문제에 답하라

1. 'Exhibit 15: Goods by Principal SITC Commodities'를 클릭한 후 데이터를 평가하라. 가장 최근의 데이터를 이용하여 최근 몇 달 동안 미국이 무역흑자를 달성하고 있는 품목을 몇 개 제시하라. 무역수지를 경험하고 있는 품목에는 어떤 것이 있는가? 흑자와 적자 품목 사이에 어떤 패턴이 관찰되는가? 만약 그렇다면

이 패턴은 미국의 절대우위 혹은 비교우위에 대하여 어떤 시사점을 주는가?

2. 'Exhibit 3: Services Exports'와 'Exhibit 3: Services Imports'를 클릭하라. 미국은 서비스 교역에 있어서 흑자를 기록하고 있는가? 아니면 적자를 기록하고 있는가? 이 데이터는 미국이 서비스 생산에 있어서 절대우위 혹은 비교우위를 보유하고 있는지의 여부에 관해 시사점을 주는가?

팀 과제: 몇 개의 그룹으로 나누어 그룹마다 다른 재화와 서비스 군을 부여한다. 각 그룹마다 미국이 절대우위나 비교우위를 보유한 재화나 서비스를 조사한다. 각 그룹별로 조사한 미국의 절대우위 및 비교우위에 근거하여 과연 무역이 발생할 것인지 아닌지 그 여부에 대해 토론한다.

참고문헌

Bernhofen, Daniel, and John Brown. "A Factor Augmentation Formulation of the Value of International Trade," University of Nottingham Research Paper No. 2015/05, 2012.

Blonigen, Bruce A. "Revisiting the Evidence on Trade Policy Preferences." *Journal of International Economics* 85 (September 2011): 129–135.

Caves, Richard, Jeffrey Frankel, and Ronald Jones. *World Trade and Payments*, 11th edn. New York: Addison-Wesley, 2006.

Feenstra, Robert, and Alan Taylor. *International Economics*. New York: Worth, 2008.

Harford, Tim. *The Undercover Economist: Exposing Why the Rich are Rich, the Poor are Poor and Why You Can Never Buy a Decent Used Car!* New York: Oxford University Press, 2006.

Mayda, Anna Maria, and Dani Rodrik. "Why are Some People (and Countries) More Protectionist than Others?" *European Economic Review* 49 (2005): 1393.1430.

Rivoli, Pietra. *The Travels of a T-Shirt in the Global Economy*. Hoboken, NJ: John Wiley and Sons, 2005.

Rodrick, Dani. "Symposium on Globalization in Perspective: An Introduction." *Journal of Economic Perspectives* 12(4) (1998): 3.8.

Samuelson, Paul A. "Where Ricardo and Mill Rebut and Confirm Arguments of Mainstream Economists Supporting Globalization." *Journal of Economic Perspectives* 18(3) (2004): 135.146.

2부

국제무역: 불후의 이슈들

3장	비교우위의 원천	53
4장	국제무역에 대한 규제: 무역정책과 그 효과	82
5장	지역주의와 다자주의	113

3장

비교우위의 원천

> **핵심 이슈**
>
> 1. 비교우위의 요소부존비율은 무엇인가?
> 2. 헥셔-올린 무역이론은 무엇인가?
> 3. 요소부존비율 접근법은 실제 무역패턴을 얼마나 잘 설명하는가?
> 4. 무역과 요소가격 간의 관계는 어떤 것인가?
> 5. 무역과 실질소득 간의 관계는 무엇인가?
> 6. 국제적 생산 양상은 비교우위의 개념과 일관된 모습을 보이는가?
> 7. 경제성장은 무역패턴에 어떤 영향을 미치는가?

아프리카 대륙에서 400km정도 떨어져 인도양에 위치한 섬나라 마다가스카르는 풍부한 노동력과 양질의 목화생산지를 보유하고 있다. 그러나 마다가스카르의 수출업자들은 섬유제품을 국경근처로 수송하는 데 큰 애로를 겪고 있어 수출에 큰 차질을 빚고 있다. 빈약한 운송인프라와 노후한 차량들 때문에 마다가스카르에서는 섬유완제품을 공장에서 항구까지 대략 300마일 수송하는데 보통 14시간이 소요된다. 또한 항구의 선적시설에도 최신 장비가 없기 때문에 제품을 배에 선적하여 최종 목적지로 떠나보내는 데에도 많은 시간이 소요된다. 기업들이 시설투자를 획기적으로 증가시키지 않는 한 마다가스카르가 글로벌 섬유시장에서 비교우위를 갖는다는 것은 거의 불가능한 것으로 여겨진다.

앞서 우리는 무역의 핵심적인 결정요인이 비교우위임을 살펴보았다. 그렇다면 비교우위의 원천은 무엇인가? 종종 비교우위의 원천을 생산요소 부존량의 국가별 차이에서 찾는다. 이 장에서는 비교우위를 설명하기 위해 요소비율의 개념을 사용할 것이다. 또한 요소비율의 개념을 이용하여 요소가격, 자유무역의 수혜자와 피해자, 아웃소싱, 경제성장 등의 이슈를 공부하게 될 것이다.

국제무역과 요소부존비율

제2장에서 살펴보았듯이 비교우위의 개념은 국가

간 무역의 발생원인을 설명할 수 있었다. 즉, 비교우위를 가지고 있는 제품을 생산하여 수출하고 비교열위를 가지고 있는 제품을 수입함으로써 교역당사국의 국민들은 무역의 이익을 누릴 수 있다. 이 장에서는 비교우위의 원천을 설명하는 기본적인 이론들을 살펴본다.

■ 요소부존비율 접근법

제2장에서 살펴본 비교우위이론은 경제학자들이 무역의 패턴을 설명하기 위해 지난 100년 동안 사용해온 기본적인 이론이다. 1900년대 초에 스웨덴 출신의 경제학자 헥셔(Eli Heckscher)와 노벨상 수상자 올린(Bertil Ohlin)이 무역의 패턴을 설명하기 위해 좀 더 일반적인 접근법을 개발하였는데, 이것이 헥셔-올린 정리(Heckscher-Ohlin theorem)이다.[i]

20세기 중반에 들어서 헥셔-올린 정리는 노벨상 수상자인 MIT의 사뮤엘슨(Paul Samuelson)에 의해 확장되고 보다 정교하게 발전되었다. 헥셔-올린 정리에 대한 사뮤엘슨의 기여가 워낙 중요해서 이 이론을 헥셔-올린-사뮤엘슨 모형(Heckscher-Ohlin-Samuelson model)이라고 부르기도 한다. 이 모형에서는 한 국가가 보유한 다양한 **생산요소**(factors of production)의 부존량이 비교우위의 원천으로 작동한다. 그래서 이 책에서는 이 단순한 무역이론을 요소부존비율 모형(factor proportions model)으로 부르기로 한다.

- **생산요소**(factors of production) : 재화와 서비스를 생산하기 위해 기업이 사용하는 자원.

i) 관련 웹사이트: 노벨경제학상 수상자에 관한 정보는 다음의 웹 사이트 참조. www.nobel.se/economics/laureats.

요소부존비율 모형에서는 두 나라가 동일한 두 종류의 생산요소와 동일한 생산기술을 사용하여 재화와 서비스를 생산하는 것으로 가정한다. 두 생산요소인 **자본**(capital) — 재화와 서비스의 생산에 사용되는 실물장비와 건물들 — 과 노동(labor)은 국내에서 산업 간에 자유로운 이동이 가능하지만, 국가 간 이동은 불가능한 것으로 가정한다. 무역에 대한 제한은 없으며 운송비용도 0으로 가정한다. 그 결과 양국이 생산한 재화는 국가 간에 자유로운 이동이 가능하다. 또한 두 나라 국민들의 재화와 서비스에 대한 선호체계도 동일한 것으로 가정한다.

요소부존량

지금까지의 가정하에서는 두 나라 사이에 차이가 없다. 두 나라 사이의 차이는 각 나라가 보유하고 있는 요소부존량(factor endowments)이 다르다는 사실뿐이다. 요소부존량이 다르기 때문에 생산과정에 투입되는 요소의 양이 다르며 이로 인해 각국이 생산하는 재화의 양도 달라진다.

요소부존량의 차이를 이해하기 위해서 제2장에서 사용한 노스랜드의 예제를 다시 사용하도록 하자. 노스랜드의 국민들은 이스트아일의 국민들과 무역을 하고자 하는데, 이스트아일의 국민들도 컴퓨터와 식료품을 소비하며 노스랜드 국민들과 동일한 선호체계를 가지고 있다고 가정하자. 양국의 기업들은 동일한 기술을 이용하여 노동과 자본을 결합시켜 컴퓨터와 식료품을 생산한다. 노스랜드는 800단위의 노동과 1,000단위의 자본을 보유하고 있으며, 이스트아일은 1,000단위의 노동

- **자본**(capital) : 재화와 서비스를 생산하는 데 사용되는 실물장비와 건물.

과 800단위의 자본을 보유하고 있다고 가정하자.

양국의 요소부존량을 이용하여 노동-자본 비율을 구할 수 있다. 이스트아일의 노동-자본 비율은 1.25(=1,000/800)이고 노스랜드의 노동-자본 비율은 0.8(=800/1,000)이다. 노동-자본 비율은 이스트아일이 **상대적으로 노동이 풍부한 국가**(relatively labor-abundant nation)임을 보여주고 있다. 즉, 이스트아일에는 자본 1단위 당 노동의 양이 노스랜드보다 많다. 반면, 노스랜드에는 이스트아일보다 노동 1단위 당 자본의 양이 더 많기 때문에 **상대적으로 자본이 풍부한 국가**(relatively capital-abundant nation)이다. (인도는 미네랄이 풍부한 비옥한 토지와 많은 노동력을 보유하고 있다. 그러나 국경너머 외국과 교역을 하고자 하는 인도 기업들은 많은 장벽에 직면한다. "정책사례 3.1" 참조.)

요소집약도

이제 요소집약도(factor intensities)에 관해서 생각해보자. 여기서 요소집약도란 컴퓨터와 식료품을 생산하는 데 있어서 요구되는 생산요소의 투입량이다. 식료품과 컴퓨터를 생산하는 데 투입되는 노동과 자본의 결합비율은 일정하다고 가정하자. 그리고 현재 주어진 생산 기술에서는 식료품 생산을 위해 요구되는 자본 1단위 당 노동투입량이 컴퓨터 생산을 위해 요구되는 자본 1단위 당 노동투입량보다 항상 많다고 가정하자. 이를 달리 말하면, 컴퓨터 생산을 위해 요구되는 노동 1단위 당 자본투입량이 식료품 생산을 위해 요구되는 노동 1단위 당 자본투입량보다 항상 많다는 것과 동일

- **상대적으로 노동이 풍부한 국가**(relatively labor-abundant nation): A국과 B국, 두 나라만 존재한다고 할 때, A국이 B국보다 자본 1단위 당 노동의 양이 많으면 A국이 상대적으로 노동이 풍부한 국가이다.
- **상대적으로 자본이 풍부한 국가**(relatively capital-abundant nation): A국과 B국, 두 나라만 존재한다고 할 때, B국이 A국보다 노동 1단위 당 자본의 양이 많으면 B국이 상대적으로 자본이 풍부한 국가이다.

📝 정책사례

3.1 열악한 운송시스템이 인도의 국제무역거래를 방해하고 있다

인도 내륙에 있는 델리와 항구도시인 첸나이는 1,300마일 정도 떨어져 있는데, 이 두 도시 사이에 수입품이나 수출품을 트럭을 이용하여 운송하는 경우 평균 운송 속도는 시속 10마일(약 16km) 이하이며 최소 일주일의 시간이 걸린다. 이 운송 속도는 사실상 장거리 달리기 선수의 달리기 속도보다도 느린 것이다. 느린 운송속도로 인한 낮은 연비와 장시간 운전으로 인해 운전기사에게 지급되는 추가수당 등이 수입업자나 수출업자의 비용을 크게 상승시키는 요인이 되고 있다.

트럭 운송 속도를 떨어뜨리고 운송비용을 상승시키는 원인 중 하나가 고속도로에 설치되어 있는 177개의 세금 및 허가증 검문소이다. 이 검문소는 28개 주정부에 의해 운영되고 있으며, 중앙정부는 이 검문소를 통해 15가지의 운송 관련 세금을 징수하고 있다.

또한 중앙정부가 건설하여 공급하는 고속도로 시스템도 대량의 트럭 물동량을 소화하기에는 매우 부족한 상황이다. 민간자본이 도로건설에 투자하고 적정한 통행료를 징수하도록 허가해주면 고속도로 정체문제 해결에 큰 도움이 되겠지만 인도정부는 민간자본에 의한 도로건설 허가에 매

> 우 소극적이다. 이런 문제점들이 모두 인도의 국제무역거래를 저해하는 심각한 장애요인으로 작용하고 있다.
>
> 심화 학습: 상품을 운송하는 기간이 길어지면 왜 국제무역과 관련된 비용이 자동적으로 증가하는가?

하다. 즉, 식료품을 생산할 때는 컴퓨터를 생산할 때에 비해서 자본보다는 노동을 **상대적으로** 더 많이 사용하기 때문에 식료품은 **노동집약적 제품**이다. 마찬가지로 컴퓨터를 생산할 때는 식료품을 생산할 때에 비해서 노동보다는 자본을 **상대적으로** 더 많이 사용하기 때문에 컴퓨터는 **자본집약적 제품**이다.

두 나라 모두 동일한 생산기술을 사용하고 있다. 그러므로 양국의 상대적인 요소부존량과 요소투입량이 각국의 비교우위를 결정하게 된다. (양국의 생산가능집합에 대한 비교는 "도표로 이해하는 글로벌 경제 이슈 3.1"을 참조하라.)

- **상대적으로 노동집약적인 재화**(relatively labor-intensive good): 두 개의 재화만 생산한다고 가정할 때, 자본 1단위 당 노동투입량이 더 많은 재화.

- **상대적으로 자본집약적인 재화**(relatively capital-intensive good): 두 개의 재화만 생산한다고 가정할 때, 노동 1단위 당 자본투입량이 더 많은 재화.

🞑 도표로 이해하는 글로벌 경제 이슈

3.1 요소부존량과 생산가능곡선

요소부존량과 생산가능곡선(PPF: production possibilities frontier) 간의 관계가 도표 3.1에 나타나있다. 도표 3.1은 상대적으로 자본이 풍부한 노스랜드(Northland)와 상대적으로 노동이 풍부한 이스트아일(Eastisle)의 PPF를 보여주고 있다. 요소집약도의 측면에서, 컴퓨터는 상대적으로 자본집약적 재화이고 식료품은 상대적으로 노동집약적인 재화이다.

노스랜드는 상대적으로 자본이 풍부한 국가이며, 컴퓨터가 상대적으로 자본집약적인 재화이므로 이스트아일보다 노스랜드의 컴퓨터 생산능력이 상대적으로 더 크다. 그러므로 노스랜드의 PPF는 이스트아일보다 컴퓨터 쪽으로 더 치우쳐 있다. 마찬가지로, 이스트아일은 상대적으로 노동이 풍부한 국가이며, 식료품이 상대적으로 노동집약적인 재화이므로 노스랜드보다 이스트아일의 식료품 생산능력이 상대적으로 더 크다. 그러므로 이스트아일의 PPF는 노스랜드보다 식료품 쪽으로 더 치우쳐 있다.

제2장에서 설명했듯이 특정 생산조합에서 생산가능곡선에 접하는 접선의 기울기는 그 생산조합의 생산에 수반되는 기회비용을 나타낸다. 자급자족의 경우 양국은 점 A에서 생산하고 소비한다. 점 A에서 이스트아일 PPF에 접하는 접선 기울기의 절대값은 노스랜드 PPF의 기울기보다 크다. 이는 노스랜드가 컴퓨터 생산의 기회비용이 이스트아일보다 낮음을 의미한다. 이처럼 상대적인 요소부존량과 요소집약도의 차이에 따라 PPF의 형태도 달라진다.

심화 학습: 이스트아일은 노스랜드보다 노동력과 자원의 양이 훨씬 적다고 하자. 이 경우 위의 결과에 어떤 변화가 있는가?

도표 3.1 요소부존량과 생산가능곡선

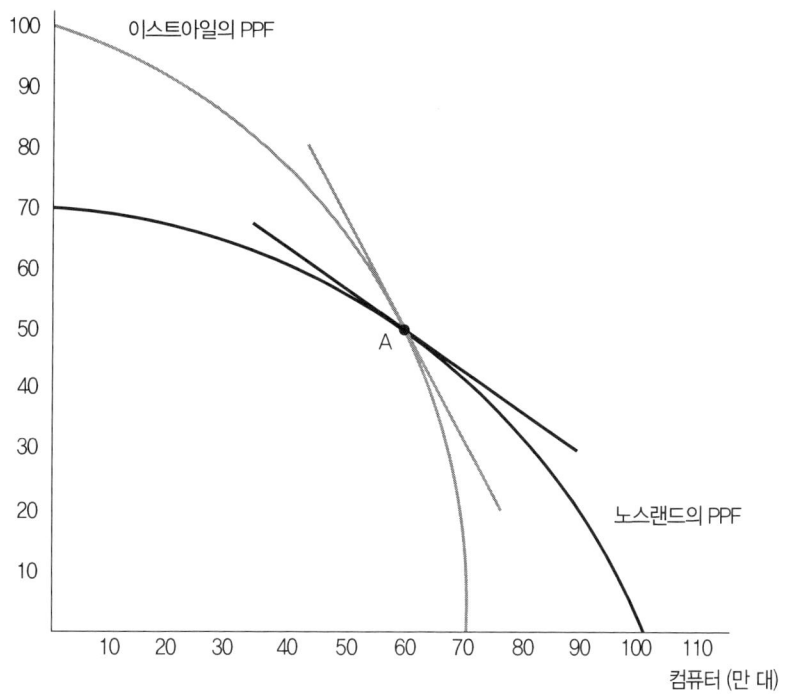

* 노스랜드가 상대적으로 자본이 풍부하기 때문에 PPF가 컴퓨터 쪽으로 치우쳐있다. 이스트아일은 상대적으로 노동이 풍부하기 때문에 PPF가 식료품 쪽으로 치우쳐있다. 두 나라가 모두 점 A에서 생산하고 소비한다고 가정하자. 점 A에서 노스랜드의 컴퓨터 생산 기회비용이 더 낮기 때문에 점 A에서 노스랜드 PPF의 접선이 이스트아일 PPF의 접선보다 더 완만하다.

핵심 이슈 #1

비교우위의 요소부존비율은 무엇인가?

요소부존비율 접근법에 따르면, 두 나라의 상대적인 요소부존량과 교역하고자 하는 재화의 생산에 필요한 상대적인 요소투입량이 비교우위를 결정한다. 요소부존비율 모형은 상대적인 요소부존량과 요소집약도에 초점을 맞춘 2국-2재화 모형이다. 이 모형은 비교우위의 요소부존비율을 증명하는 데 사용할 수 있다.

■ 헥셔-올린 정리와 국제무역

요소부존비율 모형을 사용하여 헥셔와 올린은 경제학에서 가장 기본적이며 아마도 가장 많이 검증된 개념인 **헥셔-올린 정리**(the Heckscher-Ohlin therorem)를 개발하였다. 이 정리에 의하면 상대적으로 노동이 풍부한 국가는 상대적으로 노동집약적인 재화를 수출하고, 상대적으로 자본이 풍부한 국가는 상대적으로 자본집약적인 재화를 수출한다.

- **헥셔-올린 정리**(the Heckscher-Ohlin therorem): 상대적으로 노동 부존량이 많은 국가는 상대적으로 노동집약적인 재화를 수출하고 상대적으로 자본 부존량이 많은 국가는 상대적으로 자본집약적인 재화를 수출한다는 정리.

헥셔-올린 정리를 이용한 국제무역에 대한 설명

헥셔-올린 정리는 다음과 같다.

상대적으로 노동의 부존량이 많은 국가는 상대적으로 노동집약적인 재화의 생산에 비교우위가 있으며, 상대적으로 자본의 부존량이 많은 국가는 상대적으로 자본집약적인 재화의 생산에 비교우위가 있다.

노스랜드와 이스트아일의 예제를 사용하여, 두 나라가 교역할 때 교역의 방향을 결정할 수 있다. 노스랜드는 상대적으로 자본부존량이 많은 나라이므로 상대적으로 자본집약적인 컴퓨터를 수출할 것이며, 상대적으로 노동집약적인 식료품을 수입할 것이다. 상대적으로 노동부존량이 많은 이스트아일은 상대적으로 노동집약적인 식료품을 수출할 것이며, 상대적으로 자본집약적인 컴퓨터를 수입할 것이다. (헥셔-올린 정리를 노스랜드와 이스트아일의 예제에 적용한 경우는 "도표로 이해하는 글로벌 경제 이슈 3.2"를 참조하라.)

도표로 이해하는 글로벌 경제 이슈

3.2 헥셔-올린 정리

헥셔-올린 정리를 이해하기 위해서 이스트아일과 노스랜드의 예제를 이용해보자. 도표 3.1(p. 57)에 기초한 도표 3.2(p. 59)는 무역 전후의 양국의 상황을 보여주고 있다. 무역이 없는 자급자족의 상황일 때 이스트아일과 노스랜드는 PPF 상의 점 A에서 생산하고 소비한다. 도표 3.2에서 볼 수 있듯이 노스랜드는 컴퓨터를 1단위 추가 생산할 때의 기회비용이 이스트아일보다 낮다. 이 때 노스랜드의 컴퓨터 1단위 추가 생산 시의 기회비용은 국내가격비율과 동일하며 접선 P_A^N로 표시되고 있다. 동시에 이스트아일은 컴퓨터 1단위 추가 생산 시 더 높은 기회비용에 직면하며 접선 P_A^E로 표시되고 있다.

이제 두 나라가 교역을 하기로 결정했다고 하자. 그리고 이스트아일과 노스랜드는 컴퓨터 1대당 식료품 1.1바스켓의 가격비율로 거래할 의사가 있다고 가정하자. (교역당사자 모두에게 이익을 가져다주는 재화와 서비스의 교환비율은 특정범위 내에서 성립함을 이미 제2장에서 검토하였다.) 이 가격비율은 두 나라의 PPF에 동시에 접하는 접선인 P_T의 기울기로 표현할 수 있다. P_T의 기울기의 절대값은 1.1인데, P_T^E와 P_T^N의 기울기를 이용하여 P_T의 기울기를 계산할 수 있다. P_T^E와 P_T^N로 이루어진 선분은 컴퓨터 생산을 40만 대 포기하면 식료품 생산을 44만 바스켓 증가시킬 수 있음을 의미하므로, 이는 결국 선분 $P_T^E P_T^N$의 기울기의 절대값은 1.1(=440/400)임을 알 수 있다.

만약 두 나라가 가격 P_T에서 교역을 한다면 각국의 생산조합은 그 가격에 맞춰 조정된다. 노스랜드는 자급자족 상태와 비교해 볼 때 컴퓨터의 상대가격이 상승하고 식료품의 상대가격은 낮아지기 때문에 점 A에서 PPF를 따라 우하향으로 움직이면서 컴퓨터 생산을 늘리고 식료품 생산을 줄이게 된다. 이스트아일은 자급자족 상태와 비교해 볼 때 컴퓨터의 상대가격이 낮아지고 식료품의 상대가격이 높아지기 때문에 좌상향으로 움직이면서 컴퓨터 생산을 줄이고 식료품 생산을 늘리게 된다.

마지막으로 양국의 국민들은 점 C에서 소비를 한다고 가정하자. 점 C는 각국의 PPF 밖에 위치하고 있으므로, 양국의 국민들은 자급자족 상태보다 두 재화를 더욱 많이 소비할 수 있게 된다.

이는 제2장에서 설명하였던 비교우위의 이점, 즉, 각국이 비교우위를 보유한 재화의 생산에 전문화함으로써 얻게 되는 이익을 보여주고 있다.

이제 이스트아일은 60만 대의 컴퓨터를 소비하지만 40만 대만 생산하기 때문에 노스랜드로부터 20만 대의 컴퓨터를 수입해야만 한다. 이스트아일은 75만 바스켓의 식료품을 생산하지만 53만 바스켓만 소비하기 때문에 22만 바스켓의 식료품은 노스랜드에 수출해야만 한다. 마찬가지로 노스랜드는 53만 바스켓의 식료품을 소비하지만 31만 바스켓만 생산하기 때문에 22만 바스켓은 이스트아일로부터 수입해야한다. 또한 노스랜드는 80만 대의 컴퓨터를 생산하지만 60만 대만 소비하기 때문에 나머지 20만 대는 이스트아일에 수출해야만 한다.

2국 간 모형에서 이스트아일의 수출은 노스랜드의 수입과 동일하며, 노스랜드의 수출은 이스트아일의 수입과 동일하다. 20만 대의 컴퓨터와 교환되는 22만 바스켓의 식료품은 컴퓨터 1대 당 1.1바스켓이라는 교역비율을 의미한다.

자유무역하에서 상대적으로 노동이 풍부한 이스트아일은 상대적으로 노동집약적인 재화를 수출하고, 상대적으로 자본이 풍부한 노스랜드는 상대적으로 자본집약적인 재화를 수출한다.

심화 학습: 도표 3.2에서 노스랜드와 이스트아일의 국민들은 왜 식료품과 컴퓨터의 동일한 소비조합을 선택하는가?

도표 3.2 헥셔-올린 정리

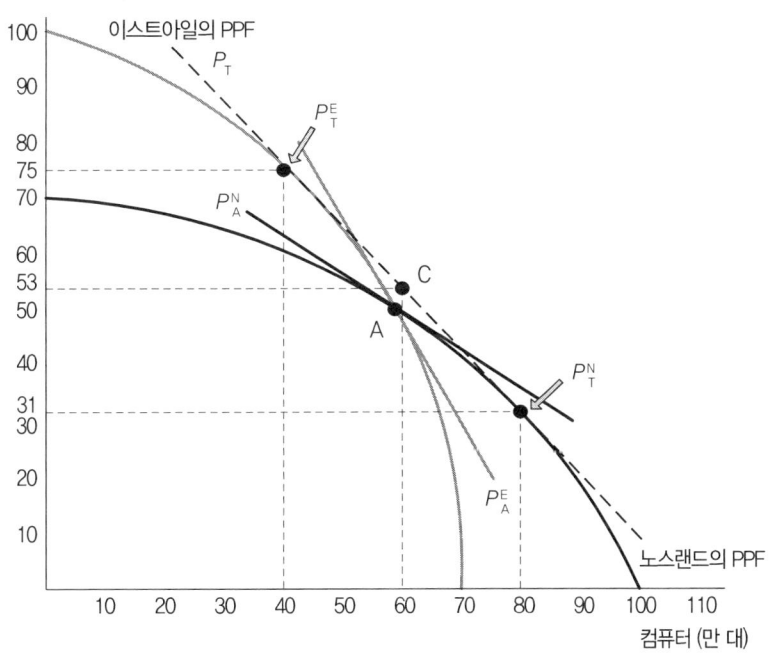

* 노스랜드와 이스트아일의 주민들은 컴퓨터 1대 당 1.1바스켓의 식료품을 교환할 의사가 있다고 가정하자. 이 교환비율에서 각국의 주민들은 53만 바스켓의 식료품과 60만 대의 컴퓨터를 소비하는데 이는 점 C로 표현된다. 이 교환비율에서 노스랜드의 주민들은 20만 대의 컴퓨터를 수출하고 22만 바스켓의 식료품을 수출하며, 이스트아일의 주민들은 22만 바스켓의 식료품을 수출하고 20만 대의 컴퓨터를 수입한다.

헥셔-올린 정리의 일반 적용

자유무역의 가정하에 우리는 헥셔-올린 정리를 실제 경제에 적용해 볼 수 있으며, 그 결과 여러 나라의 무역패턴에 대하여 어떤 결론을 얻을 수 있을 것이다. 선진국은 상대적으로 자본이 풍부하며, 신흥경제 내지는 개발도상국은 상대적으로 노동이 풍부하다고 할 수 있다. 이런 가정하에 선진국은 상대적으로 자본집약적인 재화 — 예를 들어 화학제품, 전기장비나 정밀기계 — 의 순수출국이 될 것이며 신흥경제 및 개발도상국은 의류, 완구, 레져용품과 같은 노동집약적인 제품의 순수출국이 될 것으로 예상할 수 있다. (앞으로 다루겠지만 선진국은 비즈니스 서비스와 같은 서비스 순수출국이 될 것이다.) 국토가 광활한 국가는 상대적으로 토지와 자원의 부존량이 많다. 헥셔-올린 정리에 의하면 토지가 상대적으로 풍부한 국가는 농산물과 식료품 및 광물의 순수출국이 될 것으로 기대할 수 있다.

이와 같은 헥셔-올린 정리의 일반적인 결론이 상품수출의 실제 패턴과 일치하는가? 표 3.1은 일부 국가의 2012년 재화와 서비스의 국제무역 규모를 보여주고 있다. 9개 품목에서의 수출, 수입 및 무역수지가 나타나 있다.

아르헨티나와 캐나다, 미국 같은 나라는 광활

표 3.1 재화와 서비스 무역

국가	분류	수출 ($)	수입 ($)	잔액 ($)
독일	음식류	76,995,884	86,271,166	−9,275,283
	농업원료품	11,765,726	17,092,099	−5,326,373
	광석과 금속	42,421,033	53,690,508	−11,269,475
	연료	38,361,769	173,144,968	−134,783,199
	노동집약적이고 자원기반적인 상품	98,564,571	107,617,282	−9,052,711
	비숙련 기술집약 상품	101,412,463	78,560,256	22,852,206
	중숙련 기술집약 상품	568,145,148	269,283,257	298,861,891
	고숙련 기술집약 상품	368,018,116	290,126,138	77,891,979
	서비스	258,860,000	286,290,000	−27,430,000
미국	음식류	138,252,221	117,140,746	21,111,474
	농업원료품	33,880,269	24,711,597	9,168,672
	광석과 금속	50,010,601	52,650,606	−2,640,005
	연료	137,339,549	433,222,382	−295,882,832
	노동집약적이고 자원기반적인 상품	65,897,638	260,964,223	−195,066,585
	비숙련 기술집약 상품	65,248,075	112,970,279	−47,722,204
	중숙련 기술집약 상품	392,808,454	586,872,917	−194,064,463
	고숙련 기술집약 상품	426,207,632	589,322,868	−163,115,236
	서비스	633,028,000	436,459,000	196,569,000
아르헨티나	음식류	43,571,764	2,117,898	41,453,865
	농업원료품	863,802	823,726	40,076

국가	분류	수출 ($)	수입 ($)	잔액 ($)
아르헨티나	광석과 금속	3,052,128	1,920,866	1,131,262
	연료	7,033,844	6,231,052	802,792
	노동집약적이고 자원기반적인 상품	2,403,297	5,628,440	−3,225,143
	비숙련 기술집약 상품	2,675,351	4,412,156	−1,736,805
	중숙련 기술집약 상품	11,427,980	24,353,916	−12,925,936
	고숙련 기술집약 상품	8,198,364	22,153,764	−13,955,400
	서비스	14,602,000	18,022,000	−3,420,000
영국	음식류	29,422,198	60,229,540	−30,807,342
	농업원료품	3,371,233	6,640,584	−3,269,351
	광석과 금속	18,359,612	27,548,897	−9,189,286
	연료	65,792,294	95,388,920	−29,596,626
	노동집약적이고 자원기반적인 상품	23,963,575	70,866,480	−46,902,906
	비숙련 기술집약 상품	20,081,061	28,271,616	−8,190,555
	중숙련 기술집약 상품	128,953,564	146,017,701	−17,064,137
	고숙련 기술집약 상품	114,317,263	142,022,710	−27,705,446
	서비스	282,072,000	181,882,000	100,190,000
중국	음식류	64,399,954	96,476,435	−32,076,481
	농업원료품	10,055,608	72,283,233	−62,227,624
	광석과 금속	28,403,258	258,005,960	−229,602,702
	연료	43,501,645	350,256,693	−306,755,048
	노동집약적이고 자원기반적인 상품	509,662,595	50,817,924	458,844,671
	비숙련 기술집약 상품	212,839,309	58,777,771	154,061,538
	중숙련 기술집약 상품	395,930,705	309,333,500	86,597,205
	고숙련 기술집약 상품	730,159,872	600,382,587	129,777,285
	서비스	190,939,000	282,098,000	−91,159,000
캐나다	음식류	46,329,388	33,357,236	12,972,152
	농업원료품	16,504,772	4,552,031	11,952,741
	광석과 금속	32,998,598	13,430,772	19,567,826
	연료	115,897,361	51,366,447	64,530,914
	노동집약적이고 자원기반적인 상품	22,536,053	41,274,340	−18,738,286
	비숙련 기술집약 상품	15,822,713	34,457,553	−18,634,840
	중숙련 기술집약 상품	104,417,463	155,751,860	−51,334,397
	고숙련 기술집약 상품	63,068,429	99,181,929	−36,113,500
	서비스	79,181,000	106,384,000	−27,203,000
한국	음식류	6,645,669	25,552,431	−18,906,762
	농업원료품	5,797,843	8,207,413	−2,409,570

계속 ▶▶▶

국가	분류	수출 ($)	수입 ($)	잔액 ($)
한국	광석과 금속	12,226,638	36,691,080	−24,464,442
	연료	54,759,112	183,672,282	−128,913,169
	노동집약적이고 자원기반적인 상품	25,228,493	26,887,056	−1,658,563
	비숙련 기술집약 상품	80,971,699	36,229,932	44,741,767
	중숙련 기술집약 상품	147,511,076	76,074,591	71,436,485
	고숙련 기술집약 상품	205,652,809	119,332,466	86,320,342
	서비스	110,319,000	106,254,000	4,065,000

출처: Data from UNCTAD, *Handbook of Statistics*, 2012.

한 경작지를 보유하고 있어서 식료품 부문에서 무역 흑자를 기록하고 있으며, 광물을 많이 보유한 국가는 연료, 광석 및 금속 부문에서 무역흑자를 기록하고 있다. 중국처럼 상대적으로 노동력이 풍부한 국가는 제조업에서 무역흑자를 기록하고 있는데, 노동집약적이며 자연자원 기반의 제조업에 전문화하고 있다. 독일이나 한국처럼 상대적으로 제조업 숙련기술자를 많이 보유하고 있는 국가들은 중간기술 및 첨단기술 분야의 제조업에서 무역 흑자를 기록하고 있음을 알 수 있다. 미국과 영국은 고등교육을 받은 인구가 상대적으로 풍부하며, 서비스 산업에서 무역흑자를 기록하고 있다. 그러므로 국제무역 데이터는 헥셔-올린 정리가 실제 무역패턴을 설명하는 데 꽤 유용한 이론임을 시사하고 있다. 다음 섹션에서는 무역데이터를 좀 더 자세하게 들여다보고 요소부존비율 모형과 실제 무역패턴 간의 실증적 관계를 고찰해 보도록 한다. (자가통제자본[self-directed capital]의 조립과 생산에 관한 전문지식의 축적은 미국기업이 많은 시장에서 비교우위를 발휘하게 하는데 도움을 주었다. "참고사례 3.1" 참조.)

♣ 참고사례

3.1 상대적으로 높은 로봇자본의 요소집약도가 미국기업의 이익증가에 기여하다

미국 제조업의 상대적 규모가 1970년 연간 국민총생산 대비 25퍼센트에서 현재 13퍼센트 이하까지 감소하였다는 사실은 이미 많은 언론에 의해 알려졌다. 그러나 언론들이 보도하지 않은 보다 큰 그림이 있다. 즉, 1970년에 전세계 제조업 생산은 전세계총생산의 28퍼센트를 차지하였으나, 최근에는 18퍼센트 수준에 불과하다는 사실이다.

이와 같이 세계경제에서 제조업이 차지하는 비중이 감소하는 과정에서 내구재 생산자들은 치열한 품질경쟁을 해왔으며 이는 자동화 상품의 확산을 가져오게 되었다. 외부온도의 변화에 따라 적정하게 내부온도를 자동조정 하는 기능이 탑재된 냉장고나 냉동고는 메이태그(Maytag)나 월풀(Whirlpool)과 같은 미국기업의 수출증가에 큰 도움이 되었다. 각종 안전장치가 장착된 자동운전 휠체어를 개발한 액티브케어메디컬(ActiveCare Medical)과 C.T.M. 홈케어(Homecare) 같은 기업들은 세계시장을 공략할 수 있게 되었다. 배관수리 관련 제조업체인 콜러(Kohler)는 모션탐지기와 리모트 컨트롤이 장착된 로봇형 변기를 개발하여 상당한 수출 판매를 기록하기도 하였다. 이런 사례들은 다른 국가에 비해 상대적으로 로봇형 자본의 요소집약도를 증가시킴으로써 비교우위를 창출한 미국기업의 예라고 할 수 있다.

심화 학습: 상대적으로 높은 자본집약도에 기초한 비교우위가 지속된다는 보장은 없다. 그 이유는 무엇인가? (힌트: 자본재 자체가 제조된 자원이다.)

핵심 이슈 #2

헥셔-올린 무역이론은 무엇인가?

요소부존비율 모형을 이용하여 헥셔와 올린은 헥셔-올린 정리를 개발하였다. 이 정리에 따르면 어떤 나라가 무역을 할 때 상대적으로 부존량이 풍부한 생산요소를 상대적으로 더 집약적으로 사용하여 생산하는 재화와 서비스를 수출하며, 상대적으로 부존량이 적은 생산요소를 상대적으로 더 집약적으로 사용하여 생산하는 재화와 서비스를 수입하게 된다. 무역패턴에 대한 헥셔-올린 정리의 이런 예측은 일반적인 제조업 제품의 무역패턴과 어느 정도 일치한다.

요소부존비율 접근법은 국제무역을 얼마나 잘 설명하는가?

요소부존비율 접근법은 한 국가의 무역패턴을 정말 설명할 수 있는가? 어떤 자원을 상대적으로 많이 보유하고 있는 국가가 그 자원을 상대적으로 더 집약적으로 사용하여 생산한 제품을 실제로 수출하는가? 지난 수십 년 동안 경제학자들은 헥셔-올린 정리와 요소부존비율 접근법이 실제 무역패턴을 얼마나 효과적으로 설명할 수 있는지 검증하려고 많은 노력을 해 왔다.

■ 레온티에프 역설

1954년, 레온티에프(Wassily Leontief)는 요소부존비율 모형에 대한 첫 번째 실증적 검증을 실행하였다. 레온티에프는 어떤 재화를 생산하는 데 사용된 자원을 생산의 첫 단계부터 마지막 단계까지 추적하는 방법론을 처음으로 개발하였다. 이 방법론이 바로 **투입-산출 분석**(*input-output analysis*)인데, 이 방법에 의하면 다양한 제품을 생산하는 데 투입된 자본과 노동의 양을 구할 수 있게 된다. 미국 경제조사국(Bureau of Economic Analysis)은 여전히 투입-산출 분석을 이용하여 미국경제의 생산과정을 추적하고 있다.

레온티에프의 접근법

레온티에프가 투입-산출 분석에 관한 연구를 진행할 당시에는 미국은 상대적으로 자본부존량이 풍부한 국가로 생각되었다. 그러므로 요소부존비율 모형에 따르면 미국이 상대적으로 사본집약적인 제품을 수출하고 상대적으로 노동집약적인 제품을 수입해야 한다. 1947년의 무역데이터를 이용하여 레온티에프는 이 가설을 검증하였다.[ii]

사실 레온티에프의 연구에는 몇 가지 측면에서

[ii] **관련 웹사이트**: 미국의 투입-산출 데이터는 미국 상무부 경제조사국 웹사이트(www.bea.gov)를 참조.

한계가 있다. 우선, 그의 투입-산출 분석은 미국의 산업만을 대상으로 하였다. 이는 다른 나라의 자본-노동 비율을 계산할 때도 미국 산업의 자본-노동 비율을 사용하였음을 의미한다. 예를 들어 독일이나 일본 자동차 제조업의 자본-노동비율을 계산할 때 미국 자동차 제조업체의 자본-노동 비율을 사용하였다. 둘째로는 미국의 국내생산 통계만 이용하였기 때문에 미국 내에서 생산되지 않는 산업은 분석에서 제외할 수밖에 없었다. 예를 들어 커피 산업의 경우 미국은 대부분 수입만 하고 생산은 거의 하지 않는 산업이다. 이런 제약에도 불구하고 레온티에프는 약 200개 산업의 생산 및 교역 데이터를 분석하였다.

레온티에프 역설

레온티에프의 계산에 따르면 미국이 순수출을 하는 산업에서 노동 1단위 당 연간 자본지출 비용이 2만 4,864달러(2002년 달러 기준)로 나타났다. 즉, 노동자 1인당 자본지출 비용이 연간 2만 4,864달러라는 의미이다. 반면, 순수입하는 산업에서는 이 수치가 3만 1,968달러로 나타났다. 이 결과는 미국이 수입하는 제품이 수출하는 제품보다 상대적으로 더 자본집약적임을 의미하는 것이다. 달리 표현하면 요소부존비율 모형이 시사하는 바와 정확히 반대의 결과를 얻게 된 것이었다. 이런 모순으로 인해, 레온티에프의 실증분석 결과는 **레온티에프의 역설**(Leontief paradox)로 알려지게 되었다.

레온티에프의 연구결과는 국제무역의 기본이

- **레온티에프의 역설**(Leontief paradox): 헥셔-올린 정리의 결론과 달리 상대적으로 자본부존량이 더 많은 미국의 수입품이 수출품보다 더 자본집약적이라는 사실.

론이라 할 수 있는 헥셔-올린 정리와 배치되기 때문에 치열한 논쟁의 대상이 되었으며 많은 비판을 받았다. 레온티에프의 연구에 대한 비판 중 하나는 그가 분석의 대상으로 삼은 기간이었다. 분석의 대상이었던 1947년은 제2차 세계대전이 끝난 지 얼마 안 된 시점으로 미국의 전형적인 무역 상황을 보여주기에는 적합하지 않다는 주장이다. 이런 비판에 대응하여 레온티에프는 1951년의 데이터를 이용하여 검증을 다시 실시하였는데 미국이 상대적으로 자본집약적인 상품을 순수입하며 노동집약적인 상품을 순수출한다는 연구결과는 여전히 유효하였다. 이 연구결과로 인해 수많은 실증분석이 이루어졌으며, 요소부존비율 모형은 경제학에서 가장 검증을 많이 받은 모형 중 하나가 되었다.

■ 요소부존비율 접근법에 대한 최근의 검증 결과

레온티에프의 연구가 발표된 후 30년 동안 이루어진 대부분의 후속 연구결과는 레온티에프 역설을 지지하는 것으로 나타났다. 이런 모순적인 결론으로 인해 경제학자들은 요소부존비율 모형의 일반화를 고려하지 않을 수 없게 되었다.

요소부존비율 접근법의 일반화

일반화의 첫 번째 방식은 두 나라 소비자들의 재화와 서비스에 대한 기호나 취향이 다르다고 가정하는 것이다. 예를 들어 미국 소비자들은 상대적으로 자본집약적인 상품에 대한 선호가 다른 나라의 소비자들보다 강할 수 있다. 이 경우에는 미국의 수입품이 보다 자본집약적일 수 있다.

일반화의 다른 방식으로 노동과 자본을 보다 구체적인 범주로 구분하여 생산요소의 숫자를 늘리는 것을 생각해 볼 수 있다. 예를 들어 **인적자본(human capital)**의 수준에 따라 노동자를 숙련 노동자와 비숙련 노동자로 나누어 분석하는 것이다.

일반화의 또 다른 방식으로는 어떤 생산요소(예를 들어 숙련노동자)는 국가 간 이동이 가능하다고 가정하고, 다른 생산요소는 국내에서도 산업 간 이동이 불가능하다고 가정하는 것 등이 있다.

일반화된 요소부존비율 접근법의 성과

서섹스(Sussex)대학교의 우드(Adrian Wood)가 행한 최근 연구는 일반화된 요소부존비율 모형을 사용한 최근 연구의 좋은 일례이다. 우드는 자본은 국가 간에 자유롭게 이동하기 때문에 무역의 패턴을 설명하지 않는다고 주장한다. 그리고 노동은 숙련노동과 비숙련노동으로 구분될 수 있듯이 매우 이질적이고 국가 간에 이동하지 않는다고 가정한다.

이런 일반화의 가정하에서 우드는 헥셔-올린 이론이 선진국과 개도국 사이의 무역패턴을 설명할 수 있음을 보였다. 우드는 선진국은 상대적으로 숙련된 노동력이 풍부하고 개도국은 상대적으로 비숙련노동자가 풍부함을 발견하였다. 이에 따라 선진국은 상대적으로 숙련노동집약적인 상품을 수출하고 비숙련노동집약적인 상품을 개도국으로부터 수입하는 경향이 있음을 알아냈는데, 이는 요소부존비율 모형과 일치하는 결과이다.

지난 수십 년 간의 연구결과는 전통적인 요소부존비율 모형이 무역의 패턴을 설명하는 데 적합하지 않음을 보여주고 있다. 반면 일반화된 모형은 1차 상품이나 제조업 제품과 같은 특정 상품의 무역패턴에 대해 유용한 시사점을 제공하고 있다. (숙련노동을 이용하여 생산하는 상품에 지속적으로 비교우위를 가지고 있는 국가가 바로 독일이다. "참고사례 3.2" 참조.)

- **인적자본(human capital)**: 노동자가 소유하고 있는 지식과 기술.

♣ 참고사례

3.2 독일이 숙련노동집약적인 산업에서 비교우위를 유지하는 비결

독일은 자동차와 기계류 및 화학제품 등의 글로벌 시장에서 오랫동안 비교우위를 유지하고 있다. 이런 제품들은 고도로 숙련된 노동력을 사용하여 생산되는데 이 분야에서 독일이 비교우위를 지속적으로 유지해 올 수 있었던 비결은 수출산업부문에서 노동자들을 성공적으로 훈련시켜온 데 있다.

많은 독일 기업들은 노동자들에게 도제 프로그램을 시행하고 있다. 이 도제 프로그램하에서 기업은 신규 고용한 노동자에게 생산제품과 관련된 배경지식을 전수하는 직업훈련프로그램을 제공한다. 직업훈련 프로그램을 마친 후에는 현장에서 첨단 기계를 조작하는 기술을 습득하게 되는데 경험 많은 선임자들의 관찰과 감독하에 점진적으로 습득해 나가게 된다. 이런 훈련과정을 3년~5년 보내고 난 후에야 기업은 완전히 준비된 자격 있는 노동자의 지위를 피고용인에게 최종적으로 부여한다. 이후에도 노동자는 추가적인 교육을 받거나 현장훈련 등을 받음으로써 노동자의 자격을 계속 갱신해야 한다. 이런 방법을 통하여 독일은 고도로 숙련된 노동력을 지속적으로 확보할 수 있으며 세계에서 가장 숙련된 노동력을 집약적으로 사용하는 수출품 제조에 비교우위를 유지할 수 있는 것이다.

심화 학습: 만약 당신이 중장비 제조업체인 캐터필러(Caterpillar)나 베어링 제조업체인 팀켄(Timken)과 같은 미국의 제조업체에게 독일 모델을 본 받아서 도제 프로그램을 시행해야 한다고 권고한다면 그 이유는 무엇인가?

핵심 이슈 #3

요소부존비율 접근법은 실제 무역패턴을 얼마나 잘 설명하는가?

헥셔-올린 정리가 개발된 후 수십 년 동안 경제학자들은 헥셔-올린 정리를 현실에서 증명하고자 노력해왔으나 그다지 성공적이지 못하였다. 1950년대 중반 투입-산출 분석을 이용하여 미국의 무역 데이터를 연구한 결과 미국의 수입품은 수출품보다 더 자본집약적이라는 사실을 발견하였다. 이는 요소부존비율 접근법이 예측하는 바와 반대되는 결과이며 그 후 요소부존비율 접근법과 관련하여 많은 후속 연구가 진행되었다. 대부분의 연구는 요소부존비율 접근법이 무역의 실제 패턴을 설명하기에는 적합하지 않다는 결과를 얻었다. 그 결과 보다 일반화된 요소부존비율 접근법이 개발되었다. 일반화된 접근법을 사용하면 1차 산업이나 제조업과 같은 특정 산업의 무역패턴을 설명할 수 있다.

무역, 요소가격 및 실질소득

제2장에서 설명한 것처럼 국제무역은 국내경제에 재분배 효과, 즉, 경제주체 사이의 소득흐름에 변화를 가져올 수 있다. 국제무역의 재분배 효과는 국가 간에도 발생할 수 있다. 재분배 효과의 크기는 종종 국제무역과 세계화에 관한 논쟁의 중심에 서곤 한다.

세계화 반대론자는 국제무역이 소득격차의 확대를 가져오며, 거의 모든 국가에서 소득상위계층은 더욱 풍요롭게 소득하위계층은 더욱 빈곤하게 만든다고 주장한다. 또한 세계화 반대론자는 국제무역이 국가 간에도 소득격차의 확대를 가져오며, 선진국은 더욱 부유하게 가난한 개발도상국은 더욱 가난하게 만든다고 주장한다. 반면 세계화 찬성론자는 국제무역이 가난한 국가가 생활수준과 소득수준을 개선할 수 있는 최선의 방책이라고 주장한다.

그러므로 무역과 가격 및 소득 간의 관계는 세계화와 관련하여 매우 중요한 이슈라고 할 수 있다. 요소부존비율 접근법은 이와 관련하여 어떤 시사점을 제공하는가?

■ 요소가격 균등화

국제무역과 임금 및 소득에 관한 두 개의 중요한 정리가 있는데 이는 요소부존비율 모형에서 도출된다. 첫 번째 정리인 **요소가격 균등화의 정리**(factor price equalization theorem)이다. 이 정리에 따르면 요소부존비율 모형 하에서 자유무역이

• **요소가격 균등화의 정리**(factor price equalization theorem): 요소부존비율 모형의 가정이 성립하는 경우 자유무역은 재화가격과 요소가격이 국가 간에 동일해진다는 정리.

이루어지는 경우 노동의 대가로 노동자에게 지불되는 임금과 자본을 사용한 대가로 자본소유자에게 지불되는 이자 — **자본의 임대수익률**(the rental rate of capital)이라고도 함 — 및 토지의 사용 대가로 토지소유자에게 지불되는 임대료 등과 같은 요소가격들이 국가 간에 모두 균등해진다.

재화와 서비스의 글로벌 시장의 역할

요소부존비율 접근법은 생산요소의 국가 간 이동이 불가능한 것으로 가정하고 있다. 그러므로 생산요소를 위한 글로벌 시장은 존재하지 않으며, 균형요소가격을 찾아주는 수요와 공급 메커니즘도 존재하지 않는다. 결국 요소가격 균등화는 **재화와 서비스의 글로벌 시장**에서 발생하는 가격조정을 통해서 이루어질 수밖에 없다. 달리 표현하면 재화와 서비스의 글로벌 시장이 요소가격 조정을 가져오는 균형 메커니즘을 제공한다.

균등화 과정

요소가격 균등화 과정을 이해하기 위해서 노스랜드와 이스트아일의 예를 다시 들도록 하자. 노스랜드는 상대적으로 자본부존량이 많으며 이스트아일은 상대적으로 노동부존량이 많은 나라이다. 그러므로 자급자족의 상황에서 노스랜드의 자본임대수익률 대비 임금수준이 이스트아일보다 높을 것이다.

헥셔-올린 정리에 따르면 자유무역이 이루어질 때 노스랜드는 상대적으로 자본집약적인 컴퓨터를 수출하고 상대적으로 노동집약적인 식료품을 수입해야 한다. 노스랜드는 컴퓨터 생산에 비교우위가 있고 식료품 생산에는 비교열위가 있기 때문에, 자유무역이 이루어질 때의 컴퓨터의 상대가격은 자급자족 하에서 노스랜드가 생산하는 컴퓨터의 국내 상대가격보다 높다. 또한 자유무역이 이루어질 때의 식료품의 상대가격은 자급자족하에서 노스랜드가 생산하는 식료품의 국내 상대가격보다 낮다.

앞에서 살펴보았듯이 자유무역하에서 노스랜드는 컴퓨터를 더 생산하고 식료품 생산을 줄이는 방향으로 생산을 조정할 것이다. 식료품 생산을 줄이는 과정에서 노스랜드는 상대적으로 자본보다는 노동을 더 많이 방출하게 된다. 그 결과 상대적으로 자본의 공급보다 노동의 공급이 더 증가하게 된다. 또한 노스랜드가 컴퓨터 생산을 늘리는 과정에서 상대적으로 노동보다 자본을 더 많이 고용하기 때문에 자본에 대한 수요에 비하여 노동에 대한 수요가 상대적으로 더 많이 감소하게 된다. 결과적으로 이와 같은 조정과정은 노동의 상대공급은 증가시키고 노동에 대한 상대수요는 감소시켜서 자본임대수익률 대비 임금률을 낮추게 된다.

이스트아일은 식료품 생산을 늘리고 컴퓨터 생산을 줄이는 방향으로 생산패턴을 조정할 것이다. 그리고 이스트아일이 컴퓨터 생산을 줄일 때 상대적으로 노동보다 자본의 사용을 더 감축시킬 것이다. 반면 식료품 생산을 늘릴 때는 상대적으로 자본보다 노동에 대한 수요를 늘릴 것이다. 결과적으로 이스트아일에서 발생하는 조정과정은 자본임대수익률 대비 임금률을 높이게 된다.

이 과정은 국가 간에 가격이 동일해지고 생산의 전문화를 통해 더 이상 이익이 발생하지 않을 때까지 계속될 것이다. 달리 표현하면 자본임대수익률 대비 임금률이 양국 간에 동일해질 때까지 계속될 것이다. (요소가격 조정과정에 대한 추가적인 이해를 위해서 "도표로 이해하는 글로벌 경제 이슈 3.3"을 참조하라.)

요소가격의 수렴현상에 관한 실증적 증거

요소가격의 수렴현상에 관한 이론을 이해하였으므로 이제는 이에 관한 실증적 자료를 살펴보도록 하자. 요소가격 균등화의 정리가 시사하는 바는 아무런 제약이 없는 국제무역이 각종 재화가격의 수렴을 초래한다는 것이다. 재화가격이 일정 수준으로 수렴하게 되면 생산요소의 가격도 수렴하게 될 것이다. 실증적인 관점에서 볼 때 요소가격 균등화는 아마도 경제학자 사이에서 가장 많이 논쟁의 대상이 되는 정리 중 하나일 것이다.

그러나 자유무역하에서도 국가 간 재화가격의

▩ 도표로 이해하는 글로벌 경제 이슈

3.3 요소가격 균등화 정리

자유무역의 가정하에서 요소가격의 조정과정에 대한 시각적 이해를 위해서 노스랜드와 이스트아일의 예제를 다시 사용한다. 도표 3.3은 컴퓨터의 가격(P_C)에 대한 식료품(P_F)의 상대가격(P_F/P_C)을 세로축에 표시하고 있고 가로축에는 임금(W)과 자본임대수익률(R)의 상대비율(W/R)이 표시되어 있다. 이스트아일은 상대적으로 노동이 풍부하고 노스랜드는 상대적으로 자본이 풍부한 국가이다. 그러므로 자급자족의 상황에서 노스랜드의 자본임대수익률에 대한 상대 임금(W/R)$_N$은 이스트아일의 상대임금(W/R)$_E$보다 높다.

헥셔-올린 정리에 의해 노스랜드는 컴퓨터 생산에 비교우위가 있고 이스트아일은 식료품 생산에 비교우위가 있다. 그러므로 자급자족의 상황에서는 노스랜드의 컴퓨터 가격에 대한 식료품의 상대가격(P_F/P_C)$_N$이 이스트아일에서의 컴퓨터 가격에 대한 식료품의 상대가격(P_F/P_C)$_E$ 보다 높다.

노스랜드에서의 조정과정

자급자족 하에서 (P_F/P_C)와 (W/R)의 조합은 노스랜드의 경우 점 N으로 주어지고 이스트아일의 경우 점 E로 주어져 있다고 가정하자. 이제 양국의 국민들이 교역을 시작하면 어떤 일이 일어날지 생각해보자. 노스랜드의 국민들은 식료품 생산을 줄일 것이며 이 과정에서 자본보다는 상대적으로 노동을 더 많이 방출할 것이다. 그 결과 자본에 대한 노동의 상대적 공급량이 증가할 것이다. 노스랜드가 컴퓨터 생산을 늘리게 되면서 노동보다 상대적으로 자본을 더 많이 고용하게 될 것이며, 그 결과 노동보다 상대적으로 자본에 대한 수요가 증가하게 될 것이다. 이런 조정과정은 임금률 보다 상대적으로 자본의 임대수익률을 더 상승시킬 것이다. 즉, (W/R)$_N$이 감소할 것이다. 노스랜드의 국민들이 컴퓨터를 수출하고 식료품을 수입함에 따라 컴퓨터 가격에 대한 식료품의 상대가격은 하락하게 된다. 재화의 가격과 요소가격의 변화는 화살표가 지시하는 방향을 따라 점선 위에서 좌하향하는 움직임으로 표현된다.

이스트아일에서의 조정과정

이스트아일의 국민들이 컴퓨터 생산을 줄일 것이며 이 과정에서 노동보다는 상대적으로 자본을 더 많이 방출할 것이다. 그 결과 자본에 대한 노동의 상대적 공급량이 감소할 것이다. 이스트아일이 식료품 생산을 늘리게 되면서 자본보다 상대적으로 노동을 더 많이 고용하게 될 것이며, 그 결과 자본보다 상대적으로 노동에 대한 수요가 증가하게 될 것이다. 이런 조정과정은 자본임대수익률보다 상대적으로 임금률을 더 상승시킬 것이다. 즉, (W/R)$_E$이 상승할 것이다. 이스트아일의 국민들이 식료품을 수출하고 컴퓨터를 수입함에 따라 컴퓨터 가격에 대한 식료품의 상대가격은 상승하게 된다. 재화의 가격과 요소가격의 변화는 화살표가 지시하는 방향을 따라 점선 위에서 우상향하는 움직임으로 표현된다.

균등화 과정

도표 3.3에서 볼 수 있듯이 이스트아일의 상대임금률은 노스랜드의 상대임금률과 같아진다. 요소가격 균등화의 정리에 따르면 자유무역이 이루어지는 경우 요소가격은 궁극적으로 동일해진다.

심화 학습: 두 나라가 국경을 개방하고 무역을 시작한다고 가정하자. 그러나 무역의 규모를 자유무역하에 이루어지는 무역의 규모보다 낮은 수준으로 규제한다고 가정하자. 이 경우 요소가격의 조정과정에는 어떤 영향이 발생하며, 이 상황을 도표 3.3을 이용하여 어떻게 설명할 수 있는가?

도표 3.3 요소가격 균등화의 정리

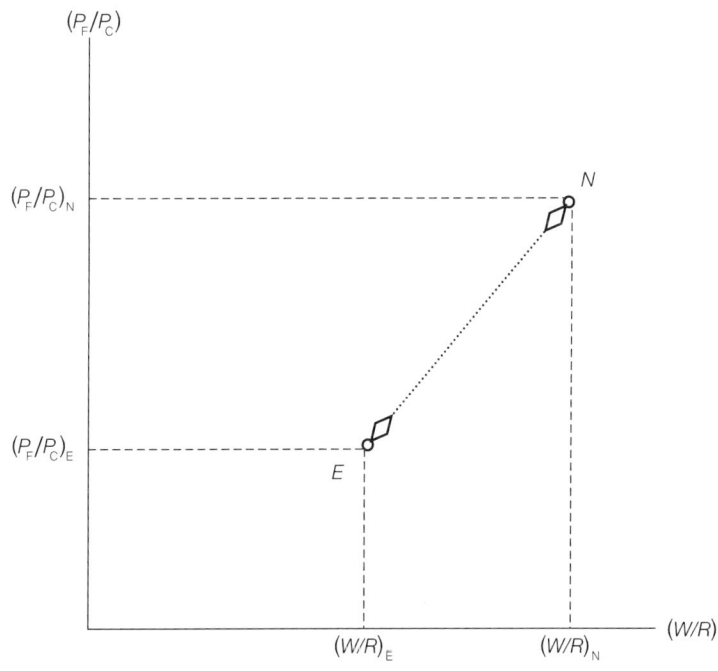

* 노스랜드의 국민들이 컴퓨터 생산을 늘리고 식료품 생산을 줄이는 과정에서 노동에 대한 수요는 자본에 대한 수요보다 상대적으로 더 많이 감소하게 되고, 노동의 공급은 자본의 공급보다 상대적으로 더 많이 증가하게 된다. 이와 같은 생산의 변화는 자본임대수익률보다 임금률이 상대적으로 더 많이 하락하도록 하며, 컴퓨터 가격에 대한 식료품의 상대가격도 하락시킨다. 이런 변화는 도표에서 점선을 따라 좌하향하는 것으로 표현되고 있다. 이스트아일의 국민들이 식료품 생산을 늘리고 컴퓨터 생산을 줄이는 과정에서 노동에 대한 수요는 자본에 대한 수요보다 상대적으로 더 많이 상승하게 되고, 노동의 공급은 자본의 공급보다 상대적으로 더 많이 감소하게 된다. 이와 같은 생산의 변화는 자본임대수익률보다 임금률이 상대적으로 더 많이 상승하도록 하며, 컴퓨터 가격에 대한 식료품의 상대가격도 상승시킨다. 이런 변화는 도표에서 점선을 따라 우상향하는 것으로 표현되고 있다. 점선 위에서의 움직임은 요소가격이 좀 더 같아지고 있음을 보여주는 것이다.

완전한 수렴현상은 일어나지 않으며 그 이유가 제8장에 설명되어 있다. 이는 요소가격의 국가 간 수렴현상도 완벽하게 일어나지는 않음을 시사하는 것이다. 하지만 완전히 동일해지지는 않는다 하더라도 무역은 국가 간 요소가격이 좀 더 동일해지는 방향으로 변하도록 할 것이다.

요소가격 균등화의 과정은 매우 장기에 걸쳐 일어나는 현상으로 이해해야 할 것이다. 하버드대학교의 윌리암슨(Jeffrey Williamson)은 자본의 임대수익률 대비 임금률의 행태를 장기에 걸쳐 조사하였다. 윌리암슨은 크게 다음의 세 기간을 고려하였다. 즉, 1830년부터 1853년까지의 기간, 1854년부터 1913년까지의 기간, 그리고 제2차 세계대전 이후의 기간을 분석의 대상으로 삼았다. 윌리암슨은 첫 번째 기간 내에서 대서양 경제인 브라질, 프랑스, 영국, 아일랜드, 네덜란드, 스페인, 스웨덴과 미국 사이에 요소가격이 균등화되었다는 증거를 찾지 못하였다. 이런 결과를 얻게 된 이유는 첫 번째 기간 중 국제무역과 노동력의 국제이민과 관련하여 규제가 심했으며 자본시장도 발달되기 전이었기 때문이라 할 수 있다.

반면, 두 번째 기간 중에는 상대임금의 괄목할 만한 수렴현상이 관찰되었다. 이런 수렴현상의 대부분은 이 기간 중 발생한 대규모의 이민에 의하여 설명될 수 있으며, 임금의 국가 간 수렴현상은 개방정도가 큰 경제일수록 크게 나타났으며 개방정도가 낮은 국가일수록 작게 나타났다. 2차 세계대전 이후에도 상대임금의 수렴현상은 전쟁 이전 시기와 비슷한 수준으로 진행되고 있었다. 그러나 종전 이후 시행된 노동이동성에 대한 규제로 인해 전후의 임금수렴현상의 속도는 그 이전에 비해 떨어졌다.

> **핵심 이슈 #4**
>
> **무역과 요소가격 간의 관계는 어떤 것인가?**
>
> 요소부존비율접근법은 요소가격과 국제무역에 관한 두 개의 매우 중요한 개념의 발견을 가져왔다. 요소가격 균등화 정리는 제약 없는 자유무역은 국가 간 재화가격의 균등화를 가져오며, 그 결과 요소가격의 국가 간 균등화도 가져온다고 주장한다. 이 균등화 과정은 재화와 서비스의 글로벌 시장에서 발생하는 가격조정과정을 통해 발생한다. 실제 데이터는 국제무역으로 인해 요소가격이 국가 간에 완전히 동일해지지는 않더라도 상당히 같아지는 방향으로 움직임을 보여주고 있다.

■ 무역과 실질소득

요소가격 균등화 정리는 요소가격이 어떤 과정을 통해 국가 간에 조정되는가를 이해하는 데 도움을 준다. 그러나 무역은 어떤 과정을 통해 한 국가 내에서 노동자와 자본소유자의 수입에 영향을 미치는가? 거의 대부분의 중요한 경제적 변화의 결과 승자와 패자가 발생한다. 어떤 나라가 국제무역에 참여했을 때 과연 승자가 되는 사람들은 누구이고 패자가 되는 사람들은 누구인가?

스톨퍼-사뮤엘슨 정리

1940년대 스톨퍼(Wolfgang Stolper)와 사뮤엘슨(Paul Samuelson)에 의해 연구되고 개발된 **스톨퍼-사뮤엘슨 정리**(Stolper-Samuelson theorem)

- **스톨퍼-사뮤엘슨 정리**(Stolper-Samuelson theorem): 요소부존비율 모형의 맥락에서 자유무역이 어떤 나라가 상대적으로 풍부하게 보유한 생산요소의 수익을 증가시키고 상대적으로 희소한 생산요소의 수익을 감소시킨다는 이론.

는 요소부존비율 모형으로부터 개발된 또 다른 중요한 정리 중 하나이다. 요소부존비율 모형의 맥락에서 스톨퍼-사무엘슨 정리가 주장하는 바는 자유무역이 어떤 나라가 상대적으로 풍부하게 보유한 생산요소의 수익(earnings)을 증가시키고 상대적으로 희소한 생산요소의 수익(earnings)을 감소시킨다는 것이다.

예를 들어 스톨퍼-사무엘슨 정리에 따르면 상대적으로 자본이 풍부한 노스랜드가 이스트아일과 교역을 시작하게 되면 임금은 하락하고 자본의 임대수익률은 상승하게 된다. 이는 노스랜드가 무역을 위해 국경을 개방하게 되면 컴퓨터의 가격은 상승하고 식료품의 가격은 하락하기 때문이다.

확대원칙

스톨퍼-사무엘슨 정리의 기본적인 명제는 **확대원칙(magnification principle)**이다. 즉, 요소가격의 변화는 그 생산요소를 상대적으로 더 집중적으로 사용하여 생산하는 재화의 가격 변화보다 더 크다는 것이다. 노스랜드가 교역을 시작하는 경우, 컴퓨터 가격은 5퍼센트 상승하고 식료품 가격은 2퍼센트 하락한다고 가정하자. 확대원칙에 의하면 자본의 임대수익률은 5퍼센트 이상 상승하며 임금은 2퍼센트 이상 하락할 것이다. 그러므로, 만약 자본의 임대수익률이 7퍼센트 상승하면 자본소유자는 컴퓨터와 식료품을 소비할 수 있는 능력, 즉, 실질소득이 상승하기 때문에 이익을 누리게 된다. 반면 노동자의 실질소득, 즉, 컴퓨터와 식료품을 소비할 수 있는 능력이 하락하기 때문에 손해를 입게 된다. 결국 자유무역의 결과 노스랜드에서는 자본소유자의 후생수준은 상승하며 노동자의 후생수준은 더 열악해진다.

스톨퍼-사무엘슨 정리의 시사점

스톨퍼-사무엘슨 정리는 매우 중요한 정책적 시사점을 가지고 있다. 즉, 자유무역이 한 국가에 전체적으로는 이익을 가져올 수 있지만, 동시에 자유무역의 수혜자와 피해자도 수반된다는 사실이다. 그렇기 때문에 현실에는 자유무역에 대한 지지자와 반대자가 존재한다. 이 정리는 또한 한 나라가 상대적으로 풍부하게 보유하고 있는 생산요소의 소유자가 자유무역을 지지할 것이며, 상대적으로 희소한 생산요소를 소유한 사람들은 자유무역을 반대할 것이라는 것도 시사한다. 상대적으로 자본이 풍부하다고 할 수 있는 선진경제에서는 자본소유자가 자유무역을 지지할 것이며, 노동자는 자유무역을 반대할 것으로 예상할 수 있다.[iii]

핵심 이슈 #5

무역과 실질소득 간의 관계는 무엇인가?

스톨퍼-사무엘슨 정리는 요소부존비율 접근법을 발전시킨 중요한 개념이다. 이 정리에 따르면 자유무역은 상대적으로 풍부한 생산요소를 소유한 사람들의 실질소득을 증가시킴으로써 상대적으로 풍부한 생산요소 소유

- **확대원칙(magnification principle)**: 생산요소의 가격 변동이 그 생산요소를 상대적으로 더 집중적으로 사용하여 생산하는 재화의 가격 변동보다 크다는 스톨퍼-사무엘슨 정리의 명제.

iii) **관련 웹사이트**: 여러 나라의 임금 자료는 국제노동기구(International Labor Organization)의 웹 사이트(www.ilo.org)를 참조할 것.

> 자의 후생을 증진시키는 반면, 상대적으로 희소한 생산요소를 소유한 사람들의 실질소득을 감소시킴으로써 상대적으로 희소한 생산요소 소유자의 후생을 악화시킨다. 이 정리의 중요한 시사점은 상대적으로 풍부한 생산요소를 소유한 사람들은 자유무역을 지지할 가능성이 크며, 상대적으로 희소한 자원을 소유한 사람들은 자유무역을 반대할 가능성이 크다는 것이다.

국제적 생산과 비교우위

한 재화의 생산에는 여러 단계의 생산과정이 수반된다. 어떤 특정 생산량을 생산하기 위해 생산과정의 각 단계에서 자원과 기술의 결합이 발생한다. 그러므로 전체 생산과정은 여러 개의 하부 생산 활동으로 구성된다. 노스랜드와 이스트아일의 주민들이 생산하는 컴퓨터의 예를 생각해 보자. 각각의 생산단계는 다른 생산단계와는 다른 그 특정 단계에 적합한 부품과 숙련 및 비숙련 노동의 조합 및 자본의 형태를 요구한다. 컴퓨터 생산은 4단계로 구분된다고 가정하자. 즉, 부품제작단계, 컴퓨터 조립단계, 컴퓨터 마케팅단계, 그리고 최종소비자에게 컴퓨터를 배달하는 단계의 4단계로 구성되어 있다고 가정하자. 이 경우 노스랜드나 이스트아일은 생산 단계의 전부가 아니라 일부분에 비교우위를 보유하고 있을 것이다. 예를 들어 노스랜드는 부품제작 및 컴퓨터 조립에 비교우위를 보유하고 있고, 이스트아일은 마케팅과 배달에 비교우위를 보유하고 있다.

■ 생산의 국제화

제1장에서 설명되었듯이 경제통합과 운송비 절감 및 통신기술의 발달은 무역의 이익을 크게 증가시켰다. 동시에 이런 발전으로 인해 기업이 재화와 서비스의 생산에 접근하는 방식에 큰 변화가 발생하였다. 기업들은 이제 가장 큰 비교우위를 보유한 생산단계에 집중하는 방식을 채택하고 있다.

아웃소싱

각 생산단계에서 기업은 자원과 기술을 투입하여 추가적인 가치를 창출한다. 경제학자들은 특정 생산단계에서 생산된 재화와 서비스의 가치와 중간재 투입비용 간의 차이를 **부가가치**(value added)로 정의한다. 낮아진 운송비용과 통신기술의 진보로 말미암아 기업은 생산과정을 여러 단계로 나눌 수 있게 되었고 이로 인해 기업은 자신들이 가장 큰 이익을 창출할 수 있는 생산단계에만 집중할 수 있게 되었다. 그 결과 기업은 **아웃소싱**(outsourcing)을 하게 되었는데, 아웃소싱은 다른 기업을 고용하여 생산과정의 나머지 단계를 마무리 짓게 하는 것을 의미한다. 경제학자들은 이런 생산전략을 **생산의 국제화**(internationalization of production)라고 부른다. (아웃소싱과 관련해서는 제10장에서 좀 더 깊게 다루기로 한다.)

생산의 국제화와 아웃소싱을 통한 바비인형의 생산

캘리포니아 대학의 핀스트라(Robert Feenstra)

- **부가가치**(value added): 생산자가 생산물을 팔아서 얻은 수입에서 중간재 구입비용을 뺀 금액.
- **아웃소싱**(outsourcing): 어떤 조직이 생산과정 중 어떤 특정 단계를 완성하기 위해서 다른 조직을 고용하는 전략.

교수는 생산과정의 국제화와 아웃소싱의 전형적인 예로써 바비인형을 든다. 바비인형의 원재료는 대만과 일본에서 구입된 플라스틱과 하이테크 모발 및 중국에서 구입된 면 재질의 천이다. 인형을 제작하는 데 사용되는 틀과 채색하는 데 사용되는 페인트는 미국에서 온다. 인형의 조립은 인도네시아와 말레이시아 및 중국에서 이루어진 후 홍콩에서 배에 실려 미국으로 운송된다. 인형 하나를 수출하는 데 들어간 비용은 대략 2달러 정도 된다. 이 2달러 중 0.35달러는 중국 노동자 몫이며 0.65달러는 원재료 몫이다. 나머지 1달러는 운송비용 및 각종 간접비용에 해당한다. 이 바비인형이 미국에서는 대략 10달러의 소매가격으로 팔려나간다. 10달러 중 마텔 코퍼레이션(Mattel Corporation)은 1달러 정도를 가져가며, 나머지가 미국 내에서의 운송비와 광고비를 커버하고 도매업자 및 소매업자에게 돌아간다. 대부분의 부가가치는 인형이 실제로 제조된 이후 미국 내에서 발생하는 행위를 통해서 창출된다. 1995년의 판매 자료에 따르면 바비인형은 1초에 2개씩 팔려나가며 마텔 코퍼레이션에게 연간 14억불의 매출을 가져다 준 것으로 나타났다.

■ 만화경(萬華鏡) 비교우위

기업들이 국제화된 생산에 참여하고 있으며 특정 생산단계에 전문화하고 있다는 사실은 글로벌 시장의 경쟁적 속성을 잘 보여준다. 경쟁이 심화됨에 따라 기업들은 가장 효율적인 방법으로 생산하기 위해 노력하며, 그 결과 기업들은 특별한 전문 지식이 있는 부분 혹은 비교우위를 보유한 부분에만 집중하게 된다.

심화된 경쟁 및 라이벌 체제하에서 기업들은 이윤의 극대화를 위해 가장 많은 부가가치를 창출하는 생산단계에서만 생산한다. 그 결과 기업들이 특정 생산단계에서 경쟁력을 지속적으로 유지하는 것이 갈수록 어려워지고 있다. 제2장에서 보았듯이 비교우위는 순식간에 사라질 수 있다.

기업들이 생산과정을 국제화하고 생산의 여러 단계를 아웃소싱하며 전체 생산과정 중 일부에만 전문화함에 따라 경쟁우위를 매우 빨리 확보하거나 혹은 매우 빨리 상실하는 현상이 나타났다. 콜럼비아대학교의 바그와티(Jagdish Bhagwati)교수와 데헤지아(Vivek Dehejia)교수는 비교우위가 갑자기 한 국가에서 다른 나라로 이전하는 경향을 만화경 비교우위(*kaleidoscopic comparative advantage*)라고 명명하였다. 만화경 비교우위의 상황하에서 기업들은 경쟁기업의 행동을 항상 주시하여야 한다. 비교우위가 빠르게 변하는 상황에서 노동자들은 단기간에 특정 산업에서 직장을 잃어버릴 수도 있으며 다른 산업에서는 노동력이 금방 부족해지는 상황이 올 수도 있다. 이런 상황 하에서 정책결정자들은 자유무역을 제한해야 한다는 압력을 더욱 거세게 받을 수도 있다. 이 문제는 다른 장에서 좀 더 깊게 다루도록 한다.

> **핵심 이슈 #6**
>
> **국제적 생산 양상은 비교우위의 개념과 일관된 모습을 보이는가?**
>
> 경제통합과 운송비용 및 통신비용의 감소는 기업들이 특정 생산단계에만 전문화하고 나머지 생산단계는 다른 나라의 기업들에게 아웃소싱하는 전략을 가능케 하였다. 이와 같은 국제화된 생산과정은 특정 생산단계에 적용

> 되는 비교우위의 개념과 일관성을 유지한다. 예를 들어 어떤 제품의 디자인 단계, 마케팅 단계 및 제조 단계에서 각각 적용되는 비교우위와 생산의 국제화는 일관성을 지닌다. 기업이 생산과정을 국제화하고 생산의 여러 단계를 아웃소싱하게 되면 비교우위를 빠른 시간 내에 확보하거나 혹은 잃어버릴 수 있다. 비교우위가 한 나라에서 다른 나라로 갑자기 이전하는 현상을 만화경 비교우위라고 부른다.

경제성장과 국제무역

지금까지 이 장에서는 무역에 관한 세 가지의 기본정리를 공부하였다. 즉 헥셔-올린 정리, 요소가격 균등화의 정리, 그리고 스톨퍼-사뮤엘슨 정리를 공부하였다. 여기에 한 가지 정리가 더 남아있는데, 이 정리의 명칭은 립진스키 정리(Rybczynski theorem)이며 경제성장과 한 나라의 무역패턴 간의 관계를 다룬다. 이 네 가지 정리가 국제무역에 대한 경제학적 분석틀의 근간을 이루고 있다.

■ 경제성장

제2장에서 살펴보았듯이 한 국가의 생산가능집합은 주어진 자원과 기술수준하에서 그 국가가 생산할 수 있는 재화와 서비스의 다양한 생산량의 조합을 의미한다. 가용 자원의 양이 증가하거나 기술발전이 발생할 때 한 국가의 **경제성장**

• **경제성장**(economic growth): 가용자원의 양이 증가하거나 기술진보가 발생하고 생산가능집합이 확장될 때 그 나라는 경제성장을 경험하게 된다.

(economic growth)이 이루어지며, 이는 곧 그 국가의 생산가능집합이 확장됨을 의미한다.

경제성장은 어떻게 발생하는가

한 나라의 자원부존량이 증가하는 경우, 증가한 새로운 자원은 생산에 투입될 수 있으며 이는 그 나라의 생산가능집합이 확대됨을 의미한다. 기술발전도 가용자원의 증가와 유사한 효과를 발휘한다. 기술진보는 자원절감의 관점에서 이해될 수도 있다. 즉, 기술진보가 발생한 나라는 동일한 양의 자원을 이용하여 전보다 많은 생산을 할 수 있다. 그러므로 기술진보는 결국 자원부존량의 증가와 동일한 효과를 가진다고 할 수 있다. 경제성장이 자원부존량의 증가라는 형태로 나타나든 아니면 기술진보의 형태로 나타나든 경제성장은 궁극적으로 한 국가의 생산가능집합을 확장시킨다.

산업별 효과

요소부존비율 모형의 관점에서 볼 때 경제성장은 산업별로 차별적인 영향을 가져온다. 이를 이해하기 위해서 앞서 보았던 식료품과 컴퓨터의 예제를 다시 들기로 한다. 생산의 측면에서 식료품은 상대적으로 노동집약적인 재화이고 컴퓨터는 상대적으로 자본집약적인 재화이다. 노스랜드의 주민들은 과거에 해 놓은 저축 덕분에 자본부존량의 증가를 경험하고 있다고 가정하자. 자본의 증가 덕분에 노스랜드의 주민들은 식료품이나 컴퓨터의 생산을 늘릴 수 있게 된다. 그런데 자본의 증가가 식료품 산업과 컴퓨터 산업에 미치는 영향은 동일하지 않다. 식료품을 생산할 때 요구되는 자본 한 단위 당 노동투입량이 컴퓨터를 생산할 때보다 크기 때문에 노스랜드의 주민들이 식료품 생산을 늘리는 것은 컴퓨터 생산을 늘리는 것만큼 수월하지가 않다. 그러므로 어떤 특정 생산요소의 부존량이 증가하여 노스랜드의 생산가능집합이 확장된다고 하여도 이는 부존량이 늘어난 그 생산요소를 생산과정에서 보다 집약적으로 사용하는 재화에 더 큰 생산증대효과를 가져 오게 된다.

기술진보 역시 차별적인 영향을 가져온다. 만약 기술진보가 두 산업에 모두 발생하고 기술진보의 결과 각각의 생산요소를 동일하게 절감할 수 있다면 생산가능집합은 각 재화의 생산을 동일한 비율로 증가시킬 것이다. 그러나 기술진보가 어느 한 산업에만 발생한다면 그 산업이 더 큰 성장을 경험하게 될 것이다. 만약 기술진보가 두 산업에 모두 발생하지만, 그 기술진보가 자본의 투입량만 절감시킨다면 자본집약적인 산업, 즉 컴퓨터 산업이 식료품 산업보다 더 큰 성장을 경험하게 될 것이다.

경제성장이 어떤 형태로 발생하든 경제성장이 일어나게 되면 그 나라는 자원부존량의 실질적인 증가를 경험하게 된다. 앞에서 공부한 요소부존비율 모형에서 한 나라의 무역패턴은 요소부존량과 요소집약도에 의해 결정됨을 배웠다. 그러므로 경제성장은 결국 한 나라의 수출과 수입에 영향을 미치게 된다.

■ 립진스키 정리

립진스키(T.M. Rybczynski)가 개발한 **립진스키 정리**(Rybczynski theorem)는 경제성장이 한 나라의 무역에 미치는 영향을 다룬다. 이 정리에 따르면 요소부존비율 모형의 맥락하에서 특정 생산요소의 부존량이 증가하면 기회비용이 일정할 때 그 특정 생산요소를 집약적으로 사용하는 재화의 생산이 늘어나고 다른 재화의 생산은 줄어들게 된다.

예를 들어 노스랜드에서 자본부존량이 증가하게 되면 컴퓨터 생산이 늘어나게 되고 식료품의 생산은 줄어들게 된다. (립진스키 정리에 대한 자세한 설명은 "도표로 이해하는 글로벌 경제 이슈 3.4"를 참조하라.)

- **립진스키 정리**(Rybczynski theorem): 한 국가에서 어떤 자원의 부존량이 증가하면 생산과정에서 그 자원이 상대적으로 더욱 집약적으로 사용되는 재화를 더 많이 생산하며 다른 재화는 덜 생산한다는 정리.

▧ 도표로 이해하는 글로벌 경제 이슈

3.4 립진스키 정리

도표 3.4에 노스랜드의 PPF가 나타나 있다. 경제성장이 발생하기 전에 노스랜드의 주민들은 F_1 바스켓의 식료품과 C_1대의 컴퓨터를 생산하고 있다. 이는 도표 3.4에서 점 P로 표현되고 있다. 제2장에서 보았듯이 점 P에서의 접선(선분 OC)의 기울기는 점 P에서 생산할 때의 기회비용을 나타낸다.

노스랜드에서의 자본부존량 증가가 어떤 효과를 가져 오는지 살펴보자. 컴퓨터는 상대적으로 자본집약적이고 식료품은 상대적으로 노동집약적이기 때문에 자본의 증가는 컴퓨터의 생산에 더욱 큰 영향을 미친다. 자본의 증가는 PPF를 확장시키는데 컴퓨터 산업을 식료품 산업보다 더 크게 확대시키는 방향으로 진행된다.

립진스키 정리는 경제성장이 발생한 이후에도 기회비용이 일정하게 유지된다는 가정을 하고 있다. 즉 경제성장의 결과 선분 OC는 기울기를 일정하게 유지하면서 점 P'에 접할 때까지 바깥 방향으로 이동한다. 점 P'은 노스랜드의 주민들이 F_2바스켓의 식료품과 C_2대의 컴퓨터를 생산함을 의미한다.

상대적으로 자본집약적 재화인 컴퓨터의 생산은 C_1에서 C_2로 상승하며, 식료품의 생산은 F_1에서 F_2로 감소한다. 결국, 립진스키 정리가 시사하는 바는 다음과 같다. 자본의 증가는 자본집약적 재화인 컴퓨터의 생산을 늘리며 노동집약적 재화인 식료품의 생산을 감소시킨다.

심화 학습: 자본이 증가하면 노스랜드의 국제무역은 증가할 것인가? 아니면 감소할 것인가? 자본 대신 노동부존량이 증가하는 경우에는 어떤 결과가 발생할 것인가?

도표 3.4 립진스키 정리 설명

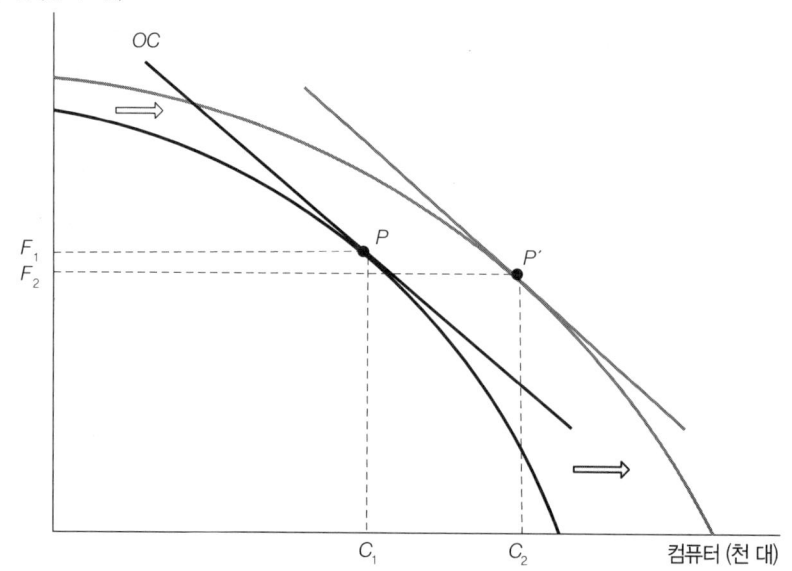

* 노스랜드에서 자본부존량이 증가하게 되면 노스랜드의 PPF는 확장되는데 컴퓨터의 생산가능량이 식료품의 생산가능량보다 더욱 커지는 방향으로 확대된다. 기회비용이 일정할 때 이와 같은 경제성장은 노스랜드가 자본을 보다 집약적으로 사용하는 컴퓨터 생산을 C_1에서 C_2로 늘리고, 노동을 보다 집약적으로 사용하는 식료품 생산을 F_1에서 F_2로 줄이도록 한다.

■ 성장과 무역

우리는 립진스키 정리를 통해 경제성장이 한 국가의 생산조합에 어떤 영향을 미치는가에 대해 이해할 수 있게 되었다. 이제는 경제성장의 결과로 발생하는 생산조합의 변화가 무역패턴에 어떤 영향을 미치는가에 대해 살펴보도록 하자.

노스랜드의 경제성장으로 인해 앞에서 설명한 결과가 발생하였다고 가정하자. 자본의 증가는 컴퓨터 생산의 증가를 가져왔으며 식료품 생산의 감소를 가져왔다. 경제성장이 발생하기 전에 노스랜드는 컴퓨터를 수출하고 있었으며 식료품을 수입하고 있었다. 경제성장은 노스랜드로 하여금 수출품인 컴퓨터의 생산을 늘리고 수입품인 식료품의 생산을 줄이는 결과를 가져왔다. 이와 같은 생산의 변화는 노스랜드로 하여금 수출과 수입을 모두 증가시키는 결과를 가져올 것이다. 달리 말하면 위에 묘사된 경제성장은 무역을 촉진하는 효과를 가진다.

그러나 생산의 변화가 항상 무역을 촉진하는 효과를 가져오는 것은 아니다. 노스랜드가 상대적으로 부존량이 적은 노동력의 증가를 경험한다고 가정하자. 립진스키 정리에 의하면 노동력의 증가는 노스랜드로 하여금 식료품을 더 생산하고 컴퓨터는 덜 생산하는 결과를 가져오게 된다. 달리 표현하면 노스랜드는 수입품의 생산을 늘리고 수출품이 생산을 줄이게 된다. 생산조합이 이런 식으로 변하게 되면 노스랜드는 무역을 덜 하게 된다. 그러므로 이런 형태의 경제성장은 무역을 억제하는 효과를 지니게 된다.

립진스키 정리는 경제성장이 한 국가의 무역에 미치는 영향을 판단하는 데 매우 유용한 개념이다. 제1장에서 우리는 미국경제가 매우 높은 수준의 자본유입을 경험하고 있음을 배웠다. 그러므로 립진스키 정리에 의하면 미국은 앞으로도 하이테크 산업이 계속 확대되고 노동집약적인 산업은 더욱 위축될 것이라는 사실을 예상할 수 있다.

핵심 이슈 #7

경제성장은 무역패턴에 어떤 영향을 미치는가?

립진스키 정리에 의하면 가격이 일정할 때 어떤 특정 생산요소의 부존량이 증가하면 생산과정에서 그 생산요소를 상대적으로 더 집약적으로 사용하는 재화의 생산량이 증가하고, 다른 재화의 생산량은 감소하게 된다. 경제성장으로 발생한 이와 같은 생산의 변화는 무역을 촉진시킬 수도 있으며 무역을 억제할 수도 있다. 한 국가가 상대적으로 부존량이 많은 생산요소의 증가를 경험하게 되면, 그 국가는 수출품의 생산은 증가시키는 반면, 수입품의 생산은 감소시키게 되어 궁극적으로 무역을 촉진하는 결과를 가져온다. 상대적으로 부존량이 적은 생산요소가 증가하는 경우 무역은 억제되는 결과가 발생한다.

요약

1. **요소부존비율 모형에 의거한 비교우위론**: 요소부존비율 접근법은 국가 간에 존재하는 상대적인 요소부존량과 상대적인 요소집약도의 개념을 이용하여 비교우위를 설명한다. 요소부존비율 모형은 2국-2재화-2생산요소 모형이다. 상대적 요소부존량과 상대적 요소집약도가 이 모형의 핵심적인 개념이다. 요소부존비율 모형은 요소부존비율에 의거한 비교우위론을 검정하기 위하여 자주 사용된다.

2. **헥셔-올린 무역이론**: 헥셔-올린 정리는 요소부존비율 접근법으로부터 도출된다. 헥셔-올린 정리에 의하면 무역참가국은 상대적으로 자국

에 부존량이 많은 생산요소를 집약적으로 사용하여 생산하는 재화와 서비스를 수출하게 된다. 마찬가지로 상대적으로 부존량이 적은 생산요소를 집약적으로 사용하여 생산되는 재화와 서비스는 수입하게 된다.

3. **무역패턴에 대한 요소부존비율 모형의 실증적 설명력**: 1954년 레온티에프(Wassily Leontief)는 요소부존비율 모형에 대해 처음으로 실증적 검증을 시도한다. 검증 결과 레온티에프는 미국의 무역데이터는 요소부존비율 모형이 시사하는 바와 배치됨을 밝혀낸다. 이 결과를 레온티에프의 역설(Leontief paradox)이라고 부른다. 그의 연구결과는 요소부존비율 접근법에 관한 수많은 후속연구를 촉발시켰다. 그 결과 일반화된 요소부존비율 모형이 개발되었다.

4. **무역과 요소가격 간의 관계**: 요소가격 균등화 정리는 자유무역이 이루어질 때 국가 간에 요소가격의 균등화가 이루어진다고 주장한다. 요소가격의 균등화는 재화와 서비스의 글로벌 시장에서 발생하는 가격 조정을 통해 달성된다.

5. **무역과 실질소득 간의 관계**: 스톨퍼-사뮤엘슨 정리에 따르면 자유무역은 한 나라가 상대적으로 풍부하게 보유하고 있는 생산요소의 실질소득을 증가시키고 상대적으로 적게 보유하고 있는 생산요소의 실질소득은 감소시킨다. 다른 말로 표현하면 국제무역은 어떤 나라에 상대적으로 부존량이 많은 생산요소에게는 혜택을 주고 상대적으로 부존량이 적은 생산요소에게는 손해를 입힌다. 이 이론의 중요한 시사점은 상대적으로 부존량이 많은 생산요소를 소유한 사람들은 자유무역 정책을 지지할 가능성이 높으며 상대적으로 부존량이 적은 생산요소를 소유한 사람들은 자유무역 정책을 반대할 가능성이 크다는 것이다.

6. **생산의 국제화와 비교우위**: 경제통합이 심화되고 운송비용과 통신비용이 크게 하락한 오늘날의 글로벌 경제환경에서는 기업들은 자주 생산의 국제화에 참여한다. 어떤 국가의 기업이 특정 생산단계에만 전문화하고 나머지 생산단계는 다른 국가의 기업들에게 아웃소싱을 할 때 생산의 국제화가 발생한다. 기업들이 생산을 국제화할수록 비교우위가 빨리 확보되거나 빨리 상실될 수도 있다. 한 나라에서 다른 나라로 비교우위가 갑자기 이동하는 현상을 만화경(kaleidoscopic) 비교우위라 부른다.

7. **경제성장과 무역패턴**: 립진스키 정리에 따르면 기회비용이 일정하다고 가정할 때 어떤 특정 생산요소의 부존량이 증가하면 그 생산요소를 상대적으로 더 집약적으로 사용하는 재화의 생산량이 증가하며 덜 집약적으로 사용하는 재화의 생산량은 줄어든다. 경제성장의 결과 발생하는 이와 같은 생산의 변화는 그 나라의 무역을 촉진할 수도 있고 억제할 수도 있다. 어떤 나라가 상대적으로 부존량이 많은 생산요소의 증가를 경험하게 되면 그 나라는 수출품을 더 생산하게 되면 수입품은 덜 생산하게 된다. 이로 인해 무역은 촉진된다. 상대적으로 부존량이 적은 생산요소가 증가하게 되면 수출품의 생산이 감소하고 수입품의 생산이 늘어나서 무역은 줄어든다.

연습문제

1. 유토피아의 주민들은 100단위의 노동과 75단위의 자본을 보유하고 있다. 이데아랜드의 주민들은 75단위의 노동과 50단위의 자본을 보유하고 있다. 상대적으로 노동의 부존량이 많은 나라는 어디이며 상대적으로 자본의 부존량이 많은 나라는 어디인가?

2. 현재의 생산수준에서 샌드위치는 1단위의 노동과 0.5단위의 자본이 필요하며 자전거는 0.9단위의 노동과 0.9단위의 자본이 필요하다고 가정하자. 생산과정에서 상대적으로 자본집약적인 재화는 어느 재화이며 상대적으로 노동집약적인 재화는 어느 것인가?

3. 1번과 2번에 대한 답을 이용하여 다음 문제에 답하라. 유토피아와 이데아랜드의 주민들이 무역을 시작하였다고 하자. 유토피아가 수출하는 재화는 무엇이며 수입하는 재화는 어떤 것인가? 헥셔-올린 정리의 맥락에서 답하라.

4. 3번의 답에 근거하여, 무역을 하기 전 자급자족의 상황일 때 유토피와와 이데아랜드 중 자전거 대비 샌드위치의 상대가격이 높은 나라는 어디인가? 샌드위치 대비 자전거의 상대가격이 높은 나라는 어디인가? 자급자족의 상황하에서 자본의 임대수익률 대비 임금율이 상대적으로 높은 나라는 어디인가? 두 나라가 무역을 시작한 후 자본임대수익률 대비 임금율이 어떤 과정을 통해 조정되는지 설명하라.

5. 3번 문제의 답에 근거하여, 유토피아와 이데아랜드 사이에 자유무역이 이루어질 때 두 나라의 노동자와 자본소유자 중 누가 혜택을 입고 누가 손해를 입는가를 설명하라.

6. 도표 3.2(p. 59)를 참조하라. 노스랜드와 이스트아일의 주민들이 각각 비교우위를 보유하고 있는 재화의 생산에 전문화하여 소비가능집합을 확대할 수 있다고 하자. 이 때 양국민은 왜 생산의 완전 전문화를 시도하지 않는가? 달리 말하면 왜 양국은 점 P_T^N와 점 P_T^E에서 생산을 전문화하지 않는가?

7. PC의 제조에는 다음과 같은 5단계의 생산단계가 있다고 가정하자: 디자인, 부품제조, 조립, 마케팅, 그리고 배달. 미국에 기반을 두고 있는 휴렛-팩카드(HP: Hewlett-Packard)와 같은 컴퓨터 회사를 상정하자. HP는 개발도상국에 있는 기업에 비해 PC의 생산단계 중 어떤 단계에 비교우위를 보유하고 있다고 생각하는가? 다른 말로 표현하면 만약 HP가 구조조정을 실시한다면 HP가 가장 강력한 비교우위를 보유한 생산단계는 어떤 단계일까?

8. 동아시아의 신흥경제는 1990년대와 2000년대에 상당 규모의 자본유입을 경험하였다. 립진스키 정리에 의하면 동아시아 경제가 경험한 자본부존량의 증대는 동아시아의 무역패턴에 어떤 영향을 가져올 것인가?

9. 8번 문제에 대한 답과 연관하여 설명하라. 2000년대에 발생한 동아시아이 경제성장은 동아시아 국가로 하여금 타국과의 무역을 더욱 증진시켰는가? 아니면 억제하였는가?

10. 중앙아메리카로부터 미국으로의 이민은 미국의 생산에 어떤 영향을 미쳤는지 설명하라.

온라인 응용학습

URL: www.wto.org
제목: World Trade Organization
검색: 국제무역기구(WTO)의 홈페이지에서 'Documents and resources'를 클릭한 후, 드롭다운 메뉴에서 'Statistics'를 클릭하라. 다음으로 'Trade in Merchandise and Services'를 클릭하라. 화면을 아래로 스크롤 한 후 'International Trade Statistics'를 클릭하라. 우측으로 스크롤 한 후 'Download the complete International Trade statistics in pdf format'을 선택하고 가장 최신의 PDF 파일을 오픈하라.
응용: 다음의 작업을 시행한 후 문제에 답하라.

1. 오픈한 파일에서 통계자료를 보기 전에 다음의 문제에 답하라.
   (a) NAFTA 회원국(캐나다, 멕시코, 미국)이 동시에 가장 많이 교역을 한 나라는 어디인가: 북미, 아시아, 유럽, 남아메리카 및 중앙아메리카, 중동, 아프리카 혹은 CIS(Commonwealth of Independent States)국가 중 어디인가? 가장 교역을 많이 한 지역부터 적게 한 지역 순으로 랭킹을 매기도록 하라.
   (b) 생산물 그룹(농산물, 연료와 광물, 제조업 제품) 중 NAFTA 회원국이 순수출하는 그룹은 무엇이라 생각하는가? NAFTA 회원국이 순수입하는 생산물 그룹은 무엇이라 생각하는가?
2. 앞서 오픈한 자료로 돌아가라. 'Bilateral trade of leading traders'라는 타이틀의 표를 클릭하라. 이 표에서 관찰되는 정보에 근거하여 문제 1(a)에 대해 다시 답하라. 'Regional trade agreements.'라는 자료에 근거하여 문제 1(b)에 대해 다시 답하라.

팀 과제: 1번 문제와 2번 문제를 NAFTA 회원국별로 배정하라. 각각의 스터디 그룹은 데이터에서 찾은 결과를 발표하며 헥셔-올린 정리와 비교한 결과도 발표하도록 한다.

참고문헌

Anderson, James E., and Eric Van Wincoop. "Trade Costs." *Journal of Economic Literature* XLII (September 2004): 691–751.

Baldwin, Robert. *The Development and Testing of Heckscher-Ohlin Trade Models*. Cambridge, MA: MIT Press, 2008.

Bhagwati, Jagdish, and Vivek H. Dehejia. "Freer Trade and Wages of the Unskilled – Is Marx Striking Again?" In Jagdish Bhagwati and Marvin H. Kosters, eds., *Trade and Wages: Leveling Wages Down?* Washington, DC: American Enterprise Institute, 1994.

Bhagwati, Jagdish, and Marvin H. Kosters, eds. *Trade and Wages: Leveling Wages Down?* Washington, DC: American Enterprise Institute, 1994.

Borjas, George J. "The Internationalization of the U.S. Labor Market and the Wage Structure." *Federal Reserve Bank of New York Economic Policy Review* (January 1995), pp. 3–8.

Chipman, John S. *The Theory of International Trade: Volume 1*. Northampton, MA: Elgar, 2008.

Davis, John. "Is Trade Liberalization an Important Cause of Increasing U.S. Wage Inequality? The Interaction of Theory and Policy." *Review of Social Economy* LVII(4) (1999): 488–506.

Deardorff, Alan V. "A Trade Theorist's Take on Skilled-Labor Outsourcing." *International Review of Economics and Finance* 14(3) (2005): 259–271.

Feenstra, Robert C. "Integration of Trade and Disintegration of Production in the Global Economy." *Journal of Economic Perspectives* 12(4) (1998): 31–50.

Hummels, David. "Transportation Costs and International Trade in the Second Era of Globalization." *Journal of Economic Perspectives* 21(3) (2007): 131–154.

Kemp, Murray C. *International Trade Theory: A Critical Review*. London: Taylor & Francis/Routledge, 2008.

Kemp, Murray C., and Binh Tran-Nam. "On Trade Gains and International Disparities in Factor Proportions." In K. Shimomura, ed., *International Trade and Economic Dynamics*. Berlin: Springer, 2009, pp. 13–18.

Markusen, James R., and Anthony J. Venables. "Interacting Factor Endowments and Trade Costs: A Multi-Country, Multi-Good Approach to Trade Theory." *Journal of International Economics* 73(2) (November 2007): 333–354.

Morrow, Peter. "Ricardian-Heckscher-Ohlin Comparative Advantage: Theory and Evidence." *Journal of International Economics* 82(2) (November 2010): 137–151.

Opp, Marcus M., Hugo F. Sonnenschein, and Christis G. Tombazos. "Rybczynski's Theorem in the Heckscher-Ohlin World — Anything Goes." *Journal of International Economics* 79(1) (September 2009): 137–142.

Rassekh, Farhad, and Henry Thompson. "Factor Price Equalization: Theory and Evidence." *Journal of Economic Integration* 8(1) (1993): 1–32.

Romalis, John. "Factor Proportions and the Structure of Commodity Trade." *American Economic Review* 94(1) (2004): 67–97.

Samuelson, Paul A. "International Factor-Price Equalisation Once again." In E. Leamer, ed., *International Economics*, Worth Series in Outstanding Contributions. New York: Worth, 2001 [1949], pp. 19–32.

Thompson, Henry. "Definitions of Factor Abundance and the Factor Content of Trade." *Open Economies Review* 10(4) (October 1999): 385–393.

Trefler, Daniel. "The Case of the Missing Trade and Other Mysteries." *American Economic Review* 85(5) (December 1995): 1029–1046.

Williamson, Jeffrey G. "Globalization, Labor Markets and Policy Backlash in the Past." *Journal of Economic Literature* 12(4) (1998): 51–72.

Wood, Adrian. "Give Heckscher and Ohlin a Chance!" *Weltwirtschaftliches Archiv* 130(1) (1994): 20–49.

Vane, Howard R., and Chris Mulhearn, eds. *Wassily W. Leontief, Leonid V. Kantorovich, Tjalling C. Koopmans and J. Richard N. Stone. Pioneering Papers of the Nobel Memorial Laureates in Economics*, Vol. 4. Northampton, MA: Elgar Reference Collection, 2009.

4장

국제무역에 대한 규제: 무역정책과 그 효과

핵심 이슈

1. 조세는 시장가격에 어떻게 영향을 미치며, 조세의 재분배 효과는 무엇인가?
2. 관세장벽의 경제적 효과는 무엇인가?
3. 쿼터란 무엇이며, 무역에 대한 직접적 규제로서 어떻게 작동하는가?
4. 자발적 수출규제란 무엇인가?
5. 수출보조금의 효과는 무엇이며, 정책결정자들은 수출진흥정책에 대해 일반적으로 어떻게 대응하는가?
6. 무역장벽의 장점과 단점은 무엇인가?

아르헨티나와 인도는 수천마일이나 떨어져 있지만 아르헨티나정부와 인도정부는 유사한 국제무역정책을 공유하고 있다. 즉, 외국의 어떤 산업이 자국(自國)에 수출을 하고자 하는 경우 그 외국 산업이 자국 내에서 최소한 한 품목 이상의 재화를 생산하지 않는 한 수출이 금지된다. 아르헨티나정부는 미국의 스마트폰 제조업체가 아르헨티나 내에서 생산을 하고 있지 않기 때문에 아이폰의 수입을 금지하고 있다. 동일한 이유로 인도정부 역시 노트북 컴퓨터, 와이파이 장비 및 컴퓨터 네트워크 장비와 같은 다양한 미국산 정보통신기술 관련 제품의 수입을 금지하고 있다.

아르헨티나정부와 인도정부가 공유하고 있는 국제무역에 관한 견해에 따르면 자국 내에서 미국기업이 생산 활동을 할 의지가 없다는 것은 자국 내 고용 창출을 방해하는 것이므로 수입규제가 정당하다는 것이다. 양국 정부는 이와 같은 무역규제정책이 초래하는 기본적인 상충관계를 수용할 의사가 있는 것으로 보인다. 즉, 수입규제정책 덕분에 외국기업과의 경쟁으로부터 보호되는 국내기업이 생산하는 제품을 국내 소비자가 더 비싼 가격에 구입해야 한다는 사실이다.

재화와 서비스의 수입에 대한 양적 규제, 즉, 쿼터는 국제무역을 규제하기 위해서 선택할 수 있는 정책 중 하나일 뿐이다. 이 장에서는 아르헨티나와 인도가 시행하는 무역쿼터와 같은 무역규제정책은 결국 국내가격의 인상으로 귀결된다는 것을 배운다.

조세가 가격에 미치는 직접적 효과

정책결정자들은 무역의 흐름을 제한하거나 변화시키기 위해 다양한 수단을 사용할 수 있다. 이런 수단들의 효과를 살펴보기 위해서 국제무역정책으로 가장 많이 사용되는 관세장벽을 먼저 살펴보기로 한다. **관세**(tariff)는 재화와 서비스에 부과되는 세금이다. 관세가 작동하는 방식을 이해하기 위해서는 조세가 재화와 서비스의 시장 가격에 미치는 영향을 먼저 이해해야 한다.

■ 조세가 공급에 미치는 영향

제1장에서 논의되었듯이 조세는 공급에 영향을 미치는 다양한 요인 중 하나이다. 이제 조세가 어떻게 공급에 영향을 미치며, 그 다음으로는 어떻게 시장에 영향을 미치는가를 알아보도록 하자.

공급스케줄에 대한 효과

표 4.1에 어떤 운동화 제조업체의 월간 공급스케줄이 주어져 있다. 표에 의하면 한 켤레 당 75달러의 시장 가격에서 이 제조업체는 특정 운동화를 1,000켤레 생산해서 시장에 공급할 의사가 있다.

이제 조세가 운동화에 미치는 효과를 생각해보자. (분석을 쉽게 하기 위해서 제소업체가 인터넷을 통해서 소비자에게 직접 신발을 판매한다고 가정하자.) 정부는 이 제조업자가 판매하는 신발 한 켤레마다 5달러의 세금을 부과하며, 제조업자가 세금을 걷어서 지정된 조세기관에 납부한다고 가정하자.

• **관세**(tariff): 수입한 재화와 서비스에 부과되는 세금.

표 4.1 운동화 제조업자의 공급스케줄

한 켤레 당 가격($)	수량
72.50	750
75.00	1,000
77.50	1,250
80.00	1,500

* 공급스케줄은 다양한 가격에서의 공급량을 보여준다.

표 4.2는 세금부과 이전의 원래 공급스케줄과 세금부과 이후의 공급스케줄을 보여주고 있다. 정부가 세금을 부과한 이후 제조업자는 한 달에 1,000켤레의 운동화를 제조하여 시장에 공급하기 위해서 한 켤레 당 80달러의 가격을 요구하게 된다. 소비자가 80달러를 지불하면 제조업자가 80달러를 받고 5달러를 정부에 납부한 후 75달러를 가져간다. (매출과 세금을 기록하고 정부에 보고하는 비용은 무시하기로 한다. 그러나 이와 같은 관료적 비용은 실제로는 상당히 클 수가 있다.) 또한 이 제조업자는 500켤레의 운동화를 공급하기 위해서는 켤레 당 75달러를 요구하고 750켤레를 공급하기 위해서는 77.5달러를 요구한다. 즉, 세금의 양이 증가함에 따라 각각의 생산량 수준에서 제조업자가 요구하는 가격은 상승한다.

세전(稅前) 공급스케줄과 세후(稅後) 공급스케

표 4.2 세후 공급스케줄

한 켤레 당 가격($)	세금부과 전 수량	세금부과 후 수량
72.50	750	250
75.00	1,000	500
77.50	1,250	750
80.00	1,500	1,000

* 조세의 부과는 각 가격 수준에서 공급량의 감소를 가져온다.

줄 간의 차이를 다른 방식으로 이해할 수도 있다. 다양한 가격 수준에서 공급량은 세금부과 이후 감소한다는 사실에 주목하자. 결국 운동화의 공급은 감소한다.

가격에 대한 효과

제1장에서 논의하였듯이 운동화의 공급이 감소하기 때문에 시장가격에는 상승압력이 발생한다. 이때 운동화 한 켤레 당 5달러의 조세 부과는 시장가격이 한 켤레 당 5달러 상승함을 의미하는가? 수요의 법칙에 의하면 가격이 상승할 때 수요량은 감소한다. 그러므로 80달러의 가격에서 운동화의 판매가 줄어든다. 가격과 수요량 사이의 관계 때문에 세금의 부과는 시장가격의 상승을 가져오지만, 세금 전액이 모두 가격의 상승으로 전이되는 것은 아니다.

■ 세금을 실제로 부담하는 주체는?

조세는 시장에 영향을 주기 때문에 소비자와 생산자 및 정부 사이에 재분배 효과가 발생한다. 소비자가 세금부과 전보다 높은 단위 가격의 형태로 세금을 지불하게 되는 경우 조세부담은 **전방으로 전가된다**(forward shifted). 반면 생산자가 세금부과 전보다 낮은 단위 당 수입의 형태로 세금을 지불하게 되었다면 조세부담은 **후방으로 전가된다**(backward shifted).

앞에서 설명하였듯이 조세가 부과되면 일반적으로 시장가격의 상승폭은 부과된 조세액보다 작다. 이는 조세의 일부가 전방으로 전가되며 일부는 후방으로 전가되기 때문이다. 정의상 전방으로 전가되는 조세의 규모와 후방으로 전가되는 조세의 규모는 정부의 조세수입과 일치한다.

조세부담이 전방 혹은 후방으로 전가되는 과정을 이해하기 위해서 조세가 부과된 이후 운동화의 시장가격이 77.5달러로 상승하며, 균형수량은 750켤레로 감소한다고 가정하자. 새로운 균형에서 생산자는 소비자에게 판매되는 운동화 한 켤레 당 77.5달러를 받고 5달러를 정부에 납부하므로, 결국 72.5달러가 생산자의 수입이 된다. 정부의 조세수입은 3,750달러(=$5.00×750)이다. 소비자에게 전방전가되는 조세의 크기는 소비자가 이전보다 높은 가격의 형태로 지불한 금액이며 3,750달러의 일부분에 해당한다. 즉, 1,875달러[=($77.50−$75.00)×750]이다. 후방으로 전가되는 조세의 크기 역시 3,750달러의 일부분으로서 생산자가 제품 한 단위 당 수입의 형태로 지불한 금액이다. 즉, 1,875달러[=($75.00−$72.50)×750]이다.

만약 조세가 전방으로도 전가되고 후방으로도 전가된다면, 소비자와 생산자가 조세를 반반씩 부담하게 된다. 조세가 전방으로 전가되거나 후방으로 전가되는 정도는 소비자와 생산자가 가격의 변화에 반응하는 정도에 달려있다. (조세의 재분배 효과를 좀 더 살펴보기 위해서 "도표로 이해하는 글로벌 경제 이슈 4.1"을 참조하라.) 조세부담의 전가와 관련하여 얻는 결론은 다음과 같다.

일반적으로 조세의 부과는 시장가격의 상승을 가져오지만, 그 상승 규모는 부과된 조세의 크

- **전방전가**(forward shifted): 소비자가 조세 부과 전보다 높은 단위 가격의 형태로 지불하게 되는 조세의 부분.
- **후방전가**(backward shifted): 생산자가 조세 부과 전보다 낮은 단위 당 수입(revenue)의 형태로 지불하게 되는 조세액.

기보다는 작다. 조세의 전방전가는 소비자가 세금부과 전보다 높은 가격의 형태로 지불한 조세금액이다. 조세의 후방전가는 생산자가 세금부과 전보다 낮은 수입의 형태로 지불한 조세 금액이다. 대부분의 경우 가격상승의 크기는 부과된 조세의 전체 크기와 다르기 때문에 조세의 일부분은 전방으로도 전가되고 동시에 후방으로도 전가된다.

도표로 이해하는 글로벌 경제 이슈

4.1 조세의 효과

도표 4.1을 이용하여 조세가 시장에 미치는 영향을 살펴보자. 운동화 시장은 점 A에서 시장 균형을 이루고 있으며, 균형가격은 켤레 당 75달러이며 균형수량은 1,000켤레이다.

이제 정부가 시장에서 팔리는 운동화 한 켤레 당 5달러의 조세를 부과한다고 가정하자. 그 결과 각 가격 수준에서 공급량이 감소하며, 이는 조세가 공급의 감소를 초래함을 의미한다. 공급의 감소는 공급곡선이 왼쪽 위로 이동함을 의미하며 새로운 공급곡선은 S'이 된다. 즉, 각 공급량 수준에서 공급곡선이 부과된 조세의 크기만큼 수직으로 상향 이동한다.

공급의 감소로 인해 운동화 가격에는 상승 압력이 발생한다. 가격이 상승하면 소비자는 수요량을 감소시키게 되며, 이는 수요곡선 상에서 왼쪽 위로 움직임을 의미한다. 새로운 균형이 점 B에서 달성되며 균형가격은 77.50달러이고 균형수량은 750켤레이다. 도표에서 볼 수 있듯이 조세는 시장가격을 최초가격이었던 75달러를 상회하는 수준으로 상승시켰지만 그 상승폭은 조세액 전체 규모보다는 작다.

이 예에서 정부의 조세수입은 3,750달러(=$5.00×750)이며, 조세의 총규모는 도표 4.1에서 두 직사각형의 면적 C와 P로 표현된다. 이 직사각형의 밑변의 길이는 균형판매량인 750켤레이며 높이는 단위 당 조세액, 즉, 5달러(=$77.50-$72.50)이다. 그러므로 두 직사각형의 면적 C와 P는 정부의 조세수입과 동일하다.

도표 4.1은 전방전가되는 조세의 규모와 후방전가되는 조세의 규모도 보여준다. 전방전가되는 조세의 규모는 직사각형 C의 면적, 즉, $1,875[=($77.50-$75.00)×750]이다. 이 직사각형의 밑변은 균형판매량과 같으며 높이는 세후 균형가격과 세전 균형가격 간의 차이($77.25-$75.00=$2.50)와 같다. 그러므로 직사각형 C의 면적은 소비자에게 전방전가되는 조세의 총금액과 동일하다.

후방전가되는 조세의 규모는 직사각형 P의 면적이며, 그 크기는 $1,875[=($77.50-$75.00)×750]이다. 이 직사각형의 밑변은 균형거래량과 같으며, 높이는 세전 균형가격과 생산자가 정부에 세금을 납부한 후 받게 되는 가격 간의 차이($75.00-$72.50=$2.50)와 같다. 그러므로 직사각형 P의 면적은 운동화 생산자에게 후방전가되는 조세의 총금액과 동일하다.

심화 학습 : 조세가 고정금액으로 부과되는 대신 가격의 5퍼센트라는 형태로 부과된다고 가정하자. 이 경우 도표 4.1은 어떻게 바뀌는가?

도표 4.1 조세의 효과

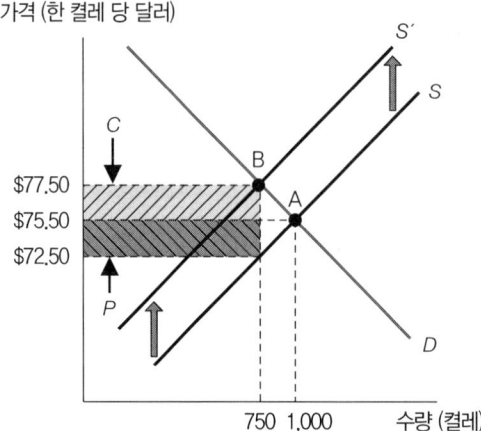

* 조세가 부과되면 공급곡선은 조세규모만큼 수직으로 상승한다. 공급의 감소는 시장가격의 상승을 초래한다. 시장가격의 상승폭은 대개의 경우 조세규모보다 작다. 조세수입의 전체규모는 면적 C와 P의 합으로 주어진다. 면적 C는 소비자에 전방전가되는 조세의 크기이며, P는 생산자에게 후방전가되는 조세의 크기이다.

핵심 이슈 #1

조세는 시장가격에 어떻게 영향을 미치며, 조세의 재분배 효과는 무엇인가?

조세의 부과는 특정 재화나 서비스의 공급을 감소시키는 결과를 가져온다. 공급의 감소가 시장가격의 상승을 초래하지만 대개의 경우 가격 상승폭은 조세의 규모보다는 작다. 조세는 시장에 영향을 미치기 때문에 재분배 효과도 발생시킨다. 소비자가 조세 부과 이전보다 높은 단위 당 가격의 형태로 조세를 부담하는 경우 조세는 전방전가된다고 말한다. 생산자가 조세 부과 이전보다 낮은 단위 당 수입(revenue)의 형태로 조세를 부담하는 경우 조세는 후방전가된다고 말한다.

관세의 경제적 효과

관세는 수입된 재화나 서비스에 부과되는 세금이다. 그러므로 운동화에 대한 조세의 효과를 다룬 예에서와 마찬가지로 관세도 가격과 수량에 동일한 효과를 미친다. 그러나 중요한 차이점이 하나 있다. 관세는 수입된 재화와 서비스에 관한 조세이고 국내 생산자의 생산량에는 적용되지 않는다. 이는 관세의 후방전가는 국내 생산물에 대한 조세의 후방전가와는 다르다는 점을 의미한다. 또 다른 관세의 특징 중 하나는 제1장에서 논의하였듯이 글로벌 공급에 영향을 미침으로써 잠재적으로 글로벌 가격에도 영향을 미칠 수 있다는 것이다. 관세의 경제적 효과를 분석하기에 앞서 관세의 기본 형태와 장·단점을 이해해야 한다. 관세의 경제적 효과를 소국(小國)경제와 대국(大國)경제의 두 가지 환경하에서 각각 분석하고자 한다.[i]

---

i) **관련 웹사이트**: 관세 관련 정보는 미국 상무성의 국제무역관리청(International Trade Administration) 웹사이트(www.ita.doc.gov)를 참조.

■ 관세의 종류

관세에는 기본적으로 세 종류의 관세가 있다. **종량관세**(specific tariff)는 수입 단위 당 고정 금액이 부과되는 관세이다. **종가관세**(ad valorem tariff)는 수입 재화나 서비스의 가치의 일정 퍼센트로 계산되는 관세이다. **결합관세**(combination tariff)는 종량관세와 종가관세를 결합한 형태의 관세이다. 표 4.3은 미국이 일부 수입품에 적용하는 관세율을 보여주고 있다. 예를 들어 잔디깎기 가위에 적용되는 관세는 5.1퍼센트의 종가관세와 0.02달러의 종량관세의 결합으로 이루어져 있다.

종량관세의 장점과 단점

종가관세와 종량관세를 사용함에 있어서 각각 장점과 단점이 존재한다. 종량관세는 계산하기가 쉬우나, 가격변동에 따라 조정되지 않는 단점이 있다. 스웨덴산 자동차에 적용되는 1,000달러의 종량관세를 예로 들어보자. 이 경우 무역당국은 단순히 국내로 수입되는 자동차의 대수만 확인하고 여기에 1,000달러를 곱하면 되기 때문에 계산하기가 매우 쉽다. 수입자동차의 도매가격이 2만 달러라고 가정하면, 1,000달러의 종량관세는 자동차 가치의 5퍼센트에 해당한다. 그런데 스웨덴 자동차 제조업체는 더 비싼 모델을 2만 5,000달러의 가격에 수출할 수도 있다. 이 경우 1,000달러의 종량관세는 자동차 가치의 4퍼센트에 해당하게 된다. 제조업체가 비싼 모델로 대체하면 자동

- **종량관세**(specific tariff): 재화의 판매 단위 당 부과되는 일정 금액의 관세.
- **종가관세**(ad valorem tariff): 재화나 서비스의 가치에 대하여 일정 비율로 부과되는 관세.
- **결합관세**(combination tariff): 종량관세와 종가관세를 결합한 형태의 관세.

표 4.3 일부 품목에 부과된 미국의 관세율

품목	종가관세(%)	종량관세 (단위 당 달러)
잔디깎기 가위와 그 부품	5.1	0.02
카펫과 양모 혹은 기타 동물 털로 만든 바닥 덮개	0	0
코코넛 섬유로 만든 바닥 덮개	0	1.29
케이퍼	8.0	0
버섯	20.0	0.22
시가	4.7	1.89
담배	0.9	0.417
면도 관련 제품	4.9	0
테니스 라켓	5.3	0
자전거	11.0	0

출처: Harmonized tariff schedule of the United States, www.usitc.gov.

차 가치의 퍼센트로 측정되는 관세의 상대적 크기는 하락하게 된다.

종가관세의 장점과 단점

종가관세의 장점은 항상 재화나 서비스의 가치의 일정 비율에 해당하는 금액으로 계산된다는 것이다. 예를 들어 5퍼센트의 종가관세는 스웨덴 자동차 제조업체가 어떤 모델의 자동차를 수출하든 상관없이 항상 자동차 가치의 5퍼센트로 유지된다. 그러므로 종가관세의 형태로 수취되는 관세수입은 상품의 가격이 상승하면 함께 증가하게 된다. 그러나 종가관세는 계산하기가 다소 어렵다. 이 경우 무역당국은 단순히 수입되는 자동차의 대수만 조사할 수는 없다. 종량관세를 부과하는 경우 수입자동차의 모델을 일일이 확인해야하며, 모든 모델의 시장가격도 조사해야 한다.

종량관세와 종가관세는 각각 장점과 단점을 가

지고 있다. 두 관세의 장점만 취하기 위해서 무역당국은 두 관세를 결합하여 운용하기도 한다.

■ 소국경제에서의 관세 효과

소국(small country)이란 소비와 생산에 관한 자국 주민들의 의사결정이 특정 시장의 국제 가격에 영향을 줄 수 없기 때문에 그 시장의 국제가격을 주어진 것으로 받아들여야 하는 나라이다. 그러므로 소국경제가 관세를 부과하면 재화나 서비스의 국내가격은 변하지만 국제가격에는 변화가 나타나지 않는다.

소국경제에서의 가격효과

어떤 조건에서든 소비자가 지불하는 국내가격은

- **소국**(small country): 자국 주민들의 소비 및 생산에 관한 의사결정이 국제가격에 영향을 미치지 못하기 때문에 국제가격을 주어진 가격으로 받아들여야 할 정도로 작은 국가.

글로벌 가격에 관세를 더한 가격이다. 그런데 소국경제에서는 국내 소비자와 생산자의 의사결정이 글로벌 가격에 영향을 주지 못한다. 결과적으로 국내소비자가 지불하는 국내가격과 국내생산자가 수취하는 수입(revenue)은 관세액만큼 상승하게 된다. 국내가격이 상승하면 수요량은 줄어들고 국내생산자의 공급량은 늘어나게 된다.

외국생산자들은 그들의 제품을 수출하는 국가의 정부에 관세를 납부해야 한다. 그러므로 관세 납부 후 외국생산자들이 수취하는 단위 당 수입(revenue)은 국제가격과 동일하다. 그럼에도 불구하고 수요량이 감소하고 국내생산자가 공급하는 공급량은 증가하기 때문에 결국 관세는 수입량을 줄이는 결과를 가져온다. (종종 관세가 부과되는 국가에 기반을 둔 외국생산자들은 관세의 영향을 받지 않는 국가로 생산거점을 옮기기도 한다. 그러나 일반적으로 전체 국내생산량은 감소하고 국내시장가격은 상승한다. "정책사례 4.1" 참조.)

🖉 정책사례

4.1 중국산 태양광패널에 대한 미국정부의 관세부과조치는 제3국에서 조립된 중국산 태양광 패널의 수입증가를 초래하였다

1970년대에 태양광패널에 의해 생산된 전력의 미국 내 실질가격은(2013년 기준) 와트 당 50달러였다. 이 가격은 2013년에는 와트 당 0.8달러까지 하락하였다. 이와 같은 가격 하락 덕분에 미국 소비자들은 태양광 패널의 구입과 설치를 크게 늘렸다. 21세기 초 미국산 태양광 패널 구입 비중은 20퍼센트를 넘었다. 그러나 2008년에 이 비중은 7퍼센트까지 떨어졌다. 오늘날 이 비중은 3퍼센트 수준까지 하락한 상황이다.

2012년에 미국정부는 중국으로부터 수입한 태양광 패널에 대한 종가관세를 24퍼센트에서 36퍼센트로 인상하였다. 그 후 중국산 태양광 패널의 수입증가율은 크게 감소하였다. 중국으로부터의 태양광 패널 수입이 감소한 첫 번째 이유는 관세 부과 이후 미국 내 태양광 패널의 시장가격이 상승하였고 이로 인해 미국 소비자들이 태양광 패널 구입을 줄였기 때문이다. 중국으로부터 수입이 감소한 또 다른 이유는 중국 제조업체들이 한국과 대만에 새로 설치한 조립라인에 부품을 공급하는 방식으로 관세에 대응하였기 때문이다. 중국 업체들은 이 나라에서 태양광 패널을 조립하여 미국시장에 수출하였다. 이런 방식을 통해 대부분의 중국 업체들은 태양광 패널에 부과된 관세를 회피하였다. 그럼에도 불구하고 생산 거점의 재배치와 추가적인 운송비용으로 인해 중국 업체들의 태양광 제조비용이 상승하였으며, 이 결과 미국시장 내 태양광 시장공급은 관세 부과의 결과 감소하였다고 할 수 있다. 결과적으로 태양광 패널의 시장가격은 소폭 상승하였다.

심화 학습: 미국이 중국산 태양광 패널에 관세를 부과하였을 때 관세수입이 애초 예상보다 줄어들게 된 이유는 무엇일까?

소국경제에서의 관세의 전방전가와 후방전가

소국경제하에서 관세의 전방 및 후방전가에 관한 논점은 명확하다. 국내 생산자가 수취하는 단위 당 수입(revenue per unit)이 증가하면 관세는 전혀 후방으로 전가되지 않는다. 관세를 지불한 이후 외국 생산자가 수취하는 단위 당 수입에 변화가 없다면 외국 생산자에게 관세의 후방전가는 전혀 발생하지 않는다. 국내 가격은 관세액만큼 증가하기 때문에 관세수입은 모두 전방전가된다. 외국 제품을 전보다 높은 가격에 구입함으로써 국내소비자가 관세액 전부를 부담하게 된다.

소국경제에서의 관세의 재분배 효과

소국경제에서의 관세의 전방전가와 후방전가 효과를 이해했으므로 이제는 소비자잉여와 생산자잉여의 개념을 이용하여 관세의 재분배 효과를 살펴보도록 하자. 제1장에서 소비자잉여는 특정 수량에서 소비자가 지불할 용의가 있는 가격과 실제로 지불하는 시장가격 간의 차이임을 배웠다. 생산자잉여는 생산자가 특정 수량의 재화를 공급할 때 수취하는 시장가격과 생산자가 특정 수량을 공급할 용의가 있는 가격 간의 차이이다. 그러므로 소비자잉여와 생산자잉여는 가격변화에 영향 받으며 가격은 정부가 관세를 부과할 때 변한다.

소국경제에서 관세가 부과되는 경우 소비자가 지불하는 가격과 국내생산자가 받게 되는 단위 당 수입은 모두 상승하게 된다. 그러므로 소비자잉여는 감소하고 국내생산자잉여는 상승한다. 반면 외국생산자가 받게 되는 단위 당 수입은 변화가 없으므로 외국생산자잉여도 변하지 않는다.

소비자잉여의 감소분 중 일부, 즉, 전방전가된 관세수입은 자국정부의 관세수입으로 이전된다. 소비자잉여의 감소분 중 다른 일부는 국내생산자잉여의 증가분의 형태로 국내생산자에게 이전된다. 그리고 소비자잉여의 감소분 중에는 아무에게도 이전되지 않는 부분이 있는데 이를 **경제적 순손실**(deadweight losses)이라고 하며, 관세 부과로 인한 경제적 효율성의 악화로 인해 발생한다. **경제적 효율성**(economic efficiency)은 자원이 가장 효율적으로 사용될 수 있는 분야에 분배될 때 달성될 수 있다. 관세가 국내가격을 왜곡하기 때문에 희소한 국내자원이 효율적인 산업으

- **경제적 순손실**(deadweight loss): 소비자잉여나 생산자잉여의 감소분 중 경제 내 어떤 주체에게도 이전되지 않은 부분이며 경제적 효율성의 악화를 나타낸다.
- **경제적 효율성**(economic efficiency): 희소한 자원이 가장 생산적이며, 가장 비용이 적게 발생하는 형태로 배분되는 조건.

로부터 관세에 의해 보호되는 산업으로 이전되고 이로 인해 경제적 효율성의 감소가 발생한다.

그러므로 관세는 소비자잉여를 국내생산자와 자국정부에게로 재분배하는 결과를 가져온다. 그런데 소비자잉여의 감소분이 국내생산자와 자국정부에 이전된 소비자잉여 부분보다 크다. 이는 결국 소국경제에서의 관세부과는 자국주민들의 후생수준의 순감소로 이어짐을 의미한다. (소국경제에서의 관세효과를 더 살펴보기 위해 "도표로 이해하는 글로벌 경제 이슈 4.2"를 참조하라.)

도표로 이해하는 글로벌 경제 이슈

4.2 소국경제에서의 관세

소국경제에서의 관세 효과를 분석하기 위해 도표 4.2(p. 91)에 묘사된 철강시장을 살펴보도록 한다. 수요곡선 D는 국내수요를 나타내며, 곡선 S_{dom}은 국내 철강생산자의 공급곡선이다. 글로벌 가격은 800달러이며 소국경제의 주민들은 글로벌 가격 800달러에서 원하는 만큼의 철강을 얼마든지 구입할 수 있는데, 소국 주민들이 철강을 얼마를 구입하든 글로벌 가격에는 영향을 미치지 않는다. 그러므로 소국 주민의 관점에서 볼 때 모든 외국생산자들의 공급곡선을 반영하는 글로벌 공급 곡선은 글로벌 가격 수준에서 수평이다.

글로벌 가격인 800달러에서 국내생산자들은 국내시장에 75톤의 철강을 공급하며, 같은 가격에서 총 수요량은 150톤이다. 그러므로 800달러의 가격에서 철강수입량, 즉 국내수요량과 국내생산자의 공급량 간의 차이는 75톤이다.

이제 정부가 톤 당 50달러의 종량관세를 부과한다고 가정하자. 관세는 수입된 철강에만 부과되기 때문에 국내소비자가 직면하게 되는 글로벌 공급곡선은 50달러만큼 상향 이전하여 S'_{global}이 되는 반면 국내공급곡선은 원래 위치에서 변화가 없다. 도표 4.2에서 볼 수 있듯이 철강의 국내가격은 관세만큼 상승하여 톤 당 850달러의 새로운 균형가격에 도달하게 된다. 국내철강가격이 상승함에 따라 국내생산자가 공급하는 철강은 75톤에서 80톤으로 증가한다. 그러나 국내수요량은 135톤으로 하락하며, 수입은 50톤으로 줄게 된다.

관세의 재분배 효과

국내가격이 관세금액만큼 상승하기 때문에 관세부담은 모두 소비자에게 전방전가된다. 도표 4.2에 C, E, F와 G로 표현된 면적들은 소비자잉여의 총감소분을 나타낸다. 이 감소분 중에서 C로 표현된 직사각형은 관세수입, 즉, 철강소비자에게 전방전가된 금액을 나타낸다. 이 직사각형의 밑변은 수입량 50톤과 같으며 높이는 관세금액인 50달러와 동일하다. 그러므로 면적 $C(50 \times \$50=\$250)$는 관세수입과 동일하다.

면적 E는 소비자잉여의 감소분 중 국내시장에서 판매되는 철강의 톤 당 수입(revenue per ton)의 증가라는 형태로 국내생산자에게 이전되는 부분이다. 달리 표현하면, 국내생산자잉여는 단위 당 수입(revenue per unit)이 증가함에 따라 같이 증가한다. 면적 E의 크기는 E를 구성하는 직사각형과 삼각형의 면적을 같이 계산하면 구할 수 있다. 즉, $(75 \times \$50)+[(10 \times \$50)/2]=\$4,000$이다.

경제적 순손실

도표 4.2에서 볼 수 있듯이 소비자잉여의 감소분은 국내정부와 국내생산자에게 이전된 부분보다 크다. 이는 관세부과로 인하여 경제적 순손실이 발생하였음을 의미한다. F와 G로 표현된 두 개의 삼각형은 경제적 순손실의 크기를 나타낸다. 삼각형 F의 면적$[(10 \times \$50)/2=\$250]$은 국내생산자

들이 효율성은 더 높지만 관세로 보호를 받지 못하는 산업에서 사용되던 희소한 자원을 보호받는 산업의 국내생산으로 이전시킬 때 발생하는 경제적 효율성의 상실을 나타내고 있다. 삼각형 G는 철강소비자들이 철강소비를 줄이고 철강보다 효용이 떨어지는 다른 대체제품을 소비함으로써 발생하는 철강소비자들의 만족도의 감소분을 나타낸다. 삼각형 G의 면적은 $375[=(15 \times \$50)/2]$이다. 결국 관세부과로 인해 발생하는 경제적 순손실의 총규모는 $625(=\$250+\$375)$이다.

심화 학습: 자국정부가 종량관세가 아니라 6.25퍼센트의 종가관세를 부과하였다고 가정하자. 이 경우 도표를 이용한 분석은 도표 4.2의 내용과 달라지는가?

도표 4.2 소국경제의 관세

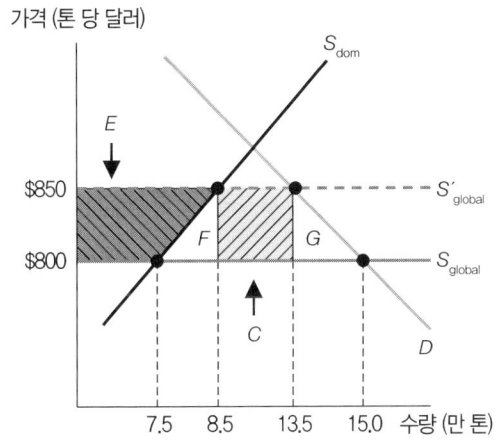

* 소국경제에서 정부가 관세를 부과하면 소국경제의 시장가격이 관세금액만큼 상승한다. 관세금액은 모두 소비자에게 전방전가된다. 소비자잉여의 감소분은 면적 E, F, C, G의 합과 동일하다. 면적 E는 생산자잉여의 증가 형태로 국내생산자에게 이전된 부분을 나타낸다. 면적 C는 관세수입으로 소국경제의 정부에 이전된 부분이다. 면적 F와 G는 경제적 순손실을 나타낸다.

■ 대국경제의 관세효과

대국(large country)경제의 관세부과가 경제에 미치는 효과는 소국경제에 관세가 미치는 효과와는 크게 다르다. 대국경제가 세계시장에서 차지하는 시장점유율은 국내소비자와 국내생산자의 의사결정이 재화와 서비스의 글로벌 가격에 영향을 미칠 정도로 충분히 크다. 그렇기 때문에 대국경제에서 부과된 관세는 국내가격을 왜곡시키고 국내수요량과 국내공급량의 변화를 가져오며, 이로 인해 결국 글로벌 가격에도 영향을 미치게 된다.

대국경제에서의 관세의 가격 효과

대국에서 부과된 관세의 가격효과를 이해하기 위

・**대국**(large country): 주민들이 생산과 소비에 관해 내리는 의사결정이 재화와 서비스의 글로벌 가격에 영향을 미칠 정도로 세계시장에서 차지하는 시장점유율이 충분히 큰 나라.

해서 다음 예를 살펴보도록 하자. 글로벌 가격이 800달러일 때 미국의 제조업체들은 일본의 철강생산업체로부터 매달 5,000만 톤의 철강을 수입하며, 일본과 미국이 철강시장에서 차지하는 점유율은 철강의 글로벌 가격에 영향을 줄 정도로 충분히 크다고 가정하자. 이제 미국정부가 톤 당 50달러의 종량관세를 부과할 때 어떤 상황이 발생하는지 살펴보자. 관세부과는 미국 내 철강가격을 상승시키며, 이는 미국 내 철강수요량을 줄이고 미국 내 철강공급량을 늘린다. 그 결과 미국의 일본 철강 수입은 감소하게 된다.

만약 철강의 글로벌 가격이 800달러에 머물러 있다면 일본철강업체는 글로벌 시장에 5,000만 톤의 철강을 계속 공급할 것이다. 이로 인해 글로벌 시장에는 철강의 초과공급이 발생한다. 1장에서 설명하였듯이 초과공급은 가격을 하락시키는데, 초과공급량과 초과수요량이 같아지는 새로운 균형이 달성될 때까지 가격은 하락한다. 그러므로 철강의 글로벌 가격은 일본철강생산업체가 글로벌 시장에 공급하는 철강공급량이 미국 철강소비자의 철강수요량과 같아질 때까지 하락하게 된다.

이 예에서 우리는 다음 두 가격에 주목해야 한다. 즉, 철강의 미국 내 가격(=철강의 글로벌 가격+50달러의 관세)과 철강의 글로벌 가격이다. 미국정부가 관세를 부과한 이후 글로벌 시장에 발생한 철강의 초과공급량은 철강의 글로벌 가격을 톤 당 780달러까지 하락시켰다고 가정하자. 미국 내 철강가격은 최초의 글로벌 가격이었던 800달러에서 830달러(=$780+$50)로 상승한다.

대국경제에서의 관세의 전방전가와 후방전가

예에서 볼 수 있듯이 관세부과는 미국 내 철강가격을 상승시킨다. 그러나 그 상승폭은 관세의 크기인 톤 당 50달러보다는 작다. 대국경제에서 관세의 일부분은 국내소비자에게 전방으로 전가된다고 결론내릴 수 있다. 그리고 관세의 나머지 부분은 후방으로 전가된다. 그런데 관세가 후방으로 전가될 때 전가의 대상은 누구인가?

미국 내 철강가격의 상승은 미국 내 철강생산업체의 생산자잉여가 증가하는 결과를 가져오므로, 관세가 국내생산자에게로 후방전가되는 것은 아니다. 반면, 철강의 글로벌 가격이 하락했기 때문에 일본 철강생산업체의 생산자잉여는 감소한다.

위 예의 경우에는 자국정부가 외국생산자의 생산자잉여를 관세수입으로 확보하기 때문에 관세의 일부분이 후방으로 전가되는 것은 관세를 부과한 나라에 이익을 가져다주는 결과를 초래한다. 이런 정책은 외국생산자에게는 손실을 초래한다. 경제학자들은 이처럼 대국에 의해 부과되는 관세를 **근린궁핍화정책**(beggar-thy-neighbor policy)이라고 부른다. 이런 정책은 어떤 국가의 주민들의 희생 위에서 다른 나라의 주민들이 혜택을 누리는 결과를 가져온다.

대국경제에서의 관세의 재분배 효과

소국경제의 경우와 마찬가지로 대국경제에서도 관세는 재분배 효과를 갖는다. 국내가격의 상승은 소비자잉여의 감소를 초래한다. 소비자잉여의 감소분 중 일부분은 늘어난 수입(revenue)과 생산자잉여의 증가라는 형태로 국내생산자에게 이전된다. 소국경제에서와 마찬가지로 소비자잉여가

- **근린궁핍화정책**(beggar-thy-neighbor policy): 한 국가는 경제적 이득을 얻으나 다른 국가의 경제는 악화시키는 정책.

감소한 전체규모는 다른 주체들에게 이전된 소비자잉여를 모두 합한 것 보다 크다. 그러므로 소국경제에서 관세로 인해 경제적 비효율성이 증가한 것과 마찬가지로 대국경제에서도 비효율성이 증가하여 경제적 순손실이 발생한다.

앞에서 설명하였듯이 외국에도 생산자잉여의 감소가 발생한다. 이 감소의 일부분은 관세수입의 형태로 자국정부에게 이전된다. 그러나 관세로 인해 발생하는 외국 생산자잉여의 총감소분은 자국경제나 외국경제의 여러 경제주체들에게 이전된 규모보다 크다. 그러므로 소국경제에서와는 달리 대국경제에서의 관세부과는 자국경제뿐만 아니라 외국경제에서도 경제적 순손실을 발생시킨다. (대국경제에서의 관세의 재분배 효과를 좀 더 자세히 이해하기 위해서 "도표로 이해하는 글로벌 경제 이슈 4.3"을 참조하라.)

📰 도표로 이해하는 글로벌 경제 이슈

4.3 대국경제에서의 관세 효과

대국정부에 의한 관세부과는 글로벌 가격에 영향을 미친다. 대국경제에서의 관세 효과를 관찰하기 위해서 미국과 일본, 두 나라의 철강시장만을 고려하는 아주 단순한 예를 살펴보기로 한다.

도표 4.3(p. 94)의 그림 (a)는 미국의 철강시장을, 그림 (b)는 일본의 철강시장을 나타내고 있다. 철강의 글로벌 가격은 최초 800달러로 주어져 있다. 도표 4.3은 이 가격에서 일본 철강업체들이 미국시장에 5만 톤의 철강을 수출하고 있음을 보여주고 있다.

이제 미국정부가 수입 철강 1톤 당 50달러의 종량관세를 부과한다고 가정하자. 이 경우 도표 4.3에 나타난 것처럼 관세부과로 인해 미국 내 철강가격이 1톤 당 830달러로 상승한다. 미국 내 철강가격이 상승함에 따라 미국 소비자들의 철강 수요량은 13만 5,000톤으로 감소하고 미국 철강 생산업체들의 철강공급량은 11만 5,000톤으로 증가한다. 그 결과, 미국이 일본으로부터 수입하는 철강의 양은 2만 톤으로 줄어든다.

최초의 글로벌 가격인 800달러에서 미국이 일본으로부터 철강수입을 줄이게 되면 일본 내 철강시장에서 3만 톤의 초과공급량이 발생하게 된다. 이 초과공급량은 철강의 글로벌 가격을 1톤 당 780달러로 하락시킨다. 이 가격에서 일본의 철강생산업체의 철강 수출량과 미국 소비자들의 철강 수입량은 같아지게 된다.

관세의 재분배 효과

미국의 수입 철강재에 부과된 관세로 인해 미국정부는 100만 달러(=20,000×$50)의 관세수입을 얻게 된다. 도표 4.3의 그림 (a)에 나타나 있는 면적 C와 E는 관세수입의 크기를 보여준다. 면적 C는 미국의 철강소비자에게 전방전가된 금액으로 60만 달러(=20,000×$30)이다. 면적 E는 일본의 철강 생산업자에게 후방전가된 관세의 규모로서 40만 달러(=20,000×$20)이다.

미국 내 철강가격의 상승은 그림 (a)에 면적 A, B, C, D로 표현된 미국 내 소비자잉여의 감소를 초래한다. 면적 A는 소비자잉여의 감소분 중 철강 1톤 당 수입의 증가라는 형태로 미국의 철강 생산업자들에게 이전된 부분을 나타낸다. 미국 내 생산자잉여의 증가분은 322만 5,000달러[=(15,000×$30)/2]이다. 면적 B와 D는 경제적 순손실을 나타내며, 각각 22만 5,000달러[=(15,000×$30)/2]이다. 그러므로 미국 내 소비자잉여의 총감소분은 427만 5,000달러(=$3,2

25,000+$225,000+$600,000+$225,000)에 해당한다.

그림 (b)의 면적 F, G, H, I는 일본 철강 생산업자에게 발생하는 생산자잉여의 감소를 보여주고 있다. 면적 F는 철강 1톤 당 가격의 감소라는 형태로 일본 내 철강 소비자에게 전가된 생산자잉여의 크기를 보여주고 있다. 일본 내 철강 소비자에게 발생하는 소비자잉여의 증가는 165만 달러[=(75,000×$20)+(15,000×$20)/2)]이다. 면적 H는 관세수입의 형태로 미국정부에 이전된 일본 철강 생산업자의 생산자잉여를 나타낸다. [그림 (a)의 면적 E는 그림 (b)의 면적 H와 40만 달러로 동일함에 유의하라.] 면적 G와 I는 경제적 순손실을 나타내며 각각 15만 달러[=15,000 ×$20)/2]이다. 그러므로 일본 내 생산자잉여의 총감소분은 235만 달러가 된다.

경제적 순손실

미국의 관세부과는 양국 모두에 경제적 순손실을 야기한다. 이는 미국 철강 생산업자들이 철강산업에 희소한 자원을 더 많이 투입하고 철강산업보다 효율적인 산업에는 자원 투입을 줄이며, 미국 내 철강 소비자들이 철강에 대한 수요량을 줄이고 철강보다 효용이 떨어지는 다른 대체재에 대한 수요를 늘림에 따라 발생하는 것이다. 동시에 일본의 철강 생산업자들이 일본의 철강산업에서 다른 산업으로 희소한 자원을 이전시키며 일본의 철강 소비자들이 철강에 대한 수요량을 늘리고 철강보다 효용을 더 주는 다른 대체재에 대한 소비를 줄이기 때문에 발생하는 것이다.

심화 학습: 도표 4.3은 관세가 부과되면 일본의 철강 생산업자들로부터 미국정부에게로 잉여가 이전됨을 보여주고 있다. 결과적으로 관세로 인해 미국경제는 이전보다 좋아지는가?

도표 4.3 대국경제에서의 관세의 효과

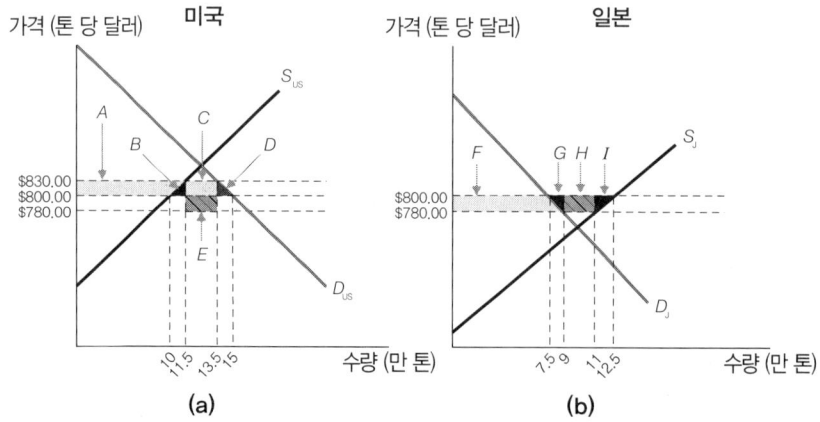

* 미국과 같은 대국경제의 정부가 수입 철강에 관세를 부과하면 철강의 국내 시장가격이 상승하고 글로벌 시장에서는 철강 가격의 하락을 가져온다. 미국 내 철강가격의 상승으로 인한 소비자잉여의 감소는 면적 A, B, C, D의 합계와 같다. 면적 A는 미국 철강 생산자에게 이전된다. 면적 C는 관세수입으로 미국정부에게 이전된다. 면적 B와 D는 경제적 순손실을 의미한다. 철강의 글로벌 가격 하락으로 인한 일본 철강 생산자들의 생산자잉여의 감소는 면적 F, G, H, I의 합계와 같다. 면적 F는 일본의 철강 생산자들에게 이전된다. 면적 H는 면적 E와 동일한데 관세수입으로 미국정부에게 이전된다. 면적 G와 I는 경제적 순손실이다.

관세부과의 결과 대국경제의 국민들은 이익을 보는가?

대국경제의 관세부과로 인해 국내경제에 경제적 순손실이 발생하고 외국 생산자들로부터 자국정부로 생산자잉여의 이전이 이루어지는데, 이 때 자국정부에게 이전된 외국의 생산자잉여가 국내경제에서 발생하는 경제적 순손실보다 클 수도 있다. 이 경우 자국 국민들은 관세부과로 인해 순이익을 얻을 수도 있다.

대국경제의 관세부과가 자국 국민들에게 순이익을 가져온다고 하더라도, 외국생산자에게는 생산자잉여의 감소를 초래하기 때문에 외국정부가 보복조치를 취할 수도 있다. 외국정부는 관세나 다른 형태의 무역장벽을 수입품에 적용할 수 있다. 이 경우 자국정부의 조치와 이에 대응하는 외국정부의 조치는 궁극적으로 양국 모두에게 순손실을 가져올 가능성이 크다.

핵심 이슈 #2

관세장벽의 경제적 효과는 무엇인가?

관세의 재분배 효과는 소국경제와 대국경제 사이에 차이가 있다. 소국경제에서의 관세는 글로벌 가격에 영향을 주지 못하기 때문에 관세부담은 모두 국내소비자에게 전방전가된다. 대국경제에서의 관세부과는 글로벌 가격의 하락을 가져온다. 그러므로 관세의 일부분은 국내소비자에게 전방전가되며 일부분은 외국 생산자에게 후방전가된다. 관세는 소국과 대국 모두에게 항상 경제적 순손실을 가져온다.

쿼터: 직접적 무역규제

관세 외에도 정책결정자들이 무역을 규제하기 위해서 사용할 수 있는 **비관세장벽**(non-tariff barriers)으로 부르는 다양한 정책 수단들이 있다. 정책당국자들은 **수입쿼터**(import quota)제를 사용할 수 있는데, 이는 수입상품의 물리적 수량을 제한하는 정책이다. **절대쿼터**(absolute quota)는 일정 기간 동안 한 국가에 수입되는 재화의 수량을 의미한다. **관세율쿼터**(tariff-rate quota)는 일정 관세율 이하에서 수입될 수 있는 수량을 의미한다. 특정 수량 이상의 수입량은 더 높은 관세율의 적용을 받는다.

표 4.4는 미 국제무역관리청이 일부 국가의 대미 소고기 수출에 적용하는 쿼터를 보여주고 있다.

■ 쿼터의 경제적 효과

수입쿼터는 수입 가능한 상품의 양을 제한하기 때문에 국내시장에 판매되는 수량에 직접적인 효과를 미친다. 반면 관세는 수입품의 가격에 직접적인 효과를 미치며, 그 결과 간접적으로 국내시장에 판매되는 수량에 영향을 미치게 된다. 관세와 쿼터 사이의 차이점에도 불구하고 두 정책이 가격과 수량에 미치는 효과 및 재분배 효과는 비교가능하다. 정책효과의 유사성으로 인해 우선은 소국(小

- **비관세장벽**(non-tariff barriers): 수입관세 외의 국제무역 제한 수단.
- **수입쿼터**(import quota): 수입물량을 제한하는 무역정책.
- **절대쿼터**(absolute quota): 특정 기간 동안 수입될 수 있는 상품의 양을 규제하는 양적 제한 조치.
- **관세율쿼터**(tariff-rate quota): 특정 관세율 이하에서 특정 수량의 수입이 허가되는 쿼터. 그 특정 수량이상의 수입에 대해서는 더 높은 고율 관세율이 적용됨.

표 4.4 미국의 수입쿼터

국가	쿼터(kg)
뉴질랜드	213,402,000
멕시코	제한 없음
아르헨티나	20,000,000
우루과이	64,805,000
일본	200,000
캐나다	제한 없음
호주	378,214,000
기타 국가	64,805,000

* 2012년 현재 국가별 소고기 수입쿼터

國)경제에서의 절대쿼터의 효과에 관해 분석을 실시한 후 그 결과를 대국(大國)경제에서의 분석으로 확장하기로 한다.[ii]

수량과 가격에 대한 쿼터의 영향

절대쿼터는 국내에 수입되는 외국제품이 양을 제한함으로써 국내에서 소비되고 판매되는 상품의 양에 영향을 미친다. 상품의 가격에 대한 쿼터의 효과를 이해하기 위해서 다음 예를 살펴보자. 블라우스 한 벌의 글로벌 가격이 30달러일 때 소국 경제의 소비자들이 1년 동안 100만 벌의 여성용 면 블라우스를 수입하며 국내 제조업자로부터 50만 벌을 추가로 구입한다고 가정하자. 또한 정책결정자들이 국내 의류제조업자들의 압력에 굴복하여 면 블라우스의 수입량을 1년에 50만 벌로 제한하는 쿼터를 시행한다고 가정하자.

현재 국내가격이 30달러일 때, 면 블라우스에 대한 수요량은 150만 벌이고 공급량은 100만 벌로 하락한다(즉, 국내생산자가 50만 벌을 생산하고 쿼터에 의해 수입된 양이 50만 벌이다). 그러므로 현 쿼터하에서는 초과수요가 발생한다. 이 초과수요로 인해 블라우스의 국내가격은 글로벌 가격 이상으로 상승한다. 그러므로 쿼터는 수입량에 직접적인 영향을 미치며 국내가격에는 간접적인 영향을 미친다.

국내가격이 상승함에 따라 국내 소비자의 수요량은 하락하며 국내 생산자에 의한 공급량은 증가한다. 새롭게 달성된 균형에서 국내소비자의 수요량은 국내생산자가 공급하는 공급량과 외국생산자에 의해 공급되는 쿼터의 합과 정확히 일치한다.

쿼터가 실시된 후 달성된 새로운 균형가격이 35달러이며, 이 때 면 블라우스에 대한 수요량은 120만 벌이고 국내 생산자들이 공급하는 면 블라우스의 공급량이 70만 벌이라고 하자. 이 경우 외국생산자의 공급량은 50만 벌이며 국내생산자의 공급량 70만 벌과 합하면 수요량과 정확히 같아진다. 수입을 규제함으로써 쿼터는 국내가격을 상승시키고 국내생산자들의 시장점유율도 확대한다.

쿼터의 재분배 효과

예를 통하여 쿼터가 가격과 수량에 미치는 효과는 관세가 가격과 수량에 미치는 효과와 유사함을 알 수 있었다. 그러나 재분배 효과에 있어서는 쿼터의 경우 자국정부에 관세수입이 발생하지 않기 때

---

ii) **관련 웹사이트:** 미국의 쿼터정책에 관한 정보는 미국 관세 및 국경보호청 홈페이지(www.cbp.gov)를 참조할 것. 미국의 섬유산업 보호정책과 섬유제품에 적용되는 관세율쿼터에 관한 정보는 미국 국제무역관리청의 섬유 및 의류국(Office of Textiles and Apparel)의 홈페이지(www.otexa.ita.doc.gov)를 참조할 것. 유제품과 설탕제품에 적용되는 관세율쿼터와 관세에 관한 정보는 미 농무부 외국농업서비스의 홈페이지(www.fas.usda.gov)를 참조할 것.

문에 관세의 재분배 효과와는 다르다.

관세와 마찬가지로 쿼터는 국내가격을 상승시키고 소비자잉여의 감소를 가져온다. 소비자잉여의 감소분 중 일부분은 증가된 수입(revenue)의 형태로 국내생산자에게 이전된다. 소비자잉여 감소분의 다른 일부분은 쿼터를 채워주는 외국생산자에게 이전되며 이들은 제품 단위 당 더 높은 가격을 수취하게 된다. 그리고 가격의 상승은 국내 공급량의 증가와 국내 수요량의 감소를 가져온다. 이와 같은 가격과 수량의 변화는 관세가 초래한 경제적 순손실과 동일한 형태의 경제적 순손실을 초래하는데, 이는 국내 생산자들이 보다 효율적인 산업에서 사용하던 희소한 자원을 쿼터에 의해 보호되는 산업으로 이전시키고, 소비자들은 쿼터에 의해 보호되는 재화의 소비를 줄이고 효용이 더 낮은 대체재의 소비를 늘리기 때문에 발생한다. (프랑스 산업을 보호하기 위해 시행된 쿼터제도와 같은 경쟁적 보호무역정책이 그 산업의 제품에 대한 불완전대체제의 대량 유입으로 인해 폐지될 상황에 놓여있다. "온라인 세계화 4.1" 참조.)

■ 쿼터지대(地代)

여성용 블라우스에 관한 예에서 국내소비자는 쿼터가 시행된 이후 수입 블라우스 한 벌 당 5달러

✈ 온라인 세계화

4.1 외국서적의 수입으로부터 프랑스의 서점들을 보호하기 위해 시행된 쿼터제도가 e-book의 위협을 받고 있다

1980년부터 프랑스는 국내에 수입되는 인쇄물의 양을 규제하는 법을 시행하고 있으며, 이를 통해 외국의 대형서점들과의 경쟁으로부터 자국의 자영서점들을 보호해 오고 있다. 이 법은 수입 도서의 수량에 대하여 효과적으로 쿼터를 부여하였다. 쿼터는 도서의 시장공급량을 감소시켰으며, 이로 인해 국내 서점에서 팔리는 책의 가격을 상승시켰다. 쿼터와 같은 수입규제정책 덕분에 6,500만 명의 인구를 가진 프랑스에서는 3,000개의 자영서점이 이익을 내며 운영되고 있다. 반면, 인쇄물 수입량에 관한 쿼터제한이 없는 미국은 3억 명이 넘는 인구를 가지고 있지만 자영서점은 2,000개에 불과하다.

그러나 최근 자영서점의 소유주들은 새로운 경쟁상대를 직면하고 있다. 실물 서적의 수입에 적용되는 인쇄물에 관한 쿼터제가 적용되지 않는 서가의 전자책, 즉, e-book이 새로운 경쟁상대이다. 실물 서적보다 평균 25퍼센트 정도 저렴한 수입 전자책의 위협으로부터 벗어나기 위해서 자영서점업자들은 수입 전자책도 포함하는 새로운 법안의 통과를 압박하고 있다. 제안된 새로운 법안에서는 도서출판업자에 의해 결정된 가격보다 낮은 가격에서는 e-book의 판매가 프랑스 내에서 금지되며, 그 결과 e-book 가격이 실물 서적 가격과 매우 가깝게 유지되는 강력한 이윤동기가 발생하게 된다. 이 법이 실행되면 전체도서가격이 수입도서 쿼터하에서 결정된 현재의 도시가격과 거의 같아질 것이다.

심화 학습: 자영서점 업자들의 로비가 성공하여 그들이 원하는 새로운 법안이 통과되었다고 하자. 이 때 일부 프랑스 사람들이 실물서적을 읽기보다는 디지털 기기를 이용하여 e-book을 읽는 것을 더 선호하게 되는 경우, 왜 자영서섬들은 여전히 매출의 감소를 경험하게 되는가?

를 더 지불하였다. 관세를 부과한 경우에는 상승한 수입 블라우스 한 벌 당 가격이 관세수입의 형태로 정부에 이전된다. 그러나 쿼터가 시행된 경우에는 이 금액이 다른 주체, 예를 들어 외국 생산자에게 잉여의 증가 형태로 이전된다.

쿼터지대 계산하기

경제학자들은 이런 형태의 소비자잉여의 이전을 **쿼터지대**(quota rent)라고 부른다. 쿼터지대는 쿼터하에 수입되는 수입품의 수량과 쿼터로 인해 상승한 단위 당 가격을 곱함으로써 계산할 수 있다. 우리의 예에서는 쿼터지대가 250만 달러(=500,000×$5)로 계산된다. 만약 정부가 5달러의 가격 상승을 가져오는 관세를 부과하였다면 관세수입은 쿼터지대와 정확히 일치하게 된다.

쿼터지대의 분배

정부가 쿼터를 충족시킬 외국기업도 정하기 때문에 누가 쿼터지대를 수취하거나, 혹은 수취할 권리가 있는가도 정부가 결정할 수 있다. 수입품을 쿼터한도까지 공급할 권리를 정부가 분배하는 방식이 쿼터지대의 분배도 결정한다. 정부가 쿼터를 충족시키는 방법 중 하나는 선착순이다. 이 경우, 쿼터 수입(revenue)은 한 국가의 세관 당국에 가장 먼저 재화와 서비스를 도착하게 한 기업들에게 분배된다.

쿼터지대를 분배하는 두 번째 방법은 쿼터를 특혜국 대우를 받는 국가들의 기업들로 채우는 것이다. 예를 들어 선진국은 개발도상국의 기업들로 하여금 쿼터를 채우도록 하고 쿼터지대를 수취하도록 하는 것이다.

쿼터지대를 분배하는 세 번째 방법은 쿼터를 충족시킬 외국기업에 라이센스를 발급하고 그 라이센스에 자국정부가 요금을 부과하는 방법이다. 라이센스에 요금을 부과함으로써 쿼터지대의 일부 혹은 전부가 자국정부의 수입으로 회수될 수 있으며, 이는 정부가 관세수입을 얻는 것과 유사하다. 단위 당 쿼터지대와 정확히 동일한 단위 당 라이센스 요금을 정부가 부과한다면 쿼터지대의 모두가 자국정부의 수입(revenue)으로 이전된다. 이 경우 쿼터의 재분배 효과는 관세의 재분배 효과와 동일해 진다. (쿼터의 효과를 좀 더 자세히 분석하기 위해서 "도표로 이해하는 글로벌 경제이슈 4.4"를 참조하라.)

■ 대국경제에서의 쿼터 효과

쿼터지대의 분배를 제외한다면 관세와 쿼터는 시장에 유사한 효과를 미친다. 앞서 우리는 대국경제에서의 관세는 재화나 서비스의 글로벌 가격에 영향을 미친다는 사실을 배웠다. 대국경제의 정부가 시행하는 쿼터도 생산물의 글로벌 가격에 영향을 준다.

글로벌 가격 수준에서 대국에 의해 시행되는 쿼터는 관세와 마찬가지로 글로벌 시장에서 초과공급을 초래한다. 이 초과공급량 때문에 재화나 서비스의 글로벌 가격이 하락한다. 그 결과 외국기업의 생산자잉여가 감소한다. 외국 생산자잉여의 감소분 중 일부는 외국 소비자들에게 이전되는데 이는 외국 소비자들이 단위 당 낮은 가격을 지불하기 때문이다.

• **쿼터지대**(quota rent): 수입쿼터로 인해 발생하는 소비자잉여의 감소분 중 외국 공급자에게 추가적인 이익의 형태로 이전되는 부분.

도표로 이해하는 글로벌 경제 이슈

4.4 수입쿼터의 효과

수입쿼터의 효과를 자세히 이해하기 위해서 도표 4.4(p. 100)에 나타난 여성용 면 블라우스 시장을 생각해보자. 글로벌 가격이 30달러일 때 국내 소비자의 면 블라우스에 대한 수요량은 150만 벌이며, 국내 생산자의 면 블라우스 공급량은 50만 벌이다. 이 경우 수입량은 100만 벌이 된다.

이제 정부가 1년에 수입될 수 있는 면 블라우스의 양을 50만 벌로 제한하는 수입쿼터를 시행한다고 가정하자. 30달러의 글로벌 가격에서 수요량은 150만 벌이고, 국내생산자와 외국생산자가 공급하는 공급량은 100만 벌이므로, 결국 쿼터는 초과수요를 창출하게 된다.

가격과 수량에 대한 쿼터의 효과

이와 같은 가격 상승을 평가하기 위해서 글로벌 가격인 30달러를 초과하는 모든 가격 수준에서 국내 생산자의 공급량에 쿼터량인 50만 벌을 더하도록 하자. 이는 새로운 공급곡선 $S_{dom+quota}$를 가져오는데 이 공급곡선은 각 가격 수준에서 국내 생산자의 공급곡선보다 50만 단위 우측에 위치하고 있다.

도표에 나타난 것처럼 수입쿼터 하에서 블라우스 한 벌 당 35달러의 가격에서 새로운 균형이 형성된다. 그리고 수입량을 규제하는 쿼터로 인해 균형가격은 더 이상 글로벌 시장 가격과 일치하지 않게 된다. 국내 가격의 상승은 수요량을 120만 벌로 감소시키고, 국내 공급량을 70만 벌로 증가시킨다. 이 결과, 국내생산자와 외국생산자에 의한 면 블라우스의 총 공급량은 수요량과 다시 일치하게 된다.

쿼터의 재분배 효과

블라우스의 국내가격이 상승하기 때문에 국내 소비자잉여는 감소한다. 면적 A, B, C, D의 합계는 소비자잉여의 총감소분이 된다. 면적 A는 국내 소비자로부터 국내 생산자로의 이전을 의미하며, 300만 달러$(=(500,000 \times \$5)+[(200,000 \times \$5)/2])$로 계산된다. 면적 B는 50만 달러$[=(200,000 \times \$5)/2]$로 계산되며, 이는 국내생산자가 쿼터에 의해 보호되는 산업에서의 생산을 늘리기 위해 희소한 자원을 보다 효율적인 산업에서 이전시킴으로써 발생하는 경제적 순손실이다. 면적 D는 75만 달러$[=(300,000 \times \$5)/2]$로서 국내 소비자가 쿼터로 보호되는 제품의 소비를 줄이고 효용이 더 낮은 재화의 소비를 늘림으로써 발생하는 경제적 순손실이다.

면적 C는 250만 달러$[=(500,000 \times \$5)]$로 계산되며, 국내 소비자로부터 자국정부에 의해 지정된 제3자에게 이전되는 쿼터지대를 의미한다. 자국정부는 쿼터지대를 외국기업에게 분배할 수도 있고 수입품을 공급할 수 있는 라이센스를 팔고 정부의 쿼터수입(revenue) 형태로 쿼터지대의 일부 혹은 전부를 수취할 수도 있다.

심화 학습: 정책결정자들은 재화 산업과 서비스 산업 중 어느 산업에 수입쿼터제를 더 도입하려고 할까? 그 이유는?

외국 생산자잉여 감소분 중에는 쿼터지대도 포함된다. 외국 생산자들은 이 부분을 다시 회수할 수도 있는데, 이는 대국의 정부가 쿼터하에서의 판매 권리를 어떻게 분배하는가에 달려있다. 외국 생산자잉여 감소분 중 나머지는 대국정부의 쿼터 시행으로 인해 발생한 경제적 순손실을 나타낸다.

도표 4.4 수입쿼터의 효과

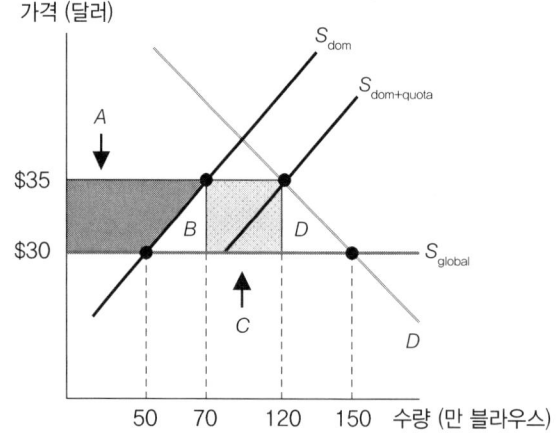

* 수입쿼터의 부과는 초과수요를 가져오며 시장가격의 상승을 초래한다. 시장가격의 상승으로 말미암아 소비자잉여는 면적 A, B, C, D의 합계만큼 하락한다. 면적 A는 생산자잉여의 증가 형태로 국내 생산자에게 이전된다. 면적 C는 쿼터지대인데 그 분배는 수입쿼터를 부과하는 정부에 의해 결정된다. 면적 B와 D는 경제적 순손실이다.

핵심 이슈 #3

쿼터란 무엇이며, 무역에 대한 직접적 규제로서 어떻게 작동하는가?

수입쿼터는 특정 기간 동안 자국 주민들이 수입할 수 있는 특정 재화나 서비스의 수량에 대한 규제이다. 쿼터는 수입량에 직접적인 영향을 미치며, 관세는 가격을 변화시킴으로써 수입량에 간접적인 영향을 미친다. 자국정부는 쿼터지대를 외국기업들에게 분배할 수도 있으며, 쿼터를 채우는 외국기업에게 라이센스를 팔 수도 있다. 그러므로 쿼터지대가 어떻게 분배되는가에 따라 쿼터와 관세의 후생효과는 달라진다.

자발적 수출규제

자발적 수출규제(VER: voluntary export restraints)는 또 다른 형태의 비관세 장벽이다. 이 정책은 정책결정자 사이에 지난 수십 년 동안 더욱 인기 있는 정책이 되었다. 자발적 수출규제는 한 나라의 정책결정자와 다른 나라의 정책결정자 및 생산자 간의 비공식적인 협정으로 특정 분야에서 수출을 자제하겠다는 약속이다.

■ 자발적 수출규제의 매력

자발적 수출규제(VER)가 수입량을 규제하기 때문에 실질적으로는 절대 쿼터제를 시행하는 것이다. 그런데 왜 정책결정자들은 공식적인 수입쿼터보다는 VER을 선택할까? 그 이유 중 하나는 공식적인 무역 법안은 관련 정부 기구를 통과하는데 많은 시간이 걸리기 때문이다. 그 결과 무역 법안이 입법화되어 실제로 시행될 때에는 원래 의도했

• **자발적 수출규제**(VER: voluntary export restraints): 한 나라에서 다른 나라로 수출을 자제하겠다는 두 나라의 정책결정자와 생산자 사이의 협정.

던 것보다 훨씬 폭넓은 법안이 되곤 한다. 또한 일단 정부가 공식적인 무역장벽을 시행하면 그 장벽은 없애기가 매우 어려워진다. 그래서 수출업자들은 외국 정책결정자들의 변덕의 희생물이 되기보다는 스스로 수출을 자제하는 것이 더 낫다고 판단할 수도 있다. 아마도 VER의 증가를 가져오는 가장 중요한 배경은 이 협정이 자발적이라는 사실이다. 결론적으로 VER은 제5장에서 언급할 지역무역협정이나 다자간 무역협정을 관리하는 규제당국의 관할권에 속하지 않는다.

■ 미국 자동차 산업과 일본의 자발적 수출규제

거대한 소비시장 규모 덕분에 미국은 많은 나라의 수출 대상국이 되었다. 미국의 정책결정자들은 광활한 자국의 소비시장을 이용하여 외국정부와 수출업자들이 VER에 동의하도록 압력을 행사한다.

양자협정으로서의 자발적 수출규제

1980년대 초, 미국 자동차 생산업체들은 경제적인 일본산 수입 자동차와의 경쟁과 연비가 나쁜 미국산 대형 자동차에 대한 수요 감소라는 두 가지 도전에 직면하였다. 이 도전에 대응하여 미국 자동차 생산업체와 미국 자동차 노조는 미국 자동차 산업 보호를 위해 미국정부에 강력한 로비를 전개하였다.

미국과 일본의 정책결정자들과 일본의 자동차 생산업체들은 일본산 자동차에 대한 자발적 수출규제에 대해 협상을 시작하였고, 결국 일본의 자동차 제조업체가 미국에 수출하는 자동차 대수의 한도에 관한 협정을 체결하였다. 그러나 이 자발적 수출규제(VER)는 일본 외 다른 국가에서 제조되어 미국으로 수출되는 자동차나 미국 내 일본 제조업체에 의해 생산되는 자동차에 대해서는 제한을 두지 않았다.

자발적 수출규제와 가격

수입쿼터와 마찬가지로 자발적 수출규제(VER)도 국내 가격의 상승을 가져온다. 즉, VER은 가격에 대한 효과를 통해 수입에 간접적인 영향력을 행사한다. 미국에 대한 일본의 VER은 미국에 자동차를 수출하는 유럽의 자동차업체를 도와주는 의도치 않은 결과를 낳는다.

일본 자동차 제조업체의 경우, VER의 가격 효과는 수출하는 자동차의 종류에 큰 영향을 미친다. VER은 수량에 관한 협정이지 가격에 관한 협정이 아니기 때문에 일본 자동차 업체들은 경제적인 중소형 자동차의 수출 대신 이윤 폭이 더 큰 고급 자동차의 수출을 증가시켰다. 결국 1980년대 후반, 미국정부는 수출규제에 대한 요청을 종료하게 되었다. 일본 자동차 생산업체들은 미국시장에 고급 자동차를 수출함으로써 수입(revenue)이 증가하고 있었기 때문에 일반 자동차의 수출을 천천히 늘리고 있었다.

■ 자발적 수출규제의 효과

VER은 수출에 대하여 비공식적인 쿼터를 설정하기 때문에 VER의 경제적 효과는 쿼터의 효과와 유사하다. 국내 가격이 상승하기 때문에 소비자잉여의 감소가 발생한다. 소비자잉여 감소분 중 일부는 단위 당 수입의 증가라는 형태로 국내 생산자에게 이전된다. 경제적 순손실은 소비자잉여 감소분의 또 다른 부분을 차지한다. 쿼터지대와 유사한 지대가 발생하며, 이 지대 역시 소비자잉여 감소분의 일부를 차지한다. 그러나 쿼터의 경우와는 달리 지대가 VER에 합의한 외국 생산자에게 발생한다.

VER은 양자 간 협정이기 때문에 VER과 쿼터가 제3국에 미치는 효과는 크게 다르다. 예를 들어 미국에 대한 자동차 수출규제에 합의함으로써 일본의 VER은 미국에 자동차를 수출하는 다른 나라의 자동차 제조업체를 보호하는 효과를 초래한다. 그러므로 국내 소비자잉여 감소분의 일부는 미국시장에 자동차를 수출하여 얻는 수입(revenue)의 증가라는 형태로 제3국의 자동차 생산제조업체에게 이전된다.

> **핵심 이슈 #4**
>
> **자발적 수출규제란 무엇인가?**
> 자발적 수출규제(VER)는 수입국의 정책결정자와 다른 국가의 정책결정자 및 생산자 사이의 비공식적인 협정으로서 특정 기간 동안 어떤 상품의 수출량을 제한하고자 하는 것이다. VER은 가격과 수량에 미치는 효과와 재분배 효과의 측면에서 쿼터와 비슷하다. 그러나 쿼터와 다른 큰 특징은 쿼터지대는 외국생산자에게 항상 이전된다는 것이다. 자발적 규제이기 때문에 VER은 일반적으로 지역 및 다자간 무역협정의 규제당국의 관할권에 속하지 않는다는 것이다.

수출보조금과 상계관세

국내산업 및 노동자 관련 이익 단체들은 외국과의 불공정한 경쟁에 노출되어 있다고 주장하며 자국 정부와 종종 논쟁을 벌인다. 그들은 종종 외국정부들이 자국 기업들에게 보조금을 주고 있으며 이로 인해 외국기업들이 해외시장에서 국내 시장 보다 낮은 가격으로 상품을 판매하고 있다고 주장한다. 심지어는 생산비용보다도 낮은 가격에 파는 경우도 있다고 주장한다.

수출보조금(export subsidy)은 국내기업이 재화나 서비스를 수출하면 그에 대한 대가로 자국 정부가 국내기업에 지불하는 금액이다. 정부는 수출품 한 단위 당 일정 금액을 수출보조금으로 지불할 수도 있으며, 수출한 재화나 서비스의 가치에 대해 일정 퍼센트를 지불할 수도 있다. 정부는 수출을 증가시키고 국내기업의 수입(revenue)을 증가시키기 위해 수출보조금을 특정한 형태로 디자인할 수 있다.

■ 수출보조금의 효과

관세, 쿼터 및 VER과 마찬가지로 수출보조금도 시장가격과 소비 수량에 영향을 미친다. 가격과 수량에 미치는 효과 때문에 수출보조금도 재분배 효과를 가진다.

수출보조금의 가격효과와 수량효과

분석의 편의를 위해 자국과 외국이 무역을 하는데 외국정부가 그 나라 기업에게 수출보조금을 지불하는 2국 모형을 가정하자. 외국기업들은 수출품 한 단위마다 보조금을 지급받으므로, 수출을 더욱 늘리고자 하며, 그 결과 글로벌 시장에서 그 제품

- **수출보조금**(export subsidy): 재화나 서비스의 수출 대가로 수출기업에 정부가 지불하는 금액.

의 공급이 증가하게 된다. 글로벌 공급이 증가하므로 글로벌 시장 가격은 하락한다. 자국 시장에 수입된 제품에 대해 자국 소비자가 지불하는 가격도 따라서 하락하게 된다. 국내 가격이 하락함에 따라 국내 소비자의 수요량은 증가하고 국내기업에 의한 공급량은 하락한다. 그러므로 외국정부에 의한 보조금 지급은 자국 주민들에 의한 수입의 증가를 가져온다.

수출보조금의 재분배 효과

수출보조금의 재분배 효과는 관세의 재분배 효과와 유사하다. 2국 모형에서 외국정부가 철강 수출에 대하여 보조금을 지불한다고 가정하자. 외국정부의 수출보조금이 철강의 국내가격을 하락시키기 때문에 국내 소비자잉여는 증가한다. 예를 들어 국내 제조업체들은 철강을 더 낮은 가격에 구매할 수 있게 되어 전체적인 생산비용을 절감할 수 있게 된다. 그러나 철강의 국내 가격이 하락하면 철강생산업체의 국내 생산자잉여는 줄어든다. (가끔 정부는 자국 수출기업의 제품을 구매하는 외국의 고객들에게 보조금을 지급하기도 한다. "참고사례 4.1" 참조.)

♣ **참고사례**

4.1 미국 납세자들이 미국 수출품을 구매하는 해외 구매자들과 미국기업과 경쟁하는 외국기업들에게 보조금을 지급한다

해마다 미국의 수출입은행은 미국기업의 제품을 구매하는 외국 바이어들에게 거의 천억 달러에 이르는 보조금 융자를 제공한다. 이 보조금의 대상이 되는 미국기업의 제품으로는 항공기와 건설장비부터 시작해서 두발관리제품까지 포함된다. 미국 수출입은행이 미국기업들의 외국 고객에게 융자를 제공하는 행위는 다음과 같은 논리로 합리화 된다. 즉, 저비용의 보조금 융자가 외국 바이어들에게 주어지면 이는 미국의 수출품을 더 많이 구매하고자 하는 인센티브로 작용한다는 것이다.

수출입은행의 융자 프로그램을 잘 활용하는 기업 중에서도 특히 항공기 제조업체인 보잉이 대표적인 기업이다. 보잉은 이와 같은 보조금 융자 덕분에 유럽의 항공기 제조업체인 에어버스와 같은 외국 경쟁기업과 보잉이 경쟁할 수 있다고 주장한다. 왜냐하면 에어버스 역시 유럽정부들로부터 유사한 지원을 받고 있기 때문이다. 보잉에 따르면 보잉과 외국기업들이 경쟁하고 있는 글로벌 항공기 시장을 공정한 시장으로 만드는 데 있어서 수출입은행이 핵심적인 역할을 하고 있다는 것이다.

수출입은행의 보조금 융자에 대한 보잉의 열정적인 찬사와 미국의 다른 항공기 수출업체들의 동조에도 불구하고 미국의 민간항공회사인 델타는 수출입은행의 보조금 정책에 대하여 강한 불만을 가지고 있다. 델타는 특히 에어인디아에 수출입은행이 제공한 융자에 대하여 불만을 가지고 있는데, 이 융자 덕분에 에어인디아는 시장 이자율보다 낮은 금리로 보잉이 제작한 민간 항공기를 구입할 수 있었다. 델타에 따르면 결국 미국 납세자 덕택으로 뉴욕과 뭄바이 구간에서 에어인디아가 델타에 대하여 비용측면에서 우위를 점하게 되었다. 결과적으로 에어인디아는 매우 낮은 가격으로 티켓을 팔 수 있게 되었으며 델타는 더 이상 이 구간에서 이익을 내며 운항을 할 수 없게 되었다. 델타와 유사한 상황에 처해 있는 다른 미국 항공사들도 외국 경쟁회사에 보조금을 지급하는 수출입은행을 성토하고 있으며, 외국의 항공사에 저비용의 융자를 제공하는 수출입은행의 보조금 정책을 중단토록 하는 소송을 진행하고 있다.

심화 학습: 미국기업들이 수출한 건설 장비를 구입하는 해외 경쟁기업들에게 수출입은행이 제공하는 보조금 융자에 대하여 미국의 건설회사들은 왜 불만을 가질까?

■ 덤핑

수출을 촉진하기 위한 수출보조금은 외국기업들이 생산물의 수출에만 집중을 하고 내수시장 판매는 등한시하는 결과를 가져올 수 있다. **덤핑**(dumping)은 두 가지 방법으로 정의될 수 있다. 경제학자에 의해 가장 많이 사용되는 덤핑의 정의는 기업이 자국 소비자에게 적용하는 가격보다 현저하게 낮은 가격을 외국 소비자에게 적용할 때 덤핑이 발생한다는 것이다. 두 번째 정의는 기업이 수출품의 가격을 생산비보다 낮게 책정할 때 덤핑이 발생한다는 것이다.

덤핑은 국내기업에게 유해한가?

제11장에서 좀 더 자세하게 다루겠지만, 덤핑과 관련하여 국내기업들은 보통 다음과 같은 주장을 한다. 즉, 국제무역이 공정하다면 국내기업들의 몫이 될 수 있었던 수입(revenue)을 외국기업이 덤핑을 통해 빼앗아 간다는 것이다. 이렇게 덤핑으로 인해 감소한 수입은 국내기업이 덤핑된 재화를 국내 소비자에게 계속 판매하는 경우 발생하는 수입의 감소분과 덤핑 이전의 국내 가격을 판매량 감소분과 곱한 금액으로 구성된다고 주장한다. 그러나 한 가지 주목할 점은 덤핑된 재화를 생산과정에 투입요소로 사용하는 국내기업들에게는 이익이 발생한다는 것이다. 실질적으로 외국정부가 덤핑을 통해 이런 국내기업들에게는 보조금을 지불하는 것이라고 할 수 있다.

상계관세

종종 특정 산업에 종사하는 국내 노동자들과 기업들은 외국정부가 생산보조금을 이용하여 외국기업을 보호하고 국내산업을 해친다고 주장한다. 만약 외국정부가 자기 나라 산업에 보조금을 지급하며, 이로 인해 국내 생산자들이 해를 입는다고 자국정부가 판단하면, 대부분의 지역무역협정이나 다자간 무역협정(제5장과 제11장에서 자세히 다룰 예정임)의 규정을 이용하여 자국정부는 상계관세를 부과할 수 있다.

상계관세(CVD: countervailing duty)는 수입품에 부과되는 조세, 즉 관세인데 외국의 수출보조금이 국내 가격에 미치는 효과를 상쇄하기 위하여 고안된 것이다. 수입에 조세를 부과하여 국내 가격을 상승시킴으로써 국내 생산자의 단위당 수입과 국내 생산자잉여가 증가한다. 만약 상계관세가 보조금의 규모와 동일하면 외국의 보조

- **덤핑**(dumping): 기업이 국내 소비자에게 적용하는 가격보다 낮은 가격에서 외국 소비자에게 생산물을 판매하거나 수출품의 가격을 생산비보다 낮게 책정하는 경우에 덤핑이 발생한다.

- **상계관세**(CVD: countervailing duty): 외국의 수출정책이 국내 가격에 미치는 영향을 상쇄하기 위해 수입되는 재화나 서비스에 부과하는 조세.

금으로 인해 국내 소비자들에게 발생한 소비자잉여의 증가는 사라지게 된다.

해마다 미국정부와 미국기업들은 수십 건의 외국정부에 의한 수출보조금 사안을 조사하는데 대부분의 사안이 철강산업에서 발생하고 있다. 철강산업 외에 외국정부의 수출보조금 및 덤핑과 관련하여 클레임이 많이 발생하며, 관련 조사가 진행되는 산업으로는 화학제품과 플라스틱, 기계장치, 섬유, 식료품과 농산품 및 종이와 목재 산업이 있다.

그런데 외국정부의 보조금정책이나 덤핑행위, 그리고 그에 대한 조사나 보복관세 등은 상당한 규모의 경제적 효율성의 손실을 초래한다. 다음 섹션에서 설명하겠지만 보호무역의 비용은 매우 커질 수 있다.

핵심 이슈 #5

수출보조금의 효과는 무엇이며, 정책결정자들은 수출진흥정책에 대해 일반적으로 어떻게 대응하는가?

수출보조금은 해외에 수출하는 기업에게 지급되는 보조금이다. 수출보조금의 지급은 글로벌 공급을 늘리고 글로벌 가격과 국내 시장 가격을 낮춘다. 단위 당 가격의 하락은 국내 생산자잉여를 감소시키며 국내 소비자잉여를 증가시킨다. 각국 정부는 종종 자국 기업과 노동단체가 외국의 덤핑이나 부당노동행위 등과 관련하여 클레임을 제기할 때 상계관세(CVD)를 부과하는 방법으로 대응하곤 한다. 상계관세는 보조금이 국내 가격에 미치는 효과를 상쇄하도록 고안된다.

무역장벽과 그 비용

이 장에서 우리는 관세와 비관세 장벽은 재분배 효과를 가지며 대부분의 경우 후생의 순감소를 초래한다는 것을 배웠다. 그렇다면 정책결정자들은 왜 이런 정책을 계속 사용하는 것인가?

이에 대해 일반적으로 받아들여지는 설명은 다음과 같다. 무역장벽으로 혜택을 보는 사람들 — 즉, 보호되는 산업에 종사하는 기업들과 노동자들 — 은 동일한 이해관계를 가지고 있고, 또한 상대적으로 그 수가 적으며(수가 적기 때문에 보호무역정책으로 큰 혜택을 얻는다), 그렇기 때문에 조직화되기가 쉽다는 것이다. 반면 보호무역정책의 비용을 지불하는 사람들 — 특히, 국내 소비자들 — 은 무역에 관해 동일한 관점을 가지고 있지도 않으며 상대적으로 그 수가 훨씬 많다 (그러므로 개별적으로 부담하는 보호무역정책의 비용은 적다). 그렇기 때문에 조직화가 잘 되지 않는다. 그러므로 보호무역정책으로 혜택을 입는 사람들은 비용을 지불하는 사람들보다 정책결정자들에게 훨씬 효과적으로 로비를 전개할 수 있다.

무역장벽에 관한 다른 논의는 다른 장에서 다루도록 한다. 여기서는 무역장벽이 과연 최선의 정책적 접근이냐는 문제를 다룰 것이다.

■ 최선과 차선의 정책

특정 정책의 적절성을 판단하기 위해서 경제학자들은 종종 그 정책이 과연 최선의 선택인가 아니면 차선의 선택인가를 판단한다. **최선의 무역정책**

- **최선의 무역정책**(first-best trade policy): 정책결정자가 교정하고자 하는 문제점을 직접적으로 다루는 무역정책.

(first-best trade policy)은 그 정책이 교정하고자 하는 문제점을 직접적으로 다루는 정책이다. **차선의 무역정책**(second-best trade policy)은 간접적인 수단을 통해서 문제점을 교정하고자 하는 정책이다.

예를 들어 외국 생산자들이 국내 생산자들보다 더 효율적이고 보다 낮은 비용에서 생산이 가능하기 때문에 국내 특정 산업의 기업들과 노동자들이 외국기업들과의 경쟁에서 보호받고 싶어 한다고 가정하자. 최선의 정책은 국내산업의 비효율성을 직접적으로 해결하는 정책이다. 무역장벽은 차선의 정책이다. 왜냐하면 무역장벽은 국내기업의 비효율성을 보상해주기 위해 재화나 서비스의 국내가격을 상승시키는 방법으로 비효율적인 국내기업의 문제를 간접적으로 다루기 때문이다.

■ 보호무역정책의 비용

무역장벽이 차선의 정책적 대응이기 때문에 추가적인 경제적 비효율성을 발생시킨다. 경제적 순손실은 보호무역정책을 매우 고비용의 정책으로 만든다.

지난 몇 년 간 미국 워싱턴DC에 소재한 피터슨 국제경제연구소(Peterson Institute for International Economics)는 여러 나라가 시행한 보호무역정책의 비용을 측정하는 일련의 연구를 진행하였다. 이 연구들은 보호된 산업분야를 조사하여 소비자에게 발생한 혜택, 국내 생산자에게 발생한 비용, 그리고 현존하는 무역장벽을 제거

- **차선의 무역정책**(second-best trade policy): 정책결정자가 교정하고자 하는 문제점을 간접적으로 다루는 무역정책.

하면 발생할 것으로 예상되는 경제적 효율성의 증가 등을 추정하였다. 그들은 또한 국내산업에 일자리를 계속 보호하는 경우에 발생하는 비용도 추정하였다.

표 4.5가 4개국(중국, 일본, 한국, 미국)에 관한 연구결과를 보여주고 있다. (일부 숫자는 미국 달러 기준이며 일부는 아니다. 유럽국가와 관련된 자료는 제5장에 제시되어 있다.) 1열은 특정 국가와 산업을 나타내고 있다. 2열은 무역장벽을 제거하였을 때 발생하는 소비자잉여의 증가분, 3열은 생산자잉여의 감소분, 4열은 국내소비자에게 다시 환수될 경제적 순손실을 나타내고 있다. 5열과 6열은 소비자 비용과 경제적 효율성의 감소라는 관점에서 특정 산업의 평균적인 일자리를 보호하는 경우 발생하는 비용을 나타내고 있다.

표에서 볼 수 있듯이 국내산업을 보호하는 데 발생하는 비용이 매우 크다. 더욱 중요한 사실은 경제적 효율성이 상실되기 때문에 국내 일자리를 보호하는 비용이 매우 크다는 점이다 — 일자리를 보호하는데 드는 비용이 보호된 일자리에서 일하는 노동자가 창출하는 소득보다도 크다. 예를 들어 미국의 여성용 핸드백 산업에서 일자리 하나를 유지하는 데 발생하는 비용이 거의 20만 달러에 달하는데, 이는 이 산업 노동자의 평균소득보다 훨씬 크다.

이 연구에 의하면 미국의 경우, 모든 산업에 걸쳐 일자리 하나를 유지하는 데 발생하는 연간비용이 평균 17만 달러에 이르는 것으로 나타났다. 그러므로 국내산업을 보호하는 것보다 차라리 수입제품을 구입하고 노동자들에게는 일을 시키지 않고 그냥 임금을 지불하는 것이 실제로는 비용이 더 적게 든다는 결론을 얻게 된다.

표 4.5 보호의 비용

품목	소비자잉여 변화	생산자잉여 변화	경제적 순손실	일자리 유지 비용	
				소비자 부담	효율성 상실
미국	(만 달러)			(달러)	
여성용 핸드백	14,800	16	13	191,500	16.8
참치 통조림	7,300	31	4	187,200	25.6
설탕	135,700	776	185	600,200	257
땅콩	5,400	32	22	136	55.4
유럽	(만 유로)			(유로)	
비료	64,160	86	78.5	1826,00	22.3
하드보드	73,910	112.8	99.6	611,100	194.9
복사기	31,350	4.8	66.4	3,483,300	737.8
설탕	426,830	979.5	2,306.1	146,500	79.2
일본	(억 엔)			(만 엔)	
의류	8,789	221.6	234.9	6,370	17
의약품	1,829	151	0.9	15,350	0.8
화장품	5,006	102.1	351	21,330	149.5
반도체 장비	10,466	538.3	332.4	4,490	13.9
중국	(만 달러)			(달러)	
설탕	149,700	543	285	5,059	964
합판	68,500	104	58	23,338	1,968
모터싸이클	174,600	635	137	56,721	4,460
컬러TV	22,700	139	4	15,859	305
한국	(억 원)			(억 원)	
소고기	7,710	453	82	300	5
가공 쌀	34,690	3,102	367	150	3
유제품	12,890	1,066	94	2,410	49
화장품	290	24	1	1,390	24

출처: Messerlin (2001); Shuguang et al. (1998); Sazanaml et al. (1995); Kim (1996); Hufbauer and Elliott (1994).

핵심 이슈 #6

무역장벽의 장점과 단점은 무엇인가?

정책결정자들이 무역장벽에 의존하는 이유에 관해 다양한 설명이 있다. 가장 일반적인 견해는 보호무역으로 인해 혜택을 누리는 국내기업들과 노동자들이 보호무역의 비용을 부담하는 소비자들보다 잘 조직화된다는 것이다. 기업과 노동자들은 잘 조직화되어 있기 때문에 정책결정자들에게 더욱 효과적인 로비를 펼칠 수 있다. 최선의 정책은 정책이 교정하고자 하는 문제점을 직접적으로 해결하는 정책이다. 무역장벽은 정책결정자들이 교정하고자 하는 문제점을 간접적으로 해결하므로 차선의 정책이다. 차선의 정책이기 때문에 무역장벽은 국내 소비자에게 높은 비용을 떠안기며 상당한 수준의 경제적 효율성의 감소를 초래한다.

요약

1. **국내 가격에 대한 조세의 효과와 조세의 재분배 효과**: 조세의 부과는 재화나 서비스의 공급을 감소시킨다. 공급의 감소는 시장 가격의 상승을 가져온다. 시장 가격이 상승하기는 하지만 일반적으로 조세 규모만큼 상승하지는 않는다. 조세가 시장에 영향을 미치기 때문에 조세는 재분배 효과를 가진다. 더 높은 단위 당 가격의 형태로 소비자가 세금을 부담하는 경우 조세는 전방으로 전가된다. 전보다 낮은 단위 당 가격의 형태로 생산자들이 조세를 부담하는 경우 조세는 후방으로 전가된다.

2. **관세장벽의 경제적 효과**: 종량관세는 단위 당 고정된 관세금액으로 계산되며, 종가관세는 재화나 서비스의 가치에 대해 일정 퍼센트로 계산이 된다. 결합관세는 종량관세부분과 종가관세부분으로 구성된다. 소국경제의 정부가 부과한 관세는 글로벌 시장 가격에 영향을 미치지 못한다. 그 결과, 국내 가격은 관세규모만큼 상승하게 되며 관세부담 전부가 소비자에게 전가된다. 대국경제의 정부가 부과한 관세는 글로벌 시장 가격을 하락시킬 수 있다. 이 경우 관세의 일부분은 국내 소비자에게 전방전가되고, 다른 일부분은 외국 생산자에게 후방전가된다. 이런 의미에서 대국경제의 관세는 근린궁핍화(beggar-thy-neighbor)정책이다. 소국과 대국 모두에게 관세는 국내 혹은 해외에서 후생의 순감소를 가져온다.

3. **직접적 무역규제정책으로서의 쿼터**: 수입쿼터는 특정 기간 동안 수입되는 재화나 서비스의 양을 제한하는 정책이다. 쿼터는 수입량을 직접적으로 규제하는 반면, 관세는 가격을 통해 수입량을 간접적으로 규제한다. 절대쿼터는 양적 제한을 정한 것이다. 관세율 쿼터는 특정 관세율 이하에서 수입될 수 있는 특정 수량을 정해놓은 것이다. 만약 정부가 수입 면허의 형태로 쿼터지대를 거두면 쿼터와 관세는 동일한 재분배 효과를 가진다.

4. **자발적 수출규제(VER)**: VER은 수출량을 규제하기 위해서 두 나라의 정책결정자와 생산자들 사이에 이루어진 비공식적 협정이다. 자발적 협정이기 때문에 VER은 일반적으로 지역무역협정이나 다자간 무역협정의 감시대상이 아니다. VER의 가격, 수량 및 재분배 효과는 쿼터의 효과와 유사하다. 쿼터와 VER 사이의 큰 차이점은 쿼터지대가 항상 외국 생산자에게 이전된다는 것이다.

5. **수출보조금의 효과와 수출진흥정책에 대한 정책결정자들의 대응**: 수출보조금은 기업이 생산물을 국내 시장에 팔지 않고 수출하였을 경우에 정부가 기업에게 지급한다. 정부는 국내 기업의 수입(revenue)이 증가하도록 수출보조금을 고안할 수 있다. 수입 국가의 기업들과 소비자들의 관점에서 볼 때 수출보조금으로 인해 글로벌 시장에서의 공급이 증가하고 국내가격을 하락시키기 때문에 수출보조금은 관세철폐와 유사한 효과를 띠게 된다. 국내 가격의 하락은 국내 소비자잉여의 상승과 국내 생산자잉여의 하락을 가져온다. 덤핑과 불공정무역에 대한 국내산업과 노동자 단체들의 불만에 대응하여 정부는 종종 상계관세(CVD)를 부과하곤 한다. 상계관세는 수출보조금이 국내가격에 미치는 효과를 상쇄하는 목적으로 부과된다.

6. **무역장벽의 이점과 단점**: 높은 비용에도 불구하고 정책결정자들이 무역장벽을 계속 사용하는 이유에 대한 설명 중 하나는 보호무역으로 이익을 보는 사람들은 조직화가 잘 되어 있고, 보호무역의 비용을 부담하는 사람들은 그렇지 못하다는 것이다. 기업과 노동단체들은 잘 조직화되어 있기 때문에 정부를 상대로 보호무역을 위한 로비를 효과적으로 전개할 수 있다. 최선의 정책은 교정하고자 하는 문제점을 직접적으로 다루는 정책이다. 무역장벽은 정책결정자들이 교정하고자 하는 정책을 간접적으로 해결하는 차선의 정책이다. 그러므로 무역장벽은 고비용 정책이며 경제적 순손실의 증가를 초래한다. 보호무역의 비용에 관한 최근의 연구는 보호된 산업 안에서 일자리 하나를 유지하는 데 들어가는 비용이 평균적으로 그 일자리에서 일하는 노동자가 받는 소득보다 훨씬 많음을 알려주고 있다.

연습문제

1. 정부가 수입의약품에 대한 관세를 철폐하였다고 가정하자. 어떤 특정 의약품의 경우, 관세가 단위 당 0.6달러였으며, 관세를 포함한 국내 판매 가격이 2.9달러였다고 하자. 관세철폐 후 국내 가격이 2.5달러가 되었다고 하자. 관세가 부과되었을 당시 국내 수요량은 1,400만 개였고, 국내 공급량은 600만 개였다. 관세 철폐 후 국내 수요량은 2,000만 개가 되었고 국내 공급량은 400만 개가 되었다고 하자.
   (a) 이 문제 속의 국가는 대국인가 소국인가? 그 이유를 설명하라.
   (b) 국내시장과 국제시장에 수요-공급 모형을 적용하여 위에 주어진 상황을 설명하라.

2. 1번 문제에서 사용한 도표를 이용하여 다음의 문제에 답하라.
   (a) 관세 철폐로 국내 소비자에게 발생한 이익의 가치는 얼마인가?
   (b) 관세 철폐로 국내 생산자에게 발생한 손실의 가치는 얼마인가?
   (c) 관세 철폐로 감소한 관세 수입의 가치는 얼마인가?

3. 1번과 2번 문제에서 관세 철폐로 자국은 후생의 순증가를 경험하는가? 아니면 순손실을 경험하는가?

4. "수입 관세는 항상 국내 후생수준의 감소를 초래한다"라는 주장은 참인가? 거

짓인가? 불확실한가? 그 이유를 설명하라.

5. 남성용 셔츠에 다음과 같은 수입쿼터를 실시하고 있는 소국경제를 상정하자.

	쿼터가 실시될 때	자유무역의 경우
가격	$45	$30
구매량	100만	120만
국내 공급량	40만	30만
쿼터	60만	없음

(a) 수요-공급 모형을 이용하여 쿼터의 효과를 설명하라.
(b) 도표를 이용하여 다음을 표시하고 계산하라.
    (i) 소비자잉여의 감소분
    (ii) 국내 생산자잉여 증가분
    (iii) 경제적 순손실
    (iv) 쿼터지대

6. 5번 문제에서 정부는 쿼터에서 관세로 정책을 변경시키고자 한다. 종량관세에 해당하는 관세율은 얼마가 될 것인가? 종가관세에 해당하는 관세율은 얼마가 될 것인가? 쿼터에서 관세로 변경하는 경우의 이익은 무엇인가?

7. 불공정 경쟁으로부터 국내 생산자들을 보호하기 위해서 수입자동차에 상계관세를 부과한다고 가정하자. 국내기업들이 관세수입을 받아야 하는가? 왜 그래야 한다고 생각하는가? 혹은 왜 그러면 안 된다고 생각하는가?

8. 자유무역 하에서 자동차의 글로벌 가격이 2만 달러라고 하자. 이 가격에서 소국경제(국가1) 내 공급량은 75만 대라고 하자. 국가 2의 생산자들은 국가 1의 소비자들에게 50만 대의 자동차를 공급하며, 국가 3의 생산자들은 국가 1의 소비자들에게 225만 대의 자동차를 공급한다. 국가 1과 국가 3의 정책결정자들이 국가 3에서 국가 1으로 수출되는 자동차의 양을 100만 대로 제한하는 자발적 수출규제조치(VER)에 합의하였다고 하자. VER 때문에 국가 1에서의 가격은 2만 5,000달러로 상승하고 국가 1의 생산자들이 공급하는 자동차의 수가 125만 대로 증가하며, 국가 2의 생산자들이 공급하는 양도 55만 대로 증가한다고 가정하자.
(a) 수요-공급 모형을 이용하여 위에 나타난 국가 1의 상황을 설명하라.
(b) 누가 VER 덕분에 이익을 보는가? 누가 VER로 인해 손해를 보는가?

9. 해마다 어떤 소국의 소비자들은 파운드 당 1.5달러의 글로벌 가격에 설탕 100만 파운드를 구입한다. 국내기업이 50만 파운드를 생산하고 국내 소비자들은 나머지 부분을 수입한다. 세계시장에 설탕을 주로 공급하는 국가의 정부가 설탕 수출기업에게 보상을 제공하는 수출보조금 정책을 실시한다고 가정하자. 이 정책은 설탕의 글로벌 가격을 파운드 당 1달러까지 하락시킨다. 소국의 설탕에 대한 수요량은 130만 파운드까지 상승하고, 국내 공급량은 30만 파운드까지 하락한다.

(a) 소국의 설탕 시장을 나타내는 도표를 자유무역의 경우와 수출보조금이 주어지는 경우로 각각 나누어 그려라.
(b) 국내 생산자잉여의 감소분과, 국내 소비자잉여의 증가분을 계산하라.
(c) 소국의 시장에서 수출보조금의 총가치는 얼마인가?
(d) 경제적 순손실을 구분해 낼 수 있는가?

10. 9번 문제의 정보에 기초하여 판단해 볼 때, 소국의 국내가격을 자유무역 수준으로 회복시키는 데 필요한 종가 상계관세율은 무엇인가? 상계관세에 의해 창출된 수입(revenue)은 누가 받을 자격이 있다고 생각하는가?

온라인 응용학습

URL: www.cbp.gov
제목: U.S. Customs and Border Protection
검색: 미국 세관 및 국경보호국의 홈페이지(www.cbp.gov)에 접속한 뒤 검색을 한다.
응용: 미국이 사용하는 여러 종류의 쿼터를 살펴보라. 아래 문제에서 요구하는 조치를 취하고 문제에 답한다.

1. 페이지의 맨 윗부분에 있는 'Trade'를 클릭하라. 페이지 왼쪽에 있는 'Trade Programs'를 클릭하라. 스크롤 다운하여 'Textiles and Quotas'를 클릭하라. 스크롤 다운을 또 하여 'Quota Frequently Asked Questions'를 클릭하라. 스크롤 다운하여 'II Types of Quota'를 클릭하라. 주어진 정보를 읽는다.
2. 절대 쿼터의 짧은 정의를 써라.
3. 관세율 쿼터(tariff-rate)와 관세 선호 수준(tariff preference levels)이 절대 쿼터와 어떻게 다른지 설명하라.

팀 과제: 도표 4.2를 이용하여 수입 철강 중 첫 2만 톤은 어떤 소국경제에 관세 없이 들어올 수 있다고 가정하자. 그러나 2만 톤 이후로는 모든 수입 철강이 50달러의 종량관세를 물어야 한다. 이 경우 관세율 쿼터와 비교해 볼 때 재분배 효과가 어떻게 다른가?

참고문헌

Baier, Scott L., and Jeffrey H. Bergstrand, "The Growth of World Trade: Tariffs, Transport Costs, and Income Similarity." *Journal of International Economics* 53(1) (February 2001): 1.27.

Batra, Ravi. "Are Tariffs Inflationary?" *Review of International Economics* 9(3) (August 2001): 378.382.

Blonigen, Bruce, Benjamin Liebman, Justin Pierce, and Wesley Wilson. "Are All Trade Protection Policies Created Equal? Empirical Evidence for Nonequivalent Market Power Effects of Tariffs and Quotas." *Journal of International Economics* 89(2) (March 2013): 369–378.

Bussiere, Matthieu, Emilia Perez, Roland Straub, and Daria Tagolini. "Protectionist Responses to the Crisis: Global Trends and Implications." European Central Bank, Occasional Paper Series, Number 110, May 2010.

Cipollina, Maria, and Luca Salatici. "Measuring Protection: Mission Impossible." *Journal of Economic Surveys* 22(3) (July 2008): 577–616.

Collie, David R. "A Rationale for the WTO Prohibition of Export Subsidies: Strategic Export Subsidies and

World Welfare." *Open Economics Review* 11(3) (July 2000): 229–249.

Daly, Michael, and Sergios Stamnas. "Tariff and Nontariff Barriers to Trade in Korea." *Journal of Economic Integration* 16(4) (December 2001): 500–525.

Ethier, Wilfred J. "Unilateralism in a Multilateral World." *Economic Journal* 112(479) (April 2002): 266–292.

Harrigan, James, and Geoffrey Barrows. "Testing the Theory of Trade Policy: Evidence from the Abrupt End of the Multifiber Arrangement." *Review of Economics and Statistics* 91(2) (May 2009): 282–294.

Hickson, Charles. "The WTO, the IMF, and the Impact of Their Free-Trade Policies on Developing Nations." *Global Business and Economics Review* 3(2) (December 2001): 175–185.

Hufbauer, Gary Clyde, and Kimberly Ann Elliott. *Measuring the Costs of Protection in the United States*. Washington, DC: Institute for International Economics, 1994.

Kerr, William, and James Gaisford, eds. *Handbook on International Trade Policy*. Cheltenham, U.K.: Edward Elgar, 2007.

Kim, Namdoo. *Measuring the Costs of Visible Protection in Korea*. Washington, DC: Institute for International Economics, 1996.

Lahiri, Sajal et al. "Optimal Foreign Aid and Tariffs." *Journal of Development Economics* 67(1) (February 2002): 79–99.

Magee, Christopher. "Why Are Trade Barriers So Low?" *Economic Affairs* 31(3) (October 2011): 12–17.

Messerlin, Patrick. *Measuring the Costs of Protection in Europe*. Washington, DC: Institute for International Economics, 2001.

Pandit, Ram. "US Trade Barriers and Import Price of Canadian Softwood Lumber." *International Trade Journal* 23(4) (October–December 2009): 399–421.

Sazanami, Yoko, Shujiro Urato, and Kawai Hiroki. *Measuring the Costs of Protection in Japan*. Washington, DC: Institute for International Economics, 1995.

Shuguang, Zhang, Zhang Yansheng, and Wan Zhongxin. *Measuring the Costs of Protection in China*. Washington, DC: Institute for International Economics, 1998.

Watts, Julie R. *Immigration Policy and the Challenge of Globalization: Unions and Employers in Unlikely Alliance*. Ithaca and London: Cornell University, ILR Press, 2002.

5장

지역주의와 다자주의

핵심 이슈

1. 지역무역협정에는 어떤 유형이 있으며 역내 국가 간의 무역은 어떻게 측정하는가?
2. 북미자유무역협정(NAFTA) 같은 자유무역지대 그리고 또 다른 유형인 특혜무역협정 간의 차이는 무엇인가?
3. 1970년대의 유럽경제공동체(EEC)나 현재의 안데스공동체 같은 관세동맹은 오늘날의 유럽연합(EU)이나 남미공동시장(Mercosur) 같은 공동시장과는 어떻게 다른가?
4. 지역무역협정은 어떻게 무역창출과 무역전환을 유발할 수 있을까?
5. 무역굴절이란 무엇이며, 원산지 기준은 무역굴절을 억제하는 데 어떻게 도움이 될 수 있을까?
6. 다자간 무역협정과 지역무역협정의 차이는 무엇인가?

최초의 근대적 지역무역협정 — '지역무역블록' 내의 모든 나라에게 무역특혜를 부여하는 체제 — 은 1958년 유럽공동체(European Community)의 형성과 더불어 등장했다. 오늘날 EU로 발전한 이 지역무역협정의 성공으로 다른 나라들도 유사한 협정을 추진하기 시작했다.

1959년과 1980년 사이에 세계 전체 지역무역협정 수는 약 50개로 증가했다. 그후 1990년까지 그 수는 크게 변하지 않았다. 하지만 그 이후 다시 많은 나라들이 여러 지역무역블록에 참여하면서 지역무역협정 수가 급증했다. 그 결과 지역무역협정의 총 수는 약 575개로 증가하였고 그 중 적어도 350개는 아직도 회원국 간의 무역을 촉진하면서 실제로 작동하고 있다.

지역무역협정에 참여하는 국가들은 어떤 이익을 얻을까? 이 문제에 답하기 위해서는 그런 협정과 관련된 논점을 우선 이해해야 한다. 앞으로 배우겠지만 이론적으로 이런 협정의 체결은 국제무역을 촉진할 수도 있고 위축시킬 수도 있다.

지역무역블록

최근에 관세나 쿼터규제의 감축이나 면제를 통해 무역 특혜를 제공하는 특별한 무역협상이 국가들 사이에 많이 이루어지고 있다. 현재 세계 전체적으로 이미 수백 개의 지역무역협정이 도입되거나 협상 중에 있다. 도표 5.1은 그 중에서 중요한 200여 개의 지역무역협정을 나타내고 있는데 4분의 3에 조금 못 미치는 협정이 상품무역과 관련된 것이고 나머지는 서비스 무역과 관련된 것이다. 그리고 4분의 1에 조금 못 미치는 협정이 선진국 사이의 협정인 반면, 3분의 1 정도는 개발도상국 사이의 협정이다. 나머지는 회원국에 선진국과 개발도상국 모두 포함된 협정이다.

■ 지역무역협정

현존하는 지역무역협정 중 약 절반은 1990년 이후에 도입되었으며 이 중 다수는 지역무역블록, 즉 1개 이상의 국가에 특혜 무역 지위를 부여하는 국가블록의 형성으로 이어졌다.

지역무역협정에는 5개의 기본적인 유형이 있다.

1. 지역무역협정 중 제약이 가장 약한 유형은 **특혜무역협정(preferential trade arrangement)** 이다. 이 유형의 협정에서는 한 국가가 자신의 무역상대국들에게 차별적 무역특혜를 부여한다. 종종 이런 특혜무역조항은 일방적이다. 하지만 어떤 경우에는 상호 호혜적인(reciprocal) 협정이 맺어질 수도 있다. 그러면 두 개 이상의 무역상대국들 사이에 동등한 무역특혜가 부여된다.

2. 상호 호혜적 무역협정 중 한 유형은 **자유무역지대(free trade area)** 를 형성하는 지역무역협정이다. 자유무역지대 내에서는 협정에 참가한 국가들이 모든 무역장벽을 제거하기로 합의한다. 하지만 자유무역지대 이외의 국가에 대해서는 각자의 무역장벽을 그대로 유지한다.

- **특혜무역협정(preferential trade arrangement)**: 한 나라가 1개 이상의 무역상대국에게 차별적 무역특혜를 부여하는 무역협정.
- **자유무역지대(free trade area)**: 참가국 사이의 무역에 대해서는 모든 장벽을 제거하지만, 자유무역지대 이외 국가와의 무역에 대해서는 참가국 고유의 무역장벽 유지를 허용하는 무역협정.

도표 5.1 지역무역협정의 분포

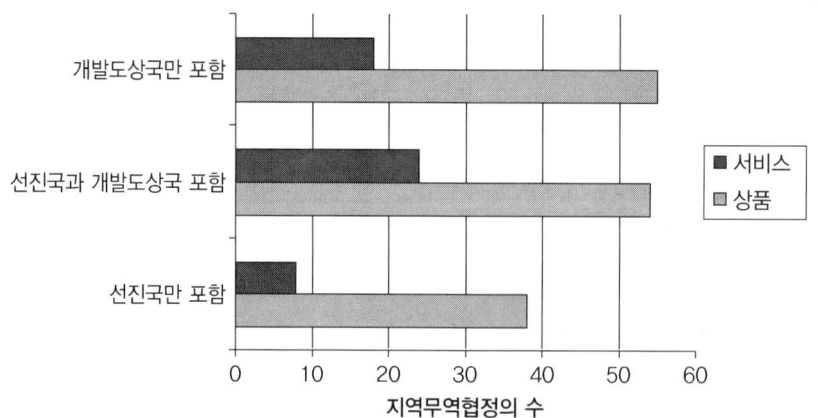

* 많은 지역무역협정에는 선진국과 개발도상국이 모두 회원으로 포함되어 있다. 그리고 상품무역만을 대상하는 협정이 많지만, 서비스무역을 포함하는 협정도 있다.

출처: Fiorentino et al. (2009).

3. 지역무역협정 참가국들이 상호 간의 무역에 대해 장벽을 제거하는 것을 넘어, 제3국과의 무역에 대해서도 공통의 무역장벽을 채택하면, **관세동맹**(customs union)이 형성된다. 공통의 무역정책 수립을 위해 관세동맹 회원국들은 구체적인 조정 장치를 구비해야 한다. 따라서 원칙적으로는 관세동맹은 자유무역지대보다 더 강한 구속력을 갖는다.

4. 특혜무역협정, 자유무역지대, 그리고 관세동맹은 재화와 서비스의 국가 간 무역에 관한 장벽을 제거하기로 합의한 것이다. 회원국들이 생산요소의 자유로운 이동을 막는 장벽까지 제거하기로 합의하면 **공동시장**(common market)이 형성된다. 따라서 공동시장을 형성한 국가들은 재화와 서비스의 최종 산출물뿐만 아니라 생산에 사용되는 투입물의 국경간 이동을 개방하기로 합의한 것이다.

5. 재화, 서비스, 그리고 생산요소의 국경간 자유이동을 넘어 그 다음 단계는 통일된 국내경제정책을 조율하는 것이다. 이 단계에 진입한 국가들은 **경제동맹**(economic union)을 형성하게 된다. 기술적으로는 정치동맹이 경제동맹의 선결조건은 아니지만, 성공적인 운영을 위해서는 참가국 사이의 상당한 정치적 조정이 필요한 경우가 많다.

- **관세동맹**(customs union): 참가국 사이의 무역에 대해 상벽을 제거하고, 나아가 참가국 이외 국가와의 무역에 대해서는 공통의 장벽을 유지하는 무역협정.
- **공동시장**(common market): 회원국간의 무역에 대해서는 모든 장벽을 제거하고 회원국 이외 국가에 대해서는 공통의 무역장벽을 유지하며 회원국 사이에 생산요소의 자유이동을 허용하는 무역협정.
- **경제동맹**(economic union): 참가국 사이의 무역에 대해서 모든 장벽을 제거하고, 참가국 이외 국가에 대해서는 공통의 무역장벽을 유지하며, 참가국 간 생산요소의 자유이동을 허용하며, 나아가 모든 경제정책을 회원국들 사이에 밀접히 조율하는 무역협정.

이런 **지역주의**(regionalism) — 지리적으로 인접한 국가들이 무역협정을 체결하는 현상 — 경향이 무역을 촉진하는지 아니면 위축시키는지에 대해 경제학자들 사이에 의견이 나뉜다. 이것이 문제가 되는 이유를 이해하기 위해서는 우선 지역무역블록 사이의 무역을 측정하는 방법을 이해해야 한다. 그리고 다양한 유형의 지역무역그룹이 어떻게 작동하는지 이해해야 한다. (약 550개의 지역무역협정이 존재하지만 이중 약 200개는 '문서상'의 협정에 불과해 회원국들이 더 이상 그 협정을 따르지 않아 경제적 의미를 상실했다. 이에 관해서는 "정책사례 5.1"을 참조하라.)

■ 지역주의의 무역 영향 측정

지역무역블록에 참가한 국가들 사이에 무역이 얼마나 이루어지고 있을까? 이 문제에 답하기 위해서는 우선 한 나라와 그 외 지역과의 무역을 어떻게 측정할 것인가를 생각해야 한다.

무역비중

국제무역을 측정하는 데 가장 많이 사용되는 지표는 국경을 넘는 무역의 총액이다. 이것은 일정 기간 동안 이루어진 수출액과 수입액을 단순히 합하는 것이다. 미국 달러와 같은 공통의 통화를 기준으로 모든 나라의 수출과 수입을 측정하면 국가별 무역액을 비교할 수 있게 된다. 한 나라의 무역액을 지역 혹은 세계 전체 무역 총액의 비율로 나타낸 것을 흔히 **무역비중**(trade shares)이라고 한다.

- **지역주의**(regionalism): 지리적으로 인접한 국가들 사이에 무역협정을 체결하는 현상.
- **무역비중**(trade share): 한 나라의 국제무역 규모를 지역 혹은 세계 전체 무역에서 차지하는 비중으로 표시한 것.

정책사례

5.1 많은 아프리카 국가들 마침내 '문서상'의 지역무역협정을 넘어서다

세계에서 가장 오래된 관세동맹은 1910년에 공식 창설되었는데 그것은 바로 남아프리카관세동맹(SACU: Southern African Customs Union)이다. SACU는 현재 14개 회원국으로 구성되어 있는데, 앙골라, 보츠와나, 남아프리카공화국, 짐바브웨 등이 포함되어 있다. SACU는 다수의 비농업생산물과 대부분의 노동력 및 기타 자원의 자유로운 이동을 허용하고 있다.

지난 70여년 동안 SACU는 아프리카에 존재하는 소수의 지역무역블록의 성공적 사례 중 하나였다. 대부분의 아프리카 국가들은 1960년대 초부터 지역무역협정을 통해서 경제개발에 시동을 걸려고 했다. 하지만 아프리카연합(AU: African Union), 대(大)호수국가경제공동체(Economic Community of the Countries of the Great Lakes), 동아프리카공동체(East African Community), 중앙아프리카국가경제공동체(Economic Community of Central African States)와 같은 다수의 지역무역협정은 실제로 작동하지 않았으며 경제적으로 의미가 없는 '문서상'의 협정으로만 남아 있었다.

하지만 최근 10여년간 아프리카의 지역무역협정은 그 기능을 회복하기 시작했다. 1970년대 이후 체결되어 1990년대부터 결실을 거두기 시작한 주요 협정에는 동남아프리카공동시장(COMESA: Common Market for Eastern and Southern Africa)와 서아프리카경제공동체(ECOWAS: Economic Community Of West African States)가 있다. COMESA에는 브룬디, 이집트, 케냐, 르완다 등 19개 회원국이 있고, ECOWAS에는 베냉, 감비아, 나이지리아, 시에라리온 등 15개 회원국이 있다. 현재 기능하고 있는 SACU, COMESA, ECOWAS는 5억 명 이상의 인구를 갖고 있으며 아프리카 대륙의 핵심적 지역무역블록을 형성하여 회원국 사이의 무역장벽을 크게 낮추는 데 기여하고 있다.

심화 학습: 지역무역블록에 참여했던 아프리카 국가들 사이에 발생한 전쟁은 일부 무역협정을 경제적으로 무의미한 '문서상'의 협정으로 만들고 말았는데, 그 이유가 무엇일까?

도표 5.2는 EU, 미국, 일본, 기타 선진국 및 개발도상국의 무역비중을 나타내고 있다. 이 비중은 달러로 표시한 각국의 국제무역액을 세계 전체 무역액의 비율로 나타낸 것이다. 도표에 나타난 것처럼 선진국의 무역이 세계 전체 무역의 약 3분의 2를 차지한다. EU와 미국의 무역액만 합쳐도 세계 전체 무역의 절반 이상을 차지한다.

지역무역블록 내 국가들이 해당 블록 내부 국가나 외부 국가와의 교역량을 측정하는 한 방법은 지역 혹은 세계 전체 무역에서 차지하는 비중을 계산하는 것이다. 표 5.1은 북미자유무역협정(NAFTA), 남미공동시장(Mercosur), 안데스공동체(Andean Community), 동남아시아국가연합(ASEAN), EU 회원국들의 무역비중을 보여준다. EU 회원국의 경우 EU 내 다른 회원국과의 무역, 즉 역내무역이 자국 전체 무역의 최소 절반을 차지하고 있음을 알 수 있다. 한편 캐나다와 멕시코는 전체 무역의 4분의 3 이상을 NAFTA의 나머지 회원국, 즉 미국과 하고 있다.

도표 5.3은 표 5.1을 이용하여 각 지역무역블

도표 5.2 세계무역의 비중

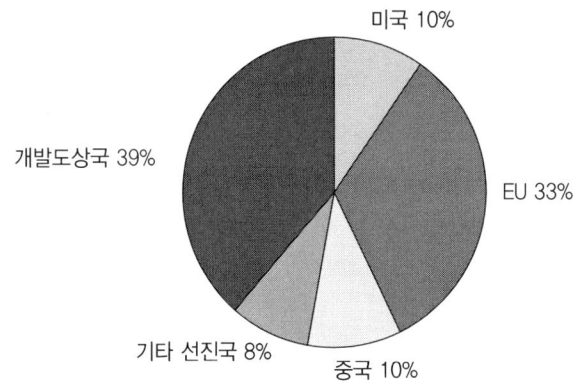

* 산업화된 국가가 세계 전체 무역의 3분의 2 이상을 차지한다. 그리고 미국과 EU가 전체 무역의 40퍼센트 이상을 차지한다.

출처: International Monetary Fund, *Direction of Trade Statistics*, various issues.

표 5.1 주요 지역무역블록의 역내무역 비중 및 세계무역 비중

지역무역블록 및 회원국	역내무역 비중 (%)	세계무역 비중 (%)
북미자유무역협정(NAFTA)		
미국	28.41	9.63
캐나다	65.01	2.50
멕시코	67.01	1.94
남미공동시장(Mercosur)		
브라질	9.81	1.33
아르헨티나	27.82	0.44
우루과이	86.75	0.02
파라과이	25.88	0.05
안데스공동체(Andean Community)		
볼리비아	9.17	0.04
에콰도르	11.15	0.12
콜롬비아	5.13	0.31
페루	7.65	0.20
동남아시아국가연합(ASEAN)		
라오스	57.61	0.01
말레이시아	22.64	1.15
미얀마	33.28	0.08
베트남	16.72	0.55
브루나이	21.30	0.05
싱가포르	32.82	2.15
인도네시아	22.39	1.16
캄보디아	40.54	0.05
태국	20.06	1.24
필리핀	21.37	0.30
유럽연합(EU)		
그리스	63.57	0.25
네덜란드	63.23	3.45
덴마크	69.38	0.56
독일	63.47	7.28
라트비아	73.36	0.08
루마니아	72.69	0.36
룩셈부르크	81.41	0.14
리투아니아	59.66	0.16
몰타	67.02	0.03
벨기에	71.30	2.56
불가리아	61.44	0.17
스웨덴	64.09	0.97
스페인	61.43	1.85
슬로바키아	82.38	0.43

계속 ▶▶▶

지역무역블록 및 회원국	역내무역 비중 (%)	세계무역 비중 (%)
슬로베니아	69.37	0.19
아일랜드	62.81	0.52
에스토니아	77.74	0.09
영국	51.38	3.05
오스트리아	75.49	1.00
이탈리아	56.66	2.88
체코	79.27	0.87
키프로스	66.99	0.03
포르투갈	73.43	0.38
폴란드	76.49	1.06
프랑스	65.70	3.55
핀란드	50.00	0.53
헝가리	74.33	0.58

출처: International Monetary Fund, *Direction of Trade Statistics*, 2012.

도표 5.3 주요 지역무역블록의 무역비중

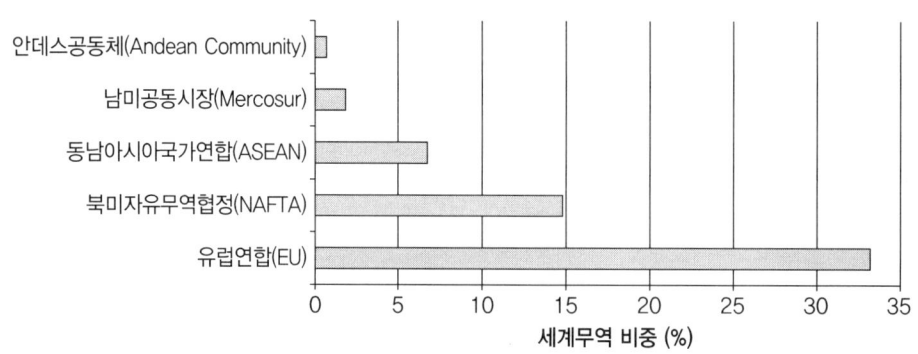

* EU와 NAFTA 두 블록이 세계 전체 무역의 약 60퍼센트를 차지한다. ASEAN, 안데스공동체, Mercosur가 세계무역에서 차지하는 비중은 이들보다 훨씬 작다.

출처: International Monetary Fund, *Direction of Trade Statistics*, 2012.

록이 세계 전체 무역에서 차지하는 비중을 계산한 것이다. 무역비중 통계를 보면 EU와 NAFTA가 분명히 중요한 지역무역블록이라는 것을 알 수 있다. ASEAN과 두 개의 남미 블록, 즉 안데스공동체와 Mercosur는 비중이 훨씬 작은 지역무역협정이다.

무역비중 지표의 약점

하지만 무역비중 통계를 해석할 때는 주의를 해야 한다. EU와 NAFTA가 세계무역에서 차지하는 비중이 큰 지역무역블록이라는 것은 별로 놀랍지 않다. 왜냐하면 이 그룹에 포함된 국가들이 세계무역 중 큰 부분을 담당하고 있기 때문이다. 이 지역블록에 속한 나라들은 글로벌 무역에서 가장 영향력이 큰 주체들이다.

표 5.1을 다시 보면 룩셈부르크와 같이 EU 중 가장 작은 국가의 무역비중도 Mercosur의 파라과이의 3배 정도에 이른다. 룩셈부르크가 EU의 다른 회원국과 교역하는 규모가 파라과이가 Mercosur의 다른 회원국과 교역하는 규모보다 큰 것은 룩셈부르크가 EU의 회원국이기 때문이라고 할 수 있지 않을까? 그럴 수 있다. 하지만 룩

셈부르크가 세계경제에서 차지하는 상대적 비중이 이미 파라과이보다 높기 때문에 룩셈부르크와 EU 회원국과의 교역이 파라과이와 Mercosur 회원국과의 교역보다 높은 것은 당연하다.

물론 룩셈부르크는 상대적으로 작은 나라이다. 더욱 대조적인 예로 NAFTA의 최대 회원국인 미국의 무역 규모는 콜롬비아의 약 31배에 해당한다. 콜롬비아는 안데스공동체 중에서 무역규모가 가장 큰 나라이다. 캐나다의 무역규모는 콜롬비아의 8배 이상이며, 멕시코의 무역 규모조차 콜롬비아의 약 6배에 이른다. 따라서 세계무역 중 안데스공동체의 비중과 비교할 때 NAFTA의 비중에는 상대적으로 큰 NAFTA 회원국들의 무역비중이 적어도 부분적으로는 반영되어 있다.

지역무역협정이 무역패턴에 미치는 영향을 파악하기 위해서는 지역무역블록에 포함된 나라들 사이의 절대적 규모의 차이를 고려해야 한다. 다시 말해서 해당 그룹 내부(within) 무역의 상대적 집약도(intensity) 지표를 이용해야 한다. 무역비중 지표는 지역무역블록 회원국들이 국제무대에서 규모가 큰 국가인지 여부를 나타내는 데는 유용하지만, 국제무역이 지역무역블록 그 자체 내에 얼마나 집중되어 있는가를 나타내지는 않는다.

무역집중도지수

무역블록 내 무역집약의 정도를 측정하기 위해 경제학자들은 **무역집중도지수(trade concentration ratio)**라는 지표를 개발하였다. 이 지표는 지역무역블록 내의 양자간 무역비중의 합을 그 지역의 세계 전체 무역비중으로 나눈 것이다. 예를 들어 NAFTA의 무역집중도를 계산하기 위해서는 먼저 미국-캐나다 간, 미국-멕시코 간, 캐나다-멕시코 간의 무역액을 모두 합한다. 그리고 이 값을 NAFTA 회원국의 전체 무역액으로 나눈다. 그러면 NAFTA의 회원국들이 다른 NAFTA 회원국들과 교역하는 비중이 계산된다. 마지막으로 이 NAFTA 무역비중을 NAFTA가 세계 전체 무역에서 차지하는 비중으로 나누면, 그 값이 NAFTA의 무역집중도가 된다. 만약 NAFTA 내의 양자무역 패턴이 회원국들이 세계 다른 국가들과의 무역패턴과 정확히 비례한다면, NAFTA의 무역집중도 지수는 1.0이 된다. 만약 NAFTA 국가의 무역 흐름이 NAFTA 내부에 더욱 집중되어 있다면 이 지수는 1.0을 넘게 된다. 따라서 무역집중도지수가 높다는 것은 지역무역블록 내부의 무역 집약도가 상대적으로 높다는 것을 의미한다.

표 5.2는 5개국 — 센트럴공화국, 이스트아일, 노스랜드, 사우스씨, 웨스트코스트 — 으로 구성된 가상의 '세계'를 대상으로 한 예이다. 표에는 5개 나라 사이의 모든 양자간 쌍의 수출과 수입을 합한 양자간 무역의 합이 계산되어 있으며, 단위는 10억 달러이다. 세계 전체 연간 무역액은 1000억 달러이다. 노스랜드와 웨스트코스트가 노스웨스트무역지대(NWTA)라는 지역무역블록을 형성했다고 가정하자. 노스랜드와 웨스트코스트가 다른 모든 나라와 교역하는 규모는 모두 연간 600억 달러이다. 여기에는 NWTA의 다른 회원국과의 교역도 포함되어 있다. (표 5.2의 무역 쌍 중 NWTA의 두 회원국이 관련된 무역의 국가 이름은 굵게 표시되어 있다.) 하지만 NWTA 두 회원국들 사이의 무역은 연간 450억 달러이다. 따라

• **무역집중도지수(trade concentration ratio)**: 양자간 지역무역블록 내 무역의 비중을 세계 전체 무역 중 그 블록의 비중으로 나눈 것.

표 5.2 5개국으로 구성된 가상 세계의 연간 무역 규모

양자간 무역	1억 달러
노스랜드-웨스트 코스트	450
노스랜드-사우스씨	10
웨스트 코스트-사우스씨	10
이스트아일-웨스트 코스트	10
이스트아일-노스랜드	100
이스트아일-사우스씨	100
센트럴공화국-웨스트 코스트	10
센트럴공화국-사우스씨	150
센트럴공화국-이스트아일	150
센트럴공화국-노스랜드	10
세계 전체	1,000

서 NWTA 회원국의 전체 무역액 중 NWTA 두 회원국 사이의 무역비중은 450억달러/600억 달러로 0.75 혹은 75퍼센트이다. 그리고 센트럴공화국, 이스트아일, 사우스씨까지를 포함한 세계 전체 무역 중 NWTA 전체 무역의 비중은 600억 달러/1000억 달러로 0.60 혹은 60퍼센트이다. 따라서 노스웨스트무역지대의 무역집중도지수는 75퍼센트/60퍼센트로 1.25이다. NWTA의 무역집중도지수가 1.0을 넘는데, 이는 NWTA 회원국의 무역 블록 내 무역이 '세계' 전체와 무역에 비례하는 것 이상으로 집중되어 있음을 의미한다. 결론적으로 이 예에서 NWTA국가들은 역내무역에 상대적으로 더 집중되어 있음을 알 수 있다.

이제 사우스씨와 이스트아일이 사우스이스트무역지대(SETA)라는 별도의 지역무역블록을 구성한다고 가정하자. 이 두 나라가 이 가상 세계의 나머지 국가들과 교역하는 연간 무역액을 모두 합하면 530억 달러가 된다. 이 경우에도 역시 회원국인 두 나라 사이의 교역이 포함되었다. (표 5.2에서 SETA 두 회원국과 관련된 무역의 국가 이름은 굵은 고딕체로 표시되어 있다.) SETA 두 회원국 전체 무역 중 두 회원국 사이의 무역이 차지하는 비중은 100억 달러/530억 달러로 0.189 혹은 18.9퍼센트이다. 센트럴공화국, 노스랜드, 웨스트코스트를 포함한 가상 세계 전체의 무역 규모 중에서 SETA 블록의 무역이 차지하는 비중은 530억 달러/1000억 달러로 0.53 혹은 53퍼센트이다. 따라서 SETA의 무역집중도지수는 18.9퍼센트/53퍼센트로 0.36이다. 이 지수가 1.0 미만이라는 것은 사우스씨와 이스트아일의 SETA 역내무역이 가상 '세계' 전체를 상대로 한 두 나라의 무역 분포에 비례할 만큼 집중되어 있지 않다는 것을 의미한다. 따라서 SETA 회원국의 무역이 이 무역 블록 내에 특별히 집중된 것이 아니라고 할 수 있다.

도표 5.4는 안데스공동체, Mercosur, ASEAN, EU, NAFTA의 실제 무역집중도지수를 나타내고 있다. 도표 5.4와 도표 5.3을 비교해 보면 세계무역에서 각 국가의 상대적 중요성을 고려하는 것이 얼마나 중요한지를 쉽게 알 수 있다. NAFTA의 무역집중도지수는 약 1.8인데 이는 미국, 캐나다, 멕시코가 역외 국가와 교역에 비해 역내 국가 간 교역에 약간 더 집중되어 있음을 의미한다. 하지만 안데스공동체의 경우 무역집중도지수가 5.8을 넘어 NAFTA의 지수보다 3배 이상 크다. NAFTA의 무역비중은 14퍼센트를 약간 넘지만, 콜롬비아를 비롯한 안데스공동체의 무역규모는 글로벌 무역의 1퍼센트도 채 되지 않는다. 안데스공동체의 무역집중도지수가 훨씬 높다는 것은 안데스공동체의 상대적으로 작은 무역규모가 역내에 훨씬 더 집중되어 있음을 반영하고 있다.

도표 5.4   주요 지역무역블록의 무역집중도지수

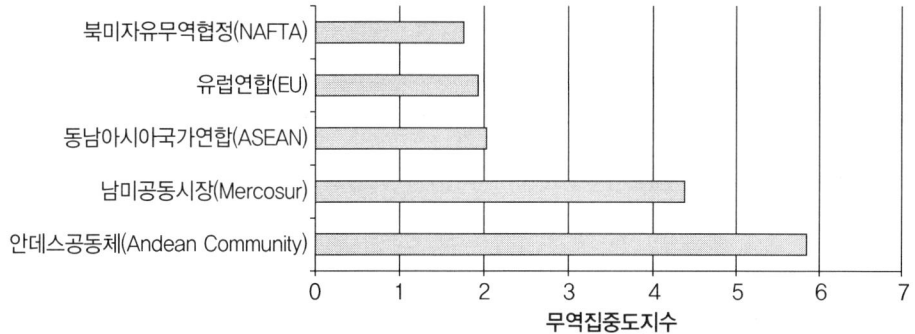

* NAFTA와 EU는 세계무역에서 큰 비중을 차지하지만, 무역집중도지수 즉 무역블록 내 양자간 무역비중의 합을 그 지역이 세계무역에서 차지하는 비중으로 나누면 무역의 집약도는 Mercosur나 안데스공동체에서 더 높다는 것을 알 수 있다.

출처: International Monetary Fund, *Direction of Trade Statistics*, 2012.

ASEAN의 무역집중도지수는 약 2.0인데, 이것은 NAFTA 무역이 미국, 캐나다, 멕시코에게 지니는 중요성에 비해 ASEAN 역내무역이 싱가포르나 다른 ASEAN 회원국들에게 지니는 중요성이 더 크다는 것을 의미한다. 그렇지만 Mercosur의 무역집중도지수는 약 4.4로, 이는 파라과이를 비롯한 Mercosur 회원국 사이의 무역집약도가 ASEAN 국가 사이의 집약도에 비해 두 배 이상 높다는 것을 의미한다.

핵심 이슈 #1

지역무역협정에는 어떤 유형이 있으며 역내 국가 간의 무역은 어떻게 측정하는가?

지역무역협정의 주요 유형에는 특혜무역협정, 자유무역지대, 관세동맹, 공동시장, 그리고 경제동맹이 있다. 경제학자들은 종종 지역무역블록 내의 무역 — 수출과 수입의 합 — 정도를 무역비중, 즉 지역 혹은 세계 전체 무역에서 한 나라 무역이 차지하는 비중으로 측정한다. 하지만 세계무역에서 한 나라의 절대적 중요성은 단순한 무역비중 지표를 왜곡할 수 있다. 따라서 경제학자들은 무역집중도지수를 이용하여 한 국가그룹 내의 무역집약도를 측정한다. 무역집중도지수는 지역무역블록 내 국가들의 양자무역 비중의 합을 그 지역이 세계 전체 무역에서 차지하는 비중으로 나눈 것이다.

특혜무역협정과 자유무역지대

지역무역그룹의 참가 이후 그룹 내 다른 회원국과의 무역 증가폭을 결정하는 요인은 무엇일까? 이 문제에 답하기 위해서는 먼저 지역무역협정의 각 유형들이 어떻게 작동하는지 자세히 이해할 필요가 있다. 먼저 가장 약한 형태의 무역협정인 특혜무역협정과 자유무역지대에 관해서 살펴보자.

■ 특혜무역협정

할리우드는 무수히 많은 로맨틱 코미디 영화를 만들었다. 할리우드가 대형 스크린을 통해 묘사하는 연인관계 중 일부는 일방적인 관계로 시작한다. 한 사람이 다른 사람에게 이성적으로 끌리게 되고 상대방의 관심을 받기 위해 노력한다. 특혜무역협정은 이런 이야기와 비슷하다. 예를 들어 어느 나라가 다른 나라의 재화나 서비스의 유입에 관한 무역장벽을 일방적으로 낮출 수 있다. 기근에 시달리는 국가가 관세를 제거하여 곡물이나 다른 식료품의 수입가격을 낮추려고 할 때 이런 일이 일어날 수 있다.

매력적이고 외향적이며 인기 많은 젊은 남자나 여자가 매우 내성적이고 수줍음이 많으며 무시받는 사람에 대해 마음을 주는 전형적인 로맨틱 코미디도 있다. 그런 이야기는 일반적으로 해피엔딩으로 끝나면서 두 가지 결과로 이어진다. 첫째, 인기 많은 사람이 자신의 지위에 대한 우월감을 낮추게 된다. 둘째, 무시당하던 사람은 인성이 변해 더욱 활동적이고 외향적이며 인기 있는 사람이 된다.

특혜무역협정은 대개 특별히 선택된 국가에 대해 이런 종류의 해피엔딩을 기대하며 체결된다. 카리브해지역 이니셔티브(Caribbean Basin Initiative)가 좋은 예이다. 이것은 특정 재화에 대해 한정되기는 하지만 미국이 카리브해 지역 저개발국가들에게 다양한 무역 특혜를 제공하는 특혜무역협정이다. 미국은 이런 특혜를 차별적으로 제공함으로써 이웃 국가를 지원한다. 그리고 미국과의 무역 증가를 통해 카리브해 국가의 성장과 발전을 촉진하여 그 나라들을 더 나은 이웃국가로 만들겠다는 희망을 갖고 이런 협정을 체결하였다.

모든 특혜무역협정이 항상 일방적인 것은 아니다. 원칙적으로 여러 나라들이 **특혜무역지대**(preferential trade area)를 형성하여 회원국들이 상대방에게 상호호혜적인 차별적 무역 혜택을 제공할 수 있다. 이런 혜택이 관세나 다른 무역장벽의 완벽한 제거로 이어지면, 그 나라들은 자유무역지대를 형성하게 되는 것이다.

■ 자유무역지대

할리우드의 로맨틱 코미디에 등장하는 커플들은 서로 만나고 이러저러한 일을 겪으며 결국에는 대개 '결혼으로 매듭짓는' 방향으로 관계가 진전되는 복잡한 과정을 그린다. 일반적으로 어떤 사람은 비교적 장기간 관계를 맺으면서도 비공식적인 관계 이상으로 발전시키지를 못한다. 한 사람이 '정식으로 사귈' 생각은 있지만 '약속은 할' 수 없는 데서 발생하는 문제가 영화의 전형적 줄거리가 된다.

'정식으로 사귀기'

두 사람 사이의 결혼은 공개적인 약속 그 이상이다. 결혼은 커플의 경제상태를 연결하는 법적 구속이다. 따라서 정부의 입장에서 보면 결혼은 두 사람의 법적 결합이다. 마찬가지로 두 나라가 자유무역지대를 형성하는 것은 커플이 '정식으로 사귀는' 것과 유사하다. 양측은 장기적 이익이 불확실한 공식적 통합은 하지 않으면서도 관계 유지를 통해 어느 정도의 이익을 얻고자 하는 것이다. 복수의 국가가 상호호혜적인 무역특혜를 서로 제공함으로써 상당한 이익을 창출할 수 있는 교역을 늘리려고 할 수 있다. 혹은 장기적인 관계를 통해 이익을 추구하려는 생각은 있지만 — 같이 살지만 공식적인 결혼은 하지 않으려고 하는 커플들처럼 — 더 넓고 깊은 약정을 맺음으로써 발생할 수 있는 정치적 곤란은 피하려고 할 수 있다.

안데스공동체와 ASEAN이 자유무역지대의 예이다. 아이슬란드, 리히텐슈타인, 노르웨이, 스위스로 구성된 유럽자유무역협정(EFTA: European Free Trade Association)도 마찬가지이다. 한편 EFTA는 EU를 포함한 20개 이상의 나라들과 특혜무역협정을 체결하였다.

호주와 뉴질랜드 역시 자유무역지대를 형성하였다. 소위 미주자유무역지대(Free Trade Area of the Americas)라는 이름으로 서반구 전체를 하나의 자유무역지대로 묶으려는 노력도 있다.

그리고 일본과 미국을 포함한 21개국은 아시아태평양경제공동체(APEC: Asia-Pacific Economic Cooperation) 포럼을 구성했는데, 이들은 2020년 이전에 하나의 광대한 자유무역지대를 형성하는 것을 목표로 하고 있다. (일부 APEC 회원국들은 이 자유무역의 목표를 향해 나아가고 있다. 이에 관해서는 "정책사례 5.2"를 참조하라.)[i)]

북미자유무역협정의 경험

NAFTA는 높은 수준의 무역자유화는 약속하지 않으면서도 '정식으로 사귀는' 나라들의 좋은 예이다. 1994년 NAFTA가 설립되기 전에 지역무역

---

i) **관련 웹사이트**: APEC의 홈페이지 (www.apecsec.org)를 방문해 보라.

📝 정책사례

5.2 환태평양경제동반자협정 협상 타결

2011년 11월 APEC 회원국 중 일부 — 호주, 브루나이, 캐나다, 칠레, 말레이시아, 멕시코, 뉴질랜드, 페루, 싱가포르, 베트남, 미국 — 는 지역무역협정 계획을 발표했다. 2013년 3월에 일본이 이 협정에 참가할 계획이 있음을 발표했다. 이 국가들 사이에 협의되고 있는 환태평양경제동반자협정(TPP: Trans-Pacific Partnership)은 거의 모든 재화와 서비스의 무역 자유화를 목표로 하고 있다. 실제로 현재 계획에 따르면 참가국 사이에 거의 모든 관세와 무역과 투자에 대한 비관세 장벽이 제거된다. TPP 회원국 정부는 이 협정을 다른 아시아 태평양국가들 간의 협정들이 모방할 수 있는 모범적인 프레임워크로 만들겠다고 발표했다. 이렇게 되면 태평양 지역 간의 무역은 더욱 자유화될 것이다.

TPP의 최종 합의안을 공식화하는 데 하나의 걸림돌은 대통령에게 TPP와 같은 협정을 협상할 수 있는 권한을 부여하는 소위 무역촉진권한(TPA: trade promotion authority)이라는 미국의 법적 장치가 2007년에 만료되었다는 점이다. 미국 협상단은 TPP 합의를 도출하면서 TPA 절차를 따랐다. 하지만 미국 의회가 미국정부 관리들이 협상한 자유화 조건을 받아들여 미국의 회원국 가입을 승인할지 아직 불확실하다.

심화 학습: 모든 나라가 지역무역협정을 승인하는 고유한 법적 절차를 갖고 있는 상황에서, 그런 협정을 공식적으로 승인하는 데 일반적으로 수년이 걸리는 이유는 무엇이라고 생각하는가?

그룹 가입에 관해 미국 내에서는 상당한 논쟁이 벌어졌다. 미국의 많은 생산자들이 위에서 설명한 여러 가지 이유로 공장을 멕시코로 이전할 수 있다는 것이 가장 큰 우려였다. 그러면 미국에서 일자리가 많이 사라지고, 미국에서 멕시코로의 수출은 증가하지 않는 반면 멕시코에서의 수입은 증가하게 될 것이라는 의견이 반대하는 사람들의 주장이었다.

사실 미국의 많은 생산자들이 NAFTA의 출범을 예상하여 무역망을 확대하기 시작한 1990년대 초부터 미국의 고용은 개선되었다. 이런 상황은 21세기 첫 10년의 전반까지 지속되다가 후반에는 악화되었다. 도표 5.5의 그림(a)를 보면 미국 수입 중 멕시코의 비중은 1990년과 2005년 사이에 6퍼센트에서 약 18퍼센트로 크게 증가하였다. 그 후에는 중국과 다른 아시아 국가와의 무역이 증가하면서 이 비율은 하락했다. 멕시코에 대한 수출의 비중은 1990년 약 7퍼센트에서 2000년 9퍼센트로 증가했다. 하지만 2000년대에는 미국의 수출 중 멕시코의 비중이 약간 하락하였으며, 2012년에는 약 14퍼센트로 회복되었다.

미국과 캐나다는 이미 양자 자유무역협정을 체결하고 성공적으로 시행 중이었기 때문에 NAFTA가 캐나다 무역을 통해 미국에 부정적 영향을 미

도표 5.5 1980년 이후 미국 무역 중 캐나다와 멕시코의 비중

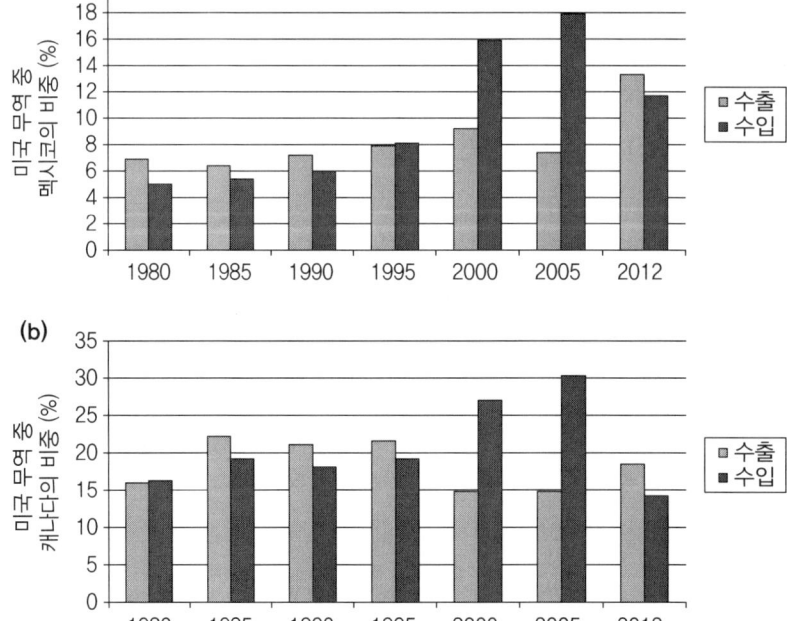

* 그림(a)에 나타난 것처럼 1994년 NAFTA의 출범은 처음에는 미국 무역 중 멕시코 수입의 괄목할 만한 증가로 이어진 것으로 보였다. 그림 (b)에서 NAFTA의 형성이 미국 무역 중 캐나다의 비중에는 유의미한 영향을 미치지 않았다.

출처: International Monetary Fund, *Direction of Trade Statistics and authors' estimates*.

칠 수 있다는 우려는 거의 없었다. 그림(b)를 보면 NAFTA의 형성은 실제로 미국 무역 전체로 보면 캐나다의 비중에 거의 영향을 미치지 않았다. 하지만 미국 수출 및 수입 각각에서 캐나다의 비중은 변화를 보였다. 미국과 대부분 국가 사이의 무역 갭이 확대된 것을 반영하여 미국 수출 중 캐나다의 비중은 2000년대 초에 감소한 다음 2012년 무렵에는 회복하였다. 미국 수입 중 캐나다의 비중은 크게 증가하였다가 다시 눈에 띄게 줄어들었다.

캐나다인들은 NAFTA를 통해 멕시코와 관계를 갖게 되는 데 대해 훨씬 더 큰 우려를 하였다. 대부분의 캐나다인들은 미국과의 자유무역에서 얻는 것 이상으로 멕시코와의 무역 증가로 인한 불이익이 클 것으로 생각했다. 도표 5.6의 그림(a)에 나타난 것처럼 캐나다 수출과 수입에서 멕시코의 비중은 1990년 이후 증가하였다. 하지만 그 비중은 여전히 상대적으로 작았다. 그림 (b)에 나타난 것처럼 캐나다 무역에서 미국의 비중은 대체로 안정된 수준을 유지하였다. 이 비중은 최근에 약간 줄어들었는데 이것은 역시 중국 및 다른 아시아 국가와 캐나다 사이의 무역이 증가했기 때문이다.[ii]

ii) **관련 웹사이트**: NAFTA의 홈페이지(www.nafta-sec-alena.org)를 방문해 보라.

도표 5.6 1980년 이후 캐나다 무역 중 멕시코와 미국의 비중

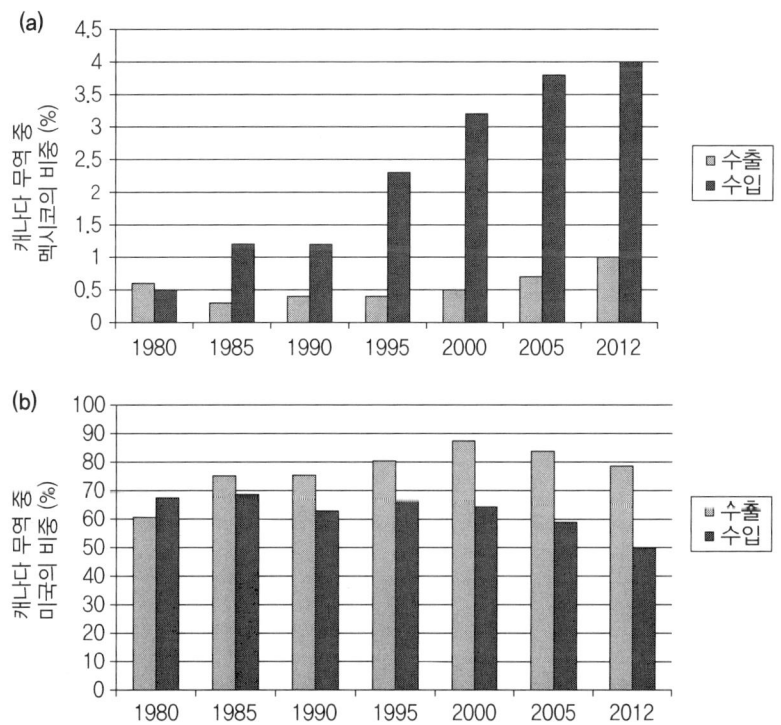

* 그림(a)에서 캐나다 무역 중 멕시코의 비중은 1994년 NAFTA 결성 이후 크게 증가하였다. 그림(b)는 캐나다 무역 중 미국의 비중에 NAFTA가 큰 영향을 미치지 않았음을 보여준다.

출처: International Monetary Fund, *Direction of Trade Statistics and authors' estimates*.

도표 5.7은 멕시코 무역 중 미국과 캐나다의 비중을 나타낸다. 멕시코는 여러 나라들과의 교역을 확대해오고 있다. 따라서 멕시코 무역 중 미국의 비중은 1990년 이후 크게 증가하지 않았다. 도표 5.5의 그림(a)에서 미국 수출 중 멕시코 비중이 증가한 것처럼 미국으로부터 멕시코 수입은 증가하였다.

그림(b)에 나타난 것처럼 멕시코 입장에서 NAFTA는 캐나다와의 무역에서 새로운 지평을 열었다. 1990년대 초 이전에 멕시코 무역에서 캐나다의 수출 및 수입 비중은 매우 작았다. 멕시코 수출 중 캐나다의 비중이 약 2.5퍼센트를 차지하고 있기 때문에 이제 멕시코 생산자들에게 캐나다는 중요한 수출시장이 되었다. 멕시코의 대(對) 캐나다 수입도 눈에 띄게 증가하였다.

따라서 전체적으로 보면 NAFTA의 형성은 처음에는 미국보다는 캐나다나 멕시코의 무역패턴에 더 큰 영향을 미쳤다. 미국의 무역량은 크게 증가하였는데, 최근에는 특히 중국이나 다른 아시아 국가와의 교역이 증가하였다. NAFTA 내부의 무역패턴에 상반된 여러 변화들이 나타난 것을 보면 NAFTA의 무역집중도지수가 상대적으로 낮은 이유를 이해할 수 있다.

도표 5.7 1980년 이후 멕시코 무역 중 미국과 캐나다의 비중

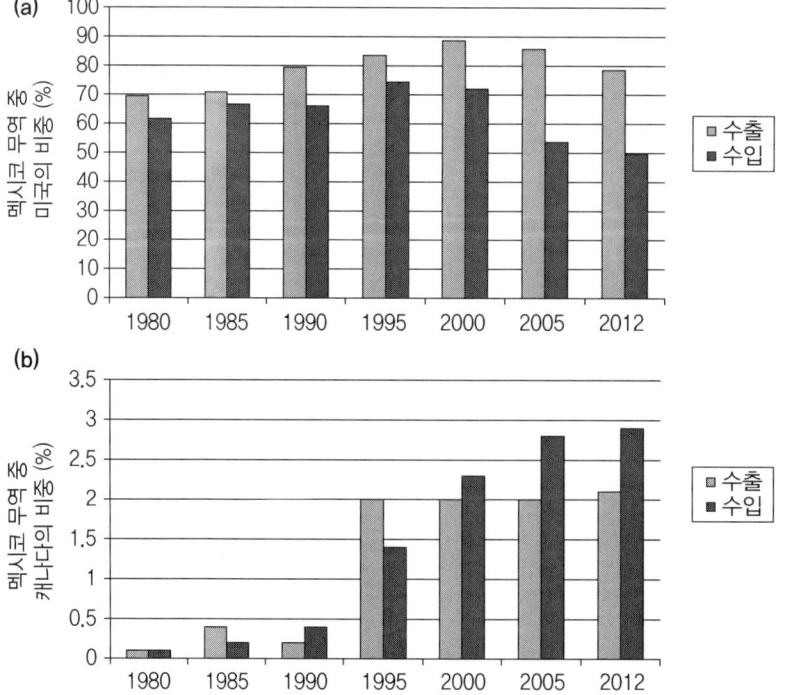

* 그림(a)에서 멕시코 무역 중 미국의 비중은 1994년 NAFTA의 출범과 더불어 약간 떨어졌다. 반면 그림(b)에서 멕시코 무역 중 캐나다의 비중은 크게 증가하였다.

출처: International Monetary Fund, *Direction of Trade Statistics and authors' estimates*.

> **핵심 이슈 #2**
>
> 북미자유무역협정(NAFTA) 같은 자유무역지대 그리고 또 다른 유형인 특혜무역협정 간의 차이는 무엇인가?
>
> 특혜무역협정은 특정 재화에 대해 무역 특혜를 제공한다. 그리고 이런 협정은 일방적일 수 있기 때문에 협정에 참가한 한 나라 혹은 일부 국가만 혜택을 볼 수 있다. 이와 대조적으로 NAFTA와 같은 자유무역지대에 참가한 나라들은 지역무역블록의 모든 회원국들에게 상호 무역특혜를 제공한다. NAFTA의 설립 이후 미국의 대멕시코 수출과 멕시코와 캐나다의 무역은 크게 증가하였다. 하지만 미국의 대멕시코 및 대캐나다 수입은 크게 변하지 않았다.

관세동맹과 공동시장

어떤 나라는 장기적이고 조직화된 무역관계에서 약속을 더 확고히 할 수 있다. 몇몇 국가는 관세동맹을 형성하고 또 일부 국가는 공동시장을 형성하여 '정식으로 사귀는 것'에서 훨씬 더 나아갔다.

■ 관세동맹: 외부자에 대한 동일한 대우

앞에서 설명한 것처럼 관세동맹은 한 가지 측면에서 자유무역지대와 근본적으로 다르다. 관세동맹에 가입한 회원국들은 서로에게 무역상 특혜를 부여하기로 합의할 뿐만 아니라 관세동맹 외부의 국가에 대해 동일한 무역정책을 채택하기로 약속을 한다.

로마조약과 유럽경제공동체

20세기의 가장 중요한 관세동맹은 1957년과 1968년 사이에 유럽에서 이루어졌다. 이것은 두 가지 이유에서 중요하다. 첫째, 서유럽의 주요 교역 국가들이 회원국으로 참여했다. 둘째, 이것은 유럽경제공동체로 발전하여 그 후 공동시장과, 걸음마 단계이기는 하지만 경제동맹으로 발전하였다.

1957년 3월 25일 벨기에, 프랑스, 서독, 이탈리아, 룩셈부르크, 네덜란드는 로마조약(Treaty of Rome)에 서명하였다. 이 나라들로 구성된 관세동맹을 설립하는 길은 순탄하지만은 않았다. 이 나라들은 2차 대전이라는 엄청난 갈등이 남긴 상당한 정치적 난제들을 극복해야 했다.

이 나라들의 경제적 목표 역시 늘 완벽한 조화를 이루지는 못했다. 예를 들어 한편에서 서독은 전쟁으로 폐허가 된 경제를 복구하기 위해 모든 나라와 무역을 증가시키려는 열망을 갖고 있었다. 다른 한편 프랑스는 유럽 이외 국가에 대해 무역 제한을 계속 유지하고 싶어했다. 결국 로마조약에 서명한 나라들은 내부적으로는 점진적인 자유무역을 추구하되 역외국가들과의 무역에 대에서는 공통의 제한을 두기로 하는 타협안에 합의했다.

1969년 무렵에는 유럽관세동맹의 역내 국가 간의 무역과, 관세동맹 회원국과 역외 국가와의 무역이 큰 폭으로 증가했다. 그 결과 다른 나라들 특히 영국은 이 지역그룹에 참여하는 것을 고려했는데, 그 후에 이 지역그룹은 유럽경제공동체(EEC: European Economic Community)가 되었다. 1970년대 초에 영국이 가입하고 관세동맹이 공동시장으로 전환되면서 협상은 절정에 이르렀다.

안데스공동체

유럽공동시장의 출범과 같은 시기에 볼리비아, 칠레, 콜롬비아, 에콰도르 그리고 페루는 상호 무역특혜를 부여하는 카르타헤나협정(Cartagena

Agreement)을 준비하고 있었으며 마침내 그에 서명하였다. 1973년과 1976년 사이에 칠레는 이 협정에서 탈퇴하고 대신 베네수엘라가 동참하였다. 그 후 20년 동안 남미 국가의 이 연합체는 점차 안데스공동체라는 자유무역지대로 발전하여 1993년 1월에 시행에 들어갔다. 페루는 1997년에 이 그룹에 완전히 가입하게 되었다.

도표 5.4의 무역집중도지수에 나타난 것처럼 안데스공동체 내부의 무역집중도가 상당히 높다. 또한 1998년 이후 안데스공동체는 단일한 주체로서 미국, 캐나다와 같은 다른 나라들과 무역협정을 협상하였다. 따라서 안데스공동체는 불과 몇 년 만에 관세동맹이 되었다. 현재 안데스공동체를 공동시장으로 발전시키는 협상이 진행 중이다.[iii]

■ 공동시장: 자원이동의 자유화

자유무역지대에서 관세동맹으로 이행하는 것은 큰 진전이다. 하지만 여러 나라들이 경제적 장벽을 철폐하는 데 대해 정말 진지하다면 공동시장 형성을 통해 한층 발전해야 한다는 것을 깨닫게 된다. 앞에서 설명한 바와 같이 어떤 국가그룹이 공동시장을 형성하게 되면 그들은 노동, 자본 및 다른 자원의 국경 간 이동에 방해가 되는 대부분의 혹은 모든 장벽을 제거한다.

유럽연합의 상반된 지표들

1969년에 EEC는 공동시장이 되었다. 1986년 이후 EEC는 무역과 자원의 이동에 관해 고도로 조율된 정책을 취하는 경제동맹으로 발전하였다.

하지만 도표 5.4에 나타난 무역집중도지수로 다시 돌아가보면 EU 회원국 간의 무역이 Mercosur나 안데스공동체 내의 무역만큼 집약도가 높지 않다는 것을 알 수 있다.

Mercosur와 같은 자유무역지대가 EU보다 더 집약적인 역내무역을 보이는 이유에 대해서는 의견이 엇갈린다. 하나의 이유는 많은 EU 회원국들이 역사적으로 매우 다양한 무역관계를 발전시켜 왔기 때문일 수 있다. EU의 형성 이후 이 나라의 수출업자와 수입업자들은 이런 관계를 계속 유지해왔다. 뒤에서 설명하겠지만 다른 지역무역블록의 나라들이 역외 국가들과의 무역을 위축시킬 수 있는 정책을 채택했을 가능성도 있다. 이런 관점에서 보면 EU 회원국과 비회원국 사이의 지속적인 무역을 EU의 전반적 무역자유화 경향 — 혹은 적어도 보호주의화의 정체 — 의 지표로 해석할 수 있다.

Mercosur: 성공과 긴장

아르헨티나, 브라질, 파라과이 그리고 우루과이는 1991년부터 공동시장을 향해 나아가기 시작했다. 이 해에 이 네 나라는 많은 재화 및 자원에 대해 관세를 1995년부터 점진적으로 낮추기 시작해 0으로 만든다는 **무역자유화프로그램**(*trade liberalization program*)을 추진했다. 때로는 국가 간 관계가 평화롭지 못했던 이 지역에서 Mercosur는 중요한 발전이었다.[iv]

---

iii) **관련 웹사이트**: 안데스공동체가 무역통합의 진전을 위해 어떤 노력을 하고 있는지는 www.comunidadandina.org 에서 확인할 수 있다.

iv) **관련 웹사이트**: Mercosur에 대한 자세한 정보를 얻기 위해서는 http://actrav.itcilo.org/actrav-english/telearn/global/ilo/blokit/mercosur.htm 사이트를 방문하라.

이것은 Mercosur 내부의 무역자유화가 간헐적으로 이루어진 이유를 이해하는 데 도움이 된다. Mercosur의 창설부터 1998년 말 사이에 아르헨티나와 브라질 사이의 무역은 400퍼센트가 증가했다. 그후 1999년 초에는 브라질이 자국 통화를 절하하였으며 그 후에는 외환시장에서 환율변동을 허용하였다. 반면 아르헨티나는 1991년 이후 자국 통화의 가치를 미국 달러와 동일하게 유지하고 있었다. 많은 다국적기업은 생산을 아르헨티나에서 브라질로 이전함으로써 사업비용을 30퍼센트 가까이 낮출 수 있었다. 이에 대응하여 아르헨티나는 Mercosur에 대한 통합 속도를 늦추었다. 아르헨티나가 2002년 초 미국 달러에 대한 명시적 고정을 포기하자 Mercosur 내에서 새로운 긴장이 발생했다. 그럼에도 불구하고 이 공동시장은 계속 유지되었다. 인접하고 있는 이 나라들이 Mercosur협정을 지속하면서 서로 밀접한 관계를 유지하는 것이 무역의 이익을 얻는 데 도움이 된다는 것을 깨달은 것이 핵심적 이유이다.

핵심 이슈 #3

1970년대의 유럽경제공동체(EEC)나 현재의 안데스공동체 같은 관세동맹은 오늘날의 유럽연합(EU)이나 남미공동시장(Mercosur) 같은 공동시장과는 어떻게 다른가?

과거의 유럽경제공동체나 안데스공동체와 같은 관세동맹은 회원국들 사이에는 자유무역지대로 작동하면서 역외국가와의 무역에 대해서는 공통의 제한을 유지한다. 하지만 관세동맹 회원국들은 노동, 자본과 같은 생산요소의 이동에 대해서는 종종 장벽을 유지한다. EU, Mercosur와 같은 공동시장 내에서는 참가국들이 생산요소의 이동에 대해서도 제한을 철폐한다.

무역창출, 전환 혹은 굴절?

지역무역협정의 등장은 세계무역체제의 지형을 변모시켰다. 앞에서 설명한 바와 같이 지역무역협정은 역내무역을 촉진했다는 증거들이 있다. 하지만 자유로운 무역을 옹호하는 경제학자들 내에서도 지역무역협정의 순효과가 세계무역을 촉진했는지 아니면 줄였는지를 둘러싸고 의견이 엇갈린다.

■ 무역창출 대 무역전환

도표 5.4를 보면 무역집중도지수로 측정된 무역집약도가 NAFTA나 EU보다 안데스공동체와 Mercosur 내부에서 더 높은 것으로 나타난다. 지역무역블록 내의 무역 집약도가 상대적으로 높다는 것은 두 가지 방식으로 해석할 수 있다. 우선 지역무역블록 내 국가의 높은 무역집약도는 이 지역무역협정이 **무역창출**(trade creation)에 기여했다는 것을 나타낼 수도 있다. 무역창출이란 협정이 없었을 경우에 비해 무역이 상대적으로 촉진되는 것을 의미한다. 다른 한편 지역무역블록 내의 집약적 무역은 회원국들 사이의 무역협정이 **무역전환**(trade diversion)을 초래했다는 것을 의미할 수도 있다. 지역무역협정이 없었다면 비회원국에서 수입했을 것을 지역무역협정의 결과 이 협정에 속하는 회원국에서 수입하게 되는 것을 무역전환이라고 한다. (APEC 포럼 가입에 따른 무역효과에 관한 최근 연구에서는 무역창출에 부합하는 결

- **무역창출**(trade creation): 무역상대국에게 제공한 무역특혜의 결과 무역이 추가로 증가하는 효과.
- **무역전환**(trade diversion): 무역특혜 제공의 결과 교역의 방향이 바뀌어 제3국과의 무역이 감소하는 효과.

과가 발견되었다. 이에 관해서는 "정책사례 5.3"을 참조하라.)

순효과가 중요한 이유

지역무역블록이 무역창출을 촉진한다면, 이런 지역무역블록의 형성은 전체적으로 글로벌 무역규모를 늘리는 데 기여할 것이다. 제3장에서 설명한 바와 같이 무역창출의 효과로 인해 더 많은 국가가 기존의 절대우위나 비교우위를 실현하게 될 것이다. 그 결과 세계의 더 많은 사람들이 무역의 이익을 향유할 것이다.

하지만 지역무역블록 설립의 확산으로 인한 순효과가 무역전환이라면 지역무역협정의 결과 글로벌 무역이 반드시 증가하지는 않을 것이다. 역내 국가로부터의 수입이 같은 규모로 지역무역그룹 외의 국가로부터의 수입을 대체하게 되면 글로벌 무역의 규모에는 변화가 없을 것이다. 나아가 지역무역블록 회원국들이 역외 국가에 대해 매우 보호주의적인 정책을 도입하게 되면 국제무역이 실제로 감소할 수도 있다. 예를 들어 Mercosur가 역외 국가에서 수입되는 태블릿 컴퓨터나 스마트폰과 같은 디지털기기에 대해 높은 관세를 부과한다면 어떤 일이 벌어질까? 미국이나 다른 디지털기기 수출국에서 Mercosur로 수입되는 디지털기기의 규모는 줄어들 것이다. 이것은 Mercosur의 전체 디지털기기 교역량의 순감소를 초래할 것이다. 왜냐하면 아르헨티나, 브라질, 파라과이 및 우루과이에는 다양한 형태의 디지털기기 대체품을 공급할 수 있는 제조업체가 거의 없기 때문이다. 따라서 무역전환은 회원국 수입품에 의한 비회원국 수입품의 불완전한 대체로 귀결될 가능성이 크다. (지역무역블록 회원국들이 동료 회원국들에게 무역특혜를 제공할 때 무역창출과 무역전환이 일반적으로 동시에 발생

정책사례

5.3 APEC 회원국의 무역창출 효과

APEC 정책지원단의 이현훈 교수와 서강대학교의 허정 교수는 최근 APEC 회원국의 무역을 평가했다. 이들은 1989년 APEC 출범 이후 APEC 역내 회원국 간 무역연계가 21개 회원국 중 19개국에서 증가했으며, 다른 APEC 국가와의 연계가 16개국에서 증가한 것을 발견했다. 그 결과 오늘날 APEC 회원국의 역내 수출은 비회원국에 대한 수출보다 약 3배 이상 많다. 수입의 경우 역내 회원국으로부터의 수입이 비회원국으로부터의 수입에 비해 거의 2배 이상 많다.

두 교수는 회원국의 무역 증가율이 비회원국에 비해 전반적으로 높은 것을 발견했는데, 이것은 APEC의 무역창출과 부합하는 것이다. APEC 회원국의 경우 총수출의 연평균 증가율은 비회원국의 증가율에 비해 연간 0.6퍼센트포인트 높았다. 회원국 총수입의 연평균증가율은 0.2퍼센트포인트 더 높았다. 이런 증가율의 격차는 APEC 창설 이후 APEC 국가들의 총수출과 총수입은 비회원국에 비해 각각 12퍼센트와 4퍼센트 더 증가했음을 의미한다.

심화 학습: APEC은 자유무역지대가 아니지만, 다수의 APEC 회원국들이 협상에 참여하고 있는 TPP는 자유무역지대가 될 것이다. TPP에 참여할 국가들이 현재의 APEC 회원국에 비해 무역전환에 직면할 가능성이 더 커질까?

하는 이유를 이해하기 위해서는, "도표로 이해하는 글로벌 경제 이슈 5.1"을 참조하라.)

역내무역전환의 억제

지역무역블록이 확산되자 자유무역을 옹호하는 경제학자들은 지역무역블록이 모든 나라와의 자유로운 교역을 촉진하는 것이 아니라 무역을 전환하는 경향을 어떻게 억제할 수 있을지를 고민했다. 일부 학자들은 자유무역 철학과 부합하지 않게 보일 수도 있는 방안을 내놓았다. 즉 지역무역협정 내에서 무역장벽을 완전히 제거하는 것이 아니라 차별적으로 제거하는 것이다. 이런 주장의 근거는 다른 나라에 대해서는 제한을 유지하면서 역내에서는 무역장벽을 완전히 제거하면 무역전환에 대한 강력한 유인이 발생한다는 것이다. 다른 하나의 근거는 역내 정부의 수입 원천인 관세를 완전히 제거하게 되면 정부는 역외 국가에 대한 관세를 높이려는 유인을 갖게 된다는 것이다. 그러면 무역전환의 유인이 더 강해질 것이다.

자유무역을 옹호하는 경제학자들은 모든 무역제한을 최소한으로 유지할 것을 제한한다. 이런 경제학자들은 지역무역블록이 회원국보다 비회원국에 대해서 더 높은 장벽을 계속 유지하겠다고 고집하면, 관세나 다른 장벽 사이의 차이를 가

📊 도표로 이해하는 글로벌 경제 이슈

5.1 3국 모형을 이용한 무역창출과 무역전환의 이해

기초적인 수요-공급 분석을 이용하여 지역무역특혜가 일반적으로 무역창출과 무역전환을 모두 가져오는 이유를 살펴보자. 도표 5.8을 보자. 그림 (a)는 자국에서 생산되는 태블릿에 대한 수요와 공급 곡선을 나타낸다. 그림(b)는 지역무역블록의 다른 동료 회원국에서 생산된 태블릿의 수요와 공급 곡선을 나타낸다. 그림(c)는 지역무역그룹에 속하지 않는 다른 나라에서 생산된 태블릿에 대한 수요 및 공급곡선을 나타낸다. 국내에서 최초의 태블릿 균형가격은 350달러이다.

그림(b)와 (c)에 나타난 최초의 해외 공급곡선은 수입 태블릿에 부과된 관세를 반영한 것이라고 가정하자. 그림(b)에 나타난 나라가 이 나라와 지역무역블록을 맺은 후에는 이 역내 파트너국가에서 수입된 태블릿에 부과되던 관세가 폐지된다. 따라서 그림(b)에서 역내 파트너국가에서 수입되는 태블릿의 공급이 증가하게 된다. 역내 파트너국가에서 수입되는 태블릿의 가격이 250달러로 하락하자, 국내 거주자들은 이제 국내산 태블릿과 역외국가에서 생산되어 여전히 관세가 부과되는 태블릿에 대한 구입을 줄이게 된다. 따라서 그림(a)와 그림(c)에서 수요곡선이 왼쪽으로 이동하게 된다. 이 나라의 새로운 균형가격은 250달러가 된다.

이 나라의 태블릿 무역에 나타난 변화를 살펴보자. 그림(a)의 국내 구매 감소와 그림(b)의 역내 국가 구매 증가에 나타난 것처럼 국내거주자는 국내산 태블릿 구매 중 일부를 해외 구매로 옮겼다. 따라서 새로운 역내 파트너에 대한 무역특혜 제공의 결과 국내 구매는 줄고 역내 국가로부터의 구매는 늘어나면서 **무역창출**이 발생한다. 하지만 그림(c)에 나타난 것처럼 지역무역블록 회원국이 아닌 외국에서 구매하는 태블릿의 규모는 감소한다. 따라서 **무역전환**도 발생한다.

심화 학습: 이 예에서 외국의 두 나라 모두에 대해 디지털기기 관세가 면제된다면 무역전환이 발생할까?

도표 5.8 그래프를 이용한 무역창출과 무역전환 설명

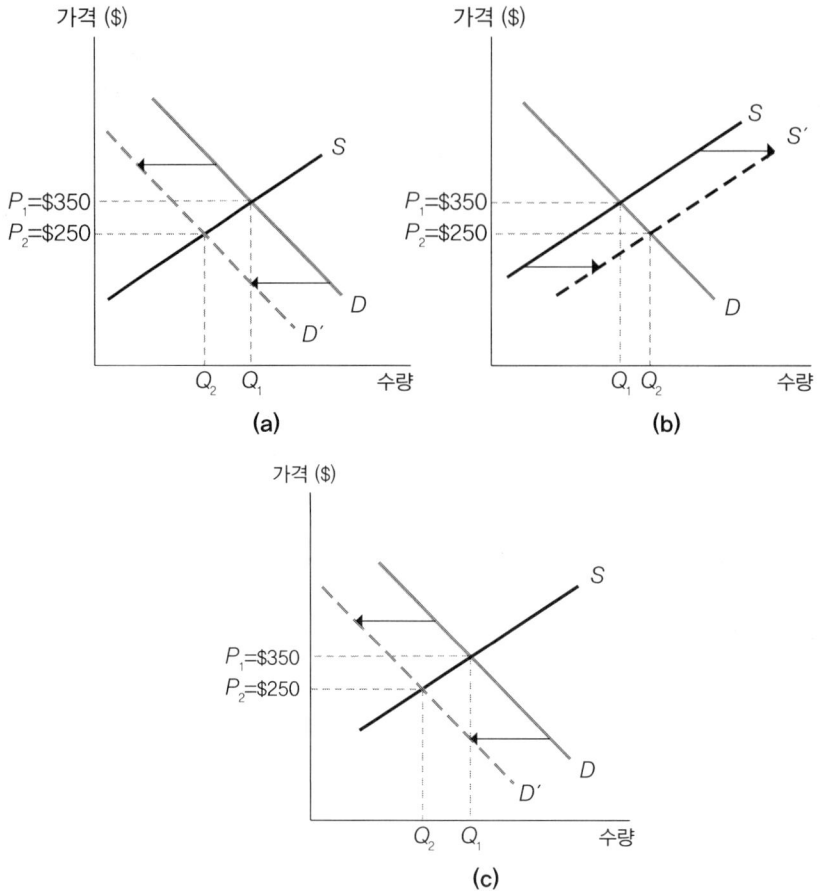

* 그림(a)는 한 나라의 국내산 태블릿에 대한 수요와 공급곡선을 나타낸다. 그림(b)는 지역무역블록 동료 회원국인 국가에서 생산된 태블릿 기기에 대한 국내수요와 공급곡선을 나타낸다. 그림(c)는 지역무역블록의 회원국이 아닌 외국에서 생산된 태블릿에 대한 국내수요와 공급곡선을 나타낸다. 모든 태블릿에 대한 초기 균형가격은 350달러이다. 그림(b)에서 설명된 나라와 지역무역그룹을 체결한 후에는 이 역내 파트너국가에서 수입된 태블릿에 대해서는 관세가 면제된다. 그 결과 그림(b)에서 설명한 바와 같이 역내 파트너 국가에서 생산된 태블릿의 공급은 증가한다. 역내 국가에서 수입된 태블릿 가격이 하락하면 국내거주자들은 국내산 태블릿과 역외국가에서 생산되어 여전히 관세가 부과되는 태블릿에 대한 구매를 역내 국가에서 생산된 태블릿의 구매로 대체한다. 그 결과 그림(a)와 그림(c)에서와 같이 수요가 감소한다. 국내거주자들이 태블릿의 국내 구매 중 일부를 해외로 이전하기 때문에 무역창출이 발생한다. 즉 그림(a)의 국내 구매는 감소하고 그림(b)의 역내 파트너국가에서의 구매는 증가한다. 하지만 동시에 그림(c)처럼 국내거주자가 역외 국가로부터 태블릿 구입을 줄이기 때문에 무역전환도 발생한다.

능한 한 낮게 유지하라고 충고한다.

지역무역협정을 통해 무역창출을 촉진하는 핵심적인 방법은 그런 협정의 회원자격을 모든 나라에 개방하는 것이라는 데 대해 거의 모든 경제학자들이 동의한다. 예를 들어 영국이 EU와 NAFTA에 동시에 가입하는 것을 금지하는 EU

규정과 같이 동시에 하나 이상의 지역무역그룹에 참여하는 것을 실질적으로 제한하는 규칙은, 효과는 거의 없으면서 지역무역블록들 사이에 쐐기를 박아 무역전환을 초래할 수 있다고 경제학자들은 주장한다.

> **핵심 이슈 #4**
>
> **지역무역협정은 어떻게 무역창출과 무역전환을 유발할 수 있을까?**
>
> 어느 나라가 다른 나라에 대해 과거에 부과한 무역제한을 감축하게 되면 두 가지 효과가 발생한다. 하나는 무역창출 효과이다. 그 나라 거주자들은 국내제품의 구매를 무역장벽이 감축된 상대국에서 생산된 재화의 구매로 대체한다. 하지만 국내 거주자들이 무역장벽이 계속 유지되는 외국으로부터는 재화의 구매를 줄이는 경향이 나타난다. 따라서 무역전환 효과도 있다.

■ **무역굴절**

지역무역협정의 전반적 무역효과를 평가할 때 발생하는 또 하나의 문제는 **무역굴절**(trade deflection)이다. 역외의 한 국가에 위치한 기업이 완전히 조립되지 않은 재화를 지역무역협정에 가입한 역내 국가로 옮겨와서 완전히 조립한 다음, 그것을 무역특혜를 제공하는 국가로 수출할 때 무역굴절이 발생한다. 기업이 생산시설의 일부를 지역무역협정에 가입된 국가로 이전한 경우에 흔히 무역굴절이 발생한다.

원산지규정

무역굴절의 정도를 줄이기 위해 대부분의 지역무역협정은 **원산지에 관한 규정**(rules of origin)을 포함하고 있다. 이것은 협정에 따라 무역특혜의 대상이 될 수 있는 생산물의 범위를 자세하게 정해 놓은 규정이다.

일부 원산지규정에 따르면 회원국 내에서 생산된 부품들만으로 구성된 생산물만 지역무역협정 회원국 사이에서 자유롭게 교역될 수 있다. 예를 들어 Mercosur가 그런 엄격한 원산지규정을 적용하고 있다면, 멕시코 자동차 부품공장에서 제조된 부품을 단 하나라도 갖고 있는 아르헨티나산 자동차는 브라질로 수출될 때 자유무역의 대상이 될 수 없다.

하지만 일반적으로 원산지규정이 그만큼 엄격하지는 않다. 대부분의 원산지규정은, 전체 부가가치 중 지역무역협정 회원국에서 창출된 부가가치가 일정 비율을 넘어야만 특혜무역의 대상이 되는 것으로 규정하고 있다.

무역굴절과 무역의 이익

자유무역을 옹호하는 경제학자들은 성공적인 무역굴절을 지지한다. 그들은 성공적인 무역굴절은 무역제한을 회피하여 지역무역블록 내 거주자들이 무역의 이익을 누릴 수 있도록 한다고 주장한다.

하지만 자유무역옹호론자의 일부는 무역굴절이 거주자들의 후생 손실로 이어질 수 있다고 우

• **무역굴절**(trade deflection): 무역협정에 포함되지 않은 국가의 재화 혹은 재화의 부품을 협정에 참가한 회원국으로 옮겨옴으로써 판매자가 협정이 제공하는 무역특혜를 누리는 것.

• **원산지에 관한 규정**(rules of origin): 무역협정이 제공하는 무역특혜의 대상이 될 수 있는 상품의 조건을 명시한 규정.

려한다. 왜냐하면 회원국 내 거주자들이, 무역상대국이 지역무역협정의 무역특혜를 누리려는 과정에서 굴절되는 수입품을 소비할 수 없게 되기 때문이다. 예를 들어 Mercosur의 무역특혜를 이용하기 위해 멕시코산 자동차 부품을 사용하여 아르헨티나에서 자동차를 생산하면 실제로 자유로운 무역환경에서는 멕시코 자동차업체보다 경쟁력이 떨어지고 상대적으로 비효율적인 아르헨티나 자동차업체를 지탱시키는 효과를 낳을 수 있다.

따라서 두 번째 견해에 따르면 지역무역협정이 제공하는 무역특혜가 국제무역 패턴에 근본적인 왜곡을 초래할 수 있다. 그 결과 지역무역협정은 회원국 거주자나 비회원국 거주자 모두의 후생을 감소시킬 가능성이 있다. 다시 말해서 지역주의의 심화가 세계인들의 후생을 반드시 증가시키지는 않는다는 것이다. 지역주의의 확대가 후생을 감소시킬 수도 있다. 따라서 많은 경제학자들은 국가의 위치와 상관없이 많은 나라를 포괄하는 더욱 광범위한 무역자유화를 선호한다.

> ### 핵심 이슈 #5
> **무역굴절이란 무엇이며, 원산지 기준은 무역굴절을 억제하는 데 어떻게 도움이 될 수 있을까?**
>
> 어느 나라가 무역특혜를 1개 이상의 국가에 제공하면 이 특혜의 대상이 되지 않는 나라에 있는 생산자는 완성되지 않은 형태로 제품을 무역협정 회원국 중 한 나라로 가져와서 무역특혜를 누리려고 할 수 있다. 예를 들어 이 기업이 특혜 대상이 되는 국가로 생산시설의 일부를 이전할 수 있다. 이것이 성공하게 되면 무역굴절이 발생한다. 이런 무역편향에 대응하기 위해 특혜무역협정에 참가하는 나라들은 특혜무역의 대상이 되는 생산물의 조건을 명시한 원산지규정을 마련한다.

다자적 접근과 그 이익

일반적으로 자유롭고 개방된 국제무역을 선호하는 경제학자들은 지역무역협정을 의심의 눈초리로 쳐다본다. 이들은 더욱 넓은 범위의 글로벌 접근, 즉 **다자주의**(multilateralism)를 선호하는 경향이 있다. 국제무역에 대한 이러한 접근은 각국이 다른 나라들을 최대한 동등하게 대우하며 여러 나라가 폭넓게 상호작용하는 것을 강조한다.

■ 최혜국 지위

미국을 비롯한 대부분의 국가는 무조건 **최혜국 원칙**(unconditional most favored nation principle)이라는 기준을 준수함으로써 다자적 접근을 실행하고 있다. 이 기준에 따르면 어느 나라가 **최혜국**(MFN: most favored nation)으로 분류된 어느 한 무역상대국에게 무역장벽 감축을 제공하면, 이 감축은 최혜국지위를 가진 다른 무역상대국에게도 자동적으로 부여된다. (그런데 미국에서는 최혜국 지위를 '정상적 무역관계 지위[normal trade relations status]'라고 한다.)

- **다자주의**(multilateralism): 무역질서에서 모든 나라가 다른 나라를 동등하게 취급하도록 하는 목표를 가지고, 많은 나라들 사이의 상호작용을 통해 더욱 자유로운 국제무역을 달성한다는 접근.
- **최혜국**(MFN: most favored nation): 개방적인 국제무역 촉진을 위해 무역장벽 해소 대우를 받는 국가.

최혜국 원칙의 논리는, 다수 국가가 이 원칙을 따르면 국제무역질서에서 차별이 줄어들 것이라는 것이다. 물론 미국과 다른 나라들이 NAFTA나 다른 지역무역협정 가입을 통해 이미 차별을 하고 있다. 하지만 최혜국 원칙을 준수하는 나라들은 점점 더 많은 나라가 이 원칙을 준수하면 차별적인 무역질서가 점차 사라질 것으로 기대하고 있다.

어느 나라가 최혜국이 되기 위해서는 다른 나라들과 마찬가지로 국제무역의 관행을 신뢰할 수 있을 정도로 준수한다는 것을 보여주어야 한다. 하지만 여기서 중요한 문제가 야기된다. 어느 나라가 '용납할 수 있는' 관행을 신뢰성 있게 준수하고 있다는 것을 누가 결정할 것인가? 대부분의 국가들이 내놓은 답은 글로벌 무역협정을 확립하는 것이다. 최근에는 국제기구가 자국의 무역관행을 감시하는 데 대해 많은 나라가 동의를 하고 있다.

■ **다자간 무역규범**

1947년부터 1993년까지 세계 전체 무역의 85퍼센트 이상을 차지하는 국가들이 **관세 및 무역에 관한 일반협정**(GATT: General Agreement on Tariffs and Trade)에 서명하였다. 이 협정의 조항에 따라 참가국들은 주기적으로 회의를 개최해 무역정책에 대한 불일치 사항을 조정하였다.

GATT협상의 '라운드(round)' 명칭은 쉽게 인식할 수 있는 장소나 개인의 이름을 따서 정해졌다. 117개국이 비준한 GATT의 1993년 우루과이 라운드에서는 **세계무역기구**(WTO: World Trade Organization) 설립을 결정하였다. WTO는 1995년 1월 1일 공식 출범하였으며 현재는 150개국 이상이 회원국으로 가입하고 있다. 무역 규범과 그 집행의 국제적 중재자로서 WTO의 기능이 점점 더 중요해진 것이 WTO의 성장을 뒷받침한 중요한 요인 중 하나가 되었다. 국제무역에서 '규칙을 준수'한다는 평가를 제대로 받지 못했던 나라들도 이 다국적 무역기구에 가입하려고 노력하고 있다.

WTO의 기능

WTO는 몇 가지 기본적인 기능을 갖고 있다. WTO는 국제무역에 관한 모든 다자간 협상이 이루어지는 글로벌 포럼이다. WTO는 무역협상의 라운드를 총괄하고 무역협정의 준수 여부를 감시한다. 그리고 각국의 무역정책을 주기적으로 평가하고 회원국의 무역정책 개발을 지원한다.[v]

스위스 제네바에 본부를 둔 WTO는 우루과이 라운드에서 합의한 협정 중 하나인 **서비스무역에 관한 일반협정**(GATS: General Agreement on Trade in Service)을 관리한다. 이 협정은 대부분의 국제 서비스무역을 다루고 있으며 서비스 역시 대체로 재화의 교역과 동일한 조건으로

- **관세 및 무역에 관한 일반협정**(GATT: General Agreement on Tariffs and Trade): 140개국 이상이 가입한 재화의 국경 간 교역에 관한 국제적 협정.
- **세계무역기구**(WTO: World Trade Organization): 다자간 무역협상을 총괄하고 GATT와 GATS하에서 형성된 다자간 무역협정에서 발생하는 무역분쟁에 대해 판결을 내리는 국제기구.
- **서비스무역에 관한 일반협정**(GATS: General Agreement on Trade in Service): 130여개국 이상이 참가한 서비스의 국제무역 규범에 관한 국제 협정.

v) **관련 웹사이트**: WTO 홈페이지(www.wto.org)를 방문하면 WTO에 대해 더 많은 것을 알 수 있다.

취급할 것을 회원국에게 요구하고 있다. 하지만 GATS는 GATT가 상품 무역을 다루는 것과는 약간 달리 서비스 무역을 취급하고 있다.

불공정 무역관행 혐의의 처리

WTO의 기본적 역할 중 하나는 무역분쟁을 해결하고 관련된 판결을 내리는 것이다. 예를 들어 WTO의 보조금 및 상계조치에 관한 협정(Agreement on Subsidies and Countervailing Measures)에 따라 WTO는 자국기업이 다른 나라 기업에 비해 무역우위를 갖도록 하기 위해 정부가 제공하는 보조금의 사용을 규율할 수 있는 권한을 갖는다. (제4장을 참조하라.) 그런 보조금으로 피해를 입었다고 생각하는 나라는 WTO의 분쟁해결 절차를 통해 WTO가 무역보조금을 제공한 나라에 대해 보조금 철회를 압박하도록 할 수 있다. 혹은 피해를 입은 나라가 상계관세를 부과할 수 있도록 하는 WTO 제재 규정을 활용할 수도 있다. 최근에 무역보조금에 대한 WTO 조사의 핵심적 분야 중 하나는 회원국의 세법이다. 왜냐하면 회원국이 은밀한 형태로 보조금을 지급하기 위해 자국 수출기업에게 직접 지불 대신 세금감면을 제공하기 때문이다.

WTO 규정하에서 모든 무역보조금이 위법한 것은 아니다. 그리고 WTO가 상계관세를 감시하기 위해 모든 권한을 이용하지는 않는다. 2003년까지 WTO는 대부분의 개발도상국에 대해서는 무역보조금에 대한 제한을 풀어주었다. 그리고 1인당 연간 소득이 1,000달러 미만인 최저개발국에게는 아직도 이런 면제 혜택을 부여하고 있다. 그리고 수많은 개발도상국들은 상계관세에 관한 규정 준수와 관련하여 WTO로부터 특혜적인 대우를 받고 있다.

제4장에서 설명한 바와 같이 (더욱 자세한 내용은 제12장을 참조하라) 기업이 생산물을 자국보다 더 낮은 가격으로 외국에서 판매할 때 덤핑(dumping)을 한다고 한다. WTO는 덤핑을 당하고 있다고 주장하는 나라가 반덤핑 정책으로 대응할 수 있는지 여부를 결정한다. 반덤핑 정책에는 덤핑으로 피해를 입은 회사에 대한 지원이나, 덤핑을 한 기업의 생산물에 대한 상계관세 부과 등이 포함된다.

■ 지역주의는 결국 다자주의로 발전할 수 있을까?

WTO는 지역무역협정이 확산되는 과정에서 다자주의를 촉진하고 무역제한을 줄이는 조심스러운 균형자 역할을 해야한다. 지역주의가 세계 전반의 무역자유화 노력에 도움이 되는지 아니면 방해가 되는지에 대해 경제학자들은 계속 논쟁을 하고 있다.

무역비중에 나타난 몇 가지 징후들

1960년대부터 1990년대초까지 이어진 세계무역에 관한 다양한 연구에서 하버드대학교의 제프리 프랑켈(Jeffrey Frankel) 교수는 지역주의가 무역자유화를 촉진했는지 아니면 약화시켰는지를 분석했다. 지역무역협정이 세계무역을 자유화 하는 방향으로 작용했다는 것이 그의 대체적인 결론이다. 특히 프랑켈 교수는 ASEAN과 동아시아의 다른 지역이 무역에 더욱 개방적으로 변했다는 것을 발견했다. 그리고 유럽 중 EU 지역(유럽의 다른 지역은 해당되지 않는다)과 남미의 Mercosur 지역도 마찬가지였다. 그리고 NAFTA 회원국, 특히 미국의 무역개방도도 점차 높아지는 경향이 있다는 것이 프랑켈 교수의 결론이다.

프랑켈 교수의 연구에 따르면 무역개방도가 가장 높은 나라들은 대부분 지역무역협정에 가입했다. 여기에는 Mercosur의 아르헨티나, 브라질 그리고 파라과이, ASEAN의 말레시아와 태국이 포함된다. 지역의 무역대상국에게 무역과 관련하여 양보를 하기 위해 필요한 정치적 합의가 제대로 이루어지지 않는 경우, 다른 나라와의 무역에 대해서도 같이 국경을 개방하는 것이 해법이 될 수 있다고 프랑켈 교수는 주장한다. 결론적으로 지역무역블록 내에서 무역창출효과가 무역전환효과를 압도한다. 프랑켈 교수가 옳다면 지역무역협정이 세계 모든 나라 사이의 자유로운 무역을 촉진하는 더 넓은 범위의 다자간 노력으로 이어질 수 있을 것이다.

지역무역협정의 점진적 중첩

프랑켈 교수의 해석을 뒷받침하는 하나의 사실은 수많은 지역무역협정이 중첩되고 있다는 점이다. 예를 들어 최근에 싹트고 있는 APEC 포럼에는 NAFTA, ASEAN, Mercosur, 안데스공동체의 회원국들이 포함되어 있다. 나아가 다양한 지역무역블록들이 회원국들의 범위를 벗어나 차별적인 무역특혜를 상호 부여하는 것에 대해 협상을 진행하고 있다.

EFTA는 중첩되는 상호무역협정들의 집합으로 발전되었다. EU는 분명히 별개의 블록으로 남아 있다. 하지만 EU와 다른 EFTA 회원국을 유럽 내부 및 외부에 있는 개별 국가와 연결하는 무역협정으로 인해, 과거에 EU를 둘러싸고 있던 무역의 경계 중 많은 부분이 희미해지고 있다.

따라서 지금은 적어도 일부 경제학자들은 지역주의가 반드시 다자주의의 대체물은 아니라고 생각한다. 지역주의가 국가 간에 더욱 자유로운 무역을 촉진하려는 다자간 노력을 보완하고 있다는 여러 징후들이 있다. (국제전자상거래 기준에 관한 다자간 합의 노력이 웹기반 무역에 관한 지역협정에 의해 촉발될 수도 있다. 이에 관해서는 "온라인 세계화 5.1"을 참조하라.)

✈ 온라인 세계화

5.1 지역무역협정이 글로벌 전자상거래에 관한 다자협상의 정체상태를 돌파할 수 있을까?

수많은 나라에서 정부가 인터넷상의 자유로운 정보 이동을 제한하고 있다. 일부 국가에서는 웹상에서의 개인정보보호나 사이버안보를 이유로 이런 활동이 정당화되고 있다. 다른 나라에서는 정부가 온라인상의 데이터 흐름을 차단하는 데 정치적 동기가 작용하고 있다.

인터넷 정보의 흐름을 규제하려는 많은 정부의 욕구 때문에, WTO가 전자상거래를 통해 이루어지는 국제무역에 관한 규범을 마련하는 데 어려움을 겪고 있다. 사실 WTO는 단순히 민간 전자상거래의 허용범위를 규정하기 위한 다자간 합의에도 어려움을 겪고 있다. 그 결과 재화와 서비스 및 자산의 국제적 온라인 거래의 규범에 관한 틀을 마련하려는 노력이 거의 10년 동안 교착상태에 빠져있다.

이와는 대조적으로 현재 10퍼센트 이상의 지역

무역협정은 민간 전자상거래 활동의 범위에 관해 합의한 내용을 담고 있다. 이런 협정에 참가한 국가들은, 민간 개인이나 기업이 전자상거래를 위해 인터넷을 통해 전달하고 공유하려고 할 때 정부가 허용해야 하는 정보 흐름을 규정한 기준 마련에 성공했다. 현재 많은 지역무역블록이 전자상거래에 관한 각 협정들의 기준을 규정집으로 통합하는 작업을 하고 있다. 사실 많은 전문가들은 대부분의 지역무역블록이 글로벌 온라인 거래에 관한 매우 표준화된 가이드라인을 개발한 후에는 전자상거래에 관한 WTO의 다자적 접근에도 진전이 있을 것도 생각한다.

심화 학습: 전자상거래에 관한 협정을 논의할 때 WTO의 모든 회원국들이 하는 것보다 지역무역블록 회원국들끼리 하는 것이 더 쉬운 이유는 무엇일까?

핵심 이슈 #6

다자간 무역협정과 지역무역협정의 차이는 무엇인가?
지역무역협정은 한정된 국가들 간의 무역협정인 반면, 다자간 무역협정은 세계 거의 모든 국가를 무역 자유화 노력에 동참시키려고 한다. 150개국 이상이 참여한 기본적인 다자간 무역협정은 관세 및 무역에 관한 일반협정(GATT)와 서비스 무역에 관한 일반협정(GATS)이다. 1995년 이후 WTO는 이런 협정의 준수 여부를 감시하는 책임을 맡고 있다. 최근의 사례를 보면 지역무역협정의 확산과 점진적 중첩이 다자간 무역협정을 강화는 경향이 있다.

요약

1. **지역무역협정의 주요 유형과 지역무역블록 내의 무역 측정**: 지역무역협정 중 가장 중요한 유형은 특혜무역협정, 자유무역지대, 관세동맹, 공동시장 그리고 경제동맹이다. 무역비중 즉 지역 혹은 세계 전체 무역에서 한 나라의 무역(수출과 수입의 합)이 차지하는 비중은 한 나라의 무역 정도를 측정하는 데 흔히 사용되는 방법이다. 세계무역에서 한 나라의 절대적 중요성은 무역비중을 왜곡할 수 있기 때문에 국가그룹 내의 무역집약도를 측정하기 위해 경제학자들은 무역집중도지수를 사용한다. 이것은 지역무역블록 내 국가들의 양자간 무역비중의 합을 그 지역이 세계 전체 무역에서 차지하는 비중으로 나눈 것이다.

2. **NAFTA와 같은 자유무역지대와 다른 유형의 특혜무역협정 간의 차이점**: 특혜무역협정은 종종 특정 재화에 대해 무역특혜를 제공하며, 경우에 따라서는 한 국가 혹은 국가그룹에 대해 혜택을 부여하는 일방적인 협정이다. 이와 대조적으로 NAFTA와 같은 자유무역지대 내의 국가들은 상호호혜적인 무역특혜를 지역무역블록 내의 모든 국가들에게 부여한다. NAFTA의 설립은 지금까지 미국의 대멕시코 수출, 멕시코의 대캐나다 무역을 증가시켰지만, 미국의 대멕시코 수입과 캐나다의 대미국 무역에는 눈에 띄는 변화가 없었다.

3. **1970년대 유럽경제공동체나 현재의 안데스공동체 같은 관세동맹과 EU나 Mercosur 같은 공동시장의 차이점**: 유럽경제공동체나 안데스공동체는 자유무역지대일 뿐만 아니라 지역무역블록 외부의 국가에 대해 동일한 무역정책을 사용하는 관세동맹의 예이다. 오늘날 EU와 Mercosur는 이에 더하여 노동이나 자본과 같은 생산요소의 이동에 대한 제한도 철폐한 공동시장이다.

4. **지역무역협정에 의한 무역창출과 무역전환**: 어느 나라가 다른 나라에 과거에 부과하던 무역장벽을 감축하거나 철폐하면 이 나라 거주자들은 국내산 재화의 구매를 줄이고 대신 무역제한이 완화된 국가에서 생산된 재화의 구매를 늘린다. 하지만 이런 무역창출 효과는 적어도 부분적으로는 무역전환효과에 의해 상쇄된다. 해당 국가 거주자들이 무역장벽이 계속 유지되고 있는 역외국가에서 생산된 재화의 구매를 줄이려고 하는데, 이것을 무역전환효과라고 한다.

5. **무역굴절과 원산규정을 통한 억제**: 특혜무역협정이나 지역무역협정이 체결되면 무역특혜를 받지 못하는 나라의 기업들은 완전히 조립되지 않은 제품을 특혜무역 혜택을 받는 나라로 이전하려고 한다. 그리고 이 기업은 생산물을 완성한 후 무역특혜를 활용할 수 있는데 이를 무역굴절이라고 한다. 이런 무역굴절을 억제하기 위해 지역무역협정은 종종 무역특혜 대상이 되는 생산물의 조건을 명시한 원산지규정을 마련해 이를 적용한다.

6. **다자간 무역협정과 지역무역협정의 차이점**: 상대적으로 소수의 국가들을 연계하는 지역무역협정과 대조적으로 2개의 다자간 무역협정인 GATT와 GATS는 140개국 이상을 대상으로 한다. 이 협정에 따라 WTO는 규정의 준수 여부를 감시하고 분쟁에 대한 판결을 내린다. 오늘날에는 점점 더 많은 지역무역협정들이 중첩되고 있어 전세계 국가 간의 무역 자유화에 대한 다자간 접근을 보완하고 있다는 증거들도 존재한다.

연습문제

1. 세 국가 간의 수출과 수입 규모가 아래와 같고 '세계'는 이 세 국가로만 구성되어 있다고 가정하자.

    A국에서 B국으로의 수출: 3,500만 달러
    A국에서 C국으로의 수출: 2,500만 달러
    B국에서 A국으로의 수출: 3,000만 달러
    B국에서 C국으로의 수출: 2,500만 달러
    C국에서 A국으로의 수출: 2,000만 달러
    C국에서 B국으로의 수출: 4,000만 달러

    아래 무역이 세계 전체 무역에서 차지하는 비중을 계산하라. 퍼센트로 답하되 반올림 하여 소수점 첫째 자리까지 표시하라.
    (a) A국과 B국의 무역
    (b) A국과 C국의 무역
    (c) B국과 C국의 무역

2. 문제 1의 자료에서 전체적으로 무역적자와 무역흑자를 기록하고 있는 나라는 어디인가? 세계무역은 균형을 이루는가?

3. 문제 1의 자료를 이용하여 다음을 계산하라. 퍼센트로 답하되 반올림하여 소수점 첫째 자리까지 표시하라.
   (a) 세계무역 중 A국의 비중
   (b) 세계무역 중 B국의 비중
   (c) 세계무역 중 C국의 비중

4. 문제1에서 A국과 B국이 같이 A-B무역지대라는 지역무역블록을 형성하고 있다고 가정하자. 문제1과 문제2의 답을 이용하여 이 지역무역블록의 무역집중도지수를 계산하라.

5. A-B무역지대 내의 무역집약도를 측정하는 데 있어, 문제4에서 계산한 무역집약도지수가 A국과 B국이 세계무역에서 차지하는 비중의 합보다 우월한 이유를 이론적 측면에서 설명하라.

6. 1년이 경과한 후 A-B무역지대의 무역집중도 지수가 크게 상승하였다고 가정하자. 이런 결과를 이용하여 A-B무역지대의 형성이 반드시 세계 전체 무역을 촉진했다고 말할 수 있을까?

7. 그리고 또 1년이 경과한 후 A-B무역지대는 '무역지대' 앞에 '자유'라는 단어를 넣어 명칭을 변경하였다. 두 나라 사이의 합의에 따라 올해 A국은 B국과의 무역에 남아 있는 모든 제한을 철폐할 계획이다. 하지만 B국은 1년이 더 지난 후에 A국과의 무역에 남은 모든 장벽을 철폐하기로 양국이 합의하였다. 올해 A국의 이런 정책이 같은 해에 무역창출과 무역전환을 동시에 유발할 수 있다는 것을 A국의 관점에서 그림을 그려 설명하라. A국의 C국과의 무역도 같이 고려하여야 한다.

8. 이제 1년이 지나 B국도 A국과의 무역에 남은 모든 제한을 철폐하였다. 이 조치가 같은 해에 무역창출과 무역전환을 모두 유발할 수 있다는 것을 B국의 관점에서 그림을 그려 설명하라. B국의 C국과의 무역도 같이 고려하여야 한다.

9. 1년이 더 경과하여 A-B 자유무역지대가 C국과의 무역에 대한 장벽의 차별적 감축을 협상하였다. 이런 조치가 전체적으로 무역창출과 무역전환 중 어떤 효과를 더 크게 할까? 그림을 그리지 말고 그 이유를 설명하라.

10. 세 나라 모두가 서로에게 남은 모든 무역장벽을 철폐하기로 합의하여 '세계'가 하나의 자유무역지대가 되었다고 가정하자. C국과 A국 및 B국과의 거리는 A국과 B국 사이의 거리에 비해 두 배 더 멀리 떨어져있다. 그리고 A국과 B국의 규모는 같지만 C국은 양국 규모의 절반에 불과하다. 무역장벽이 없음에도 불구하고 국가 간 무역규모가 서로 다를 수 있을까? 그렇다면 어떻게 다를까?

온라인 응용학습

URL: http://ec.europa.eu/trade/
제목: The European Commission-EU Trade
검색: 위의 웹페이지에서 'Policy'를 클릭하라. 왼쪽 패널에서 'Transatlantic Trade and Investment Partnership(TTIP)'을 클릭하라.
응용: 아래의 지시를 따른 다음 문제에 답하라.

1. 'Transatlantic Trade and Investment Partnership(TTIP)'의 내용을 설명하라.
2. EU와 미국 사이의 무역은 얼마나 중요한가? 이 무역관계를 통계를 이용하여 평가하라.
3. 관세장벽의 완화와 더불어 TTIP의 형성은 EU 회원국과 미국 사이의 무역을 어떻게 촉진할까?

팀 과제: 학생을 네 그룹으로 나눈 다음, 각 그룹이 EU나 미국 중 하나를 담당하게 하라. EU를 맡은 그룹 중 하나는 TTIP에 찬성하고 나머지 한 그룹은 반대하도록 한다. 마찬가지로 미국을 맡은 그룹 중 하나는 TTIP에 찬성하고 다른 그룹은 반대하도록 한다. 각 그룹은 자신들의 주장을 뒷받침하는 두 가지 근거를 제시해야 한다.

참고문헌

Aaronson, Susan Ariel, with Miles Townes. "Can Trade Policy Set Information Free?" Policy Brief, Elliot School of International Affairs, George Washington University, November 30, 2012.

Baier, Scott, and Jeffrey Bergstrand. "Do Free Trade Agreements Actually Increase Members' International Trade?" *Journal of International Economics* 71 (2007): 72–95.

Baldwin, Richard. "The Euro's Trade Effects." European Central Bank Working Paper No. 594, March 2006.

Baldwin, Richard, and Patrick Low, ed. *Multilateralizing Regionalism: Challenges for the Global Trading System*. Cambridge, U.K.: Cambridge University Press, 2009.

Fergusson, Ian, William Cooper, Remy Jurenas, and Brock Williams. "The Trans-Pacific Partnership Negotiations and Issues for Congress." Congressional Research Service Report for Congress, March 19, 2013.

Fiorentino, Roberto, Jo-Ann Crawford, and Christelle Toqueboeuf. "The Landscape of Regional Trade Agreements and WTO Surveillance." In Richard Baldwin and Patrick Low, eds., *Multilateralizing Regionalism: Challenges for the Global Trading System*. Cambridge, U.K.: Cambridge University Press, 2009, pp. 28–76.

Frankel, Jeffrey. *Regional Trade Blocs*. Washington, DC: Institute for International Economics, 1997.

Freund, Caroline, and Emanuel Ornelas. "Regional Trade Agreements." Policy Research Working Paper 5314, World Bank Development Research Group, May 2010.

Herman, Lior. "Multilateralising Regionalism: The Case of E-Commerce." OECD Trade Policy Paper No. 99, Organization for Economic Cooperation and Development, June 2010.

Lee, Hyun-Hoon, and Jung Hur. "Trade Creation in the APEC Region: Measurement of the Magnitude of and Changes in Intra-Regional Trade since APEC's Inception." Asia-Pacific Economic Cooperation Policy Support Unit Report, October 2009.

Lynch, David. *Trade and Globalization: An Introduction to Regional Trade Agreements*. Plymouth, U.K.: Rowman & Littlefield, 2010.

Rose, Andrew. "One Money, One Market: The Effect of Common Currencies on Trade." *Economic Policy* 30 (April 2000): 9–33.

World Bank. *Trade Blocs*. Oxford, U.K.: Oxford University Press, 2000.

3부 국제금융: 주요 이슈

6장	국제수지와 외환시장	145
7장	환율제도의 과거와 현재	186
8장	차익거래의 힘: 구매력평가와 이자율평가	217
9장	세계경제와 중앙은행의 기능	246

6장

국제수지와 외환시장

핵심 이슈

1. 국제수지는 무엇이며, 무엇을 측정하는가?
2. 글로벌 시장에서 외환시장의 역할은 무엇인가?
3. 현물외환시장은 무엇인가?
4. 외환리스크는 무엇이며, 선물환시장의 역할은 무엇인가?
5. 통화의 가치는 무엇이 결정하는가?
6. 현물환시장과 선물환시장은 어떻게 연관되어 있는가?
7. 외환시장에서 보통 거래되는 외환파생상품으로는 어떤 것이 있는가?

2012년 봄, 외환시장에서 1.00달러는 0.62파운드와 교환되었다. 그러나 정확히 1년 뒤에는 1.00달러를 얻기 위해서 거의 0.67파운드를 포기해야만 했다. 즉, 영국 파운드화는 달러에 대해 거의 8퍼센트나 평가절하 되었다.

파운드화의 평가절하는 여러 요인들을 이용하여 설명할 수 있다. 그 중에서도 2012년과 2013년 사이에 영국의 경제활동이 위축되었고, 상당수의 영국 금융기업과 비금융기업의 수익성이 악화되었으며, 영국정부의 조세수입이 크게 줄었다는 사실이 가장 중요한 요인이라 할 수 있을 것이다. 결과적으로 전세계의 저축자(혹은 투자자)들은 영국의 가계와 기업 및 정부의 부채 상환 능력에 대해 의구심을 품게 되었다. 이로 인해 투자자들은 영국 채권의 보유를 줄이고 미국 채권의 보유를 늘렸다. 이와 같은 채권보유에 관한 선호의 변화는 파운드화에 대한 수요를 줄이고 달러화에 대한 수요를 늘림으로써 파운드화의 절하와 달러화의 절상을 초래하였다.

영국 파운드화와 미국 달러화 수요에 발생한 상대적 변화가 2012년과 2013년의 파운드/달러 환율에 어떤 영향을 미쳤는가를 제대로 이해하기 위해서는 우선 국제거래의 흐름을 측정하는 방법을 숙지해야하며, 외환에 대한 수요와 공급의 결정요인에 관하여 공부하여야 한다. 이에 관한 개념들이 제6장의 주요 주제이다.

국제수지

국제수지(balance of payments)는 특정 기간 동안 자국의 주민과 기업 및 정부가 세계 각국과 교환한 재화와 서비스 및 금융자산의 총 시장 가치를 모두 기록해 놓은 표라고 할 수 있다. 또한 한 국가의 국제수지는 소득과 지출의 흐름 및 금융자산의 흐름을 설명하는 체계이다. 표 6.1은 미국의 국제수지 시스템을 요약해 놓은 것이다.

- **국제수지**(balance of payments): 특정 기간 동안 자국 주민과 기업 및 정부와 세계 각국 사이에 발생한 재화와 서비스, 소득 및 금융자산의 거래를 기록하는 계정들의 체계.

■ 복식부기 방식으로 기록하는 국제수지

복식부기의 원칙은 두 거래 주체 사이에 발생하는 거래의 양 측면을 차변(借邊)과 대변(貸邊)에 각각 기록하여 그 값이 궁극적으로 상쇄되도록 하는 것이다. 즉, 복식부기의 원칙에 따르면 차변의 합은 절대 값으로 평가할 때 대변의 합과 항상 동일하게 된다. 국제수지 시스템은 모든 거래가 국제수지계정에 두 번 기입된다는 의미에서 전형적인 복식부기 시스템이라 할 수 있다. 차변에는 자국 주민이 외국에 지급하는 모든 거래를 기록한다. **차변**(debit entry) 항목은 국제수지계정에서 (−)의

- **차변**(debit entry): 외국에 대한 자국 주민의 지급을 초래하는 거래를 기록하는 국제수지상 음(陰)의 값으로 기입되는 부분.

표 6.1 미국 국제수지 요약(대변 +, 차변 −)

행	2013	만 달러	행	2013	만 달러
	경상수지			자본 및 금융수지	
1	상품과 서비스의 수출과 소득수입	75,196,200	13	미국 소유 해외 순 자산 [증가/자본유입 (−)]	−21,875,700
2	상품	39,097,400	14	미국 공적 준비 자산	−87,600
3	서비스	16,622,200	15	공적 준비 자산 외 미국정부 자산	82,600
4	소득수입	19,689,600	16	미국 소유 해외 민간 자산	−21,870,700
5	상품과 서비스의 수입과 소득지급	−82,364,400	17	외국 소유 미국 내 순 자산 [증가/ 자본유입 (+)]	29,554,000
6	상품	−57,011,200	18	미국 내 외국 소유 공적 자산	8,476,800
7	서비스	−1,1256,400	19	미국 내 외국 소유 기타 자산	21,077,200
8	소득지급	−14,096,800	20	순 자본수지 거래	−100
9	일방적 경상 순 이전지출	−3,446,300	21	순 금융파생상품	388,800
10	상품수지(2행, 6행)	−17,913,800	22	민간자본수지와 금융수지 (16행, 19행, 20행, 21행)	−404,800
11	상품, 서비스 및 소득 수지 (1행, 5행)	−7,168,200	23	자본수지와 금융수지 (13행, 17행, 20행, 21행)	8,067,000
12	경상수지(1행, 5행, 9행)	−10,614,500	24	오차 및 누락 (12행, 23행 +, − 부호 교차)	2,574,500

값을 갖는다. **대변(credit entry)**에는 자국 주민이 외국으로부터 수취하는 모든 거래를 기록한다. 대변 항목은 국제수지계정에서 (+)의 값을 갖는다.

국제수지계정에서 대변 기입을 가져오는 국제거래는 그 값을 상쇄하는 차변 기입을 발생시키며, 차변 기입을 가져오는 국제거래는 그 값을 상쇄하는 대변 기입을 발생시킨다. 그러므로 국제수지 계정에서는 대변기입항목의 합과 차변기입항목의 합은 절대값으로는 동일하다.

국제수지 시스템의 복식부기로서의 특징을 설명하기 위해 다음의 예제를 보자. 미국의 제조업자가 캐나다 기업에게 컴퓨터를 수출하고 그 대가로 2,000달러를 받는다고 하자. 표 6.2는 이 거래가 미국의 국제수지계정에 미치는 영향을 보여주고 있다. 컴퓨터 수출은 캐나다 기업으로부터 미국기업에게 2,000달러의 지급을 가져다주기 때문에 대변에 2,000달러로 기입이 된다. 복식부기의 원칙에 따라 동일한 2,000달러가 차변에도 기입된다. 차변의 합의 절대값인 2,000달러는 대변의 합인 2,000달러와 동일하다.[i]

- **대변(credit entry)**: 자국에 대한 외국 주민의 지급을 초래하는 거래를 기록하는 국제수지상 정(正)의 값으로 기입되는 부분.

[i] **관련 웹사이트**: 미국의 국제거래에 관한 최신 데이터는 미 경제조사국(Bureau of Economic Analysis)의 웹사이트(www.bea.gov)에서 얻을 수 있다.

■ 국제수지계정

국가는 방대한 종류의 재화와 서비스 및 금융자산을 교환한다. 경제학자들은 이 거래들을 형태에 따라 구분한다. 각각의 거래마다 여러 범주가 있으며 다양한 범주가 결합되어 계정이 형성된다. 국제수지 시스템은 여러 개의 다양한 계정으로 구성되어 있다. 대부분의 나라에 있어서 계정의 수는 상당히 많다. 그러나 우리는 기본적으로 세 개의 계정에 초점을 맞춤으로써 국제수지 시스템을 쉽게 이해할 수 있다. 그 세 개의 계정은 경상수지, 민간자본수지, 공적결제수지이다.

경상수지

경상수지(current account)는 국가 간 재화와 서비스 및 소득의 흐름을 측정한다. 경상수지는 자국정부와 자국 주민이 외국정부와 외국 주민에게 하는 이전 지출 혹은 증여, 그리고 외국이 자국에게 하는 이전 지출을 포함한다. 경상수지를 구성하는 네 개의 기본 범주는 재화, 서비스, 소득, 일방적 이전 지출이다. 표 6.1은 1번 행부터 8번 행까지 미국의 재화와 서비스 및 소득의 수출 및 수입을 보여주고 있다. 9번 행은 일방적 이전지출을 보여주고 있다. 경상수지의 네 가지 범주를 좀 더 살펴보자.

- **경상수지(current account)**: 자국 주민과 기업 및 정부와 다른 국가들 사이에 발생한 재화, 서비스, 소득 및 이전지출 혹은 증여의 흐름을 측정한다.

표 6.2 국제수지계정에 수출을 기록하는 법

거래	기입 항목	대변($)	차변($)
컴퓨터 수출	미국기업에 의해 수출된 컴퓨터 $2,000	2,000	
	미국기업이 받은 지급 $2,000		−2,000

재화

재화(goods) 범주는 유형(tangible) 재화의 수출과 수입을 측정한다. 이 범주에는 식료품, 산업용 재료, 기계와 같은 자본재, 자동차, 소비재 등의 교역이 포함된다. 이런 품목의 수출은 외국으로부터의 지급을 발생시키기 때문에 재화 범주의 대변에 기입된다. 이런 품목의 수입은 외국으로의 지급을 발생시키기 때문에 재화 범주의 차변에 기입된다.

경제학자들은 대부분의 국가에서 세관에 거래가 등록되는 유형재화의 교역을 측정하기 때문에 재화 범주를 국제수지의 여러 범주 중 가장 정확한 부분으로 간주한다.

서비스

서비스(services) 범주는 서비스, 관광과 여행 및 군사거래에 있어서의 수입과 수출을 측정한다. 컨설팅, 보험, 뱅킹 혹은 회계 서비스 등을 제공한 대가로 외국으로부터 받는 지급, 로열티 혹은 수수료 등이 서비스 범주의 대변에 기입된다. 마찬가지로 이런 서비스를 수입한 대가로 외국에 보내는 지급, 로열티, 수수료 등은 서비스 범주의 차변에 기입된다. 서비스 범주에는 군사 장비와 군사 서비스의 수출과 수입 및 군사원조도 포함된다.

국제수지에서 관광과 여행을 이해하기 위해서 방학 기간 동안 외국을 여행하는 자국 대학생을 생각해 보자. 철도 패스나 숙박 등과 같은 품목에 이 학생이 지출한 금액은 서비스 범주에 수입 혹은 차변으로 기입된다. 왜냐하면 이 서비스들은 어떤 의미에서는 이 학생에 의해 수입된 것이기 때문이다.

서비스의 수출과 수입은 재화의 수출이나 수입보다 측정하기가 훨씬 어렵다. 무형재화는 세관에 등록이 되지 않기 때문에 국제적으로 거래되는 서비스의 금액을 추정하기가 매우 어렵다. 이것이 경제학자들이 서비스 거래를 무역 외 거래라고 부르는 이유이다.

소득

소득(income) 범주는 자국의 금융자산을 보유하고 있는 외국 주민들과 외국정부에게 지급되는 이자 및 배당금과 외국 금융자산을 보유하고 있는 자국 주민들과 자국정부가 외국으로부터 받는 지급을 기록한다. 이 범주는 외국에 단기간(1년 이하) 거주하고 있는 자국민의 소득도 포함한다.

투자소득이 국제수지에서 어떻게 처리되는지를 설명하기 위해 어떤 영국인이 독일정부의 채권을 구입하였으며 그 채권에 대한 이자를 지급받는다고 가정하자. 독일로부터 지급된 이자는 영국의 국제수지에는 수출, 혹은 대변에 기입된다. 왜냐하면 외국으로부터 받는 지급이 있기 때문이다. 그러므로 외국의 금융자산을 보유하고 있는 자국 주민들에 의해 수취된 소득지급은 대변 혹은 수출로 기록되며 자국 금융자산을 보유하고 있는 외국 주민들에게 지급된 소득은 수입으로, 혹은 차변에 기입된다.

금융자산의 구입을 서비스 범주에 기록하지 않는다는 사실에 주목하라. 자산에서 발생한 소득만이 현재 소비를 위해 사용될 수 있기 때문에 금융자산에서 얻은 소득만이 경상수지에 포함된다.

일방적 이전 지출

일방적 이전 지출(unilateral transfers) 범주는

개인과 자선 조직 및 정부 사이에 일어나는 국제적 이전 지출이나 증여를 측정한다. 그러므로 이 범주는 선의(善意, goodwill) 외에는 받을 것을 기대할 수 없는 수출이나 수입을 기록한다. 일방적 이전 지출의 범주에 증여가 어떻게 기록되는가를 설명하기 위해 미국정부가 50만 달러 상당의 쌀을 최근 홍수를 겪은 나라에 인도주의적 차원에서 원조로 보낸다고 가정하자. 이 쌀의 수출은 재화 범주에 대변으로 기록된다. 그러나 미국정부는 이 수출에 대하여 아무런 지불도 기대하지 않는다. 일방적 이전 지출 범주의 차변에도 기록이 되는데 미국은 외국으로부터 실질적으로 50만 달러어치의 선의(善意)를 수입한 것으로 표현된다. (일방적 이전 지출의 원천국가라고 할 수 있는 미국과 기타 국가들의 경상수지에서 이 금액이 차지하는 규모는 얼마 되지 않는다. 그러나 이전 지출을 받는 일부 국가에게는 상당히 중요한 거래가 되기도 한다. "참고사례 6.1" 참조.)

자본수지와 금융수지

민간 **자본수지**(capital account)와 **금융수지**(financial account)는 민간 부문의 개인 및 기업이 관련된 각종 거래로 인해 발생하는 자국 금융자산의 해외유출과 외국 금융자산의 국내유입을 측정한다. 민간 자본수지와 금융수지는 민간 부문의 국내 금융자산과 외국 금융자산의 거래를 포함한다. 이 금융자산에는 실물자산과 채권, 수표, 주식, 화폐와 같은 금융자산이 포함된다.

민간 자본수지와 금융수지는 순 자본계정거래

- **자본수지 및 금융수지**(capital and financial account): 자국 주민 및 자국 민간기업과 외국 주민 및 외국 민간기업 사이의 금융자산의 흐름을 표현한 표.

♣ 참고사례

6.1 일부 국가에게 '해외송금 비즈니스'는 총 소득의 상당 부분을 창출한다

모국을 떠나 외국에서 일을 하여 소득을 얻는 사람들은 대부분 고향에 남아 있는 가족과 친구들을 잊지 않는다. 이들은 대부분 출신 국가에 남아 있는 가족과 친구들에게 소득의 일부를 보낸다.

이런 개인들이 일을 하며 거주하고 있는 나라의 입장에서는 이들이 고향에 보낸 자금이 경상수지의 일방적 이전 지출을 구성한다. 이 자금을 받는 수취인의 나라 입장에서는 송금된 자금은 경상수지상 소득수입을 구성한다. 경제학자들은 이러한 수취(receipts)를 외국으로부터의 '해외송금(remittances)'이라고 부른다.

일부 국가에게는 이런 '해외송금'의 규모가 매우 커서 이 송금과 관련되어 발생하는 소득이 그 나라의 가장 큰 비즈니스가 창출하는 소득을 상회하기도 한다. 그러므로 외국으로부터의 해외송금 수취는 이런 나라들의 가장 큰 소득 창출 비즈니스가 되곤 한다. 도표 6.1은 국민소득의 가장 큰 부분을 외국으로부터의 이전지출에서 얻는 10개국을 보여주고 있으며 괄호 안에는 그 나라로 송금을 제일 많이 하는 나라가 표시되어 있다. 이 10개국의 경우 국경 간 송금은 국민들이 받는 총 소득 100달러 당 최소 9달러를 차지한다.

심화 학습: 도표 6.1에 표현되어 있는 원천 국가의 경상수지에서 10개국으로 흘러들어가는 송금액은 대변에 기록되는가? 차변에 기록되는가? 설명하라.

도표 6.1 일방적 이전지출이 총 국민소득에서 차지하는 비중이 큰 나라

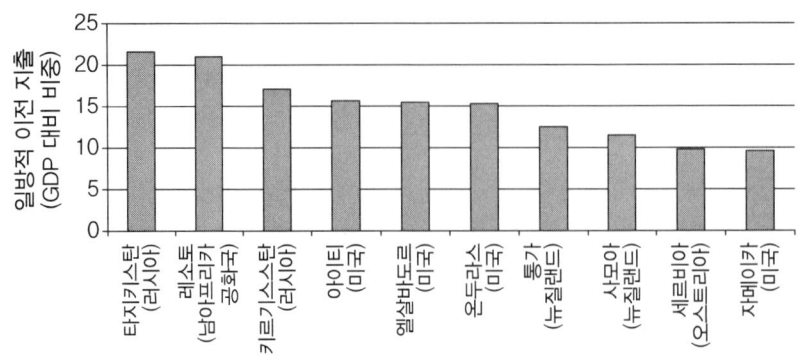

* 도표에 나타난 10개국의 경우 외국으로부터의 일방적 이전지출이 총 국민소득에서 차지하는 비중이 9퍼센트를 상회한다(괄호 안의 나라는 이전지출의 주요 원천 국가).

출처: World Bank.

와 순 금융파생상품 거래도 포함한다. 순 금융파생상품 계정은 금융파생상품의 국가 간 거래를 기록한다. 순 자본계정거래는 주로 다음의 두 범주로 구성되어 있다. 첫 번째 범주는 '비(非)생산(non-produced) 비(非)금융(non-financial) 자산'의 구입과 판매를 기록한다. 광산채굴권이나 석유채굴권 같은 항목의 구입과 판매가 여기에 포함되며, 저작권이나 상표권 같은 항목의 거래도 여기에 포함된다. 두 번째 범주는 '자본 이전지출'을 기록한다. 이 범주에 포함되는 자본 이전지출은 2005년에 발생한 허리케인 카트리나와 같은 천재지변으로 인한 손실에 대한 막대한 보험금 지급과 같은 항목으로 구성되어 있다.

민간 자본수지와 금융수지는 두 종류의 자산 흐름으로 구성되어 있다. 즉, 투자흐름(investment flows)과 해외거래로부터 발생하는 은행과 브로커의 현금 예금의 변화로 구성되어 있다. 투자흐름은 다음의 거래를 포함한다.

- 자국민의 외국 자산 구입과 외국인의 자국 자산 구입
- 자국민이 외국인에 대해 실행한 대출과 자국민이 외국인으로부터 받은 차입
- 자국 기업의 해외 계열 기업에 대한 투자와 외국기업의 국내 계열 기업에 대한 투자

예를 들어 민간 자본수지와 금융수지의 차변은 자국 민간 부문에 의한 외국 금융자산의 구입을 기록하는데, 이는 자국에서 외국으로의 지급을 초래한다. 마찬가지로 대변은 외국으로부터 자국으로의 지급을 가져오는 외국 민간 부문에 의한 자국 금융자산의 구입을 기록한다.

표 6.1(p. 146)은 2013년 1분기의 민간 자본수지와 금융수지를 16번, 19번, 20번, 21번 행에서 보여주고 있다. 이 범주는 자국 자산과 외국 자산의 민간 거래를 주로 나타내고 있다. 미국의 민간 부문이 해외에 보유하고 있는 자산의 변화는 외국 자산에 대한 사적(私的)소유권의 증감을 반영한다. 순 자본유출은 자국민에 의한 외국 자산 순 매입이 외국인에 의한 자국 자산 순 매입

을 능가함을 의미한다. 미국 내 외국 자산의 변화는 미국 자산에 대한 외국인의 사적소유권의 증감을 의미한다. 순 자본유입은 외국인의 자국자산 순 매입이 자국민의 외국자산 순 매입을 능가함을 의미한다. (중국과 독일 사이의 자본흐름이 최근 급격히 상승했다. "참고사례 6.2" 참조.)

공적결제수지

공적결제수지(official settlements balance)는 공적인 정부기관에 의한 금융자산의 거래나 예금을 측정한다. 일반적으로 중앙은행과 행정부의 재정 관련부처가 이런 형태의 공적 거래를 집행한다.

중앙은행과 정부가 다른 중앙은행에 예금을 유지하는 것은 흔한 일이다. 예를 들어 미국 재무부나 연준이 영란은행(Bank of England)에 예금을 하면 그 예금은 미국 국제수지에 자본유출로 혹은 차변에 나타난다. 만약 영란은행이 연준에 예금을 하면 이는 미국 국제수지에 자본유입으로 혹은 대변에 나타난다. 표 6.1의 14번 행은 금과 외국통화 및 국제통화기금에 보유하고 있는 특별인출권을 포함하는 미국의 공적자산을 보여주고 있다. 특별인출권(special drawing rights)은 국제통화기금에 있는 일종의 결합통화로서 제14장에서 자세히 다룬다. 15번 행은 미국정부의 자산을 보여준다. 미국에 있는 외국의 공적자산은 표 6.1의 18번 행에 나타나 있다. 공적결제수지는 14번 행과 18번 행의 합이다.

■ 국제수지의 적자와 흑자

경상수지, 민간 자본수지와 금융수지, 공적결제수지에 나타난 차변과 대변을 모두 합하면 그 총합은 0이 된다. 그러나 현실에서 이런 현상은 거의

- **공적결제수지**(official settlements balance): 공적 정부 기관에 의한 준비 자산의 거래를 표시하는 국제수지 계정.

♣ 참고사례

6.2 중국인들이 독일의 기술에 투자하다

독일기업의 상당수는 미텔슈탄트 기업(Mittelstand companies)이다. 미텔슈탄트는 보통 500명 이하의 인력을 가진 중소기업이며, 전통적으로 가족 소유의 공업기업들로서 자동차부품제조나 기계제작, 태양광발전과 같은 다양한 산업에 종사하고 있다. 이들 기업의 대부분은 수십 년 동안 독립된 개별 기업으로 활동해왔다.

그러나 지난 10년 간 중국인들이 독일 내에서 계속 영업활동을 하는 수십 개의 미텔슈탄트 기업의 소유권을 확보하였다. 해마다 이런 기업 인수가 계속 발생하였고 이는 수십 억 위안이 중국에서 유출되었음을 의미한다. 즉 독일에 대한 금융투자가 중국의 자본 및 금융수지의 차변을 확대시켰음을 의미한다. 동시에 수십억 유로가 독일로 유입이 되었으며 독일의 자본 및 금융수지의 대변이 확대되었음을 의미한다.

심화 학습: 중국인이 소유한 미텔슈탄트 기업이 독일에서 계속 생산을 하면서 이익을 창출하는 경우 이 이익은 중국 국제수지의 대변에 기록되는가? 아니면 차변에 기록되는가? 또한 중국 국제수지계정의 어느 계정에 포함되는가? 독일의 경우에는 어디에 포함되는가?

발생하지 않는다. 많은 거래가 회계과정에서 누락되거나 의도적으로 숨겨진다. 예를 들어 불법적인 거래는 정부기관으로부터 숨겨지며, 일부 합법적인 거래도 세금을 아끼기 위해 세관검사를 회피하기도 한다. 이뿐만 아니라 정부의 통계기관이 대변과 차변을 만드는 과정에서 에러가 발생하기도 한다.

만약 경상수지, 민간자본수지, 공적결제수지의 대변과 차변의 합이 0이 아니면 이를 상쇄하는 항목을 국제수지에 기입해야 한다. 이 항목이 통계적 오차항이다. 통계적 오차항이 상당히 큰 값을 가지는 경우도 있다. 표 6.1의 24번 행은 2013년 1분기 미국의 국제수지에서 통계적 오차항이 250억 달러 이상임을 보여주고 있다.

총 국제수지(*overall balance of payments*)는 경상수지, 민간자본수지와 금융수지, 공적결제수지와 통계적 오차항의 대변과 차변을 모두 합한 것이다. 모든 차변 항목은 대변 항목과 상쇄되며 통계적 오차항이 어떤 오차든 상쇄하기 때문에 총 국제수지는 0과 동일해진다.

경제학자나 언론에서 국제수지 적자나 흑자를 얘기하는 것은 매우 흔한 일이지만 어떤 면에서 혼란스럽다고 할 수도 있다. 위에서 설명하였듯이 통계적 오차가 없다고 하면 총 국제수지는 항상 0과 동일해야 한다. 그러므로 경제학자나 언론이 일반적으로 언급하는 국제수지는 총 국제수지가 아닌 것이다.

국제수지가 적자라는 것은 공적결제수지가 흑자인 상황을 말하는 것이다. 통계적 오차항을 무시한다는 가정하에 만약 경상수지와 공적준비자산 이외의 정부 자산, 민간자본수지 및 금융수지의 대변과 차변의 합이 0보다 작으면, 민간부문이 외국인에게 지급한 금액이 외국인이 자국 민간부문에 지급한 금액을 능가한다는 의미이다. 이 경우, 공적결제수지는 반드시 정(+)이며(공적결제수지 흑자), 국제수지는 적자라고 말한다. 경상수지와 공적준비자산 이외의 정부 자산, 민간자본수지 및 금융수지의 대변과 차변의 합이 0보다 큰 상황은 민간부문이 외국인으로부터 받은 지급이 외국인에게 준 민간부문의 지급을 초과한다는 의미이다. 이 경우 공적결제수지는 음(−)이며(공적결제수지 적자), **국제수지는 흑자**라고 말한다. **국제수지 균형**은 경상수지와 민간자본수지의 대변과 차변의 합이 0이 되는 상황을 말하며, 이는 공적결제수지가 0이 됨을 의미한다. 그러므로 다음과 같은 결론을 내릴 수 있다.

> 통계적 오차항을 무시한다면, 국제수지 균형은 경상수지와 공적준비자산을 제외한 정부자산, 민간 자본수지 및 금융수지의 차변과 대변을 모두 합한 것이 0이 되어, 공적결제수지도 0이 될 때 성립된다. 국제수지 적자는 (+)의 공적결제수지를, 국제수지 흑자는 (−)의 공적결제수지에 해당한다.

■ 적자와 흑자를 측정하는 다른 지표들

경제학자들은 국제수지 시스템의 다른 부분을 이용하여 적자와 흑자를 측정하기도 한다. **상품무역수지**는 상품 혹은 재화 범주 내의 차변과 대변의 합이다. 만약 이 범주에서 차변의 합이 대변의 합을 능가한다면 상품무역수지는 (−)이며 상품무역적자가 존재한다. 만약 차변의 합이 대변의 합보다 작다면 상품무역수지는 (+)이며 상품무역흑자가 존재한다. 표 6.1(p. 146)은 상품 혹은 재화 교역의 대변 항목을 2번 행에 차변 항목을 6번 행에 표시하고 있다. 대변과 차변의 두 금액을 합하면 상품무역수지가 되며, 표 6.1의 10번 행에 표시되어 있다. 차변이 대변을 능가(즉, 상품 수입이 상품 수출을 능가)하고 있기 때문에 총금액은 (−)이며 이는 10번 행의 상품무역적자를 나타낸다. (최근 일본이 상품무역적자를 겪는 국가의 리스트에 합류하였다. "정책사례 6.1" 참조.)

재화와 서비스 및 소득에 관한 수지는 재화와 서비스 및 소득 범주에 나타난 차변과 대변의 합이다. 만약 차변 항목, 혹은 수입의 합이 대변 항목, 혹은 수출의 합을 능가하면 재화와 서비스 및 소득수지에 적자가 발생한다. 만약 차변 항목, 혹은 수입의 합이 대변 항목, 혹은 수출의 합보다 작으면 재화와 서비스 및 소득 수지에 흑자가 발생한다. 표 6.1은 11번 행에 재화와 서비스 및 소득 수지를 나타내고 있다. 이 금액은 (−)이며, 미국이 2013년에 재화와 서비스 및 소득 수지에서 적자를 경험하였음을 의미하고 있다.

앞에서 설명하였듯이 경상수지에는 재화와 서비스, 소득 및 일방적 이전지출의 범주가 포함된다. 그러므로 경상수지는 이 범주에서 발생하는 모든 차변과 대변의 합이라고 할 수 있다. 경상수지는 국제수지에서 가장 많이 언급되는 계정이다. 차변의 합이 대변의 합보다 크면 경상수지 적자를 의미한다. 차변의 합이 대변의 합보다 작으면 경상수지 흑자를 의미한다. 표 6.1의 12행은 경상수지를 나타내고 있으며, 2013년 미국의 경상수지는 적자였음을 보여주고 있다.

민간 자본수지와 금융수지는 일부 비(非)금융 이전지출과 개인에 의한 금융자산의 순 흐름을 보여준다. 앞에서 설명하였듯이 자국의 민간부문에 의한 외국 금융자산의 구입은 자본유출을 의미하며, 차변에 기록된다. 외국의 민간부문에 의한 자국 금융자산의 구입은 자본유입을 의미하며, 대변에 기록된다. 자본수지와 금융수지는 자본의 순유입 혹은 순유출을 보여준다. 만약 차변이 대변을 능가하면 순 자본유출이 발생했다는 의미이다. 만약 대변이 차변을 능가하면 순 자본유입이 발생했다

정책사례

6.1 일본이 새로운 무역의 시대로 접어들다

1948년부터 2012년까지 대부분의 기간 중 일본 경제는 상품무역흑자를 유지하여 왔다. 그러나 2012년 일본은 1980년 이후 처음으로 상품교역에서 무역적자를 기록하였다.

대부분의 경제학자들은 2012년의 적자는 1980년과 같은 일시적인 적자가 아니라 앞으로 수년간 계속 발생할 가능성이 높은 그런 성격의 적자라고 예상하고 있다. 일본경제의 지위가 실물재화의 순수출국에서 순수입국으로 이전히 된 핵심요인은 중국과 한국 같은 국가들이 장난감이나 전자제품, 자동차와 같은 제조업 제품의 생산에 있어서 비교우위를 확보하게 된 것이라고 할 수 있다. 이와 같은 제품의 생산에 있어서 일본 국민들이 비교우위를 상실함에 따라 이 품목들의 수출이 감소하였으며 상품무역수지가 적자로 돌아서게 되었다.

심화 학습: 최근 몇 년간 중국과 한국의 상품무역수지에는 어떤 변화가 발생하였으리라 예상할 수 있는가?

는 의미이다. 표 6.1의 22번 행이 이를 나타내고 있다. 여기서 적자는 2013년 1분기 중 민간에 의한 금융자산의 미국으로의 유입이 민간에 의한 금융자산의 유출을 능가하였음을 의미한다.

> **핵심 이슈 #1**
>
> **국제수지는 무엇이며, 무엇을 측정하는가?**
> 국제수지는 한 국가의 국제 거래를 표로 만드는 데 사용되는 회계 시스템이다. 국제수지 시스템은 재화와 서비스, 소득, 일방적 이전지출, 민간에 의한 금융자산의 거래와 공적준비자산 등을 측정한다.

글로벌 시장에서 외환시장의 역할

어떤 의미에서 외환시장은 재화와 서비스의 흐름을 더 원활하게 만들어주는 금융측면의 배관설비와 같은 것이라고 할 수 있다. 제1장에서 배웠듯이 외환시장은 민간은행과 외환브로커 및 중앙은행으로 구성된 시스템으로서 이를 통해 가계와 기업 및 정부가 다른 국가의 통화, 혹은 외환을 사고 팔 수 있다. 거래에 가치를 매기고 지급을 가능케 함으로써 외환시장은 재화와 서비스 및 자산의 국가 간 흐름을 촉진한다. 외환시장의 가격인 **환율**(exchange rate)은 이 시스템의 핵심적인 구성요소 중 하나이다.

- **환율**(exchange rate): 특정 통화의 가치를 다른 통화의 가치에 대하여 상대적으로 표현한 것이며 구체적으로 다른 통화 한 단위를 구입하는데 필요한 특정 통화의 단위로 나타낸다.

■ 환율과 외환시장은 어떻게 글로벌 거래를 촉진하는가?

환율의 역할에 대한 예로서 당신이 새로 스마트폰을 구입하고자 한다고 가정하자. 당신은 한국의 기업이 제조한 스마트폰을 300달러에 선택한다. 이 기기를 구입하는 의사결정은 가격에 크게 의존한다. 가격은 자국 통화로 표시되어 있다. 그러므로 전자제품 가게에 가서 스마트폰을 구입하고 지급을 하는 것은 간단하고 직접적인 거래이다.

한국의 디지털 기기 생산기업을 소유하고 있는 한국인들은 한국의 화폐 단위인 원화로 회사의 직원과 협력업체에게 지불해야만 한다. 한국 주민들은 그들의 임금을 달러로 받고 싶어 하지 않는다. 그러므로 미국의 전자기기 소매상이 스마트폰을 추가주문하면 전자기기 생산기업을 소유한 한국 국민들은 미국으로부터 스마트폰의 대금으로 미국 달러로 표시된 은행 예금을 지급받은 후, 그 은행예금을 그들의 국내 거래은행에 예금하고, 국내 거래은행은 고객으로부터 받은 달러를 원화로 바꾸게 된다. 이제 한국의 회사는 원화로 표현되는 은행계좌로부터 직원과 협력업체에게 임금과 부품대금을 지급할 수 있다.

환율의 역할

1달러 당 원화의 가치는 어떻게 되는가? 즉, 원화 대비 달러의 가치는 무엇인가? 환율이 이 질문에 대한 답을 제공한다. 환율은 어떤 통화의 가치를 다른 통화의 가치에 대하여 상대적으로 나타낸다. 즉, 환율은 다른 통화 한 단위를 구입하기 위하여 필요한 어떤 통화의 단위를 표현하며, 이를 통해 어떤 거래의 가치를 자국 통화 기준으로 변환시켜 준다.

외환시장의 역할

앞의 예에서 외환시장은 어떤 역할을 하는가? 외환시장이라는 단어는 셔츠소매를 걷어 올리고 소란스러운 트레이딩 플로어에서 『월스트리트 저널』이나 『파이낸셜 타임즈』와 같은 일간지에서 우리가 흔히 보는 각국 통화의 환율을 결정하며 이익을 좇는 광기어린 외환 트레이더를 떠올리게 할지도 모르겠다. 그러나 우리의 예에서 외환시장은 눈에 잘 띄지 않는다. 한국기업은 외환시장이 아니라 은행의 서비스를 받는다. 뿐만 아니라 달러와 원화는 국경을 넘지도 않는다. 오직 스마트폰만 국경을 넘을 뿐이다.

실제로 국경을 넘는 통화의 실질적 흐름은 외환시장에서 중요한 요소가 아니다. 외환거래의 대부분은 디지털 기기와 컴퓨터를 통한 사이버 공간에서 발생한다. 실제 경화(硬貨, hard currency)의 흐름은 관광이나 불법거래와 같은 경우에만 발생한다. 외환시장에서 주로 거래되는 금융자산은 **외화표시 금융수단**(foreign-currency-denominated instruments)들로서 채권과 주식 그리고 외화표시 은행예금과 같은 금융자산이다.

■ 외환거래는 어떻게 진행되는가?

앞의 예로 돌아가서 이제 당신은 스마트폰을 소매점인 베스트바이에서 구입했다고 하자. 여러 종류의 스마트폰을 판매해 본 후 베스트바이의 매니저는 삼성으로부터 좀 더 많은 제품을 구입하기로 결정했다고 하자. 표 6.2에서 볼 수 있듯이 베스트바이는 삼성에 100만 달러를 지급하고 삼성은 거래은행인 기업은행에 베스트바이로부터 받은 100만 달러를 예금한다.

앞에서 언급하였듯이 삼성은 직원과 협력업체에게 원화로 지급을 해야 한다. 그러므로 삼성은 원화예금을 선호한다. 삼성을 대신하여 기업은행은 100만 달러를 원화로 교환해야 한다. 이 때 일반적으로 기업은행은 두 가지 선택을 할 수 있다. 첫 번째 선택은 규모가 더 큰 다른 은행, 예를 들어 씨티은행과 접촉하여 달러와 원화의 교환에 관한 협상을 할 수 있다.

두 번째 선택은 **외환브로커**를 접촉하는 것이다. 외환브로커는 일정 수수료를 받고 통화의 수요자와 판매자를 연결시켜준다. 외환브로커는 누가 다양한 통화를 사고자 하거나 혹은 팔고자 하며 어떤 환율수준에서 수요자와 판매자가 거래를 할 의사가 있는가를 판단하기 위해 끊임없이 시장참가자를 관찰하고 조사업무를 수행한다. 브로커들은 정보를 수집하고 집중화하기 때문에 일반적으로 환율에 관하여 가장 우월한 정보를 보유하고 있다. 브로커와 거래를 하는 경우의 주된 이익은 정보비용을 줄임으로써 특정 통화에 대한 가격을 낮출 수 있다는 것이다. 반면, 다른 은행과 직접 거래를 하는 것의 이익은 브로커가 부과하는 수수료를 아낄 수 있다는 것이다.

도표에서 볼 수 있듯이 외환브로커들은 도이치은행이나 BOA, UBS 그리고 광주은행과 같은 대형은행과 정보를 교환하기도 한다. 기업은행은 브로커와 거래를 하며, 이 브로커는 UBS

• **외화표시 금융수단**(foreign-currency-denominated instruments): 외국 통화로 표시된 채권과 주식, 혹은 은행 예금과 같은 금융자산.

가 원화에 대해 가장 낮은 가격을 책정한다는 정보를 알고 있다고 하자. 브로커가 수수료를 받게 되면, 기업은행과 UBS를 연결시켜주며, 상호 합의된 환율에서 원화와 달러화 간의 전자이체가 진행된다.

■ 외환시장이란 무엇인가?

외환시장은 세계에서 가장 오래되고 가장 큰 금융시장이다. 제1장에서 논의하였듯이 외환시장에서의 일일 거래량은 4조 달러를 상회한다. 지난 수년간 외환시장의 일일 거래량은 세계에서 두 번째로 큰 금융시장인 미국 국채시장규모의 다섯 배에 이르며, 세계 상위 10개 주식시장의 거래량을 합한 금액의 25배에 해당한다.

글로벌 시장

주식이나 상품시장과 다르게 외환시장에는 구매자와 판매자가 만나는 어떤 중앙 거래소 같은 곳이 없다. 외환 트레이더들은 대부분의 외환거래를 전화나 컴퓨터를 이용하여 진행하며, 그 결과 외환시장은 전세계에 걸쳐 거래가 일어나는 그야말로 글로벌 시장으로 진화하였다. 그럼에도 불구하고, 대부분의 외환거래는 몇 개의 주요 거래센터에 집중되어 있다. 외환거래센터를 크기 순으로 나열하면 영국, 미국, 일본, 싱가폴, 독일, 프랑스, 홍콩, 스위스 순이다.

24시간 시장

외환시장은 주말을 제외하곤 24시간 열려있다. 국제 날짜 변경선을 기준으로 할 때 아시아-태평양 외환시장부터 열리기 시작하고, 이 시장이 끝나기 전에 중동의 시장이 열리며, 그 다음에 유럽 시장이 열린다. 유럽 시장이 거래일 중간쯤일 때 뉴욕시장이 열린다. 그 다음으로 미국 서부시장이 열린다. 북미시장이 닫히기 전에 아시아-태평양 시작이 다시 열린다.

시장참가자들과 수단

도표 6.2(p. 157)는 가상의 외환 거래 상황을 보여주고 있는데, 이 상황하에서 한국의 기업은행은 다른 대형은행과 거래하거나 외환시장 브로커와 거래하는 선택을 할 수 있다. 대형은행과 외환시장 브로커가 외환시장 거래의 85퍼센트를 차지하고 있다. 글로벌 은행이 시장거래규모의 대략 2/3를 차지하고 있으며, 외환브로커와 딜러들이 대략 20퍼센트 정도를 차지하고 있다. 외환거래량의 나머지는 비금융기업이 차지하고 있다. 비금융기업의 비중은 증가하고 있으며 이른바 소매 외환 트레이딩(retail foreign-currency trading)을 통해 외환시장에의 접근이 더 수월해지고 있기 때문에 외환거래에 참여하는 비금융기업의 형태도 다양해지고 있다. 오늘날 소매 거래는 일일 3,800억 달러를 상회하며 이는 전체 글로벌 거래규모의 10퍼센트에 해당한다.

다양한 종류의 금융수단이 외환시장에서 거래된다. 각종 금융수단들의 개별거래액이 보통 2억 5천만 달러를 상회한다. 관련 연구에 의하면 외환시장규모가 워낙 커서 이 정도의 거래규모는 통화의 가치에 별 영향이 없다고 한다. 한편 외환시장에서 거래되는 각종 금융수단의 가격은 **빠르게** 변하는데 1분에 20번 이상 변한다.

도표 6.2　외환거래는 어떻게 진행되는가?

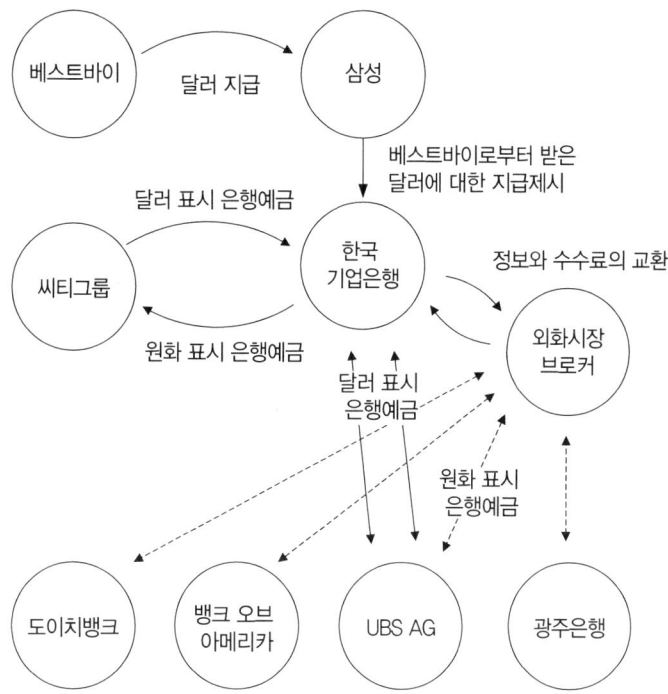

* 삼성은 베스트바이로부터 달러 표시 지급(dollar-denominated payments)을 받는다. 삼성은 이 지급을 한국의 기업은행에게 제시한다. 삼성을 대신하여 기업은행은 이 달러 표시 지급을 원화로 교환해야 한다. 기업은행에게는 일반적으로 두 가지 선택이 있다. 첫 번째 선택은 씨티그룹과 같은 대형은행을 접촉하여 달러와 원화의 교환을 협상하는 것이다. 두 번째 선택은 외환브로커와 거래하는 것이다. 외환브로커는 기업은행의 에이전트를 UBS(Union Bank of Switzerland)의 에이전트와 연결시켜 주며, UBS는 상호 합의된 환율에 의거하여 달러를 받고 원화를 기업은행에게 전자 송금해 준다.

핵심 이슈 #2

글로벌 시장에서 외환시장의 역할은 무엇인가?

외환시장은 민간은행과 브로커 및 중앙은행으로 구성된 시스템으로서 이를 통해 가계와 기업과 정부가 외환을 매매한다. 이 기관들은 거래의 가치를 평가하고 지급을 실행하는 시장 메커니즘을 발전시킴으로써 재화와 서비스의 국가 간 이동을 더욱 촉진한다. 외환시장은 세계에 존재하는 금융시장 중 가장 오래되고 가장 큰 금융시장이다. 외환시장은 명실공히 24시간 내내 열려있는 시장이다.

현물환시장

앞에 나온 예에서 후지은행의 매니저는 보유 달러를 즉시 엔화로 바꾸고 싶어 했다. 이 예에 적합한 시장은 현물환시장(spot market for foreign exchange)으로서 통화를 즉시 사고 팔 수 있는 시장이다. **현물시장**(spot market)에서의 실제 외환의 인도(delivery)는 보통 2~3일 정도 걸린다.

• **현물시장**(spot market): 통화의 즉각적인 매매와 인도가 이루어지는 시장.

언론에 보도되는 현물환율은 주요 은행에 보통 100만 달러 이상의 외화표시예금을 할 때 적용되는 환율이다.

현물환율(*spot exchange rates*)은 현물시장에서의 외환의 시장가격이다. 표 6.3은 『월스트리트 저널』이나 『파이낸셜 타임즈』와 같은 경제 전문 매체에 보도되는 현물환율을 보여주고 있다.

표 6.3에 나타난 현물환율은 런던외환시장에서 이루어진 외환거래와 관련된 환율이며 종가(終價) 기준이다. 또한 100만 달러 이상의 은행 간 거래에 적용된 환율이다. 개인이나 중소기업이 관련된 규모가 작은 현물 거래의 경우에는 좀 더 나쁜 조건의 환율이 적용된다. 표 6.3은 두 종류의 현물환율을 보여주고 있다. 즉, 외국통화 1단위 대비 US달러의 양(量)과 US달러 1단위 대비 외국통화의 양(量)이다. 다음 절에서 이 두 종류의 환율에 대해서 설명할 것이다. 그 이후의 절에서는 통화의 가치를 평가하는 다양한 지표를 만들기 위해 경제학자들이 현물환율을 이용하는 여러 방식에 대해 배울 것이다.

■ 상대가격으로서의 환율

환율에는 두 통화의 가치가 관련되어 있기 때문에 기본적으로 상대가격이며 경제학자들이 **양자 간 환율**(*bilateral exchange rate*)이라고 부르기도 한다. 표 6.3에는 두 종류의 현물환율을 보여주는 열이 있다. 첫 번째는 외국 통화 1단위 대비 US달러의 단위로 표현하는 방식이다. 즉, 외국통화 1

표 6.3 현물시장 환율

국가(통화)	US달러/통화[1]	전일종가	통화/US달러[2]	전일종가	영란은행지수
덴마크(크로네)	0.1721	0.1731	5.8117	5.7768	107.64
말레이시아(링깃)	0.3136	0.3142	3.1885	3.1827	
멕시코(멕시칸 페소)	0.0765	0.0776	13.0721	12.8815	
미국(달러)	–	–	–	–	87.15
브라질(레알)	0.4414	0.4416	2.2653	2.2647	
아르헨티나(페소)	0.1850	0.1853	5.4063	5.3958	
영국(파운드)	1.4883	1.5066	0.6719	0.6637	79.93
유로(€)	1.2894	1.2730	0.7756	0.7855	95.39
일본(엔)	0.0099	0.0100	100.9050	100.0250	143.78
캐나다(캐나다 달러)	0.9445	0.9514	1.0588	1.0511	110.05
태국(바트)	0.0321	0.0333	31.1300	30.0265	
호주(호주 달러)	0.9065	0.9176	1.1031	1.0898	101.89
홍콩(홍콩 달러)	0.1290	0.1290	7.7547	7.7540	

* 런던시장 종가 기준 환율. 100만 달러 이상의 은행 간 거래에 적용되는 환율
1) 종가 중앙값
2) 영란은행 명목실효환율지수(2005년 1월=100)
출처: www.ft.com; www.bankofengland.co.uk.

단위를 구입하기 위해 필요한 US달러의 양을 나타낸다. 예를 들어 표 6.3에서 영국 파운드화(£)에 대한 US달러의 환율은 1.4883$/£로 나타나 있는데, 이는 1 영국 파운드를 얻기 위해서는 1.4888 US달러를 주어야만 한다는 뜻이다.

환율은 US달러 1단위 대비 외국 통화의 양으로 표현할 수도 있는데, 이는 1달러를 구매하기 위해 필요한 외국통화의 양을 나타낸다. 이는 외국통화 1단위 대비 US달러로 표시된 환율의 역수이다. 그러므로 US달러에 대한 영국 파운드화의 환율은 1/(1.4883$/£), 혹은 0.6719£/$이며, 1 US달러를 얻기 위해 0.6719파운드를 주어야 한다는 의미이다. 환율은 표시하는 데에 두 가지 방법이 있으므로 외국통화 대비 자국통화로 표시할지 혹은 자국통화 대비 외국통화로 표시할지를 결정하는 것도 중요하다.

절상과 절하

표 6.3에서 볼 수 있듯이 달러/파운드 환율은 1.5066$/£에서 1.4833$/£로 변하였다. 이는 1파운드를 사는 데 필요한 달러의 양이 줄어들었기 때문에 달러가 파운드에 대하여 절상되었음을 의미한다. 다른 말로는 파운드의 달러가격이 하락하였다고 말할 수 있다. 마찬가지로 파운드/달러 환율은 0.6637£/$에서 0.6719£/$로 변하였는데, 이는 1달러를 구입하는 데 필요한 파운드의 양이 늘어났음을 의미하므로 달러의 파운드 가격이 상승한 것이다.

환율변화를 이용하여 절상율과 절하율을 계산할 수 있다. 달러/파운드 환율을 이용하여 환율변동률을 구하면 $[(1.4883-1.5066)/1.5066] \times 100 = -1.22$퍼센트이다. 즉, 파운드는 달러에 대해 1.22퍼센트 절하되었다. 파운드/달러 환율을 이용하면 변동률은 $[(0.6719-0.6637)/0.6637] \times 100 = 1.24$퍼센트이며, 달러가 파운드에 대해 1.24퍼센트 절상되었다.

1파운드를 구입하는 데 필요한 달러의 양이 줄어들기 때문에 첫 번째 환율변동률은 (−)의 값을 가진다. 1달러를 구입하는 데 필요한 파운드의 양이 늘어나기 때문에 두 번째 환율변동률은 (+)의 값을 가진다. 이 예에서 볼 수 있듯이 (+)변화나 (−)변화가 절상이나 절하를 표현하려면 환율표현 방식이 '자국통화/외국통화'인지 '외국통화/자국통화'인지 여부를 정해야 한다.

교차환율

표 6.3은 어떤 특정한 날 달러/유로환율과 유로/달러환율이 각각 1.2894$/€와 0.7756€/$임을 보여주고 있다. 그러나 달러와 유로 간의 환율이 아니라 파운드와 유로 간의 환율을 알아야 한다고 하자. 파운드/유로 환율을 얻기 위해 교차환율을 계산할 수 있다. 두 개의 양자 간 환율을 이용하여 또 다른 양자 간 환율인 교차환율을 계산할 수 있다.

표 6.3에서 달러/파운드 환율은 1.4883$/£이고, 달러/유로 환율은 1.2894$/€로 주어져 있다. 이 두 환율을 이용하여 파운드/유로 환율이나 유로/파운드 환율을 쉽게 계산할 수 있다.

파운드/유로 교차환율을 계산하기 위하여 달러/유로 환율을 달러/파운드 환율로 나눈다. 파운드/유로 교차환율은 다음과 같이 계산된다.

$$(1.2894\$/€)/(1.4883\$/£)$$

분수로 나누는 것은 분수의 역수를 곱하는 것

과 동일하므로 다음과 같이 표현할 수 있다.

1.2894/1.4833 × $/€ × £/$

위의 계산에서 달러는 상쇄되어 없어지므로 파운드/유로 교차환율만 0.8664£/€로 계산된다. 유로/파운드 교차환율은 파운드/유로 교차환율의 역수로 다음과 같이 계산된다.

1/(0.8664£/€)=1.1543€/£

주요 신문의 외환시장 섹션에는 대량 거래가 이루어지는 통화에 대한 **교차환율**이 나타나 있다. 표 6.4가 그 예이다. 표 6.4에 나타난 교차환율은 각 열과 행에 해당하는 통화 사이의 환율이다. 동일한 나라가 있는 경우에는 그 칸은 공란이거나 1이 된다. 첫 번째 열은 (US달러)/(각 행에 표시된 통화)의 환율이다. 첫 번째 행은 (각 열에 표시된 통화)/(US달러)의 환율이 된다.[ii]

실질환율

지금까지는 **명목환율**(nominal exchange rate)에 관해 논하였다. 명목환율은 물가수준의 변동을 반영하지 않는다. 절하율과 절상률을 측정함으로써 명목환율은 외국통화와 교환되는 자국통화의 시장가치의 변화를 평가한다.

만약 자국통화를 가지고 구입할 수 있는 외국통화의 양이 아니라 외국 재화나 서비스의 양을

- **명목환율**(nominal exchange rate): 두 나라에 발생하는 물가변동의 차이를 조정하지 않은 양국 간 환율.

ii) **관련 웹사이트**: 일일 환율과 164개 통화에 대한 변환치 및 교차환율은 Oanda의 홈페이지(www.Oanda.com)에서 얻을 수 있다.

표 6.4 표 6.3을 이용하여 계산된 교차환율표

통화	US 달러	캐나다 달러	유로	영국 파운드
US 달러	–	1.0588	0.7756	0.6719
캐나다 달러	0.9445	–	0.7325	0.6346
유로	1.2894	1.3652	–	0.8663
영국 파운드	1.4883	1.5758	1.1543	–

* 열에 표시된 통화에 대한 행에 표시된 통화의 교차환율을 나타냄. 예를 들어 달러 행에 표시된 첫 번째 값은 US달러/캐나다 달러 교차환율임.

알고 싶은 경우에는 어떻게 해야 하는가? **실질환율**(real exchange rates)은 두 나라의 물가수준의 변화를 고려하여 명목환율을 조정한 것으로서, 외국 재화 및 서비스와 교환되는 자국 재화 및 서비스의 구매력을 측정한다. 결과적으로, 자국 통화를 교환의 수단으로 사용한다고 할 때, 자국의 재화와 서비스를 교환하여 개인과 기업이 얻을 수 있는 외국의 재화와 서비스의 양을 평가하기 위해서는 실질환율에 대하여 알아야 한다.

명목환율의 변화

실질환율이 왜 중요한지 이해하기 위해서, 2005년 7월부터 2012년 7월까지의 미국과 중국 간의 양자 간 환율을 고찰해보자. 2005년 7월에 달러/위안 현물 환율은 0.1220$/위안이었다. 2012년까지 위안의 가치는 상승하였으며, 환율은 0.1584$/위안까지 상승하였다.

2005년과 2012년 사이에 발생한 달러에 대한 위안화의 절상률은 [(0.1584−0.1220)/0.1220

- **실질환율**(real exchange rate): 두 나라에 발생하는 물가변동의 차이를 조정한 양국 간 환율.

×100=29.84퍼센트이다. 즉, 2012년에 1위안을 사기 위해서는 2005년에 1위안을 살 때에 비해 달러가 29.8퍼센트 더 필요하다는 의미이다.

가격변화에 대한 측정: 소비자 물가지수

통화의 구매력을 측정하기 위해서 경제학자들은 물가수준을 측정하는 지표가 필요한데 국제경제학자들은 특히 **소비자 물가지수(CPI: consumer price index)**를 유용한 지표로 사용한다. 소비자 물가지수는 자국 및 외국 재화와 서비스로 구성된 고정 바스켓을 선택하고 그 바스켓에 포함된 재화와 서비스의 가격의 변화를 일정 기간(예를 들어 연간)마다 조사하여 계산한다.

소비자 물가지수를 설명하기 위해 다음의 간단한 예를 상정하자. 이 예의 이름을 '대학 소비자 물가지수(college consumer price index)'라고 하자. 어떤 전형적인 대학생은 본인이 가지고 있는 가용자원을 등록금에 1/4, 거주비용에 1/4, 국내에서 생산된 식료품, 의류 및 각종 비품에 1/4, 그리고 외국에서 생산된 식료품, 의류 및 각종 비품에 1/4씩 균등하게 지출한다고 가정하자. 그리고 이 전형적인 대학생의 지출항목을 구성하고 있는 각 품목의 평균가격에 대한 정보를 수집할 수 있다고 하자. 이 정보를 모두 결합하면 '대학 소비자 물가지수'의 구체적인 수치를 얻을 수 있다.

미국의 정부기관 및 EMU 회원국과 기타 많은 나라들이 이 가상의 예와 기본적으로 같은 방법으로 소비자 물가지수를 계산한다. 실제 경제 전반의 자료를 이용하여 계산되는 소비자 물가지수는 훨씬 복잡하다. 왜냐하면 실제 소비자 물가지수는 매년 평균적인 소비자가 구입하는 것으로 정부가 판단한 수많은 재화와 서비스의 가격의 가중평균이기 때문이다. 도표 6.3은 1995년 이후 미국과 중국의 소비자 물가지수를 보여준다. 경제학자들은 CPI를 지수형태로 표현하는데, 이 경우 기준년도에 해당하는 값은 100이 된다. 기준년도는 시간에 걸친 물가수준의 변화를 비교하기 위해 선택된 연도이다. 도표에서 두 나라의 소비자 물가지수 계산에 사용된 기준년도는 2005년이다.

실질환율과 실질절상 및 실질절하

달러에 대한 위안화 가치 상승의 즉각적인 효과는 미국 소비자 입장에서 볼 때 중국산 재화와 서비스가 이전보다 비싸지고, 중국 소비자 입장에서 볼 때 미국산 재화와 서비스는 이전보다 저렴해지는 것이다. 그런데 2005년과 2012년 사이에 발생한 또 다른 요인은 중국이 미국보다 높은 물가상승률을 기록했다는 것이다.

중국의 경우 2005년 CPI는 100이었으며, 2012년에는 124.90이 되었다. 경제학자들은 CPI의 변화율을 특정 기간 동안의 소비자 물가상승률로 사용한다. 이 수치를 이용하여 2005년과 2012년 사이의 중국의 소비자 물가상승률을 계산하면 [(124.90−100)/100]×100=24.90퍼센트로 계산된다. 미국의 경우에도 2005년의 CPI는 100이며 2012년에는 117.56 이다. 동 기간 미국의 소비자 물가상승률은 [(117.56−100)/100]×100=17.56퍼센트이다.

재화와 서비스의 가격변동은 중국소비자가 미국의 재화와 서비스를 구입할 때 지불하는 실효가격과 미국 소비자가 중국 재화와 서비스를 구

• **소비자 물가지수(CPI: consumer price index)**: 매년 전형적인 소비자가 구입하는 재화와 서비스 가격의 가중평균.

도표 6.3 미국과 중국의 소비자 물가지수

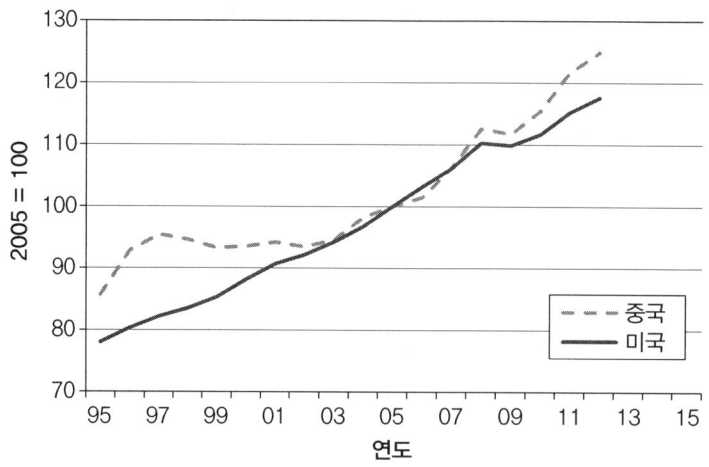

* 소비자 물가지수는 고정된 바스켓에 포함되어 있는 재화와 서비스 가격의 가중평균이다. 두 나라의 소비자 물가지수를 계산함에 있어 기준년도는 2005년이며, 기준년도의 소비자 물가지수는 100이다.

출처: World Bank, *World Development Indicators*.

입할 때 지불하는 실효가격을 변동시키기 때문에 두 나라 사이에 발생하는 상대적인 물가상승률의 차이는 경제적으로 중요한 의미를 갖는다. 물가상승률 차이가 어떻게 작용하는가를 보기 위하여 2005년과 2012년의 실질환율을 측정해보자.

2005년의 중국과 미국 사이의 실질환율을 측정하기 위하여 당시의 명목환율(0.1220$/위안)에 중국 소비자 물가지수와 미국 소비자 물가지수의 비율(100/100)을 곱하면, 0.1220을 얻는다. 그 다음 2012년의 실질환율을 계산하기 위하여 2012년 말 달러/위안 환율인 0.1584$/위안에 중국 소비자 물가지수와 미국 소비자 물가지수의 비율인 124.90/117.56을 곱하면, 0.1683을 얻는다. 계산된 실질환율은 위안이 실질절상 되었음을 의미하며, 실질절상률은 [(0.1683-0.1220)/0.1220]×100=37.95퍼센트이다. 2005년~2012년 기간 중 발생한 위안화의 실질절상률은 동 기간 발생한 명목절상률 29.84퍼센트를 약간 상회하는 수준이다.

상대적으로 소비자 물가상승률은 미국에서 낮았으며, 달리 말하면 중국의 소비자 물가상승률이 상대적으로 높았으며, 이는 중국의 재화와 서비스를 구입하는 미국 소비자의 구매력이 미국의 재화와 서비스를 구입하는 중국 소비자의 구매력에 비해 상대적으로 감소하였음을 의미하는 것이다. 결국 상대적으로 높은 중국의 소비자 물가상승률 때문에 위안화 가치의 명목절상이 더욱 확대되어 달러에 대한 위안화의 실질절상이 초래된 것이다.

■ 통화의 전체적인 강세와 약세 정도를 측정하는 방법: 실효환율

양자 간 환율은 한 통화의 가치를 다른 통화의 가치에 대비하여 측정한다. 그런데 어떤 시점에서 통화의 가치는 몇몇의 통화에 대해서는 절상되고, 동시에 다른 통화에 대해서는 절하되기도 한다. 예를 들어 어떤 날, 달러의 가치가 영국 파운드화와 일본 엔화 및 캐나다 달러에 대해 떨어졌다고 하자. 그러나 같은 날 달러의 가치는 유로나 스위스 프랑과 멕시코 페소에 대해서는 올랐을 수도 있다. 즉, 달러와의 양자 간 환율이 일부는 상승하고 동시에 다른 일부는 하락할 수 있다. 그러나 전체적으로 볼 때 달러는 강해졌는가? 아니면 약해졌는가? 이 질문에 답하기 위해 경제학자는 **실효환율**(effective exchange rate)의 개념을 사용한다. 실효환율은 2개 이상의 통화에 대한 한 통화의 상대적 가치의 가중평균치라고 할 수 있다.

실효환율 계산법

어떤 통화의 가치를 전세계의 모든 통화에 대비하여 계산하는 것은 현실적이지 않다. 그러므로 실효환율을 계산함에 있어서 경제학자들은 가장 중요하다고 여겨지는 몇 개의 통화만을 포함한다. 여기서 중요한 통화는 실효환율의 구체적 적용사례에 따라 달라진다. 만약 어떤 기업가가 달러 가치의 변화가 미국의 수입과 수출에 미치는 영향을 알고 싶어 한다면, 그는 실효환율을 구성함에 있어서 미국의 주요 무역상대국과의 양자 간 환율을 포함할 것이다. 만약 어떤 자산 포트폴리오 매니저가 달러가치의 변화가 해외자산으로 구성된 포트폴리오의 수익률에 미치는 영향을 알고 싶어 한다면, 이 매니저는 포트폴리오에서 가장 큰 비중을 차지하는 통화와의 양자 간 환율을 포함하고자 할 것이다. 이렇게 선택된 통화들이 통화바스켓을 구성한다.

소비자 물가지수와 마찬가지로 실효환율도 지수 형태로 표현이 되며 비교시점이 되는 기준년도의 값으로 100이 적용된다. 이 기준년도를 기준으로 실효환율의 변화를 계산한다. 예를 들어 2013년이 기준년도라면 2013년의 실효환율은 100이다. 2014년의 실효환율이 125라면, 2013년과 2014년 사이에 실효환율이 25퍼센트(=[(125−100)/100]×100) 상승하였음을 알 수 있다.

마지막으로 실효환율은 양자 간 환율의 가중평균이기 때문에 경제학자들은 통화바스켓 내의 통화 중 좀 더 중요한 통화에 더 많은 비중이 실리고 덜 중요한 통화에 비중이 덜 실리도록 가중치(weights)를 선택한다. 이 가중치를 이용하여 바스켓 내 모든 통화에 대한 특정 통화의 가중 평균치를 계산한다.

실효환율의 의미

실효환율은 무엇을 말해주는가? 어떤 시점에서 특정 통화는 어떤 통화에 대해서는 절하되고 다른 통화에 대해서는 절상될 수 있다. 가중평균으로서의 실효환율을 통해 어떤 통화의 전체적인 가치에 발생한 변화를 알아낼 수 있다.

실효환율에 관한 자료는 여러 출처를 통해 얻을 수 있다. 영란은행은 몇 개의 통화에 대한 실효환율을 발표하고 있는데, 도표 6.4에 US달러와 유로 및 엔화를 사용하여 계산한 실효환율이 나타나 있다. 국제통화기금 역시 월간지인『국제금융통계(*International Financial Statistics*)』에 실효환율을 발표하고 있다. 연방준비위원회도 US달러를 위한 여러 버전의 실효환율을 발표하고 있

- **실효환율**(effective exchange rate) : 2개 이상의 통화에 대한 어떤 통화의 상대적 가치의 가중평균치.

다. 『파이낸셜 타임즈』와 『월스트리트 저널』은 제이피 모간의 실효환율 지수를 발표하고 있다. 도표 6.4는 1980년 이후 US달러, 영국 파운드 및 일본 엔화의 실효환율의 추이를 보여주고 있다.

도표는 1980년부터 1985년까지의 기간 중 달러의 평균가치에 극적인 상승이 있었으며 1985년부터 1988년까지는 큰 하락이 있었음을 보여주고 있다. 1988년 이후 달러의 평균가치는 1995년까지 안정적이며 전반적으로 하락하였으며, 1995년 이후 달러는 다시 가치를 회복하기 시작하였다. 이 추세는 2001년까지 계속되었으며, 2001년 이후 달러가치는 다시 하락하기 시작하였다. 도표에 따르면 유로는 1999년에 도입이 된 이후 2002년까지는 그 평균가치가 하락하였다. 그러나 2002년 이후, 유로의 평균가치는 꾸준히 상승하였다.

일본 엔화는 1985년 지수 60선에서 상승을 시작하여 1995년에는 150까지 도달하였는데, 이는 동 기간 150퍼센트의 평가절상을 의미하는 것이다. 그러나 1995년과 1998년 사이에 엔화 가치는 13퍼센트 하락하였다. 그 후 2년간 절상추세를 유지하였지만 결국 2008년까지 지속적인 절

도표 6.4 1980년 이후 실효환율 추이

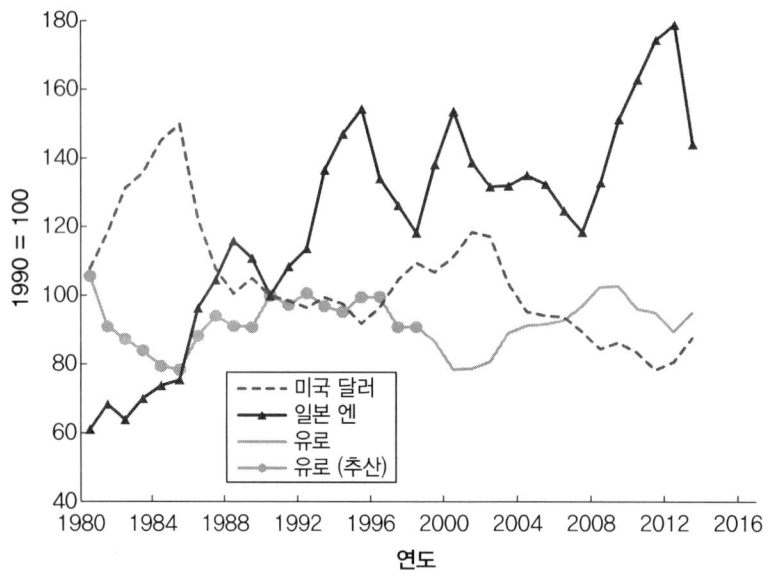

* 1985년부터 1995년 사이 미국 달러화의 평균 가치는 하락하였다. 1996년부터 2001년 사이에는 미국 달러화의 평균 가치가 상승하였다가 2011년까지 다시 하락하였으며, 그 후 소폭 상승하는 모습을 보이고 있다. 엔화의 평균 가치는 전반적으로 상승추세를 보이고 있으나 1990년대 중반과 2000년대 초에 급격한 하락이 있었다. 엔화의 평균 가치는 2008년부터 크게 상승하기 시작하여 일본은행이 양적완화조치를 취하여 평가절상추세를 전환시켰던 2012년까지 계속 상승하였다. 1999년에 도입된 유로화의 평균 가치는 2002년까지 계속 하락하였다가 2006년까지 반등하였다. 그 후 2012년까지 하락하였으며 2012년 이후 소폭의 회복세를 보이고 있다. 이 세 통화의 평균가치는 2008년에 발생한 글로벌 경기침체에 영향 받았으며, 2010년에 발생한 그리스, 사이프러스 및 다른 유로 회원국의 부채위기도 영향을 주었다.

출처: www.bankofengland.co.uk.

하추세를 유지하였다. 이 세 통화의 가중평균치는 모두 글로벌 금융위기에 영향 받았다. 보다 최근에는 유로화의 가중평균치가 부채위기와 함께 하락하였다. 최근에는 엔화의 평균가치가 괄목할 만큼 상승하였는데 일본중앙은행이 통화정책을 크게 수정함으로써 가능해진 것으로 판단된다.

실질실효환율

이 장의 앞부분에서 구매력의 국가별 변화를 보여주는 지표가 실질환율임을 공부하였다. 실질실효환율을 계산하는 것도 가능하며, 이는 명목환율보다 실질환율에 기초한 실효환율이다. 실질실효환율은 명목실효환율의 계산방법과 거의 동일한 방법으로 계산된다. 그러나 명목실효환율과 다른 점이 있다면 실질실효환율의 계산에는 실질환율을 사용한다는 점이다. 그러므로 실질실효환율의 계산을 위해서는 지수 계산에 포함된 모든 국가의 CPI 자료를 확보하여야 하며, 각각의 명목환율을 실질환율로 전환해야 한다. 나머지 계산과정은 명목실효환율 계산과정과 동일하다.

핵심 이슈 #3

현물외환시장은 무엇인가?

현물외환시장은 외환의 즉각적인 인도가 요구되는 계약이 거래되는 시장이다. 현물외환시장에서는 시중은행과 외환브로커 사이의 대규모 거래가 대부분을 차지한다. 현물환율은 현물외환시장에서 거래되는 통화의 가격이다. 경제학자들은 절하나 절상을 측정하고 교차환율과 실질환율, 실효환율 등을 계산하기 위해 현물환율을 사용한다.

외환시장 리스크와 선물(先物)외환시장

환율은 시간에 걸쳐 항상 변동한다. 환율의 변동은 가계와 기업과 국제거래에 연관되어 있는 기타 경제주체들을 잠재적인 리스크에 노출시킨다.

■ 외환리스크

간단한 예를 통해 국제거래가 어떻게 한 기업을 환율변동 리스크에 노출시키는가를 알아보자. 우선 당신은 미국의 국제적인 부동산 개발기업에서 일하고 있으며, 당신의 회사는 영국에 있는 상업용 부동산의 매입에 관심을 가지고 있다고 하자. 또한 이 부동산의 대리인은 3개월 후에 가장 높은 금액을 제시하는 자에게 부동산을 매각할 예정이다. 그러므로 당신의 회사는 이 부동산의 매매거래를 체결하고 소유권을 확보하는 데 3개월 정도의 시간만 있는 상황이다.

이 부동산이 창출할 잠재소득에 대한 추정치에 기초하여 회사는 1,500만 파운드의 매입가격을 제시하라고 당신에게 명령하였다. 현재 환율이 $1.4883/£이므로, 당신의 회사 입장에서는 매입가격이 달러 기준으로 2,232만 4,500달러(=£1,500만×1.4883$/£)인 것이다. 즉, 당신의 회사는 이 부동산의 가치를 2,232만 4,500달러로 평가한 것이다.

이제 부동산 판매자는 당신이 제시한 1,500만 파운드의 가격을 수용하기로 하고 6개월 뒤에 거래를 완료하기로 하였다. 당신의 회사는 이제 미래 시점에 외화로 표시된 지급의무를 지니게 되었으며, 이로 인해 **외환리스크에 노출**되는 결과가 발생하게 된다. **외환리스크(foreign exchange risk)**는 외화로 표시된 부채나 자산의 가치가 환율 변동으로 인해 달라질 가능성이다.

이후 6개월 동안 파운드화는 달러에 대해 5퍼센트 절상되어 달러/파운드 환율이 $1.5627/£가 된다고 가정하자. 이 상업용 부동산의 파운드 가격은 여전히 1,500만 파운드이다. 그러나 환율변동으로 인해 달러 표시 가격은 달라진다. 달러 표시 가격은 2,344만 500달러(=£1,500만×1.5627$/£)로 상승한다. 환율 변동으로 인해 부동산의 달러 가격은 111만 6,000달러만큼 혹은 5퍼센트 상승한다. 외화 표시 거래를 체결함으로써 당신의 회사는 외환리스크에 노출되고 5퍼센트의 달러 표시 비용 상승을 경험하게 된다.

외환리스크의 종류

개인이나 기업이 외환리스크에 노출되는 데에는 3가지 형태가 있다. 첫 번째 형태의 외환리스크는 바로 앞의 예에서 관찰한 리스크로서 **거래노출(transaction exposure)**이다. 이 리스크는 어떤 거래가 발생시키는 수입(revenue)이나 비용이 자국 통화 기준으로 평가할 때 변동하는 리스크를 말한다. 거래노출은 미래의 어느 시점에 외화 표시 교환을 하기로 계약하는 경우 발생한다.

외환리스크의 두 번째 형태는 **환산노출(translation exposure)**이다. 이 리스크는 외화 표시 자산과 부채의 가치를 하나의 통화가치로 환산할 때 발생한다. 다국적 기업의 대차대조표를 생각하면 이 리스크를 쉽게 이해할 수 있다. 예를 들어 스위스 다국적 기업의 자산과 부채는 여러 종류의 통화로 표시되어 있을 것이다. 회계연도 말에 이 스위스 다국적 기업의 회계사들은 재무제표를 작성해야 하는데 이 때 모든 자산과 부채의 가치를 단일 통화, 즉, 스위스 프랑을 이용하여 평가할 것이다. 스위스 프랑의 교환가치가 변하게 되면, 자산과 부채의 외화 표시가치도 변하게 된다.

마지막 형태의 외환리스크는 **경제적 노출(economic exposure)**이다. 이 리스크는 환율변동이 미래 소득 흐름에 대한 현재가치 평가에 미치는 영향을 의미한다. 경제적 노출은 특정 시장에서 상당 기간 경쟁을 할 수 있는 기업의 능력에 영향을 미친다. 어떤 경제학자들은 제1장에서 설명한 외국인 직접투자가 부분적으로는 경제적 노출을 회피하려는 기업의 노력 때문에 발생한다고 믿는다. 외국에 공장이나 사무실을 소유하거나 운영하는 것은 모든 공장과 사무실이 국내에 위치할 때 발생할 수 있는 외환리스크를 부분적으로 회피하는 데 도움을 줄 수 있다. (최근 패스트푸드 기업인 맥도널드는 외환리스크에 대한 심각한 경제적 노출에 직면하였다. "참고사례 6.3" 참조.)

외환리스크 헤징

외환리스크를 생각할 때 개인이나 기업의 입장에

- **외환리스크(foreign exchange risk)**: 미래의 수취(receipt)금액이나 부채(obligation)금액이 환율변동으로 인해 변하게 될 가능성.
- **거래노출(transaction exposure)**: 자국 통화로 표시된 거래와 관련된 수입(revenue)이나 비용이 환율 변동으로 인해 변하게 되는 리스크.
- **환산노출(translation exposure)**: 기업의 외화 표시 자산과 부채를 자국 통화 기준으로 환산할 때 발생하는 외환리스크.

- **경제적 노출(economic exposure)**: 환율변동이 기업의 미래소득흐름의 현재가치를 변하게 하는 리스크.

♣ 참고사례

6.3 아이슬란드에서 햄버거를 찾기 힘든 이유

2000년대 후반에 발생한 글로벌 금융위기의 초기, 다국적 기업인 맥도널드는 아이슬란드에서 심각한 수준의 경제적 노출로 인해 손실을 겪고 있었다. 맥도널드는 아이슬란드에서 판매할 패스트푸드를 제조하기 위해 회사가 사용할 원료들을 독일로부터 수입하고 있었다. 그런데 아이슬란드 화폐인 크로나(krona)의 가치가 장기간 폭락한 결과 이 작은 나라에서의 회사 운영비용이 100퍼센트나 증가하게 되었다.

이와 같은 심각한 비용 상승으로 인해 맥도널드는 더 이상 아이슬란드의 패스트푸드 시장에서 경쟁할 수 없다는 결론을 내리게 되었다. 경제적 노출로 인한 리스크를 제거하기 위해 맥도널드는 아이슬란드에서 철수하였다. 맥도널드는 아이슬란드로 다시 돌아올 계획이 없다고 밝히고 있다.

심화 학습: 일반적으로 기업은 외환리스크에 대한 경제적 노출보다는 거래노출이나 환산노출이 좀 더 긴급하고 일상적인 위험이라고 평가한다. 기업이 이렇게 평가하는 이유가 무엇이라 생각하는가?

서는 환율변동이 긍정적일 수도 있고 부정적일 수도 있다는 사실을 이해하는 것이 중요하다. 그러나 어쨌든 환율이 변동할 가능성은 미래에 대한 계획을 더욱 어렵게 만드는 불확실성을 초래한다. 개인이나 기업은 외환리스크를 줄이거나 제거함으로써 이 불확실성을 감소시키거나 없애버리려고 시도할 수 있다. **헤징**(hedging)은 리스크에 대한 노출을 상쇄하려는 행동이다. 헤징 행위가 모든 리스크에 대한 노출을 제거한다면 **노출은 커버**되었다고 말한다.

외환리스크를 상쇄하기 위한 다양한 금융 수단들이 존재한다. 그런 수단 중의 하나가 외환에 대한 선물계약(forward contract)이다. 이 장의 뒷부분에서 외환리스크를 상쇄하기 위해 사용되는 다른 수단들, 즉, 파생상품 수단(derivative instruments)에 관하여 설명한다.

■ 선물환시장

앞의 예에 소개된 미국 부동산 개발회사에서 당신이 여전히 일하고 있다고 가정하자. 영국의 부동산 소유자가 당신 회사의 제안을 받아들였다고 해서 당신의 회사가 구입대금 확보를 위해 파운드화를 바로 구입하지는 않을 것이다. 만약 당장 구입대금에 해당하는 파운드화를 구입한다면 최소 2,000만 달러 이상의 자금이 외화 형태로 6개월이나 묶여 있어야 하는 것이다. 그러므로 회사는 지금이 아니라 미래에 파운드화가 인도되는 계약을 원할 것이다.

선물환시장(forward exchange market)은 특정 환율에서 특정 통화의 인도(引渡, delivery)를

- **헤징**(hedging): 리스크에 대한 노출을 상쇄하거나 제거하는 행위.
- **커버된 노출**(covered exposure): 헤징 수단을 통하여 완전히 제거된 외환리스크.
- **선물환시장**(forward exchange market): 특정 환율에 특정 외화의 미래 시점에서의 인도나 지급을 보장하는 계약들이 거래되는 시장.

보장하는 계약이 거래되는 시장이다. 대부분의 선물환계약은 100만 달러 이상이며 대형 상업은행 사이에 이루어진다. 선물환시장에서 거래되는 계약의 가격인 선물환율도 많은 경제 및 금융 관련 매체에 보도된다. 이 매체들은 일반적으로 1개월, 3개월, 6개월 및 1년 만기 선물계약의 가격을 보여준다.

■ 선물계약을 이용하여 외환 거래 시 발생하는 리스크 제거

선물계약은 미래 시점에서 특정 환율을 보장하기 때문에 외환리스크를 제거할 수 있다. 즉, 리스크에 대한 노출(exposure)을 커버할 수 있다. 영국 내 상업용 부동산에 대한 당신 회사의 제안이 수락되고 나면, 당신이 일하는 회사는 파운드에 대하여 숏 포지션(short position)을 취하게 되는데, 이는 외화(파운드)로 표시된 미래에 발생하는 지급의무이다. 앞에서 설명하였듯이 회사는 외환리스크에 노출된다.

이제 당신은 상급자에게 회사는 파운드화에 대한 6개월 만기 선물계약을 구입하여 리스크를 커버해야 한다고 건의해야 할 것이다. 영국 부동산의 소유자가 회사의 제안을 수락하는 시점에서 파운드화에 대한 6개월 선물환율이 1.5255$/£이라고 하자. 1,500만 파운드짜리 선물계약은 당신의 회사가 1,500만 파운드를 6개월 후에 1.5255$/£의 환율에 구입할 수 있게 해준다. 이 선물계약을 체결함으로써 구입하고자 하는 부동산의 최종가격은 6개월 후에 2,288만 2,500달러(=£1,500만 ×1.5255$/£)로 확정된다. 부동산의 매입가격에 존재하던 불확실성은 사라지게 되며, 거래에 노출된 리스크는 커버된다.

이 회사는 미래에 받게 될 외화표시지급 때문에 발생하는 거래노출도 경험하게 된다. 이 상황은 회사가 미래에 외화로 받을 금액이 있기 때문에 롱 포지션(long position)이 발생함을 의미한다. 이 경우 회사는 외화를 특정 환율에 파는 선물계약을 체결할 수 있다. 선물판매계약은 외환리스크를 모두 제거하며 미래에 받을 금액을 커버한다.

두 예에서 회사는 특정 가격에서 외화를 매매할 수 있게 해주는 선물계약을 체결함으로써 외환리스크를 모두 제거할 수 있었다. 선물시장에서 동일한 금액의 상쇄하는 포지션을 유지함으로써 거래 리스크를 제거하고 리스크 포지션을 커버할 수 있다. 선물시장을 통하여 외화 표시 자산과 부채의 미래 가치에 관한 불확실성을 제거할 수 있으며, 이로 인해 재화와 서비스 및 금융자산의 국제적 거래가 더욱 촉진된다.

핵심 이슈 #4

외환리스크는 무엇이며, 선물환시장의 역할은 무엇인가?

외환리스크는 환율의 변동으로 인해 외화 표시 거래의 가치가 변할 수 있는 리스크이다. 외환리스크에는 세 종류의 리스크가 있다. 거래 노출과 환산 노출 및 경제적 노출. 선물환시장은 특정 환율에 특정 통화의 인도를 보장하는 계약이 거래되는 시장이다. 특정 통화의 미래 시점에서의 인도를 보장함으로써 재화와 서비스 및 금융자산의 국가 간 이동을 더욱 촉진할 수 있다.

통화에 대한 수요와 공급

지금까지 우리의 논의는 현물과 선물환시장 및 이 시장에서 형성되는 가격, 즉 환율에 대해서만 초점을 맞추었다. 이제 제1장에서 논의된 수요와 공급의 개념을 이용하여 한 국가의 통화가치를 결정하는 요인들에 대하여 공부해보자. 일단 외환시장에 아무런 규제나 통제가 없다고 가정하자. 또한 정부가 통화의 가치를 조절하기 위해 통화를 사거나 팔지 않는다고 가정하자. 이 가정하에서는 수요와 공급에 따른 시장의 힘이 통화의 가치를 결정한다.

■ 통화에 대한 수요

통화의 주요 기능은 거래를 촉진하는 것이다. 통화에 대한 수요는 파생수요(derived demand)이다. 왜냐하면 통화에 대한 수요는 재화와 서비스 및 자산에 대한 수요로부터 파생되기 때문이다. 예를 들어 유로에 대한 수요는 미국인의 유럽산 재화와 서비스에 대한 수요 및 유로화로 표시된 자산에 대한 수요로부터 발생할 수도 있다. 만약 유럽산 재화에 대한 미국 소비자의 수요가 증가한다면 유럽산 재화를 구입하기 위해 유로에 대한 수요가 간접적으로 증가할 것이다. (통화에 대한 수요 및 통화에 대한 수요의 변화에 대한 자세한 분석은 "도표로 이해하는 글로벌 경제 이슈 6.1"을 참조하라.)

도표로 이해하는 글로벌 경제 이슈

6.1 유로에 대한 수요

도표 6.5는 유로에 대한 가상의 수요곡선을 나타낸다. 그림 (a)의 Y축에는 가격에 해당하는 달러/유로 환율($/€)이 표시되어 있다. 달러와 유로 사이의 환율은 유로의 달러 가격($/€)으로 표시될 수도 있고, 달러의 유로 가격(€/$)으로 표시될 수도 있기 때문에 분석의 대상에 따라 적합한 환율을 표시하는 것이 매우 중요하다. 우리의 예에서는 유로의 달러 가격($/€)을 사용한다.

그림 (a)의 우하향하는 수요곡선은 환율과 유로에 대한 수요량 사이에 (−)의 관계가 있음을 의미한다. 최초의 현물환율이 S_A라고 가정하자. 이 환율에서 유로에 대한 수요량이 Q_A이다. 이제 달러가 절상되어 환율이 S_B가 되었다. 이 새로운 환율에서 유럽산 재화는 미국 소비자에게 상대적으로 저렴해진다. 그 결과, 미국 소비자들은 유럽산 재화를 더 구입하고자 하며 이를 위해 유로가 더 필요하게 된다. 그러므로 유로에 대한 수요량은 Q_B로 증가하며, 수요곡선을 따라 점 A에서 점 B로 움직임을 의미한다.

그림 (b)의 환율 S_A에서 미국 소비자들의 유럽산 재화에 대한 선호도가 증가하였다고 하자. 보다 많은 유럽산 재화를 구입하기 위하여 미국 소비자들은 주어진 환율 수준에서 유로에 대한 수요량을 늘릴 것이다. 그러므로 유로에 대한 수요가 증가하게 되고, 이는 그림 (b)에서 수요곡선이 $D_€$에서 $D'_€$으로 우측 이전하는 것으로 나타난다.

심화 학습: 유로에 대한 달러의 절상은 유로에 대한 수요량의 증가를 가져올 것인가? 이 질문에 대한 해답을 찾는 데 있어서 수요곡선의 기울기는 어떤 역할을 하는가?

도표 6.5 유로에 대한 수요

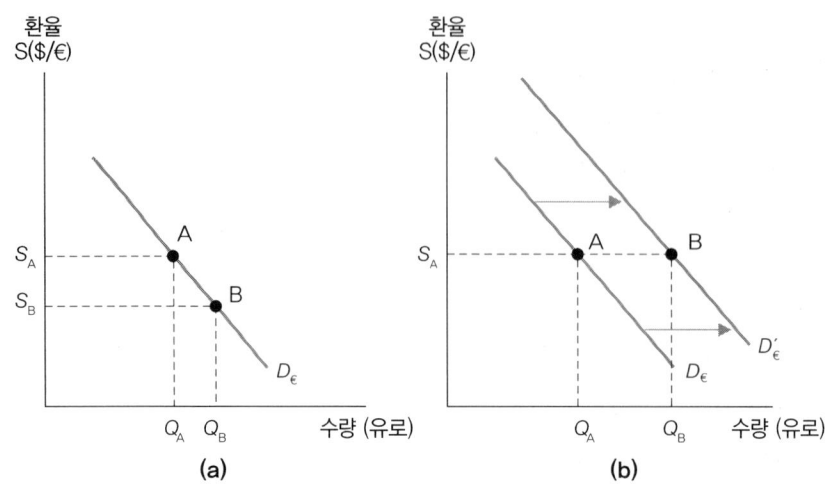

* 그림 (a)는 유로에 대한 수요곡선을 보여준다. S_A에서 S_B로의 환율 하락은 유로에 대해 달러가 절상되었음을 의미한다. 이로 인해 유럽 제품이 미국 소비자들에게는 상대적으로 더 저렴해지게 된다. 그 결과, 미국 소비자들은 유럽 제품을 더 사기 위해 유로화에 대한 수요량을 증가시킨다. 유럽産 재화와 서비스에 대한 미국 소비자들의 수요 증가는 유로에 대한 수요의 증가를 가져온다. 그림 (b)는 유로에 대한 수요의 증가를 수요곡선의 D_ϵ에서 D'_ϵ으로의 우측 이전으로 표현하고 있다.

통화의 수요량과 환율

재화와 서비스에 대한 수요와 마찬가지로 통화에 대한 수요는 수요의 법칙을 만족한다. 환율과 수요량 간의 관계는 직관적으로 다음과 같은 논리에 의해 설명될 수 있다. 즉, 유로에 대해 달러가 절상이 되면 유로의 달러 가격이 하락하게 되고, 이로 인해 유럽산 재화가 미국 소비자들에게 더 저렴해진다는 것이다. 그 결과, 미국 소비자들은 유럽산 재화를 더 많이 구입하고자 하며, 이 추가적인 거래를 실현하기 위해 더 많은 유로가 필요해지는 것이다. 결국 통화의 가격과 수요량 사이에는 (−)의 관계가 성립하게 된다. 환율의 상승은 어떤 통화에 대한 수요량의 감소를 가져온다.

통화에 대한 수요의 변화

어떤 환율 수준에서 미국 소비자의 유럽산 재화에 대한 기호와 선호도가 개선되었다고 가정하자. 이 경우 미국 소비자들은 유럽산 재화를 추가로 구매하기 위해 유로에 대한 수요량을 늘릴 것이다. 통화에 대한 수요는 파생수요이기 때문에 통화에 대한 수요의 변화를 가져오는 여러 요인들은 그 나라의 재화와 서비스 및 자산에 대한 해외 수요의 변화를 가져오는 요인들이기도 하다. 예를 들자면 자국제품과 서비스 및 금융자산에 대한 외국인의 기호와 선호도의 변화 같은 것들이다.

■ 통화의 공급

통화의 공급 역시 재화와 서비스 및 금융자산에 대한 수요로부터 파생된다. 그러나 통화의 공급은 외국의 재화와 서비스 및 금융자산에 대한 자국민의 수요로부터 파생되는 것이다.

통화의 공급량과 환율

통화의 공급을 이해하기 위하여 미국산 재화와 서비스 및 금융자산에 대한 유럽 소비자들의 수요와 이로 인해 발생하는 미국 달러에 대한 수요를 생각해보자. 유럽 소비자들이 미국의 재화와 서비스 및 금융자산을 구입하기 위해 미국 달러를 구입하는 경우 유럽 소비자들은 유로와 달러를 교환하게 된다. 그 결과 외환시장에 유로의 공급량이 늘어난다. 그러므로 달러에 대한 유럽인들의 수요는 동시에 유로의 공급을 의미한다. 이런 의미에서 유로의 공급은 미국 재화와 서비스 및 금융자산에 대한 수요로부터 파생된다고 말하는 것이다.

(유로의 공급곡선을 도출하는 방법을 이해하기 위해 "도표로 이해하는 글로벌 경제 이슈 6.2"를 참조하라.)

통화공급의 변화

특정 환율 수준에서 유럽 소비자들의 미국 제품에 대한 수요가 증가하면 이로 인해 달러에 대한 수요가 증가한다. 유럽 소비자들은 미국 제품을 더 구입하기 위해서 달러가 더 필요하며, 결국 보다 많은 유로를 달러와 교환하게 된다. 그 결과 일정한 환율 수준에서 외환시장에 유로의 공급량이 늘어나게 된다. 이것이 유로 **공급의 변화**이다. 통화의 공급에 변화를 가져오는 여러 요인들은 다른 나라의 재화와 서비스 및 금융자산에 대한 자국의 수요에 변화를 가져오는 요인들이다.

📰 도표로 이해하는 글로벌 경제 이슈

6.2 달러 수요와 유로 공급 간의 관계

통화의 공급이 어떻게 다른 나라의 재화와 서비스 및 금융자산에 대한 자국민의 수요로부터 파생되는가를 살펴보기 위해 먼저 유럽 소비자들의 미국 달러에 대한 수요를 생각해보자. 도표 6.6의 그림 (a)는 달러에 대한 수요를 나타내고 있다. 최초의 환율인 S_A^*에서 달러에 대한 수요량은 Q_A^*이다. 만약 달러가 절하되면, 즉, €/$ 환율이 하락하면, 미국 제품은 유럽 소비자들에게 상대적으로 더 저렴해진다. 그 결과, 유럽 소비자들은 미국 제품을 더 구입하고자 하며, 이로 인해 미국 달러가 더 필요해진다. 그 결과, 수요곡선을 따라 점 A에서 점 B로 움직이게 되며, 수요량은 Q_A^*에서 Q_B^*로 증가한다.

도표 6.6의 그림 (b)는 이 관계를 동일한 방식으로 공급측면에서 표현한다. 그림 (b)에는 유로의 수량이 X축에 표현되어 있고 Y축에는 유로의 달러 가격($/€)이 표현되어 있다. 유로가 절상될 때 $/€ 환율은 S_A에서 S_B로 상승한다. 유럽 소비자들이 달러 구입을 늘릴수록 보다 많은 유로가 달러와 교환된다. 그 결과 유로 공급량이 증가하며 공급곡선을 따라 점 A에서 점 B로 움직이게 된다. 즉, 그림 (b)의 우상향 공급곡선으로 표현되듯이 환율과 유로의 공급 간에 (+)의 관계가 존재한다.

심화 학습: 미국 달러의 공급곡선을 어떻게 도출할 것인가? 미국 달러에 대한 수요에 영향을 미치는 요인에는 어떤 것이 있는가?

도표 6.6 달러 수요-유로 공급 간의 관계

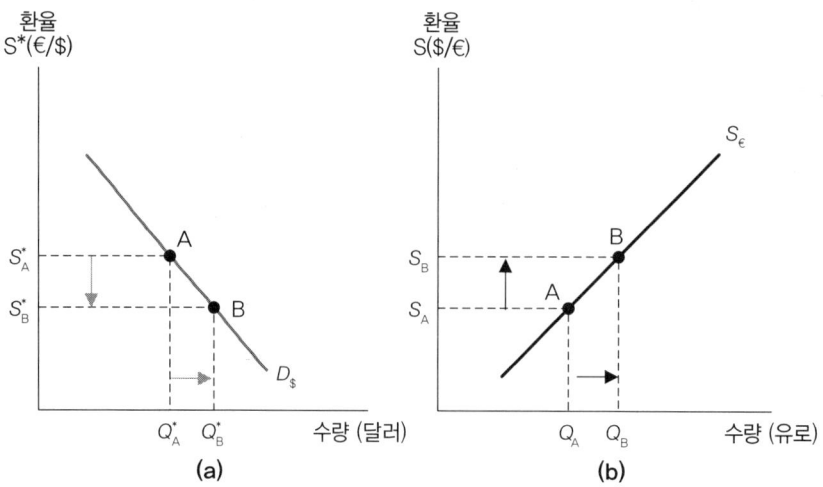

* 그림 (a)는 미국 달러에 대한 수요를 나타낸다. 유로/달러 환율의 하락은 달러 수요량의 증가를 가져온다. 외환시장에서 보다 많은 달러가 유로와 거래됨에 따라 유로 공급량은 증가한다. 그림 (b)는 달러/유로 환율과 유로 공급량 간의 관계를 보여준다. 달러/유로 환율이 상승함에 따라 유로 공급량이 증가한다. 공급곡선($S_€$)은 달러/유로 환율과 유로 공급량 간의 (+)관계를 보여준다.

■ 균형환율

통화가 국경을 넘어 자유롭게 이동을 하고 정부가 환율을 인위적으로 조정하기 위해 통화를 사거나 팔거나 하지 않는다면, 수요와 공급의 힘은 균형환율(equilibrium exchange rate), 즉, 시장청산(market-clearing)환율을 결정한다. 균형환율은 통화에 대한 수요량과 공급량이 같아지는 수준의 환율이다. 균형환율에서 시장은 청산된다. 즉, 통화에 대한 수요량이 통화의 공급량과 정확히 같아질 때 시장은 청산된다.(수요-공급 모형하에서 수요와 공급의 힘이 균형환율을 결정하는 원리를 이해하기 위해서는 "도표로 이해하는 글로벌 경제이슈 6.3"을 참조하라.)

수요의 변화

일본산 제품에 대한 미국 소비자들의 수요가 증가하였다고 하자. 미국 소비자들은 일본 제품의 구매를 늘리고 원활한 거래를 위해 보다 많은 엔화를 보유하려 할 것이다. 그 결과, 엔화에 대한 수요가 증가한다. 최초의 환율에서 엔화에 대한 수요의 증가는 엔화에 대한 초과수요를 가져온다. 제1장에서 논의하였듯이 초과수요량은 가격 상승압력으로 작용한다. 결국 달러/엔 ($/¥) 환율은 상승하며, 이는 달러에 대한 엔화의 절상을 의미한다.

공급의 변화

이제 미국 금융자산에 대한 일본 국민들의 수요 변화가 환율에 어떤 영향을 미치는지 살펴보자. 어떤 미국 금융자산의 수익률이 이와 유사한 일본 금융자산의 수익률을 초과한다고 가정하자. 이 경우 일본 투자자들은 자금을 일본시장에서 빼내어 미국시장으로 이전시킬 것이다. 종전보다 더 많

도표로 이해하는 글로벌 경제 이슈

6.3 균형환율

균형환율의 결정을 설명하기 위해 도표 6.7의 일본 엔화에 대한 수요곡선과 공급곡선을 보자. 처음에는 S_A가 균형 달러($)/엔(¥) 환율이었다. 이 환율에서 엔화에 대한 수요량은 엔화의 공급량과 정확히 일치하기 때문에 엔화에 대한 초과수요도 초과공급도 존재하지 않는다.

환율 S_A에서 미국 소비자들의 일본산 전자제품에 대한 수요가 증가했다고 가정하자. 일본 전자제품을 더 구매하기 위해서 미국 소비자들은 더 많은 엔화를 필요로 할 것이다. 즉, 엔화에 대한 수요가 증가하며, 이는 수요곡선이 $D_¥$에서 $D'_¥$으로 이전함을 의미한다.

최초의 환율 S_A에서 엔화에 대한 수요의 증가는 엔화에 대한 초과수요를 초래하며, 이는 Q'과 최초의 수량 Q_A와의 차이로 표현된다. 엔화에 대한 초과수요는 $/¥ 환율에 상승압력을 발생시키며, 이는 달러에 대한 엔화의 절상을 의미한다. 환율이 상승함에 따라 시장 거래는 수요곡선을 따라 A'에서 B로 움직인다. 초과수요가 사라져서 시장이 청산될 때까지 엔화는 절상된다. 궁극적으로 점 B와 환율 S_B에서 새로운 균형이 달성된다.

심화 학습: 엔화에 대한 수요와 엔화의 공급이 동시에 증가한다면 균형환율은 어떻게 될 것인가?

도표 6.7 균형환율

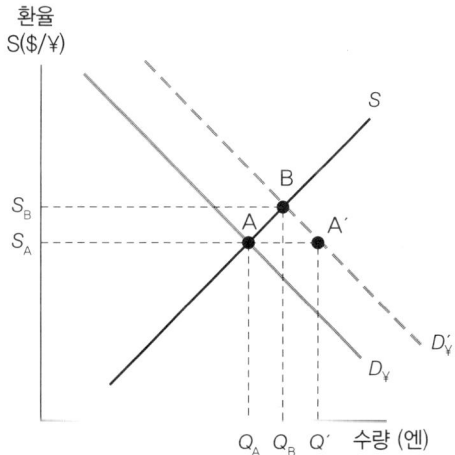

* 균형환율 S_A에서 엔화에 대한 수요량은 엔화의 공급량과 일치한다. 일본제품에 대한 미국 소비자들의 수요 증대는 엔화에 대한 수요의 증가를 가져온다. $D_¥$에서 $D'_¥$으로의 수요곡선 이동이 엔화에 대한 수요의 증가를 나타낸다.

은 미국 금융자산을 구입하기 위하여 일본 투자자(저축자)들은 미국 달러를 이전보다 더 많이 보유해야만 한다. 이 과정에서 일본인들은 보다 많은 엔화를 달러와 교환하게 되고, 이는 외환시장에의 엔화 공급의 증가로 이어진다. 최초의 환율수준에서 엔화 공급의 증가는 엔화의 초과공급을 초래한다. 초과공급은 가격 하락압력을 발생시킨다. 결국, 엔화의 초과공급량은 달러/엔 환율을 하락시키며 이는 달러에 대한 엔화의 절하를 의미한다.

> **핵심 이슈 #5**
>
> **통화의 가치는 무엇이 결정하는가?**
>
> 통화에 대한 수요와 공급 사이의 상호작용이 균형 환율을 결정한다. 만약 환율이 자유롭게 변동할 수 있다면, 시장 청산 과정을 통해 환율은 균형 환율에 도달한다. 균형환율은 외환시장에서 통화에 대한 수요량이 공급량과 일치되는 환율이다.

현물환율과 선물환율 간의 관계

선물환시장은 어떤 특정 환율, 즉 선물환율과 특정 미래 시점에서 외환의 인도(delivery)를 보장하는 계약이 거래되는 시장임을 이미 배웠다. 환율이 자유롭게 조정된다면 선물시장에서의 수요와 공급의 힘이 선물환율을 결정한다. 선물환율은 미래에 인도되는 통화에 대한 수요와 공급을 반영하기 때문에 미래의 현물환율에 대한 정보를 제공할 수 있다. 즉, 선물환율은 현물환율의 미래치에 대한 기대값을 형성하는 데 유용하게 쓰일 수 있다. 선물환율과 미래의 현물환율 간의 관계를 이해하기 위해 선물환율과 현재의 현물환율 간의 관계를 먼저 살펴보자.

■ 선물할증과 선물할인

영국 파운드화에 대한 6개월 선물환율이 1.5255\$/£이고, 현물환율은 1.4883\$/£라고 가정하자. 선물시장에서의 파운드화의 달러 가격, 즉, 파운드화의 선물환율이 현물시장에서의 파운드화의 달러 가격보다 높기 때문에, 이 경우 파운드화는 **선물할증**되어 거래된다고(trade at a **forward premium**) 말한다. 반대로 만약 어떤 통화의 선물환율이 현물환율보다 낮다면 그 통화는 **선물할인**되어 거래된다고(trade at a **forward discount**) 말한다.

■ 표준 선물할증

경제학자들은 일반적으로 선물할증과 선물할인을 표준화된 형태로 표시하기 위해 **표준 선물할증**(*standard forward premium*) 혹은 할인을 백분율 형태로 계산하고, 연간 단위로 나타내곤 한다. 이를 계산하기 위해 다음의 공식을 사용한다.

표준 선물할증 (혹은 할인) = $[(F_N - S)/S] \times (12/N) \times 100$

여기서 F_N은 선물환율, S는 현물환율, 그리고 N은 선물계약의 개월 수이다.

이 공식에는 세 부분이 있다. 첫 번째 부분은 선물할증으로서 현물환율 대비 선물환율과 현물환율 간의 차이, 즉, $(F_N - S)/S$ 이다. 두 번째 부분은 선물할증을 계약기간의 개월 수로 나누고 다시 12를 곱하여 연간 단위로 표현한다. 세 번째 부분은 연간 선물환율에 100을 곱하여 백분율의

• **선물할증 혹은 할인**(forward premium or discount): 현물환율에 대한 백분율로 표시되는 선물환율과 현물환율 간의 차이.

형태로 표현한다. 앞의 예에서 표준 선물할증은 다음과 같이 계산된다.

$$[(F_N-S)/S] \times (12/N) \times 100 = [(1.5255-1.4833)/1.4833] \times (12/6) \times 100 = 5.0$$

즉, 표준 선물할증은 5퍼센트이다.

■ 선물환율과 미래 시점에서의 현물환율에 대한 기대치

어떤 외환딜러가 앞으로 6개월 동안 파운드화가 달러에 대해 0.5퍼센트 절상(혹은 1년 기준으로는 1퍼센트 절상)될 것으로 믿는다고 가정하자. 파운드화가 미래에 평가절상될 것이라는 이 딜러의 기대는 파운드화의 선물할증과는 다르다. 결과적으로 이 딜러는 외화거래에 참여함으로써 이익을 얻을 수 있다.

이 딜러가 $1.5225/£의 선물환율에서 100만 파운드를 달러와 6개월 후 교환하는 계약을 선물외환시장에서 체결하였다고 가정하자. 거래비용은 없다는 가정하에 지금부터 6개월 후 이 딜러는 100만 파운드를 지급하고 152만 5,500달러(=£100만×1.5255$/£)를 받게 될 것이다. 이제 딜러의 예상이 정확하여 파운드화가 0.5퍼센트 평가절상 되었다고 가정하자. 즉, 환율은 1.4883$/£에서 1.4957$/£가 된다. 이 딜러는 선물계약을 통해 확보한 달러를 이용하여 현물시장에서 파운드를 구입할 것이다. 선물계약을 확보한 152만 5,500달러는 현물시장에서 101만 9,924유로(=$1,525,500/1.4957$/£)와 교환되며, 1만 9,924유로의 이익을 얻게 된다.

다른 딜러들도 동일한 예상을 하게 되면, 선물외환시장에 파운드화의 공급이 늘어나게 된다. (마찬가지로 선물시장에서 달러에 대한 총수요는 증가하게 된다.) 선물시장에서 파운드화 공급증가는 선물시장에서 $/£환율에 하락압력을 발생시킨다. 이로 인해 선물할증의 크기가 줄어들며 선물할증과 기대 절상률 간의 격차가 사라진다. 앞의 예에서와 같은 현명한 딜러들의 이익추구행동은 선물할증과 현물환율의 변화율 사이의 격차를 이용하여 구조적으로 이익을 얻을 수 있는 기회를 궁극적으로 제거해 버린다. 결과적으로 다음의 균형조건이 평균적으로는 반드시 성립해야 한다.

$$(F_N-S)/S = (S_N^e-S)/S$$

여기서 S_N^e는 지금부터 N개월 후의 기대 현물환율이다. 이 조건은 선물할증이 균형에서 통화의 기대절상률과 동일해지며, 선물할인은 기대절하율과 동일해진다는 의미이다. 이 조건은 다음과 같이 단순화된다.

$$F_N = S_N^e$$

위 조건은 균형에서 N개월짜리 선물계약의 선물환율이 N개월 후의 현물환율의 기대치와 동일해진다는 의미이다. 만약 선물환율이 기대현물환율과 지속적으로 다른 값을 지닌다면 앞의 예에서처럼 이익을 얻을 수 있는 기회가 존재함을 의미한다. 그리고 이익의 기회가 존재하면 외환시장의 거래자들은 이 기회를 이용해버릴 것이다. 이론적으로 이런 거래자들의 행동은 미래의 기대현물환율과 선물환율에 변화를 가져오고 결국 둘 사이의 차이를 없애버리게 된다. 결국 균형조건에 의거하여 우리는 선물환율과 미래에 실제로 실현된 현물환율 사이에는 매우 밀접한 관계가 있다고 말할 수 있다. 이것이 미래의 현물환율을 예측함에 있어서 상당히 유용한 정보가 선물환율에 포함되어 있다고 주장하는 이유이다. 많은 연구가 선물환율과 실제의 미래 현물환율 사이에 어느 정도 상관성이 있음을 보여주고 있다. 대부분의 경제학자들은 선물할증이 미래의 현물환율을 예측함에 있어서 제한된 설명력이 있다고 결론내리고 있다. 제8장에서 현물환율과 선물환율 및 기타 변수들과 관련된 이론을 공부할 것이다.

핵심 이슈 #6

현물환시장과 선물환시장은 어떻게 연관되어 있는가?

만약 환율이 자유롭게 조정이 되는 상황이라면 수요와 공급의 힘이 선물환율을 결정한다. 만약 선물환율이 현물환율보다 높으면 특정 통화는 선물할증되어 거래된다고 말한다. 만약 선물환율이 현물환율보다 낮으면 특정 통화는 선물할인되어 거래된다고 말한다. 표준 선물할증은 선물할증을 연율 기준으로 표시한다. 만약 선물환율이 미래 기대현물환율과 지속적으로 다르다면 이익의 기회가 존재한다. 그러므로 이론적으로는 통화거래자들의 행동이 선물환율과 미래의 기대현물환율과의 차이를 제거한다. 경제학자들은 선물환율과 현물환율 간의 관계를 깊게 연구해 왔다. 연구결과 선물환율은 미래의 현물환율을 예측하는 데 있어서 제한적으로 유용한 것으로 밝혀졌다.

다른 외환시장 수단들

외환계약은 통화거래자들이 외환리스크를 헤지하는데 사용하는 외환시장의 금융상품 중 한 종류일 뿐이다. 지난 20년간 여러 종류의 외환파생상품들이 개발되었다.

■ 외환파생상품

외환파생상품(foreign exchange derivative instruments)은 그 수익률이 다른 금융상품의 수익률과 연결되어 있거나, 그로부터 파생되는 구조의 통화 금융상품이다. 선물외환계약은 거래자에게 지급되는 수익이 현물환율에 달려있기 때문에 파생금융증권의 정의에 부합한다.

외환파생상품을 이용한 헤징과 투기적 거래

앞에서 선물계약을 이용하여 파운드화에 대한 숏포지션을 헤지하는 방법에 대해서 배웠다. 선물환계약은 미국의 부동산 개발업자가 외환리스크를 커버할 수 있게 해주며 미래시점에서 파운드화 표시 거래를 완결하는 데 발생하는 비용과 관련된 모든 불확실성을 제거한다. 파운드/달러 환율을 고정시킴으로써 미국 회사로 하여금 영국 부동산의 달러가격이 선물계약에 의해 보장되는 수준 이상으로 상승할 때 발생하는 리스크로부터 해방되도록 해준다.

외환 트레이더들은 손실 리스크로부터 보호되도록 외환파생수단을 사용할 수도 있지만, 이익을

- **외환파생상품**(foreign exchange derivative instruments): 수익률이 다른 금융상품의 수익률과 연결되어 있거나, 그로부터 파생되는 구조의 통화 관련 금융상품.

추구하는 과정에서 고위험-고수익의 투기거래에도 사용할 수 있다. 외환파생수단이 전체 리스크를 어떻게 증가시키는가를 이해하기 위해 앞 예의 조건 일부를 바꿔보자. 외환 트레이더가 앞으로 6개월 동안 파운드화의 현물환율에 변동이 없을 거라고 예상한다고 하자. 그러나 그의 이런 믿음은 외환시장에 참여하고 있는 대부분의 다른 거래자들의 예상과는 일치하지 않는 것이며, 대부분의 거래자들은 파운드화가 절상될 것이라고 예상하고 있다. 그럼에도 불구하고, 이 트레이더는 자신의 예상이 정확하다고 확신하여, 미국의 부동산 개발업체의 책임자와 선물환 계약을 체결하고자 한다.

달러/파운드의 현재 현물환율은 1.4883$/£이고, 6개월 선물환율은 1.5255$/£이다. 외환 트레이더와 부동산 개발업체의 책임자는 외환 트레이더가 선물환율 1.5255$/£에서 1,500만 파운드를 부동산 개발업체 책임자의 달러와 교환하는 선물환 계약을 체결하고자 한다. 달리 표현하면 미국 측 책임자는 외환 트레이더의 1,500만 파운드와 2,288만 2,500달러를 6개월 후에 교환하는 것이다.

외환 트레이더는 파운드화를 6개월 후의 현물환율에서 살 계획이다. 만약 트레이더의 예상이 맞다면 6개월 후에 파운드를 구입하는 비용은 2,232만 4,500달러(=£1,500만×1.4883$/£)이다. 트레이더는 미국 부동산회사의 책임자에게 1,500만 파운드를 주고 2,288만 2,500달러를 받음으로써 55만 8,000달러의 이익을 얻게 된다. 하지만 만약 대부분의 예상처럼 파운드화가 절상이 되면 이 트레이더가 계약을 완결하는 데 들어가는 달러 비용은 트레이더가 추측(speculate)했던 수준을 상회하게 된다. 그러므로 파운드화의 절상이라는 일반적인 예측이 실제로 발생하는 정도에 따라 외환 트레이더가 시도한 투기적 거래(speculating)의 성공 정도가 결정되며 전체 리스크의 증가규모도 변동한다.

이 예는 외환시장 참가자들이 외환파생상품을 리스크 헤지 목적으로 사용하기도 하지만, 투기적 거래에도 사용할 수 있음을 보여준다. 금융매니저들이 헤징수단으로써 파생상품을 사용하기 시작하면서 1980년대 초부터 외환파생상품도 전세계적으로 사용되기 시작하였다. 그와 동시에 많은 트레이더들이 외환파생상품을 투기적 거래에 이용하여 큰 이익을 창출하기도 하였다.

불행하게도 몇몇 트레이더들은 외환파생상품을 이용한 투기적 거래로 인해 막대한 손실을 입기도 하였다. 그 결과로 많은 기업과 개인이 큰 금융 손실을 입었다. 외환파생상품을 이용한 투기적 거래가 초래한 손실 중 가장 유명한 사례로 1990년대에 발생한 폭스바겐(Volkswagen)의 2억 6,000만 달러의 손실과 프록터(Procter) & 갬블(Gamble)의 1억 5,700만 달러의 손실 및 퍼시픽콥(PacifiCorp)의 6,500만 달러의 손실 등이 있다. 그런데 이런 파생상품을 이용한 투기적 거래에는 손실을 본 사람이 있으면 이익을 본 사람도 꼭 있다는 것이 사실이다. 시장에 대한 예측이 틀려서 이 세 회사는 큰 손실을 봤지만, 이 손실은 시장을 정확히 예측한 기업과 트레이더들의 이익이 되는 것이다.

■ 일반적인 외환파생상품

현재 많은 종류의 외환파생상품이 있는데, 그 수익률이 다른 금융상품의 가격에 의존한다는 특성을 모두 공유하고 있다. 또한 트레이더들은 외환 파생상품들을 헤징 목적 혹은 투기적 거래 목적으로 사용할 수 있다.

가장 일반적인 외환파생상품은 선물환 계약(forward exchange contracts)과 더불어 **통화선물**(currency futures), **통화옵션**(currency options), **통화 스왑**(currency swaps) 등이다. 표 6.5는 이들 파생상품들의 특성을 요약해 놓은 것이다. 이제 각각의 파생상품의 특성을 자세히 살펴보자.

통화선물

외환파생상품 중 트레이더들 사이에서 인기가 높은 것이 **통화선물**(currency futures)이다. 통화선물은 거래의 한 쪽 당사자가 특정한 미래의 어느 시점에 특정 통화의 일정량을 다른 통화의 일정량과 교환하여 거래의 다른 당사자에게 인도하기로 하는 합의이다. 선물환 계약과는 달리 통화선물은 통화의 표준거래량과 거래의 자세한 방식이 이미 정해져 있다. 통화선물계약은 표준화되어 있기 때문에 거래당사자들은 계약 조건에 대하여 협상하는 시간이 필요 없다. 전세계에서 가장 큰 통화선물시장은 시카고 상품 거래소의 국제통화시장(International Monetary Market of the Chicago Mercantile Exchange)이며, 여기서 트레이더들은 여러 종류의 통화로 선물계약 거래를 진행한다.

통화선물계약을 보유한 사람들은 계약 만기 전에도 언제든지 본인의 계약과 관련하여 이익이나 손실을 경험하게 된다. 왜냐하면 선물(futures) 계약은 매일 매일 현금 결제를 요구하기 때문이다. 즉, 이익이나 손실이 매일 결제된다. 반면 선물환 계약(forward contract)의 경우에는 선물환 계약의 만기 시점에서만 이익이나 손실이 발생하고, 결제 역시 만기 시점에서만 이루어진다. 그 결과, 통화선물계약의 가격과 선물환 계약의 가격은 일반적으로 다르다.[iii]

통화선물은 일반적으로 선물환 계약보다 적은 규모의 통화거래에 사용된다. 일상적인 영업활동에서 대규모의 외화거래가 필요한 대형은행이나 기업들이 주로 선물환 계약을 사용한다. 헤징을

- **통화선물**(currency futures): 특정 날짜에 특정 통화의 표준화된 수량을 인도한다는 합의.

[iii] **관련 웹사이트**: 시카고 상품거래소(Chicago Mercantile Exchange)와 통화선물에 관한 좀 더 자세한 정보는 www.cmegroup.com을 참조.

표 6.5 기본적인 외환파생상품

선물환 계약(forward exchange contract)	특정 환율에 외화의 인도(delivery)를 보장하는 계약
통화선물계약(currency futures contract)	특정한 미래 시점에 어떤 특정 통화의 표준화된 수량을 인도하기로 하는 합의
통화옵션계약(currency option contract)	특정 기간 내에 특정한 가격에서 어떤 통화의 고정된 금액을 사거나 팔 수 있는 권리를 부여하는 계약
통화 스왑(currency swap)	다른 통화로 표시된 지급의 흐름을 교환하는 계약

* 외환파생상품은 그 수익률이 다른 금융상품의 수익률에 연결되어 있는 통화 상품이다. 가장 일반적인 외환파생상품으로는 선물환 계약, 통화선물, 통화옵션, 통화 스왑이 있다.

하거나 투기적 거래를 하고자 하는 개인이나 중소기업들은 일반적으로 통화선물을 이용한다. (차입을 이용한 투기적 통화선물거래에 대한 우려가 소매 외환 거래의 상당한 위축을 가져오는 새로운 규제로 이어진다. "온라인 세계화 6.1" 참조.)

통화옵션

통화옵션(currency options)은 특정 가격에서 일정량의 특정 통화를 사거나 팔 수 있는 권리를 옵션보유자에게 주는 계약을 말한다. 이 권리는 계약보유자가 꼭 사거나 팔도록 요구하지는 않는다. 통화옵션은 단순히 계약보유자가 사거나 팔 수 있는 옵션을 제공할 뿐이다. 계약보유자가 어떤 통화의 일정량을 사거나 파는 권리를 행사하는 주어진 가격이 옵션의 **행사가격**(exercise price)이며, 트레이더들은 **체결가격**(*strike price*)으로 부르기도 한다.

- **통화옵션**(currency option): 특정 기간이나 특정 시일에 특정한 가격에서 어떤 통화의 고정된 금액을 사거나 팔 수 있는 권리를 부여하는 계약.

- **행사가격**(exercise price): 옵션보유자가 어떤 금융자산을 사거나 팔 수 있는 권리를 행사할 수 있는 가격. 영어로는 exercise price 혹은 strike price라고 함.

✈ 온라인 세계화

6.1 신용카드 사용금지가 소매 통화거래를 위축시킬 수 있다

많은 기업이 세계 도처에서 개인 트레이더들에게 소매 통화거래를 할 수 있는 온라인 계좌를 제공하고 있다. 예를 들어 게인 캐피탈(Gain Capital)의 고객들은 150여 개국에 거주하고 있으며 인터넷 기반 시스템을 이용하여 하루에 40억 달러 이상의 통화를 교환하고 있다. 온라인 통화거래 시스템을 제공하고 있는 다른 기업들로 FXCM, Oanda, CitiFX Pro, FXDD 등이 있다. 이와 같은 웹 기반 기업들이 소매 통화거래의 상당 부분을 창출해 내고 있다.

개인 트레이더들의 자금 교환 과정을 단순화하기 위해서 온라인 통화거래 기업들은 일반적으로 개인들이 거래대금을 신용카드계좌에 청구하도록 허락하고 있다. 그런데 이는 또한 투기적 거래를 하고자 하는 사람들이 투기적 — 잠재적으로는 그리고 종종 실제로 매우 위험한 — 거래에 필요한 자금을 조달하기 위하여 신용카드 계좌에서 대출을 발생시키게 됨을 의미하는 것이다. 미국의 선물(futures) 산업 대부분을 관장하는 자체 감독 기구인 전국선물위원회(National Futures Association, NFA)는 선물거래에 필요한 자금 조달에 신용카드를 사용하는 행위를 단계적으로 금지시켜 나갈 것을 고려하고 있다고 발표하였다. 만약 NFA가 NFA 회원들의 신용카드 사용을 금지시킨다면, 미국정부 차원의 상품선물거래 위원회(Commodity Futures Trading Commission)도 비NFA 선물거래 기업들에게 동일한 규제를 부과할 것으로 예상되고 있다.

만약 개인들이 온라인 외화거래에 필요한 자금 조달에 신용카드를 사용할 수 없게 된다면, 브로커에게 전신환(wire transfer) 혹은 실물수표를 우편으로 부치는 방법과 같은 더 번거롭고 비용이 많이 드는 방법을 사용하게 될 것이다. 몇몇 온라인 트레이딩 기업은 신용카드 사용금지가 궁극적으로 인터넷을 통한 외환거래 규모를 60퍼센트 정도 감소시킬 것이라고 예측하고 있다.

심화 학습: 온라인 외환거래와 관련된 신용카드 사용금지가 소매 통화거래 규모의 상당한 감소를 초래하다면 이로 인해 누가 이익을 보게 되는가?

콜 옵션(call options)은 계약보유자가 행사가격에서 일정량의 통화를 살 수 있게 해주는 옵션이다. **풋 옵션**(put options)은 계약보유자가 행사가격에서 일정량의 통화를 팔 수 있게 해주는 옵션이다. 트레이더들은 계약 만기 이전에 언제든지 구입권리나 판매권리의 행사를 허락하는 옵션을 **아메리칸 옵션**(American option)이라고 부른다. 계약 만기 당일에만 구입권리나 판매권리의 행사를 허락하는 옵션을 **유로피안 옵션**(European option)이라고 부른다.

다국적 기업은 장외 계약을 통하여 은행으로부터 직접 통화옵션을 구매할 수 있지만, 기존 시장에서 구입할 수도 있다. 가장 규모가 큰 옵션시장 중의 하나는 필라델피아 주식시장(Philadelphia Stock Exchange)이다.

통화 스왑

통화 스왑(currency swaps)은 여러 통화로 표시된 지급 흐름의 교환을 의미한다. 도표 6.8은 통화 스

- **콜 옵션**(call option): 특정 환율에서 일정 금액의 통화를 매입할 수 있는 권리를 옵션소유자에게 부여하는 옵션 계약.
- **풋 옵션**(put option): 특정 환율에서 일정 금액의 통화를 팔 수 있는 권리를 옵션소유자에게 부여하는 옵션 계약.
- **아메리칸 옵션**(American option): 계약 만기일과 만기일 이전에 언제든지 계약보유자가 일정량의 통화를 사거나 팔 수 있는 옵션.

- **유로피안 옵션**(European option): 계약 만기일에만 계약보유자가 일정량의 통화를 사거나 팔 수 있는 옵션.
- **통화 스왑**(currency swap): 다른 통화로 표시된 지급 흐름의 교환.

도표 6.8 통화 스왑의 예

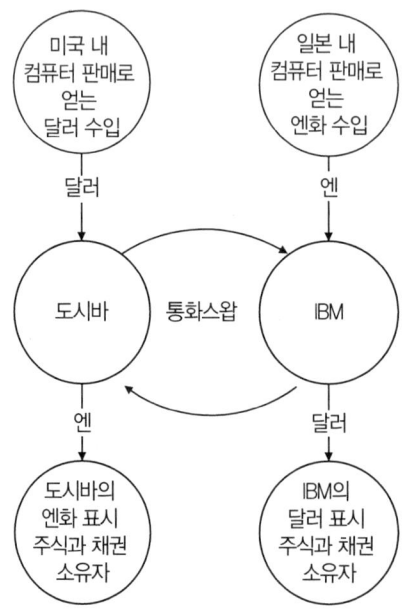

* IBM은 일본에서의 컴퓨터 판매를 통해 엔화 수입이 발생하고, 도시바는 미국에서의 컴퓨터 판매를 통해 달러 수입이 발생한다. 두 회사는 통화 스왑 계약을 통해 엔화 수입과 달러 수입을 거래하여 각자의 지분소유자나 채권소유자에게 달러 지급 및 엔화 지급을 실행할 수 있다.

왑의 일례를 보여준다. 이 예에서 IBM(International Business Machine)사(社)는 일본에서의 컴퓨터 판매를 통해 엔화 표시의 수입(revenue) 흐름을 얻으며, 도시바사(社)(Toshiba Corporation)는 미국에 컴퓨터를 판매함으로써 달러 수입을 얻는다. IBM은 달러로 지분소유자와 채권자들에게 배당과 이자를 지급해야 하며, 도시바는 엔화로 주주와 채권자들에게 배당과 이자를 지급해야 한다. 그러므로 IBM과 도시바는 원칙적으로 각자의 주주와 채권소유자들에게 그들이 벌어들인 수입을 지급하기 위한 목적으로 각자 벌어들인 엔화와 달러를 거래할 동기가 있으며, 이를 위한 방법으로 통화 스왑을 사용할 수 있다.

또한 기업들은 부채지급이나 미래 수입의 자국 통화가치를 고정시키기 위해 통화스왑을 종종 사용하기도 한다. 스왑 파트너를 찾는 것이 선물환 계약의 파트너를 찾는 것보다 쉬운 경우도 있는데 이는 스왑이 다른 통화로 표시된 현금 흐름이 필요한 트레이더들을 직접적으로 연결시켜주기 때문이다.

> **핵심 이슈 #7**
>
> 외환시장에서 보통 거래되는 외환파생상품으로는 어떤 것이 있는가?
>
> 선물환 계약 이외에도 다양한 외환파생상품들이 거래되고 있는데, 통화선물, 통화옵션, 통화 스왑이 여기에 포함된다. 통화선물은 거래의 한 쪽 당사자가 특정한 미래의 어느 시점에 일정량의 특정 통화를 거래의 다른 당사자에게 인도하기로 하는 합의이다. 통화선물은 트레이더들이 조직화된 시장에서 표준화된 수량을 거래하고 이익이나 손실이 만기에만 발생하는 것이 아니라 매일 발생한다는 의미에서 선물환 계약과 크게 다르다. 통화옵션은 특정 가격에서 일정량의 특정 통화를 일정 기간 내에 사거나 팔 수 있는 권리를 옵션 보유자에게 주는 계약을 말한다. 통화 스왑은 다른 통화로 표시된 지급의 흐름을 교환하는 것이다.

요약

1. **국제수지가 측정하는 것**: 한 국가의 국제 거래를 기록하는 데 사용되는 계정들로 구성된 시스템이다. 이 시스템은 재화, 서비스, 소득, 일방적 이전지출, 민간부문의 금융자산 거래, 공적준비자산 등을 측정한다. 경상수지는 재화, 서비스, 소득 및 일방적 이전지출의 범주로 구성되어 있다.
2. **글로벌 시장에서의 외환시장의 역할**: 외환시장은 가계와 기업과 정부가 외화를 사거나 팔 때 이용하는 은행과 브로커와 중앙은행들로 구성된 시스템이며, 세계에서 가장 오래되고 가장 규모가 큰 금융시장이다. 외환시장은 거래의 가치를 평가하고 지급을 실현시키는 글로벌 체제이며, 국가 간 재화와 서비스의 흐름을 촉진시킨다. 24시간 내내 외환시장은 작동한다. 다양한 종류의 금융상품들이 외환시장에서 거래되며, 환율은 보통 1분에 20번 정도 변동한다.

3. **현물외환시장**: 현물외환시장은 외화의 즉각적인 인도가 요구되는 계약이 거래되는 시장이다. 민간은행 사이에 거래되는 100만 달러 이상의 외화 표시 예금 거래가 현물시장을 주도하고 있다. 경제학자들은 현물환율을 이용하여 통화가치의 절상과 절하를 표현하며 교차환율, 실질환율, 유효환율을 계산하는 데에도 현물환율을 활용한다.

4. **외환리스크와 선물 외환시장의 역할**: 외환리스크는 불확실한 미래의 환율이 외화 표시 수입과 자산 및 부채 등의 가치에 미치는 영향을 말한다. 외환리스크에는 세 가지 형태의 노출(exposure)이 있다: 거래 노출과 환산 노출 및 경제적 노출이다. 원칙적으로 개인이나 기업은 외환리스크에 대한 노출의 전부 혹은 일부를 상쇄, 혹은 헤지하기 위해서 특정 환율에 특정 통화의 미래 시점에서의 인도를 보장하는 선물환 계약을 사용할 수 있다. 외화 표시 거래의 미래 가치에 관한 불확실성을 제거함으로써 선물환 계약은 재화와 서비스 및 금융자산의 국제적 거래를 더욱 촉진시킨다.

5. **통화의 가치 결정**: 통화의 수요와 공급 간의 상호작용이 통화의 시장 가치를 결정한다. 환율이 자유롭게 변동할 수 있는 환경이라면 시장 청산 과정을 통해 통화의 가치는 시장 균형에 도달한다. 균형환율은 통화의 수요량과 통화의 공급량이 일치하는 수준의 환율이다.

6. **현물외환시장과 선물외환시장 간의 관계**: 환율이 자유롭게 변동한다면, 수요과 공급의 힘이 선물환율을 결정한다. 선물할증과 선물할인은 현물환율에 대해 백분율의 형태로 표현된 선물환율과 현물환율 간의 차이이다. 선물환율이 현물환율보다 높을 때 통화가 선물할증되어 거래된다고 표현한다. 선물환율이 현물환율보다 낮을 때 통화가 선물할인되어 거래된다고 표현한다. 표준 선물할증은 선물할증을 연율로 표현한다.

7. **많이 거래되는 기타 외환파생상품**: 선물환 계약과 더불어 일반적으로 거래되는 외환파생상품으로는 통화선물과 통화옵션 및 통화 스왑이 있으며, 수익률이 다른 금융자산의 수익률과 연결되어 있다는 파생상품의 특성을 보유하고 있다. 통화선물은 특정 시점에 특정 통화의 표준화된 수량을 인도하기로 한 합의이다. 통화옵션은 일정 기간 내에 특정 통화의 일정량을 어떤 가격에서 사거나 팔 수 있는 권리를 보장하는 계약이다. 통화 스왑은 다른 통화로 표시된 지급 흐름의 교환이다.

연습문제

1. 아래 표에 주어진 특정 연도의 데이터를 이용하여 상품무역수지, 재화와 서비스 및 소득에 대한 수지, 그리고 경상수지를 계산하라. 각각의 수지가 적자인지 흑자인지 밝혀라. (단위: 1억 달러)

상품 수출	1,060	서비스 수입	280
서비스 수출	340	자본 유입	60
순 일방적 이전지출	80	상품 수입	1,190
통계적 오차	0	자본 유출	290
공적결제수지	220		

2. 달러/유로 환율이 목요일에 1.3245$/€이었고 바로 그 다음 날인 금요일에 1.3221$/€이 되었다고 하자. 달러에 대하여 유로는 절하되었는가? 아니면 절상되었는가? 절상율과 절하율은 어떻게 되는가?

3. 다음의 교차환율 표를 완성하라. (힌트: 첫 번째 환율은 £/$ 환율이다.)

	미국 $	영국 £	캐나다 $	유로 €
미국 $	–	0.6621	1.0409	0.7664
영국 £		–		
캐나다 $			–	
유로 €				–

4. 2012년 1월 달러/유로 현물환율은 1.40$/€이었고, 유로지역의 CPI는 107.0, 미국의 CPI는 108.1이었다. 2013년 7월 달러/유로 현물환율은 1.31$/€이었고, 유로지역의 CPI는 110.1, 미국의 CPI는 111.8이었다.
   (a) 이 정보에 의거하여 판단하건대 유로는 명목기준으로 달러에 대해 절상되었는가? 아니면 절하되었는가? 달러 대비 유로의 평가절상률 혹은 평가절하율은 어떻게 되는가?
   (b) 미국과 EMU의 소비자 물가상승률은 어떻게 되는가?

5. 위의 정보에 기초하여, 유로화는 달러화에 대하여 실질절상되었는가? 아니면 실질절하되었는가? 실질절상률 혹은 실질절하율은 어떻게 되는가?

6. 2005년 1월 유로화의 유효환율은 91.62이었고 2013년 1월에는 94.44이다. 일본 엔화의 유효환율은 2005년 1월 132.41이고 2013년 1월에는 144.12이다. 전체적으로 판단할 때 2005년 1월과 2013년 1월 사이에 유로화와 엔화는 절상되었는가? 아니면 절하되었는가?

7. 6번 문제의 정보에 기초하여, 2005년과 2013년을 비교해 볼 때 유로는 엔화에 대해 절상되었다고 추측되는가? 혹은 절하되었다고 추측되는가?

8. 어떤 날 태국 바트화의 달러 대비 현물환율이 31.80(Bt/$)이었다고 가정하자. 같은 날 3개월 선물환율이 32.50이었다고 하자. 바트화는 할증되어 거래되는가? 아니면 할인되어 거래되는가? 이 정보를 이용하여 계산한 태국 바트화의 표준 선물할증 혹은 할인은 어떻게 되는가?

9. 다음에 주어진 상황하에서, 캐나다 달러에 대한 수요와 공급을 설명하라. 각각의 상황이 균형 유로/캐나다 달러 환율(€/C$)에 어떤 영향을 미치는지 설명하라.
   (a) 유럽의 투자자(저축자)들이 유로화 표시 자산으로부터 캐나다 달러 표시 자산으로 자금을 이동시키고자 한다.
   (b) 유럽의 기업들이 캐나다 기업으로부터 구입하던 광물을 러시아 기업으로부터 구입하고자 한다.

10. 9번 문제 (a)와 (b)에서 주어진 상황이 동시에 발생한다고 가정하자. 캐나다 달러에 대한 수요와 공급, 그리고 균형환율에 어떤 변화가 발생하는지 설명하라.
11. 월요일에 필리핀 페소화의 현물환율은 43.20 P/$이었다. 같은 날 1년 만기 선물환의 가격은 44.29 P/$ 이었다. 앞으로 1년 동안 페소화의 평가절상률 혹은 평가절하율은 어떻게 변하리라 예상하는가?

온라인 응용학습

URL: www.Oanda.com
제목: Forex Trading Basics
검색: Oanda의 홈페이지에서 'Forex Trading'을 클릭하라. 'Learn'을 클릭하고 아래로 스크롤하여 'Learn the Basics'와 'Introduction to Currency Trading'을 클릭하라. 아래로 스크롤하여 'Lesson 3: Currency Trading Conventions-What You Need to Know Before Trading.'을 클릭하라.
응용: 토픽 1~5를 읽고 다음의 문제에 답하라.

1. '현물(spot)'거래의 청산(settlement)에 대하여 설명하라.
2. '매수제시호가(bid price)'는 무엇인가?
3. '매도제시호가(ask price)'는 무엇인가?
4. '스프레드'는 무엇인가?
5. 'pip'는 무엇인가?
6. 만약 당신이 50만 스위스 프랑 롱 포지션에 있다면 어떻게 당신의 포지션을 청산할 것인지 설명하라.

팀 과제: 두 그룹을 만든다. 한 그룹은 미국 달러가 유로화에 대해 평가절하될 것으로 예상하고 다른 그룹은 평가절상될 것으로 예상한다. 토픽 3에 기초하여, 각각의 그룹은 달러/유로 현물 환율의 움직임을 이용하여 이익을 창출하기 위해 어떤 통화거래를 할 것인가를 설명하라. 양 그룹은 가상의 이익이나 손실이 어떻게 계산되었는가를 설명해야 한다.

참고문헌

Bach, Christopher L. "A Guide to the U.S. International Transactions Accounts and the U.S. International Investment Position Accounts." *Survey of Current Business* (February 2010): 33–51.

Bergsten, C. Fred, ed., *The Long-Term International Economic Position of the United States*, Special Report 20. Washington, DC: Peterson Institute for International Economics, May 2009.

Bodnar, Gordon, Gregory Hart, and Richard Marston. "Wharton Survey of Derivative Usage by U.S. Non-Financial Firms." *Financial Management* 24(2) (Summer 1995): 104–114.

Catão, Luis. "Why Real Exchange Rates?" International Monetary Fund *Finance and Development* 44(3) (September 2007): 46–47.

Cherny, Kent, and Ben R. Craig. "Reforming the Over-the-Counter Derivatives Market: What's to Be Gained?" Federal Reserve Bank of Cleveland Economic Commentary, Number 2010-6, July 2010.

Fouquin, Michel. "The Impact of Fluctuation of the Dollar on European Industry." *CEPII News Letter* 12 (Winter 1999–2000): 3–4.

Hellerstein, Rebecca, and Cédric Tille. "The Changing Nature of the U.S. Balance of Payments." Federal Reserve Bank of New York, *Current Issues in Economics and Finance* 14(4), June 2008.

Higgins, Matthew, and Thomas Klitgaard. "Financial

Globalization and the U.S. Current Account Deficit." Federal Reserve Bank of New York, *Current Issues in Economics and Finance* 13(11), December 2007.

Kraus, James. "Forex Trading Sites May Erode Bank Revenue." *American Banker* (May 4, 2000).

Walmsley, Julian. *The Foreign Exchange and Money Market Guide*. New York: John Wiley and Sons, 2000.

7장

환율제도의 과거와 현재

핵심 이슈

1. 환율제도란 무엇인가?
2. 금본위제가 어떻게 환율제도를 형성하는가?
3. 고정환율('pegged' exchange rates)제도인 브레튼우즈(Bretton Woods)체제는 어떤 것인가?
4. 브레튼우즈체제가 붕괴된 후 오늘날 어떤 형태의 변동환율제도가 유지되고 있는가?
5. 크롤링 페그(peg) 제도와 바스켓(basket) 페그제도는 무엇인가?
6. 통화위원회와 달러통용제는 무엇인가?
7. 고정환율제도와 변동환율제도 중 어떤 제도가 최상의 환율제도인가?

2008~2012년 중 미국과 유럽통화동맹(European Monetary Union)이 금융위기를 겪었으며, 이로 인해 전세계의 개인과 기업들은 달러와 유로의 보유를 줄였다. 결과적으로 다른 통화 대비 달러와 유로의 가치는 하락하였다. 사람들은 보유자산의 가치를 유지하고자 노력하였고 이는 스위스 프랑의 보유증가로 이어졌다. 결과적으로 스위스 프랑(SFr)이 달러와 유로에 대하여 급격하게 절상되었다. 스위스 중앙은행은 급격한 절상을 막기 위해 필요한 조치는 무엇이든 다 동원하겠다는 정책적 의지를 천명함으로써 가까스로 스위스 프랑의 급격한 절상을 막았다. 궁극적으로 스위스 중앙은행은 프랑/유로 환율이 1.20SFr/€ 밑으로 떨어지는 것을 막기 위해 스위스 프랑을 발행하여 충분한 양의 유로를 매입하는 정책을 시행하였다.

달러와 유로에 대해 크게 절상한 또 다른 통화는 일본 엔화이다. 일본중앙은행이 스위스의 경우처럼 충분한 엔화를 발행하여 엔화의 급격한 절상을 막을 것이라는 점을 확실시하기 위해, 일본정부는 다음과 같은 극적인 조치를 취했다. 즉, 일본은행의 고위직 인사 거의 모두를 물러나게 하고, 그 자리들을 엔화의 추가적인 절상을 용인하지 않겠다고 서약한 인사들로 채웠다.

한 국가의 통화의 국제적 가치가 어떻게 결정되는가는 매우 중요한 문제이다. 거시경제정책과 함께 환율제도는 안정적인 경제환경을 조성하는데 있어서 핵심적인 요소이며, 안정적인 경제환경 하에서 무역과 투자가 촉진될 수 있는 것이다. 반면 경제환경이 불안정한 나라의 산업들은 세계경제에서 매우 불리한 경쟁 환경에 놓이게 될 것이다. 환율제도의 역사를 보면 아무리 선의의 의도를 가지고 환율제도를 선택하고 운영해도 투기적 압력이나 정치적 압력을 영구적으로 피하는 제도는 거의 없다는 것을 알 수 있다.

환율제도

한 국가의 통화가치를 결정하는 제도적 골격을 이해하기에 앞서, 한 국가의 **화폐적 질서(monetary order)**를 먼저 이해해야 한다. 화폐적 질서는 개인이 거래를 시행하고 결제하는 체제를 확립해주는 법과 규제의 집합체를 의미한다.

한 국가가 반드시 내려할 결정 중의 하나는 그 국가의 화폐로 상품화폐(commodity money)를 사용할 것인지, 혹은 상품으로 지지(支持)되는 화폐(commodity-backed money)를 사용할 것인지, 아니면 법정화폐(fiat money)를 사용할 것인가를 결정하는 것이다. 상품화폐는 개인이 지급수단이나 교환의 수단으로 사용하는 금화나 은화와 같은 유형재화(tangible good)이다. 상품으로 지지되는 화폐는 은이나 금과 같은 특정한 유형재화에 그 가치가 고정되어 있는 화폐로서 국가 공권력이 그 특정 유형재화와 교환해주는 화폐이다. 법정화폐는 오늘날 사용되는 화폐이며, 유형재화에 의해 지지되지 않는 화폐이다. 법정화폐의 가치는 교환의 수단으로서 사람들이 그 화폐에 부여하는 가치에 의해서만 결정된다.

한 국가의 화폐적 질서는 그 나라의 **환율제도(exchange-rate system)**를 형성하는 규칙을 결정하며 직간접적으로 환율제도에 대한 국가의 개입여부를 결정한다. 환율제도는 외국통화에 대한 자국통화의 상대적 가치를 결정하고 통제하는 규칙들의 집합체이다.

화폐적 질서와 환율제도 사이의 관계를 좀 더 자세히 설명하기 위해서 환율제도의 역사에서 가장 중요한 세 종류의 환율제도에 대해 살펴보자. 그 세 종류의 환율제도는 금본위제, 브레튼우즈체제, 그리고 브레튼우즈체제 이후의 변동환율체제이다.

핵심 이슈 #1

환율제도란 무엇인가?

환율제도란 외국통화 대비 자국통화의 가치를 통제하기 위해 국가에 의해 확립된 규칙의 집합체이다. 환율제도는 한 국가의 화폐적 질서로부터 진화하여 형성되는데, 여기서 화폐적 질서란 거래를 가능하게 하는 화폐적 체제를 확립하는 법과 규칙의 집합체이다.

금본위제

1870년대 중반에 이르러 세계의 주요경제권은 상품으로 지지되는 화폐적 질서를 채택하였다. 화폐의 가치를 지지하는 기초 상품으로 금이 그 기능을 맡았고, 1914년까지 지속된 이 기간을 **금본위제 시대**(*gold standard era*)라고 부른다. 이 체제

- **화폐적 질서**(monetary order): 개인이 거래를 시행하고 결제하는 체제를 확립해주는 법과 규제의 집합체.
- **환율제도**(exchange-rate system): 통화의 국제적 가치를 결정하는 규칙들의 집합체.

하에서 국가는 화폐와 금의 교환비율을 고정시켰으며, 이 비율에서 금과의 **태환성**(convertibility)을 보장하였다. 고정된 화폐와 금의 교환비율은 화폐 단위로 평가한 금의 공식가격이며, 주조평가(mint parity)라고 부른다. 태환성은 특정 교환비율에서 화폐가 상품과 자유롭게 교환될 수 있는 성질이며, 또한 특정 교환비율에서 다른 화폐와 교환될 수 있는 성질이라고 할 수도 있다. 예를 들어 1837년부터 1933년의 기간 중 (남북전쟁 기간 중의 태환 정지는 제외하고) 금 1온스의 미국 주조평가는 20.646달러였으며, 이 교환비율에서 달러와 교환되었다. 이 주조평가를 유지하기 위해, 즉, 금과 화폐 간의 교환비율을 유지하기 위해 국가는 통화량을 금 보유량(gold reserves)에 맞춰야만 했다.

■ 환율제도로서의 금본위제

남북전쟁이 1865년에 끝나자 미국정부는 곧 달러의 태환성을 복구하였으며, 이 시점을 전후로 하여 미국뿐만 아니라 다른 공업화된 국가들도 상품으로 지지되는 화폐질서를 채택하였다. 여러 나라에 걸쳐 일률적으로 채택된 이런 결정들이 각 국가의 환율제도를 확립하였으며 결국 간접적으로 국가와 국가 사이의 환율제도까지 결정하게 되었다. 금본위제가 환율제도로 결정되었는데, 이는 국내에서도 그리고 국제적으로도 달러를 주조평가에서 교환할 수 있었기 때문이다. 결국 금과 달러 사이의 교환가치가 달러의 국제적 가치를 결정하게 되었다.

금본위제를 채택한 국가들 간의 환율제도 역시 이런 논리에 따라 결정되었다. 금본위제에서는 나라마다 각자의 화폐가치를 금에 대한 상대가치로 평가했기 때문에 자국화폐와 타국화폐 사이의 교환가치가 간접적으로 형성되었다.

예를 들면 금본위제하에서 영국의 금 평가비율(平價比率, gold parity rate)은 금 1온스 당 4.252파운드였다 (도표 7.1). 미국 달러와 영국 파운드화의 금 평가비율을 이용하면 달러와 파운드 간의 교환비율을 결정할 수 있다. 미국의 주조평가비율(mint parity rate)은 20.646달러였고 영국 파운드의 주조평가비율은 4.252파운드이다. 도표 7.1에 나타나 있듯이 미국 달러/영국 파운드 비율, 즉, \$/£는 \$20.646/£4.252, 혹은 4.856\$/£라고 할 수 있다.

만약 환율이 이 비율에서 벗어나면, 금 수송비용을 무시한다는 가정하에 두 화폐와 금을 사거나 팔거나 함으로써 이익을 취할 수 있는 기회가 존재한다. 예를 들어 앞에서 주어진 주조평가비율하에서 미국 달러와 영국 파운드화 사이의 교환비율이 5\$/£라고 가정하자. 당신은 미국에서 20.646달러를 주고 1온스의 금을 얻을 수 있다. 이 1온스의 금을 영국으로 수출하면 4.252파운드와 교환된다. 이 4.252파운드를 외환시장에서 21.26달러(=£4.252×5\$/£)와 교환함으로써 0.614달러의 이익을 얻을 수 있다. 금의 수송비용까지 고려한다면 달러와 파운드 사이의 환율은 주조평가비율을 중심으로 일정한 범위 혹은 밴드 내에 존재할 것이다. 금의 수송비용과 거래비용이 이 범위의 폭을 결정하는데, 이는 수송비용과 거래비용이 금 수출 혹은 금 수입의 수익성에 영

- **태환성**(convertibility): 준비재화(reserve commodity)나 준비통화(reserve currency)와 자유롭게 교환되는 화폐의 성질.

도표 7.1 환율제도로서의 금본위제

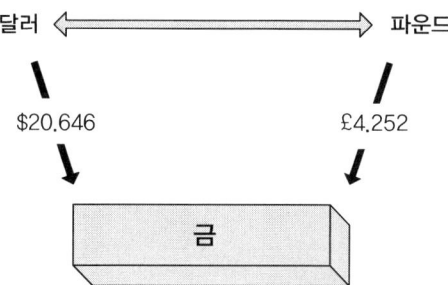

* 금본위제를 채택한 나라는 자국화폐의 가치를 금에 대한 상대가치로 평가한다. 영국 파운드화의 금 평가비율은 금 1온스 당 4.252파운드이고, 미국 달러의 경우에는 금 1온스 당 20.646달러이다. 금 평가비율은 두 나라 사이의 환율을 결정한다.

향을 주기 때문이다.

금본위제 하에서는 금본위제를 채택한 국가의 화폐가 모두 연동되어 있으며 화폐 간의 교환비율은 방금 설명한 예제와 동일한 논리로 결정된다. 주조평가비율이 달러와 파운드화 간의 환율을 결정했듯이, 달러와 프랑스 프랑과 독일 마르크화 사이의 환율도 결정해준다.

예를 들어 금본위제 하에서 프랑스 프랑의 주조평가비율은 107.008프랑이었고 독일 마르크화는 86.672마르크이었다. 그러므로 달러와 프랑 간의 환율은 5.183Ffr/\$(=Ffr107.008/\$20.646)이다. 달러와 마르크화 간의 환율은 4.198DM/\$(=DM86.672/\$20.646)이다. 금과의 연동은 다양한 화폐 간의 교차환율을 결정하였다. 이처럼 개별 국가들이 상품에 의해 지지되는 화폐적 질서(commodity-backed monetary order)를 선택하였고 그 질서가 곧 환율제도의 기초를 형성하게 되었다.

핵심 이슈 #2

금본위제가 어떻게 환율제도를 형성하는가?

금본위제는 자국통화와 금의 국내 교환비율과 더불어 국제적 교환비율을 결정하기 때문에 금본위제를 선택한 국가에게는 환율제도로서도 작동한다. 금본위제는 이 제도를 채택한 모든 국가 사이의 환율제도를 연동시킨다. 각 국가의 화폐와 금의 교환비율은 모든 화폐와 화폐 간의 교환비율을 간접적으로 결정한다.

■ 금본위제의 성과

금본위제는 여러 나라가 각기 다른 시점에서 채택하여 시행하였기 때문에 이 제도의 시작 시기를 특정 시점으로 정할 수는 없다. 그러나 일반적으로 경제학자들은 금본위제가 1870년대부터 시작된 것으로 판단한다. 금본위제는 제1차 세계대전 중 일시적으로 중지되었고, 1930년대 초에 결국 붕괴하였지만 오늘날에도 여전히 금본위제로의 복귀를 주장하는 사람들이 있다. 최근 스티브

포브(Steve Forbes)와 잭 켐프(Jack Kemp)와 같은 보수주의자들은, 새로 선출된 대통령이 미국에 '건전한 화폐(sound money)'를 회복시켜주는 첫 단계로서 미국이 보유하고 있는 금의 달러 가격을 안정시켜야 한다고 주장하고 있다. 금본위제는 과거 어떤 성과를 남겼으며, 왜 포브나 켐프와 같은 사람들이 금본위제로의 복귀를 바라는 것일까?

금본위제의 긍정적 측면과 부정적 측면

앞에서 언급되었듯이 상품으로 지지되는 화폐질서의 중요한 요소는 한 나라의 화폐의 양, 즉, **통화량**(money stock)이 그 나라 통화당국이 보유한 상품 준비금(commodity reserves)에 직접 연결되어 있다는 것이다. 어떤 특정량의 상품 보유량은 다양한 수준의 통화량을 지지할 수 있다. 예를 들어 1879년부터 1913년까지 미국의 통화량은 금보유량의 8.5배에 달하였다. 결국 이 시스템하에서 한 국가의 통화량의 **변동**은 금의 채굴과 생산의 변화에만 의존한다고 할 수 있다.

만약 금의 공급이 일정하다면 금본위제의 특성상 통화량과 물가 및 환율의 장기적 안정성이 촉진될 것이다. 상품으로 지지되는 화폐질서의 또 다른 장점은 중앙은행이 필요하지 않다는 것이다. 중앙은행이 없어도 통화량과 금보유량 사이의 비율은 일정하게 유지된다. 예를 들어 캐나다와 미국은 1800년대 후반부터 1900년대 초반까지도 중앙은행이 없었다.

상품으로 지지되는 화폐질서에는 부정적인 측면도 있다. 예를 들어 금본위제는 화폐주조비용과 수송비용과 같은 자원비용을 많이 발생시킨다. 어떤 나라가 금과 같은 유형상품의 양을 일정하게 유지하고 교환하는 것은 상당한 비용이 발생하는 행위이다. 만약 금의 공급이 일정하지 않으면 인플레이션이 유발될 수도 있고 유동성 위기가 발생할 수도 있다. 예를 들어 대량의 금을 발견하게 되면 시중에 유통되는 통화량이 증가할 것이며, 결국 인플레이션 압력이 상승할 것이다. 만약 금 채굴량이 감소하면 통화량은 감소할 것이며 잠재적으로 유동성 위기가 발생할 수도 있다. 특히 이 시스템의 가장 중대한 결점으로 지적되는 것은 정책결정자가 자기 나름의 정책의지를 가지고 통화정책을 운용할 수 없게 만든다는 점이다. 달리 표현하면 화폐의 가치를 금의 가치에 고정시키면 정책결정자가 통화정책을 이용하여 다른 정책적 목표를 달성할 수 없게 만든다. 이 주제는 제9장에서 다루도록 한다.

금본위제 시대의 경제적 환경

이제 금본위제의 중요한 속성을 이해하였으니, 1870년~1913년 사이의 경제적 환경과 금본위제가 세계경제에 미친 영향에 대해 알아보자. 우선 이 기간은 큰 전쟁이 없었던 평화로운 시기였다. 그리고 이 기간에는 국가와 국가 사이에 실질적으로 자유로운 자본이동이 있었다. 마지막으로, 런던이 전세계의 통화와 자본시장의 중심지였다.

위의 조건 중 두 번째와 세 번째 조건이 금본위제의 효율적이며 원만한 작동을 가능케 하였다. 더 나아가 세계금융시장의 중심지에 있는 영란은행(Bank of England)은 금 평가비율(gold parity rate)을 유지하여 금본위제의 신뢰성을 확립하였다. "영란은행은 '국제적 오케스트라의 지휘자'라고 말해도 손색이 없다"라고 케인즈가 언급할 정도로 금본위제를 유지하는데 필요한 영향력은 런던에 집중되었다. 그러므로 초기 금본위제 시대에는 현재에는 존재하지 않는 최소한 두 가지의 독특한 특성이 있었다고 말할 수 있다.

이 기간 동안 대부분의 국가들은 **장기적으로** 안정적인 실질생산과 가격 및 환율을 경험하였다. 금본위제로의 회귀를 주장하는 사람들이 칭송하는 것이 바로 장기적 안정성이다. 그러나 금의 수요와 공급에 단기적으로 예측 불가능한(random) 변화가 발생하였기 때문에 통화량과 물가에도 단기에 예측 불가능한 변화가 발생하였다. 통화량의 단기 변동성은 부분적으로 금융 및 은행 산업의 주기적 불안정성을 초래하였다. 뿐만 아니라 물가의 단기 변동성은 앞으로 다룰 환율제도하에서보다 금본위제하에서 더 컸었다.

■ **금본위제의 붕괴**

1914년 제1차 세계대전이 시작된 후, 많은 유럽국가들은 자국 통화와 금과의 태환을 중지하였다. 금본위제는 더 이상 유효하지 않게 되었으며, 환율은 크게 변동하였다. 그래서 많은 나라들이 전쟁 전의 통화가치를 유지하고자 자국민이 거래할 수 있는 국제적 지급의 형태와 금액을 규제하였다.

20세기 초 주요 국가의 정책결정자들은 국가 간 지급행위를 수월하게 만들기 위한 국제적 조직이 필요하다는 데 공감하였다. 특히 1차 대전이 끝난 후 독일의 전쟁배상을 쉽게 만들려는 노력의 일환으로 **국제결제은행**(BIS: Bank for International Settlements)이 설립되었다. 스위스 바젤에 위치한 이 조직은 각국 중앙은행의 자산운용을 보조하고 경제조사를 실시하며, 국제적 통화정책 협력의 장으로 기능하기도 한다. (국제결제은행에 대해 좀 더 알고 싶으면 215 페이지의 "온라인 응용학습"을 참조하라.)

1919년 베르사이유조약을 체결함으로써 제1차 세계대전은 공식적으로 끝났고, 주요 국가들 사이에는 금본위제로 복귀하고 싶은 열망이 있었다. 1925년 영국이 금본위제로 복귀하였으며 전쟁 전의 평가비율(pre-war parity)을 회복하였다. 그러나 프랑스와 같은 다른 나라들은 전쟁 전보다 낮은 평가비율 수준으로 복귀하였다. 그 결과, 영국 파운드화의 전쟁 전 평가비율로의 복귀는 시장에서 영국 파운드화가 경제이론이나 경제모형이 예측하는 수준 이상으로 상승하리라 예측되었고, 결국 **고평가된**(overvalued) 파운드화가 초래되었다. 그리고 평가비율을 유지하기 위하여 영국은 높은 이자율과 실업의 증가를 견뎌야 했다. 그러나 파운드화의 가치를 유지하는 정치적 비용이 갈수록 증가하여 1931년 결국 영국은 파운드와 금과의 태환을 중지하게 되었다. 이어 1933년 미국도 태환을 중지한다. 1936년까지 대부분의 선진 공업 국가들은 금본위제를 떠나버렸다.

금본위제의 붕괴를 가져온 주요 원인은 통화의 고평가 혹은 **저평가**(undervalued)를 가져온 평가비율로의 회귀였다. 영국의 경우 파운드의 고평가를 가져온 평가비율로 복귀하였고, 프랑스의 경

• **국제결제은행**(BIS: Bank for International Settlements): 스위스 바젤에 위치한 국제기구로서 각국의 중앙은행을 보조하며 선진 공업 국가 간의 경제적 협력 센터로 기능하고 있다.

• **고평가된 통화**(overvalued currency): 경제 이론이나 경제 모형에 의해 예측되는 가치보다 현재 시장에서 결정된 가치가 높은 통화.
• **저평가된 통화**(undervalued currency): 경제 이론이나 경제 모형에 의해 예측되는 가치보다 현재 시장에서 결정된 가치가 낮은 통화.

우 프랑의 시장가격이 경제이론이나 모형이 예측하는 수준을 하회하는 저평가가 발생하였다. 또한 전세계적인 불황에 직면한 국가들은 자국통화의 교환가치 유지보다는 고용증대와 실질성장률 제고와 같은 정책목표를 추구하는데 집중하였다.

스무트-홀리 법(Smoot-Hawley Act)과 같은 보호무역정책을 추진하는 법안의 통과와 더불어 금본위제의 붕괴는 국가 간 자본 흐름에 재앙을 가져왔다. 그 결과 1933년 무역량은 1929년 수준의 1/3에 불과할 정도로 위축되었다. 다른 경제적 요인과 금본위제 붕괴 및 무역량 감소 등이 원인이 되어 심각한 불황이 1926년 영국에서부터 시작되었으며, 1929년 미국의 주식시장 붕괴로 대공황이 발생하였다. 그리고 대공황은 제2차 세계대전이 발발할 때까지 지속되었다. (오늘날 금본위제를 유지하는 나라는 없지만 일부 국가의 정부는 금보유량을 증가시켜 나가고 있다. "정책사례 7.1" 참조.)

브레튼우즈체제

제2차 세계대전 중 영국과 미국의 지도자들은 종전 후 건전한 통화정책이 세계경제에 미칠 중대한

🖊 정책사례

7.1 독일과 텍사스는 연준에 예치해 놓았던 금의 인출을 원한다

최근 독일 중앙은행인 분데스방크(Bundesbank)는 오랫동안 뉴욕의 연준에 예치해 두었던 금을 인출하여 영국계 은행인 HSBC가 소유한 뉴욕의 시설로 재예치한다는 계획을 발표하였다. 분데스방크의 계획에는 뉴욕에 예치한 금의 이동뿐만 아니라 파리의 프랑스은행(Bank of France)에 현재 예치되어 있는 금을 프랑크푸르트에 있는 독일 소유의 시설로 옮기는 계획도 포함되어 있다.

독일정부의 발표에 뒤이어 텍사스주의 한 국회의원이 법안을 제출하였는데 주지사도 이 법안을 지지하였다. 그 법안의 내용은 독일의 예를 따라서 텍사스도 뉴욕 연준에 예치되어 있는 10억 달러 정도의 금을 텍사스로 옮기자는 것이었다. 이 법안은 텍사스주에 금을 저장하는 새로운 '텍사스 금괴 저장소' 설립을 주장한다.

현실에서 금본위제는 더 이상 존재하지 않는데, 과연 이 정부들이 추가 비용의 발생까지 마다하면서 연준에 예치되어 있는 금을 인출하고자 하는 동기는 무엇인가? 분데스방크는 그들의 의도에 대해서 언급하지 않았지만, 텍사스의 정치인은 다음과 같이 답한다. "금을 헤지 혹은 보호수단으로 생각한다면 금을 최대한 가까이 두어야 한다." 이런 언급은 미국 달러의 구매력을 유지하는 정책에 대한 연준의 정책의지가 의심 받고 있음을 의미한다. 실제로 현재 1달러로는 겨우 1/1,600 온스의 금을 살 수 있으며, 2000년에 살 수 있었던 금의 83퍼센트 밖에 살 수 없다.

독일과 텍사스의 정치인이 언급하지 않은 또 다른 동기는, 만약 미래의 어느 시점에 미국의 화폐질서가 붕괴하면 1930년대에 그랬듯이 미국정부는 연준과 다른 기관에 예치되어 있는 금을 동결시킬 것이라는 우려 때문이다. 금을 프랑크푸르트와 오스틴으로 이동시키면 독일정부와 텍사스주정부는 그들 소유의 금을 즉각 이용할 수 있게 되며, 유사시에 미 연방정부로부터 그들의 금을 보호할 수 있게 된다.

심화 학습: 금을 자신들의 국경 내에 보유함으로써 독일이나 텍사스 혹은 다른 국가와 주정부는 어떤 형태의 비용을 부담하게 되는가?

영향력에 대하여 인식을 공유하였다. 유럽과 일본경제의 재건을 위해서는 전쟁 피해를 입지 않은 미국과 같은 공업국가로부터 수입(imports)이 이루어져야 했다. 그러므로 각국 지도자는 국제무역과 국가 간 지급이 원활히 이루어질 수 있는 환율체제에 대한 협상에 착수하였다.

전후(戰後)의 환율체제를 결정하는 회의에 44개국이 참여하였지만 실제로 이 시스템을 창조한 설계자는 미국 재무부 장관인 화이트(Harry Dexter White)와 유명한 영국 출신 경제학자인 케인즈(John Maynard Keynes)였다. 1944년 미국 뉴햄프셔주의 브레튼우즈라는 작은 휴양지에서 새로운 체제가 비준되면서 협상은 마무리되었다. 이 회의의 공식 명칭은 UN 및 관련 국가의 국제통화 및 금융 컨퍼런스(International Monetary and Financial Conference of United and Associated Nations)이지만 간단히 브레튼우즈 컨퍼런스로 알려졌다. 이 컨퍼런스에서 이루어진 협약도 브레튼우즈협약으로 알려지게 되었다.

■ 브레튼우즈협약

브레튼우즈협약(Bretton Woods Agreements)의 중요한 결과물 중 하나는 **국제통화기금(IMF: International Monetary Fund)**의 창설이다. IMF의 주요 기능은 외환준비금의 부족을 겪는 회원국에 필요한 자금을 빌려주는 것이다. IMF에의 가입은 쿼터를 출자하거나 회비(fee)를 납부함으로써 이루어진다. IMF에 가입하고자 하는 국가의 규모와 경제적 자원의 크기가 최초의 쿼터를 결정하는데, 쿼터의 25퍼센트는 금으로 출자하고 75퍼센트는 자국의 통화로 출자한다. 제2차 세계대전 말기에 그 중요성이 부각된 기관으로 **세계은행(World Bank)**으로 알려진 국제개발은행(IBRD: International Bank for Reconstruction and Development)과 관세 및 무역에 관한 일반협정(GATT: General Agreement on Tariffs and Trade)이 있다. 세계은행은 전후 재건을 위한 초기 자금을 조달하였다. 지금은 개발도상국의 장기 경제개발과 경제성장을 촉진하기 위한 자금 융자에 집중하고 있다. GATT는 무역장벽의 철폐를 촉진하였고 무역분쟁을 담당하였다. 세계무역기구(WTO: World Trade Organization)가 GATT를 대체하였다.

이 협약에서 결정된 환율체제는 고정(pegged) 환율제도이며 일정범위 내에서 환율의 조정이 가능한 제도였다. **고정환율제도(pegged exchange-rate system)**하에서 각 나라는 자국의 통화가치를 상품이 아닌 것에 고정시키는데, 예를 들어 다른 나라의 통화가치에 고정시킨다. 그리고 금본위제에서처럼 각 나라는 환율을 고정시킨다. 금본위제와는 달리 미국 달러가 이 시스템의 앵커(anchor) 즉, 안정장치로 작동하였다. 그러므로 브레튼우즈체제는 **달러본위 환율제도(dollar-**

- **국제통화기금(IMF: International Monetary Fund)**: 외환준비금의 부족을 겪는 회원국에게 준비금의 융자를 주요 기능으로 하는 초국가적 조직.
- **세계은행(World Bank)**: IMF의 자매기관으로서 100여 개 개발도상국의 장기 경제개발 및 성장을 촉진하기 위한 차관 제공에 전문화되어 있다.
- **고정환율제도(pegged exchange-rate system)**: 한 국가가 자국 통화의 가치를 다른 국가의 통화가치에 고정시켜 놓은 환율제도.
- **달러본위 환율제도(dollar-standard exchange-rate system)**: 자국 통화의 가치를 미국 달러에 고정시켜 놓고 이 고정환율에서 달러와 자국 통화를 자유롭게 교환하는 제도.

standard exchange-rate system)이며, 이 시스템 안에서 각국은 자국통화의 가치를 달러에 고정시킨 후 자유롭게 고정환율에서 달러와 자국통화를 교환할 수 있었다.

브레튼우즈체제하에서 각국은 자국 통화의 기준가치(par value)를 금의 단위로 표시할 수도 있고, 미국 달러 단위로 표시할 수도 있었다. 참여국은 모두 자국통화의 가치를 달러와 고정시켰으며, 이로 인해 시스템 내에서 미국 달러가 공통의 가치 단위가 되었다. 각국은 기준가치를 중심으로 위아래 1퍼센트의 범위 내에서 환율을 유지하기 위하여 외환시장에서 미국 달러를 사거나 팔 준비가 되어있어야 했다. 이 범위를 **평가밴드(parity band)**라고 부른다.

반면 미국은 달러의 가치를 금에 고정시켰는데 금 1온스 당 35달러의 주조평가비율(mint parity rate)에 고정시켰다. 미국은 거래의 결제를 위하여 다른 국가의 통화당국과 금을 항상 거래하기로 합의하였다. 다른 나라들은 자국의 통화가치를 미국 달러에 고정시켰고, 미국은 금에 대한 달러의 상대가격을 유지하였기 때문에 달러 외의 다른 통화들도 간접적으로 금에 연동되어 있는 것이었다.

도표 7.2는 금과 달러, 영국 파운드 및 독일 마르크화 사이의 관계를 보여주고 있다. 도표는 1온스 당 35달러와 교환되는 달러를 보여주고 있다. 영국 파운드화는 2.80$/£의 환율로 달러에 고정되어 있고 마르크화는 4.20DM/$의 환율로 달러에 고정되어 있다. 이 시스템은 파운드화와 금과의 관계, 파운드화와 마르크화와의 관계, 그리고 마르크화와 금과의 관계도 정립한다.

각 나라들은 자국 통화를 달러에 고정시켜 놓았지만, 브레튼우즈협약하에서는 어떤 국가라도

도표 7.2 브레튼우즈 환율제도

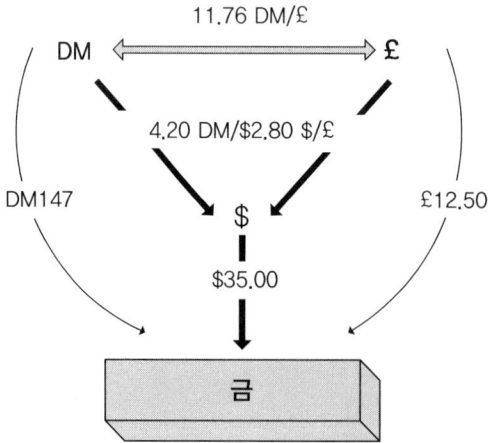

* 실질적으로 브레튼우즈체제는 모든 통화를 미국 달러를 통해 금과 연동시키며, 또한 미국 달러를 통해 모든 통화가 서로 연동된다. 미국은 달러의 가치를 금 1온스 당 35달러의 평가비율(parity rate)에 고정시킨다. 다른 국가들, 예를 들어 영국이나 독일은 자국의 통화가치를 미국 달러에 고정시킨다. 이런 방식을 통해 간접적으로 영국 파운드화와 독일 마르크화 사이의 교환가치가 결정되며, 파운드와 마르크와 금 사이의 교환가치도 결정된다.

IMF의 허가를 받으면 기준가치(par value)를 변경할 수 있었다. 기준가치를 올리면 통화가치를 **절하**(devalue)하는 것인데, 이는 한 단위의 상품이나 외화를 구입하기 위하여 더 많은 자국 통화를 주어야 하기 때문이다. 반면 기준가치를 내리면 통화가치는 **절상**(revalue)되는데, 이는 한 단위의 상품이나 외화를 구입하기 위하여 더 적은 자국 통화를 줘도 되기 때문이다. 그러므로 브레튼우즈체제는 단순한 고정환율제도라고 하기 보다는 조정 가능한 고정환율제도(adjustable-peg system)라고 할 수 있다. (브레튼우즈체제에 참여한 국가들이 달러에 대하여 자국통화를 고정시킨 방법에 대해서는 "도표로 이해하는 글로벌 경제 이슈 7.1"을 참조하라.)

- **평가절하**(devalue): 고정환율제도를 채택한 국가가 고정환율, 즉, 자국 통화의 평가(parity value)를 조정하여, 한 단위의 외국통화와 더 많은 자국통화가 교환되도록 하는 조치.

- **평가절상**(revalue): 고정환율제도를 채택한 국가가 고정환율, 즉, 자국 통화의 평가(parity value)를 조정하여, 한 단위의 외국통화와 더 적은 자국통화가 교환되도록 하는 조치.

도표로 이해하는 글로벌 경제 이슈

7.1 브레튼우즈체제하에서 파운드를 달러에 고정시키기

브레튼우즈협약에 따라 영란은행이 달러와의 고정환율 2.80$/£를 유지하는 방법을 도표 7.3을 통해 살펴보자. 도표는 브레튼우즈협약이 없는 상황에서 균형환율이 2.80$/£보다 높은 경우를 나타내고 있다. 수요곡선과 공급곡선이 교차하는 균형점에서 균형환율은 3.00$/£이고 균형 달러 거래량은 Q_e로 주어져 있다.

브레튼우즈 환율 2.80$/£에서 달러와 교환하기 위해 파운드화를 원하는 수요자들의 영국 파운드화에 대한 수요량은 Q_2이다. 그러나 파운드화의 공급량은 Q_1에 불과하다. 그러므로 2.80$/£의 환율에서 파운드화에 대한 초과수요가 존재한다. 초과수요량은 $Q_2 - Q_1$이다. 영란은행이 아무런 개입을 하지 않는다면, 환율은 시장환율 수준인 3.00$/£까지 상승할 것이다.

달러/파운드 환율이 2.80$/£에서 3.00$/£로 상승하는 것을 막기 위해서, 즉, 파운드화가 달러에 대해 절상되는 것을 막기 위해 영란은행은 $Q_2 - Q_1$에 해당하는 파운드화를 브레튼우즈 환율 2.80$/£에서 달러와 교환하여 시장에 공급한다. 결국 영란은행은 달러와 교환할 추가적인 파운드화를 창출해내야 하는 것이다. 이렇게 함으로써 영란은행은 파운드화의 초과수요를 없애고 파운드화에 대한 절상압력을 해소함과 동시에 브레튼우즈체제하의 환율 2.80$/£를 유지한다.

경제학자들은 영란은행의 조치를 통해 공급된 파운드화의 총량을 영국의 통화공급이라고 한다. 다른 모든 조건이 일정하다면 환율 2.80$/£를 유지하기 위해 영란은행이 추가로 파운드화를 창출했을 때, 영국의 중앙은행은 통화공급을 증가시킨 것이다. 그러므로 실질적으로 영란은행은 브레튼우즈체제의 유지를 위해 통화공급을 조정해야 하는 것이다.

심화 학습: 도표 7.3에 나타난 달러/파운드 환율 3.00$/£에 해당하는 파운드/달러 환율은 0.3333£/$이고 브레튼우즈 달러/파운드 환율 2.80$/£에 해당하는 브레튼우즈 파운드/달러 환율은 0.3571£/$이다. 브레튼우즈 환율 0.3571£/$에서 달러에 대한 초과수요나 초과공급이 존재하는가? 위에서 논의된 영란은행의 조치는 이 경우에는 어떻게 적용될 것인가?

도표 7.3 브레튼우즈체제하의 영국 파운드화 시장

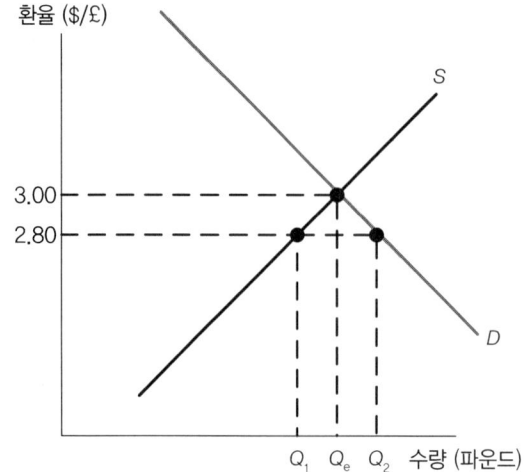

* 그림은 특정 기간 중 달러/파운드 시장 환율이 3.00$/£인 상황을 나타내고 있다. 브레튼우즈 환율인 2.80$/£에서 $Q_2 - Q_1$에 해당하는 파운드화에 대한 초과수요가 존재한다. 이로 인해 존재하는 환율상승압력을 제거하기 위해, 즉, 파운드화에 대한 절상압력을 없애기 위해 영란은행은 $2.80/£의 환율에서 달러와 교환될 $Q_2 - Q_1$의 파운드화를 추가적으로 창출해야 한다.

브레튼우즈체제 하에서 각국은 국제거래를 결제하기 위해 미국 달러를 사용했다. 이로 인해 미국 달러는 제1의 **준비통화**(reserve currency)가 되었으며 국제거래의 결제수단으로 쓰이는 통화로 받아들여지게 되었다.

1940년대 후반과 50년대에 발생한 문제 중의 하나는 회원국이 충분한 달러 자산을 보유하고 있지 못했다는 것이다. **마샬 플랜**(Marshall Plan)과 **유럽지급동맹**(European Payments Union)이 이 문제를 해결했다. 공식명칭이 유럽 재건 프로그램(European Recovery Program)인 마샬 플랜의 목적은 금융자본을 공급하여 유럽 경제의 재건을 돕는 것이었다. 마샬 플랜으로 인한 자본 유입을 통해 유럽 각국의 경상수지 거래에 필요한 달러가 제공되었다.

유럽지급동맹은 유럽국가 간 적자와 흑자를 결제하는 데 도움을 주는 시스템이었다. 이 시스템 하에서 회원국은 다른 회원국 사이에 발생한 월별 적자나 흑자를 추적할 수 있었다. 매월 말에 회원국들은 미국 달러로 결제하였으며, 회원국들은 서로에게 순(純)잔고(net balance)만 유지하였다.

핵심 이슈 #3

'고정' 환율제도인 브레튼우즈체제는 어떤 것인가?

브레튼우즈체제는 조정 가능한 고정환율제도로서, 정당한 사유가 있는 경우 평가(parity value)의 변동이 가능하다. 각 회원국은 자국 통화의 평가(平價)를 금이나 미국 달러에 고정시켜 유지할 수 있었다. 모든 회원국이 미

• **준비통화**(reserve currency): 주로 한 국가의 부채 청산 시 사용하며, 다른 국가의 통화가치를 표현하는 데 사용하는 통화.

국 달러를 선택했으며 이로 인해 이 체제는 달러본위제가 되었다. 회원국은 IMF의 허가 하에 평가절상이나 평가절하를 하여 자국통화의 평가를 변동시킬 수 있었다.

■ 브레튼우즈체제의 성과

미국은 달러의 기준가치를 금의 단위로 표시하고 다른 회원국들은 자국 통화의 기준가치를 달러 기준으로 표시하였기 때문에 브레튼우즈체제에는 두 개의 규칙이 있었다. 하나는 미국을 위한 규칙이고 다른 하나는 다른 모든 회원국을 위한 것이었다. 즉, 미국은 인플레이션을 억제하는 독립적인 통화정책을 집행하면서 동시에 기준가치에 따라 달러를 금과 교환할 준비가 항상 되어 있어야 한다는 것이었다. 그리고 다른 모든 국가들은 달러에 대한 자국 통화의 교환가치가 기준가치를 중심으로 1퍼센트 내외의 평가밴드 내에서만 변동하도록 하기 위해 미국 달러 자산을 사거나 팔아야 했다.

1945년부터 1968년 사이에 세계 경제는 경제 성장과 가파른 국제무역의 증가를 경험하였다. 또한 금본위제 시절에 자주 겪었던 유동성 위기도 없었다. 결과적으로 단기 물가수준은 매우 안정적이었다. 그러니 브레튼우즈체제기 단점이 전혀 없는 것은 아니었다.

미국만이 자국 통화를 금과 교환할 의무가 있는 나라이었기 때문에 이 체제도 일말의 약점을 가지고 있었다. 비록 미국이 반인플레이션 통화정책을 집행하더라도 외환시장에서 트레이더나 외국의 기관투자자 등이 집단적으로 달러를 팔고 금을 사는 거래, 즉 달러에 반대로 베팅하는 투기적 행위가 발생할 가능성이 존재하고 있었다. 미국의 금 보유량에는 한계가 있기 때문에 이런 상황이 발생하면 금에 대한 달러의 상대가치는 올라가지 않고 항상 하락할 수밖에 없는 것이다. 이런 상황은 달러를 외환투기세력의 타겟이 되도록 하였으며, 세계 환율제도의 기준으로서의 달러에 반대하는 국수주의적인 정치가들의 타겟이 되기도 했다.[i]

골드 풀

1960년 미국과 유럽 각국은 집단적으로 금 시장에 개입하기 시작하였다. 이 시장 개입의 목적은 금의 달러가격을 유지하고 환율제도의 안정성을 확보하는 것이었다. 이 시장 개입조치는 골드 풀(The gold pool)이라는 명칭으로 알려졌다.

1964년부터 베트남전 참전으로 인한 군사비용 증가와 위대한 사회(the Great Society)라는 이름의 사회복지프로그램 때문에 미국정부의 연방지출이 증가하기 시작하였다. 미국 경제는 인플레이션을 동반한 상당히 강한 경기확장을 경험하였다. 또한 미국경제는 특히 독일과 일본에 대해 상당 규모의 국제수지 적자를 보이고 있었으며, 그 결과 외국이 보유한 달러의 양에 큰 폭의 증가가 있었다. 한 때 달러부족을 겪던 세계금융시장은 이제 달러가 넘쳐나기 시작하였다.

세계금융시장에서 달러의 양이 증가하자 외환시장은 미국이 금에 대한 달러의 가치를 절하할 것이라고 예상하기 시작했다. 즉, 시장참가자들

---

i) **관련 웹사이트**: 브레튼우즈체제에 관해 국제통화기금(www.imf.org)과 세계은행(www.worldbank.org)의 홈페이지를 참고하라.

은 달러의 평가가 상승하리라 예상하였는데, 이는 1온스의 금을 얻기 위해 더 많은 달러를 제공해야 함을 의미했다. 만약 달러의 평가가 상승하면 달러 자산을 보유하고 있는 개인이나 정부는 자본유출을 경험하게 됨을 의미했다.

1967년 영국 파운드화가 절하되었으며 이로 인해 파운드화를 보유하고 있던 개인들과 통화당국은 14.3퍼센트의 자본손실을 경험하였으며 미국이 달러를 절하할 것이라는 기대는 더욱 강화되었다. 달러 절하가 임박하였다는 기대 때문에 런던 상품시장에서 금에 대한 수요가 증가하였다. 증가된 수요와 달러의 평가를 유지하기 위해 미국은 시장에 금의 공급을 증가시키지 않을 수 없었다. 미국의 금 판매가 너무 많아서 결국 항공편으로 포트 녹스(Fort Knox)에서 런던으로 비상 수송된 금의 무게가 영란은행의 금 계량실 바닥을 무너뜨리는 일까지 발생하였다.

결국 1968년 브레튼우즈 회원국은 골드 풀을 포기하였다. 골드 풀이 중단된 이후 프랑스와 독일 중앙은행에게 자국 통화의 기준가치(par value)를 유지해야 하는 엄청난 압력이 가해졌다. 궁극적으로 프랑스는 달러 대비 프랑화의 가치를 11퍼센트 이상 절하하였다. 1969년 9월 28일 독일의 선거일 다음날 독일의 중앙은행인 분데스방크는 외환시장이 개장하자마자 1시간 반 이내에 2억 4,500만 달러를 사들임으로써 마르크화의 기준가치를 유지하려고 시도하였다. 결국 마르크화는 9퍼센트 넘게 절상되었다. 비록 이 두 나라가 그들 통화의 기준가치를 변동시키지 않았다 하더라도 다른 유럽국가가 변동시켰을 것이며 환율체제에 가해지는 압력은 지속되었을 것이다.

1971년 초 미국의 상품수지가 큰 적자를 기록하게 되자 (도표 7.4), 달러가 고평가되어 있다는 사실이 확실시되었다. 미국의 무역적자가 계속

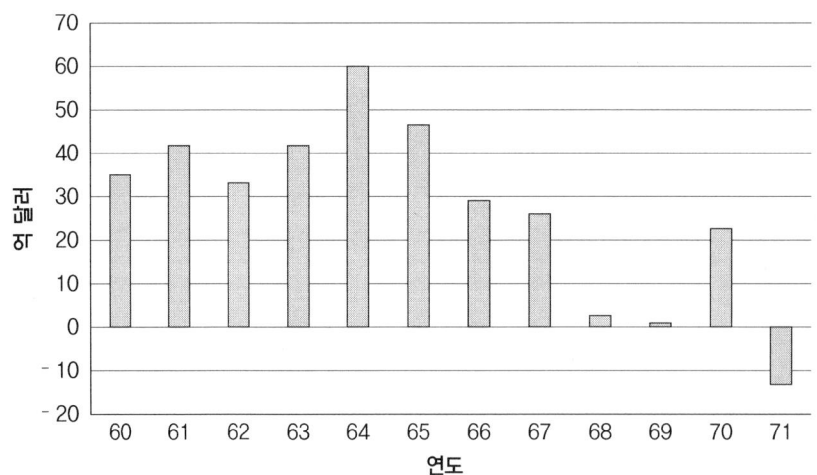

도표 7.4 미국의 재화와 서비스 및 소득 수지, 1960~1971년

* 미국의 재화와 서비스 및 소득수지는 1970년 흑자에서 1971년에는 큰 적자로 돌아섰다. 1971년 초에 발생한 적자는 달러가 다른 주요 통화에 대하여 고평가되어 있다는 시장의 예상을 더욱 강화하였다.

출처: 미 상무성 경제조사국(Bureau of Economic Analysis, U.S. Department of Commerce).

확대되던 1971년 5월, 유럽통화, 특히 독일 마르크화와의 평가를 유지하는 압력이 최고조에 달했다. 1971년 5월 4일 달러에 대한 마르크화의 평가절상을 막기 위하여 분데스방크는 외환시장에서 10억 달러를 매입하였다. 다음 날 외환시장 개장 후 한 시간 동안 분데스방크는 추가로 10억 달러를 더 매입하였다. 그 후 분데스방크는 평가를 유지하기 위한 공적외환시장 개입정책을 포기하였다. 오스트리아, 네덜란드, 스위스가 그 뒤를 이었다.

미국의 금 태환 중지

1971년 8월 8일, 프랑스는 IMF 융자 상환을 위하여 미국과 1억 9,100만 달러 규모의 금 교환을 추진하였다. 이 정도의 금액은 미국에게 큰 문제가 될 규모는 아니었다. 그러나 이와 관련하여 경제학자 피터 케넌(Peter Kenen)은 "달러와 금과의 교환을 요구하며 워싱턴을 협박할 수 있는 나라는 없다. 그러나 개별 국가의 이런 행동은 화폐체제의 토대를 훼손할 정도의 영향력은 있다"라고 언급하였다. 달러에 대한 투기적 행위는 계속 증가하였으며 언론은 금의 유출을 매일 매일 보도하였다. 결국 1971년 8월 15일 TV로 중계된 연설을 통해 닉슨 대통령은 미국은 달러의 금 혹은 기타 준비자산과의 태환을 일시적으로 중지한다고 발표하였다.

달러와 금의 태환을 포기함으로써 미국은 브레튼우즈체제의 최종안전장치, 즉, 앵커(anchor)를 제거해 버렸다. 미국과 유럽 각국의 거시경제 정책은 상호 조화되지 못하였고, 미국정부는 달러를 평가절하할 의지가, 유럽 각국은 자국 통화를 평가절상할 의지가 없었다. 이런 요인들이 합쳐져서 브레튼우즈체제의 종말을 가져왔다. 전 세계의 환율체제는 다시 무질서의 상태에 빠지게 되었고, 결과적으로 국제무역은 더욱 혼돈스러운 상태에 돌입하였다.

■ 스미소니언협약과 스네이크체제

환율제도의 질서를 회복하기 위해 IMF 지분 순위 상위 10개국이 1971년 12월 16일과 17일 워싱턴의 스미소니언 박물관에서 회동하였다. 이 10개국 — 독일, 프랑스, 일본, 영국, 미국, 이탈리아, 캐나다, 벨기에, 네덜란드, 스웨덴 — 은 G10(Group of Ten)을 구성하는 국가로서 스미소니언협약을 도출하였다. 스미소니언협약(Smithsonian agreement)에서 합의된 환율체제는 여러모로 브레튼우즈 환율체제와 유사하였다. 이 새로운 협약은 기준가치를 다시 설정했는데 대부분의 경우 유럽 통화의 평가절상을 의미하는 것이었으며, 기준가치를 중심으로 브레튼우즈체제의 밴드보다 넓은 상하 2.25퍼센트의 밴드를 허용하였다. 금에 대해 평가절하된 미국 달러는 더 이상 금과 태환이 되지 않았다. 닉슨 대통령은 언론에게 이 협약을 세계 역사에서 가장 중요한 협약이라고 그 성격을 규정하였다.

스미소니언협약이 체결되고 얼마 안 된 1972년 3월 7일 유럽경제공동체(EEC: European Economic Community)의 여섯 회원국인 프랑스, 서독, 이탈리아, 벨기에, 네덜란드, 룩셈부르크는 더 광범위한 통화동맹의 결성에 관한 계획을 발표하였다. 유럽회원국들끼리는 환율변동폭을 1

• G10(Group of Ten): 프랑스, 독일, 일본, 영국, 미국, 캐나다, 이탈리아, 벨기에, 네덜란드, 스웨덴.

퍼센트 범위 내로 유지하고 달러에 대해서는 2.25 퍼센트의 변동폭을 허락하였다. 이 체제는 스네이크체제(snake in the tunnel)라는 이름으로 알려졌다. 이 체제에 참여하는 국가들은 서로 통화를 사거나 팔아서 상호 교환가치를 유지하고자 하였다. 전체적으로 EEC의 통화가 바로 스네이크를 의미했다. 스네이크가 스미소니언협약이 허락하는 환율변동범위의 가장자리에 접근할 때마다 EEC 회원국들은 미국 달러를 필요한 만큼 사거나 팔아서 환율의 안정성을 유지하고자 하였다.

1972년 중반 외환시장은 다시 혼란에 빠졌다. 스네이크체제에 가입한 지 2개월 만에 영국이 행동을 먼저 취했다. 즉, 스네이크체제를 포기하였다. 1973년 초 스미소니언협약은 실패 직전이었다. 엄청난 외교적 노력과 미국 재무성이 금에 대한 달러의 10퍼센트 절하를 단행하였음에도 불구하고 스네이크체제에 참여한 유럽국가들은 미국과 같은 역외 국가의 통화에 대해 평가를 유지하지 않겠다고 발표하였다. 결국 역사상 가장 중요한 통화협약은 체결된 지 15개월 만에 막을 내렸다.

변동환율제도

조정 가능한 고정환율제도로 회귀하고자 하는 시도가 있었지만 실제적으로는 변동환율제도가 형성되었다. **변동환율제도**(floating, or flexible exchange-rate system)는 민간시장에서 수요와 공급에 의해 통화의 교환가치가 결정되는 제도이다. 1950년대 초부터 프리드먼(Milton Friedman)과 같은 경제학자들은 변동환율제도의 장점을 주장하고 있었다.

■ 경제정상회의와 새로운 질서

많은 국가들이 변동환율제도하에서 운영되고 있었지만 이 제도는 공식적인 제도로 인정받지 못했는데 그 이유는 IMF협정 조항은 변동환율을 허락하고 있지 않기 때문이었다. 1975년 프랑스의 지스카르댕(Valéry Giscard d'Estaing) 대통령이 주요 선진국 — 프랑스, 미국, 독일, 일본, 이탈리아, 영국 — 의 지도자들을 비공식적으로 초청하였다.

미국과 프랑스 간에 환율제도에 관한 논의가 계속 진행되었다. 정상회의 저녁 때쯤 미국과 프랑스는 상호 조정된(coordinated) 외환시장 개입이 있는 변동환율제도에 합의하였으며, 이 제도 하에서는 환율의 안정을 위하여 필요하다고 판단될 때에는 언제든지 시장에 개입이 가능하였다. 지스카르댕 대통령은 미국과의 정상회의에서의 극적인 합의를 발표하였고 회의에 참석 중인 다른 정상들은 즉각 그 합의를 비준하였다.

미국과 프랑스 사이에 이루어진 협상을 반영하는 환율제도를 주요 선진국 정상들이 비준하게 되자 IMF 회원국은 IMF 헌장의 세부사항을 조율하고 개정하는 작업에 돌입하였다. 회원국들은 1976년 IMF 헌장 개정과 관련된 협상이 마무리된 **자메이카협정**(Jamaica Accords)을 체결하였다.

첫 번째 경제정상회담 후 6개월도 지나지 않아 미국의 포드 대통령은 그 자신만의 경제정상

• **변동환율제도**(flexible exchange-rate system): 통화의 가치가 시장에 의하여 결정되는 환율제도.

• **자메이카협정**(Jamaica Accords): 1976년 1월 자메이카에 모인 IMF 회원국들은 IMF 헌장을 수정하여 각 회원국이 자신의 환율을 결정할 수 있게 하는 자메이카협정을 맺음.

회의를 개최하기로 결정하였다. 포드 대통령은 지스카르댕 대통령의 반대에도 불구하고 캐나다도 초청하였다. 포드 대통령은 이 정상회담을 정례화하여 지금은 해마다 여름에 경제정상회의(Economic Summit)이라는 이름으로 개최되고 있다. 1997년 정상회의의 주최자였던 미국 클린턴 대통령은 러시아의 보리스 옐친을 초청하였고 비록 회의에 직접 참가하지는 못했지만 회담의 처음부터 끝까지 참관할 수 있게 하였다. 1998년 버밍햄 회담에서는 영국의 토니 블레어 총리가 옐친 대통령을 초청하여 회의에 참가할 수 있게 함으로써 경제정상회담 참가국은 G8(Group of Eight)로 확대되었다.[ii]

■ **변동환율제도의 성과**

변동환율제도는 주요 경제권 국가들이 상당한 정도의 경제상황의 변동도 견딜 수 있게 해주었다. 경제학자들이 변동환율제도가 본격적으로 시행된 원년이라고 인식하는 1973년 이후 주요 경제권 국가들은 각기 독자적인 거시경제정책을 집행해왔고 국내외에서 발생한 심각한 경제적 충격도 여러 번 겪었으며 특히 예전에는 겪어보지 못했던 대규모의 재정 및 경상수지 적자를 경험하였다. 자국통화의 교환가치가 시장에 의해 결정되게 함으로써 변동환율제도를 채택한 국가는 통화정책을 국내적 목적을 위해 사용할 수 있었다. 그러나 대부분의 국가들은 환율이 급격하게 상승하거나 하락하는 기간도 여러 번 경험하였다.

변동환율제도에 대한 강력한 도전은 아마도 1973년과 1974년 사이의 기간과 1979년에 일어난 것이라 할 수 있다. 욤 키푸르(Yom Kippur) 전쟁의 발발과 석유수출국기구(OPEC)에 의해 1973년 10월에 단행된 석유수출금지 조치로 인해 석유수입국은 급격한 석유가격의 상승 및 그로 인한 인플레이션을 겪게 되었다. 1979년 석유수출국기구(OPEC: Organization of the Petroleum Exporting Countries)는 석유수출을 통제하는 일련의 조치를 또 취했으며 이로 인해 세계시장에서 원유의 가격은 3배로 뛰었다. 이미 인플레이션과 싸우고 있던 석유 수입국 경제는 원유가격의 상승으로 치명적인 타격을 입었다. 1970년대 말부터 1980년대 초까지 캐나다, 프랑스, 이탈리아, 영국, 그리고 미국은 두 자리 수의 인플레이션을 경험하였다.

1979년 카터 대통령은 폴 볼커(Paul Volcker)를 연방준비위원회 의장으로 임명하였다. 볼커는 미연준이 인플레이션 억제라는 단일 목표를 추구할 것이라는 사실을 공표하였다. 이와 같은 연준의 정책은 1981년과 1982년의 경기침체를 가져왔으며, 매우 높은 이자율과 달러에 강한 절상 압력을 초래하였다 (제8장은 이자율과 환율과의 관계를 다룬다). 그 결과, 달러는 절상되기 시작하여 1985년까지 계속 절상추세를 유지하였다.

도표 7.5는 연준이 계산한 7개 주요 통화에 대한 달러의 명목 유효환율을 보여주고 있다. 1981년부터 1985년 사이에 달러가치는 아주 현저한 상승을 보여주고 있다. 또한 1985년부터 1987년 사이에는 달러가치의 극적인 하락을 볼 수 있다.

• G8(Group of Eight): 프랑스, 독일, 일본, 영국, 미국, 캐나다, 이탈리아와 러시아.

ii) **관련 웹사이트**: 매년 개최되는 경제정상회의에 관하여 토론토 대학교의 G8연구자 그룹을 참조하라. 홈페이지 www.g8.utoronto.ca를 참조하라.

도표 7.5 1973년 이후 미국 달러의 명목실효환율

* 1981년과 1985년 사이에 미국 달러는 주요 7개국 통화에 대하여 상당한 절상을 경험하였다. 그 후 절상추세가 절하추세로 발전되는 데 2년이 걸렸다.

출처: U.S. Federal Reserve Bank of St. Louis.

1981년부터 1985년 사이에 발생한 달러 절상의 이유는 설명하였다. 그런데 달러가 1985년 정점을 찍은 후 하락을 시작하여 1987년까지 계속 하락한 이유는 무엇인가?

■ **플라자합의와 루브르협약**

상당 기간 G10의 일부 국가의 중앙은행 총재와 재무장관은 거시경제적 환경과 정책을 논의하기 위해 회담을 개최하였다. 이 일부 국가는 소위 G5(Group of Five)국가로서 미국, 영국, 독일, 일본, 프랑스이다. 이 G5회담의 내용과 결론 및 정책 대응방안은 항상 비밀에 부쳐졌다. 1985년 9월 G5는 뉴욕의 플라자 호텔에 모였는데 주요 논의 대상은 달러의 위상에 관한 것이었다. 예년과는 달리 G5 회의 참가자들은 회의가 끝나자마자 언론에 성명서를 발표하였다. 이것이 소위 **플라자합의(Plaza Agreement)**이며, 이 합의에서 G5는 당시 달러의 가치가 기초적인 경제여건과 맞지 않는 수준에 있다는 믿음을 천명하였다. 즉, G5는 달러의 가치를 떨어뜨리기 위해 **집단적으로** 시장에 개입하겠다고 공표한 것이었다.

언론에 보낸 성명서의 목적은 외환시장 참가자들이 G5의 강력한 의지를 믿도록 하기 위한 것이었다. 이 성명서와 주기적으로 예고 없이 이루어지는 G5의 시장 개입은 외환시장 참가자들에게 확신을 심어준 것처럼 보였다. 도표 7.5에 나타난 것처럼 달러는 1985년 이후 2년간 절하추세를 이어갔다.

이 2년 동안 G5는 이탈리아와 캐나다를 합

• **G5(Group of Five)**: 프랑스, 독일, 일본, 영국, 미국.

• **플라자합의(Plaza Agreement)**: G5 국가의 중앙은행 총재와 재무장관이 1985년 9월 뉴욕의 플라자 호텔에 모여 만든 합의. 달러의 가치가 지나치게 고평가되어 있다는 사실에 인식을 같이 하고 G5 국가가 외환시장에 조직적으로 개입하여 달러의 평가절하를 유도한다는 합의.

류시켜 당시 해마다 개최되던 주요 7개국 정상회의와 회원국의 수를 일치시켰다. 이 그룹이 G7(Group of Seven)이다. 1987년 2월 G7은 프랑스 루브르에서 회동하였다. 달러가 또 다시 논의의 대상이 되었다. 이 회담에서 **루브르협약(Louvre Accord)**이 발표되었는데, 이 협약을 통해 G7의 재무장관들과 중앙은행 총재들은 달러가 기초적인 경제환경과 일치하는 새로운 수준에 도달하였다고 천명하였다. 그러므로 G7은 환율 안정성의 확보가 필요하다고 판단될 때만 외환시장에 개입하겠다는 뜻을 밝혔다.

이 회담은 1987년부터 1990년대 초까지의 G7과 G10의 환율조정정책을 설명해준다. 즉, 통화가치가 어떤 임계 수준에 도달할 때에만 집단적으로 사전 예고 없이 시장에 개입하는 방식이었다. 그런데 이 임계 수준은 어디인가? 이것이 외환시장 참가자들에게 알려져 있지 않았기 때문에 외환거래자들은 항상 재무장관이나 중앙은행 총재의 행동을 주시하고 예측해야 했다.

루브르협약하에서 회원국들은 자국통화를 대표하여 종종 시장에 개입하곤 하였다. 결국 이 시스템은 완전한 변동환율제도가 아니었다. 이런 형태의 변동환율제도를 **관리변동환율제(managed float, 혹은 dirty float)**라고 하며, 이는 공적 기관에 의한 주기적인 시장 개입이 존재하는 변동환율제도라고 할 수 있다.

국제통화 및 금융시장의 관점에서 볼 때, 1990년대 역시 그 이전 20여 년과 마찬가지로 매우 흥미로운 기간이었다. 1994년 12월에 단행된 멕시코 페소의 평가절하는 페소화 가치의 붕괴 및 라틴 아메리카 경제를 뒤흔들었던 금융위기의 시발점이었다. 1997년에는 태국에서 시작된 금융위기가 인도네시아, 말레이시아, 한국 등을 포함한 동아시아 경제를 강타하였다. 1998년에는 러시아와 브라질에서 금융위기가 발생하였다. 금융위기를 겪은 나라 중 일부 국가는 금방 회복하기도 하였다. 그러나 다른 국가들, 예를 들어 인도네시아와 같은 나라들은 여전히 금융위기가 초래한 경제적 결과 때문에 고통 받고 있다.

1998년에는 11개의 유럽연합(European Union) 회원국이 상호 환율을 완전히 고정시켰으며, 1999년에는 유럽중앙은행(European Central Bank)을 설립하고 유로화를 출범시켰다. 그 후 2년 반에 걸쳐 모든 은행 및 금융 질서를 유로화 체제로 전환하였다. 2002년 1월에는 유로 지폐와 동전을 유통시키기 시작하였으며 각국 통화의 유통이 중단되었다.

- G7(Group of Seven): 프랑스, 독일, 일본, 영국, 미국, 캐나다, 이탈리아.
- 루브르협약(Louvre Accord): 1987년월 2월 G7 국가 중 이탈리아를 제외한 국가의 중앙은행 총재와 재무장관이 모여 만든 협정. 달러의 가치가 경제의 펀더멘털과 양립하는 수준까지 조정되었음을 공표하고, 앞으로 중앙은행은 환율의 안정성을 확보하기 위해서만 시장에 개입한다는 내용의 합의.
- 관리변동환율제(managed or dirty float): 주로 시장에 의해 통화의 가치가 결정되지만, 통화가치가 급격한 변동을 보이면 통화가치를 안정시키기 위해서 정부가 가끔 시장에 개입하는 환율제도.

핵심 이슈 #4

브레튼우즈체제가 붕괴된 후 오늘날 어떤 형태의 변동환율제도가 유지되고 있는가?

경제학자들은 보통 브레튼우즈체제 이후의 환율체제를 변동환율제도 중의 하나로 규정하고 있다. 그러나 개별 국가들은 매우 다양

> 한 종류의 환율제도를 채택하고 있으며, 고정환율부터 완전히 신축적인 변동환율까지 다양한 형태가 존재한다. 또한 주요 선진국들은 통화가치의 안정을 위하여 외환시장에 주기적으로 개입하기도 한다. 이런 측면에서 볼 때 완전히 신축적인 변동환율제도라기보다는 현재의 체제는 관리변동환율제도라고 할 수 있다.

다양한 환율제도

지금까지 우리는 금본위제(gold standard), 조정 가능한 고정환율 달러본위제(adjustable-peg dollar standard)로서의 브레튼우즈체제, 그리고 브레튼우즈체제 붕괴 이후의 변동환율제도를 살펴보았다. 브레튼우즈체제의 붕괴 이후 각국은 다양한 형태의 환율제도를 채택하고 있다.

도표 7.6은 IMF회원국이 채택한 것으로 알려진 환율제도의 종류를 보여준다. 도표는 다른 나라의 통화를 자국의 공식 통화로 사용하는 경우, 전통적인 고정(peg)환율제도, 비전통적인 고정환율제도, 제한적인 변동환율제도, 완전변동환율제도 등 각각의 제도가 전체에서 차지하는 비중을 보여주고 있다. 전체 회원국의 36퍼센트는 관리변동환율제도를 채택하고 있으며 58퍼센트의 국가는 어떤 형태로든 자국 통화를 고정(peg)시키는 제도를 채택하고 있다.

비록 16퍼센트의 IMF 회원국이 독립적인 변동환율제도를 가지고 있다고 주장하지만 메릴랜드 대학교의 칼보(Guillermo Calvo)교수와 라인하트(Carmen Reinhart)교수의 연구에 의하면 상당히 다른 결론이 도출된다. 칼보와 라인하트의 연구는 많은 신흥경제권 국가의 환율은 미국처럼 진짜 변동환율제도가 되기에는 환율의 변동성이 많이 부족하다는 것이다. 신흥경제권 국가의 정책결정자들은 여전히 변동환율에 대한 두려움으로 인해 자국 통화가치 수호를 위해 외환시장에 지속적으로 개입한다는 것이다.

도표 7.6은 다양한 종류의 환율제도가 채택되어 있음을 보여주고 있다. 그러나 이 도표는 이 제도들의 운용에 관한 자세한 내용은 보여주지 못한다. 1990년대 후반의 통화위기가 보여주듯이 한 국가의 환율제도가 어떻게 운용되는가가 실제적으로는 가장 중요하다 할 수 있다. 이제 앞서 본 환율제도 외에 5종류의 환율제도를 추가적으로 살펴보자. 즉, 밴드가 있는 페그(pegged with bands), 크롤링 페그(crawling peg), 통화바스켓 페그(currency basket peg), 통화위원회(currency board, 혹은 독립된 통화 공적기관 [independent currency authority]), 그리고 달러통용제(dollarization)의 5가지이다.

■ 전통적 페그 대 밴드 페그

현재 IMF는 고정(pegged)환율제도를 정책당국이 자국통화의 가치를 고정된 환율로, 즉, **평가비율**(parity rate)로 다른 국가의 통화에 고정시키는 제도로 정의한다. **환율평가밴드**(exchange-rate parity bands)는 평가비율을 기준으로 위아래로 벗어날 수 있는 최대한의 범위를 의미한다. 평가밴드의 크기가 평가비율을 중심으로 상하 1퍼센트 변동을 초과하지 않는 경우, **전통적 고정체제**(conventional pegged arrangement)라고 한다.

도표 7.6 현재의 환율제도

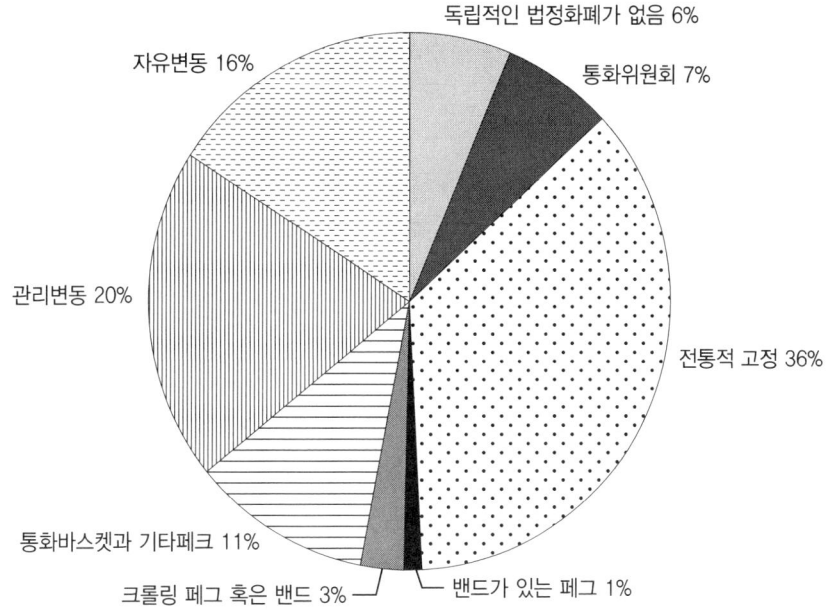

* 오늘날 IMF 회원국의 36퍼센트는 독립적인 변동환율제도 혹은 관리변동환율제도를 채택한 것으로 보고되어 있다. 어떤 형태로든 환율을 고정(peg)시킨 국가들은 자국통화가치를 주로 달러에 고정시키고 있다. 통화바스켓 시스템이 두 번째로 많이 채택된 제도이다.

출처: 국제통화기금(International Monetary Fund).

이 변동의 크기가 1퍼센트를 초과하는 경우를 수평밴드 내의 **고정환율체제**(*pegged-exchange rate within horizontal bands arrangement*)라고 한다. 예를 들어 덴마크가 수평밴드 내 고정환율체제를 채택하고 있다. ERMII라는 체제하에서 덴마크는 크로네의 가치를 평가비율 7.46038Dkr/€로 유로화에 고정시키며 밴드는 상하 2.25퍼센트이다. 그러나 최근 덴마크 중앙은행은 크로네의 가치를 밴드 내 평가비율 중심으로 상하 1퍼센트 이내로 유지하고 있다. (종종 고정환율제도를 운용하는 국가의 정부는 고정환율을 바꾸기도 하며 이를 통해 자국 통화의 평가절하 혹은 평가절상을 추구하기도 한다. "정책사례 7.2" 참조.)

■ 크롤링 페그

브레튼우즈체제가 붕괴한 이후에도 몇몇 국가는 자국 통화의 가치를 타국 통화의 가치에 고정시킬 것을 결의하였다. 한 국가가 이런 결정을 하는 데에는 몇 가지 이유가 있다. 고정환율제도를 채택하는 가장 일반적인 논리는 환율변동성과 불확실성을 감소시키는 것이 경제적 효율성의 증가로 연결된다는 것이다. 그러므로 외국과 교역량은 많은데 통화가치가 불안정한 경우 자국통화의 고정(peg)을 선택할 수 있다. 타국 통화에 고정하여 환율변동성을 감소시킴으로써 물가를 더욱 안정시키고 국가 간 무역과 자본의 흐름을 더욱 촉진시킬 수 있다는 논리이다.

정책사례

7.2 베네수엘라정부가 고정환율을 크게 변경하다

베네수엘라 통화인 볼리바(bolivar)는 미국 달러에 고정되어있다. 지난 몇 년 동안 베네수엘라정부는 자국민이 재화와 서비스를 외국에서 수입해오는 인센티브를 약화시키려고 노력해왔다. 동시에 베네수엘라의 수출을 증진하고 외국 회사가 베네수엘라에서 자금을 인출할 인센티브도 억제하려고 노력해왔다.

2010년 베네수엘라정부는 달러 당 2.15볼리바에서 4.30볼리바로 평가절하를 단행하였고 2012년에도 50퍼센트 가까이 평가절하하여 달러 당 6.35볼리바가 되었다. 평가절하가 단행될 때마다 베네수엘라 국민들 입장에서는 수입품이 비싸지고 타국 통화로 평가된 베네수엘라 수출품의 가격은 하락하였다. 또한 외국기업들이 베네수엘라 내에 보유하고 있던 자금의 외국 통화 표시가치도 하락하였다. 결과적으로 이 정책은 정부가 추구한 세 가지 목표와 조화가 되는 조치였다. 많은 경제학자들은 베네수엘라정부가 가까운 미래에 큰 폭의 평가절하를 또 실시할 것으로 예상하고 있다.

심화 학습: 베네수엘라가 실시한 위 정책은 연간국민총소득을 단기간에 증가시키는 효과를 가져왔는데 그 이유가 무엇이라 생각하는가?

그러나 자국통화의 고정 대상이 되는 외국과 경제적 조건이 크게 달라질 수가 있다. 두 나라의 경제적 조건이 달라지면 불가능하지는 않다 하더라도 환율고정을 유지하기가 매우 어려워진다. 이런 경우 외국통화에 자국통화를 고정시키고 있는 국가가 평가비율을 연속적으로 변경할 수 있다. 이런 형태의 환율제도가 **크롤링 페그**(crawling peg)이다.

니카라과의 크롤링 페그체제

니카라과의 환율제도가 크롤링 페그의 좋은 예이다. 환율안정성을 촉진하고 수출증가를 도모하기 위해 니카라과는 자국통화인 코르도바(córdoba)를 미국 달러에 고정시킨다. 그런데 미국과 니카라과의 거시경제조건은 크게 다르다. 미국의 인플레이션률은 연평균 2~3퍼센트이지만 니카라과의 인플레이션률은 연평균 10~20퍼센트 수준이다. 이와 같은 심각한 인플레이션률의 격차 때문에 니카라과정부는 코르도바가 미국 달러에 대해 장기적으로 절하추세에 있다는 사실을 인식하였다. 그러므로 니카라과는 크롤링 페그체제를 선택하였다.

1990년대 후반과 2000년대 초 니카라과정부는 코르도바의 평가(parity value)를 매주 조금씩 하락시켰다. 도표 7.7에서 볼 수 있듯이 이 기간 동안 코르도바는 미국 달러에 대해 지속적으로 절하되었다. 1999년에 인플레이션율을 크게 감소시키고 IMF의 컨설팅을 받고 나서 니카라과는 크롤링율(rate of crawl)을 줄였다. 도표가 보여주듯이 2002년 이후 코르도바의 가치는 달러에 대해 매우 일정한 추세로 절하되고 있다.

• **크롤링 페그(crawling peg):** 자국 통화의 가치를 타국 통화에 고정시키고, 평가(parity value)가 주기적으로 변하도록 하는 환율제도.

도표 7.7 2002년 이후 니카라과의 크롤링 페그제도

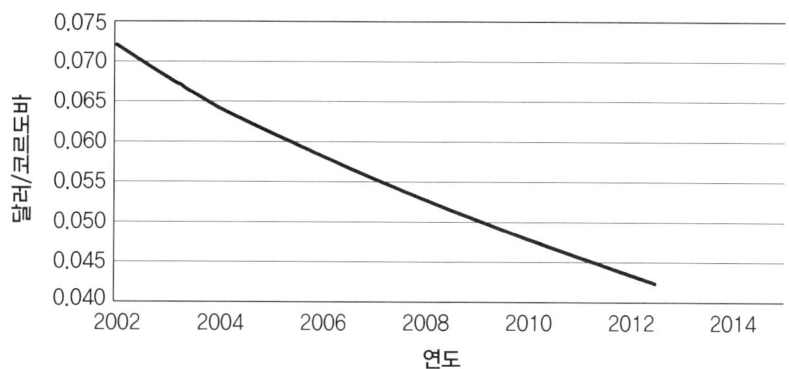

* 니카라과의 크롤링 페그제도는 코르도바-달러 환율에 대하여 소폭의 주간 절하율을 허용한다. 크롤링 페그는 환율의 주간 조정곡선이 보여주는 음의 기울기로 묘사된다.

출처: 국제통화기금(IMF) 통계, 국제금융통계.

평가밴드

금본위제와 브레튼우즈체제에서처럼 통화가치를 고정시킨 국가는 일반적으로 평가비율을 중심으로 일정규모의 변동을 허락한다. 그러므로 환율은 고정된 숫자가 아니라 **환율밴드**(exchange-rate band) 안에서 변동한다.

칠레나 콜롬비아와 같은 나라는 크롤링 페그와 환율밴드로 확보된 추가적인 변동성을 결합한 환율제도를 가지고 있다. 이런 종류의 환율제도를 **크롤링 밴드**(crawling band)라고 한다. 환율밴드와 마찬가지로 크롤링 밴드에도 상한과 하한이 존재한다. 그런데 중심평가(central parity)가 규칙적으로 조정이 된다. 그러므로 밴드의 상한과 하한도 함께 규칙적으로 변하게 되며, 이를 통해 일정한 속도의 평가절하를 가능하게 한다.

- **환율밴드**(exchange-rate band): 자국 통화의 교환가치가 상한과 하한 사이에서 변동할 때, 그 교환가치의 변동범위.
- **크롤링 밴드**(crawling band): 환율밴드의 신축성과 크롤링 페그의 특성이 결합된 교환가치의 범위.

■ 통화바스켓

지금까지 살펴 본 환율제도는 한 국가의 통화를 다른 통화에 고정시켜서 환율변동성과 불확실성을 감소시키고 이를 통해 경제적 효율성을 제고할 수 있다는 인식에 기반하고 있다. 같은 이유로 한 국가는 자국의 통화가치를 여러 개의 타국통화가치의 가중평균에 고정시킬 수도 있다. 이 제도를 **통화바스켓 페그**(currency-basket peg)라고 한다. 통화바스켓에 고정시키는 이유는 여러 통화가치의 가중평균이 단일통화의 가치보다 변동성이 작기 때문이다.

통화바스켓을 잘 이해하기 위한 예제로 다음을 상정해보자. 당신이 각각 다른 국가에서 발행된 6개의 동전을 가지고 있다고 하자. 이제 그 동전을 하나의 바스켓에 넣자. 바스켓 안의 동전의 합이 당신의 가상 통화 1단위와 같다고 가정하자. 바스

- **통화바스켓 페그**(currency-basket peg): 선택된 몇 개의 외국통화가치의 가중평균에 자국통화가치를 고정시키는 환율제도.

켓 안의 동전들의 가치가 통화바스켓하에서 당신이 유지하고자 하는 가상통화의 가치이다.

통화바스켓의 선택

카자흐스탄이나 쿠웨이트와 같이 통화바스켓을 채택한 나라들은 바스켓 안에 상대적으로 적은 수의 통화를 포함시키고 있는데, 그 이유는 고정의 대상이 되는 통화의 수가 증가할수록 바스켓 페그를 유지하는 것이 어려워지기 때문이다. 통화바스켓 페그를 채택한 나라들은 대부분 6개 이하의 통화에 고정시킨다.

    바스켓에 포함시킬 통화를 선택하는 것은 실효환율을 계산할 때 통화를 선택하는 방법과 유사하다 (제6장 참조). 바스켓은 일반적으로 그 나라의 국제무역과 자본흐름, 혹은 부채관계 등을 고려하여 가장 영향력이 큰 통화를 포함한다. 그리고 실효환율 계산과 마찬가지로 각 통화마다 가중치를 부여한다. 통화바스켓의 가중치의 합계는 1이다. 가중치의 선택은 그 나라의 국제거래에서 각 통화가 차지하는 상대적 중요성을 나타낸다.

통화바스켓 관리

고정환율제도를 채택한 국가의 통화당국은 자국통화와 고정한 외국통화 사이의 환율을 일정하게 유지한다. 통화바스켓 제도하에서는 통화당국이 자국통화와 바스켓에 포함된 통화 사이의 환율 유지에 신경을 써야하며 또한 바스켓에 포함되어 있는 통화 사이의 교차환율에도 신경을 써야 한다. 만약 이 교차환율이 변하게 되면 통화당국은 자국통화의 절상 혹은 절하를 시도하여 통화바스켓 전체의 가치를 유지해야 한다. 가중치가 절상 혹은 절하의 규모를 결정한다.

■ 기타 고정환율제도

최근 IMF는 '기타 고정환율제도(other peg arrangements)'라는 새로운 항목을 만들었다. 이 항목 안에는 위에서 논의한 여러 종류의 고정환율제도가 포함된다. 이 항목에는 환율이 통화정책의 여러 타겟 중 하나가 되는 환율제도가 포함된다.

> **핵심 이슈 #5**
>
> **크롤링 페그제도와 바스켓 페그제도는 무엇인가?**
>
> 크롤링 페그와 바스켓 페그제도는 고정환율제도(pegged exchange-rate system)의 한 형태이다. 크롤링 페그하에서 평가비율과 환율밴드는 주기적으로 변할 수 있고, 이로 인해 기존의 고정환율제도보다 더 큰 신축성을 시스템 내에 확보할 수 있다. 바스켓 페그제도하에서는 자국 통화가치를 몇 개의 외국통화가치의 가중평균치에 고정시킨다. 복수의 통화가치의 가중평균은 단일통화의 교환가치보다 변동성이 작다.

■ 독립적인 통화기구

금본위제에서는 중앙은행이 필요하지 않음을 이미 살펴보았다. 금본위제에서는 한 국가의 공적 금 준비량의 변화에 따라 그 나라의 통화량도 변화한다. 금본위제는 금준비량의 변화에 따라 시중에 유통 중인 통화량을 늘리거나 줄이는 기능만 하는 공적인 통화 기관만 있으면 된다. 오늘날에도 몇몇 국가는 중앙은행을 보유하고 있지 않다. 대신 이런 나라들은 독립적인 통화당국 혹은 통화위원회(currency board)를 가지고 있다.

    통화위원회(currency board), 혹은 독립적인

통화당국은 통화량의 증가율과 통화위원회의 외환보유량과 연결시켜주는 독립적인 통화기구이다. 통화위원회는 자국통화를 발행하여 특정의 고정된 환율에서 외환과 교환함으로써 그 기능을 수행한다.

대영제국은 1849년 모리셔스에 처음으로 통화위원회를 설치했다. 통화위원회의 설치목적은 모리셔스와 다른 대영제국의 식민지에 안정적이고 태환 가능한 통화를 공급하기 위한 것이었다. 식민지는 통화위원회가 런던에 보유하고 있는 파운드화 자산을 기반으로 하여 자체 화폐를 고정환율로 발행하였다. 식민지의 화폐는 고정환율에서 태환이 가능하였으며 파운드화와 동일한 수준의 안정성을 유지할 수 있었다. 식민지들은 자체적으로 파운드화 동전이나 지폐를 보유할 필요가 없었기 때문에 상당한 자원을 절약할 수 있었다. 통화위원회의 인기는 1940년대에 최고였으나 1960년대를 거치면서 실질적으로 사라졌다.

통화위원회는 자국 통화의 가치를 다른 나라의 통화가치에 고정시키고 평가비율을 유지하기 위하여 적정량의 보유 외환을 사거나 판다. 통화당국이 보유 외환을 사거나 팔면, 시중에 유통 중인 자국 통화의 양이 변한다. 이것이 국내통화량의 변동을 가져오는 유일한 요인이다.

통화위원회는 매우 제한적인 책임을 진다. 즉, 통화위원회는 일반적인 중앙은행과는 달리 자국 정부가 발행한 지폐나 채권을 보유하지 않으며, 민간은행에 대해 지불준비금을 책정하지도 않고 민간은행에 대한 최종대부자로서의 기능도 수행하지 않는다.

이와 같이 제한적인 책임을 지기 때문에 통화위원회는 재량적인 통화정책을 실시할 수 없고, 그렇기 때문에 정치적 영향력으로부터 자유로울 수 있다. 이와 같은 이유로 인해 지난 수년간 통화위원회에 대한 관심이 고조되기도 하였다. 일부 경제학자들은 통화위원회가 몇몇 국가들에게는 물가안정을 달성하는 신뢰할 수 있는 방법으로서 가장 좋은 수단이라고 주장하기도 한다.

오늘날 일부 국가가 통화위원회를 운용하고 있으며, 그 중에는 최근에 통화위원회를 채택한 경우도 있다. 불가리아, 에스토니아, 리투아니아, 홍콩이 통화위원회를 채택한 국가들이다. 통화위원회는 성공한 경우도 있고 실패한 경우도 있다. 가장 최근에는 아르헨티나가 통화위원회를 포기하고 변동환율제도로 전환하였다.

■ 달러통용제

일부 국가들은 외국 통화를 자국의 법정 통화로 기능하도록 허락하는 아주 극적인 환율제도를 채택하기도 한다. 도표 7.6(p. 205)을 보면 IMF 회원국의 6.3퍼센트에 해당하는 국가가 외국 통화를 사용하고 있는 것으로 나타나 있다. 표에 나타난 국가 외에도 자국 통화를 포기하고 외국 통화의 사용을 고려하고 있는 국가가 더 있다. 이를 **달러통용제(dollarization)**라고 부른다. 명칭은 달러통용제이지만 자국통화를 대신하는 외국통화가 단지 달러만은 아니다.

• **통화위원회**(currency board): 중앙은행을 대체하는 독립적인 통화기구. 통화위원회는 자국통화의 가치를 고정시킨 후, 외환보유고의 변화에 따라 국내통화량을 조정한다.

• **달러통용제**(dollarization): 타국 통화를 자국의 유일한 법정 화폐로 사용하는 체제.

최근에는 에콰도르, 엘살바도르, 그리고 짐바브웨가 달러통용제를 도입했다. 일부 라틴아메리카 국가는 이미 부분적으로 달러통용제를 채택하였으며, 여러 중남미 국가, 예를 들어 니카라과와 과테말라 같은 국가들은 달러통용제의 도입을 1990년대 후반부터 논의해오고 있다.

달러통용제를 옹호하는 논리는 다음과 같다. 즉, 강력한 통화를 보유한 대규모 경제권과 국경을 접한 소규모 국가들은 자국 경제를 달러통용제를 채택함으로써 경제성장과 안정을 달성할 수 있다는 것이다. 또한 만약 자국통화를 포기하고 대규모 경제권의 통화를 채택하게 되면 더 이상 자국통화에 대한 관리를 걱정할 필요가 없다는 것이다. 반면 자국의 이자율과 인플레이션율은 채택한 통화를 발행한 외국의 상황을 그대로 반영하게 된다.

달러통용제를 채택한 일부 국가들의 경제적 성과를 분석한 결과, 국립경제조사국(NBER: National Bureau of Economic Research)의 세바스찬 에드워즈(Sebastian Edwards)는 달러통용제를 채택한 국가들이 달러통용제를 채택하지 않은 국가들에 비해 인플레이션율이 낮다는 결과를 얻었다. 그러나 낮은 인플레이션율에 대한 대가는 낮은 경제성장율인 것으로 나타났다.

핵심 이슈 #6

통화위원회와 달러통용제는 무엇인가?

통화위원회는 중앙은행을 대체하는 조직이다. 그러나 통화위원회의 책임범위는 일반적인 중앙은행보다 훨씬 제한적이다. 통화위원회는 평가비율을 유지하기 위해 보유외환을 팔기도 하고 매입하기도 한다. 통화위원회 하에서는 외환보유고의 변화가 국내통화량을 결정하는 유일한 변수이다. 통화위원회는 통화정책을 국내의 정치적 압력으로부터 효과적으로 분리한다. 달러통용제는 자국의 법정화폐로 다른 국가의 화폐를 채택하는 것이다. 최근 에콰도르와 엘살바도르가 달러통용제를 실시하였다. 니카라과나 아르헨티나 같은 국가들은 달러통용제의 혜택과 비용에 대해서 계속 논의 중이다.

고정환율제인가? 변동환율제인가?

지금까지 살펴본 환율제도 중 가장 좋은 제도는 어떤 것인가? 이 질문에 대한 명확한 해답은 없으며 고정환율제도와 변동환율제도의 장점과 단점에 관한 논쟁은 경제학에서 가장 오래된 논쟁 중의 하나이다.

■ 고정환율? 변동환율?

어떤 측면에서는 고정환율제도가 인플레이션을 억제하며 안정적인 경제환경을 제공함으로써 건전한 거시경제정책의 시행을 진작한다. 이는 결국 실질경제성장을 촉진하는 결과를 가져온다. 그러나 고정명목환율제도하에서는 실질환율이 절상되어 수출경쟁력이 약화되는 결과도 발생할 수 있다.

반면 변동환율제도는 외국으로부터의 비정상적인 자본유입이나 수입원자재 가격의 급격한 상승과 같은 외부 충격을 극복하는데 큰 도움을 준다. 하지만 변동환율제도에는 환율의 불확실성과

변동성이 존재한다. 이것이 일반적으로 거론되는 변동환율제도의 단점이다. 그런데 선진국의 데이터를 분석해 보면, 명목환율의 변동성이 국제무역이나 외국인 투자를 위축시켰다는 명확한 증거도 발견되지 않는다.

환율제도의 형태보다 더 중요한 것은 건전한 경제정책의 수립과 실행이라고 할 수 있을 것이다. 환율제도에 관한 논의에서 가장 많이 간과되는 부분이 바로 이 부분이다. 게다가 환율제도와 관련된 논쟁은 현실의 불완전한 환율제도를 어떤 환율제도와 일관된 경제정책을 정부가 항상 수립하고 집행할 수 있는 그런 유토피아적인 환율제도와 비교한다는 것이다. 현실에는 그런 이상적인 상황은 존재하지 않는다. (환율의 움직임을 통제하는 정책이 갖는 문제점은 이런 정책이 보유외환의 지속적인 판매를 요구할 때 발생한다. 왜냐하면 환율을 통제하는 정책을 추구하는 나라는 궁극적으로 보유외환이 고갈되기 때문이다. "정책사례 7.3" 참조.)

■ **불가능한 삼위일체**

환율제도의 적합성 여부를 평가할 때는 캘리포니아대학교의 아이젠만(Joshua Aizenman)과 샌프란시스코 연방준비은행의 글릭(Reuven Glick)이 제안한 이른바 '실현 불가능한 삼위일체론(trilemma)'을 항상 고려해야한다. 이 개념은 다음의 세 항목 중 두 개만 동시에 선택할 수 있고 세 개를 모두 선택하는 것은 불가능하다는 것이다. (1) 고정환율제도, (2) 독립된 재량적 통화정책, (3) 금융자본의 자유이동이 가능한 개방되고 자유화된 시장.

도표 7.8에서 볼 수 있듯이 삼각형의 각 변은

- **삼위일체 불가능론**(trilemma): 고정환율제도와 재량적 통화정책 및 자유화된 자본시장의 세 가지 정책 옵션 중 두 개만 선택할 수 있다는 개념.

정책사례

7.3 이집트 파운드화에 대한 투기적 공격의 결과 이집트의 외환보유고가 고갈되다

2010년 이후 이집트의 정치체제는 심각한 변화를 겪었다. 이로 인한 정치적 불안과 불확실성은 이집트 경제에 큰 피해를 입혔다. 경기가 급격하게 침체하자 국내 및 해외 투자자는 보유하고 있던 이집트 파운드화를 처분하기 시작하였으며, 그 결과 이집트 파운드화의 가치는 1 US달러 당 5.55파운드에서 7파운드 수준으로 하락하였다.

파운드의 가치가 지속적으로 하락하자 이집트 중앙은행은 통화가치의 폭락을 막을 방안을 강구하기 시작하였다. 결국 중앙은행은 외환시장에서 대량의 미국 달러자산과 기타통화자산을 팔고 이집트 파운드화를 매입하여 이집트 파운드화의 가치를 지지하려 하였다. 그러나 이 과정에서 이집트의 외환보유고는 370억 달러에서 40억 달러 이하로 75퍼센트 이상 감수하였다. 정치적 위기와 쿠데타가 지나간 뒤, 새로 구성된 정부는 이웃 국가들에게 필요한 외화자산의 융자를 부탁해야 하는 상황에 처하게 되었다.

심화 학습: 외환보유고가 없는 경우 정부가 자국통화의 가치를 유지할 수 없게 되는 이유는 무엇이며, 통화의 시장가치가 정부가 유지하고자 하는 수준보다 지속적으로 낮은 이유는 무엇인가?

도표 7.8 실현 불가능한 삼위일체

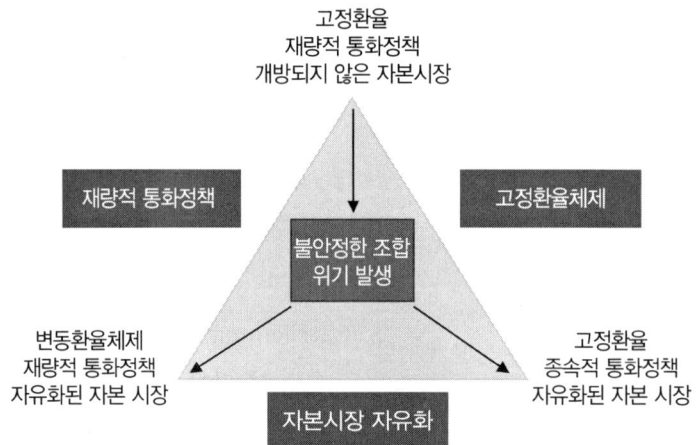

* 삼위일체 불가능론(trilemma)에 따르면 한 국가가 자본시장의 자유화와 개방화를 추구하면, 안정적인 정책 환경은 독립적인 재량적 통화정책이나 고정환율제도 중 하나를 포기할 때 달성된다.

출처: Aizenman and Glick(2008a)에서 발췌.

세 개의 잠재적 정책 목표를 나타내고 있다. 즉, 고정환율, 재량적 통화정책, 그리고 자본시장의 자유화가 그 목표이다. 삼각형의 정점은 폐쇄된 자본시장과 고정환율제도 및 재량적 통화정책으로 구성된 조합을 나타낸다. 불가능한 삼위일체는 한 나라가 자본시장 자유화를 추진하는 경우, 안정적인 정책조합은 재량적 통화정책이나 고정환율 중 하나는 포기해야 달성될 수 있다는 의미이다. 안정적인 정책조합은 삼각형의 양변 중 한 변으로 움직이면 달성된다. 불안정한 정책조합은 세 가지 목표를 모두 달성하려고 할 때 발생하며, 삼각형의 중심을 향한 움직임으로 표현된다.

불가능한 삼위일체론이 제시하는 제약을 무시하는 국가는 금융위기를 경험하게 된다. 멕시코와 한국의 경험이 이를 명확하게 보여준다. 이 두 나라는 환율을 안정적으로 유지함과 동시에 자본시장의 자유화와 개방을 추진하였으며 재량적인 통화정책을 실시하고 있었다. 그 결과는 금융위기의 발생이었다. 금융위기가 발생한 후 두 나라는 변동환율제도를 채택하였다. 이 결정은 두 나라가 환율변동성과 자본시장 자유화 및 재량적 통화정책의 조합으로 이동함을 의미하는 것으로서, 즉, 도표 7.8의 삼각형에서 하단 좌측 점으로의 이동을 의미한다.

핵심 이슈 #7

고정환율제도와 변동환율제도 중 어떤 제도가 최상의 환율제도인가?

자국 통화를 타국 통화에 고정시키는 것이 좋은지, 아니면 시장에 의해 자유롭게 결정되도록 하는 것이 좋은지는 경제학의 가장 오랜 논쟁 대상 중의 하나이다. 이 질문에 대한 명확한 답은 없으며 각각의 제도가 장단점을 가지고 있다. 건전한 경제정책의 수립과 실행이 환율제도의 선택보다 안정적인 경제환경을 만드는 데 더 중요하다고 할 수 있다.

요약

1. **환율제도**: 환율제도는 자국 통화의 국제적 교환가치를 결정하고 자국 통화를 타국 통화와 연결시켜주는 규칙의 집합체이다.

2. **환율제도로서의 금본위제**: 금본위제는 한 국가의 환율제도를 구성한다. 자국 통화의 가치를 금에 고정시킴으로써 화폐의 국제적 가치를 금을 이용하여 확정할 수 있다. 금본위제는 금본위제를 채택한 국가 간의 환율체제를 구성한다. 각각의 통화가치를 금에 대한 상대가치로 결정함으로써 금본위제는 여러 통화 사이의 교환가치를 확정할 수 있다.

3. **고정(pegged)환율제도로서의 브레튼우즈체제**: 브레튼우즈체제하에서 회원국은 자국 통화의 가치를 달러에 고정시키고, 달러의 가치는 금에 고정한다. 회원국은 평가(parity value)를 변경할 수 있으며 IMF의 허가를 통해 자국 통화를 절상할 수도 있으며 절하할 수도 있다.

4. **브레튼우즈체제 이후의 변동환율제도**: 오늘날의 세계경제에는 변동환율제도부터 고정환율 혹은 페그제도에 이르는 여러 종류의 환율제도가 존재한다. 주요 선진국들은 외환시장에 종종 개입한다. 전체적으로 볼 때 환율제도는 주로 관리변동환율제도의 모습을 띤다.

5. **크롤링 페그 및 바스켓 페그 환율제도**: 상당수의 국가들이 고정환율제도의 안정성을 원하지만 평가를 일정하게 유지하는 것이 매우 어렵다. 그래서 일부 국가는 크롤링 페그나 바스켓 페그를 선택한다. 크롤링 페그제도하에서는 자국 통화의 가치를 특정 외국 통화에 고정시키며, 평가율(parity rate)을 주기적으로 조정한다. 바스켓 페그제도하에서는 자국 통화의 가치를 선택된 몇 개의 외국통화가치의 가중평균에 고정시킨다.

6. **통화위원회와 달러통용제**: 통화위원회는 중앙은행의 대체기관이라고 할 수 있다. 그러나 통화위원회의 책임범위는 중앙은행에 비해 매우 제한적이다. 통화위원회 체제하에서 자국 통화의 가치는 타국 통화의 가치에 고정된다. 통화위원회의 책임은 통화위원회가 보유하고 있는 외화준비자산의 규모에 따라 국내통화량을 조정하여 외국통화에 고정된 자국통화의 가치를 일정하게 유지하는 것이다. 달러통용제는 자국의 법정화폐로서 외국화폐를 사용하는 것이다. 최근 에콰도르와 엘살바도르가 미국 달러를 자국의 법정화폐로 채택하였다. 달러통용제에 대한 가장 근본적인 논리적 근거는 채택한 통화발행국의 경제상황을 반영하여 인플레이션율과 이자율을 낮출 수 있다는 것이다. 달러통용제를 채택한 나라들의 경제적 성과에 관한 자료가 제한적이긴 하지만, 달러통용제를 채택한 나라들이 달러통용제를 채택하지 않은 유사한 나라들보다 인플레이션율이 낮으며 동시에 경제성장률도 낮은 것으로 파악되었다.

7. **고정환율제도 대 변동환율제도**: 통화의 가치를 타국 통화의 가치에 고정시키는 것이 좋은지 아니면 외환시장에서 결정토록 하는 것이 좋은지에 관해서는 명확한 해답이 없다. 각각의 제도가 모두 장단점이 있다. 건전하고 안정적인 경제환경을 조성하는 데 있어서 건전한 경제정책의 수립과 집행이 환율제도의 선택보다 실질적으로 더 중요하다.

연습문제

1. 이 장에서 설명한 환율제도를 열거하라.(힌트: 8종류의 환율제도가 소개되었다.) 고정환율부터 변동성이 가장 높은 환율제도까지 순서대로 나열하라.
2. 아래에 주어진 각각의 예제와 가장 잘 어울리는 환율제도를 표시하라.
   (a) 통화의 가치가 어떤 외국 통화의 가치에 고정되어 있으며 그 고정된 가치를 기준으로 상하 0.5퍼센트 이하로만 변동할 수 있다.
   (b) 통화의 가치가 어떤 외국 통화의 가치에 고정되어 있으며 그 고정된 가치를 기준으로 상하 1퍼센트 이하로만 변동할 수 있다. 그러나 이 고정된 가치는 거래주기가 돌아올 때마다 상향조정된다.
   (c) 오직 수요와 공급의 힘이 통화의 가치를 결정한다.
   (d) 통화의 가치는 선택된 몇 개의 통화가치의 가중평균에 고정되어 있다.
   (e) 통화당국이 자국통화의 가치를 유로화의 가치에 일대일로 고정시킨다. 유로화 준비자산이 증가하면 자국통화를 더 발행한다.
   (f) 자국 통화가 유로화로 대체되었으며, 유로화가 유일한 법정화폐이다. 그러나 자국경제는 유럽통화동맹(European Monetary Union)에 가입되어 있지 않다.
   (g) 통화당국이 통화의 가치가 대부분의 경우 시장에 의해 결정되도록 내버려두지만, 통화가치가 옳은 방향으로 움직일 수 있도록 가끔 시장에 개입한다.
3. 국제통화기금의 두 가지 주요기능을 설명하라.
4. 미국 달러의 가치가 1온스 당 50달러의 비율로 금에 고정되어 있다고 가정하자. 그리고 영국 파운드화가 미국 달러에 1파운드 당 1.5달러의 비율로 고정되어 있으며, 캐나다 달러는 미국 달러에 1미국 달러 당 1.38캐나다 달러의 비율로 고정되어 있다고 가정하자. 캐나다 달러와 영국 파운드화의 금에 대한 상대가치를 계산하라.
5. 4번 문제를 이용하여 캐나다 달러와 영국 파운드화 사이의 환율을 계산하라.
6. 아르헨티나가 자국 페소화의 가치를 0.5 미국 달러와 0.5 유로화로 구성된 바스켓에 고정시키기로 결정했다고 가정하자. 그리고 미국 달러와 유로화 사이의 환율은 1.35$/€라고 가정하자. 이 바스켓이 1페소를 구성한다면 페소화와 달러 간의 환율과 페소화와 유로 간의 환율은 어떻게 되는가?
7. 스미소니언협약의 환율체제와 브레튼우즈 환율체제 간의 주요 차이점을 설명하라. 이 차이점에 근거하여 판단해 볼 때 스미소니언협약이 단명하였던 이유가 무엇이라 생각하는가?
8. 통화위원회의 주요 의무는 무엇인가? 통화위원회가 일반적인 중앙은행과 다른 세 가지 제약은 무엇인가?
9. 루브르협약이 환율제도의 한 종류임을 설명하라.

10. 크롤링 페그 환율제도의 크롤링율(rate of crawl)을 결정하고자 할 때 어떤 요인들이 고려되어야 하는가?
11. 통화위원회와 달러통용제 간의 주요 차이점은 무엇이라 생각하는가?

온라인 응용학습

IMF와 세계은행과 더불어 국제결제은행(Bank for International Settlements, BIS)도 중요한 국제금융기구이다. 그러나 국제결제은행은 이 세 국제기구 중 가장 덜 알려져 있고 이해도 부족하다.

URL: www.bis.org
제목: The Bank for International Settlements
검색: BIS의 홈페이지를 방문하여 'About BIS'를 클릭하라. 'Related Informarion' 아래에 있는 'The BIS – a profile'을 클릭하라.

응용: *The BIS: Supporting Global Monetary and Financial Stability*를 읽은 후, 다음 질문에 답하라.

1. BIS는 언제 설립되었으며, 설립과 관련하여 특별한 점이 무엇인가?
2. BIS의 네 가지 주요 기능은 무엇인가?
3. 대략 몇 개의 중앙은행과 금융기관이 BIS의 지분을 소유하고 있는가?
4. 민간은행이 BIS의 서비스를 이용할 수 있나?

참고문헌

Aizenman, Joshua, and Reuven Glick. "Sterilization, Monetary Policy, and Global Financial Integration." NBER Working Paper W13902, 2008a.

Aizenman, Joshua, and Reuven Glick. "Pegged Exchange Rate Regimes: A Trap?" *Journal of Money, Credit, and Banking* 40(4) (June 2008b): 817–835.

Berck, Peter, and Jonathan Lipow. "Did Monetary Forces Turn the Tide in Iraq?, "Working Paper, University of California, Berkeley, and Oberlin College, 2009.

Berg, Andrew, and Eduardo Borensztein. "Full Dollarization: The Pros and Cons." International Monetary Fund, *Economic Issues* No. 24 (December 2000).

Calvo, Guillermo A., and Carmen M. Reinhart. "Fear of Floating." *Quarterly Journal of Economics* 117 (May 2002): 379–408.

Corden, W. Max. *Too Sensational: On the Choice of Exchange Rate Regimes*. Cambridge, MA: MIT Press, 2002.

Craig, Ben, and Christopher Waller. "Dual-Currency Economies as Multiple-Payments Systems." *Federal Reserve Bank of Cleveland Economic Review* 36(1) (Quarter 1, 2000): 2–13.

Daniels, Joseph P., Peter G. Toumanoff, and Marc von der Ruhr. "Optimal Currency Basket Pegs for Developing and Emerging Economies." *Journal of Economic Integration* 16(1) (March 2001): 128–145.

Edwards, Sebastian. "Dollarization and Economic Performance: An Empirical Investigation." NBER Working Paper Number W8274, May 2001.

Ghosh, Atish R., Anne-Marie Gulde, and Holger C. Wolf. *Exchange Rate Regimes, Choices and Consequences*. Cambridge, MA: MIT Press, 2002.

Humpage, Owen F. "Replacing the Dollar with Special Drawing Rights – Will It Work this Time?" Federal Reserve Bank of Cleveland Economic Commentary, March 2009.

International Monetary Fund. *Annual Report on Ex-*

change Arrangements and Exchange Restrictions. Washington, DC: IMF, 2010.

Jordan, Jerry. "The Evolving Global Monetary Order," Federal Reserve Bank of Cleveland Economic Commentary, January 2000.

Meissner, Christopher, and Nienke Oomes. "Why Do Countries Peg the Way They Peg? The Determinants of Anchor Currency Choice." *Journal of International Money and Finance* 28 (April 2009): 522–547.

Meltzer, Allan, and Jeffrey D. Sachs. "A Blueprint for IMF Reform." *Wall Street Journal* (March 8, 2000): A22.

Rose, Andrew K. "Exchange Rate Regimes in the Modern Era: Fixed, Floating, and Flaky." *Journal of Economic Literature* 49(3): 652–672.

Salvatore, Dominick, James W. Dean, and Thomas Willett, eds. *The Dollarization Debate*. New York: Oxford University Press, 2003.

Steil, Benn. *The Battle of Bretton Woods: John Maynard Keynes, Harry Dexter White, and the Making of a New World Order*. Princeton, NJ: Princeton University Press, 2013.

von Furstenberg, George M. "Can Small Countries Keep Their Own Money and Floating Exchange Rates?" In K. Kaiser, J. Kirton, and J. Daniels, eds., *Shaping a New International Financial System: Challenges of Governance in a Globalizing World*. Aldershot, U.K.: Ashgate Publishing, 2000, pp. 187–202.

Yeyati, Eduardo Levy, and Federico Sturzenegger. *Dollarization: Debates and Policy Alternatives*. Cambridge, MA: MIT Press, 2003.

8장

차익거래의 힘: 구매력평가와 이자율평가

핵심 이슈

1. 절대구매력평가의 개념은 실질환율에 대하여 어떤 시사점을 주는가?
2. 상대구매력평가는 무엇이며, 환율변동에 대한 유용한 예측치라고 할 수 있는가?
3. 무위험 및 위험 이자율평가조건은 무엇인가?
4. 적응적 기대가설과 합리적 기대가설의 차이는 무엇인가?
5. 외환시장 효율성은 무엇인가?
6. 어떤 조건하에서 실질이자율평가가 성립하며, 실질이자율평가가 국제적 시장 통합에 대한 유용한 지표가 되는 이유는 무엇인가?

2012년 봄, 독일정부는 평상시처럼 민간저축자들에게 채권을 팔아서 자금을 조달할 수 있었다. 그러나 당시의 자금조달에는 평상시와는 다른 점이 있었는데 그것은 정부채권이 제로금리에서 판매되었다는 사실이다. 당시의 상황을 한 시장분석가의 말을 인용하여 표현한다면 저축자들은 그들의 자금에 발생할 수 있는 잠재적 손실을 너무나 걱정한 나머지 수익률이 0임에도 불구하고 자금을 독일 내에 묻어두기에 급급했었다.

독일정부가 이자수익이 없는 채권을 판매하였던 기간과 같은 기간에 스위스정부 역시 채권을 발행하여 자금을 조달하고 있었는데 스위스정부 채권은 독일정부 채권과 마찬가지로 시장 상황에 불안을 느낀 저축자들이 자금을 묻어둘 수 있는 안전자산의 하나로 여겨졌다. 당시 대부분의 시장 참가자들은 스위스 프랑이 유로에 대하여 절상될 것으로 예측하였는데, 이는 스위스정부가 마이너스 금리에서 채권을 발행할 수 있을 것이라는 예상에 근거하고 있었다. 실제로 스위스정부 채권의 경매시장에서 채권투자자들은 만기 시에 정부가 상환하는 금액보다 많은 자금을 지출하여 채권을 매입하고자 하였다. 이는 사실상 스위스정부 채권의 매수자가 스위스정부로 하여금 그들의 자금을 보관하도록 하고 보관에 대한 대가로서 스위스정부에게 일정 금액을 지불하는 상황인데, 달리 말하면, 채권매수자, 즉, 저축자들이 스위스정부에 자금을 맡기고 마이너스 수익률을 받는 것을 의미한다.

독일채권이 제로금리에서 발행되고 스위스 프랑

이 유로에 대해 절상될 것으로 예상되는 경우, 시장참가자들은 어떻게 스위스 채권 금리가 0보다 낮아진다는 예상을 할 수 있게 되는 것인가? 불안한 투자자들이 안전자산으로 동일하게 여기는 두 채권사이의 금리격차가 기대환율변동과 연결되는 이유는 무엇인가? 이러한 질문에 대답하기 위해서 이 장에서는 국제적 이자율 평형조건에 대해 살펴보기로 한다. 이 주제를 다루기 전에 **일물일가의 법칙**(law of one price)과 이와 밀접하게 관련된 **구매력평가**(purchasing power parity)설을 먼저 이해하도록 한다.

일물일가의 법칙과 절대구매력평가

가장 기본적인 형태의 **구매력평가**(PPP: purchasing power parity)는 운송비용이나 국가 간 세금격차, 무역규제 등과 같은 요소가 없다고 가정한다. 이러한 조건하에서 구매력평가설에 따르면 국경을 넘어 거래되는 동일한 재화와 서비스는 동일한 화폐단위로 평가했을 때 두 나라에서 모두 동일한 가격을 가져야만 한다.

■ 차익거래와 일물일가의 법칙

경제학자들은 종종 구매력평가의 기본 개념을 일물일가의 법칙으로 부르기도 한다. 일물일가의 법칙을 설명하기 위해서 다음의 예를 들자. 워싱턴주 시애틀에서 고품질 오렌지의 시장가격이 0.95 미국 달러라고 하자. 동일한 품질과 품종의 오렌지가 캐나다 브리티시 콜럼비아의 빅토리아시에서는 1캐나다 달러라고 하자 (이하 미국 달러는 US\$, 캐나다 달러는 C\$로 표기 – 역자 주). 그러므로 구매력평가가 시사하는 달러 간 환율은 1캐나다 달러 당 0.95미국 달러(=US\$0.95/C\$1.00)가 된다. 이 환율을 이용하여 빅토리아시에서 거래되는 오렌지의 캐나다 달러 가격을 US달러 가격으로 변환시킬 수 있으며, 이는 US\$0.95(=C\$1.00×0.95US\$/C\$)이다. 그러므로 환율로 조정한 후의 오렌지의 가격은 시애틀과 빅토리아에서 동일하다.

하지만 환율이 0.95US\$/C\$가 아니라면 **차익거래**(arbitrage)를 통하여 이익을 얻을 수 있는 기회가 존재한다. 즉, 어떤 시장에서 상품을 싸게 사서 다른 시장에 비싸게 판매하는 차익거래를 통해 이익을 얻을 수 있게 된다. 환율이 0.98US\$/C\$라고 하자. 이 경우 빅토리아에서의 오렌지의 미국 달러 가격은 US\$0.98(=C\$1.00×0.98US\$/C\$)이다. 시애틀에서 오렌지 1개당 US\$0.95에 구매한 캐나다 주민은 이 오렌지를 시애틀에서 멀지 않은 빅토리아로 가져와서 개당 C\$1.00에 판매하여 오렌지 1개당 US\$0.03에 해당하는 이익을 얻을 수 있다. 그러므로 이 캐나다 주민이 시애틀에서 빅토리아로 1만 개의 오렌지를 가져와서 판다면 수송비용을 무시하는 경우, 총이익은 US\$300이 될 것이다.

이와 같은 차익거래에 충분히 많은 사람들이

- **구매력평가**(PPP: purchasing power parity): 한 국가에서의 재화와 서비스의 가격은 환율로 조정된 후 다른 나라에서도 동일한 가격을 가져야만 한다는 명제.

- **차익거래**(arbitrage): 어떤 시장에서 물건을 싸게 사서 다른 시장에서 비싸게 파는 행위.

참여한다면 시애틀에서 빅토리아로의 오렌지 공급이 증가할 것이다. 캐나다 주민들은 미국산 오렌지를 구입하기 위하여 캐나다 달러와 미국 달러를 교환하여만 한다. 이는 외환시장에서 캐나다 달러보다 상대적으로 미국 달러에 대한 수요가 증가함을 의미한다. 시장조정 과정이 세 시장(시애틀의 오렌지 시장, 빅토리아의 오렌지 시장, 그리고 외환시장)에서 발생하게 된다. 시애틀에서의 오렌지 유출은 시애틀에서의 오렌지 가격을 상승시킬 것이다. 빅토리아로의 오렌지 유입은 빅토리아에서의 오렌지 가격의 하락을 가져올 것이다.

환율 때문에 오렌지뿐만 아니라 다른 재화와 서비스도 모두 차익거래의 대상이 된다면 상대적으로 캐나다 달러보다는 미국 달러에 대한 수요가 더욱 많이 상승할 것이다. 이는 캐나다 달러 대비 미국 달러 가치의 절상을 의미한다. 차익거래로 인해 발생한 이와 같은 시장조정 과정은 동일한 화폐로 측정된 교역재화와 교역서비스의 가격을 균등화시킬 것이며, 그 결과 더 이상 국경 간 차익거래를 통한 이익추구를 할 수 없게 된다.

■ **절대구매력평가**

물가와 환율 간의 관계는 **절대구매력평가**(absolute purchasing power parity)가 성립하는 조건과 관계가 있으며, 다음과 같이 표현할 수 있다. S를 1캐나다 달러에 해당하는 미국 달러의 양을 나타내는 환율, 즉, US\$/C\$라고 정의하고, P는 미국에서의 오렌지 가격, P^*는 캐나다에서의 오렌지 가격이라고 정의하자. 절대구매력평가는 다음과 같이 표현된다.

$$P = S \times P^*$$

즉, 미국에서의 오렌지 가격은 캐나다에서의 가격과 현물환율과의 곱과 동일해야 한다. 그러므로 미국 달러-캐나다 달러 환율이 0.95US\$/C\$이고 캐나다에서의 오렌지 가격이 C\$1.00인 경우, 그 오렌지의 미국 달러가격은 US\$0.95이어야 한다.

절대구매력평가를 모든 재화와 서비스에 적용하기

만약 미국과 캐나다 사이에 모든 재화와 서비스의 교역이 완전히 자유롭게 이루어진다면 절대구매력평가는 모든 재화에 대하여 성립한다. 이 경우 P는 미국의 물가수준, P^*는 캐나다의 물가수준으로 해석할 수 있다. 절대구매력평가를 나타내는 식을 현물환율 S를 중심으로 다시 표현하면,

$$S = P/P^*$$

즉, 절대구매력평가가 모든 재화와 서비스에 대해 성립할 때 현물환율은 미국의 물가수준을 캐나다의 물가수준으로 나눈 값과 동일하다.

그러므로 절대구매력평가는 일종의 환율이론이라고 할 수 있다. 절대구매력평가가 성립한다면, 양자간 현물환율은 두 나라의 물가수준의 비율과 동일하다. 외환시장에서의 수요와 공급스케줄은 이 양자간 환율을 가능케 하는 위치로 이동하여야 한다. 그 위치로 이동하는 동안 절대구매력평가에 기초하여 볼 때, 한 국가의 통화는 다른 나라의 통화에 비해 상대적으로 고평가 혹은 저평가되어 있다고 말할 수 있다.

절대구매력평가의 문제점

오렌지라는 특정 상품에서 모든 재화와 서비스로 확대하는 것은 사실 너무 큰 변화이다. 절대구매력평가의 개념을 실제에 적용하기 위해서는 절대구매력평가의 성립을 위해 사용된 가정들, 즉, 운송비용이 존재하지 않고, 조세측면에서도 차이가 없으며 무역규제가 존재하지 않는다는 가정들이 실제 상황에서도 충족되어야 한다. 하지만 이런 조건들이 현실에서 성립할 가능성은 거의 없다. 무엇보다도 1만 개 이상의 오렌지를 트럭에 싣는 작업부터 비용이 많이 발생하며, 오렌지 판매는 캐나다와 미국 각각의 조세정책에 영향을 받으며, 두 나라 중 한 나라는 오렌지 무역에 규제조치를 취할 수도 있다. 그러므로 오렌지 시장에 미치는 효과가 미미하다 할지라도 운송비용, 국가마다 다른 조세정책, 혹은 무역규제 등이 실제로 존재한다.

또한 운송비용이나 조세정책의 차이 및 무역규제의 효과가 미미하다 할지라도 절대구매력평가의 개념을 두 나라의 모든 재화와 서비스에 적용하는 데에는 또 다른 문제점이 있다. 그 문제점은 두 나라의 소비자들은 각기 다른 재화와 서비스를 소비한다는 데에 기인한다. 극단적인 예를 든다면, 미국의 전형적인 소비자는 오렌지와 사과를 구입하고, 캐나다의 전형적인 소비자는 오렌지와 배를 구입한다고 가정하자. 이 재화들이 각국 소비자들이 소비하는 유일한 재화인 경우, 각국의 물가수준을 환율 예측에 사용하는 것은 적합하지 않다. 각국의 물가수준은 여러 재화의 평균가격에 기초하고 있는데, 이는 절대구매력평가의 배후에 있는 차익거래의 논리가 적용될 수 없음을 의미하기 때문이다. 즉, 물가는 여러 재화와 서비스의 평균가격이기 때문에 차익거래는 평균개념으로서의 두 나라의 물가와 연결될 수 없으며, 그렇기 때문에 절대구매력평가를 이용하여 환율을 예측하는 것은 옳다고 할 수 없다.

절대구매력평가가 실제 세계에서 성립하지 않는 이유를 이해하는 다른 방법은 실질환율을 계산하는 방법을 떠올려 보면 된다. 우선 두 나라 물가수준의 비율에 현물환율을 곱해보자. 즉, 환율 S에 물가수준의 비율 P/P^*를 곱하는데, 이 때 실질환율은 정의상 $S \times (P^*/P)$이다.

절대구매력평가가 성립하는 경우 $S = P/P^*$이다. 그러므로 실질환율은

$$S \times (P^*/P) = (P/P^*) \times (P^*/P) = 1$$

실질환율이 1과 같아지면 이는 어떤 한 나라에서의 재화와 서비스 한 단위가 다른 나라에서의 재화와 서비스 한 단위와 일대일로 교환된다는 것을 의미한다. 그러므로 절대구매력평가는 실질환율이 항상 1과 같음을 의미한다.

1980년대 중반까지 구매력평가설은 지지를 얻지 못하였으며, 『이코노미스트』지는 구매력평가를 비꼬는 뉘앙스의 소위 '빅맥지수(Big Mac index)'를 개발하기까지 하였다. 빅맥지수의 개념은 맥도널드의 빅맥 샌드위치는 전세계 어딜 가나 동일한 재료로 구성되어 있기 때문에 만약 일물일가의 법칙이 성립한다면 환율로 조정된 빅맥의 가격은 세계 어디에서나 동일할 것이라는 아이디어이다. 실제로 해마다 빅맥지수가 발표되는데 단기에 있어서는 빅맥지수의 환율예측력이 상

당히 낮지만 장기적으로는 좀 더 높은 예측력을 보인다. ("참고사례 8.1" 참조.)

> ♣ **참고사례**
>
> ### 8.1 구매력평가 맥 화폐(Mc Currency) 지표: 빅맥지수
>
> 『이코노미스트』지는 일년에 한 번 이상 빅맥지수를 발표한다. 표 8.1은 2013년의 빅맥지수를 보여주고 있다. 표에서 볼 수 있듯이 2013년 빅맥의 미국 내 가격은 4.56달러이었고, 스위스에서의 가격은 6.50스위스 프랑(SFr: Swiss francs)이었다. 절대구매력평가의 공식($S = P/P^*$)을 이용하여 계산된 환율은 1.43SFr/$로서 표의 두 번째 열에 표시되어있다. 세 번째 열은 실제의 스위스 프랑/달러의 시장환율을 나타내고 있으며, 0.97SFr/$인 것으로 나타나고 있다. 시장에서 결정된 달러 대비 스위스 프랑의 가치는 절대구매력평가에 의한 가치보다 높은 것으로 나타나고 있다. 그러므로 빅맥지수는 달러 대비 스위스프랑의 가치가 고평가되어 있음을 나타내고 있다. 우리는 이 고평가의 정도를 빅맥 구매력평가 지표에 따라 계산된 스위스 프랑으로 평가된 달러의 가치와 시장가치 사이의 차이를 이용하여 퍼센트 차이의 형태로 나타낼 수 있다. 계산 결과에 따르면 스위스 프랑이 55퍼센트 정도 고평가되어 있으며, 이는 달러에 대해 스위스 프랑의 가치가 절하될 가능성이 높음을 시사하고 있다.
>
> 빅맥지수는 어떻게 환율의 움직임에 대한 가이드로서 작동을 할 수 있는가? 단기에 있어서 빅맥지수는 결코 환율에 대한 정확한 예측치라고 말할 수 없다. 그러나 장기에는 예측이 많이 개선되는데, 대부분의 조정은 가격변화를 통해 이루어진다.
>
> **심화 학습**: 일련의 연구에 따르면 빅맥지수는 구매력평가로 계산한 환율에 대한 훌륭한 장기 예측치이다. 통화의 단기적인 고평가 및 저평가 여부를 측정하는 지표로서 절대구매력평가가 갖는 유효성에 대하여 빅맥지수는 어떤 시사점을 주는가?

표 8.1 햄버거 기준

국가	각국 화폐로 평가된 빅맥의 가격	PPP환율	실제환율	자국화폐의 저평가(−)/고평가(+) (단위: %)
미국	4.56달러	−	−	−
브라질	12.00레알	2.63레알/달러	2.27레알/달러	+16
캐나다	5.53캐나다 달러	1.21캐나다 달러/달러	1.05캐나다 달러/달러	+15
스웨덴	41.61스웨덴 크로나	9.13스웨덴 크로나/달러	6.76스웨덴 크로나/달러	+35
스위스	6.50스위스 프랑	1.43스위스 프랑/달러	0.97스위스 프랑/달러	+55
태국	89.00바트	19.53바트/달러	31.28바트/달러	−38

출처: www.economist.com, 7월, 2013년.

> **핵심 이슈 #1**
>
> **절대구매력평가의 개념은 실질환율에 대하여 어떤 시사점을 주는가?**
>
> 절대구매력평가의 개념은 일물일가의 법칙에 기초하고 있는데, 일물일가의 법칙은 한 국가에서의 교역재화와 교역서비스의 가격이 환율로 조정된 후 다른 국가에서도 동일한 가격을 갖는다는 것이다. 만약 절대구매력평가가 성립하면, 한 나라의 물가는 다른 나라의 물가수준에 명목환율을 곱한 값과 동일하다. 이는 절대구매력평가하에서 실질환율이 항상 1과 동일하게 됨을 의미하나, 실제로는 거의 발생하지 않는다.

상대구매력평가

실질환율은 대개의 경우 1의 값을 가지지 않기 때문에 절대구매력평가는 유용한 환율이론이라고 하기 힘들다. 이런 이유로 인해 경제학자들은 환율결정이론으로 절대구매력평가보다는 상대구매력평가를 거론한다.

■ 가격변화와 상대구매력평가

절대구매력평가의 문제점은 각국의 소비자들이 소비하는 재화와 서비스의 종류와 양이 동일하지 않다는 것이다. 이는 소비자물가지수와 같은 물가수준을 측정하는 지표를 계산함에 있어서 일물일가의 법칙을 모든 재화와 서비스에 단순하게 적용하는 것이 적합하지 않음을 의미한다. 이와 같은 문제점을 극복하기 위해서 경제학자들은 상대구매력평가의 개념을 사용한다. 상대구매력평가는 환율의 상대적 변화를 각국 물가의 상대적 변화에 연계시킨다.

절대구매력평가의 개념을 이용하여 구매력평가의 상대적인 표현을 도출할 수 있다. '$\%\Delta$'를 변수 앞에 사용하여 그 변수의 퍼센트 변화율을 나타내도록 하자. 예를 들어 '$\%\Delta P$'는 일정 기간 동안 발생한 물가수준의 퍼센트 변화율, 즉, 인플레이션율을 나타낸다. 절대구매력평가의 공식에 포함되어 있는 각 변수의 퍼센트 변화율을 계산함으로써 상대구매력평가를 다음과 같이 표현할 수 있다.

$$\%\Delta S = \%\Delta P - \%\Delta P^*$$

즉, 상대구매력평가는 환율변동율이 두 나라의 인플레이션율의 차이와 동일함을 의미한다.

절대구매력평가와는 달리 상대구매력평가는 실질환율이 1과 동일해야 한다는 조건을 필요로 하지 않는다. 상대구매력평가의 성립에 요구되는 것은 실질환율이 시간에 걸쳐 안정적이어야 한다는 것이다. 그러나 이 조건도 현실적으로는 성립하기가 쉽지 않다. 왜냐하면 두 나라 사이의 상대적 구매력이 시간에 따라 변하기 때문이다.

실제 환율의 변화에 대한 예측치로서 상대구매력평가는 얼마나 유용한가? 대부분의 연구는 상대구매력평가가 절대구매력평가보다 더 유용한 것으로 보고하고 있다. 하지만 상대적으로 짧은 기간 동안 실질환율은 상당히 크게 변동할 수 있다. 결과적으로 상대적인 물가수준이나 인플레이션율 외의 요인들이 환율에 많은 영향을 미칠 수 있다. 상대구매력평가는 일반적으로 1년 미만의 기간 동안 발생하는 환율의 움직임을 예측하는 데에는 적합하지 않다. 그러나 상대구매력평가는 매우 높은 인플레이션을 겪었던 나라들에 대해서는 단기에도 환율변동 예측에 유용하다. 인플레이션이 높은 기간에는 물가의 변화가 통화가치에 가장 압도적인 영향을 미치기 때문이다.

■ 환율에 대한 장기결정요인으로서의 구매력평가

경제학자들은 이미 오래 전부터 구매력평가설이 완벽한 환율결정이론이 될 수 없는 이유를 인식하고 있었다. 그럼에도 불구하고 많은 경제학자들은 일물일가의 법칙 때문에 충분한 시간만 주어진다면 환율이 구매력평가의 수준으로, 최소한 상대구매력평가와 일관된 수준으로 조정된다고 믿고 있었다.

그러나 1970년대와 1980년대에 이루어진 많은 연구를 통해 실질환율이 확률보행(random walk)을 따른다는 가설을 배제하기 어렵다는 사실이 알려졌다. 이는 만약 어떤 나라의 물가수준에 급격하고 일시적인 변화가 발생하면 실질환율도 이에 맞춰 새로운 수준으로 이동한다는 것을 의미한다. 그리고 예상치 못한 단기적인 사건이 또 발생하여 실질환율이 다른 수준으로 이전하지 않는 한 실질환율은 기존의 수준에 머물러 있게 된다. 이미 살펴보았지만 절대구매력평가는 실질환율이 1을 향해 수렴함을 의미한다. 상대구매력평가는 이보다는 완화된 개념으로서 만약 상대구매력평가가 성립한다면 실질환율은 어떤 상수로 수렴하게 된다 (여기서 이 상수가 꼭 1이어야 할 필요는 없다). 그러나 만약 실질환율이 확률보행을 따른다면 시간이 지나도 꼭 어떤 상수로 수렴한다는 보장이 없다. 그러므로 실질환율의 확률보행적 특성은 구매력평가설을 부정하는 강력한 증거라고 할 수 있다.

지난 20년 동안 실질환율에 관하여 이루어진 새로운 연구들은 소수의 국가만을 분석대상으로 삼거나, 분석대상이 되는 기간이 짧았던 기존의 연구들에 오류가 존재할 가능성에 대해 검증을 시도하였다. 실질환율에 대한 관찰치가 충분하지 않은 경우 실질환율의 단기적인 변동은 그것이 실제로는 구매력평가와 부합하는 수준으로 수렴하는 과정이었다고 해도 확률보행을 따르는 것처럼 보일 수도 있다. 그래서 일련의 연구는 여러 나라의 실질환율을 동시에 분석하였으며, 이는 구매력평가의 성립여부를 엄청난 양의 횡단면 국가 데이터(cross-country data)를 통해 밝히고자 하는 시도였다. 이런 연구들은 대부분 환율이 확률보행을 따른다는 증거를 찾지 못하였다. 그러나 최근에는 여러 나라의 자료를 동시에 이용하는 횡단면 접근방법이 그 방법 자체의 문제점 때문에 구매력평가의 성립여부를 평가할 수 있는가에 관한 논쟁이 벌어지고 있다.

다른 연구자들은 실질환율의 장기적 움직임에 초점을 맞추고 있는데 분석 대상이 되는 기간이 짧게는 60년에서 길게는 700년에 이르기도 한다. 이런 종류의 연구는 만약 구매력평가가 성립한다면 아주 긴 기간 동안에도 구매력평가가 평균적으로 성립해야 한다는 생각에 기초하고 있다. 실제로 이런 연구들은, 시간만 충분히 주어진다면 실질환율이 구매력평가설이 시사하는 장기적 수준으로 수렴한다는 강력한 증거를 찾아내었다. 이런 연구들은 구매력평가로부터의 이탈(deviations)이 사라지는 데에는 많은 시간이 걸리기 때문에 단기에는 구매력평가를 지지하는 증거를 찾기가 매우 힘들다고 주장한다. 예를 들어 만약 어떤 단기적인 요인이 실질환율을 구매력평가가 시사하는 수준 이상으로 상승시킨 경우, 장기분석에 따르면 실질환율이 다시 구매력평가수준으로 돌아오는 데 3년에서 7년 정도의 시간이 소요되는 것으로 나타났다. 이와 같은 연구결과가 정확하다면 구매력평가가 진정 환율의 장기결정요인이라 말할 수 있을 것이다. 『이코노미스트』지의 빅맥지수도 연간단위로는 환율변동을 거의 예측하지 못하지만 장기간에 걸쳐 평가되었을 때는 훨씬 우수한 예측력을 보인다.

핵심 이슈 #2

상대구매력평가는 무엇이며, 환율변동에 대한 유용한 예측치라고 할 수 있는가?

상대구매력평가는 환율변동을 인플레이션율과 연결시킨다. 즉, 명목환율의 변동률은 두 나라의 인플레이션율의 차이와 같아진다. 다른 나라에 거주하는 주민들이 소비하는 재화와 서비스는 동일하지 않기 때문에 대부분의 경제학자들은 상대구매력평가설이 절대구매력평가설보다 환율변동을 설명함에 있어서 더 우월하다고 주장하고 있다. 그러나 대부분의 실증연구는 상대구매력평가도 단기의 환율결정이론으로 받아들이기 힘들며, 장기 환율결정이론으로는 받아들일 수 있는 측면이 있음을 보여주고 있다.

국가 간 이자율 평가

운송비용이나 무역규제조치 등은 재화와 서비스 시장에서 자유로운 국경 간 차익거래행위에 제약요소로 작용하게 되며, 이로 인해 환율결정이론으로서 구매력평가설의 유용성이 약화된다. 반면 채권이나 주식, 각국 통화와 같은 금융자산의 국제적 교환은 훨씬 수월하게 이루어진다. 국경을 넘어 주식을 이전시키는 데 발생하는 비용은 얼마 되지 않는다. 실제로 오늘날 금융자산을 교환하는 많은 경제주체들은 소유권의 이전을 전자금융을 이용하여 진행하고 있다. 또한 갈수록 보다 많은 국가들이 제약 없는 국경 간 금융자산의 교역을 허가해주고 있다.

결과적으로 글로벌 금융시장에서는 차익거래가 발생할 수 있는 여지가 크게 확대되었다. 이는 오늘날 세계에서는 환율과 이자율이 밀접하게 연관될 수밖에 없음을 의미하는 것이다.

■ 선물환시장과 무위험 이자율 평가

절대 및 상대구매력평가는 재화와 서비스 시장에서의 국가 간 차익거래로 인해 성립되는 개념이다. 그런데 경제주체들은 여러 나라의 개인이나 기업 및 정부가 발행하는 채권과 같은 금융자산을 매매함으로써 이익을 얻을 수 있기 때문에 차익거래는 금융시장에서도 발생할 수 있다.

예를 들어 미국 채권에 대한 이자율이 6.6퍼센트라고 하자. 이 채권과 위험도, 유동성, 세율, 만기 등의 조건이 동일한 영국 채권에 대한 이자율이 7.2퍼센트라고 하자. 이 때 미국의 투자자는 자신의 자금을 미국시장에서 영국시장으로 이전시켜서 이익을 취할 수 있는가? 이 질문에 대한 해답은 영국 채권의 실현수익률이 미국 채권의 실현수익률보다 높은가의 여부에 달려있다. 그리고 실현수익률을 비교한다는 것은 영국 채권의 무위험 수익률(환리스크가 완전히 제거된 수익률)과 선물환 및 현물환시장과의 관계를 고려해야 함을 의미한다. 그러므로 채권을 국제적으로 거래하여 차익거래이익을 추구하는 사람은 궁극적으로 선물환율과 현물환율 및 이자율을 항상 염두에 둬야 한다.[i)]

선물계약을 이용하여 환리스크를 제거하기

이제 미국의 투자자에게 두 가지 선택이 있다고 가정하자. 첫 번째 선택은 시장이자율이 R_{US}인 달러 표시 1년 만기 채권을 매입하는 것이다. 1년이 지난 후 이 미국 투자자의 총수익률은 $(1 + R_{US})$이다.

또 다른 선택은 현물환율이 1파운드 당 S달러일 때, 투자하는 달러 금액 1달러 당 $1/S$파운드의 영국 파운드화를 현물환시장에서 구입한다. 그리고 $1/S$파운드를 이용하여 수익률이 R_{UK}인 1년 만기 영국 채권을 매입한다. 1년 후 이 투자자는 $(1/S)(1 + R_{UK})$파운드의 총수익을 얻게 된다. 미국 투자자가 영국 채권을 매입함과 동시에 이 투자자는 선물환시장에서 동일한 양의 파운드화를 1파운드 당 F달러의 선물환율에서 판다. 이 거래는 투자자를 환율변동으로 인한 리스크로부터 '보호(cover)'하며, 영국 채권에 대한 총 실효수익률은 $(F/S)(1 + R_{UK})$로 확정된다.

무위험 이자율 평가

차익거래가 이익을 발생시키지 못할 때 위의 두 채권에 대한 실현수익률은 같아지게 된다. 즉, 총수익률이 같아지게 되면 미국투자자가 미국금융시장과 영국금융시장 사이에서 차익거래를 추구할 인센티브가 사라지게 된다. 그 조건은 다음과 같다.

$$1 + R_{US} = (F/S)(1 + R_{UK})$$

그리고 다음과 같이 F/S를 변형시킨다.

$$F/S = (S/S) + (F - S)/S = 1 + (F - S)/S$$

이를 이용하여 위의 조건을 다시 쓰면 다음과 같다.

$$1 + R_{US} = [1 + (F - S)/S](1 + R_{UK})$$

위 식의 우변을 풀어 쓰면

$$1 + R_{US} = 1 + (F - S)/S + R_{UK} + [R_{UK} \times (F - S)/S]$$

여기서 R_{UK}와 $(F - S)/S$는 둘 다 상당히 작은 수이기 때문에 그 둘의 곱은 0에 가까운 값을 지니게 된다. (예를 들어 R_{UK}가 0.072이고 $(F - S)/S$는 −0.047인 경우, 그 곱은 −0.0034이며 0에 근사한 값이 된다.) 0에 가까운 부분을 제외하고 양변에서 1을 빼면 다음의 식을 얻게 된다.

$$R_{US} = R_{UK} + (F - S)/S$$

이 식이 **무위험 이자율평가조건**(covered interest rate parity)이다. (수요와 공급의 힘이 무위

---

i) **관련 웹사이트**: 달러 대비 유로화와 엔화 및 기타 통화의 선물환율을 찾을 수 있는 웹사이트는 어디인가? 선물환율을 찾을 수 있는 웹사이트 중 하나는 파이낸셜 타임즈의 Markets Data Research Archive이며, 그 주소는 http://markets.ft.com/ft/markets/researchArchive.asp이다.

• **무위험 이자율평가**(covered interest rate parity): 한 나라의 채권이자율이 다른 나라의 유사한 채권이자율과 선물프리미엄의 합과 같아지는 조건. 여기서 선물프리미엄은 선물환율과 현물환율의 차이를 현물환율로 나눈 값.

험 이자율평가조건의 성립을 가능하게 한다. "도표로 이해하는 글로벌 경제 이슈 8.1" 참조.)

앞에서 살펴보았듯이 $(F-S)/S$는 선물할증(forward premium) 혹은 선물할인(forward discount)이다. 그러므로 무위험 이자율평가조건은 미국 채권에 대한 이자율이 영국 채권에 대한

📖 도표로 이해하는 글로벌 경제 이슈

8.1 무위험 이자율평가조건이 충족되는 이유

국가 간 채권거래와 현물 및 선물환시장에서의 자금흐름에 개방되어 있는 선진국의 경우 무위험 이자율평가조건이 일반적으로 성립하고 있음을 보여주는 증거는 상당히 많다. 이를 이해하기 위해서 무위험 이자율평가조건이 성립하지 않는 경우를 살펴보자.

도표 8.1에서 그림 (a)는 영국 파운드화에 대한 현물환시장을 나타내고 있고, 그림 (b)는 영국 파운드화에 대한 선물환시장을 나타내고 있다. 그림 (c)는 미국 이자율의 결정과정을 보여주고 있는데, 미국 내에서 저축자가 공급하는 대부자금의 양이 차입자가 빌리고자 하는 대부자금의 수요량과 같아질 때 균형이자율이 결정됨을 나타내고 있다. 이와 마찬가지 논리로 그림 (d)는 영국에서의 균형이자율의 결정과정을 보여주고 있다.

미국 채권이자율이 동일한 조건의 영국 채권이자율과 선물프리미엄의 합보다 작다고 가정하자. 이 상황하에서 미국의 저축자들은 영국으로 자금을 이동시키고자 하며, 이로 인해 미국 내 대부자금의 공급은 감소한다. 이는 그림 (c)에 공급곡선의 좌측이전으로 표현되어있다. 반면 영국 내 대부자금의 공급은 증가하며 그림 (d)에 공급곡선의 우측이동으로 표현되어있다.

영국의 금융자산을 매입하기 위하여 미국 저축자들은 현물환시장에서 달러와 파운드를 교환해야만 하고, 이로 인해 그림 (a)에 나타난 것처럼 파운드에 대한 수요가 증가한다. 그 결과 균형현물환율이 상승하게 된다. 다른 말로 표현하면 파운드에 대하여 달러가 현물절하(spot depreciation)되며, S_1에서 S_2로 환율이 변동함을 의미한다. 만약 미국의 저축자들이 외환리스크를 커버하고자 한다면 그들은 선물환 계약을 이용하여 달러를 매입할 것이다 (매입한 영국 금융자산의 미래 만기 시점에 얻게 되는 파운드화가 선물환계약에 따라 동시에 인도(delivery)되어 달러와 교환됨을 의미한다). 결과적으로 선물환시장에는 파운드의 공급이 증가하게 되며, 이는 그림 (b)에 파운드화 공급곡선의 우측이동으로 표시되어있다. 선물환시장에서의 파운드화의 공급증가는 달러 대비 파운드화의 선물절하(forward depreciation)를 가져오고, 이는 균형선물환율이 F_1에서 F_2로 하락함을 의미한다.

시장의 힘은 이자율을 무위험 이자율평가조건을 충족시키는 수준으로 움직이게 한다. 미국 이자율이 영국 이자율과 선물프리미엄의 합보다 작을 때 영국에서 수익을 증가시키려는 미국 저축자들의 노력이 미국의 균형이자율을 상승시키며 영국의 균형이자율은 하락시킨다. 외환리스크를 커버하려는 노력은 현물환율을 상승시키며 선물환율을 하락시킴으로써 선물프리미엄의 감소를 가져온다. 이와 같은 시장조정 과정을 통해 미국 이자율은 영국이자율과 선물프리미엄의 합과 동일해진다. 이것이 무위험 이자율평가가 성립하는 이유이다.

심화 학습: 어떤 조건하에서 무위험 이자율평가로부터의 지속적인 이탈이 발생하는가?

도표 8.1   무위험 이자율평가와 이자율 및 환율조정과정

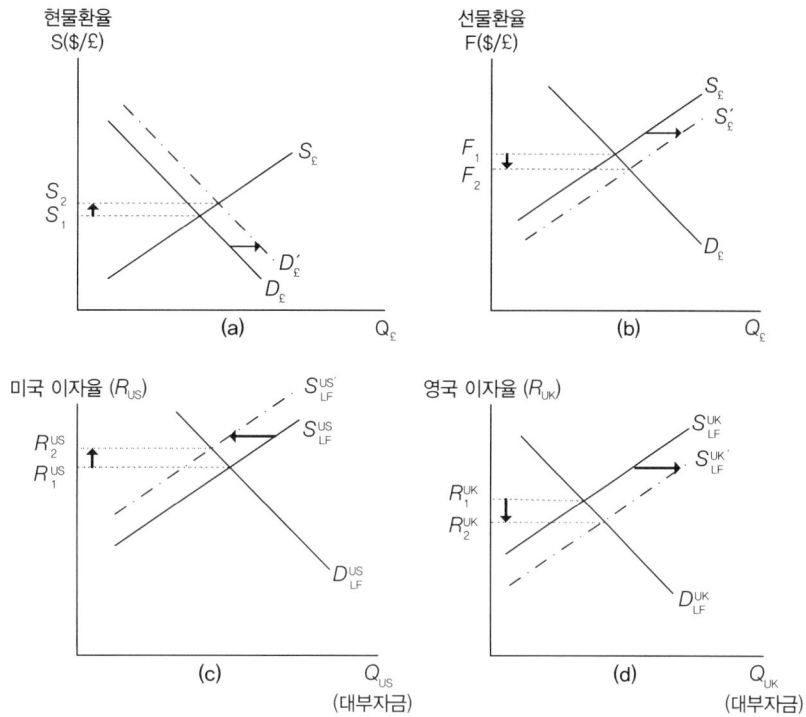

* 예를 들어 미국 채권의 이자율이 동일한 조건의 영국 채권의 이자율과 선물프리미엄의 합보다 작은 경우, 무위험 이자율평가조건은 성립하지 않는다. 이 경우 미국의 저축자들은 그들의 대부자금(loanable funds)을 영국으로 이전시킨다. 그림 (c)에서 볼 수 있듯이 미국의 대부자금 공급은 줄어들게 되며, 그림 (d)에서 볼 수 있듯이 영국에서의 대부자금의 공급은 증가하게 된다. 영국 채권을 매입하기 위하여 미국의 저축자들은 현물환시장에서 달러와 파운드를 교환하며, 이로 인해 파운드에 대한 수요는 증가하고 균형현물환율[S($/£)]은 상승한다. 만약 미국의 저축자들이 선물환시장에서 미래에 달러를 사고 파운드를 파는 선물계약을 통해 외환리스크를 커버한다면, 선물환시장에 파운드의 공급이 증가하게 되며, 이는 균형선물환율[F($/£)]의 하락을 가져온다.

이자율과 선물할증 혹은 선물할인의 합과 근사적으로 동일함을 의미한다.

예를 들어 영국 채권에 대한 시장이자율이 0.052(5.2퍼센트)이고 영국 파운드화에 대한 미국 달러의 선물할인이 0.008(0.8퍼센트)이라고 하자. 이 경우 무위험 이자율평가조건은 영국 채권과 동일한 조건의 미국 채권에 대한 시장이자율이 0.060(=0.052+0.008), 즉, 6.0퍼센트이어야

함을 의미한다. (2007년부터 발생한 글로벌 금융위기 기간 중 많은 나라가 무위험 이자율평가조건의 붕괴를 경험하였다. "참고사례 8.2" 참조.)

■ **위험 이자율 차익거래**

앞서 논의하였듯이 무위험 이자율 차익거래 — 국가 간 채권거래에 수반되는 외환리스크를 커버하는 차익거래 — 는 무위험 이자율평가조건을 성립

♣ 참고사례

8.2 금융위기와 무위험 이자율평가의 붕괴: 선진국 대 신흥시장

화폐와 채권의 자유로운 거래가 이루어지는 나라에서는 무위험 이자율평가조건이 일반적으로 성립함을 보여주는 증거가 상당히 많다. 그러나 이 조건은 개발도상국에서는 잘 성립하지 않는데, 이는 자유로운 금융거래를 제약하는 다양한 장애물이 있기 때문이다. 경제학자인 오자이긴대학교의 사티로글루(Sait Satiroglu)와 세너(Emrah Sener), 시라큐스대학교의 일디림(Yildiray Yildirim)은 3개의 선진경제권(일본, 영국, 유로권)과 3개의 신흥경제권(터키, 남아프리카, 멕시코)에서 관찰된 무위험 이자율평가조건으로부터의 이탈정도를 분석하였다. 유사한 다른 연구결과들과 마찬가지로 평균적으로 선진경제권에서는 무위험 이자율평가로부터의 이탈이 거의 없는 것으로 나타났고 신흥경제권에서는 1퍼센트 포인트 정도의 이탈이 관찰되었다.

그러나 2007년 중반부터 2009년 사이에는 무위험 이자율평가로부터의 이탈이 크게 발생한 것으로 나타났다. 특히, 2008년 가을과 2009년 봄 사이에 이탈 정도가 가장 컸으며 선진경제권에서도 4퍼센트 포인트 이상의 이탈이 발생하였다. 신흥경제권에서는 이탈의 크기가 6퍼센트 포인트에 다다랐다. 즉, 금융위기 기간 중 이자율평가로부터의 이탈은 선진경제권과 신흥경제권 모두에게서 크게 나타났다.

이들의 연구는 우선 다음과 같은 현상을 확인하였다. 금융위기가 최고조이던 기간 중 국제적으로 채권을 거래하던 은행들과 여러 기관들 사이의 신뢰가 전세계적으로 하락하였으며, 이로 인해 선진국 및 신흥시장의 많은 기관들은 채권과 화폐의 교환을 꺼리게 되었다. 채권과 화폐의 거래를 중단하면 이전에 성사되었던 많은 무위험 거래의 실행까지도 중지되는데 그럼에도 불구하고 전세계의 많은 금융기관들이 채권과 화폐의 교환을 꺼리는 상황이 발생하였다. 둘째로는 금융패닉의 상황하에서 많은 기관들이 포지션의 커버를 위한 거래를 진행하는 데 필요한 자금이 부족한 상황을 겪었다. 이와 같은 두 요인 때문에 무위험 이자율평가는 선진경제권과 신흥경제권에서 모두 붕괴하였다. 이들의 연구는 추가적으로 다음과 같은 사실도 확인하였다. 즉, 신흥경제권에서는 이미 존재하고 있던 자유로운 금융거래를 방해하는 장애물들이 위기 기간 중 더욱 위세를 발휘하였으며, 이것이 신흥경제권에서 무위험 이자율평가로부터의 이탈이 더욱 심했던 이유라는 것이다.

심화 학습: 2008년 가을 중앙은행이 시중은행의 자본금을 확충해주고 자금상황 개선을 위해 여신한도를 늘려준 이후부터 무위험 이자율평가로부터의 이탈이 줄어들기 시작하였는데 그 이유는 무엇이라 생각하는가?

시킨다. 무위험 이자율평가조건이 성립되는 상황에서는 한 나라의 채권이자율은 동일조건의 다른 나라의 채권이자율과 선물할증 혹은 선물할인의 합과 같아진다. 그러나 만약 외환리스크가 커버되지 않는다면 어떻게 될 것인가?

외환리스크를 헤지하기 위하여 선물환계약을 사용하지 않는 이유는 해당 거래의 규모가 선물환계약을 진행하기에는 너무 작기 때문인 경우가 많다. 실제로 일반적인 선물환계약은 최소 100만 달러의 규모이다. 그러므로 개인투자자의 경우에는 선물환이 아닌 다른 헤지수단을 사용하거나(제6장 참조), 아니면 아예 헤지를 하지 않는다.

위험이자율평가

앞의 예에서 우리는 미국 채권을 사거나 혹은 미국 채권과 동일한 위험도와 세금, 유동성 및 만기의 조건을 가진 영국채권을 살 수 있는 미국의 저축자를 고려하였다. 이제 같은 상황을 고려하되, 미국의 저축자가 선물환계약을 매입하지 않으며 외환리스크를 헤지하기 위해 다른 조치도 취하지 않는다고 가정하자. 즉 이 거래는 손실위험이 커버되지 않은 위험 거래이다.

이 경우, 미국의 저축자는 미국 채권을 매입한 경우에는 만기 시에 달러 표시 수익률 R_{US}를 예상할 수 있으며, 동일한 조건의 영국 채권을 매입한 경우에는 만기 시에 *파운드* 표시 수익률 R_{UK}를 예상하게 된다. 그러나 미국의 저축자가 두 채권 중 하나를 선택함에 있어서 중요한 것은 영국 채권의 예상수익률의 달러 가치이다. 이는 $R_{UK} + \%\Delta S^e$를 의미하며, $\%\Delta S^e$는 파운드 대비 달러의 기대평가절하율(만약 $\%\Delta S^e$이 0보다 작다면 기대평가절상율)을 의미한다. 만약 $\%\Delta S^e$이 0보다 크다면 미국의 저축자는 달러의 가치가 파운드에 대하여 상대적으로 하락할 것으로 예상한다는 뜻이며, 미국 채권의 이자율이 달러의 평가절하를 보상하기 위하여 영국 채권의 이자율보다 높아질 것으로 예상한다는 의미이다.

그러므로 미국의 저축자는 오직 기대수익률이 동일해질 때 미국 채권과 영국 채권의 보유에 있어서 무차별해진다. 이는 다음과 같이 표현된다.

$R_{US} = R_{UK} + \%\Delta S^e$

즉, 미국 이자율이 영국 이자율과 파운드 대비 달러의 기대 평가절하율의 합과 같을 때 투자자는 미국 채권과 영국 채권 사이에서 무차별해진다. 만약 미국 이자율이 영국 이자율과 파운드 대비 달러의 기대 평가절하율의 합보다 작다면, 미국의 저축자는 보다 많은 저축을 영국 채권을 구입하는 데 사용할 것이다. 만약 미국 이자율이 영국 이자율과 파운드 대비 달러의 기대 평가절하율의 합보다 크다면, 미국의 저축자는 보다 많은 저축을 미국 채권을 구입하는 데 사용할 것이다. 이론적인 측면에서 볼 때 차익거래이익을 추구하는 과정에서 발생하는 자금의 이동은 양국의 이자율을 미국 이자율과 영국 이자율 + 달러의 기대평가절하율이 같아지는 수준으로 만들 것이다.

한 나라의 이자율이 다른 나라의 이자율과 예상평가절하율의 합과 같아질 때 **위험 이자율평가**(uncovered interest rate parity)가 성립한다. 이 이자율평가를 위험 이자율평가라고 부르는 이유는 외환거래에 수반되는 리스크를 커버하는 선물환계약으로부터 이자율평가가 발생한 것이 아니기 때문이다. 위험이자율평가는 국경 간 자금의 흐름에 많이 개방되어 있는 나라들 사이에 성립할 확률이 높다.

도표 8.2는 3개월 만기 재무성 채권(Treasury bills)의 수익률과 미국 대비 영국과 스위스의 채권수익률 사이의 격차를 나타낸 것이다. 이 격차를 대략적으로 위험이자율평가로부터의 이탈이라고 할 수 있는데, 이는 위험이자율평가가 실제

• **위험 이자율평가**(uncovered interest rate parity): 다른 통화로 표시되었다는 점을 제외하고는 동일한 채권이자율 간의 관계. 이 조건에 의하면 개인이 외국에서의 채권 매입에 필요한 자금을 조달하기 위하여 헤지하지 않은 통화거래를 할 때, 채권매입자가 절하를 예상하는 통화로 표시된 채권의 이자율은 다른 통화로 표시된 채권의 이자율보다 예상절하율만큼 높아야 한다.

도표 8.2   위험 이자율평가로부터의 이탈

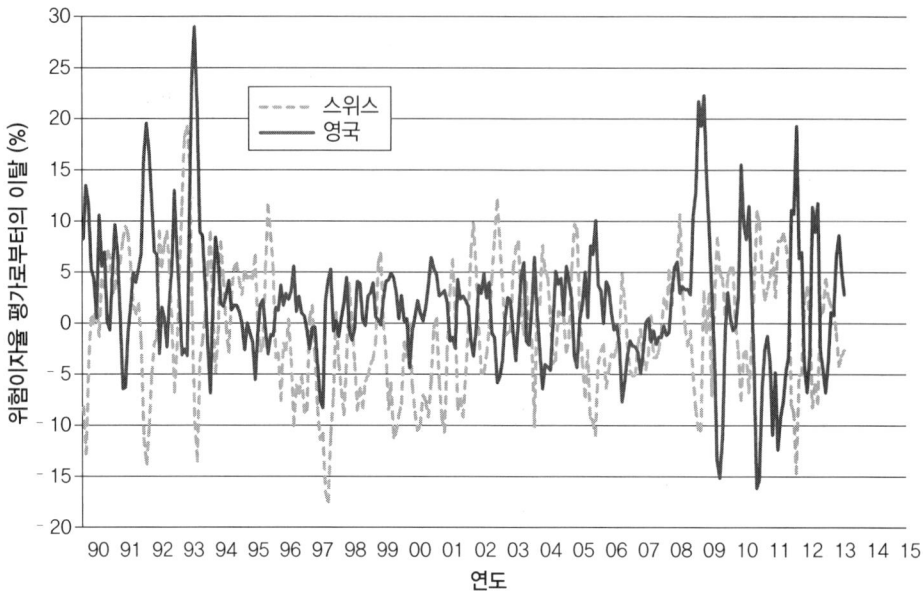

* 도표는 미국과 스위스의 3개월 만기 재정증권의 수익률이 위험이자율평가로부터 벗어난 정도 및 미국과 영국의 3개월 만기 재정증권의 수익률이 위험이자율평가로부터 벗어난 정도를 나타내고 있다. 두 채권 사이의 이자율차이에서 현물환율의 3개월 변동치를 뺀 수치로 이자율평가로부터의 이탈을 측정한다. 위험 이자율평가로부터의 이탈은 상당기간 지속되는 것으로 파악되었다.

출처: International Monetary Fund, *International Financial Statistics*.

치가 아닌 현물환율의 예상변동율과 이자율을 연계시키기 때문이다. 도표는 가장 선진화된 국가에서조차 위험이자율평가로부터의 지속적인 이탈이 발생할 가능성이 있음을 시사하고 있다. 더 나아가 도표 8.2에 나타난 이탈의 평균절대값은 4.5퍼센트이다.

리스크와 위험 이자율평가

리스크를 헤지하지 않은 상태에서 외국 채권을 매입하게 되면 미국의 저축자는 외환리스크에 노출이 된다. 이는 만기까지의 기간 중 미국의 저축자가 예상하는 평가절하율과 평가절상율이 모두 부정확하기 때문이다. 이 경우 외국 채권의 실현된 수익률도 예상수익률과 달라진다.

통화가치의 변동성이 크다면 그 통화의 미래가치를 예측한다는 것은 매우 어려운 일이다. 이 경우 개인이 재산의 일부를 외국 채권의 형태로 보유하는 것은 상당히 어려운 작업이 된다. 그러므로 통화가치의 변동성이 큰 나라에 거주하고 있는 차입자들은 그들이 발행한 채권을 외국의 저축자들이 매입하도록 유인하기 위해서 보다 높은 수익률을 제시해야만 할 것이다. 이 경우 위험 이자율평가조건에 리스크 프리미엄을 추가적으로 포함하는 것이 적합할 것이다. 여기서의 리스크 프리미엄은 어떤 투자자가 외환리스크가 헤지되지 않은 거래를 할 때 발생하는 추가적인 외환리스크를 보상해주기 위해 주어져야 하는 수익률의 증가분을 말한다.

예를 들어 미국 달러 가치의 변동성이 증가하고 예측이 더욱 어려워지면 위험 이자율평가조건은 다음과 같이 표현된다.

$$R_{US} = R_{UK} + \%\Delta S^e + RP$$

여기서 RP는 동일한 조건의 영국 채권을 보유하는 대신 미국 채권을 보유할 때 발생하는 추가 리스크를 보상하기 위해 저축자에게 주어지는 리스크 프리미엄이다. 이 때 미국 이자율과 영국 이자율 간의 차이는 파운드에 대한 달러의 기대 절하율과 리스크 프리미엄의 합과 동일하다.

통화가치의 변동성이 시간에 걸쳐 상승하면 리스크 프리미엄도 변동하게 된다. 그러므로 시간에 걸쳐 변동하는 리스크 프리미엄의 존재는 도표 8.2에 나타난 위험 이자율평가로부터의 이탈을 설명하는 한 요인이 될 수 있다. 외환시장의 효율성은 부분적으로 위험 이자율평가로부터의 이탈에 대한 리스크 프리미엄의 영향력에 달려있다고도 할 수 있다. ("참고사례 8.3" 참조.)

♣ 참고사례

8.3 국가 간 은행 대출이자율과 위험 이자율평가

위험 이자율평가에 대한 대부분의 연구는 동일한 조건의 정부채권과 여타 금융시장상품의 수익률을 비교하는 데 중점을 둔다. 반면 크로링겐대학교의 오메르(Muhammad Omer), 드 한(Jakob de Haan) 그리고 숄튼(Bert Scholtens)의 최근 연구는 국제적인 대출영업을 하는 금융기관 사이에 적용되는 런던 은행 간 이자율(LIBOR: London Interbank Offered Rates)을 분석하였다. 이들의 연구는 2001년부터 2008년의 기간을 대상으로 7개국 통화(미국 달러, 파운드, 유로, 엔, 스위스 프랑, 호주 달러, 캐나다 달러)에 대한 LIBOR와 만기가 1주일부터 12개월인 14개의 대출을 분석하였다.

이들의 연구에 의하면 만기가 짧은 국가 간 은행대출에 대하여 위험 이자율평가가 성립하였으며, 만기가 장기일수록 위험 이자율평가의 성립을 지지하는 증거를 찾기가 어려운 것으로 나타났다. 만기가 길어질수록 위험 이자율평가의 성립을 가져오는 시장조정 과정도 오래 걸리기 때문에 어떤 시점에서 이자율평가의 성립여부를 판단하면 만기가 긴 대출일수록 성립이 잘 되지 않는 것으로 해석할 수 있다.

심화 학습: 가톨릭대학교의 몬티치니(Andrea Monticini)와 세인트 루이스 연방준비은행의 쏜튼(Daniel Thornton)은 2005년부터 2008년까지의 기간 중 런던 은행 간 시장에서 활동하는 주요 은행들이 조직적으로 대출금리를 LIBOR보다 낮게 보고하였다는 증거를 제시하였다. 만약 모든 은행들이 은행 간 대출금리를 낮게 보고했다면 위험 이자율평가가 여전히 성립할 것인가?

> **핵심 이슈 #3**
>
> **무위험 및 위험 이자율평가조건은 무엇인가?**
>
> 무위험 이자율평가는 거래참가자들이 선물환 계약을 이용하여 국가 간 금융거래에 수반되는 리스크를 헤지할 때 성립한다. 한 나라의 이자율이 다른 나라의 이자율과 선물할증 혹은 선물할인과의 합과 같아짐을 의미하며, 선물할증 혹은 선물할인은 선물환율과 현물환율의 차이를 현물환율로 나눈 값이다. 만약 거래참가자가 국내채권과 동일한 리스크를 가지고 있는 외국채권을 매입하면서 외환리스크를 헤지하지 않는 경우에는 위험 이자율평가조건이 적용된다. 위험 이자율평가조건에 의하면 절하가 예상되는 통화로 표시되는 채권의 이자율은 절하가 예상되지 않는 채권 이자율보다 커야만 한다. 절하가 예상되는 통화로 표시되는 채권의 수익률은 절하가 예상되지 않는 채권의 수익률보다 예상절하율만큼 커야만 한다.

외환시장은 효율적인가?

외환거래를 하는 사람들은 환율을 예측하기 위해서 과거와 현재의 시장 환율을 분석하는데, 환율예측은 기본적으로 환율결정모형에 대한 이해에 기초한다. 또한 현재 환율은 외환시장 거래자들의 미래 환율에 대한 예측을 반영하여 결정된다. 환율결정요인을 분석하고 미래 환율을 예측하기 위하여 경제학자들은 특정한 환율결정이론을 개발하게 되었으며, 이 이론은 개인들이 통화 및 금융자산의 보유를 조정함에 있어서 현재의 정보와 미래 환율에 대한 예측치를 이용하는 방식을 설명한다. 이 이론은 바로 **효율적 시장가설**(*efficient market hypothesis*)에 기초하고 있다. 이 가설은 미래에 대한 기대가 어떻게 현재의 시장 상황과 연결되는가를 설명한다. 우선 미래에 대한 기대를 형성하는 방식과 관련하여 대표적인 두 관점에 관하여 공부해보자.

■ 적응적 기대 vs 합리적 기대

미래에 영향을 미치는 의사결정을 하기 위해서는 현재 보유하고 있는 정보에 기초하여 형성된 예측치에 근거하여 의사결정을 내려야 할 것이다. 미래에 대한 예측치 형성과 관련하여 두 종류의 기본적인 이론이 존재한다.

적응적 기대

환율을 예측하거나 채권수익률을 예측하는 한 방법은 '적응적'으로 하는 것이다. 예를 이용하여 이 말이 의미하는 바를 알아보자. 친구나 혹은 여론조사원이 당신에게 1년 후의 유로-달러 환율에 대해 물어본다고 가정해보자. 당신은 이 질문에 대한 답을 어떻게 구할 것인가?

한 가지 방법은 지난 몇 주 내지는 몇 달 동안의 유로-달러 환율에 관한 데이터를 수집하는 것이다. 그리고 수집한 데이터를 차트에 표시한 후 '추세선(*trend line*)'을 그려본다. 이 추세선을 마지막 데이터 포인트에서 1년을 더 확장시켜서 얻는 점이 1년 후의 유로-달러 환율 예측치가 된다.

만약 당신이 통계학 과목을 수강했다면 좀 더 세련된 방법을 사용할 수도 있다. 즉, 수집한 유로-달러 환율 데이터에 가장 적합한 추세선 수식을 결정하는 통계학적 기법을 이용할 수도 있다. 이 수식을 이용하여 특정 시점에서의 환율에 대한 예측치를 얻을 수 있다.

어떤 예측기법을 사용하든 상당량의 데이터를 수집하는 데에 시간과 노력이 필요하다. 1년 후의 유로-달러 환율을 예측함에 있어서 이와 같은 기회비용이 발생하는 것을 원하지 않는다면 보다 단순한 방법도 있다. 예를 들어 내년의 환율은 과거 3년 간 환율의 평균이 될 것이라고 단순히 예측할 수도 있다. 더욱 단순하게 내년의 환율은 과거의 수치와는 크게 다를 것이라고 예측할 수도 있다.

이런 종류의 예측방법이 **적응적 기대**(adaptive expectations)과정의 예이며, 모두 과거의 정보만 이용한다. 대략적인 추세선을 긋는 방법, 보다 정확한 추세선을 긋기 위해 통계적 기법을 이용하는 방법, 3년 평균 및 단순히 현재 인플레이션율을 이용하는 방법 등은 모두 과거 데이터가 수익률 예측치를 생성하는 기초정보를 제공한다는 공통점을 갖고 있다. 과거 데이터에만 의존하는 예측치가 **적응적 예측치**(*adaptive forecast*)이다.

적응적 기대의 문제점

앞에 적응적 기대로 제시된 예들은 미래에 대한 예측치를 만들 때 실제로 사용될 수 있는 방법이다. 그러나 많은 경제학자들은 적응적 기대가설을 기각한다. 그 이유는 사람들이 적응적 기대를 이용하여 미래를 예측하면 대부분의 경우 잘못된 예측치를 얻게 되기 때문이다.

예를 들어 당신이 내년의 유로-달러 환율을 예측함에 있어서 과거 3년 동안의 평균환율을 이용하는 적응적 기대방법을 사용한다고 가정하자. 평균환율이 0.769유로/달러라면, 이것이 당신의

- **적응적 기대**(adaptive expectations): 과거 정보에만 의존하는 기대.

내년도 환율예측치가 된다. 이제 신문에서 다음과 같은 기사를 읽었다고 하자. 즉, 유럽중앙은행이 유로의 시장가치에 영향을 주기 위해서 앞으로 며칠 동안 많은 양의 달러를 매매할 가능성이 높아졌다는 기사를 읽었다고 가정하자. 환율예측을 과거 3년 평균치로만 계산하는 당신은 설사 외환시장에서의 유럽중앙은행의 행동이 달러 대비 유로의 상대적 가치에 영향을 줄 것이라는 사실을 합리적으로 인지했다고 하더라도 이 정보를 의도적으로 무시하는 결과를 가져오게 된다.

즉, 적응적 기대가설에 기반한 경제이론은 미래시점에서의 환율결정에 영향을 주는 정보를 일관되게 무시하는 환율예측치를 생성하게 된다. 결론적으로, 경제모형의 설명대상이 되는 행동을 수행하는 개인이 일관성이 결여된 행동을 하기 때문에 적응적 기대에 기반한 경제이론은 내부적으로 일관성이 결여되는 상황이 발생하게 된다.

적응적 기대의 또 다른 문제점은 사전적으로 최선의 적응적 기대과정을 규명할 수 있는 방법이 없다는 것이다. 예를 들어 어떤 개인이 환율예측을 위한 추세선을 그어보기 위해 지난 6개월 동안의 환율차트를 사용한다고 하자. 다른 사람은 과거 12개월간의 데이터를 이용할 수도 있다. 또 다른 사람은 과거 3년간의 자료를 이용할 수도 있다. 이와 같이 적응적 기대에는 무한히 많은 기대 형성방식이 존재한다. 이 중 어떤 방식이 환율결정이론으로 채택되어야 하는가? 이 질문에 대한 만족스런 답을 찾을 길은 없다.

합리적 기대

적응적 기대의 문제점을 극복하기 위하여 경제학자들은 경제주체들이 미래에 대한 기대를 형성

하는 방식에 대한 대안으로서 **합리적 기대가설**(rational expectations hypothesis)을 개발하였다. 이 가설에 의하면 경제주체들은 사용 가능한 과거와 현재의 모든 정보를 이용하여 시장가격이나 수익률에 대한 최선의 예측치를 형성하며, 가격이나 수익률에 영향을 미치는 요인들을 이해하고자 한다. 과거의 정보에만 의존하기 때문에 항상 과거만 바라보는 적응적 기대와는 달리 합리적 기대는 과거의 정보를 고려함과 동시에 미래를 바라보게 된다.

앞의 예에서 당신은 환율예측을 함에 있어서 과거 3년치 환율의 평균을 사용하였는데, 예측을 한 후 중앙은행이 환율에 영향력을 행사하려고 한다는 새로운 정보를 접하게 되었다. 당신의 목적이 환율을 가장 정확하게 예측하는 것이라면 적응적 기대가설에 의거한 예측치는 결코 그 목적을 달성시켜 주지 못할 것이다. 새로운 정보에 합리적으로 대응하는 방법은 외환시장에서의 중앙은행의 행동이 환율에 영향을 줄 것이라는 인식을 환율예측에 반영하는 것이다. 이에 따라 내년도 환율에 대한 예측이 업데이트된다. 적응적 기대와 합리적 기대 사이의 차이는 다음과 같이 정리될 수 있다.

적응적 기대는 오직 과거의 정보에만 의존한다. 반면 합리적 기대는 과거와 현재의 정보 및 경제의 작동원리에 대한 이해에 기초하여 미래를 예측한다.

- **합리적 기대**(rational expectations): 개인들이 접근 가능한 모든 과거와 현재의 정보 및 시장의 작동원리에 대한 기본이해에 기초하여 미래에 대한 기대를 형성한다는 개념.

합리적 기대가설의 장점

합리적 기대가설은 경제주체가 정보를 사용하는 방식에 대해 임의적인 제약을 가하지 않기 때문에 적응적 기대가설보다 합리적 기대가설이 기대 형성에 관하여 좀 더 일반적인 이론이라고 할 수 있다. 적응적 기대가설에서는 오직 과거 정보의 사용만이 요구되는 데 반해 합리적 기대가설은 만약 적응적 기대가설이 개선될 수 있다면, 그것이 바로 개별 경제주체의 선택이 되어야 한다고 주장한다.

이는 개인이 합리적으로 형성한 기대가 적응적 기대와 항상 다르다는 것을 의미하는 것은 아니다. 만약 개인이 보유한 정보가 과거 정보뿐이며 경제의 작동방식에 관한 특별한 이해도 없다면 적응적 기대는 개인이 형성할 수 있는 최선의 예측이 될 것이다. 이런 상황하에서는 적응적 기대가 경제주체의 합리적 기대가 된다.

그러나 경제주체들이 시장가격과 수익률에 대하여 예측하는 모습을 보면 접근 가능한 모든 과거와 현재의 정보 및 시장의 작동방식에 관한 모든 개념까지 이용하여 예측치를 형성하려고 노력함을 알 수 있다. 그러므로 대부분의 경우 합리적으로 형성된 기대는 순전히 적응적인 기대와는 다르다.

합리적 기대가 일반적으로 적응적 기대보다 우월하다 할지라도 현재의 정보와 경제의 작동방식에 대한 이해에 기초한 예측이 항상 정확하다는 것은 아니다. 예를 들어 미국 국립기상예보국이 도플러 레이더를 이용하여 태풍의 발생지점에 대한 예측능력을 향상시켰다고 하자. 이는 단지 태풍에 대한 예측치가 전보다 나아졌다는 의미이지 태풍이 항상 예측한 지점에서 발생한다는 뜻이 아니다. 실제로 기상상황이 매우 불안한 상황 하에서는 도플러 레이더가 태풍 발생 확률이 매우 낮다고 예측한 지점에서 많은 인명과 재산상의 손실을 가져다주는 태풍이 아주 빠르게 형성될 수도 있다.

이런 의미에서 시장가격 및 수익률 등에 대해 합리적으로 형성된 예측치는 평균적으로 적응적 기대보다 우월하다. 그러나 실제의 가격과 수익률은 합리적인 예측치를 크게 상회하거나 하회할 수도 있는 것이다.

합리적 기대가설의 한계

합리적 기대가설에도 몇 가지 개념적인 문제점이 있다. 그 중의 하나는 합리적 기대가설의 범위가 너무 넓어서 가설을 어떤 이론 속에 포함시키는 일이 상당히 어렵다는 것이다. 예를 들자면 모든 개인은 금융시장의 작동원리에 관하여 각자 나름대로의 관점을 가지고 있다. 그런데 어떤 순간 현재 시장에서 전개되는 상황이 기존의 방식과는 사뭇 달라졌다는 정보를 모든 개인이 입수했다고 가정하자. 이 경우 경제학자는 모든 개인의 기대 형성 과정에 관한 모형을 다시 만들어야 하는가?

합리적 기대가설은 모든 개인이 시장 가격이나 수익률 등에 관해 각자 합리적으로 형성한 기대에 기초하여 행동함을 가정하고 있다. 이는 실현된 시장 가격과 수익률 등이 개인의 기대 형성 방식에 달려있음을 의미하는 것이다. 만약 각 개인이 타인의 기대가 시장가격과 수익률의 형성에 중요한 역할을 한다는 사실을 인식하게 된다면, 이 경우 각 개인은 타인의 예측치를 다시 예측해야만 하는가?

이런 문제점을 해결하기 위하여 경제학자는 합리적 기대가설을 포함하는 이론을 만들 때 일반적으로 다음과 같은 두 가지 가정을 사용한다. 첫 번째 가정은 시장에 참여하고 있는 개인들은 모두 동일한 정보에 접근할 수 있으며, 시장의 작동원리와 관련하여 모두 동일한 인식을 가지고 있다는 것이다. 이 가정은 시장에 있는 개인들에게 다양한 기대가 존재한다는 문제점을 피해갈 수 있게 한다. 또한 모든 개인이 동일한 기대를 한다고 가정하기 때문에 각 개인이 타인의 예측을 다시 예측해야 하는 문제점도 피해갈 수 있게 해준다.

두 번째 가정은 시장에 있는 사람들은 시장의 작동원리를 이해하고 있다는 것이다. 즉 합리적 기대가설을 사용하는 경제학자들은 경제이론이 설명하고자 하는 행동의 주체인 개인들이 마치 실제경제가 그 경제이론에 따라 작동된다는 사실을 이해하고 행동한다고 가정한다. 이 가정은 어떤 경제모형 내에 상정된 개인들은 자기가 속해 있는 바로 그 모형을 이미 알고 있음을 전제하는 것이다.

이제 합리적 기대가설이 환율결정모형에 어떻게 적용되는지 살펴보도록 하자. 합리적 기대가설하에서 최적 예측치는 관련 변수의 결정과정에 대한 이해와 더불어 과거와 현재의 모든 정보를 반영한다. 그러므로 합리적 기대가설은 시장이자율에 영향을 미치는 환율에 대한 예측치가 외환을 거래하는 사람들이 미래의 환율에 대해 형성한 합리적 기대치임을 의미한다.

> **핵심 이슈 #4**
>
> 적응적 기대가설과 합리적 기대가설의 차이는 무엇인가?
>
> 적응적 기대는 과거 정보만 이용하여 미래에 대한 예측을 형성하는 것이다. 반면, 합리적 기대는 과거와 현재의 정보 및 시장 가격과 수익률이 결정되는 원리에 대한 이해에 기초하여 미래에 대한 예측을 형성하는 것이다.

효율적 시장가설

합리적 기대 가설은 **효율적 시장가설**(efficient-markets hypothesis)의 논리적 기초를 형성한다. 효율적 시장가설은 금융자산의 가격과 수익률은 사용 가능한 모든 정보를 반영한다고 주장하며, 사용 가능한 정보에는 자산가격이 금융시장에서 결정되는 과정에 관한 시장참가자들의 인식과 같은 정보도 포함되어 있다.

좀 더 일반적으로 얘기하면 효율적 시장 이론은 어떤 자산의 수익률이나 가격은 그 자산의 수익률에 대한 합리적 예측치를 반영해야만 한다는 것이다. 결과적으로 어떤 환율은 관련 통화를 거래하는 사람들이 사용할 수 있는 모든 정보를 반영해야 한다는 것이다. 시장환율이 사용 가능한 모든 정보를 반영하는 데 실패한다면, 시장참가자들은 사용되지 않은 정보를 이용하여 이익을 얻을 수 있으며 이는 외환시장이 비효율적으로 작동한다는 의미가 된다.

■ 외환시장의 효율성

효율적 시장가설은 세 개의 주요 시사점을 제공한다. 첫째는 채권의 시장가격 혹은 수익률과 시장가격과 수익률에 대한 거래자들의 기대치 사이에 명확한 관계가 존재한다는 것이다. 둘째는 어떤 특정 요인은 다른 요인보다 가격이나 수익률에 더 큰 변동을 초래할 수 있다는 것이다. 셋째는 효율적 시장가설은 평균수익률보다 높은 수익률을 얻는 거래자의 행동에 관한 중요한 예측을 할 수 있다는 것이다.

만약 외환시장이 효율적이라면 국제적으로 거래되는 채권은 이 채권을 거래하는 사람들이 보유한 모든 정보를 반영해야만 한다. 그러므로 외환시장이 효율적인가 아닌가를 평가하기 위해서는 미래의 환율움직임에 대한 투자자들의 예측이 국제적으로 거래되는 채권의 수익률에 어떤 영향을 미치는가를 고려해야만 할 것이다.

앞서 살펴본 국가 간 이자율평가조건을 통해 우리는 미국 채권의 수익률이 동일한 조건의 영국 채권의 수익률보다 높은 두 가지 이유를 알고 있다. 무위험 이자율평가조건에 의해 제시된 한 이유는 바로 선물환시장에 존재하는 선물프리미엄이며 미국이자율과 영국이자율 사이의 격차는 다음과 같이 표현된다.

$$R_{US} - R_{UK} = (F-S)/S$$

또 다른 이유는 위험 이자율평가조건에 의해 다음과 같이 제시된다.

$$R_{US} - R_{UK} = \% \Delta S^e$$

- **효율적 시장가설**(efficient-markets hypothesis): 합리적 기대가설을 금융시장에 적용한 이론으로서, 채권의 균형가격과 수익률은 과거와 현재의 모든 정보와 채권거래자의 시장가격 및 수익률 결정과정에 대한 이해를 반영해야만 한다.

이 조건은 리스크 프리미엄이 없다고 할 때 미국 이자율이 영국 이자율을 상회하는 부분이 파운드 대비 달러의 예상절하율과 같아진다는 의미이다.

외환시장의 효율성 조건

무위험 이자율평가조건과 위험 이자율평가조건이 동시에 만족되는 유일한 경우는 위 두 식의 우측항이 같아지는 경우이다. 즉,

$(F - S)/S = \%\Delta S^e$

이 식은 달러 대비 파운드에 대한 선물할증률(선물할인율)은 현물환시장에서 파운드 대비 달러가치의 기대절하율(기대절상률)과 같아진다는 의미이다. 선물환계약이 성립되는 시점에 현물시장에서 형성된 선물환 계약만료 시점에서의 환율에 대한 기대치를 S^e라고 하자. 선물환 계약기간 동안의 달러의 기대절하율은 현물환율의 기대변화량($S^e - S$)을 현재의 현물환율(S)로 나눈 값이다. 즉, $\%\Delta S^e = (S^e - S)/S$. 무위험 및 위험 이자율평가조건이 모두 만족된다면, 다음이 성립된다.

$(F - S)/S = (S^e - S)/S$

혹은

$F = S^e$

무위험 및 위험 이자율평가조건이 시장에서 만족된다면 선물환율은 선물환계약이 성립되는 시점에서 형성된 기대현물환율과 같아진다.

위의 마지막 등식이 성립하지 않는다면, 즉, 선물환율이 기대현물환율과 다르다면 금융시장 거래자들은 차익거래의 기회를 얻게 된다. 효율적 시장에서는 이런 기회는 금방 사라진다. 시장에서 형성되는 기대와 가격조정과정이 차익거래 이익이 발생할 여지를 신속하게 제거해버린다. 그러므로 **외환시장의 효율성**(foreign exchange market efficiency)은 선물환율이 미래시점의 현물환율에 대한 불편(不偏)예측치(unbiased predictor)가 될 때 달성이 된다. 불편(不偏)예측치가 된다는 것은 평균적으로 선물환율이 미래시점의 현물환율과 같다는 의미이다. 그러므로 외환시장이 효율적이면 선물환율은 선물프리미엄이 기대절하율과 같아지는 수준까지 조정되어야만 한다. 합리적 기대가설하에서 기대절하율은 실제절하율에 대한 합리적 예측치이다. 이를 달리 표현하면 사용 가능한 모든 정보와 환율결정원리에 대한 이해에 기초하여 얻어진 절하율에 대한 예측치라는 뜻이다.

외환시장의 효율성조건을 이해하는 다른 방법은 효율적 시장 이론과 다시 연결하여 파악하는 것이다. 이 이론은 금융자산의 가격이 사용 가능한 모든 정보를 반영해야만 한다고 주장한다. 외환시장의 효율성조건도 이와 유사하다. 즉, 선물환율과 현물환율은 통화가치의 절하 정도에 대한 합리적 예측치를 반영해야 한다. 결과적으로 선물환율과 현물환율을 연결시켜주는 선물할증이나 선물할인은 사용 가능한 모든 정보를 반영해야만 한다.

• **외환시장의 효율성**(foreign exchange market efficiency): 균형현물환율과 균형선물환율이 접근 가능한 모든 정보를 반영하는 수준으로 조정되는 상황으로서, 이 때 선물할증은 기대절하율과 리스크 프리미엄의 합과 동일해신다. 이는 다시 선물환율이 평균적으로 기대현물환율이 됨을 의미한다.

외환시장 효율성에 관한 증거

선진국 통화시장에서 무위험 이자율평가가 일반적으로 성립한다는 증거는 상당히 많다. 반면 위험이자율평가와 외환시장의 효율성에 관한 증거는 무위험 이자율평가에 비해서는 빈약하다. 예를 들어 도표 8.3에 표시되어 있는 미국 달러와 영국 파운드화의 3개월 선물환율과 3개월 후 현물환율 간의 차이를 살펴보자. 도표에서 볼 수 있듯이 선물환율은 실현된 현물환율을 과소추정하거나 과대추정하는 것으로 나타난다.

외환시장의 효율성은 선물환율과 기대현물환율이 연결되는 결과를 가져온다. 합리적 기대가설이 옳다면 기대절하율은 합리적 예측치를 반영해야만 한다. 결국, 외환시장의 효율성을 연구하는 것은 환율에 대한 기대가 합리적으로 형성되는가를 판단하는 작업을 수반한다. 외환시장의 효율성과 합리적 기대가 동시에 성립하는가를 통계적으로 판단하는 일은 매우 어려운 과제이다. 특히 리스크 프리미엄이 국가 간 이자율의 격차를 확대시킬수록 어려워진다. 이 경우 경제학자는 외환시장의 효율성을 저해하는 잠재적 요인으로서의 리스크 프리미엄과 기대오차의 상대적인 기여도를 분별해내야만 한다. 대부분의 연구에서 리스크 프리미엄이 외환시장의 효율성을 저해하는 주요 요인으로 나타나고 있지만, 외환시장이 진정 효율적인가에 대해서는 의견이 분분하다.

도표 8.3 선물환율과 현물환율 간의 차이

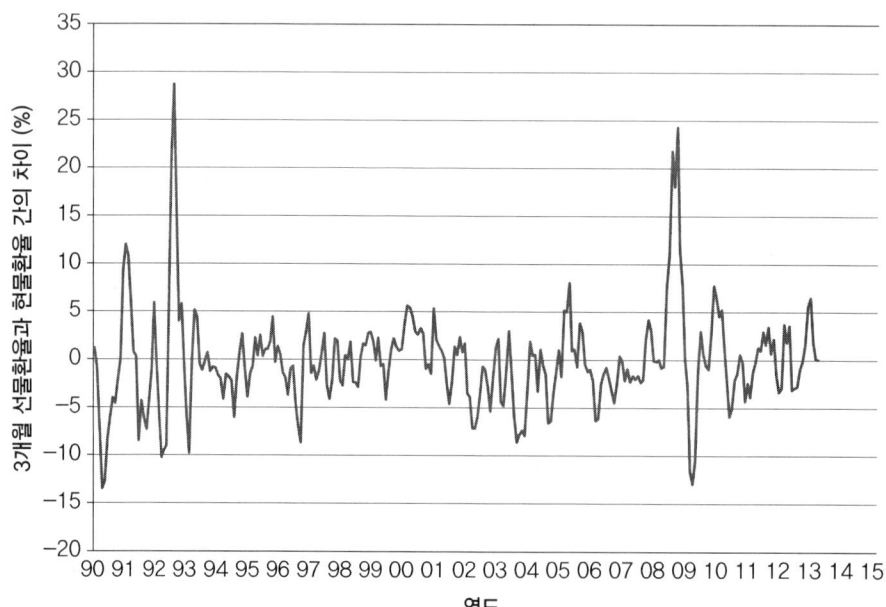

* 도표는 영국시장에서 거래된 미국 달러의 3개월 선물환율과 3개월 후의 현물환율간의 차이를 보여준다. 선물환 계약이 청산되는 시점에서 선물환율과 현물환율 사이에 일관적으로 상당한 크기의 차이가 있음을 알 수 있다.

출처: Bank of England.

핵심 이슈 #5

외환시장 효율성은 무엇인가?

효율적 시장가설에 의하면 금융자산의 가격이나 수익률은 시장에서 접근 가능한 모든 정보를 반영해야만 한다. 이는 채권이나 외환 거래계약과 같은 금융자산에 대한 수요와 공급은 자산의 미래 가격에 대한 합리적 기대를 반영하기 때문이다. 거래당사자들은 자신이 보유한 모든 정보를 이용하여 자산의 가격에 대한 기대를 형성한다. 투자자들이 보유하고 있는 채권을 국경을 넘어 이전시킨다 해도 수익률을 지속적으로 증가시킬 수 없을 때 외환시장은 효율적이라고 말할 수 있다. 외환시장의 효율성은 선물프리미엄이 통화가치의 기대절하율과 동일해짐을 요구한다. 이 효율성 조건은 무위험 및 위험 이자율평가조건이 둘 다 성립될 때 충족된다.

실물부문과 금융부문의 통합

제1장에서 논의하였듯이 대부분의 경제학자들은 국제금융시장은 갈수록 더 통합되어가고 있다고 믿고 있다. 외환시장 효율성의 개념이 실질적인 관심의 대상이 되는 이유는 외환시장이 효율적이라면 이는 각국의 금융시장이 더욱 폭넓게 통합되었음을 의미하는 것이기 때문이다.

그런데 무위험 및 위험 이자율평가조건은 명목이자율의 격차를 현물환율과 선물환율 및 기대현물환율과 연결시킨다. 인플레이션율의 변화가 상대적으로 작은 단기에는 국가 간 인플레이션율의 차이가 자금의 흐름에 별 영향을 미치지 않는다. 하지만 장기에는 저축 및 투자에 대한 의사결정이 물가의 변동에 영향 받을 가능성이 높아진다.

그러므로 장기에는 금융자산의 분배에 관한 저축자들의 의사결정에 명목이자율의 차이가 아니라 실질이자율의 차이가 영향을 미치게 될 가능성이 높아진다.

■ 실질이자율평가

지금까지는 이자율을 현재 시점의 화폐단위로만 평가하였는데 여기에는 문제점이 있다. 인플레이션이 발생하면 채권 만기 시 지급되는 이자의 가치가 감소한다. 국내금융시장 혹은 국제금융시장에서 저축 혹은 투자를 하고자 하는 개인은 이 점을 반드시 고려해야만 한다.

실질이자율

예를 들어 미국의 저축자가 1년 만기 채권에 투자했을 경우 **명목이자율**(nominal interest rate)로 4퍼센트에 해당하는 수익을 얻는다고 가정하자. 또한 저축자들은 향후 1년 간 인플레이션율($\%\Delta P^e$)이 2퍼센트가 될 것이라고 예상한다고 가정하자. 인플레이션은 이자수입으로 구입 가능한 재화와 서비스의 양을 감소시킬 것이다.

즉, 저축자들은 채권수익률이 비록 0보다는 크지만 인플레이션이 수익률을 2퍼센트나 감소시키리라 예상하게 된다. 결국 저축자가 예상하는 **실질이자율**(real interest rate), 즉 인플레이션이 조정된 기대이자율은 근사적으로 다음과 동일하다.

- **명목이자율**(nominal interest rate): 기대인플레이션을 반영하지 않고 현재의 화폐단위로 평가된 수익률.
- **실질이자율**(real interest rate): 채권을 보유하는 동안 발생할 것으로 예상되는 인플레이션이 채권수익으로 구입할 수 있는 재화와 서비스의 양을 감소시키는 정도를 고려한 기대수익률.

$$r = R - \%\Delta P^e$$

이 예제에서 실질이자율은 4퍼센트에서 2퍼센트를 뺀 2퍼센트이다. 즉, 저축한 자금을 이용하여 구입할 수 있는 물건의 양으로 평가할 때 저축자가 매입한 1년 만기 채권의 수익률은 2퍼센트이다.

상대구매력평가와 위험 이자율평가의 결합: 실질이자율평가

상대구매력평가가 성립한다면 두 나라 사이의 인플레이션율 격차가 기대절하율과 동일해야만 한다.

$$\%\Delta P^e - \%\Delta P^{*e} = \%\Delta S^e$$

위험 이자율평가가 성립하고 리스크 프리미엄이 없다면 다음이 성립한다. 즉,

$$R - R^* = \%\Delta S^e$$

두 나라 사이의 이자율 격차는 기대평가절하율과 같다. 위의 두 식을 결합하면, 다음을 얻는다.

$$\%\Delta P^e - \%\Delta P^{*e} = R - R^*$$

마지막으로 이 식을 다시 정리하여 다음의 관계를 얻게 된다.

$$R - \%\Delta P^e = R^* - \%\Delta P^{*e}$$

이 식은 만약 상대구매력평가와 위험 이자율평가가 성립한다면 국내 실질이자율은 $r = R - \%\Delta P^e$ 이고, 외국의 실질이자율은 $r^* = R^* - \%\Delta P^{*e}$ 라는 의미이다.

이것이 바로 **실질이자율평가**(real interest rate parity)조건이며, 두 나라가 발행한 동일한 조건의 채권에 대한 실질이자율은 동일함을 의미한다. 실질이자율평가는 상대구매력평가와 위험 이자율평가의 성립을 필요로 한다.

■ 국가 간 통합 정도의 지표로서의 실질이자율평가

금융시장의 통합이 진행되면 될수록 저축자들이 위험 이자율평가와 관련된 차익거래를 시행할 가능성이 더 높아지고 그 결과 위험 이자율평가조건이 충족될 가능성이 더 높아진다. 동시에 재화와 서비스 시장이 차익거래에 대하여 더욱 개방될수록 상대구매력평가가 성립될 가능성도 높아진다.

또한 실질이자율평가가 성립하면 금융시장과 재화시장은 국제적으로 통합될 가능성이 더 높아진다. 미국과 스위스 및 영국 사이에 실질이자율평가가 성립하는지 여부를 판단하기 위해 도표 8.4를 살펴보자. 도표 8.4는 미국과 스위스 사이의 3개월 만기 재무성채권의 실질이자율 차이와 미국과 영국 사이의 3개월 만기 재무성채권의 실질이자율 차이를 보여주고 있다. 실질이자율을 얻기 위해 재무성채권의 명목이자율에서 실제 인플레이션율을 차감하였다. 물론 실질이자율평가는 엄밀하게 말하면 기대인플레이션율을 사용하여 계산된 실질이자율에 기초하기 때문에 도표 8.4는 국가 간 실질이자율평가의 성립에 관한 대략적인 모습만 보여준다.

도표를 보면 1990년대 초반에는 지속적으로 마이너스 실질이자율 격차가 존재하였고 1990년대 후반에는 지속적으로 양의 실질이자율 격

• **실질이자율평가**(real interest rate parity): 위험 이자율평가와 상대구매력평가가 동시에 성립할 때 두 나라의 실질이자율이 동일해지는 현상.

도표 8.4 실질이자율 차이

* 지속적으로 관찰되는 실질이자율 차이는 실질이자율 평가가 일반적으로 성립하지 않음을 의미한다.

출처: International Monetary Fund, *International Financial Statistics*.

차가 존재하였음을 알 수 있다. 실질이자율 격차는 2000년대에 들어서 다시 마이너스 값이 되는 경향을 보인다. 지속적으로 관찰되는 실질이자율 격차는 국제적으로 시장이 통합되어간다는 주장에 의구심을 갖게 한다. 보다 세련된 통계적인 방법을 이용하여 실질이자율평가를 검증해 본 결과, 가장 발전되고 개방된 선진국 경제 사이에도 실질이자율 격차가 존재하는 것으로 나타나고 있다. 그러나 펜실베니아대학교의 마슨(Richard Marston)의 연구결과에 따르면 선진국경제 사이에는 실질이자율 격차가 상대적으로 작은 것으로 나타나고 있다. 이 연구결과는 일부 국가 사이에는 시장통합이 상당히 많이 진행되었음을 보여주고 있다.

핵심 이슈 #6

어떤 조건하에서 실질이자율평가가 성립하며, 실질이자율평가가 국제적 시장 통합에 대한 유용한 지표가 되는 이유는 무엇인가?

두 나라의 실질이자율이 동일하다면 실질이자율평가가 성립한다. 실질이자율평가가 성립하려면 위험 이자율평가와 상대구매력평가가 모두 동시에 성립해야만 한다. 이는 두 나라 사이에 금융시장과 재화시장이 모두 깊게 통합되어 있다는 의미이다. 이런 이유로 경제학자들은 실질이자율평가를 국제적 시장통합을 나타내는 지표로 사용하고 있는 것이다.

요약

1. **실질환율과 절대구매력평가**: 실질환율은 두 나라의 화폐 사이의 명목환율에 두 나라의 물가수준의 비율을 곱한 값이다. 그러므로 실질환율은 명목환율을 각 나라의 물가수준의 변화로 조정한 값이며, 외국 재화 및 서비스와 교환되는 자국 재화와 서비스에 대한 구매력 지표를 제공한다. 일물일가의 법칙에 의하면 한 나라에서 환율로 조정된 교역재의 가격은 동일한 재화의 다른 나라에서의 가격과 같아야 한다. 절대구매력평가는 소비자물자지수와 같은 물가수준 지표를 명목환율과 연결시킴으로써 일물일가의 법칙을 확장시킨다. 절대구매력평가에 의하면 명목환율은 두 나라의 물가수준의 비율과 동일하다. 이는 절대구매력평가가 성립할 때는 실질환율이 항상 1과 같음을 의미하는 것이다.

2. **상대구매력평가와 환율변동에 대한 가이드로서의 유용성**: 두 나라 사이에 상대구매력평가가 성립하면 명목환율의 변동률은 두 나라의 인플레이션율의 차이와 같아진다. 경제학자들은 환율과 물가수준 간의 관계를 평가함에 있어서 절대구매력평가보다는 상대구매력평가를 선호한다. 왜냐하면 절대구매력평가와는 달리 상대구매력평가는 물가지수를 계산할 때 사용되는 소비자들의 소비 바스켓이 나라마다 다르다는 사실을 허용하기 때문이다. 그럼에도 불구하고 상대구매력평가도 환율결정에 대한 장기이론으로서는 받아들여질 여지가 있지만 단기이론으로는 적합하지 않다.

3. **무위험 및 위험이자율평가**: 저축자들이 외국채권을 보유할 때 선물환계약을 동시에 매입함으로써 헤지를 하는 경우, 한 나라의 이자율이 다른 나라의 이자율과 선물프리미엄과의 합과 다르다면 차익거래를 통해 이익을 얻을 수 있다. 국가 간 자금 이전을 통해 무위험 차익거래이익을 추구하는 노력은 각 나라의 이자율과 환율의 조정을 가져오는데, 궁극적으로 한 나라의 이자율이 다른 나라의 이자율과 선물프리미엄의 합과 같아질 때까지 조정된다. 즉, 무위험 이자율평가조건이 충족된다. 다른 통화로 발행되었다는 조건 외에는 모든 조건이 동일한 채권을 매입하기 위해서 헤지되지 않은 통화거래를 하는 경우, 각 나라의 채권이자율은 위험 이자율평가조건에 의해 연결된다. 이 조건에 의하면 두 나라 사이의 이자율차이는 기대절상률과 동일해진다.

4. **적응적 기대와 합리적 기대 간의 차이점**: 적응적 기대는 과거정보에만 기초하여 형성된다. 합리적 기대는 과거와 현재의 접근 가능한 모든 정보를 이용하여 형성되며, 시장의 가격결정과정에 대한 이해에도 의존한다.

5. **효율적 시장가설과 외환시장의 효율성**: 효율적 시장가설은 금융자산의 시장가격이 시장에 존재하는 모든 접근 가능한 정보를 반영해야 한다고 주장한다. 이는 또한 자산을 매매하고자 하는 자의 입장에서 자산가격에 대해 형성한 합리적 기대 역시 반영해야 한다. 외환시장의 효율성 조건은 무위험 이자율평가와 위험 이자율평가의 결합으로부터 출발한다. 외환시장의 효율성은 선물프리미엄이 기대평가절하율과 같아야만 함을 의미한다. 이는 선물환율이 평균적으로 효율적인 외환시장에서의 미래현물환율에 대한 예측치임을 의미한다. 위험 이자율평가를 상대구매력평가와 결합하면 실질이자율평가, 즉, 두 나라의 실질이자율이 동일해지는 현상이 성립해야만 한다. 실질이자율평가가 성립한다는 것은 재화시장과 금융시장이 국제적으로 통합된다는 의미이기도 하다.

6. **실질이자율평가가 국제적 통합 정도를 나타내는 유용한 지표인 이유는 무엇인가?** 두 나라의 실질이자율이 같을 때 실질이자율평가가 존재한다. 실질이자율평가가 성립하기 위해

서는 무위험 이자율평가와 상대구매력평가 모두 동시에 충족되어야 하며, 이는 금융자산시장과 재화와 서비스 시장의 국가 간 통합정도가 높다는 것을 의미한다. 결과적으로 경제학자들은 실질이자율평가를 국제적 통합 정도를 나타내는 지표로 받아들이고 있다.

연습문제

1. 스위스 프랑-달러 환율이 2007년에 1.233 SFr/$였고 2013년에는 0.9508 SFr/$였다고 가정하자. 2013년 스위스의 물가지수는 102.82이었고 (2007=100), 미국의 물가지수는 113.77이었다 (2007=100). 2013년의 실질 SFr/$ 환율을 구하라. 절대구매력평가가 성립하는가?

2. 1번 문제에 주어진 수치를 이용하라. 만약 절대구매력평가가 성립한다면 2013년에 달러는 스위스 프랑 대비 고평가되어 있는가? 아니면 저평가되어 있는가? 이 질문에 대하여 얻은 답에 기초하여 판단할 때 달러는 평가절상 되어야 하는가? 평가절하 되어야 하는가? 또한 몇 퍼센트 변동되어야 하는가?

3. 1번 문제에 주어진 수치를 이용하라. 상대구매력평가의 관점에서 볼 때 2013년 달러는 고평가 되었는가? 저평가 되었는가? 이 질문에 대하여 얻은 답에 기초하여 판단할 때 달러는 절상되어야 하는가? 절하되어야 하는가? 또한 몇 퍼센트 변동되어야 하는가?

4. 100년 정도의 장기간에 걸친 환율과 물가수준에 관한 데이터를 분석해 보면 실질환율은 연간변동률은 상당히 큰 폭으로 변동하지만 장기에는 상대적으로 매우 안정적인 모습을 보이는 것으로 나타난다. 이 모습이 단기의 상대구매력평가와 장기의 상대구매력평가에 대해 의미하는 바는 무엇인가?

5. 현물환율과 선물환율이 자국통화/외국통화의 형태로 표시되어 있다고 하자. 이 때 자국통화에 대해 양(陽)의 선물프리미엄이 형성되어 있다고 하자. 무위험 이자율평가가 성립한다면 자국 채권에 대한 이자율과 동일한 리스크와 만기조건을 가진 외국 채권에 대한 이자율 간의 차이는 어떤 값을 지니는가?

6. 무위험 이자율 차익거래와 위험 이자율 차익거래 사이의 차이점은 무엇인가?

7. 무위험 이자율평가조건과 위험 이자율평가조건은 어떻게 다른지 설명하라.

8. 위험 이자율평가조건이 충족되지 않는 경우 무위험 이자율평가조건은 성립될 수 있는가? 아니면 성립될 수 없는가? 그 이유를 설명하라.

9. 외환시장이 효율적이라고 가정하자. 현재의 현물환율이 1.35달러/유로이고, 현재의 선물환율이 1.38달러/유로라고 하자. 외환시장의 거래당사자들은 미래에 유로가 달러 대비 절상되리라 예상하고 있는가? 아님 절하되리라 예상하고 있는가?

10. 다른 조건이 일정하다고 할 때, 매우 높은 수준으로 통합된 금융시장과 통합 수준이 낮은 재화와 서비스 시장이 존재하는 세상에서 무위험 이자율평가와

비교해 볼 때 실질이자율평가는 성립가능성이 상대적으로 높은가? 아니면 낮은가? 설명하라.

온라인 응용학습

URLs: http://stats.oecd.org/Index.aspx?datasetcode=SNA_TABLE4 and www.federalreserve.gov/releases/h10/hist/

제목: Purchasing power parities — Organization for Economic Co-operation and Development and Exchange rates — Board of Governors of the Federal Reserve System

검색: 구매력평가설과 관련된 환율데이터를 구하기 위해, 위의 OECD 페이지를 방문하여, 위의 문서를 출력하라. 다음으로 연방준비위원회의 홈페이지(www.federalreserve.gov)에서 'Economic Research and Data.'를 클릭하라. 웹 페이지 중간 'Data Release' 하부에 있는 'View all'을 클릭하라. 'Exchange Rates and International Data' 밑에 있는 'Foreign Exchange Rates (H.10/G.5)'을 클릭하라.

응용: 각 웹 사이트에 올려져있는 리포트를 사용하여 구매력평가설을 실제데이터에 적용하라.

1. OECD 표의 첫 번째 열은 여러 OECD 회원국에 대하여 구매력평가설에 의하여 계산된 통화와 US달러 간의 환율을 보여준다. 연방준비제도 이사회는 여러 나라의 실제 환율 정보를 제공한다. OECD 표에서 한 나라를 선택하여 특정 연도의 구매력평가환율과 실제 환율을 비교해본다. 비교 결과 선택한 통화가 특정 연도에 고평가되었는가? 아니면 저평가되었는가?

2. 연방준비위원회가 배포한 OECD표의 5년간 통계표인 H.10에 수록되어있는 환율을 살펴보라. 선택한 국가의 실제 환율이 5년 동안 구매력평가에 의해 계산된 환율과 대략적으로라도 일치하는가?

팀 과제: 1번과 2번 질문을 여러 그룹이 대답하게 한다. 각 그룹은 각각 다른 국가의 데이터를 조사하여 답하도록 한다. 그리고 조사결과를 발표토록 한다. 환율결정모형으로서 구매력평가가 어떤 국가에는 적용이 잘 되고 어떤 국가에는 적용이 잘 안 되는 이유에 대해 토론하도록 한다.

참고문헌

Catão, Loui. "Why Real Exchange Rates?" International Monetary Fund *Finance and Development*, 44 (3, September 2007): 46–47.

Coffey, Niall, Warren Hrung, and Asani Sarkar. "Capital Constraints, Counterparty Risk, and Deviations from Covered Interest Parity." Federal Reserve Bank of New York Staff Report No. 393, September 2009.

Ferreira, Alex Luiz, and Miguel León-Ledesma. "Does the Real Interest Parity Hypothesis Hold? Evidence for Developing and Emerging Markets." *Journal of International Money and Finance* 26(3) (April 2007): 364–382.

Frankel, Jeffrey, and Jumana Poonawala. "The Forward Market in Emerging Currencies: Less Biased Than in Major Currencies." *Journal of International Money and Finance* 29(3) (April 2010): 585–598.

Marstan, Richard. *International Financial Integration: A Study of Interest Differentials between the Major Industrial Countries*, Cambridge University Press: Cambridge, 1995.

Monticini, Andrea, and Daniel Thornton. "The Effect of Underreporting on LIBOR Rates." *Journal of Macroeconomics* 37(1) (September 2013): 345–348.

Omer, Muhammad, Jakob de Haan, and Bert Scholtens. "Testing Uncovered Interest Rate Parity Using LIBOR." CESifo Working Paper No. 3939, June 2012.

Parsley, David, and Shang-Jin Wei. "A Prism into the PPP Puzzles: The Micro-Foundations of Big Mac Real Exchange Rates." *Economic Journal* 117(523) (October 2007): 1336–1356.

Rogoff, Kenneth, Kenneth Froot, and Michael Kim. "The Law of One Price Over 700 Years," International Monetary Fund Working Paper WP/01/174, November 2001.

Satiroglu, Sait, Emrah Sener, and Yildiray Yildirim. "Empirical Investigation of Covered Interest Parity in Developed and Emerging Markets." Working Paper, Oxyegin University and Syracuse University, June 2012.

Sekiuoua, Sofiane. "Real Interest Parity Over the Twentieth Century: New Evidence Based on Confidence Intervals for the Largest Root and Half-Life." *Journal of International Money and Finance* 27(1) (February 2008): 76–101.

Simmons, Walter, and Raj Aggarwal. "Purchasing Power Parity in the Eastern Caribbean Currency Union." *Journal of Developing Areas* 38(2) (Spring 2005): 155–169.

9장

세계경제와 중앙은행의 기능

핵심 이슈

1. 세계 중앙은행의 책임은 무엇인가?
2. 중앙은행이 사용할 수 있는 통화정책의 주요 수단은 무엇이며, 어떤 과정을 거쳐 통화정책은 시장이자율에 영향을 미치는가?
3. 중앙은행은 외환시장에 어떻게 개입하는가?
4. 구조적 상호의존성은 무엇이며, 어떻게 국가 간 정책 협력과 정책 공조와 연결되는가?
5. 국제적 정책 공조의 이익과 비용은 무엇인가?
6. 국가는 공동통화를 채택함으로써 이익을 얻을 수 있는가?

'달러 스왑 라인(dollar swap line)'이라는 이름의 미 연방준비위원회(이하 연준) 프로그램은 글로벌 금융위기가 발생한 2008년에 시작되어 금융위기 기간 내내 시행되었으며 궁극적으로는 2012년 12월 31일에 종료될 예정이었다. 2008년 금융위기가 빠르게 퍼져나감에 따라 고객들에게 달러 대출을 하기로 되어 있었던 외국은행들은 은행 간 자금시장에서 달러 자금을 차입하는 데 큰 어려움을 겪었다. 달러 스왑 라인 프로그램에 의하여 미 연준은 달러자금을 외국 중앙은행에 빌려주고 대신 시장 환율로 계산하여 동일한 금액을 외국 통화로 받았다. 달러자금을 받은 외국 중앙은행은 달러 대출을 해야 하는 자국의 시중은행에게 달러 자금을 공급할 수 있게 되었다.

사실 미 연준은 달러 스왑 라인 프로그램을 이미 2010년 2월에 종료한 적이 있었다. 그러나 2010년 들어 발생한 유럽의 금융위기로 인해 유럽은행들이 달러자금을 조달하는 데 또 다시 어려움을 겪게 되었기 때문에 미 연준은 2월에 종료한 달러 스왑 라인 프로그램을 다시 부활시킬 수밖에 없었다.

2012년 12월 12일 연준은 달러 스왑 라인 프로그램을 최소 2014년 초까지 연장할 계획이라고 발표하였다. 연준은 유럽의 상황이 달러 스왑 라인 프로그램을 종료시키기에는 여전히 불안정한 상태라고 판단하였다. 2013년에도 연준은 유럽의 상황이 개선되지 않는다는 전제하에 달러 스왑 라인 프로그램의 연장 가능성을 시사하였다.

외환시장 개입을 통해 환율에 영향력을 행사하

는 행위 외에 중앙은행은 어떤 역할을 수행하는가? 중앙은행의 시장 개입은 어떤 결과를 가져오는가? 이 장에서는 이런 질문에 대한 해답을 배울 것이다.

중앙은행의 역할

최초의 중앙은행조직은 1668년에 설립되었다. 스웨덴 중앙은행(Swedish Sveriges Riksbank, 릭스방크)이 최초의 중앙은행이며, 1867년까지는 'Risens Standers Bank'라는 명칭이었다. 스웨덴 의회(Riksdag)는 특별위원회에 스웨덴 중앙은행을 관리할 수 있는 권한을 부여하였다. 설립 초기 릭스방크는 화폐를 발행하지 않았으나, 1701년 스웨덴정부는 릭스방크가 '양도 증서(transfer notes)'를 발행할 수 있는 권한을 부여하였으며, 이것이 기본적으로 화폐의 기능을 하였다. 1789년 스웨덴 의회는 스웨덴 화폐를 공식적으로 발행하는 국채국(局)(National Debt Office)을 설립하였다. 마지막으로 1897년 중앙은행법은 릭스방크를 스웨덴 화폐를 발행하는 유일한 합법적 기관으로 격상시켰다.[i]

두 번째 중앙은행은 1694년에 설립된 영란은행(Bank of England)이며 릭스방크보다 더 많이 알려져 있다. 영국의회는 은으로 교환될 수 있는 통화증서의 발행을 영란은행에게 허가하였다. 당시 이 증서는 정부와 민간기업이 발행한 증서와 함께 시중에서 유통되었다. 릭스방크와 영란은행은 1800년까지 유일한 중앙은행이었으며, 1873년까지 전세계에 존재한 중앙은행의 수는 한 자리 수에 불과했다. 도표 9.1에서 볼 수 있듯이 중앙은행의 수는 19세기 후반과 20세기에 들어서

---

[i] **관련 웹사이트**: 릭스방크의 역사에 관해서는 www.riksbank.com을 참조할 것.

도표 9.1 1670년 이후의 중앙은행 수

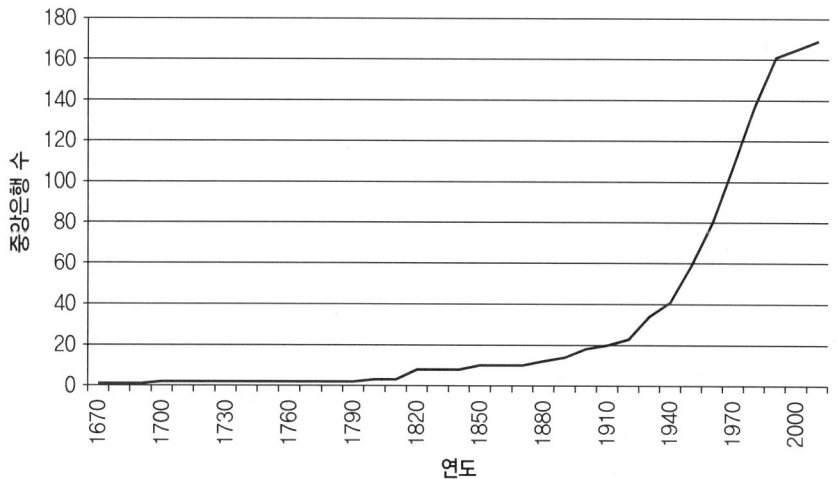

* 20세기 동안 상당한 수의 중앙은행이 설립되었다.
출처: Capie et al. (1994).

급격한 증가를 보인다. 이 증가세는 부분적으로 과거 식민지였던 국가가 독립하면서 독자적인 화폐를 발행하기 위해 중앙은행을 설립하였기 때문에 가능하였다.

가장 최근에 설립된 중앙은행은 유럽중앙은행(European Central Bank)으로서 세계경제에 미치는 영향력이 큰 중앙은행 중의 하나이다. 1999년 1월 11개 유럽국가의 중앙은행 — 오스트리아, 벨기에, 핀란드, 프랑스, 독일, 아일랜드, 이탈리아, 룩셈부르크, 네덜란드, 포르투갈, 스페인 — 은 유럽중앙은행 시스템(ESCB: European System of Central Banks)을 창설하였다. 6인으로 구성된 이 시스템의 이사회가 유럽중앙은행에 설치되어 있으며, 독일 프랑크푸르트에 위치하고 있는 유럽중앙은행 시스템의 핵심에 해당된다. 그러나 모든 운영과 통화정책에 관한 최종 결정은 프랑크푸르트에 있는 6명의 이사회 위원을 포함하여 23명으로 구성된 관리이사회와 17개국 중앙은행총재의 승인을 받아야만 한다 (17개국 중 사이프러스, 에스토니아, 그리스, 말타, 슬로바키아, 슬로베니아는 신규 회원이다). 결과적으로 ESCB의 회원국들이 모두 ECB의 정책결정에 일정한 역할을 담당하게 된다.

■ 정부의 은행으로서의 중앙은행

정부는 중앙은행이 필요하다고 주장한다. 예를 들어 1694년 영란은행이 설립된 핵심적인 이유는 프랑스와의 전쟁에 소요되는 전비를 조달하기 위한 것이었다. 마찬가지로 영국과 전쟁을 하면서 크게 늘어난 국채를 좀 더 효율적으로 관리하기 위해 프랑스정부도 1800년 프랑스은행(Banque de France)를 설립하였다.

정부에 금융서비스를 제공하는 것이 중앙은행 설립의 핵심적인 이유가 아니었던 나라에서도 중앙은행은 일반적으로 정부를 위한 금융기관으로서의 역할을 주로 수행해왔다. 예를 들어 미국에서는 오랜 기간 중앙은행의 설립에 반대하는 의견이 강하였으나, 1913년 연방준비제도가 창설된 후 얼마 안 되어 미국 재무성은 연방준비은행의 예금서비스 제공기능에 의존하기 시작하였다.

정부의 예금기관으로서의 중앙은행

정부는 중앙은행의 단일 지점 혹은 여러 지역에 있는 지점에 정부의 자금을 예치할 수 있다.

예를 들어 미국 재무성은 12개 지역별 연방준비은행에 자금을 예치할 수 있다. 각 지역별 연방준비은행은 정부가 자금을 예치한 계좌에 근거하여 발행한 수표에 대한 추심업무를 수행한다. 이 기관들은 미국 주민과 기업이 지급하는 각종 수수료나 세금 등을 중앙정부를 대신하여 수납하기도 한다. 또한 민간은행이 그들의 고객을 대신하여 지급업무를 수행하는 것처럼 미국 재무성의 지시에 따라 지급업무를 수행하기도 한다.

재정대리인으로서의 중앙은행

중앙은행은 일반적으로 중앙정부의 **재정대리인**(fiscal agent) 역할을 수행하는데, 이는 정부부채를 발행하고 이자를 지급하고 만기채권의 연장 업무 등을 수행한다는 뜻이다. 재무성 혹은 정부의 재무 관련부처는 조세수입과 정부지출 간의 차이

• **재정대리인(fiscal agent)**: 정부를 대신하여 채권을 발행하고 이자를 지급하며 만기연장 등의 업무를 수행하는 정부의 재정 담당부처로서의 중앙은행의 기능.

를 보전하기 위한 채권과 기타 증서와 같은 금융자산을 발행한다. 미국과 일본, EU처럼 고도로 발전된 금융시장을 보유한 국가에서는 재무성이나 재무 관련 정부부처가 경매를 통해 이런 금융자산을 발행한다. 재정대리인으로서의 역할을 수행함에 있어서 중앙은행은 정부채권에 대한 입찰을 검토하여 가장 높은 가격을 매긴 입찰자에게 채권을 발행하며, 채권매입자의 매입대금이 정부에게 지급되는 과정을 관리한다.

금융시장이 덜 발달된 신흥경제권에서는 중앙은행이 좀 더 직접적인 역할을 수행한다. 즉, 신규로 발행되는 정부채권을 매입하고자 하는 개인투자자와 민간기업들에게 정부채권을 분양하는 역할을 수행함으로써 실질적으로 정부를 위해 일하는 투자은행으로서 기능하기도 한다. 특히 채권 유통시장이 발달하지 않은 나라의 경우 중앙은행이 직접 정부채권을 매입하기도 한다. 정부채권시장을 확대시키기 위하여 일부 국가의 중앙은행은, 예를 들어 한국 같은 경우, 민간은행이 정부채권을 의무적으로 매입하는 규제를 도입하기도 한다. 경제학자들은 이와 같은 규제로 인해 민간은행이 정부 부채에 대한 **전속(專屬)구매자**(captive buyer)가 된다고 말한다.

■ 은행의 은행으로서의 중앙은행

1694년 영국의회가 영란은행을 설립하게 된 가장 직접적인 이유는 정부의 군비조달능력 강화였지만, 이것만이 영란은행을 설립한 이유는 아니었다. 런던금융시장을 안정시키고 영국 전역에 걸쳐 주기적으로 발생하던 통화량과 신용의 변동을 통제하기 위한 공적 조직의 필요성이 영란은행 설립의 또 다른 중요한 동기가 되었다.

은행들은 중앙은행을 필요로 하는가?

영란은행이 설립되고 몇 년 후 다른 나라들도 영국과 유사한 이유로 중앙은행을 설립하였다. 중앙은행의 설립을 찬성하는 사람들은 민간은행에게 중앙은행이 필요하다고 역설하였다. 중앙은행의 필요성에 대한 가장 합리적 논거는 금융시장에는 **외부효과**(externalities)가 존재한다는 것이다. 여기서 외부효과란 개인이나 기업 간의 거래가 파급되어 다른 시장참가자에게 영향을 준다는 것을 의미한다.

이런 관점에 따르면 중앙은행은 개인과 기업과 은행 사이에 발생하는 수많은 지급과 결제 및 교환의 과정과 그 시스템을 감독하고 규제하는 사회적으로 유용한 기능을 수행한다. 그러므로 민간은행들은 지급시스템이 항상 원활히 작동되고 이 시스템에 문제가 발생하였을 때 이를 해결하기 위하여 중앙은행이 필요한 것이다.

최종대부자

금융위기 중 가장 극적인 위기는 금융시스템이 붕괴하는 것이며, 금융시스템의 붕괴는 다수의 금융기관이 그 기능을 상실하는 것이라고 할 수 있다. 금융시스템 붕괴의 고전적인 예가 뱅크런(bank run)인데, 뱅크런이 발생하면 대부분의 은행 고객들은 은행이 자산 가치를 유지할 능력이 있다는 믿음을 상실하며, 은행의 순자산이 곧 고갈될 것이라고 예상하게 된다. 그 결과 고객들은 자신들의 예금을 찾으려고 한다. 뱅크런은 결국 많은 은행을 지급불능상태에 빠지게 한다.

원칙적으로 중앙은행은 단기적으로는 유동성

이 부족하지만 장기적으로는 지급능력이 있는 은행들에게 필요한 자금을 언제든지 대출해줄 준비가 되어 있는 금융시스템의 **최종대부자(lender of last resort)**의 역할을 수행함으로써 뱅크런의 발생을 저지할 수 있다. 중앙은행은 필요한 자금을 필요할 때 대출해 줌으로써 시중은행의 유동성부족을 금융시스템의 붕괴인 뱅크런과 궁극적으로 연결되게 하는 시장에 대한 신뢰의 전반적인 추락을 방지할 수 있다.

■ 통화정책 집행기관으로서의 중앙은행

대부분의 중앙은행은 정부와 민간금융기관과 관련된 서비스의 제공에 많은 시간과 자원을 사용한다. 하지만 대부분의 언론이 중앙은행과 관련하여 관심을 보이는 부분은 통화정책과 관련된 복잡한 정책적 이슈와 그 효과를 분석하는 데 집중되어 있다.

■ 중앙은행 대차대조표상의 자산과 부채

중앙은행의 기능을 살펴보는 가장 좋은 방법은 중앙은행의 대차대조표를 이해하는 것이다. 대차대조표에는 중앙은행의 총자산과 부채 및 순자산이 표시되어있다. 표 9.1은 캐나다 중앙은행(Bank of Canada)의 연결재무제표를 보여주고 있다. 유로로 평가된 각 항목의 금액과 총자산과 총부채 및 자본금(순자산) 대비 비중을 보여주고 있다. 캐나다 중앙은행의 자산과 부채 및 자본금의 명목가치는 시간에 걸쳐 상당히 크게 변하는 반면 그 비중은 안정적이기 때문에 표 9.1에 나타나 있는 퍼센트 수치 위주로 이해를 하는 것이 바람직하다.[ii]

중앙은행의 자산

표 9.1을 보면 캐나다 중앙은행 자산의 99.2퍼센트는 캐나다정부가 발생한 증권으로 구성되어 있다. 이외 기타 자산은 다양한 형태의 증권과 대출자산 및 소유권증서 등으로 구성되어 있다. 자산항목으로 잡혀있는 국내증권과 대출을 **국내신용(domestic credit)**이라고 한다.

캐나다 중앙은행은 외국통화로 표시된 자산도 보유하고 있다. 즉 외화표시채권과 예금을 보유하고 있다. 중앙은행이 외화표시채권과 예금을 보유하고 있는 주된 이유는 외환시장에서 자국통화의 가치를 조정할 필요가 있을 때 보유외화자산을 거래할 수 있어야 하기 때문이다.

중앙은행의 부채

캐나다 중앙은행 부채와 자본금의 70퍼센트 이상이 **통화**로 구성되어 있다. 통화를 부채로 인식하는 이유는 화폐를 보유한 자에게 중앙은행이 화폐와 교환하여 무엇인가를 주어야 한다는 의무를 나타내기 위한 것이다. 예를 들어 1930년대 초 이전의 시기에 캐나다 중앙은행에 가서 캐나다 중앙은행이 발행한 화폐를 상환하면, 일정량의 금을 받을 수 있었다. 오늘날에는 아마 금 대신 유로화를 받

• **최종대부자(lender of last resort)**: 단기적으로 유동성 위기를 겪고 있는 금융기관이 시장의 신뢰를 상실하지 않도록 필요자금을 항상 융자해 줄 준비가 되어있는 중앙은행의 기능.

• **국내신용(domestic credit)**: 중앙은행이 자산으로 보유하고 있는 총 국내채권과 대출.

ii) **관련 웹사이트**: 캐나다 중앙은행 사이트 www.bankofcanada.ca.

표 9.1 캐나다 중앙은행의 연결재무제표 (2013년 5월 8일 현재, 단위: 1억 캐나다 달러)

자산			부채와 자본금		
자산	금액	총자산 대비 비중 (%)	부채	금액	총부채와 자본금 대비 비중 (%)
국내 채권	C$ 835	99.2	통화	C$615	73.0
민간은행 직접대출	0	0.0	은행지급준비금 예치금	3	0.4
기타 자산	7	0.8	정부예치금	202	24.0
			기타 부채 및 자본금	22	2.6
총자산	C$842	100.0	총부채와 자본금	C$842	100.0

출처: Bank of Canada, *Banking and Financial Statistics*, June 2013.

게 될 것이다. 그렇다면 어떤 의미에서 화폐가 부채로 인식되는 것인가? 이 질문에 대한 답은 만약 캐나다정부가 캐나다 중앙은행의 문을 닫으면 캐나다 달러를 보유한 주체에게 문을 닫는 시점에서의 캐나다 달러 가치로 평가된 양의 재화와 서비스를 공급해야하는 의무를 지게 됨을 의미하는 것이다.

캐나다 중앙은행의 또 다른 중요한 부채항목은 지급준비예치금이다. 민간은행들은 중앙은행에 의해 설정된 법정지급준비금 요건을 충족시키기 위한 자금을 중앙은행에 예치하는 것이다. 또한 민간은행은 이 예치금의 일부에 해당하는 금액을 추가로 예치하는데 이를 초과지급준비금이라고 하며, 중앙은행과 민간은행 간의 수표추심 및 은행 간 단기 융자와 같은 각종 거래가 수월하게 이루어지도록 하기 위해 보유한다. 은행 간 단기융자는 큰 금액 단위로 이루어지며 보통 만기가 하루에서 일주일이다.

표 9.1은 캐나다 중앙은행이 보유하고 있는 예금 중 상당 부분이 정부예금임을 보여주고 있다. 캐나다정부는 이 예금을 이용하여 재화와 서비스의 구입대금이나 세금환급액을 지급한다.

중앙은행과 화폐

오늘날 대부분의 사람들이 화폐를 당연한 것으로 생각한다. 화폐는 다음의 4가지 주요 기능을 수행한다. 즉, 교환의 매개수단(medium of exchange), 가치의 저장수단(store of value), 회계의 단위(unit of account), 그리고 장래지급의 표준(standard of deferred payment)이 그 4가지 기능이다.

화폐의 기본기능은 교환의 매개수단이다. 재화와 서비스 및 금융자산 등을 거래하고자 하는 자는 교환의 대가로 화폐를 받는다. 화폐는 가치의 저장수단으로도 이용된다. 즉, 개인은 미래 시점에서의 구매행위에 사용하기 위해 오늘 화폐를 비축해 놓을 수 있다. 그리고 미래의 실제 구매행위 시점까지 화폐의 가치는 유지될 수 있다. 또한 화폐는 회계의 단위로 기능한다. 사람들은 화폐를 이용하여 재화와 서비스 및 금융자산의 가치를 평가하며 그 가격을 표시한다. 마지막으로 화폐는 장래지급의 표준으로 기능한다. 이는 사람들이 미래 시점에서의 지급이 화폐로 이루어지는 대출계약을 체결한다는 의미이다.

중앙은행이 사용하는 통화지표들은 금융자

산을 다양하게 분류하여 계산한 합계 수치이다. 이런 이유로 중앙은행은 이 수치를 **통화총계**(monetary aggregates)라고 부른다. 통화총계에 포함되거나 배제되는 자산의 유동성에 따라 다양한 통화지표가 존재한다.

본원통화

중앙은행이 시중에 유통되는 통화량에 영향을 주는 방법은 중앙은행의 대차대조표를 통해 이해할 수 있다. 통화지표 중 가장 협의의 지표가 **본원통화**(monetary base 혹은 high-powered money)인데, 중앙은행이 직접 발행한 화폐로서 민간은행에 의해서 창조된 요구불예금과 같은 통화량은 포함하지 않는다.

본원통화는 정부와 중앙은행 및 민간은행 소유 외의 통화 — 지폐와 동전 — 에다 민간은행의 총 지급준비금을 합한 것이다. 지급준비금은 민간은행이 중앙은행에 예치해 둔 예금이나 금고에 보관하고 있는 현금을 의미한다. 이런 자금들의 원천은 중앙은행이다. 표 9.1에서 볼 수 있듯이 통화와 민간은행이 중앙은행에 예치해 놓은 지급준비금의 합이 중앙은행의 총부채 중 70퍼센트 이상을 차지한다.

광의의 통화지표

본원통화보다 좀 더 넓은 통화지표는 대부분의 중앙은행이 M1이라 칭하는 지표로서 개인과 기업이 즉각 사용할 수 있는 자금의 규모를 측정한다. M1을 구성하는 두 개의 핵심적인 구성요소는 통화와 예금기관에 예치되어 있는 요구불 예금이다. 요구불 예금에는 당좌계좌가 포함되는데 당좌계좌는 자동출금을 포함한 각종 출금이 이루어지는 계좌이다. M1의 통화부분은 본원통화를 구성하는 통화와 동일하다.

M1보다 더 넓은 범위의 통화지표는 M2이다. 표 9.2는 중앙은행의 M2 구성내역을 보여주고 있다. M2는 M1에 즉각 현금처럼 사용할 수는 없으나 현금으로 쉽게 환금할 수 있는 여러 자산을 합한 것이다. (이란 주민들은 현금의 범위에 인터넷을 통해 확보할 수 있는 통화까지 포함시키고 있다. "온라인 세계화 9.1" 참조.)

- **통화총계**(monetary aggregate): 통화량을 측정하는 지표로서 충분한 유동성을 보유한 자산의 합계.
- **본원통화**(monetary base): 중앙은행이 보유하고 있는 국내채권과 대출액에 외환보유고를 합한 금액, 혹은 시중에 유통 중인 통화와 은행준비금의 합.

- **M1**: 시중에 유통 중인 통화와 요구불 예금의 합.
- **M2**: M1과 저축성예금, 소액정기예금, 일일유로커렌시, 환매조건부계약 및 개인과 브로커-딜러가 보유한 머니마켓펀드의 합.

✈ 온라인 세계화

9.1 이란에서는 통화량의 비공식집계에 웹 통화(Web currency)를 포함시키고 있다

이란 화폐인 리알(rial)의 공식환율은 지난 몇 년 간 1달러 당 13,000리알 이하였지만 암시장에서의 환율은 1달러 당 36,000리알을 상회하기도 하였다. 달러 및 재화와 서비스로 평가된 리알의 가치가 크게 하락하였기 때문에 상당수의 이란인들은 비트코인(bitcoins)이라는 화폐를 사용하기 시작하였다.

비트코인은 인터넷을 통해 유통되어 사적으로 거래되는 통화의 한 종류이다. 개인용 컴퓨터의 분권화된 글로벌 네트워크는 비트코인의 교환을 암호화하여 진행한다. 비트코인은 전세계의 많은 온라인 상인들에게 받아들여지고 있다. 이란에서는 비트코인을 법적 보유가 허락되지 않는 달러와 웹을 통해 즉시 교환할 수 있는데, 이것이 가능한 이유는 가상의 개인 네트워크에서 거래되는 비트코인을 발행하는 중앙서버가 없어 발각될 가능성이 매우 낮기 때문이다. 이란 주민들은 이렇게 온라인에서 비트코인과 교환한 달러를 이용하여 비트코인을 받지 않는 온라인 상인들이 판매하는 제품과 신속하게 교환한다.

비트코인을 통해 실제 이란의 통화량이 얼마나 늘어났는지를 정확히 알 수는 없다. 확실히 알 수 있는 것은 지속적으로 웹 기반 활동을 하는 소프트웨어 개발기업이나 온라인 매매업자들과 같은 많은 이란 기업들은 비트코인으로만 지급을 받는다는 것이다.

심화 학습: 최근 리알과 비트코인 간의 환율은 대략 1비트코인 당 33만 3,000리알이었다. 암시장에서의 리알-달러 환율이 1달러 당 3만 3,000리알이라면, 비트코인-달러 환율은 대략 어떻게 되는가?

표 9.2 M2의 구성

M1	통화와 요구불 예금 및 여행자수표.
예금기관에 예치된 저축성 예금과 시장금리부 수시입출금식 예금 (money market deposit account)	저축성 예금은 만기가 확정되어 있지 않지만 이자가 발생하는 예금. 시장금리부 수시입출금식 예금은 제한적으로 요구불 예금의 기능을 보유한 저축성 예금계좌.
예금기관에 예치된 소액 정기예금	정기예금은 만기가 확정되어 있음. 정기예금 소유자가 확정이자를 받기 위해서는 일정 기간 자금을 예치해 두어야 함. 소액 정기예금의 예치한도는 10만 달러.
개인, 브로커, 딜러들이 보유한 머니마켓펀드의 금액	각종 시장 채권 투자에 전문화된 펀드.
예금금융기관에 예치되어 있는 일일환매조건부채권과 국내예금금융기관의 해외지점에 예치되어 있는 자국민 소유의 일일유로커렌시예금	환매조건부계약은 정부채권과 같은 금융자산을 일정 시점이 지난 후 통상 약간 높은 가격에 다시 매입한다는 약속하에 매도하는 계약. 일일환매조건부계약은 자산의 원소유주가 자금을 하루만 사용하고 상환함. 일일유로커렌시예금은 외국은행과 국내은행의 외국지점에 예치되어 있는 국내통화표시 예금. 명칭은 유로커렌시예금이지만, 이 예금은 자국 은행의 일본지점 혹은 호주지점에 예치되어 있을 수도 있음.

본원통화는 중앙은행의 대차대조표의 규모에 달려있기 때문에 중앙은행의 행동은 본원통화에 직접적으로 영향을 미친다. 중앙은행은 M1과 M2를 직접적으로 통제할 수는 없지만 자산과 부채 규모의 변동을 통해서 영향을 줄 수는 있다. 이런 방법으로 중앙은행은 통화정책을 실시한다.

핵심 이슈 #1

세계 중앙은행의 책임은 무엇인가?

중앙은행은 정부의 주요 예금기관으로서 대부분의 나라에 있어서 정부가 중앙은행조직을 소유하고 있다. 중앙은행은 일반적으로 정부가 채권을 발행하고 이자와 원금을 지급하는 시스템을 운영하는 재정대리인의 역할을 수행한다. 또한 중앙은행은 민간은행에게도 서비스를 제공하며 뱅크런과 같은 금융시스템의 붕괴가 발생하는 경우 유동성을 공급하는 최종대부자의 역할도 수행한다. 마지막으로 중앙은행은 대차대조표의 조정을 통해 본원통화, M1 그리고 M2와 같은 통화지표에 영향을 준다. 중앙은행의 주요자산은 정부발행 증권, 민간은행에의 대출 및 외환표시 증권과 예금이다. 중앙은행의 주요 부채는 시중에 유통 중인 통화와 민간은행이 예치해 놓은 지급준비금이며, 이 항목들이 본원통화를 구성한다.

은행과 화폐 및 이자율

언론이 중앙은행의 통화정책에 관심을 보이는 데에는 그럴만한 이유가 있다. 다양한 경제적 조건 하에서 중앙은행은 이자율에 큰 영향력을 행사한다. 이자율의 변동은 환율에 영향을 주며, 결국 경제활동 수준에 영향을 준다.

■ 통화정책의 수단

중앙은행은 물가수준을 결정하지 않으며 실질생산량에도 직접적인 영향을 주지 않는다. 그러나 중앙은행은 여러 **정책수단**을 보유하고 있으며, 이 정책수단을 통하여 직·간접적으로 금융변수를 통제한다. 다양한 정책수단을 이용하여 중앙은행은 시장이자율에 영향을 주며, 이를 통해 통화량과 신용규모의 변동을 가져오고, 환율도 변하게 한다. 그리고 금융시장에 미치는 영향은 결국 실물경제활동 수준의 변동도 초래하게 된다.

중앙은행의 대출이자율

전통적으로 중앙은행의 주요 통화정책수단은 민간은행에 제공한 대출에 부과된 이자율이었다. 미국의 경우, 연준의 **할인율**(discount rate)이 미국 중앙은행이 민간은행에게 제공한 대출에 대한 이자율이다. 다른 나라의 중앙은행과는 달리 미국의 경우 할인율이 유일하게 연준이 적용하는 대출이자율이다. 2002년 중반 이후 연준은 할인율을 **연방기금 금리**(federal funds rate)보다 0.25~1퍼센트 포인트 정도 높게 유지하여왔다. 연방기금 금리는 연방기금 시장이라는 은행 간 자금시장에서 결정되는 시장이자율이다.

유럽중앙은행은 중앙은행의 대출에 대하여 두 종류의 이자를 정해놓았다. 그 중 하나는 은행 간 자금 시장의 이자율보다 약간 낮은 수준의 할인율이다. 유럽중앙은행은 유럽통화동맹(EMU)의 모든 민간은행에 대한 신용쿼터를 정해놓았다. 할인율이 시장이자율보다 낮기 때문에 시중은행들은 보통 한도까지 대출을 받는다. 결과적으로 유럽의 중앙은행들이 민간은행에 제공하는 대출의 규모는 미국이나 일본의 경우보다 더 많다.

유럽중앙은행이 EMU의 민간은행에게 적용하는 또 다른 이자율은 전통적으로 **롬바르드 금리**(Lombard rate)라고 불리는 것으로서, 유럽중앙은행은 공식적으로 **한계이자율**(marginal interest rate)이라 칭하고 있다. EMU의 중앙은행들은 이

- **할인율**(discount rate): 연방준비은행이 예금금융기관에게 할인창구를 통해 제공하는 대출에 적용하는 이자율.
- **롬바르드 금리**(Lombard rate): 유럽중앙은행과 같은 일부 중앙은행이 시장이자율보다 높게 책정하여 대출에 적용하는 이자율.

이자율을 시장이자율보다 높게 결정한다. 시중은행은 예상치 못한 유동성 부족을 겪을 때마다 시장이자율보다 높은 이 이자율로 중앙은행으로부터 자금을 대출받는다. 유럽통화동맹(EMU)의 은행들은 일정 금액의 자금은 시장이자율보다 낮은 할인율로 조달할 수 있으며, 예상하지 못한 유동성부족은 시장이자율보다 높은 롬바르드 금리로 조달할 수 있기 때문에 EMU의 은행 간 자금시장의 시장이자율은 이 두 종류의 중앙은행 이자율 사이에서 변동하는 경향이 있다. 결과적으로 할인율과 롬바르드 금리를 결정한다는 것은 유럽중앙은행이 실질적으로 이자율 일일 변동폭의 상한과 하한을 정하는 것이 된다.

일본은행도 민간은행에게 대출을 제공한다. 일본은행은 할인율을 은행 간 자금 시장의 이자율보다 낮은 수준에서 결정한다. 일본은행은 할인율로 제공하는 신용에 제한을 두고 있지 않기 때문에 이를 통해 민간은행에 제공하는 대출이 전체 자산에서 상당히 큰 부분인 10퍼센트 정도를 차지하고 있다. 유럽중앙은행과는 달리 일본은행은 민간은행에게 제공하는 신용에 고정된 쿼터를 정하지 않고 있다. 대신 일본은행은 할인율 창구를 통한 신용공여에 대하여 재량적인 할당제를 일일 단위로 유지하고 있다. 일본은행은 민간은행의 융자규모를 제한하기 위해 이와 같은 정책적 입장을 견지하고 있다.

공개시장 조작

중앙은행이 사용할 수 있는 두 번째 통화정책수단은 **공개시장 조작**(open-market operations)이다.

- **공개시장 조작**(open-market operations): 중앙은행이 정부채권이나 민간채권을 매매하는 행위.

이 용어는 중앙은행의 정부채권 혹은 민간채권의 매매를 의미한다. 미 연준과 같이 공개시장 조작을 하는 대부분의 중앙은행은 오직 정부채권만을 매매한다. 또한 미 연준과 같은 몇몇 중앙은행은 정부로부터 직접 채권을 매입하는 것이 아니라 유통시장에서 매입한다.

유럽중앙은행은 할인율과 롬바르드 금리로 구성된 시스템을 이용하여 일일 단위로 시장이자율을 통제할 수 있기 때문에 공개시장 조작을 매일 하지는 않는다. 대신 주간마다 이루어지는 경매 절차를 통하여 재매입계약을 한다. 이를 통해 유럽중앙은행은 일주일 단위로 은행지급준비금을 적정한 수준으로 유지한다.

미 연준에서는 **연방공개시장위원회**(*FOMC: Federal Open Market Committee*)의 위원들이 6~8주마다 열리는 공개시장 조작 회의에서 투표를 통해 전체적인 전략을 수립한다. 투표에 참여하는 위원은 7명의 연방준비제도 이사회 위원과 5명의 연준 총재이다. 연방공개시장위원회 지침(*FOMC Directive*)은 FOMC의 정책목표를 설명하고, 단기연방기금 금리의 목표치를 설정하며, 통화지표의 구체적인 목표구간을 보여준다. 뉴욕 연준의 채권거래부서가 다음 FOMC 회의가 개최될 때까지 FOMC 지침에 따라 매일 매일 거래를 진행한다.

중앙은행이 채권을 매입하면 중앙은행은 채권의 전(前)소유자가 시중은행에 가지고 있는 예금계좌에 매입대금을 입금한다. 시중은행이 중앙은행으로부터 자금을 받으면 지급준비금이 증가한다. 채권거래부서는 은행지급준비금의 총규모를 영구히 변동시키기 위해 채권의 직접매매를 진행한다. 반면, 어떤 외부요인에 의해 은행지급준비금의 현재수준이 변동하는 것을 통제하고자 할 때는 통상 재매입 계약을 사용한다. 그런데 채권거래부서는 필요한 만큼 재매입 계약을 연속적으로 미스매치시킴으로써 직접매매를 재매입계약으로 대체할 수도 있다.

일본은행에서 대부분의 공개시장 조작은 상업어음이나 은행예금증서와 같은 민간이 발행한 금융자산의 매매를 포함한다. 이와 같은 공개시장 조작을 통해 과거에는 일본은행이 다양한 시장이자율에 영향력을 행사할 수 있었다. 그러나 1980년대 후반부터 일본은행은 공개시장 조작을 통해 주로 은행 간 자금이자율을 통제하여왔다.

개발도상국과 신흥경제권에서는 공개시장 조작이 일반화되어 있지 않다. 그 이유는 간단하다. 이들 국가에는 정부채권과 기타 단기 금융상품을 거래하는 시장이 발달되어 있지 않다. 그 결과 이 지역의 중앙은행들은 매일 혹은 일주일 단위로 채권을 정기적으로 거래하는 충분한 수의 은행과 기타 금융기관들을 찾기가 쉽지 않다.

지급준비금

과거에는 중요한 통화정책 수단이 법정지급준비금이었다. 이는 민간은행이 당좌예금과 정기예금의 일정부분을 현금으로 보유하거나 중앙은행에 예치해두어야 한다는 규정이다.

그러나 오늘날 **지급준비금**(reserve requirements)의 통화정책 수단으로서의 중요성은 이전에 비해 많이 감소되었다. 중앙은행이 통화량과 신용규모 및 시장이자율에 직접적인 영향력을 행사하기 위해 지급준비금을 변동시키는 일은 거의 없다. 오늘날 중앙은행이 지급준비금을 요구하는 이유는 민간은행이 항상 충분한 유동성을 확보하여 예상하지 못한 충격에 대응하여 신속하게 지급준비금을 조정할 수 있게 하기 위해서이다. 유동성 위기에 처한 민간은행에 도움을 주기 위하여 대부분의 중앙은행은 평잔기준으로 지급준비금을 평가한다. 민간은행은 반드시 법정지급준비금을 확보해야 한다. 그러나 평균적으로 1주에서 2주 정도만 법정지급준비금을 확보하고 있으면 된다.

이자율 규제와 직접적인 신용 통제

금융시장이 충분히 발달하지 않은 나라의 경우 전통적으로 중앙은행은 통화량과 신용규모에 영향을 미치기 위해 덜 세련된 정책수단을 사용한다. 예를 들어 동아시아에서는 일반적으로 중앙은행이 민간은행의 예금이자율을 규제한다. 그리고 이 규제를 통화정책의 수단으로 사용하기도 한다. 예를 들어 예금이자율이 인상되면 개인과 기업은 보다 많은 저축을 하게 되고 그 결과 예금이 증가하며, 결국은 통화량의 증가를 가져온다.

중국과 러시아와 같은 나라에서는 중앙은행이 직접적 신용통제를 실시하는데, 이는 은행과 기타 금융기관이 개인과 기업에게 제공할 수 있는 신용에 대한 수량제한조치이다. 이런 나라의 중앙은행은 인플레이션을 안정시키기 위해 통화량과 신용규모의 증가세를 완화시키고자 할 때 신용에 대한 수량제한조치를 더욱 강화시킨다. 반대로 중앙은행이 통화량과 신용규모를 늘려서 경제성장을 촉진하고자 한다면 신용에 대한 수량제

- **지급준비금**(reserve requirements): 민간은행에 예치된 예금의 일정 부분을 시재금(vault cash)으로 보유하거나 중앙은행에 가지고 있는 계좌에 예치해두도록 하는 중앙은행의 규제.

한조치를 완화한다.

금융위기와 중앙은행의 신용정책

2007~2009년 글로벌 금융위기 이후 중앙은행들은 민간은행과 기타 금융기관 및 심지어 비금융기업에게까지 신용을 직접 공급하는 새로운 **신용정책**(credit policy)을 실시하였다. 2008년 수백 개에 달하는 미국의 은행들과 기타 금융기관들이 유동성부족 및 부도의 위험에 처해 있었을 때 연방준비은행은 금융기관에 직접 신용을 공급하는 여러 개의 비상 프로그램을 도입하였다. 연준은 많은 금융기관에 경매 형식을 통해 자금을 공급하였으며, 금융기관이 보유하고 있던 부채를 사들이기도 하였다.

2008년 미 연준이 이 새로운 정책을 실시하였을 때는 단기에만 시행할 의도로 진행하였다. 그러나 실제로는 기존의 통화정책과 함께 신용정책을 계속 시행하고 있으며 당분간 중단될 것 같지 않아 보인다. 현재 1조 달러 혹은 미 연준 자산의 40퍼센트에 해당하는 금액이 바로 이 신용정책과 관련되어 있다.

신용정책집행에 필요한 자금을 조달하기 위해 연준은 민간은행이 상당한 규모의 지급준비금을 유지하도록 유도해야만 한다. 이를 위해 미 연준은 2008년 10월 이후 금융기관이 연방준비은행에 예치해놓은 모든 준비금에 이자를 지급하기 시작하였다. 연준이 지급준비금 예치금에 대해 0.25퍼센트라는 매우 낮은 금리를 지급하였지만, 시장의 연방기금 금리는 위기 이후 대부분의 기간 동안 이보다 더 낮게 유지되었다. 그 결과 민간은행들은 연방기금 시장에서 다른 은행에 대출을 해주기보다는 연방준비은행의 지급준비금 계좌에 예치해놓음으로써 더 높은 이자수익을 얻을 수 있었다. 이는 결국 민간은행이 연준에 예치해놓은 수십억 달러에 대해 연준이 **보조금**을 지급하는 것과 마찬가지인 것이다.

그러나 연준에 예치되어 있는 그 자금들이 가만히 있는 것은 아니었다. 마치 민간은행이 가계와 기업의 예금을 이용하여 대출을 해주고 각종 금융자산을 매입하듯이 연준은 민간은행이 예치한 준비금을 이용하여 연준 자체의 대출과 자산매입행위를 할 수 있었다. 2008년 이후 연준에 예치된 민간은행의 지급준비금은 500억 달러를 하회하던 수준에서 1조 5,000억 달러를 초과하는 수준으로 증가하였다. 이 자금은 연준의 신용정책에 사용되었다. 즉, 국내외 은행과 비금융기업 및 외국중앙은행에 대출되었으며, 위험자산인 장기 모기지 관련 채권의 매입에도 사용되었다. 연준이 매입한 모기지 채권의 시장가치는 대부분 연준이 지급한 매입금액보다 훨씬 작았다. 결과적으로 연준은 매입한 부채의 상당부분이 회수되지 않을 수 있다는 심각한 리스크에 직면하게 되었다. 이 상황은 불과 몇 년 전 연준 자산의 대부분인 80퍼센트가 미국정부 채권이고 매우 낮은 손실위험을 가지고 있던 상황과는 크게 달라진 것이다.

2012년 이후 유럽중앙은행도 비상 신용정책을 정책도구에 포함시켰다. 유럽중앙은행은 그리스와 스페인과 같이 경제상황이 좋지 않은 유럽 역내 국가의 은행과 기타금융기관들이 유동성을 유지하도록 신용을 제공하였다. 그 결과 유럽중앙은행의 대차대조표에는 상당 규모의 위험자산이

• **신용정책**(credit policy): 민간금융기관과 비금융기관에 중앙은행이 직접 대출을 공급하는 정책.

미 연준과 유럽중앙은행은 둘 다 신용정책을 지속적으로 운용할 의도가 없었으며 단지 위기 대응책으로 단기간만 시행할 계획이었다. 그러나 연준의 신용정책은 최초에 예상했던 기간을 훨씬 초과하여 이미 7년이 넘도록 시행되고 있고, 유럽의 적자와 부채문제가 심각해짐에 따라 유럽중앙은행도 가까운 시일 내에 신용정책을 중단할 것 같아 보이지 않는다. 중앙은행들은 앞으로도 상당 기간 계속 신용정책을 시행해나갈 것으로 보인다.

■ 통화정책과 시장이자율

중앙은행의 통화정책이 경제활동에 영향을 미치는 주요 경로는 시장이자율을 변화시켜 특정 물가수준에서 이루어지는 개인과 기업의 차입과 지출에 관한 의사결정을 변화시키는 것이다. 그러므로 통화정책이 어떤 과정과 방법을 통해 시장이자율에 영향을 미치는가를 이해하는 것이 상당히 중요하다.

통화승수

한 나라의 이자율은 화폐시장의 균형을 이루는 수준으로 조정된다. 중앙은행은 M1 혹은 M2와 같은 시중에서 유통되는 총통화량을 조정하기 위해 본원통화의 양을 결정한다. 예를 들어 미국의 경우 뉴욕 연준의 채권거래부서가 미국정부 채권을 매입하면 뉴욕 연준은 그 채권을 매도한 민간은행의 계좌에 매입대금을 입금한다. 이것이 연준이 신규 통화량을 창조하는 과정을 시작할 때 사용하는 방법이다.

이 단계는 신용창조과정의 첫 단계이다. 예를 들어 연준의 채권거래부서가 어떤 채권딜러로부터 100만 달러어치의 정부채권을 매입했다고 하자. 그리고 이 채권딜러는 연준에게 채권매입대금 100만 달러를 시카고에 있는 어떤 민간은행의 당좌예금계좌에 입금토록 했다고 하자. 이 경우 연준은 매입대금 100만 달러를 그 민간은행이 시카고 연방준비은행에 보유하고 있는 준비금 계정에 예치한다. 민간은행은 이 자금을 채권딜러가 민간은행에 보유하고 있는 예금계좌로 입금한다. 이 때 연준은 민간은행들에게 미국 내에 보유하고 있는 모든 당좌예금의 10퍼센트에 해당하는 금액을 법정지급준비금으로 확보해놓도록 강제한다고 하자. 이 경우 시카고의 이 민간은행은 채권딜러의 예금계좌를 통해 받은 자금 중 90만 달러를 다시 대출할 수 있게 된다. 시카고에 있는 은행은 이 자금을 켄터키주 루이빌에 있는 건설회사에 대출해주기 위해 그 건설회사가 루이빌에 있는 거래은행에 가지고 있는 당좌예금계좌에 입금한다. 이렇게 되면 루이빌의 은행은 신규로 90만 달러의 현금준비금이 생기게 된다. 이제 루이빌의 은행은 90만 달러의 90퍼센트에 해당하는 81만 달러를 대출자금으로 운용할 수 있게 된다. 이런 과정은 다른 은행으로 계속 반복되어 루이빌뿐만 아니라 다른 지역의 은행들도 예금이 늘어나는 결과를 맞게 된다.

결과적으로 최초에 연준이 정부채권 100만 달러를 매입한 행위로 인해 전체통화량은 100만 달러를 훨씬 상회하는 수준으로 증가하게 된다. 시카고 채권 딜러의 당좌예금은 최초 100만 달러 증가하고, 그 다음 단계에서 루이빌 건설회사의 당좌예금이 90만 달러 상승하며, 그 다음 단계에서 대출자금을 받은 기관의 당좌예금은 81만 달러만큼 증가한다. 이 과정은 연준의 채권매입으로 인해 통화량에 포함되는 당좌예금의 총량에 대한 궁극적인 승수효과(multiplier effect)가 발현될 때까지 지속된다.

승수효과의 크기를 결정하기 위해 민간은행의 당좌예금을 D라고 하고, 이 은행의 총 지급준비금을 R이라고 하자. 마지막으로 중앙은행이 요구하는 법정지급준비율을 q라고 하자. 만약 민간은행이 법정지급준비금 이상으로 준비금을 보유하지 않는다면, 이 은행시스템에 존재하는 총 지급준비금은 $R = q \times D$ 가 될 것이며, 당좌예금의 변동으로 인해 발생하는 준비금의 변동은 $\Delta R = q \times \Delta D$가 된다. 여기서 Δ는 변동량을 의미한다. 이 식을 이용하여 연준의 채권매입으로 인해 발생한 준비금의 변화가 초래한 당좌예금의 변동량을 표시할 수 있다. 이는 양변을 q로 나누고 ΔD에 대해서 풀면 된다.

$$\Delta D = (1/q) \times \Delta R$$

법정지급준비율이 10퍼센트이고 연준이 100만 달러의 채권을 매입한 앞의 예에서 ΔR은 100만 달러가 되며, $1/q$는 10(=1/(0.1))이 된다. 그러므로 ΔD는 1,000만 달러(=$100만 × 10)가 된다. 그러므로 연준의 100만 달러어치의 정부채권 매입은 궁극적으로 총통화량을 1,000만 달러 증가시키는 결과를 가져온다. 결국 통화승수(money multiplier)는 10(=1/q)이 된다.

연준의 정부채권 매입이 초래하는 승수효과의 실제 크기는 $1/q$ 보다는 작은데, 그 이유는 사람들이 대출받은 자금을 모두 당좌계좌에 입금하지 않고 일부는 통화의 형태로 보유하기 때문이다.

그러므로 시카고의 채권딜러나 루이빌의 건설회사가 대출받은 자금을 모두 당좌예금에 예치하지 않고 자금 일부를 통화의 형태로 보유하면, 각각의 거래은행이 대출에 사용할 수 있는 자금량은 줄어든다. 이로 인해 예금을 통해 승수효과가 창출되는 과정이 위축된다. 예금승수효과를 위축시키는 또 다른 요인은 은행이 법정지급준비금을 상회하는 초과지급준비금을 보유하기 때문이다. 은행이 초과지급준비금의 양을 늘릴수록 승수효과가 창출되는 각 단계에서 사용될 가용대출자금의 양이 줄어든다.

통화공급

M1과 M2와 같은 통화지표에는 중앙은행이 발행하여 시중에서 유통되고 있는 통화(지폐와 동전)와 여러 종류의 예금이 포함되어 있다. 중앙은행은 예금의 형태에 따라 법정지급준비율을 다르게 설정해 놓는다. 이처럼 현실에는 통화와 여러 형태의 예금이 존재하며 예금에 따라 지급준비율도 다르지만 여전히 승수효과는 발생한다.

중앙은행의 통화공급량은 '통화승수×본원통화'의 값과 동일해야만 한다. 위의 간단한 예에서 살펴보았듯이 통화승수는 법정지급준비율과 역의 관계에 있다. 중앙은행은 통화발행량을 변화시키거나 은행시스템 내에 존재하는 준비금의 양을 변화시키기 위한 정책을 집행하여 중앙은행의 대차대조표를 변동시킬 수 있고 이를 통해 통화량에 영향을 미칠 수 있다.

화폐수요, 균형이자율, 그리고 통화정책의 효과

통상적으로 사람들은 거래를 하기 위해 화폐를 보유한다. 즉 사람들은 그들이 원하는 시점에서 재화와 서비스를 구입하기 위하여 그 거래에 필요한 유동성을 보유하고 있기를 원한다. 그런데 사람들은 기타 자산을 보유하는 대신 그에 대한 대안으로 화폐를 보유하기도 한다. 화폐를 보유하는 데에는 상대적으로 낮은 리스크가 존재하지만, 대부분의 화폐는 화폐보유자에게 제로금리 혹은 매우 낮은 금리를 지급한다. 그러므로 화폐를 보유하게 되면 시장이자율과 동일한 기회비용이 발생하게 된다. 즉 화폐를 보유하면 재무성채권과 같은 정부채권을 보유하지 못하여 채권수익을 포기하게 되므로 시장에서 평가되는 채권수익률, 즉 시장이자율이 기회비용이 되는 것이다. 결과적으로 시장이자율이 상승하면 사람들은 통상적으로 화폐의 보유를 줄이고 시장이자율이 하락하면 화폐의 보유를 늘린다.

이는 개인들로 하여금 중앙은행이 공급한 통화를 보유하도록 유도하기 위해서는 시장이자율이 적정한 수준으로 조정되어야 함을 의미한다. 즉, 사람들이 특정 통화량의 보유에 만족하게 되면, 바로 그 때의 이자율이 균형이자율이 된다.

이제 중앙은행이 공개시장 조작을 통해 정부채권을 매입하거나, 민간은행의 준비금을 늘려 본원통화를 증가시키기 위해 할인율을 낮추는 방법 등을 통해 통화량을 늘리면 어떤 일이 발생하는지 살펴보자. 통화량을 증가시키는 조치는 통화승수효과를 통해 경제 내의 전반적인 유동성 규모를 확대시킨다. 이렇게 되면 기존의 균형이자율수준에서 사람들은 새로 발행된 화폐를 보유할 동기가 감소하며, 중앙은행이 공급한 추가 자금을 이용하여 이자 수익이 발생하는 자산을 매입하려 할 것이다. 결국 과도한 유동성은 시장이자율을 하락시킨다. (이자율이 결정되는 과정과 중앙은행의 정책이 이자율에 영향을 미치는 과정을 이해하기 위하여 "도표로 이해하는 글로벌 경제 이슈 9.1"을 참조하라.)

도표로 이해하는 글로벌 경제 이슈

9.1 균형이자율

통화정책이 이자율에 미치는 영향을 이해하기 위하여 도표 9.2를 살펴보도록 하자. 도표에 나타난 우하향 곡선은 화폐에 대한 총수요곡선을 나타낸다. 이자율이 상승하면 이자수입을 (거의) 얻을 수 없는 화폐보유의 기회비용이 상승하기 때문에 사람들은 화폐보유를 줄이게 되며, 그 결과 화폐수요곡선은 이자율에 대해 우하향하게 된다. 수직선은 화폐공급곡선이며 중앙은행은 본원통화를 변화시키거나 지급준비율을 변동시켜서 화폐공급에 영향을 미친다.

그림 (a)에서 화폐수요곡선과 공급곡선이 만나는 점은 개인들이 중앙은행이 공급한 명목통화량을 보유하여 만족하고 있는 상황을 나타내고 있다. 결과적으로 이 점에서 민간의 화폐수요량은 중앙은행을 통해 공급된 화폐량과 동일해진다.

그림 (b)는 중앙은행이 통화량을 증가시키는 정책을 시행한 후 발생하는 조정과정을 나타내고 있다. 공개시장 조작을 통한 정부채권매입이나 할인율 인하 등을 통한 본원통화의 증가는 궁극적으로 승수효과를 통해 통화량을 몇 배로 증가시킨다. 이는 화폐공급곡선의 우측 이동으로 표현된다. 기존의 이자율 R_1에서 중앙은행이 통화

공급을 M_1에서 M_2로 증가시키면, 통화의 초과공급이 발생하게 되며, 결국 이자율은 새로운 균형이자율 R_2로 하락하게 된다.

심화 학습: 균형이자율을 상승시키기 위해 중앙은행은 어떤 정책을 시행해야 하는가?

도표 9.2 균형이자율과 통화정책

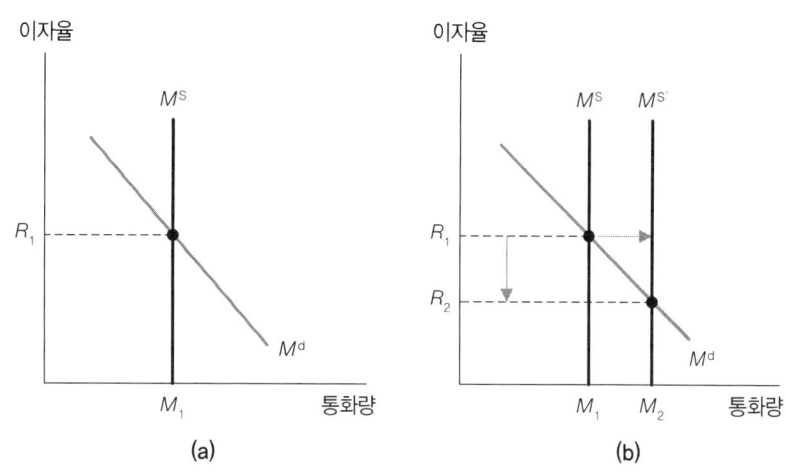

(a)　　　　　　　　　(b)

* 이자율이 상승하면 화폐보유의 기회비용이 상승하게 되어 개인들은 화폐보유량을 줄인다. 이로 인해 화폐수요곡선은 이자율에 대해 우하향하게 된다. 화폐공급곡선은 수직선이며, 중앙은행은 본원통화를 변동시키거나 법정지급준비율을 변동시켜서 화폐공급곡선의 위치를 움직인다. 그림 (a)는 균형이자율 R_1에서 경제 내 모든 개인들이 중앙은행이 공급한 명목화폐량을 보유하고 있으며, 그 상황에 만족하고 있음을 보여주고 있다. 그림 (b)는 중앙은행이 공개시장 조작을 통해 정부채권을 매입하거나 민간은행에 제공한 대출에 대한 이자율을 하락시켰을 경우 발생하는 조정과정을 묘사하고 있다. 이런 조치는 본원통화의 증가를 가져오며, 본원통화의 증가는 승수효과를 통해 통화량을 몇 배로 증가시킨다. 통화량의 증가는 화폐공급곡선이 M_1에서 M_2로 이동하는 모습으로 표현되고 있다. 기존 이자율 R_1에서 화폐의 초과공급이 발생하며, 이로 인해 이자율은 새로운 균형이자율인 R_2로 하락한다.

핵심 이슈 #2

중앙은행이 사용할 수 있는 통화정책의 주요 수단은 무엇이며, 어떤 과정을 거쳐 통화정책은 시장이자율에 영향을 미치는가?

중앙은행은 할인율이나 공개시장 조작, 지급준비금, 이자율 및 신용제한 등을 통해 은행 간 이자율에 영향을 미칠 수 있으며, 결과적으로 민간은행의 지급준비금 및 본원통화에도 영향력을 행사한다. 통화승수는 본원통화의 변화로 발생한 통화량의 변화가 경제에 미치는 효과의 크기를 결정한다. 균형이자율은 중앙은행이 각종 통화정책을 통해 공급한 화폐를 개인들이 보유하고 만족한 상태에 있을 때의 이자율이다. 중앙은행이 통화공급을 증가시키면 경제 내 총유동성이 증가되며, 균형이자율은 하락한다.

외환시장 개입

환율변동이 국내 생산물에 대한 지출에 영향을 주며, 이것이 실질 GDP와 물가수준을 변동시킨다는 사실을 중앙은행은 잘 인지하고 있다. 그렇기 때문에 중앙은행은 환율변동을 완화하거나 환율 자체를 안정시키기 위해 외환시장에 개입하고자 한다. 중앙은행은 외국통화로 표시된 금융자산을 매매하여 환율에 영향력을 행사하고자 한다.

■ 외환시장 개입의 역학

지금까지 중앙은행 대차대조표의 개별구성항목과 그 구조 및 기능에 대하여 살펴보았으며, 중앙은행의 정책 행위가 거시경제에 어떤 영향을 미치는가에 대해서 공부하였다. 이제부터는 환율 관리를 위한 중앙은행의 외환시장 개입에 대하여 배워보도록 하자.

시장에 순응하거나 대항하기

중앙은행은 스스로 혹은 정부를 대신하여 자국 통화가치를 통제하기 위하여 외환시장에 개입한다. 중앙은행이 자국 통화가치 변동의 현 추세를 지지하거나 혹은 더 강화하기 위하여 외환시장에 개입하는 경우를 경제학자들은 **시장에 순응하는**(lean with the wind) **개입**이라고 부른다. 반면, 자국 통화가치의 최근 추세를 중지시키거나 반전시키기 위해서 개입하는 경우는 **시장에 대항하는**(lean against the wind) **개입**이라고 부른다.

대부분의 경우 중앙은행은 주로 단기적으로 나타나는 시장 환율의 급격한 변동을 막기 위해서 시장에 대항하는 개입을 한다. 결과적으로 시장에 대항하는 개입은 대부분 환율변동성을 감소시키기 위한 것이다. 중앙은행이나 정부 재무부처의 장기적 목표가 통화가치의 추세를 반전시키는 것이라 하더라도 중앙은행이 항상 이를 위해 시장에 대항하는 개입을 하는 것은 아니다.

외환시장 개입을 위한 자금조달

중앙은행은 외국 통화로 표시된 자산 보유고를 사용하여 외환시장에 개입한다. 많은 중앙은행들은 외환시장 개입에 사용할 비상자금 성격의 외환보유고를 가지고 있다. 이와 비슷한 용도로 정부도 외화표시 자산으로 구성된 준비금을 보유하고 있다.

미국의 경우 재무성이 유사시 외환시장에 개입하는 일차적 책임을 지니고 있다. 현실적으로는 재무성을 대신하여 연준이 외환시장에 개입하고 있지만 미국의 외환시장 개입의 타이밍과 그 정도를 결정하는 것은 재무성이다. 미국 재무성은 연준이 자체 보유하고 있는 외환보유고뿐만 아니라 재무성의 외환보유고도 이용하여 외환시장에 개입할 것을 명령할 수 있는 법적 지위를 가지고 있으며, 그렇기 때문에 과거에는 연준이 자체 자금과 재무성의 자금을 이용하여 재무성이 해야 할 시장 개입업무를 대신 수행하였다. 최근에는 이것이 연방준비제도 내에서 갈등을 일으키는 원인이 되고 있으며, 연방준비은행의 일부 고위관리들은

- **시장에 순응하는 개입**(leaning with the wind) : 자국 통화가치의 현재 추세를 지지하거나 강화하기 위한 중앙은행의 시장 개입.

- **시장에 대항하는 개입**(leaning against the wind) : 자국 통화가치의 현재 추세를 중지시키거나 반전시키기 위한 중앙은행의 시장 개입.

공공연히 연준이 재무성에 대해 보여준 종속적인 태도에 관하여 의문을 제기하기도 하였다.

미국정부는 연준이 시장 개입을 하지 않는 경우에 사용하기 위하여 별도의 환율안정기금(*ESF: exchange stabilization fund*)을 운용하고 있다. 만약 ESF가 달러 가치를 지지하기 위하여 외화자산을 파는 경우, 이 거래에서 확보된 달러를 연방준비은행에 보유하고 있는 재무성의 계좌에 예치한다. 즉, 재무성은 ESF에 시장에서 매매가 안 되는 채권을 발행해주며 ESF는 연방준비은행의 재무성 계좌로부터 이 채권을 매입한다. 그리고 연방준비은행은 재무성의 계좌에 현금을 입금한다. 이 일련의 거래가 연방준비은행의 대차대조표에 궁극적으로 아무런 영향을 미치지 못하도록 하기 위해서 재무성은 이 자금을 연준에 가지고 있는 계좌에서 인출하여 민간은행에 다시 예치한다.

■ 불태화 개입

중앙은행은 외환시장 개입이 국내통화량에 큰 영향을 주는 경우, 충분한 양의 국내 자산을 매매함으로써 시장 개입이 국내통화량에 미치는 영향력을 상쇄한다. 이런 경우, 외환시장 개입을 **불태화**(sterilization, 不胎化)한다고 말한다. 앞서 보았듯이 대표적인 주요통화지표는 본원통화인데, 본원통화는 국내신용과 외환보유고의 합으로 파악할 수도 있으며, 국내통화와 은행지급준비금의 합으로 파악할 수도 있다. 그러므로 외환보유고를 매도하였을 경우의 불태화는 동일한 규모의 국내자산의 증가를 수반하며, 이는 중앙은행의 공개시장 조작을 통해 이루어지며, 본원통화의 양에는 변동이 발생하지 않는다.

미국은 외환시장 개입을 하는 경우 즉각적이고 완전한 불태화를 시행하며, 유럽중앙은행과 일본은행은 외환시장 개입에 대한 장기적 불태화 정책을 시행하는 것으로 알려져 있다.

다른 나라들도 공식적으로는 외환시장 개입에 대한 불태화를 추구하는 것으로 알려져 있지만, 실제로는 순외화자산의 변동이 국내통화량에 미치는 효과를 완벽하게 상쇄하지는 못하고 있다. 즉, 세계 각국의 중앙은행들이 시행하는 불태화 정책은 그 효과가 제한적이어서 외환시장 개입이 이루어지는 경우 국내통화량에 변동이 발생한다. 많은 경제학자들이 외환시장 개입이 시장 환율에 실제로 영향을 미칠 수 있다고 생각하는 이유는 바로 불태화 정책이 불완전하기 때문이라는 것이다. 불태화를 하지 않는 외환시장 개입은 최소한 이론적으로는 국가경제에 많은 조정을 발생시킨다.

실제로 많은 경제학자들은 불태화를 하지 않는 시장 개입만이 환율에 영향을 미친다고 믿고 있다. 이들의 주장에 따르면 중앙은행의 불태화 개입은 개인과 기업이 보유하고 있는 자산의 국내자산 대 해외자산의 구성비율만 변화시킬 뿐이다. 이 주장은 투자자가 국내자산과 해외자산을 완전대체재로 인식하고 있음을 의미하는 것이다. 완전대체재의 관계에 있는 자산들의 상대 공급량의 변화는 외환시장의 균형에 아무런 영향을 미치지 못한다.

- **불태화**(sterilization): 본원통화의 변화를 막기 위하여 외환보유고에 발생한 변화와 반대방향으로 국내신용을 변화시키는 중앙은행의 정책.

외환시장 개입의 효과

만약 불태화 개입(sterilized intervention)이 효과가 없다면, 당연히 불태화와 함께 시도되는 외환시장 개입은 불필요한 정책이 되어버린다고 할 수 있다. 중앙은행은 순전히 국내적 통화정책을 이용하여, 즉 할인율을 변동시킨다거나 공개시장조작 등을 통해서 외국 통화에 대한 자국 통화의 상대적 유통량을 변동시킬 수 있다. 결국 경제학자들에게 중요한 질문은 외환시장 개입이 실제로 단기적으로 혹은 장기적으로 시장 환율에 영향을 미치는가의 여부이다.

■ 시장 개입의 단기적 효과

대부분의 경제학자들은 (최소한 이론적으로는) 외환시장에 대한 불태화 개입이 환율에 두 가지 효과를 초래한다고 믿고 있다. 첫 번째 효과는 **포트폴리오 밸런스 효과**(portfolio balance effect)이다. 만약 환율을 채권과 같은 불완전 대체 자산 간의 상대가격으로 인식한다면, 정부나 중앙은행이 보유한 외국 통화 표시 채권과 기타 자산의 변동은 이 자산들의 균형가격에 영향을 미침으로써 환율에 영향을 미칠 수 있다. 예를 들자면 외환시장 개입이 상대적으로 외국 자산보다 국내 자산의 공급을 줄인다면 국내 자산의 기대수익률은 개인과 기업이 포트폴리오를 재조정하도록 상승해야만 한다. 국내자산의 기대수익률 상승은 자국 통화의 평가절상을 요구한다. 그러므로 포트폴리오 밸런스 효과를 통한 재무부처나 중앙은행의 자국 통화 매입은 자국 통화가치의 상승을 가져온다.

또 다른 효과는 시장 개입이 갖는 **공표 효과**(announcement effect)이다. 이 효과는 외환시장에의 개입이 외환거래자들에게 과거에는 몰랐던 정보를 제공함으로써 외환시장에서의 통화에 대한 수요 및 공급스케줄을 변하게 하는 것이다. 즉, 공표 효과는 정부나 중앙은행의 시장 개입이 거래자들에게 개입 전에는 알려지지 않았던 어떤 내부 정보를 드러낼 때에만 존재한다고 할 수 있다. 예를 들어 통화 공급량을 감소시켜 미래의 인플레이션을 억제시키려는 정책을 계획하고 있는 중앙은행은 최근의 자국 통화가치가 하락세에 있는 경우 그 추세에 역행하는 정책을 펼침으로써 (leaning against the wind) 인플레이션 억제라는 정책 의지를 드러낼 수 있을 것이다. 만약 통화거래자들이 중앙은행의 정책 의도가 담겨 있는 메시지를 믿게 된다면, 자국통화의 평가절상을 예상할 것이며, 그에 따라 자국 통화의 보유를 늘릴 것이다. 외환 거래자들이 모두 이렇게 행동한다면 자국 통화가치는 실제로 절상된다. 그러므로 포트폴리오 밸런스 효과처럼 시장 개입의 공표 효과는 자국 통화가치의 상승을 가져온다.

1980년대와 1990년대 초에 하버드대학교의 도밍게즈(Kathryn Dominguez)와 버클리 캘리포니아대학교의 프랑켈(Jeffrey Frankel)이 실시한 외환시장 개입에 관한 연구에 의하면 위의 두 효과가 모두 존재하였는데, 특히 여러 국가에서 상당 규모의 시장 개입이 이루어졌던 1980년

- **포트폴리오 밸런스 효과**(portfolio balance effect): 정부와 중앙은행이 보유한 외화표시 금융자산의 변동 때문에 발생한 환율조정.

- **공표 효과**(announcement effect): 중앙은행의 정책행위로 인해 발생할 것으로 예상되는 시장 조건의 변화에 기인하는 시장이자율이나 환율의 변화.

대 후반에 그 효과가 컸던 것으로 나타나고 있다. 도밍게즈와 프랑켈은 이 기간 동안 여러 중앙은행들 간에 시장 개입에 관한 조율이 이루어졌으며, 시장 개입의 공표 효과가 시장 개입 자체보다 환율에 더 큰 영향을 미쳤음을 밝혔다. 이 연구결과는 외환시장 개입에 있어서 공표효과의 존재에 대한 강력한 증거라고 할 수 있다. 특히 1980년대 후반에 이루어진 상호 조율된 시장 개입과 관련하여, 외환거래자들은 외환시장 개입을 정부와 중앙은행의 정책변경에 대한 확실한 시그널로 받아들였으며, 이에 대응하여 국내자산과 해외자산의 보유량을 조정하는 방식으로 대처하였다. 그 결과는 최소한 단기적으로 시장 환율의 변동으로 나타났다.

■ 조율된 시장 개입이 장기적으로도 작동할 것인가?

제7장에서 논의하였듯이 조율된 외환시장 개입의 가장 대표적인 예가 1985년에 발생하였다. 1985년 9월 뉴욕의 플라자 호텔에서 G5 국가의 재무장관과 중앙은행 총재들이 모여 다음의 성명을 발표하였다. "현 경제 상황의 기초 여건과 향후 예상되는 경제적 기초 여건의 변화를 고려했을 때 달러에 대한 비달러 통화의 조율된 평가절상이 바람직하다. 우리는 이러한 정책 목표의 달성을 촉진하기 위해 더욱 긴밀하게 협조할 준비가 되어 있다." 플라자합의는 1987년 파리의 루브르 궁에서 체결된 루브르협약(Louvre Accord)에 의해 재확인되었다. 이 합의 이후에 나온 많은 공식적인 수사(修辭, rhetoric)들은 G5 국가들이 그들이 희망하는 수준에서 환율을 안정화시키는 데 성공했

다고 믿었음을 보여주고 있다.

반면 일부 경제학자들은 합의에 의해 환율이 안정된다는 것은 과장된 표현이라고 주장한다. 러트거스대학교의 보르도(Michael Bordo)와 전미경제조사회(National Bureau of Economic Research)의 슈바르츠(Anna Schwartz)도 이런 주장에 동조하는 학자들인데, 이들의 관점에서는 중앙은행의 시장 개입은 외환시장을 왜곡하고 중앙은행을 과도한 손실 위험에 노출시키는 것 외에는 실익이 없다고 주장한다.

1980년대 후반의 외환시장 개입

보르도와 슈바르츠는 미국, 독일, 일본이 상호 조율하여 1985년부터 1989년까지 시행한 외환시장 개입에 관한 연구를 진행하였다. 도표 9.3은 이 기간 동안 중앙은행과 재무부처에 의해 이루어진 시장 개입의 규모를 달러 금액으로 추정한 수치를 보여주고 있다.

보르도와 슈바르츠는 시장 개입에 관한 분석을 통해 다음의 두 결론을 얻었다. 첫째는 시장 개입은 간헐적으로 이루어졌으며 변동성이 매우 컸기 때문에 외환시장의 변동성과 불확실성을 줄이기보다는 오히려 확대시켰을 가능성이 높다는 것이다. 변동성이 커서 예측하기가 힘든 중앙은행의 시장 개입은 개인과 기업에게 의도치 않은 부(富)의 이전을 발생시켰을 가능성이 있다. 또한 예상하지 못한 부(富)의 이전에 노출되는 리스크가 증가하자 많은 외환거래자들은 예상치 못한 중앙은행의 시장 개입에 대비한 헤지 노력이 증가하였다. 제6장에서 보았듯이 이런 행동들은 효과적이긴 하지만 상당한 비용이 발생하는 행동이다.

둘째, 1980년대 후반의 시장 개입은 외환시

도표 9.3 미국, 독일, 일본이 시행한 외환시장 개입 규모의 합계(1985년 2월~1989년 8월)

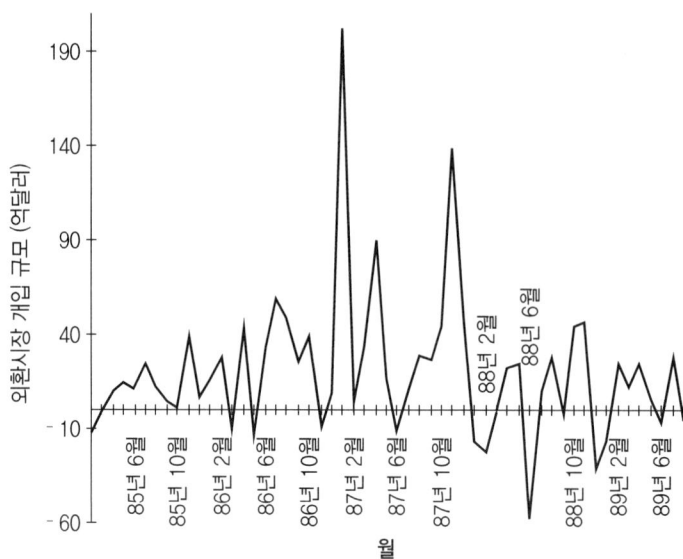

* 1980년대 후반에 미국과 독일 및 일본이 시행한 외환시장 개입의 규모(달러)는 월간변동성으로 평가했을 때 상당히 큰 변동성을 보였다.

출처: Bordo and Schwartz (1991)

장의 전체 거래금액에 비한다면 매우 작은 규모에 불과했다. 예를 들자면 1989년 4월 외환시장의 총거래금액은 일일 1,290억 달러에 달했는데 연방준비은행은 마르크화와 엔화를 한 달 내내 1억 달러 매입하는 데 그쳤다. 사실 1989년 1년 동안 연준이 매입한 마르크화와 엔화는 177억 달러였는데, 이 금액은 같은 해 4월의 일일 평균거래금액의 14퍼센트에도 못 미치는 것이었다. 1985~1989년의 기간 중 세계에서 가장 큰 중앙은행 셋이 연합하여 거래한 외환의 규모가 보잘 것 없었다는 사실에 입각하여 보르도와 슈바르츠는 중앙은행의 외환시장 개입이 진정으로 환율에 장기적인 영향을 줄 수 있었는가에 대하여 의문을 제기하였다.

외환시장 개입의 직접적 비용과 이익

보르도와 슈바르츠는 환율을 통제하려는 중앙은행의 노력이 상당한 규모의 직접적 비용도 발생시킨다고 주장한다. 외환시장 개입에 필요한 자금을 동원하기 위해서는 직접적 혹은 간접적으로(중앙은행에 대한 정부의 소유지분을 통해) 정부의 자산인 외환보유고를 사용해야 한다. 보르도와 슈바르츠의 주장에 따르면, 1980년대 후반 달러를 절하시키기 위해 조율된 외환시장 개입에 참여한 정부들은 사실상 세금을 납부하는 자국 국민들을 대규모의 외환손실 리스크에 노출시키는 결과를 초래하였다.

예를 들어 연방준비은행과 미 재무성은 1985년부터 1989년까지의 기간 중 외환거래를 통해 10억 달러를 초과하는 이익을 얻은 반면 네덜란드는

1986년과 1987년에 시행한 외환시장 개입으로 6억 더치 길더(Dutch guilders)의 손실을 입었으며, 독일은 1987년 4분기에만 90억 마르크의 손실을 입었다. 보르도와 슈바르츠는 외환시장 개입 정책이 이렇게 큰 손실(혹은 이익)리스크가 있는 일종의 도박이라고 하며, 이 도박을 통해 환율정책의 목적을 달성하려는 중앙은행과 정부의 재무 관련부처의 지적 능력에 강한 의문을 제기하였다.

비록 보르도와 슈바르츠가 1980년대 후반의 경험을 통해 중앙은행은 환율을 장기적으로 조정할 수 없다고 강력히 주장하였지만, 많은 경제학자들은 외환시장 개입이 종종 환율에 영향을 줄 수 있으며, 실제로 영향을 미쳤다는 도밍게즈와 프랑켈의 주장에 동조하였다. 이들은 여러 나라의 중앙은행이 공조 정책을 폈을 때 외환시장 개입이 환율에 큰 영향을 미치기 때문에 단순히 국가 단위로 외환시장 개입의 효과를 분석하는 것은 잘못된 결론에 도달할 수 있다고 주장한다. 이들은 또한 환율을 조정하겠다는 중앙은행의 정책 의지 표명은 그 자체로 자기실현적 예측을 초래한다고 주장한다. 즉, 중앙은행이 환율에 영향을 미칠 것이라고 외환거래자들이 예상하면, 외환거래자들은 자신들의 예측에 근거하여 행동할 것이며 그 결과 환율은 중앙은행이 원하는 방향으로 움직이게 된다는 것이다. 1980년대의 조율된 외환시장 개입은 명백하게 달러 가치가 하락하던 기간 중 발생하였다. 그런데 달러 가치의 하락은 외환시장 개입이 확실히 이루어졌던 기간을 훨씬 지나서까지 지속되었으며 잠재적으로 장기적 효과까지 발생하였음을 시사하고 있다.

1980년대 이후에는 외환시장 개입을 통해 환율을 조정하고자 하는 시도가 거의 없었다. 이는 국가가 환율에 영향력을 행사하고자 하는 의지가 없어졌거나, 아니면 외환시장 개입에 관한 합의에 도달하는 것이 불가능해졌기 때문일 것이다. 혹은 제14장에서 논의하겠지만, 중앙은행과 정부의 재무 관련부처가 오늘날의 외환시장에서는 더 이상 시장흐름에 대항하여 정책을 집행하는 것이 매우 제한적인 효과만 가져올 뿐 정책 효과가 거의 없다는 사실을 깨달았기 때문일 수도 있다. 그러나 제14장의 결론에 도달하기 전까지 우리는 정부의 재무부처와 중앙은행의 정책이 경제활동에 미치는 영향력에 대하여 계속 살펴볼 것이다.

핵심 이슈 #3

중앙은행은 외환시장에 어떻게 개입하는가?

중앙은행은 통상 외환보유고의 국내통화 표시 자산과 외국통화 표시 자산이 차지하는 비중을 조정하기 위한 스왑(swap) 거래를 이용하여 현물외환시장에 개입한다. 만약 중앙은행이 자국 통화가치의 현재 추세를 지지하기 위해 외환시장에 개입한다면 이를 시장에 순응하는(leaning with the wind) 개입이라 한다. 반면 자국 통화가치의 현재 추세를 중지 내지는 반전시키기 위해 개입한다면 이를 시장에 대항하는(leaning against the wind) 개입이라 한다. 중앙은행과 정부의 재무부처는 모두 외환시장에 개입할 수 있다. 일부 국가는 외환시장 개입을 완전히 불태화하고자 하지만, 상당수의 국가는 완전한 불태화는 추구하지 않고 있다. 외환시장에 대한 불태화 개입의 효과에 관하여 경제학자들의 의견은 다음과 같이 갈린다. 대부분의 경제학자들은 불태화를 시도하지 않는 외환시장 개입이 화폐 간 상대가격을 변동시켜 환율에 직접적이며 단기적인 효과를 가져온다고 주장한다. 일

> 부 경제학자들은 외환시장에 대한 불태화 개입이 포트폴리오 밸런스 효과나 공표 효과를 통해 환율에 영향을 미칠 수 있다고 주장한다. 1980년대 후반처럼 외환시장 개입이 광범위하게 발생하였던 시기에는 이런 효과들이 최소한 단기적으로는 영향력을 발휘하였다는 증거들이 있다. 그러나 이와 동시에, 조율된 외환시장 개입이 환율에 미친 영향력은 별로 크지 않았던 반면, 환율의 변동성을 증가시켰으며 세금을 부담하는 자국 국민들을 외환리스크에 노출시키는 결과만을 초래하였다는 증거도 있다.

상호의존적인 세계에서의 정책 수립

세계화는 보다 많은 나라들이 이익과 손실을 공유하는 경향을 강화한다. 재화와 서비스 및 금융자산의 국제적 거래는 보다 많은 국가들의 상호의존성을 증가시키며, 그 결과 개별 국가가 경제정책을 결정할 때 단독으로 결정하기보다는 외국에 미치는 영향을 고려하여 공동으로 결정하는 경향이 강해진다.

■ 구조적 상호의존성과 국제적 정책 외부성

많은 나라들이 재화와 서비스의 상당 부분을 외국과의 교역을 위해 생산하며, 상당한 규모의 금융자산을 국제적으로 거래하는 오늘날의 세계 경제에서는 각국의 경제가 구조적으로 상호의존성을 띠게 된다. 이는 각국의 경제시스템, 즉 재화와 서비스 및 금융시장, 그리고 지급/결제시스템이 상호 연결된다는 의미이다.

구조적 상호의존성의 결과

구조적 상호의존성(structural interdependence)의 가장 중요한 함의는 한 나라에 이익 혹은 손해가 되는 사건이 다른 나라에도 영향을 미친다는 것이다. 즉, 한 나라가 자국의 이익을 극대화하기 위해 수행하는 집단적 행동이 다른 국가에도 파급되어 그 나라의 이익에도 영향을 미친다는 것이다. 경제학자들은 이런 파급(spillover)효과를 외부성(externalities)이라고 하며, 이는 다른 장소나 다른 시장에 존재하고 있는 어떤 개인이나 그룹이 행한 집단적 행동의 결과로 또 다른 개인이나 그룹이 겪게 되는 비용이라고 정의할 수 있다.

앞으로 제12장에서 국제적 외부성(international externality)에 대해서 공부할 예정인데, 국제적 외부성은 어떤 나라의 국민들이 행한 집단적 행동이 다른 나라의 경제활동에 영향을 미칠 때 발생한다. 그런데 어떤 상황에서는 부정적인 국제적 외부성이 존재한다. 즉, 어떤 나라에서 발생한 사건이 다른 나라에 부정적인 결과를 가져오는 상황을 의미하는 것이다. 마찬가지로 어떤 나라의 국민들이 행한 집단적인 행동이 다른 나라의 경제적 성과를 개선시켜 주는 긍정적인 국제적 외부성도 발생할 수 있다.

국제적 정책 외부성

한 국가의 정치 시스템은 그 나라의 국민들을 대

• **구조적 상호의존성(structural interdependence)**: 재화와 서비스 시장 및 금융자산시장의 연결성으로 인해 한 나라에서 발생한 사건이 다른 나라의 경제에 영향을 미치는 상황.

표하여 경제정책을 집행할 수 있는 권한을 정치지도자나 국민의 대표자, 즉 국회의원 혹은 정부기관에 위임한다. 앞서 보았듯이 경제정책은 개인과 기업의 선택에 영향을 주어, 결과적으로 경제 전체의 성과에 영향을 미친다.

만약 다수의 국가 경제가 구조적으로 상호의존적이라면 **국제적 정책 외부성**(international policy externalities), 즉, 한 국가의 정책이 초래하는 이익이나 비용이 다른 국가로 파급되는 현상을 발생시킬 수 있다. 예를 들어 제4장에서 논의된 다양한 무역정책은 부정적인 국제적 정책 외부성, 혹은 **근린궁핍화 효과**(beggar-thy-neighbor effects)를 발생시킬 수 있다. 이런 정책들은 자국의 정책적 목표는 달성할 수 있으나 다른 나라의 경제에는 부정적인 영향을 미치게 된다. 물론 긍정적인 국제적 정책 외부성도 발생할 수 있다. 경제학자들은 이를 **기관차 효과**(locomotive effects)라고 부르며, 어떤 정책으로 인해 자국 경제에 발생한 효과가 다른 나라의 경제적 성과를 개선시키는 경우를 일컫는다.

경제정책 결정자들은 그들의 정책적 행위가 다른 나라에 영향을 준다는 사실을 인식하고 있다. 또한 외국의 정책결정자가 내린 의사결정이 자국의 경제적 성과에 영향을 준다는 사실도 인식하고 있다. 이런 사실은 정책결정자들에게 **전략적 정책수립**(strategic policymaking)을 시행할 동기를 제공하는데, 전략적 정책수립은 자국 경제가 외국 경제와 구조적으로 연결되어 있는 강도와 외국의 정책결정자들이 추구하는 행동을 고려하여 자국의 정책목표를 달성하는 계획을 개발하는 것을 말한다. 긍정적 혹은 부정적 정책외부성이 정책결정자들이 시행하는 정책에 기인한다는 인식을 하게 되면, 각국의 정책결정자들은 개별적으로 정책을 선택했을 때 발생하는 부정적인 결과는 최소화하고 긍정적인 파급효과는 확대하기 위하여 국가 간 정책 공조를 강화할 가능성이 높아질 것이다.

■ 상호의존성에 대한 설명: 국제적 정책 협력 및 정책 공조

다수의 국가가 경제적 성과를 개선하기 위해 상호 협조하는 방법에는 두 가지 방식이 있다.

국제적 정책 협력

첫 번째 방식은 **국제적 정책 협력**(international policy cooperation)이다. 이 방식은 정책결정자들이 서로 자국의 정책목적을 위해 협동하고 정책을 집행하는 특정한 방법에 관한 정보를 제공하며 자국의 경제적 성과에 관한 정보를 공유하는 제도와 과정을 공식적으로 확립하는 것을 의미한다.

국제저 정책 협력을 원활하게 하는 제도저 장치의 예가 G7이라 부르는 선진 7개국 그룹(Group of Seven)이다. 이는 7개국 — 캐나다, 프랑스, 독일, 이탈리아, 일본, 영국, 미국 — 의 경제정책

- **국제적 정책 외부성**(international policy externalities): 어떤 국가의 정책 행위가 다른 국가의 경제에 파급되어 이익 혹은 비용을 발생시키는 현상.
- **기관차 효과**(locomotive effect): 한 국가의 경제활동 증가가 다른 나라의 경제활동을 자극하는 현상.
- **전략적 정책수립**(strategic policymaking): 국가 간의 구조적 연결성과 다른 나라의 정책결정자의 의사결정 방식까지 고려한 국가 정책의 수립.

- **국제적 정책 협력**(international policy cooperation): 다른 국가의 정책결정자와 자국의 데이터 및 정책목표와 전략을 공유하고 통보하는 제도와 과정의 개발.

최고담당자와 재무장관, 그리고 중앙은행 총재의 정기적인 회합을 일컫는다. 이 회합에서 G7 참석자들은 각 회원국에게 개별적으로 중요한 경제적 이슈뿐만 아니라 각 회원국이 추진하고 있는 경제정책의 목표 전반에 대해서도 논의한다.

또 다른 예는 스위스 바젤에 위치하고 있는 국제결제은행(BIS: Bank for International Settlements)이다. 이 기관은 다양한 국제적 융자 계약의 수탁은행으로 기능하며, 세계 각국의 중앙은행을 위해 외환시장 업무를 제공한다. 씨티뱅크와 J. P. Morgan을 포함한 미국의 민간은행들이 G10(Group of Ten)과 함께 1930년부터 시작된 국제결제은행의 설립에 참여하였다. 여기서 G10은 G7에 벨기에와 네덜란드, 그리고 스웨덴이 포함된 것이다. 여전히 많은 민간은행들이 BIS에 지분을 소유하고 있다. BIS의 원래 설립목적은 제1차 세계대전의 전후협정과 관련된 유럽국가 간의 금융결제를 관리/감독하기 위한 것이었다. 제2차 세계대전이 끝난 후 전쟁으로 파괴된 유럽국가들의 경제 재건을 위해 유럽재건프로그램(European Recovery Program)이 시행되었다. BIS는 이 프로그램에 참여한 국가들 사이의 지급/결제의 청산을 담당하는 주요 기관이 되었다. 궁극적으로 BIS는 G10의 중앙은행과 스위스 중앙은행을 위한 정보 교환 기관이 되었다. BIS의 경제 분석 스태프들은 G10 중앙은행의 고위 관료들에게 정기적으로 브리핑 자료를 배포하며 G10 국가의 경제정책결정과 관련된 경제학자들을 위해 컨퍼런스를 조직한다.[iii]

국제적 정책 공조

국제결제은행은 **국제적 정책 공조**(international policy coordination)를 지원한다. 국제적 정책 공조는 어떤 그룹에 속하는 국가들이 상호 이익을 위하여 자국의 경제정책을 공동으로 결정하는 것이다. 1988년 G10의 중앙은행들과 기타 금융감독기관들은 바젤협약(Basel Agreement)을 체결하였다. 바젤협약은 민간은행이 보유한 자산의 가치를 리스크의 정도에 따라 재평가하고, 은행의 자산건전성을 유지하기 위해 은행의 소유자 혹은 대주주가 확보해야 하는 최소수준의 안전자산에 관한 기준으로서, 회원국의 민간은행에 공통으로 적용되는 리스크 기반의 은행 적정자본금 기준(risk-based bank capital adequacy standard)이다.

은행정책을 조율함으로써 G10 회원국은 은행 간 경쟁으로 인해 발생할 수 있는 국제적 정책 외부성을 통제하고자 하였다. 예를 들어 만약 G10 회원국 중 한 나라가 자국의 은행산업에 매우 엄격한 자본금 규제를 채택하게 되면 민간자본을 더 많이 투입하여 은행의 자산 가치를 지지해야 하기 때문에 그 나라의 은행들은 국제금융시장에서 경쟁열위에 놓이게 된다. 이를 달리 표현하면 어떤 나라가 바젤 기준을 채택하지 않으면 국제금융시장에서 더 많은 대출자금을 확보할 수 있다는 의미인 것이다. 그러므로 자본금 규제와 관련된 정책 공조는 이와 같은 정책 외부성이 발생하지 않도록 하는 것이다.

국제적 정책 공조를 지지하는 사람들은 광범

---

iii) **관련 웹사이트**: G10의 간행물을 입수하려면 BIS/G10의 웹사이트를 방문할 것. www.bis.org/list/g10publications/index.htm.

• **국제적 정책 공조**(international policy coordination): 공동의 이익을 얻기 위하여 타국과 함께 정책을 공동으로 결정하는 것.

위한 정책 공조를 통해서 많은 나라가 상당한 이익을 얻을 수 있다고 주장한다. 이들은 또한 은행 자본금 기준에 관한 1988년의 바젤협약의 경우처럼 정책 공조를 부정기적으로 하는 것보다는 많은 국가들이 국제적 정책 공조를 일일 단위로 진행해야 한다고 주장한다. 실제로 많은 전문가들이 GDP 성장률과 인플레이션 목표의 달성을 추구하는 거시경제정책까지 포함하는 거의 모든 경제정책을 공조함으로써 많은 나라가 상당한 이익을 얻을 수 있다고 주장한다.

> **핵심 이슈 #4**
>
> **구조적 상호의존성은 무엇이며, 어떻게 국가 간 정책 협력과 정책 공조와 연결되는가?**
>
> 여러 나라의 경제가 상호 연결되어 있을 때 그 나라들은 구조적으로 상호의존적이라고 얘기한다. 그 결과 한 국가의 정책 행위가 파급효과(spillover effects) 혹은 국제적 정책 외부성을 가지게 되어 다른 나라의 경제적 성과에도 영향을 미치게 된다. 국제적 정책 외부성은 다른 나라의 경제적 성과를 개선시켜 주는 경우 긍정적 외부성이라고 한다. 만약 다른 나라의 경제 상황을 악화시킨다면 이는 부정적 외부성이다. 긍정적 정책 외부성을 증대시키기 위해 많은 국가들은 자국의 경제 데이터와 정책 목표 등을 공유하는 정책 협력을 추진할 수도 있다. 또는 공동의 이익을 얻는 정책을 채택하도록 국제적 정책 공조를 시도할 수도 있다.

국제적 정책 공조의 장·단점

원칙적으로, 각 나라는 경제적 이익추구를 다른 나라들과 공동으로 해 나감으로써 더 큰 이익을 얻을 수 있다. 따라서, 국제적 정책 공조를 지지하는 몇몇 논리들이 있다. 동시에 정책 공조가 항상 이익을 가져다줄 수 있는지에 대하여 강한 의구심을 표하는 주장들도 있다.

■ 국제적 정책 공조의 잠재적 이점

국제적 정책 공조를 지지하는 사람들은 국제적 정책 공조의 장점으로 다음의 세 가지 논리적 근거를 든다.

근거 1: 국제적 정책 외부성의 내부화

한 그룹의 국가들이 상호 이익 증진을 위해 정책 공조를 실시하는 경우 각 국가의 정책결정자들은 동일 그룹에 속해있는 국가들을 단일 주체로 인식하도록 요구된다. 그 결과, 국제적 정책 공조는 개별적으로 결정된 정책이 발생시켰을 외부성을 내부화(internalize)하게 된다. 예를 들어 미국의 50개 주가 모두 다른 주에 미치는 영향을 고려하지 않고 각각의 정책을 결정한다면 어떤 상황이 발생할 것인가? 50개 주의 정책을 연방정부를 통해 조정함으로써 50개 주의 시민들은 공조되지 않은 정책결정으로부터 파급되는 부정적 효과를 최소화할 수 있게 된다.

은행 자본금 규제에 관한 바젤협약도 개별 국가가 은행 경영에 대한 규제를 개별적으로 했을 때 발생할 수 있는 부정적인 효과에 대한 인식을 반영한 것이다. 바젤협약은 G10 회원국이 부정적인 정책 외부성으로 인해 경제에 발생하는 부정적 영향을 어느 정도 피할 수 있게 해준다.

근거 2: 제한된 정책 수단에서 최대한의 효과를 얻을 수 있다

국제적 정책 공조는 개별 국가가 보유하고 있는 제한된 정책 수단을 이용하여 보다 많은 정책 목표를 달성할 수 있게 해준다. 간단한 예로써 두 나라의 중앙은행이 동일한 정책목표를 가지고 있다고 하자. 즉, 두 나라 모두 국내 균형 생산량의 증가와 환율 변동성 최소화를 목표로 하고 있다고 하자. 이 경우 두 나라 모두 통화량을 증가시키고자 할 것이다. 왜냐하면 두 나라가 모두 통화 공급을 증가시키면 총수요를 자극하는 효과가 있으며, 자국의 통화량이 타국에 비해 상대적으로 늘어나지 않기 때문에 환율의 변동도 발생하지 않을 것이기 때문이다.

이 예는 의도적으로 매우 단순화한 경우이지만, 그래도 국제적 정책 공조에 관한 핵심을 보여주고 있다. 즉, 두 나라의 정책결정자가 각자 사용할 수 있는 정책 수단은 많지 않지만 상호 연관된 정책 목표를 가지고 있는 경우, 정책 공조를 통하여 가장 적합한 정책 수단을 결정하여 시행하면, 그 결과 여러 개의 정책목표를 가장 근접하게 달성할 수 있다는 것이다. 그러므로 국제적 정책 공조는 상호 간에 이익을 발생시킨다고 할 수 있다.

근거 3: 외국의 지지 확보

국제적 정책 공조에 대한 세 번째 논리적 근거는 외국의 정책결정자들과 공조함으로써 국내의 정치적 압력을 버텨내는 데 도움이 된다는 것이다. 장기적으로 큰 사회적 비용이 발생함에도 불구하고 단기적인 성과를 내는 정책을 실시하라는 국내적 압박에 당면했을 때, 정책결정자들은 국제적 정책 공조 협약에 대한 신뢰유지를 이유로 국내의 압력을 버텨낼 수 있다.

예를 들어 칠레정부가 중요한 선거를 앞두고 칠레중앙은행에게 인플레이션 유발 정책을 펴서 경기를 부양하라는 압력을 넣고 있다고 하자. 이때 칠레중앙은행은 만약 그런 정책을 실시한다면 이는 외국 중앙은행과 맺은 정책 공조 협약을 깨는 것이 되고, 이는 외국 중앙은행뿐만 아니라 세계금융시장에서 칠레에 대한 전반적인 신뢰가 무너지는 결과를 초래하게 된다고 주장함으로써, 정부의 정치적 압력을 버텨낼 수 있을 것이다.

■ 국제적 정책 공조의 잠재적 문제점

국제적 정책 공조는 결코 공짜로 얻을 수 있는 것이 아니다. 최소한 네 가지의 문제점이 존재한다.

문제점 1: 정책 공조는 국익의 희생을 수반할 수 있다

궁극적으로 국가를 정의하는 것은 **주권**(sovereignty)이며, 이를 달리 표현하면 한 국가의 국경 내에 존재하는 자원을 그 국가의 시민들이 자유의지로 통제할 수 있는 최상의 권위라고 할 수 있을 것이다. 만약 국제적 정책 공조가 어떤 나라에 이익을 가져다주기 위해서는 그 국가의 지도자와 시민들이 주권을 어느 정도 포기해야 하는 상황을 받아들일 수 있어야 한다. 즉 국내적인 정책 목표와 더불어 **국제적인 목표**도 함께 추구할 의지가 있어야 하는 것이다.

예를 들어 2016년 1월 1일 한 그룹의 국가들

• **주권**(sovereignty): 국가의 국경 내에 존재하는 자원을 그 국가의 시민들이 자유의지로 통제할 수 있는 최상의 권위.

이 환율을 3월 1일부터 고정시키기로 합의했다고 가정하자. 그런데 만약 2월 마지막 날, 어떤 국가가 정책 공조 약속을 어기고 평가절하를 실시하면 그 국가는 큰 이익을 얻을 수 있다. 즉, 정책 공조 협약을 지킨다는 것은 자국 통화가치를 절하함으로써 이익을 추구하는 자국의 재량권을 포기하는 것을 의미하는 것이다.

문제점 2: 다른 국가를 신뢰할 수 없다

위의 예는 국제적 정책 공조의 기본적인 문제점을 드러낸다. 즉, 정책 공조 협약을 맺었지만 여전히 상대방을 속일 동기가 존재한다는 것이다. 이를 이해하기 위하여 도표 9.4를 참조하자. 도표의 각 셀은 A국과 B국의 시민들이 향유할 수 있는 후생(welfare)수준을 나타내는 가상 수치를 보여주고 있다. 이 가상 수치는 A국과 B국이 정책 공조를 하는 경우와 하지 않는 경우로 나뉘어 있다. 도표 9.4의 왼쪽 윗부분의 셀에는 A국과 B국이 각자 독립적으로 공조를 하지 않은 정책을 실시할 때 얻는 후생수준이 75임을 나타내고 있다. 반면 두 나라가 정책 공조를 하는 경우 오른쪽 아랫부분의 셀에 나타난 100의 후생수준을 누리게 됨을 알 수 있다. 즉 정책 공조를 하면 두 나라에게 모두 이익이 된다.

그럼에도 불구하고, 개별 국가 입장에서는 상대방을 속임으로써 이익을 증가시킬 수 있는 잠재적 가능성이 있고 이로 인해 정책 공조의 실패가 발생할 수 있다. B국이 정책 공조 협약을 지킬 때 A국이 정책 공조를 하지 않으면 A국의 후생 수준이 150까지 상승한다는 사실을 A국의 정책결정자는 알고 있다. 그러므로 A국의 정책결정자는 자국의 후생수준을 증가시키기 위해 협약을 깰 동기를 가지고 있다. 도표 9.4의 우측 윗부분의 셀에 나타난 것처럼 B국의 후생수준은 25로 하락한다. 그러므로 B국의 희생으로 A국은 이익을 얻게 된다. B국의 정책결정자도 A국과 동일하게 행동할 것이며, 이는 B국도 도표의 왼쪽 아랫부분 셀로 표현되는 근린궁핍화정책을 채택함을 의미한다.

이 예에서 A국과 B국이 정책 공조를 실시하면

도표 9.4 정책 공조를 하는 경우와 하지 않은 경우에 발생하는 후생수준의 가상 수치

	B국은 정책 공조를 하지 않음	B국은 정책 공조를 함
A국은 정책 공조를 하지 않음	A국의 후생수준 = 75 B국의 후생수준 = 75 총 후생수준 = 150	A국의 후생수준 = 150 B국의 후생수준 = 25 총 후생수준 = 175
A국은 정책 공조를 함	A국의 후생수준 = 25 B국의 후생수준 = 150 총 후생수준 = 175	A국의 후생수준 = 100 B국의 후생수준 = 100 총 후생수준 = 200

* 두 나라의 정책결정자들이 정책 공조를 하지 않는다면, 두 나라의 후생수준의 합은 150이다. 만약 정책 공조를 하면 총 후생수준은 200이 된다. 문제는 두 국가 중 한 국가가 약속한대로 정책 공조를 하지 않고 상대방을 속인다면, 정책 공조를 깬 국가는 150의 후생수준을 누리게 되고, 정책 공조를 지킨 국가는 25의 후생수준을 얻게 된다는 것이다.

두 나라의 후생수준의 합은 200으로 증가한다. 그러나 각 국가에게는 약속을 깨고 근린궁핍화정책을 실시하여 후생수준의 합이 175로 더 낮아지는 경우를 선택할 인센티브가 존재한다. 만약 두 나라가 동시에 정책 공조의 약속을 깬다면 후생수준의 합은 150으로 가장 낮은 수준으로 하락한다. 그럼에도 불구하고 각국의 정책결정자들은 정책 공조 협약을 지키는 것보다는 협약을 지키지 않는 것이 더 낫다고 믿게 된다. 물론 이런 믿음은 상대방의 약속 불이행만을 가져올 뿐이다.

이 예는 국제적 정책 공조의 가장 핵심적인 문제점을 보여준다. 국가 정책을 공조하는 협약은 협약참가자가 모두 상호신뢰할 때만 작동한다. 그러므로 각 국가의 정책 공조 유지에 대한 서약은 다른 참가국이 충분히 신뢰할 만한 것이어야 한다. 이런 신뢰가 존재하지 않는 상황에서는 각 국가는 정책 공조에 동의함으로써 오히려 자국의 이익이 침해되고 타국의 속임수로 인한 부정적인 영향력에 자국 국민을 노출시키는 결과만 발생할 뿐이라는 인식을 하게 된다.

문제점 3: 외국의 정책결정자는 무능할 수 있다

국제적 정책 공조가 가져오는 또 다른 문제점은 정책 공조에 참여한 다른 국가의 정책 결정자들이 최선의 공통정책을 제대로 추구하는 능력이 부족할 수도 있다는 사실이다. 즉, 어떤 국가가 국제적 정책 공조에 참여하기 위하여 주권의 일부를 포기할 때는 최소 다음의 두 사실에 대하여 확신을 가져야만 한다. 첫째는 정책 공조에 참여하는 다른 국가의 정책결정자들이 정책 공조 협약을 준수할 것이라는 사실에 대해 확신을 가져야만 한다. 둘째로는 다른 국가의 정책결정자들이 공조된 정책을 효과적으로 수행할 수 있는 능력을 보유하고 있다는 사실에 대해 확신을 가져야만 한다.

또한 정책을 공조하기로 합의한 국가들의 정책결정자들이 공동으로 추진해 나가야할 정책의 적합성에 대하여 서로 다른 관점을 보유하여 갈등을 빚을 가능성도 존재한다. 이는 심지어 정책결정자들이 정책 공조 협약을 준수하고 정책을 효과적으로 추진해 나갈 수 있는 능력을 보유하고 있는 경우에도 발생할 수 있다. 이런 갈등은 정책결정자의 선호체계가 상이하기 때문에 발생할 가능성이 크다. 예를 들자면 어떤 정책결정자는 실질성장률을 더 중시하고 어떤 정책결정자는 인플레이션율에 더 큰 비중을 두고 정책을 집행할 수 있는 것이다. 정책결정자들은 정책 공조 협약을 가장 최선으로 실행하는 방법론에 관해서도 이견을 가질 수 있다. 예를 들어 영국과 독일이 정책 공조에 합의했다고 하자. 그런데 독일연방은행은 통화증가율을 정책 목표로 삼아야 한다고 강하게 믿고 있고, 영란은행은 명목이자율이 정책목표가 되어야 한다고 강하게 주장하고 있다고 가정하자. 이런 경우 정책을 집행하는 방식에 관한 기술적인 논쟁이 정책 공조 합의를 붕괴시킬 수도 있을 것이다.

문제점 4: 성공적인 정책 공조가 경우에 따라서는 비생산적일 수 있다

여러 나라가 정책 공조에 합의하고, 그 합의를 준수하며, 공동의 후생수준을 고려하여 정책을 결정하였다고 하더라도 여전히 참여국 국민들의 후생수준이 결국은 전보다 악화되는 결과가 발생할 가능성이 존재한다.

두 나라가 통화정책을 공조하여 실시하고, 이

로 인해 긍정적인 외부성(positive externalities)을 경험하고 있다고 가정하자. 각국의 중앙은행이 통화량을 증가시키는 경우 두 가지 효과가 발생한다. 첫째는 자국의 총수요가 증가한다. 다른 효과는 기관차 효과(locomotive effects)로서 총수요 증가로 발생된 소득증가가 다른 나라의 재화와 서비스에 대한 구매 증가로 이어져서 그 나라의 소득과 소비수준을 상승시키고 결국 총수요의 증가를 가져오는 것이다.

이와 동시에 양국의 중앙은행이 모두 시간 비일관성(time inconsistency)과 낮은 정책 신뢰도(low policy credibility)의 문제점을 안고 있다고 가정하자. 양국의 국민들은 자국의 정책결정자들이 통화량을 늘리고 총수요를 자극하여 국민총생산 수준을 증대시킬 인센티브가 있음을 인지하고 있다. 국제적 정책 공조가 없는 경우에는 통화팽창의 결과 양국에서 모두 총수요가 증가하고, 동시에 인플레이션 상승을 예상한 노동자들이 임금계약을 갱신할 때 임금상승을 요구함에 따라 총생산은 감소하게 될 것이다.

이제 양국의 중앙은행이 통화정책을 공조하는 데 성공하였다고 가정하자. 각국의 중앙은행은 자국에서의 생산을 증대시키고자 하는 인센티브뿐만 아니라 외국 중앙은행이 본국에서 생산을 증대시키고자 하는 인센티브도 고려하게 된다. 그 결과 각국의 중앙은행은 정책 공조가 없었을 때보다 통화량을 더욱 많이 공급하려는 경향을 띠게 된다. 양국 국민들이 이 사실을 깨닫게 되면 더 높은 인플레이션을 예상하게 되고 더 높은 임금인상을 요구하게 된다. 결론적으로 두 나라 사이에 통화 정책 공조가 이루어질 때 인플레이션 편의(偏倚, inflation bias)가 훨씬 더 커지는 결과가 발생하게 된다. 결국 양국 국민들은 더 높은 인플레이션 비용을 감수해야 하는 상황에 놓이게 된다.

핵심 이슈 #5

국제적 정책 공조의 이익과 비용은 무엇인가?

정책 공조로 얻게 되는 가장 중요한 이익은 국제적 정책 외부성을 내부화할 수 있다는 것이다. 즉, 공동의 정책 목표 달성을 위한 정책 공조는 개별적으로 정책을 추구할 때 발생하는 부정적인 정책 외부성을 최소화하고 긍정적인 정책 외부성은 향상시킬 수 있다는 것이다. 또한 정책 공조를 하게 되면 정책 목표를 달성하는 데 사용할 수 있는 정책 수단의 수가 늘어날 수도 있다. 그리고 공식적인 정책 공조 협약이나 제도를 만들게 되면 장기적으로는 손해를 발생시키지만 단기적으로는 성과가 있는 근시안적인 정책을 실시하라는 국내정치적 압력에 대항하는 정책결정자의 대응능력을 강화시켜 줄 수도 있다. 국제적 정책 공조를 어렵게 하는 이유 중 하나는 정책 공조에 대한 합의는 일정 정도의 주권 희생을 수반한다는 것이다. 또한 정책 공조에 참여하는 국가들은 모두 정책 공조 합의를 준수하며, 공조된 정책을 효과적으로 추진할 수 있는 능력이 있다는 사실에 관하여 상호신뢰해야만 한다. 그러나 일반적으로 타국의 희생으로써 자국의 이익을 극대화하려는 인센티브가 존재하기 때문에 정책 공조 합의에 관하여 타국을 기만하는 상황이 발생한다. 또한 어떤 나라는 적합하다고 생각하는 정책을 다른 나라의 정책결정자가 추구하다 실패하는 결과도 발생하게 된다. 마지막으로 정책결정자의 신뢰도가 자국 내에서 낮은 경우 국제적 정책 공조는 평균적으로 더 높은 인플레이션율을 초래하는 결과가 발생하기도 한다.

최적통화지역과 통화동맹

지금까지 논의하였듯이 어떤 나라가 국제적 정책 공조에 참여하면 일정 수준 주권의 포기를 감수해야 한다고 하였다. 그렇다면 국제적 정책 공조를 좀 더 진행하여 자국의 화폐를 포기하고 정책 공조에 참여한 국가들이 공동의 화폐를 채택하면 과연 어떤 이익이 존재할 것인가? 즉, 단일 화폐를 사용하기로 동의한 국가들로 구성되는 **통화동맹**(monetary union)에 참여해야 하는가? 이 문제를 고찰해보기 위해서 최적통화지역이론을 살펴보도록 한다.

■ 최적통화지역

1991년 EU 회원국들은 네덜란드의 도시 마스트리히트(Maastricht)에서 어떤 조약에 관한 협상을 진행하였다. 이 조약에서 2002년부터 시중에 유통되는 통화로서의 유로화를 발행하는 유럽중앙은행(European Central Bank)의 설립이 인가되었다. 최초에는 11개국 — 오스트리아, 벨기에, 핀란드, 프랑스, 독일, 아일랜드, 이탈리아, 룩셈부르크, 네덜란드, 포르투갈, 스페인 — 이 참여한 **유럽통화동맹**(*EMU: European Monetary Union*)이 새로운 통화를 채택하였다.

EMU가 형성되는 과정에서 통화동맹에 비판적인 많은 경제학자들은 과연 EMU가 지속적으로 존속할 수 있을 것인가에 대해 많은 의문을 제기하였다. 이들의 주장은 30여 년 전에 컬럼비아대학교의 먼델(Robert Mundell)에 의해 개발된 이론에 근거하고 있었다. 이것이 바로 **최적통화지역이론**(theory of optimal currency area)이며, 환율을 고정시키거나 공동통화를 사용함으로써 이익을 얻게 되는 지리적 범위의 크기를 결정하는 분석적 방법론이라고 할 수 있다.

최적통화지역 이론

『월스트리트저널』이나 『파이낸셜 타임즈』와 같은 경제전문 신문에는 50개 이상의 통화에 대한 일일환율이 실려있다. 이런 신문에 실리는 환율은 외환시장에서 거래규모가 큰 통화의 환율만 주로 실리기 때문에 완전한 환율리스트라고 할 수는 없다.

그런데 이렇게 많은 수의 통화가 존재하는 이유는 무엇인가? 캘리포니아주나 뉴욕주는 세계 대부분의 국가보다 GDP가 많음에도 불구하고 미국 50개 주의 주민들이 동일한 화폐를 사용하는 이유는 무엇인가? EU 역내 국가들은 미국의 50개 주처럼 행동하면 이익을 얻을 수 있는가? 유럽 국가가 모두 EMU에 가입해야 하는가? 최적통화이론은 이런 질문에 해답을 제시한다.

독립된 통화와 변동환율제도의 이점

최적통화이론의 핵심을 이해하기 위하여 가상의 두 지역을 상정해보자. X 지역 주민들은 과자 제조에 전문화되어 있다고 하자. Y 지역 주민들은 운동기구를 제조한다고 하자. 두 지역에서 임금과 물가는 단기적으로는 경직적이라고 하자. 그리고 최초 시점에서 두 지역은 무역균형을 이루고 있다고 하자.

- **통화동맹**(monetary union): 공동통화를 선택한 국가들의 집합.
- **최적통화지역 이론**(theory of optimal currency area): 정부가 환율을 고정하거나 공동통화를 채택 시 후생수준이 증가하는 지역을 결정하는 방법론.

언어나 문화장벽 때문에 혹은 정부가 과자 제조 산업에 고용되어 있는 X 지역 주민이 운동기구를 제조하러 Y 지역으로 이동하는 것을 금지하기 때문에 (반대의 경우도 마찬가지로 금지) 한 지역의 주민은 타 지역에서 일자리를 찾을 수 없다고 가정하자. 그러나 두 지역의 주민들은 상대방이 생산한 재화를 구입하는 데에는 아무런 제약이 없다고 가정하자.

마지막으로 각 지역은 각자 고유 통화를 보유하고 있다고 가정하자. 환율은 시장에서 결정될 수도 있으며, 각 지역의 정책결정자들이 고정시킬 수도 있다.

이제 각 지역의 주민들이 건강문제에 대해 더욱 민감해졌다고 가정하자. 그 결과 X 지역에서 생산된 콜레스테롤이 높은 과자의 구입은 줄어들고 Y 지역에서 생산된 운동기구에 대한 수요는 증가하게 된다. Y 지역에서는 무역흑자가 발생하며, 생산과 고용이 증가하게 된다. 반면, X 지역은 무역적자를 경험하게 되며 생산과 고용이 감소한다.

이 때 두 지역 간 환율이 고정되어 있다면 임금과 물가의 단기 경직성이 존재하는 상황하에서 발생한 소비자의 선호체계 변화로 인해 X 지역에서는 실업이 상당 기간 지속될 것이다. 물론 장기에는 Y 지역에서 생산된 운동기구의 가격이 상승하고 X 지역에서 생산되는 과자의 가격은 하락할 것이며, 이로 인해 궁극적으로 양 지역의 무역은 다시 균형을 찾게 될 것이다. 그러나 장기 조정 과정이 진행될 때까지 X 지역은 심각한 실업을 겪게 된다.

그러나 환율이 신축적으로 변동한다면 Y 지역의 무역흑자와 X 지역의 무역적자는 Y 지역의 통화가치에 비해 X 지역의 통화가치를 상대적으로 빨리 절하시키는 상황을 발생시킬 것이다. 이로 인해 Y 지역주민들이 인식하는 X 지역에서 생산된 과자의 유효가격은 즉시 하락하고, X 지역주민들이 인식하는 Y 지역에서 생산된 운동기구의 유효가격은 즉시 상승하게 된다. 그 결과, 변동환율제도하에서 두 지역 간 무역은 훨씬 빨리 균형을 회복하며, X 지역에서의 실업문제도 더욱 빠르게 해결된다.

이 예는 외환시장에서 두 지역 통화의 상대가치가 자유롭게 조정될 때 두 지역이 모두 이익을 얻게 되는 상황을 묘사하고 있다. 환율을 고정시키거나, 환율고정이 좀 더 진행된 형태로서 공동통화를 채택하는 경우, 각 지역의 생산물에 대한 상대적 수요의 변화로 발생하는 불균형을 조정하는 환율의 단기적 조정기능은 작동하지 않는다. 이는 매우 심각한 국제수지 불균형과 실업문제에 두 지역을 잠재적으로 노출시키는 것이다.

물론 독립적인 통화와 시장에서 환율이 결정되는 제도에서는 두 지역의 주민 모두 환율변동에서 발생하는 외환리스크에 노출된다. 그럼에도 불구하고 각국이 고유통화와 변동환율제도를 채택하면 언어장벽이나 문화적 차이 및 노동자의 이민을 금지하는 정책적 규제 때문에 발생하는 실업의 위험으로부터 국가를 보호할 수 있다.

단일통화를 사용하는 국가는 언제 이익을 얻는가?

이제 노동자의 이민을 금지하던 규제가 철폐되었다고 가정하자. 그 결과 X 지역의 주민들이 자유롭게 일자리를 찾아 Y 지역으로 이동할 수 있으며, 그 반대도 가능하다. 그리고 X 지역에서 생산되는 과자에 대한 수요가 감소하였으며, Y 지역에서 생산되는 운동기구에 대한 수요가 증가하였다고 가정하자.

이 경우 Y 지역에서는 무역흑자와 생산량증가 및 고용증가가 발생하고, X 지역에서는 무역적자와 생산량감소 및 고용감소가 발생한다. 그 결과, X 지역의 일부 주민은 일자리를 잃게 된다. 그러나 X 지역에서 일자리를 잃은 주민들은 Y 지역에서 생겨난 새로운 일자리로 이동할 수 있다. 그러므로 X 지역에서의 실업은 단기에 그칠 것이다. 사실상 두 지역의 생산물에 대한 상대수요의 변화로 인해 두 지역에서 발생하는 실업률은 최소화될 것이다.

이 경우 환율이 고정되면 안 될 이유가 없으며, 환율을 고정시킴으로써 지역 주민들은 외환리스크에서 벗어날 수 있게 된다. 이런 경우 경제학자들은 두 지역이 **최적통화지역**(optimal currency area), 즉, 외부환경의 변화에 대응하여 발생하는 시장조정 과정을 침해하지 않으면서도 고정환율이 유지될 수 있는 지역을 형성한다고 얘기한다. 더 나아가 최적통화지역 내에서는 역내무역을 위해 필요한 화폐를 확보하기 위해 자국 통화를 외국통화로 교환하는 비용이 각 지역이 고유 화폐를 보유해서 얻는 이익을 능가하는 경우 **공동통화**를 채택하는 것이 더 이익이 된다.

예를 들어 A 지역과 B 지역의 주민들이 각자 고유의 통화를 보유함으로써 상당한 이익을 계속 얻는다면, 두 지역을 분리하는 장벽이 없어도 재화 교역을 위해 화폐를 교환하는 비용을 감수할 수 있다. 그러나 화폐교환비용이 각 지역의 고유 통화를 유지할 때 얻는 이익보다 상대적으로 크게 증가하면 최적통화지역을 형성하는 지역의 주민들은 단일 공동 통화를 채택함으로써 순이익을 얻을 수 있다.

경기변동 동조화가 심화되면 공동통화의 이점이 더욱 강화되는가?

가계나 기업의 지출변동 혹은 자산보유량의 급작스런 변동과 같은 다양한 경제적 요인이 개별 국가의 소득 흐름에 장기적인 영향을 줄 수 있다. 특히 재화와 서비스의 교역 및 금융자산의 거래를 통해 여러 나라와 연결되어 있는 국가에서는 타국의 수출에 대한 자국의 지출을 변화시키는 소득흐름의 변동이 다른 나라의 소득흐름에도 영향을 준다. 이렇게 연결되어 있는 나라들은 구조적으로 상호의존적이다.

세계 각국의 경제가 더욱 밀접하게 연결된다는 것은 각국의 소득흐름의 변동이 장기적으로 더욱 동조화(synchronized)됨을 의미한다. 통화동맹의 지지자들은 동조화된 **경기변동**(business cycles)이 공동통화를 채택할 필요성을 더 높인다고 주장한다. 그 이유는 만약 여러 나라의 경기변동이 동조화될수록 국제수지의 불균형을 초래할 소득흐름의 국가 간 차이는 더욱 작아지기 때문이다. 그러므로 변동환율이 시장안정기능을 수행할 수 있는 범위가 줄어들며, 역내 국가들이 고유의 통화를 보유해서 얻게 되는 이익도 감소하게

- **최적통화지역**(optimal currency area): 노동이동성이 충분히 높아서 환율이 고정되고 공동통화를 채택한 상황에서도 국제수지의 불균형과 실업이 빠르게 조정되는 지역.

- **경기변동**(business cycles): 한 국가의 기업이 생산한 재화와 서비스에 대한 지출로부터 파생된 소득흐름의 변동추이.

된다.

　최근의 연구는 역내 국가 간 경기변동 동조화의 강도에 대해 일정한 결론을 내리지 못하고 있다. 하버드대학교의 보르도(Michael Bordo)와 국제통화기국(IMF)의 헬블링(Thomas Helbling)은 경기변동 동조화가 16개의 산업화된 국가에서 지난 30년간 더욱 심화되었다고 주장하고 있다. 유럽대학교의 몬토야(Lourdes Montoya)와 그로닝겐대학교의 드 한(Jakob de Haan)은 현재 유로를 사용하는 국가들 사이에 경기변동 동조화가 심화되었음을 보여주는 증거를 찾았다. 25개의 산업화된 국가 및 신흥경제의 지난 125년 동안의 데이터를 분석한 결과, 맨체스터대학교의 아티스(Michael Artis)와 출리아라키스(George Chouliarakis) 및 스리랑카 중앙은행의 하리스찬드라(P.K.G. Harischandra)는 산업화된 국가에서 경기변동 동조화가 더욱 심화되었다는 결론을 얻었다. 그러나 신흥국의 경우 개별 국가별 고유요인이 주로 경기변동을 발생시켰으며 동조화가 오히려 감소하는 모습을 보였다. (동아시아 국가 사이에 관찰되는 경기변동 동조화의 심화현상은 이 지역을 최적통화지역의 후보로 만들고 있다. "정책사례 9.1" 참조.)

정책사례

9.1 동아시아에서 통화동맹은 성공할 수 있는가?

　최근 동아시아 국가들로 구성된 통화동맹에 대한 구상이 제기되고 있다. 통화동맹을 형성하는 후보 국가로는 인도네시아, 말레이시아, 필리핀 및 태국과 같은 ASEAN(Association of Southeast Asian Nations)국가들 혹은 홍콩, 대만, 싱가포르 및 한국과 같은 신흥경제권 국가들이 언급되고 있다.

　동아시아 공동통화를 주장하는 사람들은 동아시아 역내무역이 급신장하고 있다는 사실에 영향을 받았다. 1980년 이후 동아시아 역내무역이 동아시아 전체무역의 35퍼센트 수준에서 50퍼센트까지 상승하였는데 이 수치는 EU 역내무역 수치와 유사한 수준까지 상승한 것이다.

　모나쉬대학교의 리(Grace Lee)와 코(Sharon Koh) 그리고 푸트라말레이시아대학교의 아잘리(M. Azali)의 연구는 동아시아 통화동맹의 성공 가능성을 높여주는 최근의 경제적 변화에 대해 주장하고 있다. 첫째, 동아시아 국가들의 경기변동은 개별 국가 고유의 원인이 아니라 갈수록 공통요인에 의해 발생하고 있음을 보여주고 있다. 그 결과 동아시아 국가 사이에 발생하는 경제활동의 상대적 차이가 국제수지 불균형을 가져올 확률이 과거에 비해 줄어들었다. 둘째, 동아시아 국가 간에 경제활동의 상대적 차이가 발생하더라도 국제수지 불균형에 대한 조정과정이 더 빨리 진행되고 있다. 이는 동아시아 역내에서 생산요소의 이동이 전보다 훨씬 자유로워졌음을 의미하는 것이다. 이런 이유에 근거하여 동아시아 통화동맹이 동맹회원국들에게 이익이 된다는 견해가 설득력이 높아지고 있다.

심화 학습: 동아시아 지역에서 지속적으로 관찰되는 낮은 노동이동성이 통화동맹 결성에 반대하는 논리의 근거가 되는 이유는 무엇인가?

■ 유럽의 공동통화 실험: 유럽통화동맹

마스트리히트조약에 따라 EU의 15개 회원국(조약 체결 당시에는 11개국)이 1999년 공동통화를 채택하였다. 이 그룹의 국가들이 유럽통화동맹(EMU)을 결성하였으며 새로운 통화인 유로를 2002년부터 실제 거래에 사용하기 시작하였다. 조약 체결 후 10년 동안 6개의 EU 회원국이 추가로 유로화를 채택하였으며 유럽중앙은행 시스템에 가입하였다. 현재 EMU에 가입되어있는 17개 회원국은 다음과 같다. 오스트리아, 벨기에, 사이프러스, 에스토니아, 핀란드, 프랑스, 독일, 그리스, 아일랜드, 이탈리아, 룩셈부르크, 말타, 네덜란드, 포르투갈, 슬로바키아, 슬로베니아, 스페인이다.

유럽통화동맹은 최적통화지역인가?

EMU의 창립 국가들은 EMU라는 공동통화클럽의 회원권을 얻기 위해서 재정적자와 국가부채 및 인플레이션에 관한 일정 기준의 충족을 요구하였다. 마스트리히트조약은 EMU에 가입하고자 하는 국가에게, 정부적자는 GDP의 3퍼센트 미만이고, 총 정부부채는 GDP의 60퍼센트 미만이며, 인플레이션율은 EMU 회원국 중 가장 경제성과가 좋은 상위 3개국의 평균 인플레이션율보다 1.5퍼센트 포인트 이상 높으면 안 되며, 장기이자율은 2퍼센트 포인트 이상 높으면 안 된다는 조건을 요구하였다. 덴마크와 영국 같은 일부 유럽국가들은 이런 조건을 만족시킴에도 불구하고 EMU에 가입하지 않았다. 덴마크와 영국 국민은 주권의 상징이었던 고유 통화, 즉, 크로나(krona)와 파운드의 포기를 원하지 않았다.

덴마크와 영국이 EMU 가입을 망설였던 또 다른 이유는 최적통화지역으로서의 EU에 대한 불확실성 때문이기도 하였다. 아이켄그린(Barry Eichengreen)은 서부유럽의 노동이동성 지표를 단일통화를 보유한 다른 국가의 지표와 비교하였다. 그의 연구결과에 따르면 미국이나 캐나다처럼 여러 개의 주나 지역으로 구성된 나라에 비해 서부 유럽국가들 사이의 노동이동성이 훨씬 낮은 것으로 나타났다. 관련 후속 연구들도 아이켄그린의 연구결과를 뒷받침하고 있으며, 가장 최근의 추정치에 따르면 미국의 50개 주 사이의 노동이동성이 유럽국가들 사이의 노동이동성보다 5배나 높은 것으로 나타났다. EU 전체로 보면 최적통화지역이라고 할 수는 없다. 실제로는 EU의 남부국가들과 북부국가들 사이의 노동이동성은 상당히 높지만, 현재의 EMU 회원국들이 최적통화지역을 형성한다고 볼 수는 없는 상황이다.

난항 중인 통화동맹

EMU의 경제적 근거에 대한 의심에도 불구하고 통화동맹은 출발 초기 10년 동안은 잘 작동되었던 것으로 판단된다. 그러나 그 다음 10년 동안 통화동맹은 상당한 난항을 겪었다. 오늘날 일부 경제학자들은 여전히 EMU가 지속될 것이라고 주장하고 있으며, 그리고 한 번 더 확장될 가능성도 있지만, 다른 경제학자들은 궁극적으로 EMU의 초기 회원국 중 일부만이 유로를 사용하는 국가로 남을 것이라고 주장한다. 일부 경제학자들은 더욱 비관적인 견해를 보이고 있다. 비관적인 견해를 갖고 있는 경제학자들은 궁극적으로 유로의 유통이 중단될 것이며 유럽국가들은 각자의 통화를 다시 사용하기 시작하고, 환율은 2000년대 초반 수준으로부터 급격한 변동을 보일 것이라고 예측한다.

유럽통화동맹(EMU)의 궁극적인 전망에 대해 경제학자들이 급격하게 비관적인 입장으로 바뀌게 된 이유는 무엇인가? 그 이유는 EMU 회원국들이 마스트리히트조약이 최초에 제시하였던 기준과 동떨어진 정부적자 및 부채 정책을 시행하였기 때문이다. 마스트리히트조약은 EMU에 가입할 때 수용 가능한 정부 적자 및 부채의 상한선에 대해 명확한 조건을 제시하였지만, 회원국들이 가입 이후에도 이 조건들을 계속 지켜야 하는지에 관해서는 구체적인 명시가 없었다. 결국 EMU에 가입하고 몇 년 지나지 않아 대부분의 EMU 회원국 정부는 조약이 설정한 상한 이상으로 재정적자와 정부부채를 발생시켰다. 2007~2009년 글로벌 금융위기가 발생하자 조세수입은 줄어들었으나 정부지출은 계속 상승하였고, 결국 EMU 회원국 정부들은 — 특히 포르투갈, 아일랜드, 이탈리아, 그리스와 스페인 (소위 말하는 'PIIGS' 국가들) — 대규모의 재정적자를 운용하고 엄청난 정부부채를 쌓아가기 시작하였다. PIIGS 국가들의 재정적자 규모는 마스트리히트조약이 설정한 3퍼센트 상한선의 두 배까지 증가하였고, 정부부채/GDP 비율은 마스트리히트 상한선인 60퍼센트를 크게 초과하였다. 사실상 2010년 초까지 정부부채/GDP 비율은 스페인을 제외한 PIIGS 국가에서 100퍼센트를 초과하였다.

PIIGS 국가의 정부부채가 빠르게 증가함에 따라 민간투자자들은 이들 국가의 정부부채 상환능력에 대한 의구심을 가지게 되었으며, 이런 의구심이 심화됨에 따라 투자자들은 PIIGS의 정부채권을 비PIIGS 국가의 정부채권으로 대체하기 시작하였다. PIIGS 국가로부터 EMU의 다른 나라로 상당한 규모의 자금이 빠져나가게 되자, PIIGS 국가들의 국제수지 적자폭이 확대되었다. 낮은 노동이동성과 기타 생산 요인들이 EMU의 남부유럽 회원국을 중심으로 실업문제를 크게 악화시켰다. 남부유럽지역의 소득은 더욱 감소하였으며 이로 인해 정부의 조세수입은 더 크게 감소하여 재정적자와 정부부채의 문제를 더욱 악화시켰다.

피터슨 국제경제연구소(Peterson Institute for International Economics)의 라인하트(Carmen Reinhart)와 하버드대학교의 로고프(Kenneth Rogoff)를 포함하여 많은 경제학자들이 EMU 회원국의 대다수를 괴롭히고 있는 부채문제가 앞으로 최소 10년은 지속될 것이라고 예측하고 있다. PIIGS 국가들은 국제수지 불균형을 조정하는 데 도움이 되는 변동환율제도를 채택하기 위하여 유로를 포기하라는 압력에 직면해 있으며, 비PIIGS 국가들이 PIIGS 국가에게 EMU 탈퇴를 요구할 수도 있고, 심지어는 스스로 탈퇴할 가능성도 있기 때문에 2020년대까지 과연 몇 개의 EMU 국가들이 여전히 유로를 사용하고 있을지 궁금한 상황이다. (EMU의 미래에 관한 불확실성이 다른 통화동맹에서 활동하고 있는 기업에게 어떤 영향을 미칠 것인가에 관하여 "참고사례 9.1"를 참조하라.)

♣ 참고사례

9.1 유럽통화동맹의 시련으로 아프리카 통화동맹지역의 기업은 더 큰 불확실성에 직면했다

아프리카에는 두 개의 통화동맹이 존재한다. 이는 서아프리카 경제통화동맹(베닌, 부르키나파소, 아이보리 코스트, 기니-바사우, 말리, 니제르, 세네갈, 토고)과 중앙아프리카 경제통화공동체(카메룬, 중앙아프리카 공화국, 차드, 콩고공화국, 적도 기니, 가봉)이다. 각 통화동맹은 각자 고유의 'CFA 프랑' 화폐를 발행한다. 서아프리카 버전은 서아프리카국 중앙은행이 발행한 *Communauté* Financière d'Afrique(Financial Community of Africa)프랑 화폐이다. 중앙아프리카 버전은 중앙아프리카국 중앙은행이 발행한 Coopération Financière Afrique Centrale(Financial Cooperation in Central Africa)프랑 화폐이다. 기본적으로 프랑스 프랑 화와의 연동에 기초하여 CFA 화폐는 둘 다 현재 EMU의 유로화에 1유로 당 655.957CFA의 환율로 고정되어 있다.

CFA 화폐는 둘 다 동일한 환율로 유로화에 고정되어 있었기 때문에 수년 동안 두 아프리카 통화동맹 내에서 활동해오던 기업들은 이 두 화폐가 얼마든지 상호 교환 가능한 것으로 인식하고 있었다. 그런데 EMU의 장기적 미래에 대해 불확실성이 증가하게 되자 이 두 아프리카 통화동맹은 위기 대응 계획을 세우기 시작하였다. 유로가 붕괴하는 경우 아프리카의 통화동맹은 보다 광범위한 글로벌 통화로 구성된 바스켓에 CFA 프랑을 연동시키는 계획을 수립하였다. 그러나 두 아프리카의 통화동맹이 동일한 통화바스켓에 동의할지 불분명하며, 설사 동의한다 하더라도 두 개의 CFA에 동일한 환율이 형성될지 의문이다. 그렇지 않다면 1억2천5백만 명이라는 많은 인구가 살고 있는 이 지역에서 비즈니스를 하고 있는 수많은 기업 입장에서는 CFA 프랑 사이에 완전한 교환이 가능했던 시절이 끝나게 됨을 의미하는 것이다.

심화 학습: 최적통화지역 이론의 관점에서 보았을 때 서부 아프리카 국가들과 중앙아프리카 국가들이 통합된 통화동맹을 유지하는 대신 각각의 통화동맹을 선택한 이유는 무엇이라 생각하는가?

핵심 이슈 #6

국가는 공동통화를 채택함으로써 이익을 얻을 수 있는가?

최적통화지역은 경기변동이 동조화되기 때문에 역내 국가 간 상대적인 소득흐름의 격차가 크지 않은 지역이다. 또한 최적통화지역에서는 노동의 이동을 통해 국제수지 불균형과 실업의 문제를 환율 조정 없이도 해결할 수 있을 정도로 역내 노동이동성이 매우 높다. 이런 환경에서는 역내 국가는 자국 국민들을 외환리스크로부터 보호할 수 있으며 공동통화를 사용하는 통화동맹에 가입함으로써 통화교환비용도 절감할 수 있다. 그러나 대부분의 연구는 유럽국가들이 최적통화지역의 조건을 충족시키지 못하는 것으로 나타났다. EMU의 출범 초기에는 이러한 사실이 EMU의 형성과 작동을 막지 못하였으나, 최근에는 일부 EMU 회원국의 재정적자가 통화동맹에 부담을 가중시키고 있다.

요약

1. **중앙은행의 책무**: 정부는 중앙은행에 자금을 예치한다. 중앙은행은 정부가 채권을 발행하고 정부채권보유자에게 이자를 지급하고 원금을 상환하는 시스템을 운영하며 정부채권시장을 개발하는 재정대리인으로 활동한다. 중앙은행은 민간은행을 위한 금융서비스를 제공하며 뱅크런과 기타 은행시스템의 붕괴를 막기 위해 유동성을 공급하는 최종대부자의 기능을 수행한다. 중앙은행은 통화정책을 수행한다. 통화정책의 수단으로 할인율, 공개시장 조작, 지급준비금, 이자율 및 신용제한을 이용하여 은행 간 이자율과 총은행준비금에 영향을 미친다. 이 정책들은 본원통화를 결정한다. 본원통화는 시중에 유통되는 지폐와 민간은행의 지급준비금으로 구성된다. 민간은행의 지급준비금은 중앙은행의 주요 부채 항목이다. 중앙은행의 중요 자산은 정부채권, 민간은행에의 융자 및 외환보유고이다.

2. **중앙은행의 주요 통화정책 수단과 통화정책이 시장이자율에 영향을 미치는 과정**: 중앙은행이 사용할 수 있는 통화정책 수단은 할인율, 공개시장 조작, 법정지급준비금, 이자율제한 및 신용제한이다. 중앙은행은 이러한 정책 수단을 사용하여 은행 간 이자율과 은행준비금 및 본원통화에 영향력을 행사하며, 통화승수를 통해 통화량에 영향을 미친다. 균형이자율에서 개인들은 시중에서 유통 중인 통화량을 보유하는 데 만족한다. 통화량을 증가시키는 중앙은행의 행위는 경제 내 총유동성을 증가시키며, 균형이자율의 하락을 가져온다.

3. **중앙은행의 외환시장 개입방식**: 통상 중앙은행은 현물환시장에서 통화를 매매함으로써 외환시장에 개입한다. 시장에 순응하는 개입은 자국 통화가치의 현재 추세를 지지하기 위한 개입이며, 시장에 대항하는 개입은 자국 통화가치의 현 추세를 중지시키거나 반전시키기 위한 개입이다. 외환시장에의 개입방식을 규정하는 제도적 틀이나 불태화를 하는 정도 등이 나라마다 다르지만 기본적으로 외환시장에 개입하는 주체는 중앙은행과 정부의 재무부처이다. 많은 경제학자들은 불태화가 없는 외환시장 개입은 통화의 상대공급량을 변화시켜 시장 환율에 영향을 준다고 주장한다. 어떤 사람들은 불태화 외환시장 개입이 포트폴리오 밸런스 효과나 공표 효과를 통해 환율을 변화시킨다고 주장한다. 1980년대의 외환시장 개입에서 얻은 경험은 공표효과가 실제로 존재했었음을 보여준다. 그러나 국가 간에 조율된 외환시장 개입조차 환율에 미치는 효과는 제한적이었으며 오히려 환율변동성을 증가시키는 경우도 동시에 존재한다.

4. **구조적 상호의존성과 국제적 정책 협력 혹은 국제적 정책 공조**: 타국의 경제적 성과에 영향을 주는 사건에 자국이 반응하는 경우 이 나라들은 구조적으로 상호의존적이라고 말한다. 이런 상황에서는 국제적 정책 외부성이 존재할 수 있으며, 국제적 정책 외부성은 한 나라의 정책행위가 다른 나라에 파급되는 효과를 의미한다. 긍정적인 국제적 정책 외부성은 다른 나라의 경제적 성과를 개선시키는 파급효과를 가지며 부정적인 국제적 정책 외부성은 다른 나라의 경제적 성과를 악화시키는 파급효과를 가진다. 긍정적인 외부성은 증대시키고 부정적인 외부성은 줄이기 위해서 데이터를 공유하고 정책 목표의 딜싱을 위해 협력하는 제도적 구조를 형성하는 방식으로 국가들은 협력할 수 있다. 국가들은 공동의 이익을 달성하는 데 가장 적합한 정책 행위를 결정함으로써 정책 공조를 추진할 수도 있다.

5. **국제적 정책 공조의 이익과 비용**: 국제적 정책 공조의 주요 이익은 국제적 정책 외부성을 내부화함으로써, 공동으로 결정한 정책목표가

부정적인 외부성이 초래하는 부정적 결과는 최소화하고 긍정적인 외부성은 증대하도록 하는 데 있다. 국제적 정책 공조는 어떤 정책 목표를 달성하기 위해 사용할 수 있는 정책 수단의 범위를 넓혀준다. 국제적 정책 공조에 관한 공식적인 협약을 맺게 되면 정책결정자들이 근시안적인 정책을 실시하라는 국내의 정치적 압력에 대항할 수 있는 여지가 커진다. 국제적 정책 공조의 근본적인 문제점은 주권의 일부분을 상실할 수 있다는 것이다. 정책결정자는 공조파트너 국가의 정책결정자가 합의된 정책을 실제로 그리고 효과적으로 시행할 것이라는 사실을 신뢰해야한다. 그러나 정책 공조에 대한 합의를 깨고 상대방을 속이거나, 공동의 목적 달성을 위해 가장 효과적인 정책수단을 선택함에 있어서 합의에 이르지 못하는 경우도 있다. 또한 중앙은행이 인플레이션 억제와 관련하여 충분한 신뢰를 확보하지 않은 상태인 경우, 통화정책을 공조하면 재량적 통화정책에서 발생하는 인플레이션 편의를 더욱 확대시킬 수도 있다.

6. **공동통화를 채택하여 국가가 얻는 혜택**: 환율을 조정하지 않아도 특정 지역 내 노동이동성이 충분히 커서 실업문제나 국제수지 불균형 문제가 해결되는 경우 그 지역에 속한 국가들은 최적통화지역을 형성한다. 최적통화지역 내의 국가들은 공동통화를 사용하는 통화동맹을 형성할 수 있다면 원칙적으로는 자국 국민들이 당면하는 외환리스크와 통화교환비용을 제거할 수 있다. 유럽국가는 전체적으로는 최적통화지역을 형성할 수 없지만, 현재 EMU의 형성은 계속 진행되고 있다.

연습문제

1. 중앙은행의 기능 중 가장 중요한 기능은 무엇이라 생각하는가? 중앙은행이 다른 기능은 수행하지 않으면서 당신이 가장 중요하다고 판단한 기능을 수행할 수 있다고 생각하는가?
2. 중앙은행은 본원통화의 크기를 직접 통제할 수 있는가?
3. 중앙은행은 할인율만 변동시켜서 통화정책을 시행할 수 있는가?
4. 중앙은행이 외환시장에 개입하는 경우, 어떤 환경에서 시중에 유통되는 통화량이 변하는가?
5. 중앙은행이 통화정책의 수단으로 공개시장 조작정책을 사용하지 않는다고 가정하자. 자국 통화가치를 상승시키기 위한 목적으로 중앙은행이 외환시장에 불태화 개입을 하는 경우 중앙은행은 어떻게 할인율을 변화시키는가?
6. 대부분의 중앙은행이 현물 외환시장에 개입하고 있지만, 선물 외환시장에의 개입이 현물 외환시장 개입보다 효과적이지 않다는 법은 없다. 이 주장은 진실인가? 거짓인가? 본인의 논거를 제시하라.
7. 국제적 정책 협력과 국제적 정책 공조의 차이점을 설명하라. 오늘날 더 효과적인 정책은 어떤 쪽이라 생각하는가?
8. 국가 간 경제정책을 공조하는 경우 얻게 되는 잠재적 이익은 무엇인가? 예상되는 이익 중 가장 중요한 것은 어떤 것이라 생각하는가?

9. 국제적으로 정책 공조를 하는 경우에 발생할 것으로 예상되는 불이익에 대해 논의하라. 예상되는 불이익 중 가장 심각한 것은 무엇이라고 생각하는가?

10. 이 장에서 유의하여 살펴보았듯이, 전통적인 의미에서 유럽국가 전체가 최적 통화지역을 형성하는 것은 아니다. 그러나 많은 비EMU 유럽국가들이 계속 EMU 가입의사를 밝히고 있다. 이런 국가들의 지도자가 EMU 가입이라는 목적을 달성하기 위해 사용할 수 있는 다른 이론이나 개념을 생각해 볼 수 있는가? 그런 이론이나 개념이 있으면 설명하라.

온라인 응용학습

URL: www.ecb.int.
제목: About the European Central Bank
검색: 위의 홈페이지에서 'The European Central Bank'를 클릭하라.
응용: 화면에 표시된 작업을 모두 시행하라. 그리고 다음의 문제에 답하라.

1. 'The European Central Bank'를 클릭하라. 그 다음 'ECB, ESCB, and the Eurosystem,'을 클릭한 후 관련 기사를 읽어라. 어떤 기관이 유로를 통화로 사용하는 국가들 내에서 통화정책을 시행하는 책임을 지고 있는가? European System of Central Banks(ESCB) 혹은 ECB? 설명하라.

2. 웹페이지의 왼쪽 부분에 있는 링크를 클릭한 후 그 내용들을 살펴보라. ESCB의 구조 중 어떤 측면이 정치적 신뢰성을 증진시키는가?

팀 과제: 클래스를 여러 그룹으로 나눈다. 위의 웹사이트에 나와 있는 유로지역의 중앙은행들과 www.bis.org/cbanks.htm에서 찾을 수 있는 'Central bank hub'를 이용하여 현재 ESCB에 속해있는 중앙은행들의 웹사이트를 살펴보도록 한다. ESCB 내에서의 각국 중앙은행의 기능은 무엇인가? 각국의 경제시스템 및 금융시스템에서 중앙은행의 역할은 무엇인가?

참고문헌

Aizenman, Joshua, and Reuven Glick. "Sterilization, Monetary Policy, and Global Financial Integration." National Bureau of Economic Research, Working Paper 13902, March 2008.

Aizenman, Joshua, and Jaewoo Lee. "International Reserves: Precautionary vs. Mercantilist Views, Theory and Evidence." International Monetary Fund, IMF Working Paper WP/05/198, October 2005.

Artis, Michael, George Chouliarakis, and P.K.G. Harischandra. "Business Cycle Synchronization since 1880." Working Paper, University of Manchester and Central Bank of Sri Lanka, April 2011.

Beine, Michel, Oscar Bernal, Jean-Yves Gnabo, and Christelle Lecourt. "Intervention Policy of the Bank of Japan: A Unified Approach." *Journal of Banking and Finance* 33 (May 2009): 904–913.

Bhalla, Surjit. *Devaluing to Prosperity: Misaligned Currencies and Their Growth Consequences.* Washington, DC: Peterson Institute for International Economics, 2012.

Bordo, Michael. "A Brief History of Central Banks." Federal Reserve Bank of Cleveland Economic Commentary, 2007.

Bordo, Michael, and Thomas Helbling. "International Business Cycle Synchronization in Historical Perspective." *Manchester School* 79(2) (2011): 208–238.

Bordo, Michael, Owen Humpage, and Anna Schwartz. "The Historical Origins of U.S. Exchange Market Intervention Policy." National Bureau of Economic Research, Working Paper 12662, November 2006.

Bordo, Michael, and Anna Schwartz. "What Has Foreign Exchange Market Intervention Since the Plaza Agreement Accomplished?" *Open Economies Review* 2(1) (1991): 39–64.

Brandner, Peter, Harald Grech, and Helmut Stix. "The Effectiveness of Central Bank Intervention in the EMS: The Post 1993 Experience." *Journal of International Money and Finance* 25 (June 2006): 580–597.

Capie, Forrest, Charles Goodhart, and Norbert Schnadt. "The Development of Central Banking." In Capie et al., eds., *The Future of Central Banking: The Tercentenary Symposium of the Bank of England*. Cambridge, U.K.: Cambridge University Press, 1994, pp. 1–231.

De Grauwe, Paul. *Economics of Monetary Union*, 9th edn. Oxford, U.K.: Oxford University Press, 2012.

Dominguez, Kathryn M.E. "When Do Central Bank Interventions Influence Intra-Daily and Longer-Term Exchange Rate Movements?" *Journal of International Money and Finance* 25 (November 2006): 1051–1071.

Dominguez, Kathryn and Jeffry Frankel. "Does Foreign Exchange Intervention Work?" *Institute for International Economics*, Washington DC, 1993.

Eichengreen, Barry. "Is Europe an Optimal Currency Area?" National Bureau of Economic Research Working Paper No. 3579, January 1991.

European Central Bank. "The Accumulation of Foreign Reserves." Occasional Paper Series, Number 43, February 2006.

Fatum, Rasmus, and Michael Hutchison. "Evaluating Foreign Exchange Market Intervention: Self-Selection, Counterfactuals, and Average Treatment Effects." *Journal of International Money and Finance* 29(3) (April 2010): 570–584.

Humpage, Owen. "A New Role for the Exchange Stabilization Fund." Federal Reserve Bank of Cleveland Economic Commentary, August 2008.

Kenen, Peter, and Ellen Meade. *Regional Monetary Integration*. Cambridge, U.K.: Cambridge University Press, 2008.

Kirton, John J., Joseph P. Daniels, and Andreas Freytag. *Guiding Global Order*. Aldershot, U.K.: Ashgate Publishing, 2001.

Lecourt, Christelle, and Helene Raymond. "Central Bank Interventions in Industrialized Countries: A Characterization Based on Survey Results." *International Journal of Economics and Finance* 11 (April 2006): 123–138.

Lee, Grace, and M. Azali. "Is East Asia and Optimum Currency Area?" *Economic Modelling* 29 (2012): 87–95.

Lee, Grace, and Sharon Koh. "The Prospects of a Monetary Union in East Asia." *Economic Modelling* 29 (2012): 96–102.

Montoya, Lourdes, and Jacob de Haan. "Regional Business Cycle Synchronization in Europe?" *International Economics and Economic Policy* 5(1/2) (July 2008): 123–137.

Mundell, Robert. "A Theory of Optimal Currency Areas." *American Economic Review* 51 (1961): 657–665.

Neely, Christopher J. "Central Bank Authorities' Beliefs about Foreign Exchange Intervention." *Journal of International Money and Finance* 27 (2008): 1–25.

Nordvig, Jens. *The Fall of the Euro*. New York: McGraw-Hill, 2014.

Reinhart, Carmen, and Kenneth Rogoff. *A Decade of Debt*. Washington, DC: Peterson Institute for International Economics, September 2011.

Reitz, Stefan, and Mark P. Taylor. "Japanese and Federal Reserve Intervention in the Yen-US Dollar Market: A Coordination Channel of FX Operations?" Department of Economics, Deutsche Bundesbank, and Department of Economics, University of Warwick, April 2008. http://ssrn.com/abstract=1157679

Sarno, Lucio, and Mark P. Taylor. "Official Intervention in the Foreign Exchange Market: Is It Effective and, If So, How Does it Work?" *Journal of Economic Literature* 39(3) (2001): 839–868.

VanHoose, David. "Bank Capital Regulation, Economic Stability, and Monetary Policy: What Does the Academic Literature Tell Us?" *Atlantic Economic Journal* 36 (March 2008): 1–14.

Wonchang, Jang, "How to Intervene in FX Market: Market Microstructure Approach." *Journal of Economic Development* 32(1) (June 2007): 105–128.

4부 현대 글로벌 경제문제와 정책

10장	세계화가 모두를 부유하게 할 수 있을까?	289
11장	경제발전	324
12장	글로벌 경제의 산업구조와 무역: 국경 없는 기업활동	358
13장	글로벌 경제의 공공부문	391
14장	금융위기 대응: 새로운 국제금융체제가 필요한가?	421

10장

세계화가 모두를 부유하게 할 수 있을까?

> **핵심 이슈**
>
> 1. 한 나라의 노동력 수요에 영향을 미치는 요인은 무엇인가?
> 2. 시장임금은 어떻게 결정되며, 국제무역의 증가는 한 나라 노동자들이 받는 임금에 어떤 영향을 미칠 수 있을까?
> 3. 국제무역에 대한 요소부존비율 접근법은 무역이 임금 소득에 미치는 영향에 대해 어떤 함의를 갖는가?
> 4. 노동력과 자본은 왜 국경을 넘어 이동하는가?
> 5. 국제노동 아웃소싱이란 무엇이며, 그것이 아웃소싱 관련 국가의 시장임금과 균형 고용수준에 어떤 영향을 미치나?

미국은 건국 이후 네 번의 이민 파동을 경험했다. 1차 파동은 1820년대에 시작하여 1850년대 초에 절정에 이르렀는데, 아일랜드와 서유럽의 중심부 특히 독일에서 많은 사람들이 새로 이주해왔다. 2차 파동은 1870년대에 시작되어 1880년대 초에 절정을 이루었는데 북유럽 — 덴마크, 네덜란드, 노르웨이, 스웨덴, 스위스 — 과 중국에서 많은 사람들이 이민을 왔다. 3차 파동은 1890년대에 시작되어 20세기 시작 직후에 정점을 찍었는데, 이 때는 오스트리아, 헝가리, 이탈리아, 러시아 출신 이민자들이 큰 부분을 차지했다. 4차 파동은 1990년대 초에 시작되어 21세기 초에 정점에 이르렀는데, 아시아와 중남미 특히 멕시코에서 사람들이 유입되었다.

미국에서 이런 이민 파동이 나타난 데는 어떤 요인들이 작용했을까? 분명히 문화적 요인들이 중요한 역할을 했을 것이다. 그럼에도 불구하고 어느 이민 파동이든 미국에서 새 삶을 시작하기로 선택한 사람들은 모국보다 미국에서 더 높은 임금의 일자리를 찾을 수 있었다. 그리고 미국에서 벌 수 있는 임금과 이민자 모국의 임금 사이에 차이가 상당히 줄어든 후에는 이민 파동은 약화되는 경향이 있었다. 2012년 무렵 대부분의 인구학자들 — 인구의 변동과 추이를 연구하는 사회과학자들 — 은 멕시코 및 다른 이민자의 모국의 임금과 미국 임금 사이의 격차가 상당히 좁혀졌기 때문에 미국 4차 이민 파동은 곧 종료될 것이라고 생각했다.

세계 역사에서 지역 간 인구 이동에는 인종적 및 종교적 요인들을 포함하여 많은 요인들이 영향을 미쳤다. 이 장에서는 경제적 유인이 미국과 같은 나라로의 이민 유입에 어떤 방식으로 큰 영향을 미칠 수 있는가를 설명할 것이다. 임금 격차는 이런 경제적 유인 중 하나이다. 먼저 국제무역과 임금 사이의 관계를 살펴봄으로써 세계화가 노동자에게 미치는 경제적 영향에 대해 설명할 것이다.

국제무역과 임금

국제무역이 한 나라의 생산요소 소유자들에게 귀속되는 소득에 어떤 영향을 미치는가는 논쟁이 되는 주제이다. 제3장에서 배운 바와 같이 생산요소란 재화와 서비스를 생산하기 위해 사용되는 자원을 가리킨다. 모든 나라에서 기본적인 생산요소 중 하나는 노동력이다. 노동자들이 자신들의 노동 서비스를 제공하고 받는 수입이 곧 임금이다. 국제무역이 노동자의 전반적 임금 수준 및 노동자들 사이의 임금 분포에 어느 정도 영향을 미치는가는 오랜 논쟁거리이다.

■ 개발도상국의 무역은 위협인가?

미국의 많은 노동자들은 1990년대와 2008년 사이에 실질소득의 상승, 임금 외 부가혜택의 확대, (일시적인) 주가의 상승을 경험했다. 하지만 미국 내 거주자들이 이런 이득을 골고루 나누어가진 것은 아니었으며, 2008년 이후에는 미국의 전반적 노동 보상액이 정체 상태를 보였다. 일부 사람들은 개발도상국과의 국제무역 증가가 그 원인이라고 주장한다.

악화되는 미국의 소득불균형

미국의 소득분배에서 최상위 10퍼센트 남성 노동자의 실질임금은 1970년대 이후 약 10퍼센트가 증가했다. 그런데 최하위 10퍼센트의 임금은 20퍼센트 이상 감소했다. 여성 노동자의 경우 하위 10퍼센트는 남성 노동자에 비해 약간 더 나은 편인데 그들의 소득은 5퍼센트에 약간 못 미치는 정도로 상승했다. 하지만 상위 10퍼센트 여성은 훨씬 더 나아져 소득이 거의 30퍼센트나 증가했다.

일부 정치인과 노동조합 대표들은 미국의 소득 불평등 심화가 국제무역 때문이라고 주장했다. 1970년대 초에는 미국 제조품 수입 중 겨우 6분의 1만 신흥경제권에서 수입되었다. 그 비중은 오늘날의 절반에 가깝다. 그들은 명확한 인과관계가 있음이 분명하다고 주장한다. 이런 통계에서 출발해서 그들이 내린 결론은, 외국노동자들에게 일자리를 빼앗기지 않으려고 하다 보니 미국의 일반 남성들의 임금이 계속 하락한다는 것이다. 그리고 일반 여성들은 이런 해외의 경쟁압력에 직면해서 자신들의 몫을 근근이 유지하다고 있다고 주장한다.

정말 국제무역이 문제인가?

도표 10.1을 보자. (a)는 미국의 무역에서 세계 각국이 차지하는 비중을 나타낸다. 캐나다와 멕시코의 비중이 가장 높으며 그 다음은 중국, 일본, 영국, 독일, 네덜란드 및 기타 선진국의 순이다. 보는 것처럼 현재 멕시코를 제외한 개발도상국 및 신흥경제권은 미국 무역의 25퍼센트 이상을 차지하고 있다. 중국과 멕시코를 합하면 개발도상국 및 신흥경제권 전체의 비중은 미국 수출입의 약

50퍼센트를 차지한다. (b)를 보면 최근 수십여 년간 미국인들이 개발도상국에서 구매하는 생산물의 비중이 계속 증가했음을 알 수 있다. 그리고 개발도상국과 신흥경제권을 비롯한 다른 나라 제조업 노동자의 임금이 미국 제조업 노동자의 임금에 비해 증가했음을 알 수 있다.

도표 10.1에 나타난 통계를 보면 앞에서 말한 정치인들과 노동조합 대표들의 주장이 옳다고 해석할 수 있다. 즉 미국 소비자들이 개발도상국과 신흥경제권의 제품을 더 많이 구매함으로써 그 지역의 저임금 노동자 대비 미국 노동자의 상대임금이 줄어들게 되었다는 것이다. 이런 해석은 더 나아가, 자유무역 때문에 미국 노동자들이 피해를 입고 있으니 미국은 개발도상국 및 신흥경제권의 수입품에 대한 장벽을 높여야 한다는 주장으로 이어진다.

하지만 앞의 여러 장에서 배운 바와 같이 사실은 그렇게 간단하지 않다. 자유무역의 핵심은 각 국가로 하여금 자신들이 비교우위를 갖고 있는 제품의 생산에 특화하도록 유도한다는 것이다. 따라서 무역장벽이 제거되었을 때 — 미국에서는 1970년대와 1980년대에 많은 무역장벽이 제거

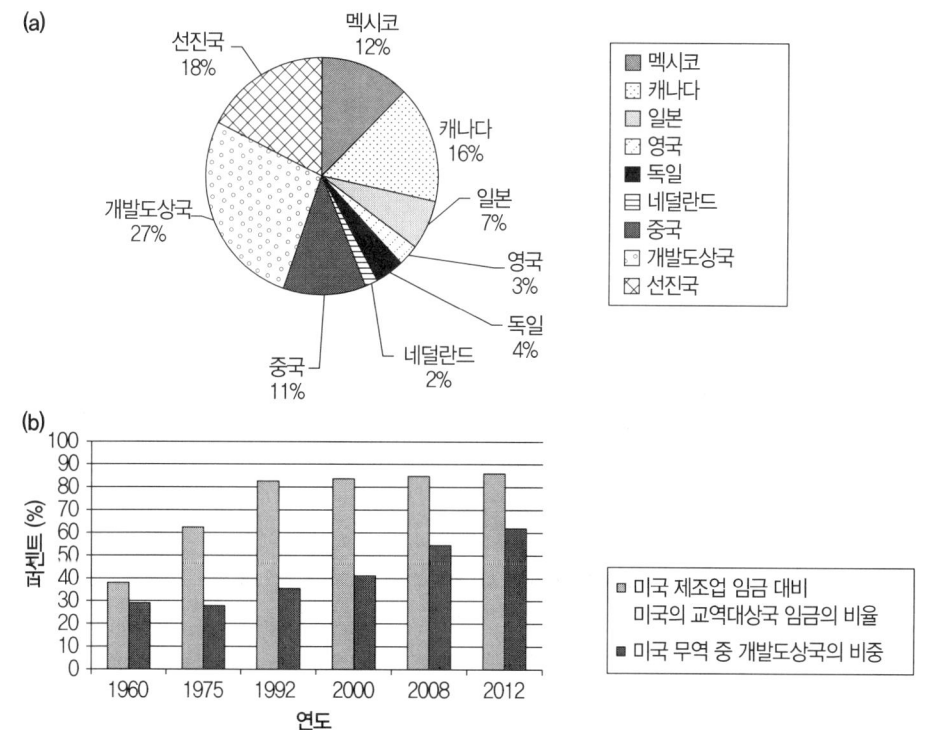

도표 10.1 미국 무역의 국가별 비중과 미국 제조업 노동자 임금 대비 개발도상국 제조업 노동자 임금의 비율

* (a)는 미국의 주요 교역대상국이 미국 전체 무역에서 차지하는 비중을 나타낸다. (b)는 최근 수십 년간 미국 교역대상국의 제조업 부문 노동자들의 임금이 미국 내 제조업 부문 노동자들의 임금에 비해 증가했으며, 같은 시기에 미국의 개발도상국과의 무역비중이 증가했다는 것을 보여준다.

출처: International Monetary Fund, *Directions of Trade Statistics*; U.S. Department of Commerce; 저자 추정.

되었다 — 자원은 자연스럽게 비교우위 산업으로 이동했다. 자원은 미국과 같은 나라가 비교우위를 갖지 않는 산업을 떠나 다른 산업으로 이동하게 된다.

국제무역은 미국 노동자가 받는 시장임금에 어떤 영향을 미치는가? 문제가 되는 나라가 미국이 아니라도 상관없다. 국제무역은 정말 미국 소득분포의 변화와 관련이 있을까? 국제무역은 개발도상국이나 신흥경제권을 포함한 다른 나라의 임금과 소득분포에는 어떤 영향을 미칠까? 이 문제에 대해 하나씩 답을 해보도록 하자.

■ 임금과 국제무역

국제무역이 임금에 미치는 영향을 살펴보기 전에 국가들 사이에 임금이 얼마나 차이가 나는지를 살펴보는 것이 필요하다. 그리고 국제무역이 임금에 미치는 효과를 평가하는 위해서는 임금의 기본적 결정요인을 먼저 이해해야 한다.

국가 간 임금 격차

도표 10.2는 몇몇 국가의 제조업 기업이 1975년 이후 종업원들에게 지급한 시간당 보수에 관한 지수를 나타낸 것이다. 미국 제조업 부문의 시간당 보수를 100으로 하여 비교한 지수이다. 미국의 노동통계국은 이 지수들을 표로 만들었는데, 이 지수는 노동시간에 대한 보수뿐만 아니라 보너스 및 휴일 수당, 각종 혜택, 기업에 부과된 노동관련 세금을 모두 포함한 것이다.

도표 10.2의 지수를 만들기 위해 정부 통계관계자는 각국의 시간당 보수 수준을 현지 통화 단위로 계산하였다. 그 다음 미국 보수 수준과 비교하기 위해 당시 각국 통화의 달러 대비 시장 환율을 적용하여 각국 보수 수준을 미국 달러로 환산했다. 결국 이 시간당 보수 지수는 노동자들이 받는 여러 종류의 직접 및 간접 소득을 반영하고 있으며 환율의 변화도 반영하고 있다.

시간당 보수 지수는 국가들 사이의 물가 수준

도표 10.2 주요 국가의 제조업 부문 시간당 보수 비용 지수

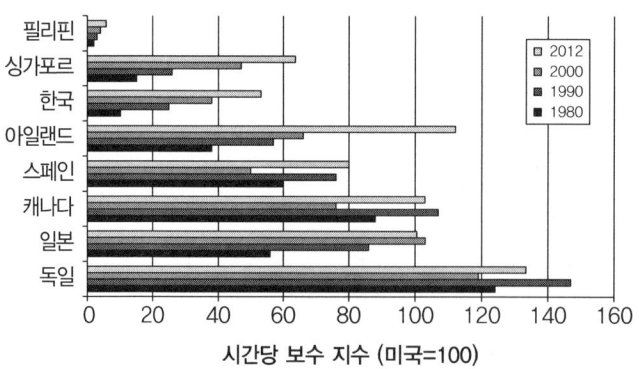

* 이 도표는 미국 제조업 부문의 시간당 보수를 100으로 하여 다른 나라의 제조업 부문 시간당 보수를 나타낸 지수이다. 이 지수는 국가 간 물가 수준의 차이를 고려하지 않고 있지만 노동 보수 사이에 상당한 차이가 있음을 보여준다.

출처: U.S. Bureau of Labor Statistics; 저자 추정.

차이는 고려하지 않았음을 유의해야 한다. 따라서 이 지수를 통해 노동자 임금의 구매력을 비교하는 데는 한계가 있다. 그리고 이 지수는 제조업 부문 노동자의 보수만을 고려한 것이다. 따라서 이 지수가 미국의 모든 노동자들의 보상 수준과 비교해 해당 국가의 모든 노동자들의 대표적 보상수준을 나타내는 것은 아니다.

그럼에도 불구하고 도표 10.2의 시간당 보수 지수에서 나타난 바와 같이 각국의 제조업 노동자들에게 지급되는 시간당 임금 및 혜택에 커다란 차이가 있다는 것을 분명히 확인할 수 있다. 예상한 것처럼 캐나다 제조업 노동자의 보수 수준은 미국과 매우 유사한 수준이다. 독일 제조업 노동자의 보수 수준은 최근에 미국의 수준을 앞질렀다. 다른 나라 특히 필리핀의 제조업 노동자의 시간당 보수는 미국의 수준에 크게 미치지 못한 수준에 머물러 있다.

도표 10.2에서 두 가지 흥미로운 시사점을 확인할 수 있다. 첫째, 국가들 사이의 보수 격차에는 지속성이 존재하는 점이다. 필리핀 노동자의 소득은 언제나 한국이나 싱가포르 노동자의 수준에 크게 못 미치며, 한국과 싱가포르의 보수 수준은 늘 아일랜드와 스페인의 수준보다 낮다. 그리고 아일랜드와 스페인의 노동자들은 캐나다와 독일의 노동자들보다 더 낮은 시간당 보수를 받는 경향이 있다.

둘째, 1990년 이후 7개국 모두에서 특히 독일에서 제조업 노동자들의 보수가 미국에 비해 계속 크게 증가하고 있다. 이들 나라의 관점에서 보면 제조업 노동자들이 미국 노동자들을 따라잡고 있다. 물론 미국의 관점에서 보면 미국 제조업 노동자들이 과거에 비해 다른 나라 노동자 대비 더 낮은 보수를 받고 있다는 것을 의미한다.[i]

노동의 한계수입생산

큰 틀에서 보수의 양상이 지속되기는 하지만 국가 간 보수의 차이가 왜 발생하는지를 설명하기는 쉽지 않다. 마찬가지로 국제무역이 노동자들의 보수에 어떤 영향을 미치는가를 확인하는 것 또한 어렵다.

보수의 주요 형태는 임금이다. 임금은 노동시장에서 결정된다. 경제학자들은 다음 세 가지 중 하나의 방식으로 노동 단위를 측정할 수 있다. 첫째는 일정 수의 사람들이 투입한 노동시간을 단위로 측정하는 방식이다. 둘째는 고용된 사람의 수를 측정하는 것이다. 마지막은 앞의 두 방식을 결합하여 노동 단위를 측정하는 방법인데, 경제학자들은 이를 '인시(person-hours)'라고 부른다.

여러분이 어느 회사 — 예를 들어 온라인 여행 서비스 회사 — 의 경영자라고 생각해보자. 여러분은 얼마나 많은 노동 단위(시간 수, 사람 수, 혹은 인시)를 고용해야 할까를 고민할 것이다. 회사의 다른 모든 생산요소 — 토지, 자본, 경영능력 등등 — 는 고정되어 있다. 그리고 여러분 회사의 목표는 이윤을 극대화하는 것이라고 가정하자. 만약 여러분이 이런 상황에 대해 잠시만 생각해도, 고용해야 할 노동 단위의 양을 결정하기 위해서는 하나의 근본적 문제에 답을 내려야 한다는 것을 깨닫게 될 것이다. 즉 회사가 고용을 한다면 한 단위의 노동은 얼마의 수입을 창출할 것인가 그리고 한 단위의 노동 고용이 그 회사의 전

---

i) **관련 웹사이트**: 최근의 국가 간 임금 비교는 미국 노동통계국 웹페이지(http://stats.bls.gov/fls)에서 확인할 수 있다.

체 생산비용에 얼마나 영향을 미칠까 하는 문제에 직면하게 된다. 결국 이 문제에 답하는 것은 고용 결정이 회사의 이윤에 미치는 영향을 결정하는 것이다.

노동 한 단위를 추가로 고용함으로써 발생하는 수입의 증가를 경제학에서는 **노동의 한계수입생산**(marginal revenue product of labor)이라고 부른다. 표 10.1은 노동의 한계수입생산의 계산 방법을 보여준다. 여러분이 표에 나타난 상황에 직면한 가상의 미국기업 경영자라고 하고 두 번째 줄을 보자. 첫째 노동 한 단위(①열)의 고용은 10단위의 서비스(②열)를 생산한다. 여기서 산출 1단위는 표준적인 여행상품 하나의 판매를 나타낸다고 정의하자. 이것은 첫째 노동 단위의 **노동의 한계생산**(marginal product of labor), 즉 추가된 노동 단위에 의해 생산된 추가 산출(③열)이 될 것이다. (일부 다국적기업들은 다른 나라에서 얻은 교훈을 미국 내 영업에 적용함으로써 노동의 한계생산을 높이는 데 성공하고 있다. "참고사례 10.1" 참조.)

만약 회사가 모든 산출물을 단위 당 50달러의 가격에 판매한다면(④열), 산출물 10단위의 판매를 통해 벌어들이는 총수입은 500달러가 된다(⑤열). 모든 회사의 생산물이 다른 회사의 생산물과 완전히 대체가능하다고 한다면 한 회사의 생산량은 해당 산업 전체의 생산량 중에서 아주 작은 비중에 불과할 것이고 그래서 한 회사는 생산물 가격에 영향을 미칠 수 없다. 모든 생산물은 동일

표 10.1 노동의 한계수입생산 계산 예

노동량 ①	산출 ②	한계 생산 ③	생산물 가격 ④ ($)	총수입 ⑤ ($)	한계 수입 ⑥ ($)	한계 수입생산 ⑦ ($)
0	0	—	50	0	—	—
1	10	10	50	500	50	500
2	19	9	50	950	50	450
3	27	8	50	1,350	50	400
4	34	7	50	1,700	50	350
5	40	6	50	2,000	50	300
6	45	5	50	2,250	50	250

한 가격으로 판매되기 때문에 회사의 **한계수입**(marginal revenue) — 산출물 한 단위 추가 판매에 따른 추가 수입액 —은 단위 당 50달러가 된다(⑥열). 마지막으로 노동의 한계수입생산 (⑦열)은 첫째 노동 한 단위 고용으로 발생한 추가 수입이다. ⑤열에서 총수입은 0달러에서 500달러로 증가했다. 결국 첫째 노동 단위의 한계수입생산은 노동 단위 당 500달러이다. 그런데 한계생산(③열)과 한계수입(⑥열)을 곱해 ⑦열의 한계수입생산을 계산할 수도 있다. 첫째 노동 단위의 경우 노동 단위당 산출 10단위를 산출 당 50달러와 곱하면 ⑦열과 같이 노동 단위 당 500달러의 수입을 얻게 된다. 이것이 곧 노동의 한계수입생산이다. 따라서 우리는 한 회사의 노동의 한계생산에 한계수입을 곱해 노동의 한계수입생산을 계산할 수 있다.

표 10.1 나머지 행들은 여러분 회사가 고용한 둘째, 셋째, 넷째, 다섯째, 여섯째 노동 단위에 대해 같은 방식으로 계산한 결과를 보여준다. ②열을 보면 노동을 한 단위씩 늘임에 따라 총 산

• **노동의 한계수입생산**(marginal revenue product of labor): 노동 한 단위를 추가 고용함으로써 발생한 추가 수입 혹은 한계수입과 노동의 한계생산의 곱.
• **노동의 한계생산**(marginal product of labor): 노동 한 단위를 추가 고용함으로써 추가로 생산한 산출의 양.

• **한계수입**(marginal revenue): 생산물 한 단위를 추가로 판매함으로써 기업이 추가로 얻는 수입.

♣ 참고사례

10.1 국내 공장과 해외 공장의 결연을 통한 노동의 한계생산 증가

US스틸의 창업자인 앤드류 카네기는 19세기 동안 자신의 미국 철강 공장들 간의 경쟁을 조직해 노동의 전체 한계생산을 높이는 아이디어를 개발했다. 동일한 생산 공정을 사용하는 유사한 규모의 공장들이 노동자 1인당 산출량 증대에서 다른 공장을 앞지르기 위해 매월 경쟁하는 우호적 경쟁관계를 조성했다.

오늘날 다국적기업은 다른 나라에 위치한 유사한 공장들을 '결연'시키는 방식으로 카네기의 아이디어를 적용하고 있다. 예를 들어 룩셈부르크에 있는 아셀로어미탈(ArcelorMittal)은 20개 국가에서 26만 명 이상의 노동자를 고용하고 있는 112개 철강제조 공장 중에서 비슷한 공장들을 골라 짝을 지운다. 이 회사는 이렇게 쌍을 만든 후 — 예를 들어 독일과 폴란드의 공장, 프랑스와 루마니아의 공장, 벨기에와 미국 인디애나의 공장 — 각 공장의 생산을 벤치마크 한다. 짝을 맺은 공장들 내부의 투입물 사용 및 산출에 대한 관찰을 근거로, 노동자 1인당 산출이 낮은 공장의 경영자들은 노동자 1인당 산출을 높은 한계생산을 가진 공장의 수준으로 끌어올리기 위해 생산기술을 조정한다. 예를 들어 아셀로어미탈은 벨기에-인디애나 공장 쌍을 통해서, 인디애나의 노동자들은 철강 슬래브의 이동과 가공을 조정하기 위해 전통적으로 전화와 종이를 이용한 계산에 의존한 반면 벨기에 공장은 그것을 위해 컴퓨터 모델을 개발함으로써 노동자 1인당 산출을 더 높일 수 있었다는 사실을 발견했다. 인디애나 공장도 벨기에와 비슷하게 컴퓨터를 이용한 방법을 사용하기 시작했으며 그 결과 단시간에 한계생산을 벨기에 공장과 유사한 수준으로 높일 수 있었다.

이런 방법으로 아셀로어미탈과 다른 다국적 생산기업들은 도달 가능한 최고수준의 1인당 산출을 달성하기 위해 부단히 노력하고 있다. 그 결과는 노동의 한계생산 증가로 나타난다.

심화 학습: 일부 다국적기업들이 노동자의 한계생산성 향상을 목적으로 '결연'에 참여하는 공장들의 쌍을 주기적으로 재조정하는 이유는 무엇이라고 생각하는가?

출은 당연히 증가한다는 것을 알 수 있다. 하지만 ③열에 나타난 바와 같이 고용된 노동 단위 당 추가 생산물의 양은 감소한다. 따라서 회사가 노동자 수를 늘임에 따라 노동의 한계생산은 하락하다. 이것은 수위 **한계생산체감의 법칙**(law of diminishing marginal product)에 부합한다. 즉 다른 생산요소의 양이 고정된 상태에서 노동과 같은 어느 한 생산요소의 양이 점점 증가하면 새로 고용된 노동 단위 당 추가 생산량은 하락하는 경향이 있다. 우리의 예에서는 ③열의 한계생산이 노동 단위당 0 단위 산출에서 노동 단위당 10 단위 산출로 증가했다. 그 후 회사가 노동자를 추가로 고용하게 되면 노동의 한계생산은 곧바로 감소한다.

생산물의 가격은 판매되는 생산물 매 단위마다 동일(④열의 단위당 50달러)하기 때문에 판매량에 관계없이 한계수입은 늘 동일하다(⑥열). 정의상 한계수입생산은 한계생산과 한계수입의 곱이

• **한계생산체감의 법칙**(law of diminishing marginal product): 다른 생산요소의 양이 고정된 상태에서 노동과 같은 한 생산요소의 양이 증가함에 따라, 생산요소 한 단위 추가에 따른 산출물 증가량이 감소하는 법칙.

다. 노동자를 몇 명을 고용하든 한계수입은 동일하다. 하지만 고용한 노동자의 수가 증가함에 따라 노동의 한계생산은 감소한다. 그래서 결국 노동자 수를 늘임에 따라 그 회사의 노동의 한계수입생산은 감소한다.

노동의 파생수요

이제 여러분이 해야 하는 결정에 대해 생각해 보자. 여러분은 고용할 노동 단위의 양을 결정해야 한다. 이제 여러분은 고용에 관한 결정이 회사의 수입에 어떤 영향을 미칠지 알고 있다. 결정을 위해서는 노동 한 단위 고용을 위해 지불해야 하는 임금을 알아야 한다.

    노동 단위가 노동자 1명의 일주일간의 노동으로 측정된다고 가정하자. 그리고 여러분 나라에 있는 다른 모든 기업이 지불하는 일반적 임금 수준이 주당 400달러라고 가정하자. 이제 표 10.1을 다시 보자. 이 임금 수준에서 4명의 고용을 고려할 수 있다. 하지만 문제는 고용하려는 네 번째 사람은 기업에 350달러의 추가 수입만을 가져다 줄 것이라는 점이다 (⑦열의 다섯 번째 줄을 보라). 이것은 네 번째 노동자를 고용하면 50달러의 순 손실이 발생한다는 뜻이다. 즉 여러분 기업의 이윤에서 50달러가 오히려 줄어든다.

    따라서 여러분은 2명의 노동자만 고용하는 것을 검토할 수 있다. 두 번째 노동자는 여러분 회사에 주당 450달러의 추가 수입을 가져올 것이다 (⑦열의 세 번째 줄을 보라). 반면 회사는 주당 임금 400달러만 지불하면 된다. 따라서 두 번째 노동자를 고용하면 회사의 이윤은 50달러 증가하기 때문에 고용을 하는 것이 바람직하다.

    그 결과 추가 고용으로 회사 이윤은 증가하게 되어, 두 번째 노동자 다음으로 한 명 더 고용하는 것을 검토해야 한다. 세 번째 노동자를 고용하면 400달러의 추가 수입이 발생하게 되는데(⑦열의 네 번째 줄), 이것은 회사가 부담해야 하는 임금 지출 400달러를 정확히 충당하게 된다. 따라서 회사가 세 번째 노동자를 고용하는 점에서 이윤을 늘릴 수 있는 모든 가능성이 드디어 소진된다. 이는 곧 세 번째 노동자의 고용이 기업의 이윤을 극대화 한다는 것을 의미한다. 결국 우리는 다음과 같은 결론을 내릴 수 있다.

> 이윤극대화 기업은 노동의 한계수입생산이 다음에 고용될 노동자에게 지불할 임금과 동일하게 되는 점까지 노동자를 고용한다.

    여러분이 최초 3명의 노동자를 막 고용하려던 순간에 동종 산업의 다른 기업들이 지불하는 임금이 주당 450달러까지 상승했다는 것을 다른 경영자로부터 들었다고 가정하자. 여러분이 고용하려고 했던 세 번째 노동자의 한계수입생산은 여전히 400달러에 불과하다. 따라서 이제 여러분은 결정을 재검토해야 한다. 세 번째 노동자를 고용하면 이윤이 50달러 줄어들게 될 것이다. 이제 여러분이 두 번째 노동자를 고용할 때 기업 이윤을 늘릴 수 있는 기회는 모두 소진되어 버린다. 왜냐하면 두 번째 노동자의 한계수입생산인 주당 450달러는 주당 임금 지출 450달러와 정확히 일치하기 때문이다.

    회사가 노동자를 고용하기 위해 지불해야 하는 임금 수준이 상승하면 기업은 노동자의 고용을 줄이게 된다. 회사는 인상된 새로운 임금수준을 노동의 한계수입생산과 일치시킴으로써 고용을 얼마나 줄일지를 결정한다. 따라서 어느 회사의 한계수입생산은 노동자의 고용량을 결정하는 잣대가 된다. 즉 한계수입생산이 회사의 노동 수요를 결정한다. (최근 국제석탄가격의 하락은 미국 석탄 채굴 기업의 노동 수요에 상당한 감소를 초래했다. 아래 "참고사례 10.2"를 참조하라.)

도표 10.1(p. 291)에 나타난 바와 같이 어느 회사의 노동의 한계수입생산은 노동의 한계생산과 그 생산물의 판매 가격에 따라 결정된다. 생산물의 가격은 다시 기업이 판매하는 재화나 서비스의 시장 상황에 따라 결정된다. 이런 이유 때문에 경제학자들은 한 회사의 노동 수요는 생산물 시장의 조건에서 파생된다고 말한다. 따라서 노동수요는 파생수요이다. (각 노동량에서의 한계수입생산의 그래프는 반드시 노동수요 곡선이 된다. "도표로 이해하는 글로벌 경제 이슈 10.1" 참조.)

♣ 참고사례
10.2 중국 철강산업의 재채기에 미국의 석탄채굴 고용이 종말 직전에 이르렀다

철강 제조에 사용되는 고급 '연료탄'의 세계 최대 매장지 중 일부는 미국 애팔래치아 지역에 위치하고 있다. 21세기의 첫 번째 10년 동안 중국 철강산업에서의 수요 증가로 불붙은 세계 연료탄 수요 급증은 연료탄의 국제가격을 톤 당 300달러 이상까지 올려놓았다. 이런 가격 급등으로 석탄을 수출하는 애팔래치아 석탄 광산 노동자의 노동 서비스의 한계수입생산이 크게 올라갔다. 그리고 그 결과 이 부문에서 노동 수요가 큰 폭으로 증가했다.

2011년 여름 중국의 경제활동이 둔화되기 시작했다. 이런 경기둔화에 대응해 중국 철강생산 기업은 연료탄의 수입을 그 해 말까지 40퍼센트 이상 줄였다. 석탄수요가 급격히 감소하자 2012년 가을에 연료탄의 국제가격은 거의 50퍼센트나 하락했다. 미국 광부의 한계수입생산도 급락했다. 그 결과 그들이 가진 기술에 대한 수요도 떨어졌다. 이에 대응하여 미국 광산기업들은 2012년과 2013년에 수천 명의 노동자를 해고했다.

심화 학습: 연료탄 광부의 한계수입생산은 왜 하락했을까?

▨ 도표로 이해하는 글로벌 경제 이슈
10.1 노동수요 곡선

미국의 온라인 여행사가 고용하는 각 노동량의 한계수입생산 그래프를 이용하여 기업의 노동 수요를 살펴볼 수 있다. 도표 10.3은 표 10.1(p. 294)의 각 노동량에 대응하는 한계수입생산을 도표로 나타낸 것이다. 우하향하는 선이 이 기업의 한계수입생산 곡선이다.

이 기업의 노동 단위당 임금이 400달러라면 이윤을 극대화하는 고용 인원은 3명이 된다. 임금이 450달러로 올라가면 기업은 고용 인원을 2명으로 줄여 이윤을 극대화한다. 다시 말해서 임금이 상승하면 한계수입생산 곡선을 따라 점이 위로 이동하면서 기업이 수요하는 노동의 양은 줄어들게 된다. 이것은 기업의 한계수입생산 곡선이 곧 일정한 임금수준에서 기업이 고용하려고 하는 노동의 양, 즉 기업의 노동수요곡선이 된다는 것을 의미한다.

심화 학습: 임금의 변화는 기업 노동수요곡선 상에서 점의 이동으로 나타난다. 만약 기술혁신으로 모든 노동량에서 노동의 한계생산이 증가한다면 이 곡선은 어떻게 될까?

도표 10.3 노동수요 곡선

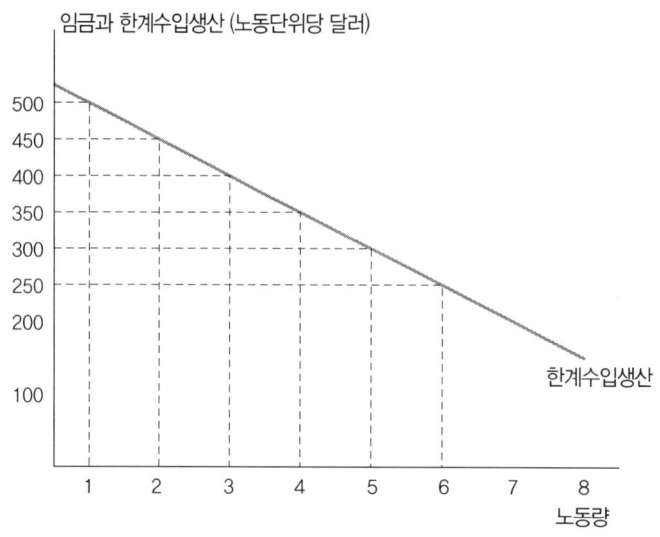

* 표 10.1(p. 294)의 한계수입생산을 그래프로 나타내면 우하향하는 한계수입생산 곡선을 얻게 된다. 임금이 상승하면 이윤극대화를 추구하는 기업은 새로운 임금과 더 높은 한계수입생산이 같아지는 점까지 고용을 줄인다. 따라서 한계수입생산 곡선이 곧 기업의 노동수요 곡선이다.

핵심 이슈 #1

한 나라의 노동력 수요에 영향을 미치는 요인은 무엇인가?

이윤극대화를 추구하는 기업은 노동의 한계수입생산(노동 한 단위를 더 고용할 때 얻을 수 있는 추가 수입)이 임금과 일치하는 지점의 노동량을 고용한다. 노동의 한계수입생산은 한계수입(생산물 한 단위를 더 판매함으로써 얻는 추가 수입)과 노동의 한계생산(추가된 노동 한 단위가 생산하는 추가 산출량)의 곱이다. 따라서 생산물의 가격과 노동의 한계생산이 한 나라의 노동시장에서 기업이 고용하고자 하는 노동량을 결정한다. 그 나라의 임금 수준 역시 노동력에 대한 수요를 결정한다.

시장임금

임금은 재화와 서비스를 생산하기 위해 노동을 고용할 때 지불해야 하는 가격이다. 임금은 또한 노동의 판매자 — 이 경우 온라인 여행사가 고용하는 미국의 노동자 — 자신이 노동 서비스를 공급할 때 받게 되는 가격이다. **시장임금(market wage rate)**은 모든 기업이 고용하려고 하는 총 노동량만큼 노동자들이 노동서비스를 공급하려고 할 때의 임금 수준이다. 다시 말해서 시장임금 수준에서는 모든 노동자들이 공급하는 노동량이 노동시장에서 모든 기업이 수요하는 노동량과 같게 된다.

표 10.2는 시장임금이 어떻게 결정되는지를 보여준다. 첫째 열은 여러 가지 가능한 주당 임금을 나열하고 있다. 둘째 열은 각 임금 수준에서 모든 기업이 수요하는 총 노동량을 보여준다. 각 노동량은 모든 기업의 노동 수요량을 단순히 합한 것이다. 우리가 살펴본 가상의 온라인 여행사도 그 중 하나이다. 셋째 열은 시장의 모든 노동자들이 각 임금 수준에서 공급하려고 하고 또 공급할 수 있는 노동량을 나타낸 것이다.

먼저 임금 수준이 주당 450달러라고 하자. 표 10.1에 따르면 이 임금 수준에서 미국 온라인 여행사는 두 명의 노동자를 고용할 의사가 있다. 표 10.2를 보면 이 회사를 포함한 모든 기업들이 8,000명의 노동자를 고용하고자 한다. 하지만 이 주당 임금 수준에서 일하고자 하는 노동자의 수는 1만 1,000명이다. 따라서 3,000명의 사람들은 이 임금 수준에서 일자리를 찾지 못한다. 일자리를 얻기 위해서는 이들 중 일부는 더 낮은 임금에서 일할 의사를 표시할 것이다. 그래서 임금은 400달러를 향해 떨어지기 시작할 것이다. 400달러의 임금 수준에서 시장의 모든 기업이 수요하는 노동량은 모든 노동자들이 공급하려고 하는

- **시장임금(market wage rate)**: 노동시장에서 모든 노동자가 공급하는 노동량과 시장에서 기업이 수요하는 전체 노동량이 일치하는 상태의 임금 수준.

표 10.2 시장임금의 결정

주당 임금 ($)	기업의 노동 수요량	노동자의 노동 공급량
550	4,000	13,000
500	6,000	12,000
450	8,000	11,000
400	10,000	10,000
350	12,000	9,000
300	14,000	8,000
250	16,000	7,000

노동량과 같아지게 된다. 따라서 주당 400달러가 시장임금이 된다.

이제 이 노동자들을 고용한 기업들이 판매하는 생산물의 가격이 하락하면 어떤 일이 발생할지 생각해 보자. 한계수입생산은 한계생산과 한계수입을 곱한 것임을 명심하라. 온라인 여행사의 경우 한계수입은 그 여행사가 판매하는 표준 여행 상품의 가격과 항상 같다. 만약 그 가격이 처음 가격인 50달러(p. 294, 표 10.1 참조) 미만으로 떨어지게 되면, 한계수입생산도 기업이 고용하는 모든 노동량 수준에서 하락하게 된다. 따라서 이 기업의 노동수요는 감소하게 된다. 즉 이제 모든 주당 임금수준에서 더 적은 노동자를 고용하려고 할 것이다. 판매하는 생산물의 가격이 하락하게 되면 시장의 모든 기업에게 동일한 현상이 발생할 것이다.

표 10.3은 생산물 가격의 하락이 시장임금에 미치는 영향을 보여주고 있다. 표 10.2의 둘째 열과 비교하여 표 10.3의 둘째 열을 보면 가격 하락에 따라 모든 기업이 이제 모든 임금 수준에서 그 전에 비해 3,000명 더 적은 노동자를 고용하려고 한다는 것을 알 수 있다. 과거의 균형 주당 임금인 400달러에서 기업들은 노동자의 고용을

표 10.3 가격 변화에 따른 시장임금의 변화

주당 임금 ($)	기업의 노동 수요량	노동자의 노동 공급량
550	1,000	13,000
500	3,000	12,000
450	5,000	11,000
400	7,000	10,000
350	9,000	9,000
300	11,000	8,000
250	13,000	7,000

든 가격 수준에서 구매량을 줄였을 수 있다. 기업의 생산물에 대한 이런 수요 감소가 이 생산물의 가격 하락을 초래했을 수 있다. 혹은 생산물의 공급이 증가해 가격이 하락했을 수도 있다. 예를 들어 새로운 온라인 여행사가 이 시장에 참가했을 수 있다.

온라인 여행사의 일부는 미국 외의 다른 나라에 있을 수도 있다. 외국 여행사가 공급하는 이러한 서비스를 구매하는 미국 여행객들이 이 서비스를 수입하는 것은 자연스러운 일이다. 다른 조건이 동일한 상태에서 미국 소비자들이 외국 온라인 여행사의 서비스를 수입한다면 여행 서비스 가격이 하락하는 결과로 이어질 것이다. 이러한 가격 하락은 다시 미국 노동자들이 공급하는 노동 서비스 수요의 감소로 이어질 것이다. 그 결과 노동자들이 받는 시장임금이 하락하고 미국 노동시장에서 고용되는 노동자 수가 감소하게 될 것이다. 이런 방식으로 국제무역에 대한 개방은 미국 임금을 낮추고 미국의 고용을 위축시킬 수 있다. (이런 결과가 발생하는 과정을 그래프를 통해 이해하고자 하면 "도표로 이해하는 글로벌 경제 이슈 10.2"를 참조하라.)

3,000명만큼 줄이고자 한다. 하지만 많은 노동자들은 일자리를 잃는 것보다 더 낮은 주당 임금을 받고 일을 하는 것을 선택할 것이다. 그 결과 시장에서 임금은 주당 350달러의 새로운 시장임금 수준을 향해 떨어지기 시작할 것이다. 이 새로운 임금 수준에서 기업의 노동수요량과 노동자의 노동공급량은 모두 9,000명이 된다. 따라서 기업 생산물의 가격 하락은 시장임금의 하락과 더불어 고용되는 전체 노동자 수의 감소를 가져온다.

미국의 온라인 여행사처럼 노동시장에서 노동자를 고용하는 기업들의 생산물 가격은 어떤 요인들 때문에 하락할까? 몇 가지 이유가 있을 수 있다. 여행서비스 관련 생산물의 소비자들이 모

도표로 이해하는 글로벌 경제 이슈

10.2 외국과의 경쟁심화가 임금과 고용에 미치는 영향

표 10.2(p. 299)와 표 10.3에서 설명한 예와 같이 해외 여행사와의 경쟁이 심화되면 미국 노동자의 임금과 고용이 줄어든다. 이런 효과를 그래프를 통해 이해하기 위해 도표 10.4를 보자. (a)는 미국 내에서 제공되는 여행서비스에 대한 수요와 공급을 나타낸다. 처음에 국내 여행사가 받는 가격은 표준 여행상품 당 부과되는 50달러의 수수료이다. (b)는 해외 공급자가 제공하는 여행서비스에 대한 미국 내 수요와 이들의 공급이 처음에는 50달러로 일치한다는 것으로 보여준다. 마지막으로 (c)는 미국 여행서비스의 생산과 판매에 사용되는 노동의 미국 내 수급 상황을 보여

준다. 생산물 가격이 처음 50달러인 상황에서 각 임금수준에 해당하는 노동수요량은 표 10.2에 나타난 것과 같다. 임금 수준별 공급량 역시 마찬가지이다. 따라서 처음의 시장임금은 표 10.2와 마찬가지로 주당 400달러이다.

만약 더 많은 외국 여행사가 미국 여행객이 접속 가능한 온라인 사이트를 구축하여 자신들의 상품을 미국 소비자들에게 판매한다면, (b)와 같이 외국 여행서비스의 공급이 증가하게 된다. 그 결과 해외에서 제공하는 여행서비스의 가격이 하락한다. 즉 표준 여행상품 한 단위의 가격이 40달러로 떨어지게 된다. 최선의 여행서비스 거래를 온라인에서 찾고 있던 미국 여행객이 미국 여행사가 제공하는 서비스를 선택하지 않으면, (b)와 같이 국내에서 공급되는 여행서비스에 대한 수요가 감소하게 된다. 그 결과 표준 여행상품의 미국 내 가격도 40달러로 떨어진다.

앞에서 배운 바와 같이 생산물 가격이 하락하면, 미국기업이 고용한 노동의 한계수입생산이 모든 임금 수준에서 하락하게 된다. 따라서 (c)와 같이 미국기업들의 전체 노동수요가 감소한다. 그 결과 시장임금 수준은 400달러에서 350달러로 떨어지고 미국 노동시장에서 고용도 1만 명에서 9,000명으로 감소한다. 결국 여행서비스의 국제무역 증가는 미국 여행서비스 산업에 종사하는 노동자들의 임금과 고용을 낮출 수 있다.

심화 학습: 온라인 여행서비스회사에서 일자리를 잃은 미국 노동자들이 미국 내에 있는 온라인 소매점에 노동서비스를 제공하는 데 성공한다면, 이 산업의 노동자 임금에는 어떤 변화가 발생할까? 이 온라인 소매점 산업의 전체 고용량에는 어떤 변화가 발생할까?

도표 10.4 국제무역 증가에 따른 생산물 가격 하락이 노동시장에 미치는 영향

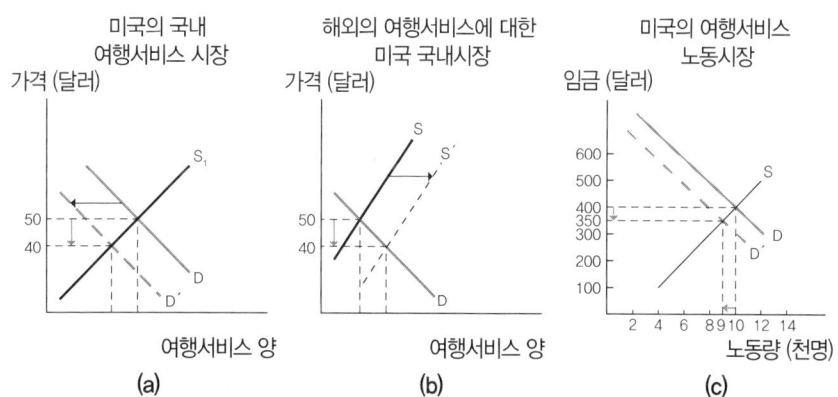

† 더 많은 외국 여행사가 미국 내 여행서비스 시장에 성공적으로 진출하게 되면 (b)와 같이 해외의 여행서비스 공급이 증가하게 된다. 해외 공급 여행서비스의 가격이 50달러에서 40달러로 하락하게 된다. 그 결과 (a)에서 미국 여행객들은 미국 여행사가 공급하는 서비스를 줄이게 되어 국내에서 공급되는 여행서비스에 대한 수요가 감소하게 된다. 그 결과 표준 여행상품에 대한 미국 내 가격이 50달러에서 40달러로 하락하고, 따라서 (c)에서처럼 미국기업의 노동의 한계수입생산이 감소한다. 이는 곧 미국 내 노동수요의 감소를 의미한다. 미국의 국내 시장임금은 400달러에서 350달러로 떨어지고 미국 노동시장의 고용은 1만 명에서 9,000명으로 줄어든다. 결국 여행서비스의 국제무역은 미국 여행서비스 산업의 임금과 고용 감소를 초래한다.

국제무역과 시장임금 사이의 복잡한 관계

앞에서 살펴본 예에 따르면 국제무역의 증가는 미국의 임금과 고용을 낮추었다. 그 이유는 미국 국민들이 국내 생산물 대신 해외에서 생산된 생산물을 선호함으로써 수입이 이루어졌기 때문이다. 그 결과 나타난 생산물 가격 하락은 노동의 한계수입생산을 줄이고 이것은 다시 미국기업의 노동 수요 감소로 이어졌다.

물론 국제무역을 더욱 개방하면 더 많은 미국기업들이 재화와 서비스를 해외로 수출할 수도 있다. 더 많은 국내기업이 해외시장에 진출하면 미국 노동자에 대한 수요가 모든 임금 수준에서 증가하게 된다. 그러면 노동시장에서 기업들이 노동 확보를 위해 경쟁하게 되고 시장임금은 올라가게 된다. 더불어 노동시장에서 고용도 증가하게 된다.

결국 국제무역의 증가는 미국의 임금과 고용에 전체적으로 상충되는 결과를 초래한다고 할 수 있다. 다른 모든 요인이 일정하다면 수입 개방의 확대는 국내 임금과 고용을 위축시키는 경향이 있다. 반대로 재화와 서비스의 수출 성향이 증가하면 국내 임금과 고용은 증가하는 경향을 띠게 된다. (수입 성향의 증가가 국내 노동에 대한 전체 수요를 줄이는 경향이 있지만, 특정한 직업에 대해서는 반대의 효과가 발생할 수도 있다. "온라인 세계화 10.1"을 참조하라.)

✈ 온라인 세계화

10.1 수입품의 온라인 구매 증가가 나이지리아 택배기사의 고용을 증가시킨다

나이지리아에서는 국내 온라인 매장을 통한 수입 전자제품의 구매가 크게 증가했다. 온라인 신용카드 사기가 나이지리아의 큰 골칫거리이다. 그래서 이 나라의 대표적인 온라인 매장들은 택배기사를 통한 주문 상품 배달서비스를 제공한다. 택배기사는 고객에게 상품을 배달하고 상품 대금을 받는다.

나이지리아의 대부분의 온라인 매장은 택배기사가 수입전자제품을 가장 효율적으로 배달할 수 있는 방법이 오토바이라는 사실을 알아냈다. 몇몇 나이지리아 온라인 매장들은 외국산 토스터, 전자레인지, DVD 플레이어를 실을 수 있는 바구니를 장착한 오토바이 부대를 갖고 있다. 기업들은 라고스나 다른 중소도시의 거리를 누비고 다니면서 상품을 고객들에게 배달하고 물건값을 현금으로 받아오는 택배기사들을 고용한다. 그 결과 교통체증을 뚫고 물건을 실은 오토바이를 운전할 수 있는 택배기사 서비스 시장에서, 수입품 수요의 증가는 노동 수요를 증가시키는 결과를 가져오고 있다. 이 특별한 노동시장에서 균형 고용량과 시장 균형 임금이 증가하는 결과가 나타났다.

심화 학습: 최근 택배기사를 상대로 한 절도 사건이 증가하고 택배기사의 부상 비율이 증가하면서 나이지리아 온라인 매장을 위한 택배기사의 공급이 줄어들었다. 이러한 공급 감소가 계속된다면 이 시장의 균형 고용량과 균형 임금에 어떤 변화가 나타날까?

핵심 이슈 #2

시장임금은 어떻게 결정되며, 국제무역의 증가는 한 나라 노동자들이 받는 임금에 어떤 영향을 미칠 수 있을까?

시장임금 수준에서는 그 임금 수준에서 일을 하려 하고 또 할 수 있는 모든 노동자들을 기업들이 고용하려고 할 것이다. 한편으로는 외국 수입품에 대한 개방 확대는 국내기업이 판매하는 생산물 가격을 낮추게 되고, 그 결과 노동의 국내 한계수입생산이 하락한다. 이것은 기업들의 전체 노동수요 감소로 이어지고 나아가 이 기업들의 시장임금과 고용이 감소하게 된다. 다른 한편 국내기업의 수출이 증가하면 수출기업들의 전체 노동수요가 증가하고 이 기업들의 고용과 임금도 상승한다. 따라서 전체적으로 보면 다른 생산요소의 양이 변하지 않는다고 할 때 국제무역의 증가는 한 나라의 평균적인 임금과 고용수준을 올릴 수도 있고 낮출 수도 있다.

노동과 자본의 이동

"다른 요소가 일정하다"는 가정은 재화와 서비스를 수출하는 나라의 임금과 고용은 증가시키는 반면, 재화와 서비스를 수입하는 나라의 임금과 고용을 줄이는 경향이 있다는 결론을 도출하는 데 있어 중요한 역할을 한다. 하지만 실제로 다른 모든 요인이 일정하지는 않다. 한 나라의 국경 내에서 그리고 국경 간에 노동이 얼마나 자유롭게 이동할 수 있느냐 하는 것도 국제무역이 임금과 고용에 미치는 영향을 변화시킨다. 그리고 미국은 규모가 큰 나라이기 때문에 미국의 생산물 시장과 노동시장의 조정은 세계시장에 다시 파급효과를 미칠 수 있다. 마지막으로 다른 생산요소 특히 자본의 이동 또한 국내 노동시장 상황에 영향을 미칠 수 있다.

■ 노동의 국내이동, 국제무역 그리고 소득분배

노동이 국경을 넘어 이동할 수는 없지만 국경 내에서는 산업들 사이에 완전히 자유롭게 이동할 수 있는 상황을 생각해보자. 하지만 큰 규모를 가진 미국이 미치는 파급효과는 아직 생각하지 않기로 하자. 그리고 자본을 포함하여 노동을 제외한 다른 생산요소는 무역을 하는 모든 나라에서 고정되어 있다고 가정한다.

요소의 비중과 무역

미국과 중국 두 나라에 있는 생산자들이 두 가지 생산물, 즉 컴퓨터 소프트웨어와 장난감을 생산한다고 가정하자. 각국의 생산자들은 이 재화의 생산에 필요한 동일한 기술을 사용할 수 있으며, 양 국가의 기업들은 재화의 생산을 위해 두 가지 핵심생산요소, 즉 숙련노동과 비숙련노동을 필요로 한다. 각 국가에서 두 유형의 노동은 소프트웨어 산업과 장난감 산업 사이에서 완전히 자유롭게 이동 가능하다고 가정하고 있기 때문에, 각국에서 두 산업은 숙련노동자와 비숙련노동자를 두고 동일한 시장에서 경쟁을 하게 된다. 따라서 각국에서 숙련노동자의 시장임금은 두 산업에서 모두 같으며, 비숙련노동자의 임금 또한 마찬가지이다.

한 걸음 더 나아가 두 나라에서 숙련노동자의 시장임금이 비숙련노동자의 임금보다 높다고 가정한다. 그리고 무역이 없는 경우 미국의 숙련노동자는 중국의 숙련노동자에 비해 더 높은 임금을 받는다고 가정한다. 또 미국의 비숙련노동자도 중국의 비숙련노동자에 비해 더 높은 임금을 받는다고 가정한다.

생산물의 상대적 수요도 두 나라에서 같다고 가정한다. 즉 장난감 소비량에 대한 소프트웨어 소비량의 비율이 미국과 중국 두 나라에서 동일하다고 가정한다.

두 나라 모두 이용 가능한 최선의 기술수준하에서 장난감을 생산할 때보다 소프트웨어를 생산할 때 숙련노동자를 비숙련노동자에 비해 더 많이 필요로 한다. 장난감 생산은 숙련노동자보다는 비숙련노동자를 상대적으로 더 많이 필요로 한다. 따라서 소프트웨어 생산은 장난감 생산에 비해 상대적으로 **숙련노동집약적**(*skilled-labor-intensive*)이다. 이를 달리 표현하면 장난감 생산이 소프트웨어 생산에 비해 상대적으로 **비숙련노동집약적**(*unskilled-labor-intensive*)이다.

중국에는 미국보다 더 많은 노동자들이 있다. 하지만 두 나라 사이의 이러한 차이는 뒤에 나오는 경제적 결과에 중요한 영향을 미치지 않는다. 두 나라 사이의 결정적 차이는 중국보다 미국의 숙련노동자의 비율이 더 높다는 점이다. 따라서 여러분이 제3장에서 배운 **요소부존비율**(*factor proportions*), 즉 이용 가능한 생산요소량들 사이의 비율이 두 나라에서 다르다는 것이다. 이것은 미국에서는 비숙련노동자에 대한 숙련노동자의 비율이 높은 반면, 중국에서는 숙련노동자에 대한 비숙련노동자의 비율이 더 높다는 것을 의미한다. 두 나라가 가진 이런 조건하에서 미국은 숙련노동집약적인 소프트웨어 생산에 비교우위를 가지게 된다. 반대로 중국은 비숙련노동집약적인 장난감 생산에 비교우위를 가진다.

따라서 이런 상황에서는 미국은 자국이 상대적으로 풍부하여 더욱 집약적으로 사용될 수밖에 없는 생산요소, 즉 숙련노동을 내포하고 있는 소프트웨어를 중국에 수출함으로써 이득을 얻는다. 중국은 비숙련노동을 상대적으로 풍부하게 보유하고 있기 때문에, 비숙련노동이 집약적으로 사용되는 장난감을 미국에 수출함으로써 이득을 얻는다.

요소부존비율과 숙련 및 비숙련 노동의 임금

이제 미국과 중국이 국경을 개방해 무역을 하면 양국 노동자들의 임금에 어떤 영향을 미칠지 생각해보자. 앞에서 배운 것처럼 미국 국민이 장난감 같은 제품을 더 많이 수입하면 장난감의 국내 시장가격이 하락하게 된다. 이것은 미국 장난감 회사 노동의 한계수입생산을 낮추어, 장난감 생산자 — 이들은 대부분 비숙련 노동자들이다 — 의 노동수요가 감소하게 된다. 동시에 미국기업이 소프트웨어 제품을 더 많이 수출하면 이 산업의 노동수요가 증가하게 된다. 우리의 예에 따르면 미국 소프트웨어 산업에서 증가한 노동 수요의 대부분은 숙련 노동자에 대한 수요이다. 따라서 중국과 무역을 하게 되면서 미국 내에서 나타난 주된 결과는 미국 비숙련노동자에 대한 수요의 순감소와 숙련노동자에 대한 수요의 순증가이다.

반대로 중국이 미국에서 만들어진 소프트웨어의 수입을 늘리면 중국 내에서 소프트웨어 가격이 하락하게 되고 그 결과 중국 내 같은 산업에서 노동의 한계수입생산이 하락한다. 따라서 중국 소프트웨어 부문의 노동수요 — 이 노동의 대부분은 숙련노동이다 — 가 감소하게 된다. 하지만 장난감을 생산하는 중국기업의 노동수요는 증가한다. 이 노동수요 증가의 대부분은 비숙련 노동자에 대한 수요이다. 하지만 중국이 미국과 교역을 한 이후 중국에 나타난 주요 변화는 중국 숙련노동자에 대한 수요의 순감소와 중국 비숙련노동자에 대한 수요의 순증가이다.

이런 결과로부터 숙련노동과 비숙련노동 사이의 요소 비율이 다른 두 나라가 존재할 경우 우리는 세 가지 중요한 결론을 도출할 수 있다.

- **국제무역이 이루어지면 유사한 숙련도를 보유하고 있는 미국 노동자와 중국 노동자의 상대임금이 수렴하는 경향이 있다.** 양국 간 무역이 이루어지기 전에는 숙련노동이 중국보다 미국에 상대적으로 더 풍부하기 때문에, 미국 내 숙련노동의 임금과 비숙련노동자의 임금 사이의 격차가 상대적으로 더 작았을 것이다. 반대로 숙련노동자가 상대적으로 더 적었던 중국에서는 숙련노동자와 비숙련노동자의 임금 격차가 상대적으로 더 컸을 것이다. 따라서 양국 간 교역 이전에는 비숙련노동자의 시장임금 대비 숙련노동자의 시장임금이 중국보다 미국에서 더 낮았을 것이다. 하지만 교역이 시작된 후에는 미국에서는 숙련노동자 수요의 순증가가 그리고 중국에서는 숙련노동자 수요의 순감소가 나타난다. 동시에 미국에서는 비숙련노동자 수요의 순감소가 그리고 중국에서는 비숙련노동자 수요의 순증가가 나타난다. 그 결과 미국 숙련노동자의 시장임금은 미국 비숙련노동자의 시장임금에 비해 증가하기 시작할 것이다. 그리고 중국 숙련노동자의 시장임금은 중국 비숙련노동자의 시장임금에 비해 떨어지기 시작할 것이다. 따라서 양국 간 교역은 비숙련노동자 대비 숙련노동자 임금의 국가 간 수렴 경향을 가져오게 된다.

- **중국 내 비숙련 노동자의 관점에서 보면 미국과의 교역을 계기로 이들의 처우는 숙련노동자에 비해 "개선된다."** 미국에 장남감을 수출하고 미국산 소프트웨어를 수입하면서 중국 숙련노동자 대비 비숙련노동자의 상대임금이 증가하게 된다. 따라서 미국과의 교역 이후 중국에서는 비숙련노동자와 숙련노동자 사이의 임금 격차가 다소 줄어드는 경향을 보일 것이다.

- **미국 내 비숙련 노동자의 관점에서 보면 중국과의 교역을 계기로 이들의 처우는 숙련노동자에 비해 "악화된다."** 중국에 소프트웨어를 수출하고 중국산 장난감을 수입하면서 미국 비숙련노동자 대비 숙련노동자의 상대임금이 증가하게 된다. 따라서 양국 간의 교역 이후 미국 내에서 숙련노동자와 비숙련노동자 간 격차는 더 확대되는 경향을 보일 것이다.

이런 결론이 미국이나 중국 중 어느 한 쪽이 무역으로 손해를 본다는 의미는 아니라는 것을 명심하는 것이 중요하다. 미국은 소프트웨어 생산에 비교우위를 가지고 있고, 중국은 장난감 생산에 비교우위를 가지고 있기 때문에 무역을 통해 양국 모두 이익을 얻는다. 그럼에도 불구하고 숙련노동자와 비숙련노동자가 버는 상대임금은 양국 내에서 모두 변하게 된다. 그 결과 각국에서 소득의 배분에 조정이 나타난다. 각 국가에서 노동자들이 자신들의 처우가 "나아졌다"거나 "나빠졌다"고 느끼는 것은 오로지 상대적인 의미에서 그럴 뿐이다. 그럼에도 불구하고 중국의 숙련노동자는 미국과의 교역으로 비숙련노동자들만큼 이득을 얻지는 못한다고 말할 수 있다. 미국의 비숙련노동자들 역시 중국과의 교역으로 숙련노동자들만큼 혜택을 보지는 않았다고 말할 수 있다.

'대국(big-country)' 파급효과의 고려

국제무역이 임금에 미치는 효과에 요소부존비율의 차이가 어떤 영향을 미칠 수 있는가를 논의하면서, 우리는 중국과 미국 사이에 노동자의 이동은 불가능하다는 큰 무리가 없는 가정을 계속 유지했다. 그런데 이와 더불어 우리는 중국이나 미국에서의 임금구조 변화가 숙련노동집약적 제품(예를 들어 소프트웨어)과 비숙련노동집약적 제품(예를 들어 장난감) 사이의 상대가격에 영향을 미칠 수 있을 만큼 중국이나 미국이 큰 나라가 아니라는 가정도 하고 있었다. 이것은 미국과 중국에서 두 제품에 대한 상대적 수요가 양국의 임금 변화의 영향을 받지 않는다고 가정했다는 뜻이다.

이것은 아마도 현실적인 가정이 아닐 것이다. 미국 국민들에 의한 소비가 전세계 소비의 25퍼센트 이상을 차지한다. 미국의 임금구조 변화는 미국의 총 지출에 영향을 미치고 따라서 두 생산물에 대한 지출의 상대적 비중에도 영향을 미칠 수 있다. 이것은 다시 역으로 두 나라의 임금 구조에 영향을 미칠 수 있다. 버지니아대학의 제임스 해리건(James Harrigan)은 이런 피드백 효과가 매우 중요하기 때문에, 미국과 중국 및 다른 나라와의 무역증가가 미국의 소득분배에 미치는 순효과는 매우 작다는 증거를 발견했다.

미국 소득분배의 변화

도표 10.5에 나타난 바와 같이 미국 고등학교 졸업자의 임금 대비 대학교 졸업자 임금의 비율은 1980년 약 1.5에서 2012년에는 1.8로 상당히 증가했다. 따라서 전형적인 고교 졸업자의 소득 대비 전형적 대학 졸업자의 상대소득은 20퍼센트 증가했다. 즉 1980년에 일반적 회사에서 일하는 고교 졸업자가 4만 달러를 벌었다면 같은 해에 대학 졸업자는 같은 회사에서 6만 달러를 벌었을 것이다. 2012년에는 고교졸업자가 같은 회사에서 4만 달러를 벌었다면 대학 졸업자는 7만 2,000달

도표 10.5 미국 고교 졸업자의 평균임금 대비 대학 졸업자의 평균임금 비율

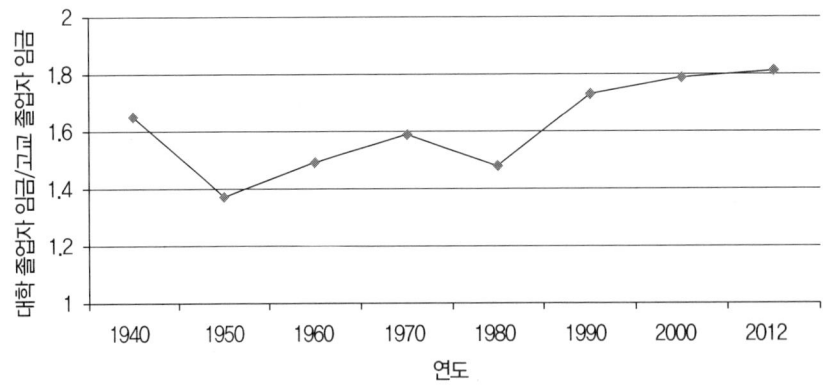

* 고교 졸업자 평균임금 대비 대학 졸업자 평균임금의 비율은 제2차 세계대전 이후 하락했다가 그 후 20년 동안 증가했다. 그 후 1970년과 1980년 사이에 약간 하락했다. 하지만 1980년 이후에는 이 비율이 눈에 띄게 증가했다.

출처: Katz (2002); 저자 추정.

러를 벌었을 것이다.

제1장에서 설명한 것처럼 미국과 다른 나라 사이의 무역은 1980년 이후 큰 폭으로 증가했다. 그럼에도 불구하고 위에서 지적한 것처럼 미국이 재화의 상대가격 및 생산물 소비 구성에 대해 가지는 '대국' 효과는 국제무역이 미국 임금구조에 미치는 효과를 축소시키는 경향을 보였다. 국제무역이 미국 대학 졸업자 임금과 고교 졸업자 임금 사이의 격차를 확대한 주된 요인이 아니라면, 이런 변화를 설명할 수 있는 원인이 무엇일까?

지금까지 대부분의 경제학자들은 단순히 디지털기기나 앱과 같은 숙련노동집약적 상품에 대한 전세계의 수요가 증가하기 때문에, 높은 숙련 수준을 가진 노동자들이 상대적으로 더 많이 이득을 보고 있다고 결론지었다. 그래서 숙련노동집약적 상품에 특화하고 있는 미국 산업이 이런 제품을 생산하는 숙련노동자들에게 혜택을 주었다. 1980년 이후 국제무역이 증가하지 않았다고 하더라도 숙련노동집약적 상품에 대한 선호의 상대적 증가 때문에 미국의 숙련노동자와 비숙련노동자들 사이의 소득 격차는 아마도 더 확대되었을 것이다.

이런 결론이 옳다면 미국에 대해 중요한 함의를 지닌다. 즉 국제무역이 증가함에 따라 미국 국민들은 무역에서 분명히 이득을 얻었다. 미국과 다른 나라 사이의 무역 증가는 전체적으로 미국 내 숙련 및 비숙련 노동자들 모두에게 이익을 주었다. 숙련 수준이 낮은 노동자들의 소득이 숙련 수준이 높은 노동자들의 소득만큼 증가하지는 않았는데, 이것은 미국과 다른 나라 사이의 무역이 증가해서가 아니라 사람들이 구매하고자 하는 많은 생산물을 숙련 수준이 높은 노동자들이 생산하고 있었기 때문이다.

> **핵심 이슈 #3**
>
> 국제무역에 대한 요소부존비율 접근법은 무역이 임금 소득에 미치는 영향에 대해 어떤 함의를 갖는가?
>
> 요소부존비율 접근법은 생산요소의 상대 비율의 차이가 국가 간 비교우위와 무역 흐름을 어떻게 설명할 수 있는가를 강조한다. 이 접근법에 따르면 숙련노동자의 비율이 상대적으로 높은 나라는 숙련노동집약적인 재화를 수출하고, 비숙련노동자의 요소 비율이 상대적으로 높은 나라로부터 비숙련노동집약적인 재화를 수입하는 경향을 보이게 된다. 비숙련 노동자의 비율이 상대적으로 높은 나라에서는 무역증가가 숙련노동자와 비숙련노동자 사이의 임금 격차를 줄이는 경향이 있다. 반면 숙련노동자의 비율이 상대적으로 높은 나라에서는 무역 증가가 숙련노동자와 비숙련노동자 사이의 임금격차를 확대하는 경향이 있다.

■ 국제무역과 노동 및 자본의 이동

숙련노동자든 비숙련노동자든 노동자들이 외부와 단절된 상태에서 재화나 서비스를 생산하는 것은 아니다. 그들을 고용하는 기업들은 기업가정신, 토지, 자본과 같은 다른 생산요소를 사용한다. 국제무역의 효과를 평가할 때는 자본의 역할을 고려하는 것이 특히 중요하다.

자본시장

노동에 대한 수요와 마찬가지로 자본에 대한 수요 역시 **파생수요**이다. 기업들은 자본의 한계수입생산과 자본의 가격이 일치하는 점에서 자본의 사용량을 결정한다. **자본의 한계수입생산**(marginal revenue product of capital)이란 자본 한 단위를 추가 사용하여 얻는 추가 수입을 의미한다. 정의상 자본의 한계수입생산은 기업의 한계수입과 **자본의 한계생산**(marginal product of capital)을 곱한 것이다. 자본의 한계생산이란 자본 한 단위를 추가 사용함으로써 얻게 되는 추가 생산이다. 기업이 자본을 얻기 위해 지불해야 하는 가격이 변하거나 자본의 한계수입생산을 변화시키는 기업의 생산물 가격이 변하면, 생산 요소 중 하나인 기업의 자본 사용량 역시 변할 것이다.

자본의 가격이 조정되어 자본을 사용하는 기업들이 수요하는 자본의 총량과 자본을 생산하는 기업들이 공급하는 자본의 총량이 일치하게 된다. 국제무역이 국내 노동시장의 시장임금에 영향을 미칠 수 있는 것과 마찬가지로 국가 간 무역의 변화는 자본의 시장가격에도 영향을 미칠 수 있다.

자본과 노동의 배분에 대한 요소부존비율 접근법의 적용

국제무역이 국내자본시장 조건에 미치는 영향을 평가하는 첫 단계로 경제학자들은 종종 요소부존비율 접근법을 사용한다. 다시 미국과 중국 간 무역의 예를 들자. 앞에서와 같은 가정을 그대로 유지하자. 즉 국내산업 간에는 노동의 이동이 완전히 자유롭고 국가 간 노동이동은 불가능하다. 그리고 두 나라는 동일한 요소부존비율이 필요한 기술을 사용한다. 또한 각국에서 생산된 생산물에 대한 동일한 상대수요를 변화시킬 수 있는 대국효과는 존재하지 않는다고 가정한다.

이제 양국이 생산하는 두 재화는 컴퓨터서버(개별 디지털기기를 통신네트워크와 연결하는 장비)와 섬유(옷감이나 의류 제조에 사용되는 기타 재료)라고 가정하자. 그리고 각국에서 이용가능한 두 생산요소는 노동과 자본이다. 컴퓨터 서버는 자본집약적 재화인 반면 섬유는 노동집약적인 재화이다. 중국은 자본에 비해 노동을 상대적으로 풍부하게 보유하고 있다고 가정하는 것이 자연스러울 것이다. 반면 미국에는 노동에 비해 자본이 상대적으로 더 풍부하다. 이는 무역이 없는 경우 노동의 가격 즉 임금이 미국보다 중국에서 상대적으로 더 낮다는 것을 의미한다. 하지만 중국의 자본가격은 미국에 비해 상대적으로 높다.

요소부존비율 접근법을 사용한 앞의 예에서와 같은 이유로, 중국은 섬유생산에서 비교우위를 미국은 컴퓨터서버 생산에서 비교우위를 갖는다. 이제 중국이 미국에 섬유를 수출하고 미국이 중국에 컴퓨터서버를 수출하면 요소부존비율 접근법에 의해 어떤 일이 발생하는지 살펴보자. 중국 섬유가 미국으로 수입되면 미국의 섬유가격이 하락 압력을 받을 것이다. 따라서 노동집약적인 미국의 섬유산업에서 노동의 한계수입생산은 하락하게 되고 이 부문의 노동수요는 감소하게 된다. 따라서 미국 노동자의 시장임금은 전반적으로 하락한다. 하지만 자본집약적인 미국의 컴퓨터서버의 중국 수출이 증가하면 미국에서 자본수요가 증가해 미국의 자본가격이 상승한다.

중국에서는 미국산 컴퓨터서버 수입의 증가로

- **자본의 한계수입생산**(marginal revenue product of capital): 자본 한 단위 추가 사용으로 증가되는 추가 수입.
- **자본의 한계생산**(marginal product of capital): 자본 한 단위 추가 사용으로 증가되는 추가 생산.

컴퓨터서버의 국내가격이 하락하고, 자본집약적 컴퓨터서버를 생산하는 중국기업에서 자본의 한계수입생산이 줄어든다. 결국 중국의 자본수요가 감소하고 자본의 시장가격이 하락한다.

자본수출: 해외직접투자

미국과 중국 사이의 무역에 장벽이 있다면 어떤 일이 발생할까? 그런 장벽은 관세나 쿼터 등과 같은 명백한 장애물일수도 있고, 거리나 그에 따른 운송비용이 재화와 서비스의 거래를 위축시킬 수도 있다.

이런 장벽이 있는 경우에는 상대적으로 자본집약적인 국가 — 여기서는 미국 — 에 있는 기업들은 자본을 중국에 수출하는 것이 이득이 될 수 있다. 중국에 컴퓨터서버와 같은 자본집약적인 재화를 생산할 수 있는 공장을 건설하는 방식으로 미국기업은 해외직접투자(foreign direct investment)를 할 수 있다 (제1장 참조).

미국에서 생산된 자본집약적 재화를 중국에 수출하는 대신, 중국 판매용 재화를 생산하는 데 필요한 자본을 중국으로 이동시키는 방식으로 미국기업은 이 재화에 대한 무역장벽을 회피하려고 할 것이다. 결국 미국기업은 자본집약적 재화의 수출을 자본수출로 대체하려고 할 것이다.

노동수출: 합법 혹은 불법 이민

미국과 중국 간 무역장벽은 섬유와 같은 중국의 노동집약적 재화의 미국 수출을 제한할 수도 있다. 이는 미국 내 노동자들의 상대임금을 인상하기 때문에 중국 내 노동서비스의 소비자 — 즉 중국 노동자 — 가 미국으로 이주할 유인이 증가할 것이다. 따라서 중국의 이민 유출에 대한 제한이 없고 미국의 이민 유입에 제한이 없다면 중국과 미국 사이의 이런 노동력 자원의 이동이 노동집약적 중국 재화의 미국 수출을 대체할 수 있을 것이다.

도표 10.6의 (a)를 보면 1991~2000년 미국 이민 유입인구가 과거 이민 유입이 최고조에 이르렀던 1981~1990년과 1901~1910년 수준을 넘어섰다는 것을 알 수 있다. 그런데 이 도표는 유의해서 살펴보아야 한다. 1910년에 미국 인구는 약 9,200만명 정도에 불과했다. 따라서 그 이전 10년 동안 이민으로 유입된 약 900만명은 당시 인구의 약 10퍼센트에 이르렀다. 이에 비해 최근 2001~2012년 동안 이민으로 유입된 1,000만명 이상의 인구는 오늘 날 미국 전체 인구인 3억명 가량의 3퍼센트도 되지 않는 비율이다. 어쨌든 최근 미국으로의 이민유입은 상당한 수준이었다.

(b)는 미국 내 이민자의 출신 지역에서 지난 수십년 간 변화가 있었음을 보여준다. 1950년대에는 대부분의 이민자들이 유럽과 캐나다에서 왔다. 최근에는 대부분이 아시아와 중남미 출신이다. 미국의 노동집약적 재화의 수입을 억제하는 무역장벽이 미국의 임금을 상대적으로 높게 유지시켜, 모국을 떠나 미국으로 유입되게 만드는 유인들 중 하나로 분명히 작용했다. (c)에서 알 수 있는 것처럼 최근 미국 내 이민자들 중 고등학교를 졸업하지 않은 사람들의 비중이 미국 출생자들에 비해 증가하고 있다. 이런 이민자들 중 상당수는 아시아나 중남미에 비해 미국에서 상대적으로 적은 비숙련 노동으로 더 높은 임금을 벌기 위해 이민을 왔다고 할 수 있다.

요소부존비율 접근법의 한계

요소부존비율 접근법은 무역과 자본 및 노동의 국

도표 10.6 미국으로의 이민 유입

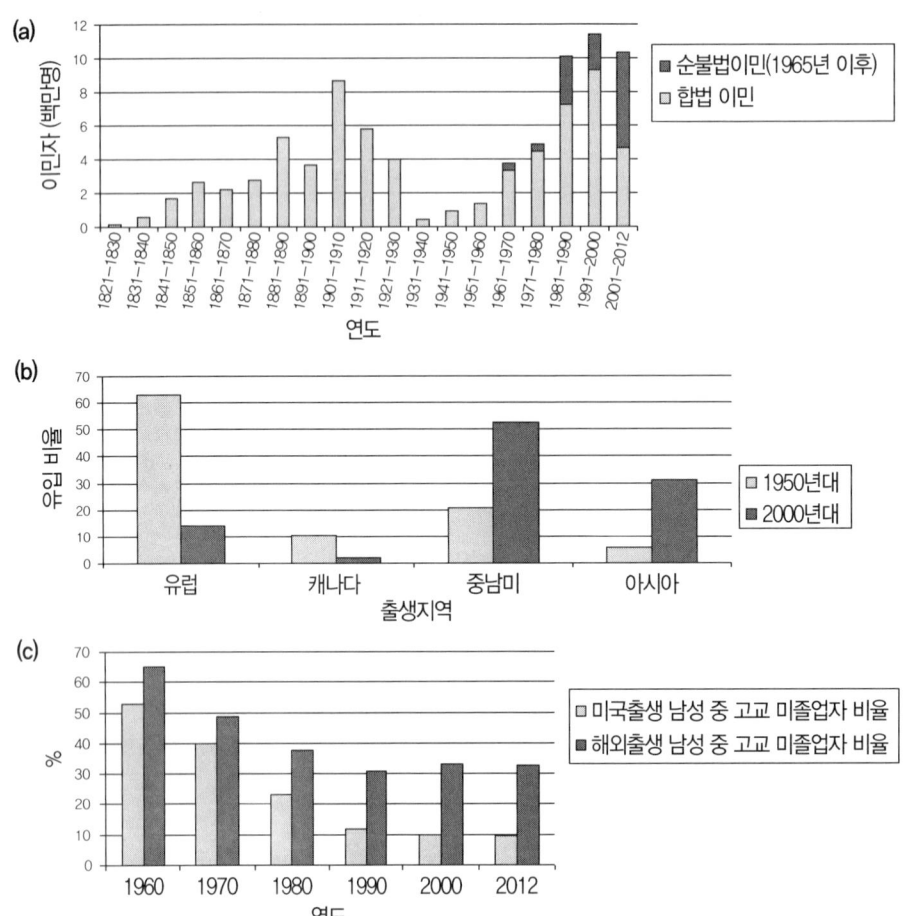

* (a)는 1821~1830년 이후 매 10년마다 미국으로 유입된 이민자 수를 보여준다. 이민자 수는 최근 몇 십 년 동안 눈에 띄게 증가했다. (b)를 보면 이민자의 출생국가에 큰 변화가 있었다는 점을 알 수 있다. 1950년대에는 대부분의 미국 이민자가 유럽이나 캐나다 출생이었다. 오늘날에는 대부분 중남미나 아시아에서 유입된다. 마지막으로 (c)는 미국 출생인구에 비해 이민자들 중 고등학교 미졸업자 비율이 더 높다는 것을 보여준다.

출처: Orrenlus and Vlard (2000); 저자 추정.

가 간 이동의 패턴을 설명하는 데 도움이 된다. 이 접근법은 산업간 무역을 설명하는 데 특히 유용하다. **산업간 무역(inter-industry trade)**이란 중국의 소프트웨어 및 하드웨어 구입 그리고 미국의 장난감 및 섬유 구입과 같은 완전히 서로 다른 재화 및 서비스의 국경 간 거래를 의미한다. 요소부존비율 접근법은 상이한 재화와 서비스 생산에서의 비교우위가 왜 국가 간 요소의 상대적 부존도의 차이에서 발생할 수 있는가를 설명하기 때문이다.

하지만 요소부존비율 접근법은 몇 가지 한계를

• **산업간 무역(inter-industry trade)**: 서로 쉽게 대체가능한 재화나 서비스의 국제무역.

지니고 있다는 점을 알 필요가 있다. 예를 들어 이 접근법은 **산업내 무역(intra-industry trade)**을 설명하는 데는 적합하지 않다. 산업내 무역은 미국 캐딜락 자동차의 독일 수출이나 독일 메르세데스 자동차의 미국 수입과 같이 비슷한 재화나 서비스의 국경 간 거래를 의미한다. 산업내 무역 흐름과 그것이 갖는 의미를 설명하기 위해서는 다른 생산자들의 행동과는 관계없이 자신의 생산물 가격을 결정할 수 있는 능력을 가진 기업들이 존재하는 상황을 분석해야 한다. 그런데 기본적 생산요소 접근법은 각 기업이 상대적 규모 면에서 매우 제한적이며 자신의 생산물이 다른 기업의 생산물로 쉽게 대체가능하다는 가정에서 출발한다. 그 결과 자신의 가격을 다른 경쟁자의 가격과 차별화하려는 것은 이윤 극대화와 부합하지 않게 된다. 우리는 이 문제를 제12장에서 아주 상세히 다룰 것이다.

- 산업내 무역(intra-industry trade) : 완전히 서로 다른 재화나 서비스의 국제무역.

핵심 이슈 #4

노동력과 자본은 왜 국경을 넘어 이동하는가?

요소부존비율 접근법을 노동집약적 재화와 자본집약적 재화의 거래에 적용하면 상대적으로 자본자원의 비율이 높은 나라는 자본집약적 재화를 수출하는 경향이 있으며 노동집약적 재화는 노동자원의 비율이 상대적으로 높은 나라로부터 수입하는 경향이 있다. 하지만 만약 무역에 자연적 장벽이나 정부가 도입한 장벽이 있는 경우에는 상대적으로 자본이 풍부한 나라의 거주자들은 해외직접투자를 통해 자본을 수출하는 경향을 보인다.

반대로 노동이 상대적으로 풍부한 나라의 거주자들은 상대적으로 높은 임금을 받을 수 있는 자본집약적인 나라로 이민을 가려는 경향을 보인다.

국제노동 아웃소싱이 고용과 임금에 미치는 영향

컴퓨터와 통신기술 덕분에 세계의 많은 사람들이 가정에서 일을 하는 것이 편리하게 되었다. 그리고 그런 기술 덕분에 수많은 기업들이 다른 나라 기업이 제공하는 노동 서비스를 사용할 수 있게 되었다. 예를 들어 멕시코에 있는 기업이 미국 회계사에게 금융정보를 정기적으로 보내면 회계사가 임금 지급을 처리하고 관련 소득 자료를 정리해 놓을 수 있다. 몇몇 유럽 출판사들은 편집이나 출판과 관련된 작업을 처리하기 위해 인도에 있는 노동자들과 작업을 하기도 한다. 그리고 수많은 미국의 금융회사들은 정보기술(IT) 업무를 아일랜드에 아웃소싱하고 있다.

자기가 위치하고 있는 나라가 아닌 다른 나라에 있는 노동을 고용하는 기업은 **국제노동 아웃소싱**(노동 오프쇼어링(*offshoring*)이라고 부르기도 한다)을 하고 있는 것이다. 국제노동 아웃소싱은 미국과 인도의 고용과 임금에 어떤 영향을 미칠까? 아웃소싱으로 누가 이득을 보고 누가 피해를 입을까? 이 문제를 차례로 살펴보자.

- 국제 아웃소싱 혹은 오프쇼어링(international outsourcing or offshoring) : 기업이 자기가 위치하고 있는 나라 외에 있는 노동을 고용하는 행위.

■ 국제노동 아웃소싱이 고용과 임금에 미치는 영향

한 나라 노동시장에서 균형 임금과 균형 고용수준은 노동시장에서의 노동 수요와 노동 공급에 의해 결정된다. 하지만 노동자들이 국경을 넘어 이동하지 않는다고 하더라도 오늘날 한 나라의 노동에 대한 수요와 공급은 다른 나라 시장 상황의 영향을 점점 더 크게 받는다. 그 이유는 국내기업이 해외기업에 국제 아웃소싱을 하게 되면 두 나라의 노동시장의 조건이 변할 수 있기 때문이다. 마찬가지로 외국기업이 국내로 아웃소싱을 하면 이것 역시 두 나라의 노동시장 상황에 영향을 미친다.

국내기업의 해외 아웃소싱이 국내 노동시장에 미치는 영향

국제노동 아웃소싱의 직접적 영향을 추론하는 것은 어렵지 않다. 국내기업이 국내 노동서비스와 쉽게 대체가능한 해외 노동서비스를 고용하면 두 가지 직접적 영향이 나타난다. 첫째, 해외노동자의 노동에 대한 수요가 증가한다. 둘째, 국내 노동자의 노동에 대한 수요는 감소한다. 하지만 국제노동 아웃소싱의 순 노동시장 효과는 '본국(domestic)'의 입장에서 보느냐 '외국(foreign)'의 입장에서 보느냐에 따라 다르다.

설명을 위해 미국이 본국이라고 하고 많은 미국기업이 다양한 서비스를 수행하기 위해 미국 노동자 대신 아일랜드 노동자를 고용한다고 가정하자. 따라서 IT노동에 대한 수요가 아일랜드에서 증가한다. 아일랜드의 모든 임금 수준에서 아일랜드의 노동수요량이 증가한다. 잠재적 고용주들은 아일랜드의 유능한 IT인력을 고용하기 위해 서로 경쟁을 하기 때문에 아일랜드 IT 노동자에 대한 시장임금이 증가하고 아일랜드 IT노동자의 균형고용량이 증가한다.

동시에 미국기업이 IT 노동자의 고용을 아일랜드로 옮기면 미국 노동자가 제공하는 IT 노동에 대한 수요는 줄어든다. 미국의 모든 임금수준에서 기업들은 미국 내 IT 노동자의 서비스를 더 적게 구매하려고 한다. 이런 개인들은 더 낮은 임금을 제시하면서 일자리를 얻으려고 할 것이다. 그러면 결국 미국의 시장임금이 하락하게 된다. 그리고 미국 IT 노동자의 고용도 줄어들게 된다.

따라서 미국기업이 아일랜드에서 국제노동 아웃소싱을 하게 되면 이것의 직접적 효과는 아일랜드 IT 노동자의 고용 증가와 임금 상승, 그리고 미국 IT 노동자의 고용 감소와 임금 하락이다. (미국기업의 아웃소싱이 임금과 고용에 미치는 효과를 그래프로 설명하면 도표 10.7과 같다. "도표로 이해하는 글로벌 경제 이슈 10.3" 참조.)

외국기업의 국제 아웃소싱이 본국 노동시장에 미치는 영향

외국기업도 국제노동 아웃소싱을 할 수 있다. 미국을 계속 본국으로 보고, 멕시코 기업이 미국 금융회계사를 고용했을 때 임금과 고용에 미치는 효과를 생각해보자.

많은 멕시코 기업들이 멕시코의 금융회계사 대신 미국 금융회계사를 고용하는 경우를 생각해보자. 그 결과 금융회계사 노동에 대한 수요가 미국에서 증가한다. 미국의 모든 임금 수준에서 미국 회계 노동에 대한 수요량이 증가한다. 추가로 노동 서비스가 필요한 기업들이 미국의 숙련된 금융회계사를 고용하기 위해서 서로 경쟁하기 때문에 미국 회계사의 시장임금이 상승하고 미국

도표 10.7 미국의 IT노동 아웃소싱

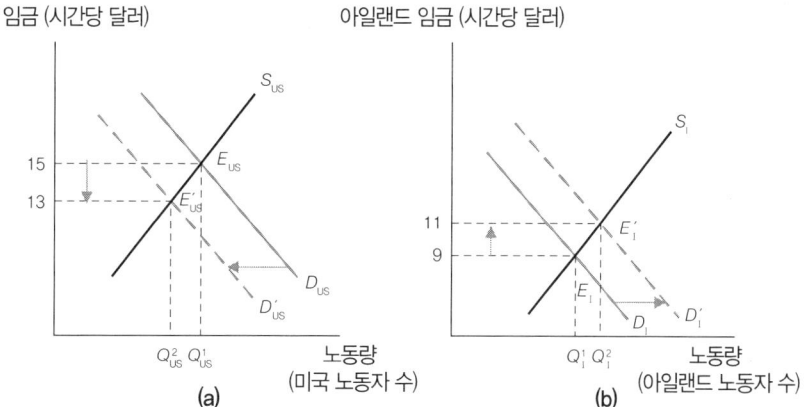

* 처음에 미국의 IT 노동자 시장임금은 (a)의 E_{US}에서 시간당 15달러이고 아일랜드 노동자의 시장임금은 (b)의 E_I에서 시간당 9달러이다. 그 후 미국기업이 국제노동 아웃소싱을 하여 미국 노동자를 아일랜드 노동자로 대체한다. 그러면 미국 노동에 대한 시장수요는 (a)에서 좌측으로 이동하여 새로운 균형점은 E'_{US}이 되어 미국의 시장임금과 고용수준 모두 줄어들게 된다. 아일랜드 노동에 대한 시장수요는 (b)에서 우측으로 이동하고 새로운 균형점 E'_I에서 임금과 고용이 모두 증가한다.

📈 도표로 이해하는 글로벌 경제 이슈

10.3 미국에서 아일랜드로의 노동 아웃소싱이 임금과 고용에 미치는 영향

미국기업이 아일랜드에 노동 아웃소싱을 했을 때의 효과를 그래프로 설명한 도표 10.7을 보라. (a)는 IT 노동자에 대한 미국시장의 수요곡선과 공급곡선을 그린 것이다. 미국기업이 노동서비스를 아일랜드에 아웃소싱하기 전 처음 균형점은 E_{US}이며, 이 점에서 임금은 시간당 15달러이다. (b)에는 아일랜드 IT 노동자에 대한 노동시장의 수요곡선과 공급곡선이 있다. 처음 균형점 E_I에서 미국 달러로 표시한 임금은 시간낭 9달러이다.

이제 많은 미국기업들이 아일랜드 IT 노동자의 낮은 임금을 보고 아일랜드의 노동서비스에 대한 수요는 늘리는 대신 미국 노동서비스에 대한 수요는 줄인다고 생각해보자. (a)에서 미국 IT노동에 대한 시장수요는 D_{US}에서 D'_{US}로 감소한다. 새 균형점 E'_{US}에서 미국 시장임금은 시간당 13달러로 하락하고 고용수준은 증가한다. (b)에서 아일랜드 IT노동에 대한 시장수요는 D_I에서 D'_I로 증가한다. 새로운 균형점 E'_I에서 아일랜드 IT 노동자에 대한 시장임금은 시간당 11로 상승하고 고용량도 증가한다.

심화 학습: 어떤 요인들이 IT노동자에 대한 미국의 시장임금을 아일랜드의 시장임금보다 더 높은 수준을 유지할 수 있도록 했을까?

회계사가 제공하는 균형 노동량도 증가한다.

멕시코 기업들이 미국 회계사를 고용하기 시작할 때 미국에서 이런 일이 벌어지지만 멕시코 금융회계사의 노동 수요는 감소한다. 멕시코의 모든 임금 수준에서 멕시코 회계사의 노동서비스 수요가 줄어든다. 멕시코 회계사들은 더 낮은 임금을 제시하면서 일자리를 구하려고 하기 때문에 멕시코의 시장임금도 하락한다. 그럼에도 불구하고 멕시코 회계사의 균형 고용량은 결국 감소한다.

따라서 미국 금융회계사를 고용하는 멕시코 기업이 국제노동 아웃소싱을 하면 단기적으로는 미국 회계사 고용이 증가하고 그들의 시장임금은 상승하는 결과가 나타난다. 나아가 멕시코 회계사의 고용은 감소하고 일자리를 가진 회계사들의 임금은 하락한다. (임금과 고용수준에 미치는 이런 효과를 그래프로 설명한 도표 10.8과 "도표로 이해하는 글로벌 경제 이슈 10.4"를 참조하라.)

도표 10.8 멕시코 기업의 회계서비스 아웃소싱

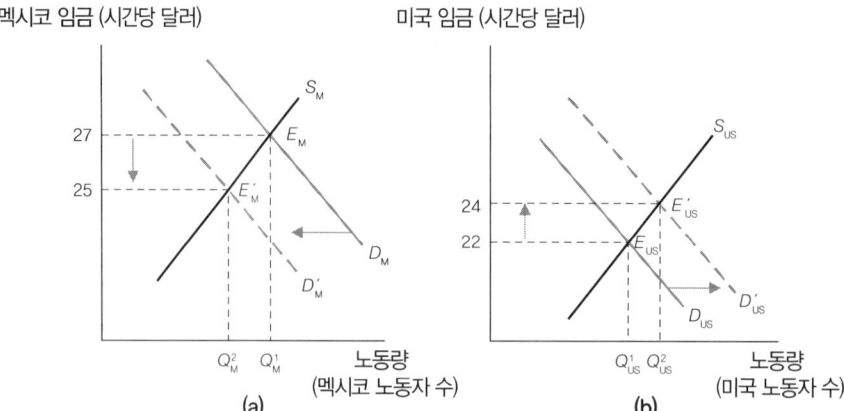

* (a)를 보면 멕시코 금융회계서비스의 시장임금은 처음 E_M에서 시간당 27달러였다. 반면 미국의 회계사들은 (b)와 같이 시간당 22달러를 벌었다. 멕시코 기업이 금융회계 노동 서비스를 국제 아웃소싱하면 멕시코 회계사 서비스에 대한 시장수요는 (a)에서 좌측으로 이동한다. 그 결과 새로운 균형점 E'_M에서 멕시코 회계사의 시장임금은 하락한다. (b)에서 미국 회계서비스에 대한 시장수요는 증가해 균형은 E'_{US}에서 달성되고 미국 회계사의 임금과 고용은 증가한다.

▩ 도표로 이해하는 글로벌 경제 이슈

10.4 멕시코에서 미국으로의 노동 아웃소싱이 임금과 고용에 미치는 영향

멕시코기업이 미국에 노동 아웃소싱을 한 효과를 이해하기 위해서는 도표 10.8을 보라. 이 도표에는 멕시코 기업이 국제노동 아웃소싱을 하기 전과 후에 멕시코와 미국의 회계사 노동 시장에 나타난 영향을 나타낸다. 국제노동 아웃소싱이 있기 전에는 (a)의 점 E_M에서 멕시코 공인 금융회계사의 달러 표시 시장임금은 시간당 27달러이다. (b)에서 마찬가지로 미국 공인회계사의 시장임금은 시간당 22달러이다.

멕시코 기업이 회계노동 서비스를 아웃소싱하면 미국 금융회계사가 제공하는 노동에 대한 수요는 (b)의 D_{US}에서 D'_{US}로 증가한다. 따라서 미국 회계사가 받는 시장임금은 점 E'_{US} 즉 24달러로 상승한다. 멕시코 기업은 멕시코 회계사의 서비스를 사용하지 않게 되어 (a)에서 노동서비스 수요가 D_M에서 D'_M으로 감소한다. 그 결과 멕시코 회계사의 임금은 점 E'_M 즉 시간당 25달러로 떨어진다.

심화 학습: 만약 일부 미국 금융회계사가 더 높은 임금을 주는 일자리를 찾아 멕시코 국경을 넘어간다면 도표 10.8의 노동공급곡선과 시장임금에는 어떤 변화가 나타날까? 그리고 이런 효과는 멕시코 기업의 국제노동 아웃소싱 유인을 어떻게 변화시킬까?

국제노동 아웃소싱의 순효과 평가

도표 10.7(p. 313)의 상황에서 미국기업의 아웃소싱 결과 미국 IT 노동자에 대한 시장임금과 고용수준이 감소했다. 이와 반대로 도표 10.8(p. 314)의 상황에서 멕시코 기업의 아웃소싱 결과 미국 금융회계사들은 더 높은 임금을 받고 더 많은 일자리를 갖게 된다. 이런 예시들은 글로벌 아웃소싱이 미국 노동시장에 미치는 영향에 관한 기본적인 결론을 설명해 주고 있다.

> 본국 기업의 국제노동시장 아웃소싱은 국내의 시장임금과 고용 수준을 감소시키는 경향이 있다. 반대로 외국기업이 본국에 국제노동 아웃소싱을 하면 본국의 시장임금과 고용수준이 증가하는 경향을 보인다.

따라서 세계적인 노동 아웃소싱의 증가는 한 나라의 일부 노동시장에서는 임금과 고용을 낮추는 직접적인 효과를 낳고, 그 나라의 다른 노동시장에서는 임금과 고용을 증가시키는 직접적 효과를 낳는다. 한 나라 노동자들의 일부는 아웃소싱으로 '손해'를 보지만 다른 노동자들은 '이득'을 얻는다. 다른 나라에서도 역시 일부 노동자들은 '손해'를 보는 반면 다른 노동자들은 '이득'을 얻는다.

■ 장기적 관점에서 본 국제노동 아웃소싱

국제노동 아웃소싱은 재화와 서비스의 국제무역 증가를 향한 확장된 추세의 일부이다. 제2장에서 배운 것처럼 국제무역을 하게 되면 한 나라의 국민들은 자신들이 가장 효율적으로 생산할 수 있는 재화와 서비스 생산에 특화하게 된다. 그 결과 절약된 자원을 이용하여 그 나라 국민들은 국제무역을 하지 않았을 경우에 비해 더 많은 재화와 서비스를 생산할 수 있게 된다. 이로 인해 소득이 증가하고 국민들은 증가된 소득을 이용해 더 많은 생산물을 소비할 수 있게 된다.

아웃소싱을 통한 장기비용 효율성 이익

마찬가지로 국제노동 아웃소싱을 하게 되면 그것이 없었을 때에 비해 한 나라의 노동자들이 자신들의 노동 서비스를 더 효율적으로 제공할 수 있게 된다고 말할 수 있다. 그 결과 세계적인 자원 절약이 이루어져 세계 전체의 생산량이 증가하게 된다. 재화와 서비스의 무역으로 얻게 되는 이득이 장기적으로 소득과 소비를 증가시키는 것처럼, 노동서비스의 국제 교역에서 얻게 되는 이득도 동일한 결과를 가져온다. 최근 추정치에 따르면 실제로 미국기업이 아웃소싱에 1달러를 지불할 때마다 미국 경제는 1.10달러를 넘는 이득을 보게 된다.

이런 장기적인 관점이, 해외 아웃소싱으로 인해 일자리를 잃게 된 국내 노동자들이 고통스러운 단기 조정을 겪어야 한다는 점을 부정하는 것은 아니다. 그럼에도 불구하고 노동 서비스의 국제 교역으로 얻는 이득이 장기적으로 실현되면 그 나라 전체는 장기적으로 더 부유해지게 되는 경향이 있다. 앞에서 배운 것처럼 노동수요는 각 노동자의 한계수입생산에 의해 결정되는 파생수요이다. 장기적으로 국제노동 아웃소싱의 이득은 미국 경제 전반에 걸쳐 산업의 한계수입생산의 전체 가치를 증가시키는 데 도움이 된다. 따라서 아웃소싱의 장기 효과는 결국에는 대부분 산업에서 노동수요가 증가하는 것으로 나타난다. 그리고 노동수요 증가는 다시 임금을 상승시키고 일자리를 늘린다. 노동경제학자들의 추정에 따르면 1990년초 이후 노동 아웃소싱으로 인해 없어진 미국의 일자리보다 최소한 30만개 이상 더 많은 일자리를 창출한 것으로 나타났다. (아웃소싱으로 고용과 임금에서 가장 큰 이득을 얻은 나라에서는 인구가 고령화되면서 그 효과가 점차 사라질 가능성이 높다. 자세한 것은 "참고사례 10.3"을 참조하라.)

♣ 참고사례

10.3 일부 아시아 국가에서는 고령 인구가 아웃소싱의 이득을 줄이는 반면, 다른 나라에서는 청년 인구가 그 이득을 확대할 수 있다

본국 기업이 해외에 노동 아웃소싱을 하려고 하는 기본적인 유인은 본국과 외국 사이의 상당한 임금격차 때문이다. 한 나라의 노동시장에서 임금수준을 결정하는 핵심적 결정요인 중 하나는 인구의 연령별 분포이다. 이 요인은 결국 아웃소싱을 유발하는 임금 격차에도 영향을 미친다.

UN의 인구 전망에 따르면 중국, 한국, 일본에서 노동능력이 가장 높은 연령인 15세와 64세 사이의 인구 비중이 급격히 줄어들 것으로 예상된다. 중국의 경우는 현재 약 76퍼센트에서 2030년에는 70퍼센트 미만으로 줄어들고, 한국에서는 같은 기간 동안 73퍼센트에서 63퍼센트로 줄어들고 일본에서는 64퍼센트에서 57퍼센트로 줄어들 것으로 전망된다. 동시에 다른 아시아 국가에서는 노동력이 가장 높은 연령대의 인구 비중이 2030년에는 증가할 것으로 전망된다. 도표 10.9에 나타난 바와 같이 그 결과 중국, 한국, 일본의 중위 연령 — 그 나라 인구 중 정확히 가운데 있는 연령 — 은 다른 아시아 국가에 비해 훨씬 더 높아질 것이다.

고연령 노동자들은 더 많은 경험을 축적하게 되어 기업에 더 높은 한계생산을 가져다 주는 경향이 있다. 따라서 고연령 노동자가 받는 임금도, 경험이 상대적으로 적어 한계생산이 낮은 젊은 노동자들이 받는 임금보다 더 높은 경향이 있다. 따라서 다른 조건이 동일하다면 고령 노동자의 비중이 높은 인구를 가진 나라에서 임금이 더 높은 경향이 있다. 반대로 청년층 노동자들이 큰 비중을 차지하는 나라에서는 임금이 낮은 경향이 있다. 앞에서 요약한 경향과 도표 10.9에 나타난 중위 연령 전망에 따르면 아웃소싱을 유발하는 임금 격차가 인구 고령화를 겪고 있는 나라 — 중국,

한국, 일본 — 에서는 미래에 줄어들 가능성이 크다. 그러나 인구가 점차 젊어지는 경향이 있는 나라 — 미얀마, 인도네시아, 말레이시아, 캄보디아, 필리핀 등 — 에서는 임금 격차가 확대될 가능성이 크다. 지금부터 한 세대 후에는 후자의 아시아 국가들이 임금 격차를 보일 가능성이 더 커져 새로운 아웃소싱의 핵심지역이 될 것이다.

심화 학습: 중국과 한국의 기업들은 왜 미래에는 캄보디아와 필리핀에 노동 아웃소싱을 할 가능성이 있을까?

도표 10.9 주요 아시아 국가의 2030년 중위 연령 전망

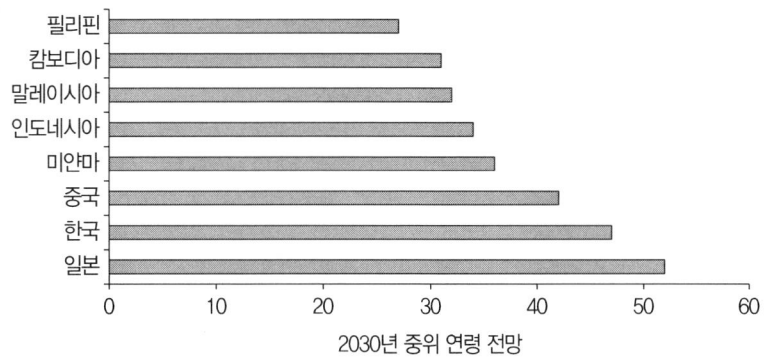

* 중국, 한국, 일본에서는 노동력의 고령화로 2030년이 되면 중위 연령이 40세 이상으로 올라갈 것으로 전망된다. 이에 비해 인구가 더욱 젊어지는 미얀마, 인도네시아, 말레이시아, 캄보디아, 그리고 필리핀에서는 중위 연령이 2030년에 36세 미만이 될 것으로 전망된다.

출처: United Nations.

아웃소싱 대 '인소싱': 장기 '리소싱' 균형의 달성

국제노동 아웃소싱으로 발생하는 무역의 이득이 무한한 것은 아니다. 기업인들은 종종 기업 **리소싱**(resourcing) 선택의 맥락에서 국제 아웃소싱을 이야기한다. 이는 (1) 기업 내부의 인소싱(insourcing)을 통해 노동투입과 같은 생산요소의 개발에 내부 지출을 할 것인가, (2) 국내의 다른 기업 공급자로부터 이러한 투입서비스의 매입을 아웃소싱할 것인가, (3) 국제 아웃소싱을 할 것인가를 선택하는 것이다. 기업이 어디에 있든 모든 기업의 장기 목표는 이런 리소싱 대안 사이에서 최적의 균형을 달성하는 것이다.

경제이론에 따르면 각 생산요소의 단위 가격 대비 해당 생산요소의 한계생산의 비율이 기업이 사용하는 모든 생산요소에 대해 동일해지는 점까지 생산요소를 사용할 때 비용 최소화를 추구하는 기업은 리소싱 균형을 달성할 수 있다. 예를 들어 노동 단위 당 임금에 대한 노동의 한계생산의 비율이 자본 단위 당 가격에 대한 자본의 한계생산 비율과 같아지는 점에서 노동과 자본의 결합 비율을 정할 것이다.

• **리소싱**(resourcing): 생산과정에 이용되는 기업의 모든 투입 요소를 획득하는 것.

따라서 기업이 노동을 어느 정도 인소싱하고 또 어느 정도 다른 국내기업이나 해외에 아웃소싱을 할 것인지를 결정하여 효율적인 균형을 선택하면, 장기적으로 이 세 유형의 임금 대비 한계생산의 비율이 모두 같아지게 된다.

물론 몇 달 혹은 몇 년 정도의 단기간에는 인소싱, 국내 아웃소싱, 해외아웃소싱 노동의 생산성에 차이가 있을 수 있기 때문에 각 유형별로 수요와 공급을 일치시키는 시장임금에도 차이가 있을 수 있다. 그 결과 기업들은 비용이 가장 효율적인 노동의 조합을 만들기 위해 리소싱 선택을 재조정하려고 할 것이다. 리소싱의 장기 균형을 모색하는 이 짧은 시기에는 기업들의 국제노동 아웃소싱이 아주 활발히 이루어진다. 최근에 미국기업들의 리소싱 선택은 국제노동 아웃소싱을 활용하는 방향으로 강하게 움직이고 있다. 미래에는 그런 선택이 노동의 인소싱이나 국내 아웃소싱의 방향으로 역전될 수도 있을 것이다.

> **핵심 이슈 #5**
>
> 국제노동 아웃소싱이란 무엇이며, 그것이 아웃소싱 관련 국가의 시장임금과 균형 고용수준에 어떤 영향을 미치나?
>
> 기업이 자신이 위치한 나라가 아닌 다른 나라의 노동을 고용할 때를 국제노동 아웃소싱이라고 한다. 국내기업이 아웃소싱을 하면 단기적으로는 국내 노동시장의 수요, 시장임금, 균형고용량이 감소한다. 해외기업이 국내 노동을 고용하는 형태로 아웃소싱을 하면 국내 노동시장의 노동수요, 시장임금, 그리고 균형고용량이 증가한다. 따라서 국내 임금과 고용에 미치는 순단기 효과는 복합적이다. 즉 일부 노동자들은 아웃소싱으로 '이득을 얻고' 다른 노동자들은 '손해를 입는다.' 장기적으로는 아웃소싱을 하면 기업들은 더욱 효율적으로 운영을 할 수 있다. 노동 서비스의 국제 교역에서 얻는 이득 덕분에 자원은 수익을 창출하는 다른 활동에 재배치될 수 있어 전세계 임금과 고용의 전반적 상승이 나타난다.

요약

1. **한 나라의 노동자원에 대한 수요에 영향을 미치는 요인들**: 기업들은 마지막으로 고용된 노동자의 한계수입생산, 즉 다음 노동자를 고용함으로써 발생하는 추가 수입이 노동자의 임금과 같아지는 점까지 노동자를 고용할 때 이윤을 극대화할 수 있다. 노동의 한계수입생산은 노동의 한계수입 (생산물 한 단위를 추가 판매할 때 얻는 추가 수입)과 노동의 한계생산(추가된 한 단위의 노동이 생산할 수 있는 추가 생산량)을 곱한 것이다. 따라서 국내기업이 생산물을 판매하여 받는 가격, 노동의 한계생산, 그리고 임금은 한 나라의 노동시장에서 기업이 고용하려고 하는 노동자 수에 영향을 미친다.

2. **시장임금의 결정 원리와 국제무역 증가가 노동자의 임금에 미치는 영향**: 시장임금은 노동시장에서 기업들이 해당 임금 수준에서 일할 의사와 능력을 가진 모든 노동자들을 고용하려고 할 때의 임금을 가리킨다. 외국 수입품이 많이 유입되면 국내기업이 받는 생산물 가격이 하락하고 그 결과 노동의 국내 한계수입생산도 하

락하여 노동 수요가 감소하게 된다. 따라서 이런 영향을 받는 기업의 시장임금과 고용이 감소한다. 그러나 국내기업의 수출증가는 수출기업의 전체 노동수요 증가를 가져온다. 그 결과 이 기업들의 임금과 고용이 증가한다. 그러므로 전체적으로 볼 때 다른 생산요소가 고정되어있다면 국제무역 증가는 한 나라의 전반적 임금과 고용 수준을 높일 수도 있고 낮출 수도 있다.

3. **무역이 노동자 소득에 미치는 영향에 대한 요소부존비율 접근법의 설명**: 요소부존비율 접근법은 생산요소의 상대적 비율의 차이가 비교우위와 국가 간 무역을 어떻게 설명할 수 있는가를 강조한다. 이 접근법에 따르면 숙련 노동자의 비율이 상대적으로 높은 나라는 숙련노동집약적인 재화를 수출하는 반면, 비숙련 노동자의 비율이 상대적으로 많은 나라로부터 비숙련 노동집약적인 재화를 수입하게 될 것이다. 비숙련 노동자의 비율이 상대적으로 많은 나라에서는 무역 증가가 숙련노동자와 비숙련노동자 사이의 임금 격차를 줄이는 경향이 있다. 반대로 숙련노동자의 비율이 높은 나라에서는 이런 임금격차를 확대하는 경향이 있다.

4. **노동과 자본의 국경 간 이동의 원인**: 노동집약적 재화와 자본 집약적 재화의 무역에 대한 요소부존비율 접근법에 따르면 상대적으로 자본자원이 풍부한 나라들은 자본집약적인 재화를 수출하는 대신, 노동자원이 상대적으로 풍부한 나라에서 노동집약적인 재화를 수입하게 된다. 유의미한 정도의 무역 장벽이 있을 경우 상대적으로 자본이 풍부한 나라의 거주자들은 상대적으로 노동이 풍부한 나라에 해외직접투자를 통해 자본을 수출하려고 할 것이다. 반대로 상대적으로 노동이 풍부한 나라의 거주자들은 더 높은 상대임금을 얻기 위해 자본집약적인 나라로 이민을 가려고 할 것이다.

5. **노동 아웃소싱이 임금과 고용에 미치는 영향**: 국제노동 아웃소싱을 하는 기업들은 자국 이외 나라의 노동을 고용한다. 이것이 자국 노동시장의 임금과 고용에 미치는 직접적이고 단기적인 효과는 양면적이다. 자국 기업의 아웃소싱은 자국 노동시장의 노동수요를 감소시켜 자국 임금과 고용에 하락 압력을 낳는다. 하지만 자국 노동을 고용하는 외국기업의 아웃소싱은 자국 노동시장의 노동수요를 증가시켜 임금과 고용을 높인다. 장기적으로 아웃소싱은 기업의 효율성을 높인다. 그 결과 절약된 자원은 글로벌 생산과 소비 가능량을 효과적으로 증가시킨다. 따라서 노동서비스의 국제 교역으로 얻는 이득은 궁극적으로 소득을 증가시키고 세계 전체의 노동 수요와 임금 그리고 고용수준의 증가를 가져오게 된다.

연습문제

1. 아래 표는 어느 국내기업의 주당 고용과 생산 상황을 나타낸 것이다. 빈칸 (a)-(l)을 채워라. 이 기업의 노동수요 곡선을 그려라. 현재의 국내 시장가격과 한계수입에서 만약 시장임금이 주당 280달러에서 320달러로 증가하면 기업의 고용은 어떻게 변할까?

노동량	산출	한계생산	생산물 가격	총수입	한계수입	한계수입생산
(1)	(2)	(3)	(4)	(5)	(6)	(7)
0	0	–	40	0	–	–
1	8	(a)	40	320	40	(g)

노동량	산출	한계생산	생산물 가격	총수입	한계수입	한계수입생산
2	15	(b)	40	600	40	(h)
3	21	(c)	40	840	40	(i)
4	26	(d)	40	1,040	40	(j)
5	30	(e)	40	1,200	40	(k)
6	33	(f)	40	1,320	40	(l)

2. 외국과의 경쟁으로 국내시장가격과 기업의 한계수입이 단위당 30달러로 하락했다. 이 경우 문제1의 표를 별도의 종이에 새로 작성하라. 외국으로부터의 경쟁 심화는 기업의 노동수요에 어떤 영향을 미치는가?

3. 국내 노동시장 상황을 나타낸 아래 표를 보고 다음 질문에 답하라.

주당 임금	기업의 노동수요량	노동자의 노동공급량
500	8,000	26,000
450	12,000	24,000
400	16,000	22,000
350	20,000	20,000
300	24,000	18,000
250	28,000	16,000
200	30,000	14,000

(a) 현재의 균형노동량은 얼마인가? 현재의 시장임금은 얼마인가?
(b) 다음 두 경우를 생각해 보라. (1) 해외 취업 기회를 보고 4,000명의 국내 거주자가 국내임금과 상관없이 해외 노동시장으로 옮겨갔다. (2) 국내기업의 생산물에 대한 수요가 증가하자 국내기업들이 국내의 모든 임금 수준에서 매주 2,000명의 노동자를 더 고용하려고 한다. 새로운 균형 노동량은 얼마인가? 새로운 임금 수준은 얼마인가?

4. 국내 노동시장 상황을 나타낸 아래 표를 보고 다음 질문들에 답하라.

주당 임금	기업의 노동수요량	노동자의 노동공급량
700	4,000	13,000
650	6,000	12,000
600	8,000	11,000
550	10,000	10,000
500	12,000	9,000
450	14,000	8,000
400	16,000	7,000

(a) 현재의 균형노동량은 얼마인가? 현재의 시장임금은 얼마인가?
(b) 다음 두 경우를 생각해 보라. (1) 이민자의 유입으로 국내 노동시장에 공급되는 노동량이 주당 2,000단위 증가하였다. (2) 국내기업의 생산물에

대해 외국의 경쟁이 심화되어 국내 생산물에 대한 수요가 감소하였다. 그 결과 국내기업들은 모든 임금 수준에서 주당 1,000단위의 고용을 줄였다. 새로운 균형 노동량은 얼마인가? 새로운 시장임금은 얼마인가?

5. 어느 나라가 다른 나라와 수출과 수입에 관한 장벽을 제거하기로 한 양자 간 협정이 국내 노동 고용을 반드시 감소시키지는 않는 이유를 각자 설명하라.

6. 노스와 이스트는 인접한 국가인데 노동자들이 국경을 넘어가는 것을 실질적으로 금지하고 있다. 두 나라는 숙련 노동과 비숙련 노동을 사용하여 컴퓨터와 빗자루를 생산하며 동일한 기술을 이용한다. 숙련 노동과 비숙련 노동은 컴퓨터산업과 빗자루 산업 사이에 완전히 자유롭게 이동할 수 있다. 컴퓨터 생산은 숙련 노동자를 집약적으로 사용하는 반면, 빗자루 산업은 비숙련 노동자를 집약적으로 사용한다. 한 나라 내에서 두 산업은 동일한 시장에서 숙련 및 비숙련 노동자를 고용하기 위해 경쟁한다. 숙련 노동자가 받는 시장임금은 두 산업에서 동일하며, 비숙련 노동자의 임금 역시 두 산업에서 동일하다. 두 나라에서 숙련 노동자의 임금은 비숙련 노동자의 임금에 비해 높다. 하지만 국제무역이 없는 경우 노스의 숙련 노동자는 이스트의 숙련 노동자에 비해 더 높은 시장임금을 받는다. 노스의 비숙련 노동자 또한 이스트의 비숙련 노동자에 비해 더 높은 시장임금을 받는다. 빗자루에 대한 컴퓨터의 소비 비율은 두 나라에서 동일하다.
   (a) 노스와 이스트의 상대 요소부존비율은 어떤 상태인가?
   (b) 빗자루와 컴퓨터 생산에 비교우위를 가지고 있는 나라는 각각 어디인가? 두 나라 사이에 무역이 이루어지면 교역은 어느 방향으로 나타날까?
   (c) 각국의 숙련 노동자 수요에는 어떤 변화가 나타날까? 각국의 비숙련 노동자 수요에는 어떤 변화가 나타날까? 숙련노동자와 비숙련노동자의 임금은 두 나라에서 어떤 방향으로 변할까?

7. 문제 6의 상황을 다시 생각해 보라. 이제 "인접한 노스와 이스트 두 나라는 노동자들이 국경을 자유롭게 이동하도록 허용하고 있다"고 하자. 어떤 유형의 노동자들이 노스와 이스트로 각각 이동하려고 할까? 노스와 이스트가 컴퓨터와 빗자루의 무역을 반드시 하려고 할까? 이에 대해 설명하라.

8. 사우스쇼어는 자본이 상대적으로 풍부한 선진국이며, 인접한 랜즈엔드는 노동이 상대적으로 풍부한 개발도상국이다. 두 나라 모두 동일한 기술을 사용하여 자본집약적 생산물과 노동집약적 생산물을 생산한다. 사우스쇼어는 현재 랜즈엔드 주민의 이민을 금지하고 있다. 랜즈엔드정부는 사우스쇼어에서 자본이 유입되는 것을 금지하고 무역도 제한하고 있다. 랜즈엔드정부는 사우스쇼어와의 자본이동과 무역을 개방하는 방안을 검토하고 있다. 결정을 할 때 랜즈엔드정부가 어떤 문제를 고민할지 설명하라.

9. 문제 8에서 설명한 상황에서 랜즈엔드정부가 무역은 자유화하지만, 자본 소유자를 보호하기 위해 자본이동은 계속 제한하기로 결정했다고 가정하자. 이런 보호주의적 조치가 랜즈엔드의 자본 수익률 하락을 억제하는 데 반드시 성공

할까? 왜 그렇게 생각하는지 설명하라.

10. 문제 8에서 설명한 상황에서, 랜즈엔드정부가 이제 자본이동은 허용하지만 무역은 계속 제한하기로 했다고 가정하자. 동시에 사우스쇼어는 랜즈엔드 주민의 이민을 허용하기로 결정했다. 자본과 노동의 소유자들이 자신들이 가진 자본과 노동을 자유롭게 이동시킬 수 있다고 가정할 때, 랜즈엔드의 무역 제한으로 어느 한 그룹은 반드시 손해를 입을까? 왜 그렇게 생각하는지 설명하라.

11. 미국에 사무실과 공장을 가지고 있는 일본 기업의 최고경영자 및 중간관리자는 매달 몇 번씩 미국으로 출장을 가야 한다. 대부분의 일본기업들은 이런 출장을 관리하기 위해 자체적인 출장관리팀을 가지고 있었다. 하지만 이제는 이런 일을 점점 미국 여행사에 아웃소싱하고 있다. 이런 추세가 확산된다면 여행 서비스를 제공하는 일본과 미국 노동자들의 임금과 고용에 어떤 변화가 나타날까?

12. 아웃소싱이 미국 임금과 고용에 미치는 단기효과가 장기효과에 비해 더 모호한 이유를 설명하라.

온라인 응용학습

URL: http://stat.wto.org/CountryProfile/WSDBCountryPFHome.aspx?Language=E
제목: 세계무역기구(WTO)의 무역통계
검색: WTO의 홈페이지(www.wto.org)로 가서 '문서와 정보(Documents and Resources)'를 클릭하라. 그리고 '통계(Statistics)'를 클릭하고 다시 '상품과 서비스 무역(Trade in Merchandises and Services)'를 클릭하라. 마지막으로 '세계 및 지역별 상품수출현황(World and Regional Merchandise Exports Profiles)'를 클릭하라.
응용: 지시한 내용을 따르고 관련된 질문에 답하라.

1. 무역 '금액(value)'을 이용하여 팝업 메뉴에 나타난 세계 각 지역을 비교하라. 여러분이 비교하고자 하는 지역들 중 어떤 지역이 최근에 가장 높은 무역 증가율을 기록하였는가? 증가율이 가장 낮은 지역은 어디인가? 국제무역의 변동성이 가장 높은 지역은 어디인가? 변동성이 가장 낮은 지역은 어디인가?

2. 무역 '양(volume)'을 이용하면, 어느 지역이 최근에 가장 높은 무역증가율을 기록하였는가? 증가율이 가장 낮은 지역은 어디인가? 무역의 변동성이 가장 높은 지역은 어디이며 가장 낮은 지역은 어디인가? 무역 금액과 양을 사용할 때 결과에 큰 차이가 있는가? 있다면 왜 그럴까?

팀 과제: 학생들을 세 그룹으로 나누어 세계 각 지역 내에 있는 개발도상국들을 선택하여 무역의 금액과 양을 비교하도록 한다. 이 개발도상국들 중 무역액이 가장 큰 나라는 어디이며 가장 작은 나라는 어디인가?

참고문헌

Anderson, Kym, and Alan Winters. "The Challenge of Reducing International Trade and Migration Barriers." Centre for Economic Policy Research Working Paper DP6760, May 2008.

Bardhan, Ashok, Dwight Jaffee, and Cynthia Kroll, eds. *The Oxford Handbook of Offshoring and Global Employment*. Oxford, U.K.: Oxford University Press, 2013.

Batra, Ravi, and Hamid Beladi. "Outsourcing and the Heckscher-Ohlin Model." *Review of International Economics* 18 (May 2010): 277–288.

Bhagwati, Jagdish, and Alan Blinder. *Offshoring of American Jobs: What Response from U.S. Economic Policy?* Cambridge, MA: MIT Press, 2009.

Bhagwati, Jagdish, Arvind Panagariya, and T.N. Srinivasan. "The Muddles over Outsourcing." *Journal of Economic Perspectives* 18(4) (Fall 2004): 93–114.

Edwards, Lawrence, and Robert Lawrence. *Rising Tide: Is Growth in Emerging Economies Good for the United States?* Washington, DC: Peterson Institute for International Economics, 2013.

Feenstra, Robert. *Offshoring in the Global Economy: Microeconomic Structure and Macroeconomic Implications*. Cambridge, MA: MIT Press, 2010.

Grossman, Gene, and Esteban Rossi-Hansberg. "The Rise of Offshoring: It's Not Wine for Cloth Anymore." In *The New Economic Geography: Effects and Policy Implications*. Federal Reserve Bank of Kansas City Jackson Hole Conference, Jackson Hole, Wyoming, August 24–26, 2006.

Hoekman, Bernard M., and Marcelo Olarreaga, eds. *Global Trade and Poor Nations: The Poverty Impacts and Policy Implications of Liberalization*. Washington, DC: Brookings Institution Press, 2007.

Jensen, J. Bradford. *Global Trade in Services: Fear, Facts, and Offshoring*. Washington, DC: Peterson Institute of International Economics, 2011.

Katz, Lawrence. "Technological Change, Computerization, and the Wage Structure." In Erik Brynjolfsson and Brian Kahin, eds., *Understanding the Digital Economy*. Cambridge, MA: MIT Press, 2000, pp. 217–246.

Kletzer, Lori. "Trade and Job Loss in U.S. Manufacturing, 1979–1994." In Robert Feenstra, ed., *The Impact of International Trade on Wages*. Chicago, IL: University of Chicago Press, 2000, pp. 349–396.

Krugman, Paul. "Trade and Wages, Reconsidered." *Brookings Panel on Economic Activity* (Spring 2008): 103–137. www.princeton.edu/~pkrugman/pk-bpea-draft.pdf

Leamer, Edward, and Christopher Thornberg. "A New Look at Interindustry Wage Differentials." In Robert Feenstra, ed., *The Impact of International Trade on Wages*. Chicago, IL: University of Chicago Press, 2000, pp. 37–84.

Orrenius, Pia, and Alan Viard. "The Second Great Migration: Economic and Policy Implications." Federal Reserve Bank of Dallas *Southwest Economy* (May/June 2000): 1–8.

11장

경제발전

핵심 이슈

1. 경제발전의 근본 요인은 무엇인가?
2. 경제성장의 핵심 지표와 결정요인은 무엇인가?
3. 인적자본과 물적자본의 축적, 그리고 기업가의 활동은 경제발전에 어떻게 기여하는가?
4. 국제무역의 자유화는 개발도상국의 임금과 경제성장에 어떤 영향을 미치는가?
5. 개발도상국으로 자본이 유입될 때의 장점과 단점은 무엇인가?
6. 개발도상국 주민들이 자본의 활용과 경제성장을 촉진하는 데 필요한 신용을 획득하도록 돕기 위해 어떤 국제적 노력이 이루어지고 있는가?

1981년부터 세계은행(World Bank)은 지구상에서 2005년 물가 수준으로 하루 1.25달러 미만으로 살아가는 사람들의 숫자에 관한 통계를 축적하고 있다. 이 통계에 따르면 이러한 부족한 금액으로 살아가는 사람들의 절대 수와 세계인구 중 이들의 비중 중 한 지표는 매년 증가했다. 그리고 두 지표가 동시에 증가하는 경우도 많았다.

하지만 최근에 세계은행은 뜻밖의 기쁜 일을 겪었다. 2008년 하루 1.25달러 미만으로 생계를 유지하는 사람들의 전체 수와 세계 전체 인구에서 차지하는 비중 모두가 감소한 것이다. 분명히 아직도 3억 8,000만 명 이상의 사람들은 이 부족한 금액으로 생계를 유지해야 한다. 그럼에도 불구하고 국가 경제의 발전을 연구하는 경제학자들에게 빈곤 정도를 나타내는 이 지표의 절대적 및 상대적 감소는 글로벌 경제가 전환점을 지난 것일 수 있다는 희망을 던져주었다. 즉 시간이 지나면서 빈곤 감축이 지속적으로 이어질 수 있다는 희망이다.

발전경제학(development economics)을 전공하는 경제학자들은 한 나라의 경제성장과 발전에 영향을 미치는 요인들을 연구한다. 1950년대에 발전경제학자들은 상당한 성장을 달성한 개발도상국 국민들이 경험한 임금 증가의 중요한 파급효과들을 목격했다. 즉 노동자들의 실질임금이 증가하자

• **발전경제학**(development economics) : 한 나라의 기술 능력, 소비 가능한 생산물의 증가, 국민소득의 증가 등에 기여하는 요인들을 연구하는 경제학의 한 분야.

그들의 생산성도 같이 증가한 것이다. 이런 현상이 나타난 중요한 이유 중 하나는, 발전이 이루어지기 전에는 개발도상국의 많은 노동자들이 영양실조 상태였기 때문이다. 임금이 증가하자 이들은 자연스럽게 보다 다양한 식품들을 섭취할 수 있었고 그 결과 더욱 균형 잡힌 식사를 할 수 있었으며 덕분에 몸과 마음 모두 더 건강해졌다. 그 결과 이들은 더욱 생산적인 노동자가 되었다.

경제발전의 여러 측면

노동 생산성의 증가는 기술발전, 다양한 생산물의 생산능력, 실질소득의 증가에 기여한다. 상호 연결된 이런 성과들은 모두 경제발전 과정의 기본적 측면, 즉 한 나라 국민의 후생 증가를 나타낸다.

■ 기술발전

경제발전 과정의 핵심은 **기술발전**(technological improvement)이다. 다시 말해서 일정한 자원의 집합을 이용하여 재화와 서비스를 생산할 수 있는 능력이 향상되는 것이다. 따라서 한 나라가 기술발전을 경험하면 동일한 양의 노동, 자본, 및 기타 생산요소를 이용하여 더 많은 재화와 서비스를 생산할 수 있게 된다.

일정한 투입 집합을 이용하여 어떻게 더 많은 양의 생산물을 생산할 수 있을까? 간단한 예를 들어 보자. 어떤 사람이 매일 같은 방에서 같은 책상에 앉아 같은 데스크톱 컴퓨터를 이용하여 온라인 서비스를 생산한다고 가정하자. 이 사람은 지난주에 매일 시간당 기본적으로 동일한 양의 서비스를 생산할 수 있었다. 그런데 오늘 아침 이 사람은 오피스 생산성 프로그램을 업데이트하였다. 소프트웨어 재구성의 결과 시간당 서비스 생산이 10퍼센트 증가하였다. 이는 이 사람이 기술발전을 경험했다는 것을 의미한다.

이런 발전이 국가 경제 전 영역에 걸쳐서 나타날 때 경제발전이 이루어진다. 이런 발전은 새로운 생산과정이나 새로운 생산물의 발명을 통해서 이루어질 수 있다. 그런데 이런 발명들이 파급효과를 낳는 경우는 극히 드물다. 왜냐하면 파급효과를 낳기 위해서는 **혁신**(innovation)의 여과과정, 즉 새로운 생산과정과 생산물이 충분한 가시적 이득을 가져오도록 전환시킴으로써 시장에서 널리 채택되게 만드는 과정을 거쳐야 하기 때문이다.

■ 생산물과 시장의 다양화

발전경제학자로 노벨상을 수상한 루이스(W. Arthur Lewis)는 "경제성장의 이점은 부유함이 행복을 증진시키는 데 있는 것이 아니라 인간의 선택의 폭을 증가시키는 데 있다"고 말했다. 생산물의 혁신은 국민들이 소비할 수 있는 재화와 서비스의 다양성을 증대시킨다. 혁신적인 생산물은 개발도상국 내 수억 명 인구의 삶을 개선할 수 있는 수많은 재화와 서비스를 포함하여, 새로운 통신 서비스의 제공에서부터 질병치료용 의약품에

• **기술발전**(technological improvement): 동일한 양의 자원으로 생산할 수 있는 재화와 서비스의 양을 확대하는 것.

• **혁신**(innovation): 시장에서 채택될 수 있을 정도의 충분한 가시적 이득을 발생시킬 수 있는 새로운 과정이나 생산물.

이르기까지 다양하다.

많은 개발도상국의 경우 핵심적인 생산물 혁신에는 다양한 새로운 식품들이 포함된다. 사실 가장 기본적 투입물 중의 하나인 노동의 생산성 향상을 가능하게 하는 기술개발은 한 나라 식품산업의 생산물 혁신에 달려있을 수 있다. 1950년대 이후 발전경제학자들은, 과거 영양상태가 나빴던 노동자들이 더욱 다양한 식품들을 구매할 수 있게 된 것이 경제발전의 중요한 파생효과 중 하나임을 깨달았다. 더욱 균형 잡힌 식사를 하고 건강한 육체와 정신을 유지함으로써 노동자들은 생산성을 높일 수 있게 되었다.

그리고 생산물 혁신은 재화와 서비스 시장의 범위를 넓힌다. 그 결과 민간기업의 활동이 자극을 받고 소득을 창출하는 일자리를 주민들에게 제공하는 기업들의 수가 늘어난다. 주민의 소득이 증가하면 저축과 재산이 늘고, 이것은 다시 생산물에 대한 선택의 폭을 넓힌다.

■ 경제성장

경제발전의 여러 측면 중 아마 가장 많이 논의되는 것은 한 나라의 **경제성장**(economic growth)일 것이다. 경제학자들은 경제성장을 한 나라의 1인당 실질소득 증가율로 측정한다. **1인당 실질소득** (per capita real income)은 인플레이션을 조정한 후의 그 나라 전체 소득을 그 나라 인구로 나눈 것이다.

- **경제성장**(economic growth): 일정 기간 동안 한 나라의 1인당 실질소득의 변화율.
- **1인당 실질소득**(per capita real income): 인플레이션을 조정한 후의 전체 소득을 인구로 나눈 비율.

세계 각국의 1인당 실질소득 증가율

표 11.1은 일부 저소득국가, 하위 중소득국가 및 상위 중소득국가의 20년 동안의 연평균 1인당 실질소득 증가율을 나타낸 것이다. 이 표에 나타난 것처럼 이 나라들의 연평균 1인당 실질소득 증가율은 최고 중국의 8.5퍼센트부터 최저 콩고민주공화국의 −3.2퍼센트(즉 평균적으로 매년 소득이 줄어들었음을 의미한다)에 이르기까지 다양하다.

표 11.2에는 주요 고소득 국가의 연평균 1인당 실질소득 증가율이 정리되어 있다. 이 국가의 경제성장률은 표 11.1에 나타난 국가들이 기록한 성장률의 중간 정도에 해당한다는 것을 알 수 있다. 그리고 이 국가들의 성장률은 모두 양수이다. 즉 20년 동안 모든 고소득 국가의 1인당 실질소득이 증가했다.

경제성장의 중요성

한 국가에서 1인당 실질소득 평균증가율에 작은 변화가 있어도 3~4년 정도의 기간 동안에는 큰 변화가 나타나지 않는다. 하지만 작은 변화라도 수년간 지속되면 상당한 차이가 나타난다.

그 이유는 **복률**(compounding)의 힘 때문이다. 즉 성장률의 작은 차이가 여러 해에 걸쳐 누적되면 미래의 1인당 실질소득에 몇 배의 효과를 미치게 된다. 표 11.3은 1인당 실질소득이 복률로 증가할 경우 최초 1달러의 소득이 연평균 경제성장률에 따라 50년에 걸쳐 어떻게 증가하는지를 보여준다.

성장률의 차이가 해가 지나면서 어떤 차이를 만들어내는지 이해하기 위해서, 중국이 만약 연평균 8퍼센트의 성장률을 계속 유지할 경우 1달

표 11.1 주요 저소득국가, 하위중소득국가 및 상위중소득국가의 연평균 1인당 실질소득 증가율, 1990~2013년 (%)

동아시아		아프리카		중부유럽	
중국	8.5	수단	4.1	보스니아 헤르체고비나	6.4
베트남	6.9	모리셔스	3.9	폴란드	3.2
캄보디아	4.4	앙골라	3.8	알바니아	2.7
말레이시아	4.1	모잠비크	3.7	터키	2.3
태국	3.8	나이지리아	3.2	헝가리	1.6
인도네시아	3.5	레소토	3.0	루마니아	1.4
몽골	2.3	에티오피아	2.9	체코	1.3
파푸아 뉴 기니	1.5	가나	2.9	러시아	1.0
남아시아/태평양		우간다	2.6	크로아티아	0.6
스리랑카	4.3	보츠와나	2.2	서반구	
인도	4.2	남아프리카공화국	1.4	베네수엘라	4.1
방글라데시	3.0	스와질랜드	1.4	칠레	4.0
파키스탄	2.1	베냉	0.7	아르헨티나	2.9
네팔	2.0	케냐	0.4	코스타리카	2.5
중동		니제르	0.4	볼리비아	1.8
튀니지	2.9	세네갈	0.1	콜롬비아	1.8
이란	2.8	콩고공화국	-0.3	에콰도르	1.5
이집트	2.7	중앙아프리카공화국	-0.3	멕시코	1.5
오만	1.8	카메룬	-0.4	브라질	1.3
모로코	1.8	토고	-0.7	아이티	0.4
알제리	1.1	마다가스카르	-1.2	니카라과	0.3
레바논	1.1	부룬디	-1.3	자메이카	0.3
요르단	0.2	콩고민주공화국	-3.2	파라과이	0.3

* 이 표는 주요 저소득 및 중소득 국가의 경제성장률을 보여준다.

출처: Penn World Tables; International Monetary Fund; World Bank; 저자 추정.

러의 실질소득이 어떻게 증가하는지를 살펴보자. 10년이 지나면 현재의 1인당 실질소득 1달러는 2.16달러기 된다. 그리고 50년이 지나면 46.90달러가 된다.

물론 중국이 현재와 같은 높은 성장률을 계속 유지할 가능성은 높지 않다. 표 11.2에 있는 대부분의 고소득 국가들은 수십년 전에는 상대적으로 높은 경제성장률을 달성할 수 있었다. 하지만 시간이 지나면서 그들의 연평균 성장률은 표에 나타난 현재의 평균 수준으로 하락했다. 그렇지만 만약 중국이 앞으로 50년 동안 약 8퍼센트의 성장률을 계속 유지할 수 있다면, 표 11.3에 나타난 바와 같이 보통 중국 국민들의 50년 후 실질소득은 오늘날의 거의 47배가 될 것이다.

72의 법칙

표 11.3을 보면 한 나라의 1인당 실질소득이 증가하는 속도는 경제성장률에 달려있다는 사실을 알

표 11.2   주요 고소득국가의 연평균 1인당 실질소득 증가율, 1990~2013년 (%)

유로지역		기타 유럽		기타	
아일랜드	3.5	노르웨이	2.1	싱가포르	4.3
스페인	1.8	스웨덴	1.7	한국	4.2
오스트리아	1.6	덴마크	1.3	호주	2.1
네덜란드	1.5	영국	1.3	이스라엘	2.0
벨기에	1.4	아이슬란드	1.1	뉴질랜드	1.6
독일	1.4	스위스	0.8	캐나다	1.4
핀란드	1.3			쿠웨이트	1.4
포르투갈	1.1			미국	1.3
프랑스	0.9			일본	0.8
이탈리아	0.9			사우디아라비아	0.6
그리스	0.9				

* 이 표를 보면 상대적으로 고소득국가의 경우 경제성장률은 상대적으로 낮지만 항상 양의 성장률을 기록하고 있음을 알 수 있다.

출처: Penn World Tables; International Monetary Fund; 저자 추정

표 11.3   성장률 차이에 따른 1인당 실질소득 1달러의 변화

기간(년)	성장률(%)						
	1	2	3	4	5	6	8
1	1.01	1.02	1.03	1.04	1.05	1.06	1.08
2	1.02	1.04	1.06	1.08	1.10	1.12	1.17
3	1.03	1.06	1.09	1.12	1.16	1.19	1.26
4	1.04	1.08	1.13	1.17	1.22	1.26	1.36
5	1.05	1.10	1.16	1.22	1.28	1.34	1.47
6	1.06	1.13	1.19	1.27	1.34	1.41	1.59
7	1.07	1.15	1.23	1.32	1.41	1.50	1.71
8	1.08	1.17	1.27	1.37	1.48	1.59	1.85
9	1.09	1.20	1.30	1.42	1.55	1.68	2.00
10	1.10	1.22	1.34	1.48	1.63	1.79	2.16
20	1.22	1.49	1.81	2.19	2.65	3.20	4.66
30	1.35	1.81	2.43	3.24	4.32	5.74	10.00
40	1.49	2.21	3.26	4.80	7.04	10.30	21.70
50	1.64	2.69	4.38	7.11	11.50	18.40	46.90

* 이 표는 서로 다른 연평균 성장률을 복률로 계산했을 때 연도별 1인당 실질소득을 나타낸 것이다. 최초 1인당 실질소득 1달러가 1퍼센트의 성장률로 50년간 증가하면 1.64달러가 된다. 반면 8퍼센트의 성장률로 50년간 증가하면 1인당 소득은 46.09달러가 된다.

수 있다. 소위 **72의 법칙(rule of 72)**을 사용하면 성장의 속도를 근사적으로 계산할 수 있다. 한 나라의 1인당 실질소득이 2배가 되는 데 필요한 해의 수는 72를 연평균 경제성장률로 나눈 값과 대략 일치한다는 것이 72의 법칙이다. 따라서 연평균 경제성장률이 8퍼센트라고 하면 약 9년 후에 1인당 소득이 2배가 된다. 표 11.3을 보면 경제성장률이 8퍼센트일 때 9년이 지나면 1인당 실질소득은 대략 2배가 된다는 것을 알 수 있는데, 이것은 72의 법칙을 사용하여 계산한 결과와 같다. 연평균 성장률이 4퍼센트라면, 72의 법칙에 따르면 1인당 소득이 2배가 되기 위해서는 약 18년이 필요하다. 표 11.3을 보면 20년이 지나면 2배가 조금 넘는 것으로 나타나므로 이 경우에도 72의 법칙이 작용함으로 알 수 있다.

72의 법칙에 따르면 경제성장률이 낮아지면 1인당 소득이 2배가 되는 데 필요한 기간이 많이 늘어날 수밖에 없다. 연평균 성장률이 2퍼센트라면 약 36년 (72/2)이 지나야 하고, 성장률이 1퍼센트라면 72년이 지나야 한다. 결국 연간 경제성장률의 차이가 작아도 장기적으로는 이 차이가 매우 중요하다는 것을 72의 법칙을 통해서 알 수 있다.

• **72의 법칙(rule of 72):** 한 나라의 1인당 실질소득이 2배가 되는 데 필요한 해의 수는 72를 연평균 경제성장률로 나눈 값과 거의 같다.

핵심 이슈 #1

경제발전의 근본 요인은 무엇인가?

경제발전의 핵심 요인은 기술발전, 생산물과 시장의 확대 그리고 경제성장이다. 기술발전은 동일한 양의 투입요소를 이용하여 더 많은 재화와 서비스를 생산할 수 있는 능력을 가리키며, 이런 발전은 전형적으로 생산과정의 혁신을 통해서 이루어진다. 생산물 혁신 혹은 새로운 형태의 재화나 서비스의 구상과 생산은 한 나라 국민들이 이용할 수 있는 선택의 범위를 확대시킨다. 경제성장은 인플레이션이 조정된 1인당 소득의 증가율이며, 복률의 원리를 통해 한 나라의 소득수준에 누적적인 영향을 미친다. 72의 법칙에 따르면 한 나라의 실질소득이 2배가 되는데 필요한 해의 수는 72를 그 나라 경제성장률로 나눈 값과 거의 같다.

■ 경제성장의 기본 지표와 결정요인

경제학자들은 한 나라의 경제성장을 1인당 소득의 증가율로 측정하기 때문에, 한 나라 발전의 기본적 지표는 1인당 소득 수준이다. 현재 세계 각국의 1인당 소득수준과 이 수준을 결정하는 요인들에 대해 살펴보자.

■ 1인당 소득

도표 11.1a는 세계 대부분 국가의 1인당 소득(서로 비교 가능하도록 시장환율을 이용하여 달러표시로 환산)과 인구(인구가 극히 적은 나라들과 3개 인구대국 즉 중국, 인도, 미국은 제외)를 나타낸 것이다.

도표 11.1a를 보면 1인당 소득과 인구 사이에 명확한 관계를 발견할 수 없다. 예를 들어 우크라이나, 콜롬비아, 남아프리카공화국, 한국 그리고 스페인의 인구 규모는 비슷하지만 1인당 소득은 큰 차이를 보인다. 스페인의 1인당 소득은 한국

도표 11.1a 여러 나라의 인구와 1인당 소득

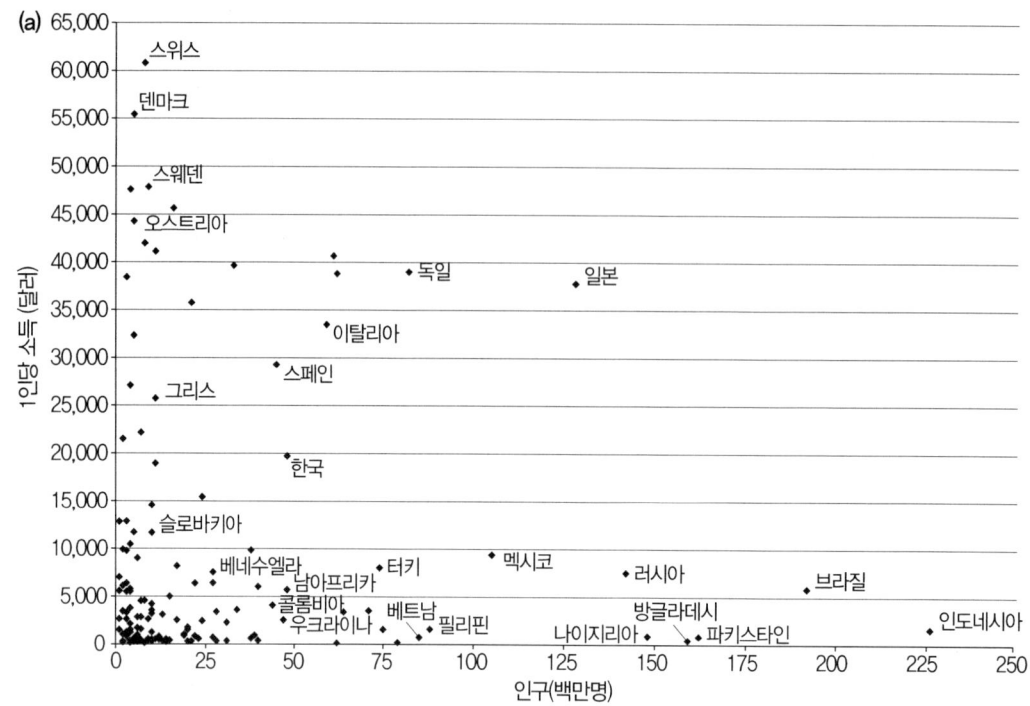

* 도표 11.1a는 세계 대다수 국가의 인구와 1인당 연간 실질소득을 나타낸 것이다. 인구가 가장 많은 3개국(중국-인구 13억 1,800만명, 1인당 소득 2,370달러; 인도-인구 11억 2,500만명, 1인당 소득 950 달러; 미국-인구 3억 1,300만명, 1인당 소득 4만 6,040달러)은 제외하였다. 도표 11.1b는 연간 1인당 소득이 5,000달러 미만인 나라들의 인구와 1인당 소득을 나타낸 것이다.

출처: Penn World Tables.

보다 약 50퍼센트 더 높다. 그리고 한국의 소득은 남아프리카공화국의 거의 4배 수준이며 콜롬비아 소득의 4배 이상이다. 그리고 우크라이나 소득의 10배에 가깝다. 마찬가지로 스위스, 스웨덴, 그리스, 슬로바키아 공화국의 인구는 거의 같지만, 이 나라들의 소득 역시 큰 차이를 보인다. 나아가 베트남, 나이지리아, 파키스탄은 1인당 소득수준은 거의 유사하지만 인구 규모에서는 큰 차이를 보인다.

도표 11.1a에 나타난 상당 부분의 점들은 최하위 소득수준을 가진 나라들이다. 도표 11.1a에서는 이 점들이 아주 가까이 뭉쳐있기 때문에 구별하기가 쉽지 않다. 따라서 도표 11.1b는 도표 11.1a의 소득 축을 확대하여 1인당 연간소득이 5,000달러 미만인 국가들만을 표시하고 있다. 이 그림에서도 많은 점들이 원점 근처에 모여 있는데, 이들 중 소득이 가장 낮은 나라는 부룬디라는 작은 나라로 1인당 연간소득은 겨우 110달러에 불과하다. 그렇지만 비교적 인구가 많은 콩고 민주공화국과 에티오피아도 세계에서 가장 가난한 나라에 속하며 1인당 연간 소득은 각각 140달러와 220달러이다.

도표 11.1b 여러 나라의 인구와 1인당 소득

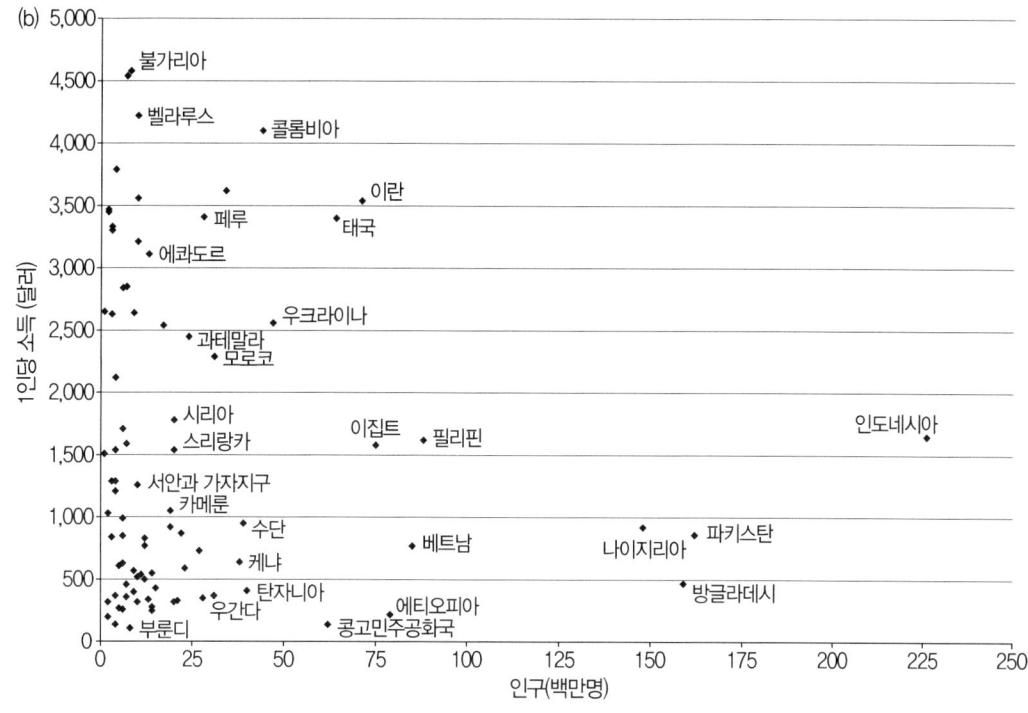

세계은행 — 세계은행은 중요한 국제기구인데 이 기구에 대해서는 뒤에서 자세히 설명할 것이다 — 은 세계 각국을 1인당 소득수준에 따라 4개의 그룹으로 분류한다. 첫째 그룹은 고소득국가(HIC: high-income countries)로 1인당 연간소득이 약 1만 2,000달러 이상인 국가들인데, 표 11.2는 이 그룹에 속하는 나라들의 지난 20년 동안의 연평균 1인당 소득증가율을 나타내고 있다. 이 그룹의 반대편에 있는 그룹은 저소득국가(LIC: low-income countries)인데 이 그룹에 속한 나라는 1인당 연간소득이 약 1,000달러 미만이다. 중소득국가는 두 그룹으로 나뉘는데, 상위중소득국가(UMC: upper-middle-income countries)는 1인당 연간소득이 약 4,000~1만 2,000달러 구간에 있는 국가들이고 하위중소득국가(LMC: lower-middle-income countries)는 약 1,000~4,000달러 구간에 있는 나라들이다. 상위중소득국가에 포함된 여러 나라들은 흔히 **신흥경제**(*emerging economies*)라 부른다. 표 11.1(p. 327)에는 하위중소득국가에 속하는 국가의 연평균 1인당 소득 증가율이 정리되어 있다. (이것은 세계은행이 사용하는 공식적인 소득분류체계이지만, 이 소득분류는 국민소득을 비교가능한 측정단위로 환산하는 방법에 따라 달라질 수 있다. "도표로 이해하는 글로벌 경제 이슈 11.1" 참조.)

■ **인구증가, 노동자원 증가율 그리고 경제성장**

한 나라의 일정 기간의 1인당 실질소득을 측정하기

도표로 이해하는 글로벌 경제 이슈

11.1 국가 분류를 위해 구매력평가 소득을 사용해야 할까?

도표 11.1a(p. 330)와 도표 11.1b(p. 331)에 표시한 1인당 소득수준은 각국의 국민총소득(GNI: gross national income) — 모든 거주자의 소득의 합 — 을 해당국 통화와 미국 달러 사이의 시장환율을 이용하여 달러 가치로 환산한 것이다. 모든 나라의 소득을 달러로 환산하면 도표 11.1과 같이 비교가 가능하게 된다.

측정문제 해결을 위한 구매력평가 변환

서로 다른 나라의 소득을 비교가능한 측정 단위로 환산하기 위해 환율을 사용하면 심각한 문제가 발생할 수도 있다. 저개발국가의 경우 임금은 상당히 낮지만 비교역재의 가격 역시 매우 낮은 경향이 있다. 따라서 이런 최빈국의 소득을 환율로 변환하면 소득을 과소평가하는 경향이 발생한다. 이와 대조적으로 고소득국가의 경우 반대의 편의가 발생한다. 높은 임금이 비교역재 가격의 인상을 초래하고 그 결과 시장환율을 이용해 변환된 1인당 GNI가 과대평가되는 편의가 발생한다.

서로 다른 나라의 GNI를 비교가능한 측정단위로 환산하는 다른 대안은 구매력평가(PPP: purchasing power parity) 단위를 사용하는 것이다. 구매력평가 단위란 미국에서 1달러로 구매할 수 있는 재화나 서비스와 동일한 양을 해당국에서 구매하기 위해 필요한 그 나라 화폐액을 의미한다. 구매력평가 변환을 사용하면, 저소득국과 고소득국 사이의 비교역재 가격 차이를 유발하는 임금 격차와 관련된 편의가 줄어든다.

소득분류에 대한 함의

도표 11.2(p. 333)는 여러 나라의 환율변환 1인당 GNI와 PPP변환 1인당 국내총소득(GDI: gross domestic income)을 비교한 것이다. 그림의 직선은 두 값이 동일한 경우를 의미하므로 동일소득선이라고 할 수 있다. 미국의 경우 두 값이 동일한데 이는 달러 대 달러로 변환한 것이기 때문이다. 동일소득선의 오른쪽 아래에 위치한 점은 환율변환 1인당 GNI가 PPP변환 1인당 GDI에 비해 작다는 것을 의미한다. 반면 왼쪽 위에 위치한 점은 환율변환 1인당 소득이 PPP변환 소득에 비해 높다는 것을 의미한다. 비교역재 가격을 PPP로 표시하면 저소득국의 1인당 소득을 증가시킨다는 것을 알 수 있다. 이런 변환은 고소득국가의 1인당 GNI를 낮추는 경향이 있다. 다만 쿠웨이트와 싱가포르 두 국가만 예외인데, 이 나라들은 교역재 판매를 통해 높은 소득을 벌지만 임금과 비교역재 가격은 상대적으로 낮다. 그리고 보스니아는 GDI를 PPP로 이용해 환산했을 때 1인당 소득이 크게 증가하지 않는 유일한 저소득국가이다. 그리스, 이탈리아, 뉴질랜드, 스페인 등과 같이 '고소득'의 하단에 위치한 나라들은 어떤 변환 방법을 사용하든 1인당 소득수준에 큰 차이가 없다.

따라서 도표 11.2에 비추어 보면, 만약 세계은행이 국가를 저소득국, 하위중소득국, 상위중소득국, 고소득국으로 나눌 때 1인당 GNI를 PPP를 이용해 변환하면 국가의 분류 결과가 달라질 것이다. 일부 저소득국가는 하위중소득국가 되고, 몇몇 하위중소득국가는 상위중소득국으로 올라갈 것이다. 몇몇 고소득국가는 상위중소득국으로 내려올 수도 있을 것이다.

심화 학습 : PPP 변환 1인당 소득을 이용하여 국가를 재분류하면 어떤 실질적인 변화가 나타날 수 있을까? (힌트 : 세계은행의 목표는 1인당 소득이 가장 낮은 국가들의 성장 전망을 개선하기 위해 차관을 제공하는 것이다.)

도표 11.2 환율 변환 및 PPP 변환 1인당 소득의 비교

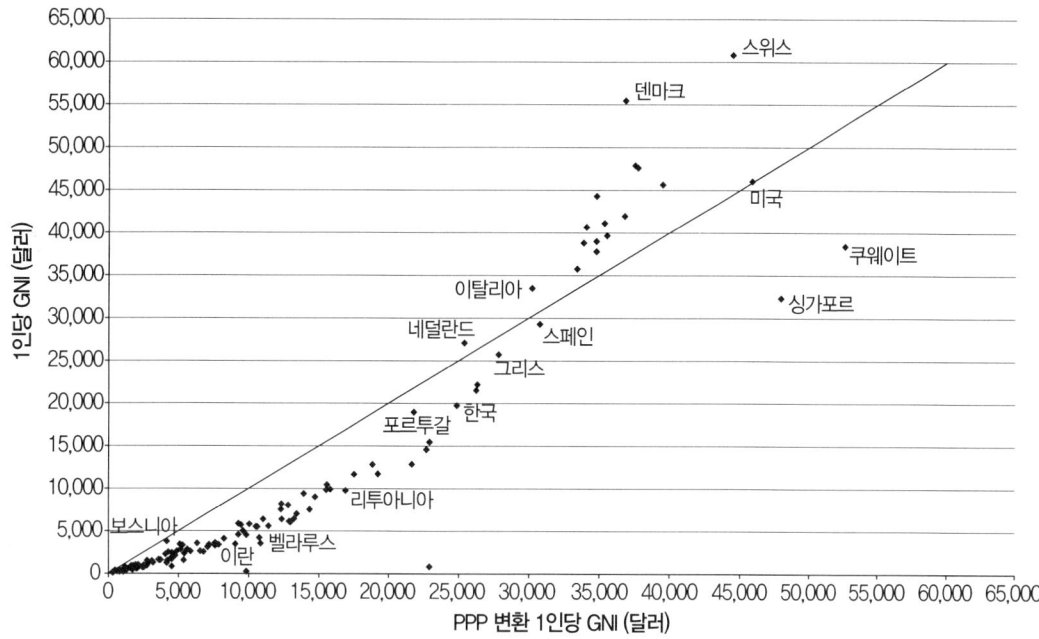

* 직선은 환율을 적용해 변환한 달러표시 1인당 소득과 구매력평가를 적용해 변환한 달러표시 소득이 동일한 경우를 가리킨다. 미국은 정의상 두 값이 같기 때문에 이 점 위에 있게 된다. 저개발국에서는 임금이 상대적으로 낮아 비교역재의 가격도 훨씬 낮은 경향이 있다. 따라서 이런 저소득 국가의 경우 환율을 적용해 소득을 변환하면 소득이 낮게 측정되는 경향이 있다. 구매력평가 변환은 이런 편의를 교정하는 데 도움이 되기 때문에, 저개발국가에 해당하는 점들은 이 그림의 직선 아래쪽에 위치해 있다.

출처 : Penn World Tables.

위해서 경제학자들은 일반적으로 그 기간 동안 인플레이션이 조정된 총소득의 실질가치를 그 시점의 총인구 수로 나눈다. 따라서 인구가 불변이라면 한 나라의 총실질소득 증가율이 높으면 1인당 실질소득 증가율도 상승한다. 반면에 한 나라의 총실질소득이 불변이라면 그 나라의 인구증가율이 높을수록 1인당 실질소득 증가율은 낮아진다.

1인당 실질소득 증가율의 정의

경제성장의 정의(economic growth definition)에 따르면 한 나라의 1인당 실질소득 증가율을 다음과 같이 나타낼 수 있다.

$$\text{1인당 실질소득 증가율} = \text{총실질소득 증가율} - \text{인구증가율}$$

예를 들어 한 나라의 총실질소득이 매년 3퍼센트씩 일정한 속도로 증가하고 인구는 매년 1퍼센트씩 증가한다고 생각해 보자. 그러면 이 나라의 1인당 실질소득 증가율은 연간 2퍼센트가 된다.

총실질소득 증가율과 인구증가율 중 하나가 변

• **경제성장의 정의**(economic growth definition): 한 나라의 경제성장률은 총실질소득 증가율에서 인구증가율을 뺀 것이라고 정의할 수 있다.

했을 때 1인당 실질소득 증가율에 어떤 영향을 미치는지 생각해보자. 만약 이 나라의 총실질소득 증가율이 연간 2퍼센트로 하락하고 인구증가율은 1퍼센트로 유지한다고 하면 1인당 실질소득 증가율은 1퍼센트로 떨어질 것이다. 그리고 총실질소득증가율은 3퍼센트를 그대로 유지하는 반면 인구증가율이 2퍼센트로 상승하면 1인당 실질소득 증가율은 다시 1퍼센트로 떨어질 것이다.

인구증가와 경제성장

현재 전세계 인구는 1초에 2명 이상이 증가하는 속도로 늘어나고 있다. 다시 말해서 하루에 약 20만 명 그리고 1년에 7,200만 명 이상의 인구가 증가하고 있다. 1인당 실질소득 증가율과 인구증가 사이의 관계를 나타낸 정의처럼, 높은 인구증가율은 반드시 경제성장률의 감소를 초래할까? 정답은 그렇지 않다는 것이다. 왜냐하면 인구 규모의 증가는 노동자원의 증가를 가져오고 이것은 다시 재화와 서비스의 생산 즉 총실질소득의 증가를 가져오기 때문이다. 일정 기간 동안 그 나라의 총실질소득이 얼마만큼 증가하느냐는 다음과 같은 **성장방정식(growth equation)**에 따라 결정된다.

총실질소득 증가율 ≡ 자본과 노동자원의 생산성 증가율
+ 자본의 생산 기여도 × 자본자원의 증가율
+ 노동의 생산 기여도 × 노동자원의 증가율

따라서 실제 총실질소득 증가율은 세 가지 구성요소의 합이다. 만약 다른 두 요소가 불변인 상황에서 이 중 어느 하나가 증가하면 총실질소득 증가율도 증가하게 된다. 첫째 요소인 노동과 자본자원의 생산성 증가율은 기술발전이 재화와 서비스의 생산에 미치는 효과를 나타낸다. 자본자원의 양이나 노동자원의 양이 증가하지 않아도 기술발전으로 노동과 자본의 생산성이 향상되면 총실질소득이 증가할 수 있다. 물론 기술의 상태와 노동자원의 양이 변하지 않아도 자본자원의 양이 증가하면, 총실질소득의 창출에 기여하는 투입요소로서 자본자원의 비중에 따라 총실질소득이 증가할 수 있다. 마찬가지로 기술의 상태와 자본자원의 양이 일정한 상태에서 노동자원 양의 증가 역시 총실질소득의 증가를 가져올 수 있다.

따라서 한 나라의 인구증가율 상승은 1인당 실질소득 증가율에 두 가지 상반된 효과를 가져올 것이다. 한편으로는 경제성장률의 정의에 따라 총실질소득 증가율이 일정한 상태에서 인구증가율 상승은 1인당 실질소득의 증가율을 감소시킨다. 다른 한편 성장방정식에 따르면 인구증가로 인한 가용 노동자원의 증가는 총실질소득 증가율을 상승시킨다. 따라서 인구증가율 상승의 전체 효과는 이 두 가지 효과 중 어느 것이 더 강하느냐에 달려있다고 할 수 있다.

인구증가가 그대로 노동자원의 증가로 이어지지는 않는다. 수많은 나라에서 상당 수의 어린이들이 성인이 되기 전에 목숨을 잃거나 영양 결핍 때문에 성인이 되는 과정에서 여러 어려움에 직면한다. 도표 11.3은 여러 나라의 5세 미만 아동의 사망률과 9세 미만 아동의 저체중 비율을 표시한 것이다. 원점 부근에 많은 점들이 모여 있는데, 이것은 고소득 국가들의 아동 사망률과 저체

- **성장방정식(growth equation)**: 한 나라의 총실질소득 증가율을 다음 세 가지 구성요소의 합으로 표시한 식. 노동자원과 자본자원의 생산성 증가율, 노동자원의 총실질소득 기여도와 노동자원 증가율의 곱, 자본자원의 총실질소득 기여도와 자본자원 증가율의 곱.

도표 11.3 각국의 유아 사망률과 저체중 아동 비율

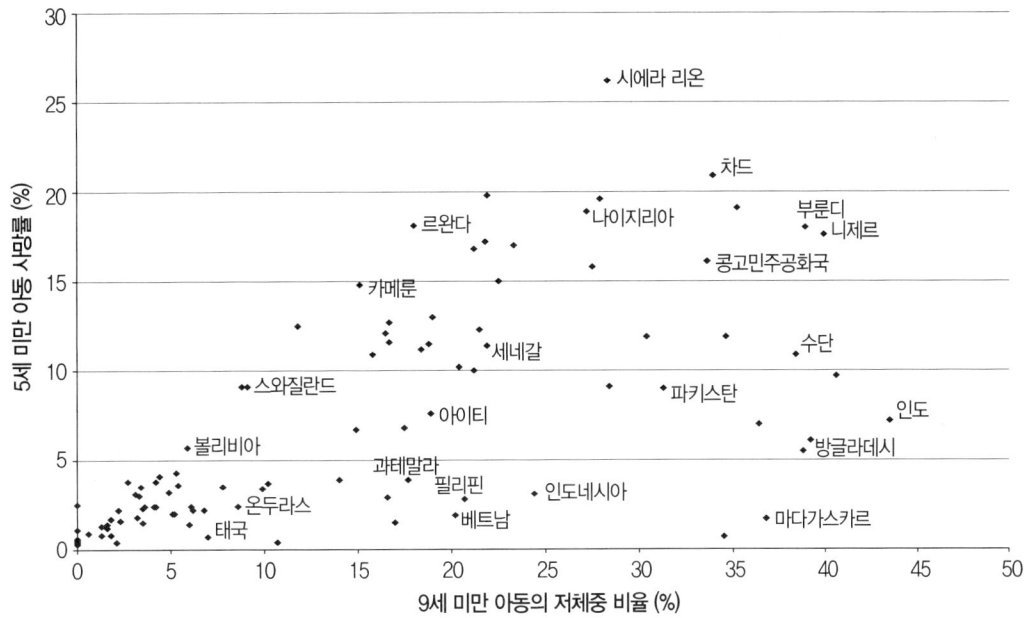

* 많은 나라에서 5세 미만 아동의 사망률이 두 자리 수를 기록하고 있다. 그리고 상당수의 국가에서 9세 미만 아동의 저체중 비율이 두 자리 수에 이른다. 이런 나라에서는 노동자원의 증가와 표준적 노동자 한 사람이 최종 재화나 서비스의 생산에 기여하는 크기가 유아 사망률이나 저체중아 비율이 낮은 국가에 비해 떨어질 것이다.

출처: World Bank.

중 비율을 나타낸다. 이런 나라에서는 인구증가가 노동자원 증가로 연결될 가능성이 높아 경제성장률이 유지되거나 상승할 가능성이 높다. 그렇지만 원점에서 멀리 떨어져 있는 나라들도 매우 많으며, 세계의 많은 나라에서는 아동 사망률과 영양결핍률이 두 자리 수를 기록하고 있다. 이런 나라에서는 낳은 어린이들이 생산직인 성인으로 성장하지 못하기 때문에, 인구증가율이 유지되거나 상승해도 노동자원의 증가율이 상승하지 못한다. 이런 나라에서는 경제성장이 지체되거나 마이너스의 1인당 실질소득 증가율이 나타나게 된다.

핵심 이슈 #2

경제성장의 핵심 지표와 결정요인은 무엇인가?

한 나라 경제성장의 핵심 지표는 인플레이션 조정된 1인당 소득이다. 이 변수를 측정하는 가장 일반적인 방법은 그 나라의 총실질소득을 거주자의 수로 나누는 것이다. 1인당 실질소득의 국가 간 비교를 위해서는 각국의 소득을 동일한 화폐단위로 변환해야 하는데, 이를 위해 흔히 환율이나 구매력평가가 사용된다. 정의상 일정 기간 동안 한 나라의 1인당 실질소득 증가율은 같은 기간의 총실질소득 증가율에서 인구증가율을 뺀 것과 같다. 성장방정식에 따르면 다음 세 가지 요소가 총실질소득 증가율에 영향을 미칠 수 있다 — 기술발전에 따른 노동자원과 자본자원의 생산성 증가, 자본자원의 증가, 노동자원의 증가. 총실질소득 증가율이 불변이라면 인구증가는 한 나라의 경제성장 속도를 늦춘다. 하지만 인구증가가 노동자원을 증가시킴으로써 총실질소득 증가를 촉진하여 1인당 실질소득을 증가시킬 수도 있다. 따라서 인구증가율의 상승은 경제성장을 높일 수도 있고 낮출 수도 있다.

노동 생산성, 인적자본 그리고 성장

앞에서 설명한 것처럼 기술발전은 동일한 양의 투입물을 이용하여 더 많은 재화와 서비스를 생산할 수 있도록 한다. 이것은 자원 한 단위가 과거에 비해 더 많은 추가 산출 단위를 생산할 수 있음을 의미하기 때문에, 기술발전은 노동이나 자본의 한계생산성 향상과 동의어이다. 따라서 기술변화가 경제성장에 미치는 영향은 성장방정식에서 노동과 자본의 생산성 증가율을 통해 나타난다.

노동자원의 생산성이 향상되는 한 가지 방법은 노동에 더 많은 숙련이 축적되는 것이다. 제3장에서 배운 것처럼 인적자본은 노동자들이 소유하고 있는 지식과 숙련을 가리킨다. 현대 경제에서는 과학, 공학 그리고 컴퓨터 기술의 관리와 같은 환경 속에서 문자와 기호를 이용하여 작업을 할 수 있는 능력이 매우 중요하다. 그런 능력을 개발하기 위해서는 노동자들이 자유롭게 문자와 기호를 이해할 수 있어야 한다. 즉 문해 능력을 갖고 있어야 한다. 도표 11.4는 여러 나라의 남성과 여성의 문해율 통계를 제시하고 있다. 많은 나라의 문해율이 직선의 우측상단에 위치해 있다. 이는 곧 남성과 여성의 문해율 모두 100퍼센트에 가깝다는 것을 의미한다. 하지만 다른 많은 나라에서 남성과 여성의 문해율은 여전히 100퍼센트에 크게 못 미치고 있다. 즉 이들 나라의 많은 노동자들이 작업 과정에서 문자와 기호를 사용할 수 있는 능력이 부족해 생산성이 떨어진다는 것을 의미한다. 도표 11.4에 나타난 우상향하는 직선은 여성과 남성의 문해율이 동일한 경우를 가리킨다. 매우 소수의 국가들만 이 직선의 좌측 위에 위치하고 있는데, 이는 여성의 문해율이 남성보다 더 높은 경우는 매우 드물다는 것을 의미한다. 대부분의 점들이 직선의 우측 아래에 위치하고 있다는 사실은 대부분의 경우 여성이 남성에 비해 문자와 기호를 사용하는 데 덜 훈련되어 있다는 것을 의미한다. 전세계 많은 나라에서 여성들의 문해율이 낮다는 것은 곧 여성 노동력의 생산성이 더 낮고 따라서 임금과 1인당 소득도 낮다는 것을 의미한다 (아프리카의 일부 개발도상국에서는 디지털 기기 덕분에 어린이들이 온라인으로 활자 매체를 접할 수 있게 되었다. 그 결과 미래에 더 높은 경제성장률을 달성할 수 있는 길이 열렸다. 이에 대해서는 "온라인 세계화 11.1"을 참조하라.)

■ 자본자원, 기업가정신 그리고 경제성장

많은 나라에서 인적자본 축적의 장애요인과 노동자원의 향상을 제한하는 다른 요인들이 경제발전을 가로막고 있다. 장비나 시설과 같은 한 나라의 자본자원의 축적을 가로막는 요인들 역시 경제발전의 장애요인이 되고 있다. 자본자원은 노동자들

도표 11.4 여러 나라 성인 여성과 남성의 문해율

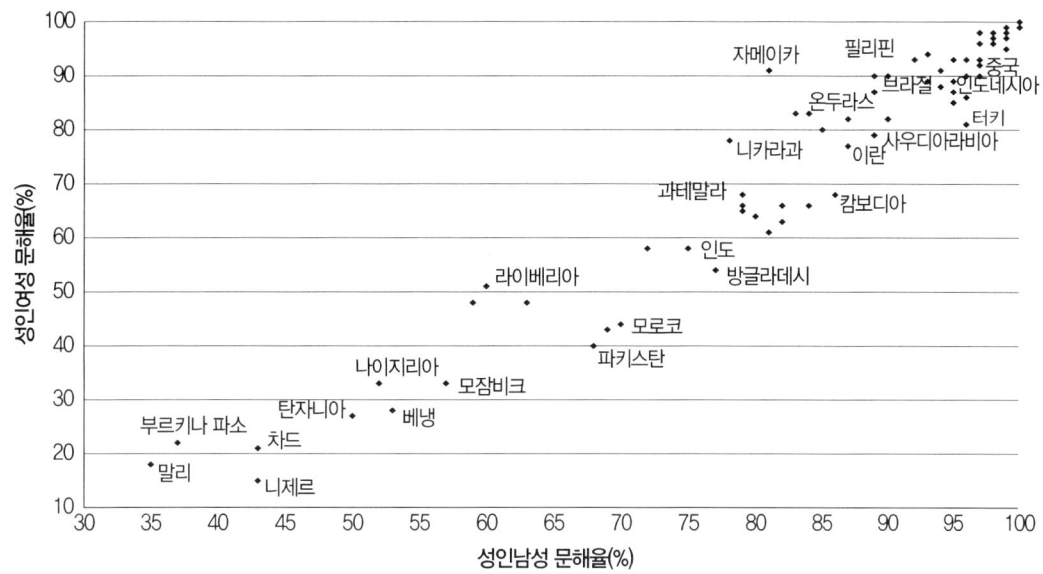

* 이 도표를 보면 최빈국에서는 성인 여성과 남성의 문해율이 모두 낮다는 것을 알 수 있다. 니카라과나 브라질과 같이 직선상에 있는 나라들은 여성과 남성의 문해율이 동일하다. 많은 나라의 점들이 직선 아래쪽에 위치하고 있다는 것은 대부분의 나라에서 여성의 문해율이 남성에 비해 낮다는 것을 의미한다.

출처: World Bank.

✈ 온라인 세계화

11.1 아프리카 학교들의 전자책 사용이 문해율과 생산성 향상을 가져올 것이다

과거에는 빈곤과 문맹이 아프리카의 많은 나라에 널리 퍼져 있었다. 그래서 이러한 나라 사람들은 두 문제의 끝없는 악순환의 늪에 빠져있는 경우가 많았다. 사람들은 어떤 경우에는 문맹이라는 이유로 빈곤에 빠져 있었으며, 그 결과 생산성과 소득 향상에 필요한 기본적 수단을 갖추지 못했다. 동시에 글자를 배우려는 학생들의 열의를 자극할 수 있는 책이 부족했기 때문에 교사들은 학생들에게 글자를 가르치는 데 어려움을 겪었다. 학교는 교과서조차 제공할 능력이 없었다.

오늘날 저렴한 디지털 기기와 전자책 기술을 이용할 수 있게 되면서 많은 아프리카 학교에서 일대 혁명이 나타나고 있다. 인터넷 가입과 몇 가지 디지털 기기를 통해서 이 학교들은 온갖 종류의 책 — 사전, 백과사전, 교과서, 어린이 그림책 — 을 구비하고 있는 전세계 온라인 도서관에 접속할 수 있게 되었다. 그 결과 청소년들의 문해율이 증가하고 있다. 특히 이런 기술의 사용이 가장 널리 보급된 우간다나 나이지리아 같은 나라에서 크게 증가했다. 이런 발전은 앞으로 분명히 성인의 문해율을 높일 것이며, 이것은 다시 이들 나라의 노동 생산성 증가로 나타날 것이다.

심화 학습: 한 나라가 자본집약적인 재화와 서비스의 생산 및 교역을 늘리면, 노동 생산성 향상을 위해 높은 문해율이 왜 더 중요하게 될까?

이 재화와 서비스를 생산해 소득을 창출하기 위해 사용하는 요소들이다. 자본자원 투자를 억제하는 요인들을 만들어내지 않는 나라들만이 더 높은 수준의 경제발전을 향해 전진할 수 있다.

자본자원에 대한 재산권의 의의

기술변화에서 비롯된 생산성 증가와 노동자원의 증가에 따른 생산 증가 외에 자본자원의 축적에 따른 재화와 서비스 생산의 증가 역시 경제성장률에 영향을 미친다. 경제학자들은 전통적으로 생산적 자본의 축적을 촉진하는 유인으로 이윤에 대한 전망, 상대적으로 낮은 실질이자율, 자본자원 및 기업이윤에 대한 낮은 세율을 든다. 실제로 이런 요인들은 선진국이나 개발도상국 모두에서 자본축적의 정도를 결정하는 중요한 요인들이다.

선진국 경제에 관한 연구에서는 당연한 것으로 받아들이지만, 자본자원의 증가에 영향을 미치는 또 하나의 근본적 요인은 자본재에 대한 재산권의 확립과 집행이다. 기업가들이 자본자원의 소유권을 유지하고 이전할 수 없다면 그들은 이들 자원을 거래하려고 하지 않을 것이다. 그리고 자본재의 거래가 불가능하면 자본재는 가장 효율적인 용도에 사용되지 못할 가능성이 높아 자본투자에 따른 예상 이득도 낮아질 것이다. 그러면 자본축적의 속도도 떨어져 경제성장과 경제발전이 지체될 것이다.

에르난도 데 소토(Hernando de Soto)는 소유권이 불명확해 이전가능성이 불완전한 자본을 **죽은 자본**(dead capital)이라는 단어로 표현했다.

중동과 사하라 이남 아프리카의 여러 나라에서는 생산활동에 사용될 수 있는 물적 구조물 중 무려 90퍼센트가 공식적인 소유권이 없다. 대부분의 경우 그런 나라에서는 정부 규제 때문에 공식적인 소유권을 획득하는 데 시간과 비용이 많이 들기 때문에 기업가들은 소유권 등록을 하지 않는다. 대신 구조물과 그 구조물 내에 설치된 장비에 대한 비공식적인 소유권만 가진 채 — 그 결과 종종 건축물의 '무단점유자' 신세가 된다 — 노동력을 고용해 재화와 서비스의 생산을 시작한다. 만약 재화와 서비스를 더 효율적으로 생산하기 위해 그 구조물을 사용할 수 있는 다른 기업가가 필요한 권리를 획득하려고 해도 그렇게 하기가 쉽지 않다. 이처럼 죽은 자본의 사용을 두고 경쟁할 수 없게 되면 효율적 생산이 어렵게 되고 이윤은 감소하고 추가적으로 자본을 축적하려는 유인은 줄어든다. 그 결과 경제성장이 억제된다.

기업가정신이 발휘될 수 있는 환경의 중요성

소득을 창출하는 재화와 서비스를 생산하기 위해 자본과 노동자원의 결합을 조직하는 사람들이 바로 **기업가**(entrepreneurs)들이다. 이런 사람들은 재화와 서비스의 생산 및 배분을 조직하여 이윤을 획득하고자 한다. 따라서 재화와 서비스의 판매로 얻을 수 있는 최대 수입이 적어도 이 재화와 서비스 생산에 필요한 최소 비용을 충당할 수 있기만 하면, 기업가들은 장기적으로 생산활동을 계속할 것이다.

기업의 설립, 운영 및 폐쇄에 관한 정부의 규칙과 규제가 기업가들이 부담해야 할 비용을 높이

- **죽은 자본**(dead capital): 소유권이 불명확하여 소유할 수 없는 자본으로, 이런 자본은 기업가들 사이의 이전이 어렵다.

- **기업가**(entrepreneurs): 재화와 서비스의 생산을 위해 노동자원과 자본자원을 전문적으로 조직하는 사람.

는 만큼, 규칙과 규제는 기업가들의 이윤을 낮출 것이다. 전세계의 수많은 나라에서 정부가 만든 각종 부담 때문에 기업가의 비용이 올라가 소득을 창출할 수 있는 사업의 형성을 방해하고 있다. 그 결과는 생산의 감소와 경제성장의 둔화, 그리고 경제발전의 지체이다. (국가들을 비교해 보면 기업활동의 편리함과 1인당 소득 사이에 관계가 있다는 증거를 발견할 수 있다. "도표로 이해하는 글로벌 경제 이슈 11.2" 참조.)

은 아니다. 많은 나라는 자본 소유에 관한 불완전한 재산권 때문에 죽은 자본의 문제에 직면한다. 그런 상황에서는 자본자원의 거래가 불가능하고 그 결과 가장 효율적으로 사용되는 방식으로 배분이 이루어지지 않을 가능성이 높다. 기업가들은 자본과 노동자원을 결합해 재화와 서비스를 생산하고, 그것을 판매해 소득을 창출한다. 따라서 다른 조건이 동일하다면, 기업가가 기업을 설립하고 운영하고 폐쇄하는 것에 대한 제약을 줄이면 경제성장을 촉진하는 데 도움이 될 것이다.

핵심 이슈 #3

인적자본과 물적자본의 축적, 그리고 기업가의 활동은 경제발전에 어떻게 기여하는가?

한 나라의 노동자원이 받는 교육과 훈련량의 증가는 생산성을 높이고 기술발전에 기여해 1인당 실질소득의 상승을 가져온다. 자본투자는 그 나라의 자본자원의 양을 증가시킨다. 하지만 모든 자본자원의 유용성이 동일한 것

국제무역과 경제발전

제10장에서 국제무역에 대한 개방의 확대가 노동자 임금에 미치는 효과는 불확실하지만, 무역의 이익이 재화와 서비스를 교환하는 국가의 국민들에게 돌아간다는 것을 배웠다. 이런 무역의 이익

📖 도표로 이해하는 글로벌 경제 이슈

11.2 1인당 소득을 높이려면 기업활동을 더 편리하게 만들어라

세계은행은 한 나라 내에서 기업활동이 얼마나 편리한가에 따라 국가의 순위를 매긴다. 이 순위를 매기기 위해 세계은행은 재산을 등록하고, 기업의 설립이나 폐쇄에 필요한 정부의 승인을 얻고, 계약을 이행하기 위해 기업이 부담해야 하는 절차의 수, 시간, 비용 등과 같은 요소를 고려한다.

도표 11.5는 세계 각국의 1인당 소득과 세계은행이 평가한 기업활동 편리성 순위를 점으로 표시한 것이다. 대체로 음의 상관관계가 있다는 것을 알 수 있다. 이런 관계는 한편으로는, 정부가 기업의 설립과 운영 과정에서 기업가들이 직면하는 어려움을 최소화시키면 많은 나라들이 1인당 실질소득을 더 높일 수 있다는 것을 의미한다. 다른 한편 정부가 기업활동에 상당한 장애를 유발하는 나라에서는 1인당 실질소득이 상대적으로 낮다는 것을 의미하기도 한다.

심화 학습: 한 나라에서 새로운 사업의 시작을 방해하는 정부의 규칙과 규제로부터 가장 큰 이익을 얻는 사람은 누구일까?

도표 11.5 각국의 1인당 소득과 기업활동 편리성 순위의 관계

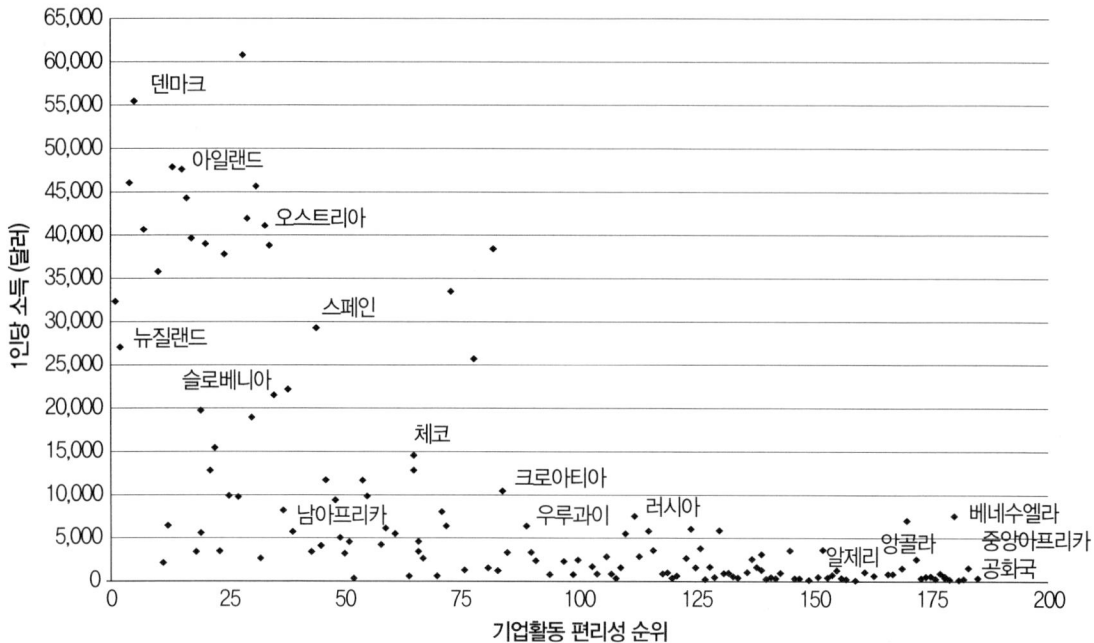

* 이 도표는 각국의 1인당 소득과, 세계은행이 국경 내에서의 기업활동 편리성을 기준으로 평가한 순위를 점으로 표시한 것이다. 이는 음의 상관관계가 있다. 따라서 일반적으로 기업의 설립과 운영을 저해하는 정부의 규제가 적은 나라일수록 1인당 소득이 더 높다.

출처: World Bank, Doing Business 2013; Penn World Tables.

은 경제발전과정에 어떤 영향을 미칠까?[i]

■ 개발도상국의 무역과 임금

국제무역이 개발도상국의 경제에 어떤 영향을 미치는가를 이해하기 위해서는 먼저 개발도상국들이 어느 정도 무역을 하고 있는지 살펴보아야 한다. 그 다음 개방을 더 많이 한 나라가 그렇지 않은 나라에 비해 더 빠른 성장을 이루는 경향이 있

i) **관련 웹사이트**: 국제무역이 개발도상국의 경제성장에 어떻게 기여할 수 있는가에 대해 더 자세히 알고 싶으면 다음 웹사이트를 참고할 수 있다. www.wto.org/english/thewto_e/whatis_e/10ben_e/10b07_e.htm

는지 살펴볼 것이다.

개발도상국과 국제무역

도표 11.6은 전세계 6개 지역의 인구 및 국제무역의 분포를 보여주고 있다. 북미나 유럽과 같이 일반적으로 가장 발전된 지역은 전세계 인구 중 겨우 13퍼센트 정도 차지하고 있다. 하지만 세계무역에서 차지하는 비중은 약 3분의 2에 이른다. 산업화된 국가, 신흥국가 그리고 개발도상국이 섞여 있는 아시아는 세계인구의 절반 이상을 차지한다. 그럼에도 불구하고 아시아 국가들이 세계무역에서 차지하는 비중은 겨우 4분의 1 남짓한 수준이다. 아프리카는 세계인구의 6분의 1을 차지하지만

도표 11.6 세계 지역별 인구 및 무역의 비중

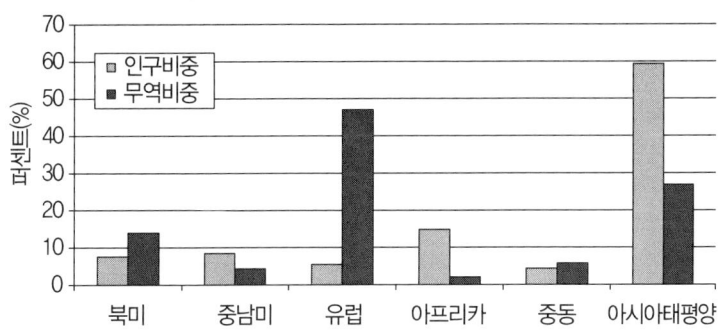

* 세계인구에서 가장 큰 비중을 차지하는 지역들이 세계무역에서는 훨씬 더 작은 비중을 차지하는 경향이 있다.

출처: World Bank, *World Development Indicators*; International Monetary Fund, *Direction of Trade Statistics*.

세계무역의 비중은 2퍼센트에도 미치지 못한다.

전체 무역액을 인구로 나누어 1인당 무역액을 계산해보면 이런 심각한 무역의 불균형이 잘 드러난다. 미국 달러로 표시한 1인당 연간 무역액은 개발도상국의 경우 대체로 75달러 미만이다. 즉 개발도상국 주민 1명은 평균적으로 1년에 약 75달러의 재화와 서비스를 수출하거나 수입한다는 뜻이다. 이와는 대조적으로 미국의 경우 1인당 연간 무역액은 일반적으로 8,000달러를 넘는다.

이것은 세계인구의 분포와 비교할 때 국제무역이 얼마나 불균형한지를 보여준다. 무역이 이익을 가져다주고 무역개방을 확대하면 임금도 상승할 수 있는 가능성이(물론 임금에 미치는 반대의 효과가 어느 정도인가에 따라 다르겠지만) 있다는 점을 앞에서 설명했다. 미국, 서유럽, 일본 그리고 다른 선진국들은 세계무역의 상당 부분을 차지하고 있기 때문에, 이 지역의 국민들은 분명히 이런 혜택을 크게 누리고 있다.[ii]

ii) **관련 웹사이트**: www.wto.org에 가서 'Documents and resources'를 클릭하고 'Statistics'를 클릭하면 세계 각 국가와 각 지역의 무역 통계를 찾을 수 있다.

임금, 비교우위 그리고 발전

선진국과 비교할 때 개발도상국은 상대적으로 석유나 광물과 같은 자원의 요소부존비율이 상대적으로 높다. 따라서 연료와 광물 수출의 경우 개발도상국이 세계 전체 수출의 절반 이상을 차지한다.

그리고 개발도상국은 상대적으로 풍부한 노동자원을 보유하고 있다. 하지만 개발도상국들은 이런 특정 요소의 상대적 풍부함을 자국 국내경제의 모든 영역에서 활용할 수는 없다. 그 이유를 이해하기 위해서 표 11.4를 보자. 이 표는 몇몇 개발도상국의 노동자 1인당 부가가치에 대한 단위노동비용 비율의 추정치(미국을 1로 했을 때의 상대적인 값으로 표시)를 산업별로 정리한 것이다. 어느 산업에서 이 비율이 상대적으로 낮다는 것은 해당 국가가 그 산업에서 경쟁할 때 비교우위를 가질 가능성이 높다는 것을 의미한다.

노동을 상대적으로 풍부하게 보유하고 있다고 해서 그 나라가, 신발, 섬유 및 의류와 같이 상대적으로 노동집약적인 산업에서 반드시 비교우위를 갖는 것은 아니라는 것을 알 수 있다. 일부 개발도상국들은 상대적으로 더 많이 보유하고 있는

표 11.4 주요 개발도상국의 단위노동 비용 (노동자 1인당 부가가치에 대한 임금의 비율, 미국 대비 비율)

국가	신발	섬유	의복	금속제품	목제품	고무제품	플라스틱제품	전기기계
이집트	NA	1.50	0.50	0.85	0.48	1.50	1.23	0.93
인도	0.99	1.01	0.49	0.97	0.91	0.88	0.88	0.85
인도네시아	0.85	0.47	0.95	0.55	0.53	0.72	0.64	0.76
케냐	1.13	1.61	1.17	0.91	1.20	0.61	0.63	0.55
말레이시아	1.08	0.73	1.42	0.83	0.85	0.76	0.92	0.97
멕시코	1.62	0.96	1.20	0.76	0.76	0.96	0.83	0.83
필리핀	1.36	0.69	1.12	0.79	0.90	0.71	0.69	0.84
태국	1.23	0.87	1.70	0.71	0.57	0.56	0.83	0.65
터키	0.69	0.42	0.38	0.46	0.96	0.57	0.34	0.51
짐바브웨	0.95	0.56	1.26	0.99	0.73	0.74	1.36	1.05

NA: 자료 없음.
출처: United Nations, *Trade and Development Report*.

노동을 비교우위로 전환하려는 노력을 통해 자연스럽게 다른 나라에 비해 성공 가능성을 높일 수 있을 것이다. 요소부존비율 접근법에 따르면 이것은 일부 저개발 국가의 임금이 다른 저개발 국가에 비해 더 빠르게 증가할 수 있음을 의미한다. 국제무역이 개발도상국의 경제성장, 즉 경제학자들이 일반적으로 측정하는 한 나라 1인당 소득 연간 증가율에 기여한다면, 개발도상국들 간의 성장속도에서도 큰 차이가 날 가능성이 높다.

■ 성장 촉진: 개방이냐 보호냐?

경제성장을 추구하는 개발도상국은 다른 나라와의 무역을 늘려야 할까 줄여야 할까? 무역촉진을 통해 한편으로는 자국 산업이 가장 효율적으로 생산할 수 있는 재화와 서비스의 생산에서 특화를 달성할 수 있다. 다른 한편으로 무역을 제한하면 풋내기 산업들을 외국과의 경쟁에서 보호해 더 빨리 성장할 수 있도록 도울 수 있다.

과거에 그리고 오늘날에도 일부 경제학자들은 보호주의가 경제성장을 촉진할 수 있다고 주장한다. 이런 주장의 근거는 순수 경쟁이 경제성장을 촉진할 수 있는 최선의 시장구조가 아닐 수 있다는 생각이다. 대신 보호주의 옹호론자들은 소수 국내기업들에 자원을 집중시키는 것이 그들의 빠른 성장에 도움이 된다는 견해를 갖고 있다. 그리고 국내기업이 세계 가격 변동에 노출될 경우 단기적인 이윤의 변동 때문에 성숙하기도 전에 실패할 수 있는데, 대외 경쟁에서 보호를 하면 이를 막을 수 있다고 주장한다.

그럼에도 불구하고 오늘날 경제성장을 연구하는 대부분의 경제학자들은 무역개방의 확대가 경제성장을 촉진하는 최선의 방법이라고 믿고 있다. 이들은 기술이 국경을 넘어 자유롭게 이동할 때 전세계적으로 더욱 급속히 확산되는 새로운 지식과 아이디어에 접근함으로써 개발도상국들이 이익을 얻을 수 있다고 주장한다. 나아가 개발도상국의 산업이 더 넓은 시장에 접근하면 더 높은 경제성장률을 달성할 수 있다. 관세나 쿼터와 같은 무역장벽을 통해 보호를 받는 국내산업은 세계의 기술진보로부터 고립될 수 있다. 구 공산주의 국가나 중남미와 다른 지역의 수많은 개발도상국들은 과거에 이런 문제들을 겪은 바 있다.

경제학자들은 이 문제에 관해 계속 논쟁을 벌이고 있다. 하지만 현재 개방을 옹호하는 학자들은 이 견해를 뒷받침하는 강력한 증거를 갖고 있다. 도표 11.7을 보면 한 나라의 경제성장과 무역장벽 수준 사이에 역의 상관관계가 있을 가능성이 크다는 것을 알 수 있다. 지금까지의 경험에 의하면 개방을 확대하는 것이 더 높은 경제성장을 달성하는 데 유리하다고 말할 수 있다.

> **핵심 이슈 #4**
>
> **국제무역의 자유화는 개발도상국의 임금과 경제성장에 어떤 영향을 미치는가?**
>
> 개발도상국들은 점점 국제무역에 대해 개방적으로 변하고 있으며, 세계 전체 무역의 약 3분의 1을 차지하고 있다. 개발도상국들은 상대적으로 노동이 풍부하기 때문에 자본이 상대적으로 풍부한 선진국들과의 교역 확대를 통해 노동자의 임금을 상승시킬 수 있으며 그 결과 1인당 소득도 높일 수 있다. 하지만 노동집약적 재화의 생산에서 비교우위는 개발도상국에 따라 다르다. 따라서 모든 개발도상국이 국제무역 확대에 따른 경제성장의 성과를 고루 나누어 갖기는 어려울 것이다.

도표 11.7 무역장벽과 경제성장

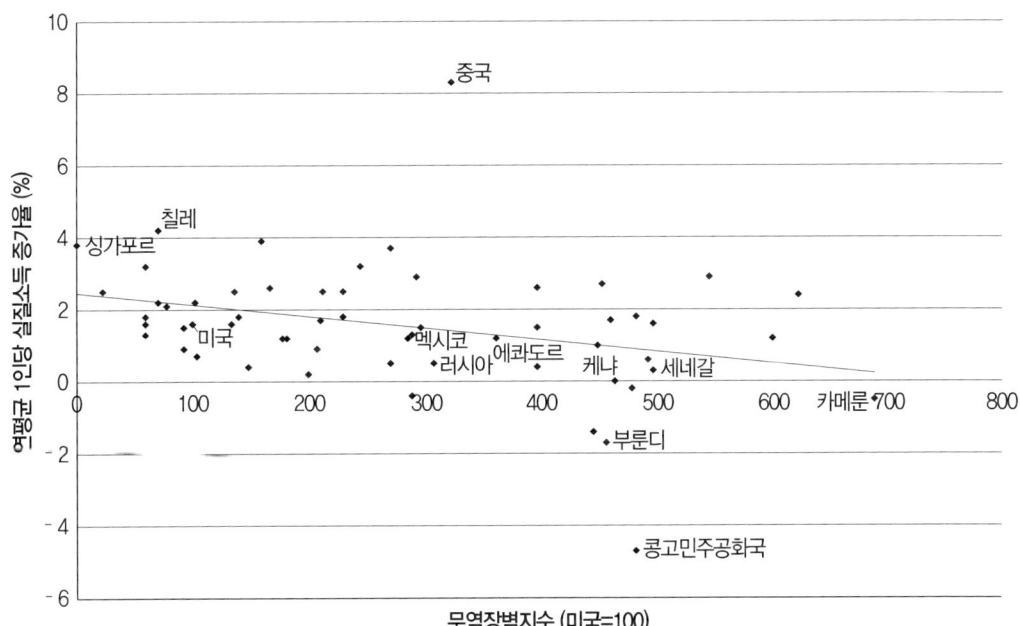

* 폐쇄된 경제를 가진 국가의 정부는 수입품이 국내로 들어오는 것을 막기 위해, 그리고 때로는 수출품이 국가에서 빠져나가는 것을 막기 위해 무역장벽을 사용한다. 이런 보호주의적 조치로 인해 이 국가는 새로운 기술이나 경제성장의 다른 원천들로부터 단절된다. 통계를 보면 다른 조건이 일정한 상태에서 폐쇄경제에 가까운 국가일수록 낮은 성장률을 기록한다는 견해가 설득력을 가진다.

출처: World Bank, *World Development Indicators*; *Competitiveness Indicators*.

■ 자본이동과 개발도상국

앞에서 설명한 것처럼 노동과 자본은 모두 경제성장에 필요한 기본적 자원이다. 노동 대비 자본의 비율이 상대적으로 낮은 개발도상국은 노동집약적인 생산물을 수출하고 자본집약적인 생산물을 수입하는 경우가 일반적이라는 것을 제10장에서 배웠다. 하지만 그대신 그런 나라의 거주자들이 자본을 수입하여 자본집약적인 재화를 스스로 생산할 수도 있다. (국내의 자본집약적 생산을 촉진할 목적으로 많은 개발도상국들이 외국인 직접투자를 촉진하기 위한 협정들을 적극적으로 체결한다. "정책사례 11.1"을 참조하라.)

■ 자본유입은 개발도상국에 "나쁜가?"

제14장에서 더욱 자세히 다루겠지만, 최근에 수많은 개발도상국들 — 예를 들어 1990년대의 브라질, 인도네시아, 멕시코, 말레이시아, 태국, 그리고 2000년대의 많은 중남미 국가, 동유럽국가, 남아시아 국가 — 이 국제자본이동의 급격한 변동에 "데었다." 계획된 사업확장의 받침대 마련을 위해

🖉 정책사례

11.1 양자협정은 외국인 직접투자 유치에 도움이 되는가?

과거에 개발도상국들은 전통적으로 노동집약적인 생산과정에 대해 매우 의존적이었다. 하지만 최근에는 점점 더 많은 개발도상국들이 해외에서 외국인 직접투자를 유치함으로써 보다 자본집약적인 과정이 많이 내포된 산업을 육성하려고 하고 있다. 이를 위해 개발도상국 정부는 자국에 직접투자를 하는 해외 거주자에게 더 많은 인센티브를 부여하는 양자협정을 2,000건 이상 체결하였다. 경제학자들은 이런 조약의 확산이 실제로 외국인 직접투자의 유치에 기여하는가에 대해 오랫동안 연구를 하였다. 최근 연구는 이 문제의 해답을 찾는 데 새로운 시사점을 제시하고 있다.

협정의 한 형태인 양자투자협정(bilateral investment treaty)은 국경 간 자금 이전의 처리, 투자의 법적 처리, 발생 가능한 분쟁의 해결 절차에 관한 공식적인 규칙을 정한다. 런던정경대(London School of Economics)의 노이마에르(Eric Neumayer)와 스페스(Laura Spess), 그리고 스위스연방기술연구소(Swiss Federal Institute of Technology)의 에거(Peter Egger)와 인스부르크대학(University of Innsbruck)의 파퍼마이어(Pfaffermayr)는 외국인 직접투자에 관한 이런 협정의 효과를 연구했다. 두 연구 모두 양자투자협정의 집행이 개도발상국의 외국인 직접투자 유입을 분명히 촉진했다고 결론지었다. 에거와 파퍼마이어는 단순한 협정체결 — 협정 내용이 완전히 집행되지 않은 경우에도 — 과 외국인 직접투자 사이에도 연관이 있음을 발견했다. 이것은 협정을 체결하는 나라들은 진심으로 외국인 직접투자를 촉진할 의사가 있으며, 결국 실제로 그렇게 한다는 것을 보여준다.

협정의 또 다른 유형인 이중과세방지협정(double taxation treaty)은, 투자 수익에 대해 외국인 투자자 본국과 투자가 이루어진 투자대상국 모두가 과세를 할 경우 발생하는 외국인 직접투자에 대한 불이익 문제를 해결하기 위한 것이다. 이중과세방지협정은 일반적으로 투자 수익 중 특정 비율에 대해 과세를 면제하거나, 본국에 투자수익에 대한 세금을 납부해야 하는 투자자들에게 세금공제 혜택을 제공한다. 런던정경대학의 바

텔(Fabian Barthel)과 노이마에르, 개발연구원(Institute for Development Research)의 부스(Matthias Busse), 그리고 모나쉬 대학(Monash University)의 크레버(Richard Krever)는 최근에 외국인 직접투자에 대한 이중과세방지협정의 효과를 분석했다. 이들은 국가의 크기, 1인당 소득, 인플레이션율과 같은 다른 요인을 고려한 상태에서 이 협정의 체결 또한 외국인 직접투자의 촉진에 도움이 된다는 사실을 발견했다.

심화 학습 : 어느 나라가 두 유형의 협정을 동시에 실행하면 — 다른 요인들은 같다고 한다면 — 외국인 직접투자가 매우 유의미하게 증가할 것으로 예상할 수 있는데, 그 이유는 무엇일까?

외국 자본에 의존하고 있던 국내의 많은 산업들이 이 시기에 갑작스런 자본유입 중단을 겪었다. 그 결과 심각한 경제 충격이 발생하였으며 1인당 소득이 상당히 줄어들었다.

도표 11.8의 그림(a)는 1980년 이후 개발도상국에 유입된 민간자본 순유입액의 총액과 그 구성을 보여준다. 1980년대 후반까지는 유입액이 상대적으로 작았으며 또 안정적이었다. 그 후 유입액이 크게 증가하였으며 1990년대 중반에는 변동성이 높아졌다. 1990년대 후반에 급격한 감소가 발생했으며 2000년대 후반에도 다시 재현되었다. 최근에 개발도상국 내 자본유입이 다소 회복되는 조짐을 보이고 있지만 2007~2008년의 정점에는 아직 크게 못 미치는 수준이다.

그림(b)에서는 1990년대 후반과 2000년대 후반 개발도상국 내 민간 자본유입의 급격한 감소가 가져온 결과를 확인할 수 있다. 개발도상국들은 이 기간 동안 소득 증가율의 상당한 하락을 경험했다.

도표 11.9를 보면 개발도상국 내 국제 자본유입의 갑작스런 감소로 왜 아시아 국가들이 특히 강한 타격을 자주 입는지 알 수 있다. 수십년 전 외국인자본의 주요 목적지는 중남미와 카리브 지역 국가였다. 하지만 지난 20년 동안 동아시아 태평양 국가들의 비중이 크게 증가했다. 해외자본에 대한 의존이 증가하면서 국제자본이동의 갑작스런 교란이 생길 경우 아시아 국가들은 커다란 금융불안 위험에 노출되었다.

1997~1998년 소위 '아시아 위기(Asian Crisis)'와 2000년대 후반의 글로벌 금융위기 동안 혹은 그 직후, 일부 경제학자들 그리고 훨씬 더 많은 정치인과 정책결정자들은 개발도상국들이 해외자본의 유입을 거부하면 더 부유해질 것이라고 주장했다. 결국 대부분의 개발도상국들은 그렇게 하지 않았다. 그럼에도 불구하고 일부 국가들은 국가 간 자본이동을 순조롭게 할 목적으로 일시적 자본통제를 실시하는 방식으로 도표 11.8의 그림(a)에 묘사된 자본이동의 변동성을 줄이기 위해 자주 노력했다.

하지만 이런 노력은 대부분 임시방편에 불과했다. 이 장에서 배운 것처럼 두 가지 변화만이 1990년대 후반과 2000년대 후반의 금융위기에 대응할 수 있었다. 하나는 주로 노동집약적 재화를 수출하고 자본집약적 재화를 수입하는 개발도상국과의 국제무역 증가이고, 다른 하나는 해외자본유입의 재개이다. 사실 1990년대 후반의 아

도표 11.8 개발도상국 내 민간 자본유입과 국민소득 증가

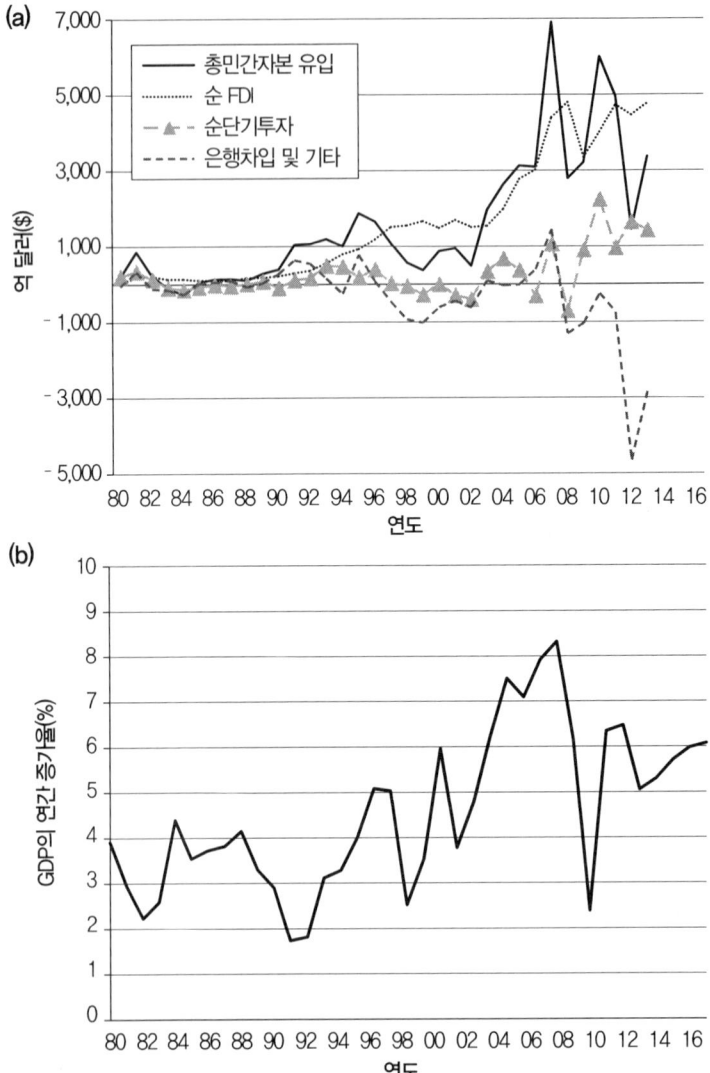

* (a)는 1980년 이후 개발도상국 내 민간 자본유입의 총액과 그 구성을 보여준다. 1980년대 중반 이후 개발도상국 내 외국인 직접투자는 꾸준히 증가했지만, 다른 유형의 민간자본 흐름은 변동성이 컸다. (b)를 보면 1990년대 말과 2000년대 말의 전체 민간 자본유입의 급감은 개발도상국 전체의 실질소득 증가율 변동과 관련이 있다.

출처: International Monetary Fund, *World Economic Outlook Database*.

시아 위기 이후에는 이 두 가지 변화가 동시에 점진적으로 나타났으며, 이것이 많은 개발도상국의 점진적 경제회복에 도움이 되었다. 이런 경험의 교훈이 2000년대 후반 글로벌 금융위기에서 회복하려고 하는 개발도상국 정부의 가슴에 와 닿을지는 아직 알 수 없다.

도표 11.9 개발도상국 내 외국인 직접투자의 지역별 비중

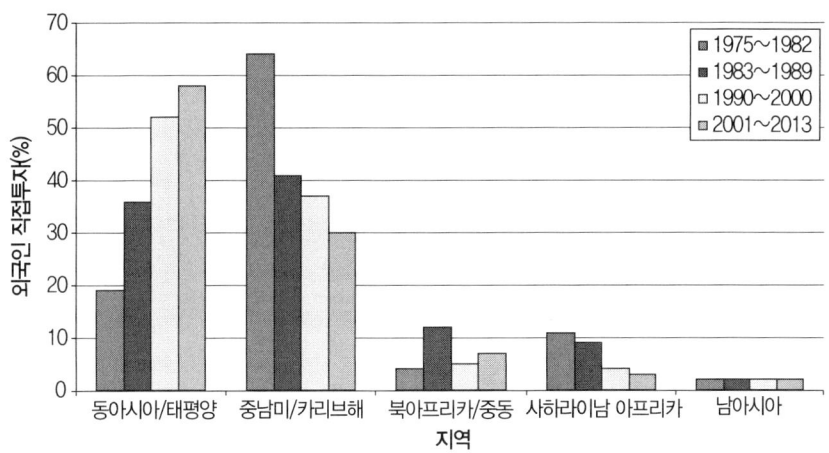

* 지난 30년간 개발도상국 내 외국인 직접투자 중 동아시아/태평양의 비중이 큰 폭으로 증가하였다.

출처: United Nations, *Trade and Development Report*; 저자 추정.

■ 개발도상국의 외채문제: 성장의 족쇄인가 아니면 성장의 열쇠인가?

자본자원이 부족하고 국민소득 수준이 상대적으로 낮은 개발도상국들이 해외에서 자본자원을 얻는 데는 기본적으로 두 가지 방법이 있다. 하나는 해외에서 차입하여 자본을 획득하는 것이고, 다른 하나는 외국인 직접투자를 허용하는 것이다.

해외차입에는 세 가지 문제점이 있다. 하나는 채무에 대한 이자지불을 통해 소득이 국내 거주자에서 채권을 소유한 해외 거주자로 이전된다는 점이다. 다른 하나는 자원배분결정권의 일부를 국내 거주자로부터 실질적으로 가져가는 조건을 해외 대부자가 대출에 부과할 수도 있다는 점이다. 세 번째 문제는 도표 11.8에 나타난 것처럼 외국인의 단기투자나 대출의 변동성이 상당히 높다는 점이다.

전체적으로 보면 외국인 직접투자는 상대적으로 안정적인 자본유입의 원천이었다. 그렇지만 자본자원을 소유한 외국인이 그 자원에서 발생한 소득 중 국내에 재투자되지 않는 모든 소득을 가져간다. 그리고 자본자원이 국내경제에서 어떻게 사용될지에 대해 외국인 소유자가 상당한 영향력을 행사한다.

그럼에도 불구하고, 지속적인 자본축적이 개발도상국의 지속적인 경제성장을 달성하고 유지하기 위한 기본 전제조건이라는 데 대해 많은 개발경제학자들이 동의를 하고 있다. 현재 대부분의 개발도상국들은 해외 자본유입이 가져올 장기적인 혜택에 기대를 걸고 있다. 이런 나라들은 변동성은 크지만 규모가 큰 국가 간 자본이동이 수반할 단기적인 부담과 위험을 수용할 준비가 되어 있는 것으로 보인다. (최근의 연구들은 개발도상국들이 최신기술을 채택하는 데 외국인 직접투자가 중요한 역할을 한다는 증거들을 제시한다. "참고사례 11.1"을 참조하라.)

♣ 참고사례

11.1 외국인 직접투자는 최신기술을 확보하는 지름길

기업인들은 개도국의 해외 벤처가 다른 지역의 대안적 투자기회와 비슷한 정도의 수익률을 가져다 주기만 한다면 대부분 자금을 직접투자하려고 할 것이다. 따라서 일반적으로 기업인들은 해외에 투자한 기업이 최소의 비용으로 물건을 생산하기 위해 최신기술을 사용할 것이라는 보증을 요구한다. 그 결과 많은 개발도상국에게 외국인 직접투자는 재화나 서비스 생산과정에 최신 기술을 도입하는 데 필요한 자금은 물론이고 최신기술 자체를 도입하는 데 도움이 된다.

포르투갈 민호대학(University of Minho)의 네토(Delfim Gomes Neto)와 베이가(Francisco José Veiga)는 최근 외국인 직접투자가 기술과 혁신의 확산을 촉진했는지 확인하기 위해 139개 국가를 대상으로 1970~2009년 동안의 자료를 분석했다. 이들은 외국인 직접투자가 이런 확산과정에 두 가지 분명한 영향을 미쳤다는 증거를 제시했다. 첫째, 새로운 상품과 새로운 생산과정을 내포하고 있는 가장 최신의 기술 혁신을 이전시키는 데 직접적 효과가 있었다. 둘째, 개발도상국들이 이전에 놓치고 있었던 과거 혁신을 추격하는 데 외국인 직접투자가 도움이 되었다. 네토와 베이가의 추정에 따르면, 개발도상국 내 총 자본유입 중 외국인 직접투자의 비율이 1퍼센트 포인트 증가하면 이후 5년 동안 그 나라 성장률이 0.67퍼센트 포인트 증가한다.

심화 학습: 포트폴리오 투자가 혁신 및 경제성장에 미치는 효과는 왜 외국인 직접투자의 효과에 비해서 더 작을까?

핵심 이슈 #5

개발도상국으로 자본이 유입될 때의 장점과 단점은 무엇인가?

경제학자들은 자본 축적이 지속적 경제성장에 기여한다는 점을 발견했다. 따라서 자본자원이 상대적으로 부족한 개발도상국에 해외자본이 유입되면 경제에 도움이 될 것이다. 해외 자본 유입을 활용하기 위해서는 해외에서 차입을 하거나 외국인 직접투자를 허용해야 한다. 어느 경우든 개도국 내에서 창출된 자본에 대한 수익이 해외 거주자에게 이전될 것이다. 차입을 하면 자본 프로젝트의 관리에 대한 통제권의 일부를 상실할 수 있으며, 외국인 직접투자는 대부분의 경우 통제권을 상실하게 된다. 외국인 직접투자의 흐름은 대개 상대적으로 더 안정적이지만 차입을 통한 자금 조달은 변동성이 높아 경제의 불안정을 야기할 수도 있다.

금융을 통한 빈곤 감축 노력: 기관과 정책

재화 및 생산과정에서 자본을 효과적으로 활용하기 위해서는 기업가들이 값비싼 자본자원을 구입해야 한다. 이런 구입을 위해서는 자금에 접근할 수 있어야 한다. 개발도상국에서는 필요한 자본을 확보하기가 어렵다. 전통적으로 초국가적인 기관들이 일반적인 민간 대부자를 통한 자본 공급 기능을 보완해오고 있다.

■ 세계은행

개발도상국에 자금을 지원하는 핵심적인 초국가적 기관은 **세계은행**(World Bank)이다. 1944년 브레튼우즈 회의를 통해 탄생한 이 기관은 빈곤 감축과 생활수준 향상을 목표로 100여개 개발도상국들에게 자금을 빌려주고 있다. 세계은행에 따르면 자금을 차입하고 있는 국가들의 약 30억 인구가 하루 2달러 미만으로 생활하고 있고, 매일 약 4만 명이 치료가능한 질병으로 사망하고 있으며, 1억 명 이상이 어떠한 형태의 학교도 다닌 경험이 없다고 한다.

세계은행의 구조와 활동

세계은행은 장기적인 개발과 성장에 필요한 상대적으로 장기적인 자금의 대출에 특화되어 있다. 처음에 세계은행의 목표는 제2차 세계대전 이후 여러 나라의 재건에 필요한 지원을 제공하는 것이었다. 1960년대에는 활동의 범위를 세계적 차원의 빈곤 감축 노력으로 확대하였다.[iii]

---

iii) **관련 웹사이트**: 세계은행 산하의 다양한 개발금융 기관들에 관한 상세한 정보는 다음 웹사이트에서 얻을 수 있다. www.worldbank.org

---

개발도상국들은 일반적으로 관개시설 개선, 병원확충 등과 같은 특정 프로젝트에 필요한 자금을 세계은행에서 차입한다. 하지만 최근에 세계은행 프로그램 중 일부는, 장기간의 구조조정과 고채무 국가의 채무조정 활동에 필요한 자금을 제공하는 IMF의 활동과 중복되기도 한다.

세계은행은 5개의 기관으로 구성되어 있는데, 각 기관에 대한 설명은 표 11.5에 정리되어 있다. 이 기관들은 정부와 민간기업 모두에게 자금을 제공한다. 그리고 외국인투자자와 개발도상국 사이에 발생할 수 있는 분쟁의 해결을 포함하여 개발금융의 다양한 측면에 대한 조언과 지원도 제공한다. 세계은행 활동에 필요한 자금의 대부분은 세계에서 가장 부유한 국가들이 제공하지만, 일부는 세계은행이 국제자본시장에서 직접 조달하기도 한다.

세계은행의 임무는 적절한가?

세계은행은 현재 개발도상국에 연간 150억 달러

표 11.5 세계은행 산하 기관들

기관	회원국 수	역할
국제개발협회 (International Development Association)	170	개발도상국의 빈곤 감축을 목표로 대출에 특화
국제부흥개발은행 (International Bank for Reconstruction and Development)	188	중수득국가 및 신용도가 상대적으로 높은 개발도상국에게 대출 및 기타 형태의 개발지원을 제공
국제금융공사 (International Finance Corporation)	184	개발도상국의 민간부문 투자 촉진을 위해 자체 자금을 제공하거나, 민간재원 대출을 중개하거나 민간기업에 자문을 제공
다자투자보증기구 (Multilateral Investment Guarantee Agency)	179	개발도상국 내 외국인 직접투자를 촉진하기 위해 대출자 및 투자자에게 정치적 리스크 보험을 제공
국제투자분쟁해결센터 (International Center for Settlement of Investment Disputes)	158	외국인투자자와 개발도상국 간의 투자 분쟁 해결을 위해 화해 및 조정 지원을 제공

출처: World Bank.

이상을 대출하고 있다. 일부 국가 특히 아프리카에서는 민간투자의 유치가 쉽지 않다. 따라서 이런 나라들에게는 세계은행이 가장 중요한 자금의 원천 중 하나였다. 도표 11.10은 최근 세계은행 대출의 지역별 분포를 나타내고 있다.

매년 1,000억 달러 이상이 개발도상국으로 유입되고 있지만, 세계은행은 민간자금을 유치하는 데 거의 아무런 어려움이 없는 나라들에게 아직도 많은 금액을 대출하고 있다. 사실 세계은행은 민간 투자자들과 종종 경쟁을 하기도 한다. 이런 경쟁 속에서 세계은행은 시장 이자율보다 낮은 이자율의 자금을 대출함으로써 민간 대부자들을 밀어내는 경우가 많다. 이를 비판하는 사람들은 세계은행의 대출이 민간자본시장을 왜곡시키고 비효율적인 투자를 부추긴다고 주장한다.

세계은행이 직면한 중요한 문제 중 하나는 세계은행에 자금을 제공한 공여국들로부터 상당한 규모의 수익 흐름을 유지함으로써 공여국의 손실 위험을 줄이라는 압력을 받고 있다는 점이다. 안정적이면서도 비교적 높은 수익을 낼 가능성이 높은 개발도상국의 프로젝트들은 민간투자자들도 큰 관심을 보인다. 이와는 대조적으로 가장 가난해서 도움이 가장 많이 필요한 나라의 프로젝트들은 세계은행에 안정적인 수익을 가져다 줄 가능성이 낮다.

핵심적 문제 중 하나는 세계은행과 같은 초국가적 기구가 개발도상국의 제도를 성장친화적으로 개선하기 위해서 어떤 역할을 할 수 있을까 하는 것이다. 어떻게 보면 세계은행이 혼자서 할 수 있는 것이 거의 없다. 결국, 국내 제도는 결국 개발도상국 국민 스스로가 결정해야 하는 정치적인 문제이다.

그럼에도 불구하고 많은 경제학자들은, 개인의 재산권 보호, 법치 및 반부패 노력 등에 소홀한 제도를 가진 나라들에게 세계은행이 엄격한 불이익을 주어야 한다고 주장한다. 그래야만 이런 나라들이 제도 개선을 위한 노력의 유인을 갖게 될 것이라는 주장이다.

도표 11.10 세계은행 대출의 지역별 분포

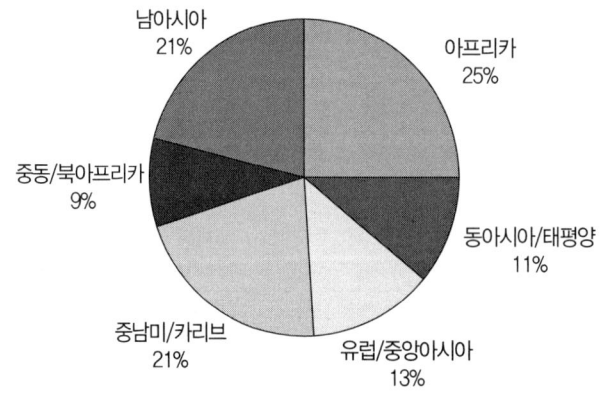

* 이 그림은 세계은행의 최근 대출 분포를 세계 각 지역별로 보여준다.
출처: World Bank.

이와 반대로 다른 경제학자들은 그런 제도 개선 노력을 시도하고 있는 나라들에게 직접적인 금융지원을 하는 것이 바람직하다고 주장한다. 이러한 금융지원이 개혁 노력으로 권력을 상실한 사람들에게 보상을 주고, 개혁이 잘 이루어지는 데 필요한 인프라 구축을 위한 자금을 제공하는 데 도움이 될 수 있다고 주장한다. 이와 같이 초국가적 대부기관에게 더욱 적극적인 역할을 제안하는 사람들은, 그 결과가 댐이나 발전소나 교량과 같은 프로젝트에서 나오는 작은 수익에 비해 차입국과 공여국 모두에게 장기적으로는 더 큰 이익이 될 것이라고 주장한다.

■ 기타 초국가적 기관

개발도상국 정부들은 대외채무가 자신들의 상환능력에 비해 지나치게 과다해서 세계은행이나, 프랑스, 독일, 일본, 미국 등과 같은 개별 채권국에게 원리금을 더 이상 상환할 수 없을 정도의 상황에 주기적으로 직면한다. 그런 상황은 1980년대와 1990년대에 발생했으며, 2000년대 후반 대규모 금융위기를 거치면서 2010년대에 다시 나타날 가능성이 있는 것으로 보인다.

파리클럽과 런던클럽

외채상환 조건을 재조정하는 방식으로 고채무국가들의 채무경감 문제를 다루기 위한 공공 및 민간 채권자들로 구성된 초국가적 조직이 있다. 그런 조직 중 하나는 **파리클럽**(*Paris Club*)인데, 이 클럽은 채무 재조정을 논의하는 채무국과 채권국 사이의 다국적 협상의 장이다. 현재 파리클럽은 19개 선진국의 금융관료들로 구성되어 있는데, 이들은 거의 6주 단위로 파리에 있는 프랑스 재정경제산업부에서 모임을 갖는다. 이 비공식적 초국가 조직은 1956년 아르헨티나가 상당한 채무삭감을 요청했을 때 처음 조직되었다. 그 후 파리클럽은 이라크 내 무력충돌 이후 2004년 이라크 채무탕감과 2004년 인도양 지진과 츠나미 피해국가의 채무상환 일시 유예 등 수많은 채무재조정을 이루었다.

파리클럽의 민간부문 형태가 **런던클럽**(*London Club*)이다. 이 클럽은 자이레의 채무상환 문제를 다루기 위해 1976년에 처음 설립된 민간 채권자들의 비공식 국제 조직이다. 런던클럽이 개발도상국의 민간차입 상환을 재조정한 최근의 사례로는 2002년 인도네시아의 약 3억 달러 외채 재조정, 2009년 서부아프리카 코트디부와르의 20억 달러 외채 재조정 합의 등이 있다.

고채무국 지원을 위한 국제적 이니셔티브

1950년대와 1970년대 이후 파리클럽과 런던클럽의 채무경감 노력에도 불구하고 최빈국의 많은 외채문제가 최근 20여년 동안 더욱 악화되었다. 1990년대 개발도상국 외채문제의 악화에 대응하여 선진 7개국의 정상들은 **고채무빈곤국 이니셔티브**(*Heavily Indebted Poor Countries* [HIPC] *Initiative*)에 합의했다. HIPC이니셔티브는 채무경감에 필요한 조건들을 규정하고 경감의 수단들을 도입했다. 그럼에도 불구하고 HIPC이니셔티브가 채권국과 채무국 모두의 기대에 미치지 못했다는 것이 대체적인 평가이다.

그 결과 다수의 선진국이 참가하여 1999년 쾰른채무이니셔티브(CDI: Cologne Debt Initiative)를 채택했는데, 이는 보다 신속하고 확대된 그리고 더 심도있는 채무경감 조치의 도입을 목적으로 했다. CDI는 HIPC 국가의 수를 확대하고 이 국가들을 위한 채무재조정과 채무경감의 가속화를 목표로 했다. CDI와 더불어 채무경감을 위한 밀레니엄 트러스트 펀드가 설립되었는데, 민간부문의 개인과 기관들이 채무경감 노력을 지원하기 위해 이 펀드에 기부를 할 수 있도록 했다. CDI는 채무경감 조치에서 성과를 보이긴 했지만 수많은 개발도상국들이 여전히 채무상환 문제로 큰 어려움을 겪고 있다.

■ 신용, 자본 및 소액대출

2006년 노벨평화상을 수상한 방글라데시의 무함마드 유누스(Muhammad Yunus)는 개발도상국의 자본축적에 필요한 재원을 조달하는 것의 해결책이 민간부문에 있다고 주장한다. 돈을 빌려간 사람이 채무 상환을 못하게 되었을 때 돈을 빌려준 사람이 확보할 수 있는 담보(collateral), 즉 판매가능한 자산을 빌려간 사람이 제공할 수만 있으면, 민간 대부자들이 빈곤 국가의 차입자들에게 신용을 제공할 것이라고 유누스는 주장한다. 대부분의 선진국에서 차입자들은 일반적으로 자신이 법적 소유권을 갖고 있는 자본자산을 담보로 제공한다. 하지만 개발도상국에서는 앞에서 설명한 것처럼 많은 자본자원이 비공식적으로 소유되고 있어 사업을 시작하기 위해 대출을 받으려는 개인이나 가족이, 자본재의 구입에 필요한 대출을 신청할 때 수용가능한 담보를 제공하기 어렵다. 유누스는 이 문제에 대한 해결책을 **소액대출기관**(microlender)의 설립에서 찾았다. 소액대출기관은 빈곤 사다리의 가장 낮은 단계에서 벗어나려는 기업가를 위한 소액 대출에 특화한 금융기관이다.

오늘날 최소 1,000개의 소액대출기관이 전세계 약 30억 명에게 적게는 100달러에서 많게는 1,500달러에 이르기까지 다양한 규모의 대출을 하고 있다. 차입자들은 물소, 돼지, 쟁기 등을 담보로 제공한다. 대부분의 소액대출기관은 독립기관이다. 하지만 일부는 소액대출기관을 하나의 외국인 직접투자로 간주하는 다국적 은행들이 소유하고 있다. 몇몇 소액대출기관은 뮤추얼펀드나 헤지펀드가 국제 포트폴리오투자 형태로 매입한 소유 주식을 제공하기도 한다. 이런 것들을 모두 합하면 상업적 소액대출기관들이 전세계적으로 대출한 규모가 총 200억 달러를 넘을 것으로 추정된다.

> **핵심 이슈 #6**
>
> 개발도상국 주민들이 자본의 활용과 경제성장을 촉진하는 데 필요한 신용을 획득하도록 돕기 위해 어떤 국제적 노력이 이루어지고 있는가?
>
> 개발도상국들은 자본자원에 대한 지출을 위해 상당한 규모의 금융지원을 필요로 한다. 이와 관련하여 개발도상국을 지원하는 주요 초국가적 기관이 세계은행이다. 세계은행이 금융지원 중 상당 부분을 최빈국들에 할당하고 있지만, 상당한 규모의 민간자본이 유입되고 있는 국가에도 대규모 대출을 하고 있다는 비판 또한 최근에 제기되고 있다. 고채무 개발도상국들의 채무상환 재조정을 돕기 위한 노력을 조율하는 비공식 초국가 기구에는 파리클럽과 런던클럽이 있다. 파리클럽은 19개 선진국 정부를 대표하는 금융관료들로 구

• **소액대출기관**(microlender): 저소득 기업가들에게 소규모 신용을 제공하는 데 특화된 금융기관.

성되어 있고, 런던클럽은 민간 대출자들로 구성된 국제 조직이다. 개발도상국 주민들이 기업활동 촉진에 필요한 소액의 대출을 얻을 수 있도록 지원하는 민간부문의 노력들은 소액대출 중심으로 이루어지고 있다. 최근 다국적 은행과 여타 금융기관들은 상업적 소액대출에 참여하고 있다. 소액대출기관 전체가 개발도상국 거주자들에게 제공한 민간신용의 규모가 200억 달러를 넘는다.

요약

1. **경제발전의 기본요소**: 경제발전의 첫 번째 핵심요소는 기술발전, 즉 동일한 투입량으로 더 많은 재화와 서비스를 생산할 수 있도록 능력을 확장하는 생산과정의 혁신이다. 경제발전의 두 번째 핵심요소는 생산물 혁신을 통한 생산물과 시장의 확장이다. 즉 새로운 유형의 재화와 서비스를 개념화하고 생산하는 것이다. 세 번째 핵심요소는 1인당 실질소득의 증가율로 측정되는 경제성장이다. 복리의 경제성장률은 한 나라의 실질소득 수준에 누적적인 효과를 유발하는데, 소득이 2배가 되는데 필요한 해는 72를 경제성장률로 나눈 값과 거의 일치한다.

2. **경제성장의 핵심 지표와 결정요인**: 경제성장의 핵심지표는 1인당 실질소득인데, 이는 한 국가의 총실질소득을 인구로 나눈 값이다. 국가 간 1인당 실질소득을 비교하기 위해서는 환율 혹은 PPP를 이용하여 동일한 통화로 변환해야 한다. 한 국가의 일정기간의 경제성장률은 정의상 총실질소득 증가율에서 같은 기간의 인구증가율을 뺀 것과 같다. 성장방정식에 따르면 총실질소득 증가의 세 가지 결정요인은 기술발전에 따른 노동과 자본자원의 생산성 증가, 자본자원의 증가, 그리고 노동자원의 증가이다. 총실질소득 증가가 동일하다면 인구증가의 상승은 한 나라의 경제성장률을 낮춘다. 하지만 노동자원이 실질소득 증가에 기여하는 방식으로 인구증가는 총실질소득 증가에 기여할 수 있다. 따라서 원칙적으로 인구증가율의 상승은 경제성장율을 높일 수도 있고 낮출 수도 있다.

3. **인적자본과 물적자본의 축적, 그리고 기업가 활동이 경제발전에 기여하는 방법**: 한 국가 노동자원에 대한 교육과 훈련의 증가는 노동 생산성을 높이고 기술적 역량을 개선함으로써 1인당 실질소득 증가에 보탬이 된다. 물적자본 자원의 축적 역시 마찬가지이지만, 모든 자본자원을 손쉽게 이용할 수 없는 나라가 많이 있다. 이런 국가에서는 자본소유에 대한 재산권을 완벽히 확정하지 못해 죽은 자본의 문제가 발생한다. 이 경우 자본자원의 거래가 어려워져 자본자원이 효율적으로 사용될 수 있는 방식으로 배분되지 않는다. 기업가들은 소득을 창출하는 재화와 서비스 생산을 위해 자본과

노동자원을 결합시킨다. 그 결과 기업을 설립하고 운영하고 폐쇄하는 기업가의 역량에 제약이 가해지면 경제성장이 지체된다.

4. **개발도상국에서 국제무역의 개방 확대가 임금 및 경제성장에 미치는 영향**: 1980년대 이후 전세계 국제무역 중 개발도상국의 비중은 10퍼센트에서 3분의 1 이상으로 증가했다. 개발도상국의 경우 일반적으로 노동자원의 비율이 상대적으로 높다. 따라서 자본자원의 비율이 상대적으로 높은 선진국과의 무역이 증가하면 개발도상국 노동자의 임금이 증가할 가능성이 높다. 그 결과 국제무역은 개발도상국의 1인당 소득 증가에 도움이 될 가능성이 높다. 그렇지만 개발도상국들의 비교우위는 나라마다 다르기 때문에 국제무역의 증가가 개발도상국의 경제성장률에 미치는 영향은 나라마다 다를 것이다.

5. **개발도상국 내 자본이동에 대한 찬반**: 자본축적이 경제성장에 도움이 된다는 증거들이 많이 있다. 따라서 노동이 상대적으로 풍부한 개발도상국 내 외국 자본의 유입은 개발도상국의 경제성장 촉진에 도움이 되었다. 외국 자본 유입의 증가를 위해서는 해외에서 차입을 하거나 외국인 직접투자를 유치해야 한다. 하지만 이런 자본유입은 자본에 대한 국내수익을 해외 거주자에게 이전하는 결과를 초래한다. 외국인 직접투자를 허용하면 자본자원의 관리에 대한 국내의 통제권을 희생해야 한다. 일부 경우에는 자금을 대부한 사람들이 자본자원이 어디에 사용될 것인지를 결정하기도 한다. 최근에 외국인 직접투자의 흐름은 상대적으로 안정적이었다. 하지만 차입을 통한 자본 흐름은 변동성이 훨씬 더 컸다.

6. **개발도상국의 자본자원 사용 및 경제성장 촉진에 필요한 신용 획득 지원을 위한 조직화된 국제적 노력**: 세계은행은 개발도상국의 자본자원에 대한 지출을 위해 금융지원을 제공하는 가장 대표적인 초국가적 기관이다. 세계은행이 지원을 가장 필요로 하는 국가들 대신에 이미 민간자본이 유입되고 있는 국가에 금융지원을 지나치게 많이 한다는 비판도 있다. 다른 비공식 초국가적 기구도 있는데 파리클럽과 런던클럽이 여기에 속한다. 파리클럽은 19개 선진국의 정부관료로 구성되어 있으며, 런던클럽은 민간 대부자들의 조직이다. 이 두 클럽은 개발도상국 채무의 재조정 혹은 채무의 삭감을 돕는다. 민간의 소액대출기관들은 때로는 다국적은행이나 다른 금융기관과 연결되어 있는데, 상대적으로 소액의 대출을 제공한다. 저개발국의 기업가 활동 촉진을 목적으로 하는 이들 기관의 전체 대출액은 약 200억 달러에 이른다.

연습문제

1. A국의 1인당 실질소득은 매년 2퍼센트씩 증가하고 B국에서는 매년 4퍼센트씩 증가한다. 처음에 두 나라는 동일한 1인당 실질소득을 가지고 있었다. 표 11.3을 이용하여 10년 후에는 B국의 1인당 실질소득이 A국에 비해 몇 퍼센트나 더 높아지는지 계산하라. 그리고 50년 후에는 얼마나 더 높아질까?

2. C국의 1인당 실질소득은 현재 D국의 1인당 실질소득의 절반에 불과하다. C국에서는 1인당 실질소득이 연간 8퍼센트씩 증가하는 반면, D국에서는 증가율이 1퍼센트에 불과하다. 표 11.3을 이용하여, 몇 년 후에 C국의 1인당 실질소득이 D국의 1인당 실질소득 수준을 따라잡게 되는지 계산하라. 그 이유를 간단히 설명하라.

3. 어느 나라의 1인당 실질소득이 매년 2퍼센트의 비율로 증가한다면 72의 법칙을 따랐을 때 몇 년 후에 1인당 실질소득이 두 배가 되는가? 만약 1인당 실질소득 증가율이 4퍼센트라면 몇 년이 걸릴까?

4. 어느 나라의 총실질소득이 연간 3.3퍼센트의 비율로 증가하고 있고, 현재 1인당 실질소득 증가율은 0.4퍼센트이다. 이 나라의 인구증가율은 몇 퍼센트인가?

5. 인구증가율이 경제성장에 미치는 영향이 이론적으로 불분명한 이유를 설명하라.

6. 기업환경에 관한 아래 세계은행의 조사결과를 보고 답하라.

국가	창업 소요일	창업에 필요한 법적 단계 수	창업비용 (1인당실질소득 대비 %)
캄보디아	85	9	138.4
차드	95	19	176.7
칠레	25	9	6.9
콜롬비아	26	9	12.8

다른 조건이 같다면 가장 높은 경제성장률을 보일 것으로 예상되는 국가부터 순서대로 나열하고 그 이유를 설명하라.

7. 기업환경에 관한 아래 세계은행의 조사결과를 보고 답하라.

국가	재산등록 소요일	계약집행 소요일	폐업 회수율 (총액 대비 %)
감비아	371	434	19.4
조지아	3	255	27.9
기니	50	276	22.0
아이티	405	508	2.7

다른 조건이 같다면 가장 높은 경제성장률을 보일 것으로 예상되는 국가부터 순서대로 나열하고 그 이유를 설명하라.

8. 기업환경에 관한 아래 세계은행의 조사결과를 보고 답하라.

국가	재산등록 소요일	재산등록 비용(금액 대비 %)
방글라데시	245	10.2
벨리즈	60	4.7
불가리아	15	2.3
부룬디	69	13.2

다른 조건이 같다면 죽은 자본의 문제를 가장 심각하게 겪을 것으로 예상되는 국가부터 순서대로 나열하고 그 이유를 설명하라.

9. 기업환경에 관한 아래 세계은행의 조사결과를 보고 답하라.

국가	채권자의 법적 권한 (작은 숫자가 낮은 강도를 의미)	신용정보지수의 심도 (작은 숫자가 낮은 심도를 의미)
사모아	6	0
남아프리카공화국	9	6

| 동티모르 | 1 | 0 |
| 베트남 | 8 | 4 |

다른 조건이 같다면 가장 높은 경제성장률을 보일 것으로 예상되는 국가부터 순서대로 나열하고 그 이유를 설명하라.

10. 1990년대와 2000년대 세계은행 정책에 대한 가혹한 비판에 대해 일부에서는 반론을 제기하고 있다. 즉 세계은행의 순공여국들이 세계은행에 상당한 수준의 수익을 유지하라고 요구함으로써 세계은행에 상충된 목표를 부과하고 있다는 것이다. 여러분들은 세계은행이 상충된 목표에 직면해 있다고 생각하는가? 만약 그렇게 생각하지 않는다면 그 이유를 설명하라. 만약 그렇다고 생각한다면 이른바 상충된 목표들 중 어떤 목표가 더 우선시되어야 한다고 생각하는가?

온라인 응용학습

URL: www.doingbusiness.org/EconomyRankings/
제목: World Bank's Doing Business Rankings
검색: 위 웹사이트를 방문하라.
응용: 아래 지시를 따른 후 문제에 답하라.

1. 웹페이지 상단에 있는 메뉴에서 'Methodology'를 클릭한 다음 'Read about how the methodology was improved this year'를 클릭하라. 세계은행은 다양한 나라의 기업활동 용이성을 표준화된 형태로 측정하기 위해 어떤 노력을 기울이고 있나?

2. 'Methodology' 페이지로 돌아가서 'Common misconceptions about Doing Business'로 가는 링크를 클릭한 다음, 그에 관한 간단한 설명을 읽어라. 기업활동 순위(Doing Business Rankings)의 한계는 무엇인가?

팀 과제: 각 팀은 소득별 국가그룹 (저소득, 하위중소득, 상위중소득, 고소득)을 조사하고 이 그룹들이 기업활동 순위에서는 어디에 위치하는지 국가별로 비교하라. 소득에 따른 국가분류와 세계은행의 기업활동순위 사이에 관련성이 있는가?

참고문헌

Agénor, Pierre-Richard, and Peter J. Montiel. *Development Macroeconomics*, 3rd edn. Princeton, NJ: Princeton University Press, 2008.

Bardhan, Ashok, Dwight Jaffee, and Cynthia Kroll, eds. *The Oxford Handbook of Offshoring and Global Employment.* Oxford and New York: Oxford University Press, 2011.

Barthel, Fabian, Matthias Busse, Richard Krever, and Eric Neumayer. "The Relationship between Double Taxation Treaties and Foreign Direct Investment." In M. Lang, P. Pistone, J. Schuch, and C. Staringer, eds., *Tax Treaties: Views from the Bridge — Building Bridges between Law and Economics.* Amsterdam: IBFD, 2010.

De Soto, Hernando. *The Mystery of Capital: Why Capitalism Triumphs in the West and Fails Everywhere Else.* New York: Basic Books, 2000.

Egger, Peter, and Michael Pfaffermayr. "The Impact of Bilateral Investment Treaties on Foreign Direct Investment." *Journal of Comparative Economics* 32 (December 2004): 788–804.

Fields, Gary S. *Distribution and Development: A*

New Look at the Developing World. New York: MIT Press, 2001.

Hoekman, Bernard, and Marcelo Olarreaga. *Global Trade and Poor Nations: The Poverty Impacts and Policy Implications of Liberalization*. Washington, DC: Brookings Institution Press, 2007.

Lancaster, Carol. *Foreign Aid: Diplomacy, Development, Domestic Politics*. Chicago, IL: University of Chicago Press, 2007.

Lewis, W., Arthur. *The Theory of Economic Growth*, First Published 1955, Routledge Reprint Edition, 2013, p. 420.

Meir, Gerald, and James Rauch. *Leading Issues in Economic Development*, 8th edn. Oxford, U.K.: Oxford University Press, 2004.

Montiel, Peter. *Macroeconomics in Emerging Markets*. Cambridge, U.K.: Cambridge University Press, 2003.

Moreno, Ramon. "What Explains Capital Flows?" Federal Reserve Bank of San Francisco *Economic Letter* No. 22 (July 21, 2000).

Naughton, Barry. *The Chinese Economy: Transitions and Growth*. Cambridge, MA: MIT Press, 2007.

Neto, Delfim Gomes, and Francisco José Veiga. "Financial Globalization, Convergence, and Growth: The Role of Foreign Direct Investment." *Journal of International Money and Finance* 37 (October 2013): 161–186.

Neumayer, Eric, and Laura Spess. "Do Bilateral Investment Treaties Increase Foreign Direct Investment to Developing Countries?" *World Development* 33 (October 2005): 1567–1585.

Oostendorp, Remco. "Globalization and the Gender Wage Gap." *World Bank Economic Review* 23 (1, 2009): 141–161.

Pincus, Jonathan, and Jeffrey Winters, eds. *Reinventing the World Bank*. Ithaca, NY: Cornell University Press, 2002.

Sen, Amartya. *Development as Freedom*. Oxford, U.K.: Oxford University Press, 1999.

Watal, Jayashree. "Developing Countries' Interests in a 'Development Round'." In Jeffrey Schott, ed., *The WTO After Seattle*. Washington, DC: Institute for International Economics, 2000.

Young, Allan, Ivan Teodorovic, and Peter Koveos. *Economies in Transition: Conception, Status, and Prospects*. Hackensack, NJ: World Scientific, 2002.

Yunus, Muhammad. *Creating a World Without Poverty: Social Business and the Future of Capitalism*. New York: Public Affairs, 2007.

12장

글로벌 경제의 산업구조와 무역: 국경 없는 기업활동

핵심 이슈

1. 산업간 무역에서 나타나는 각국의 특화를 규모의 경제를 이용해 어떻게 설명할 수 있을까?
2. 규모의 경제와 생산물의 다양성을 이용해 산업내 무역을 어떻게 설명할 수 있을까?
3. 해외직접투자는 국제무역의 패턴에 어떻게 영향을 미칠 수 있을까?
4. 산업구조에는 어떤 유형이 있으며, 글로벌 경제에서 산업구조가 중요한 이유는 무엇인가?
5. 기업들은 왜 국제 인수합병에 참가하며, 국제적 시장 연계는 왜 소수 대규모 기업의 시장지배력을 측정하는 것을 더 어렵게 만들까?
6. 정부는 국제 인수합병 활동을 어떻게 규제할까?

로비오 엔터테인먼트(Rovio Entertainment)는 핀란드에서 성공기업 사례가 되었다. 로비오의 디지털 비디오게임인 앵그리 버드(Angry Birds)는 완구, 의류, 음료, 놀이기구, 놀이공원, 심지어 학교의 교육용 자료의 생산과 캐릭터 사용 계약으로 이어져 아동용 오락의 제국을 형성했다. 이 회사의 오락물은 대부분 수출된다.

동시에 핀란드는 어린이 오락물과 교육용 제품들을 해외에서 계속 수입하고 있다. 핀란드의 어린이들은 여전히 미키 마우스나 도날드 덕이 그려진 티셔츠 같은 디즈니 테마 상품을 입고 있으며, 덴마크에서 생산된 레고 블록을 가지고 논다. 핀란드의 부모들은 유럽 다른 국가나 미국에 있는 기업들이 생산한 어린이 교육용 제품을 계속 구매한다. 핀란드가 어린이용 오락물이나 교육용 제품에 반드시 비교우위를 가진 것도 아니다. 하지만 로비오는 그런 제품의 주요 수출기업 중 하나이다. 또한 핀란드 국민들은 해외에서 경쟁 제품들을 수입하고 있다.

핀란드와 세계 다른 국가에서 나타나고 있는 유사하지만 차별화된 생산물의 국제적 교역을 어떻게 설명할 수 있을까? 이 장에서는 핀란드가 어린이용 오락물과 교육용 제품을 수출함과 동시에 수입도 하는 것과 같은 산업내 무역(intra-industry trade)에 대해 공부할 것이다. 그리고 글로벌 산업구조와 관련된 다른 이슈에 대해서도 공부할 것이다.

산업조직과 국제적 통합

산업조직론(industrial organization)은 기업과 시장들 사이의 구조와 상호작용을 연구하는 것이다. 산업조직론 연구자들은 전통적으로 한 국가 내의 기업과 시장 구조에만 초점을 맞추었다. 하지만 오늘날에는 국제적 이슈를 고려해야 한다. 마찬가지로 국제무역을 연구하는 경제학도 무역 흐름에 영향을 미치는 한 요소로서 산업구조의 중요성을 고려해야 한다.

산업조직론이 국제적 주제가 된 여러 이유 중 하나는 산업내 무역이 크게 증가했기 때문이다. 우리가 제2장에서 공부한 전통적 국제무역이론과 제3장에서 공부하고 제10장에서 노동시장에 적용한 국제무역에 대한 요소부존비율 접근법은 모두 산업간 무역(inter-industry trade), 즉 서로 다른 재화나 서비스의 국가 간 교역을 강조한다. 도

- **산업조직론**(industrial organization): 기업과 시장들의 구조와 상호작용을 연구하는 경제학 분야.

표 12.1은 50개 이상의 국가에서 서로 다른 상품군의 산업내 무역의 비중에 대해 로잔대학교의 브륄하르트(Marius Brülhart)가 추정한 값을 나타내고 있다.

제10장에서 설명한 것처럼, 산업내 무역은 대개 밀접한 대체재인 재화나 서비스들의 국제적 교환을 동반한다. 자동차, 컴퓨터, 맥주, 금융서비스 등이 한 국가의 국경을 넘어 수출도 되고 수입도 되는데, 이것이 산업내 무역의 예들이다. 그리고 최종 생산물이 완성되기 이전의 다양한 생산 단계에서 부품이나 서비스가 국가 간에 거래되는 것도 산업내 무역의 또 다른 요소이다. 예를 들어 미국 자동차 회사가 멕시코에 위치한 조립공장에 부품을 보내고 완성차를 다시 미국으로 수출하는 것이 그런 경우이다.

■ 규모의 경제와 국제무역

산업구조가 산업내 무역을 설명하는 데 있어 어떤

도표 12.1 다양한 상품군의 전체 무역 중 산업내 무역의 비중

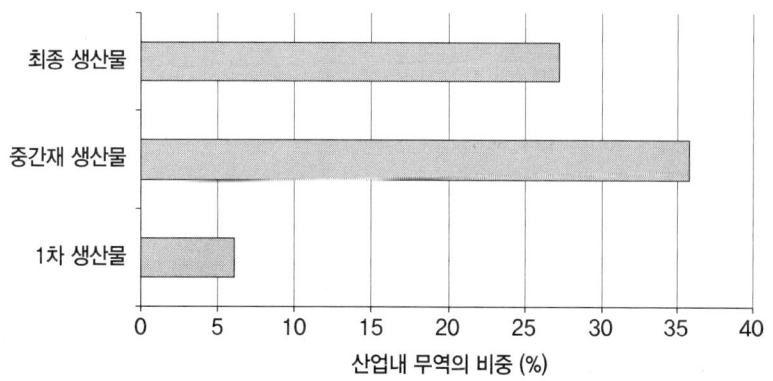

* 1차 생산물의 경우 산업내 무역의 비중이 상대적으로 작다. 하지만 중간재나 최종 생산물의 경우 이 비중은 훨씬 더 크다.

출처: Brülhart (2009).

역할을 하는지 살펴보기 전에, 산업구조가 산업간 무역에 미치는 중요한 영향에 대해 먼저 살펴보자. 산업간 무역을 통해 두 국가가 자신들의 비교우위나 절대우위를 이용할 수 있기 때문에 산업간 무역이 이루어진다는 것을 앞에서 설명했다. 그 결과 양국은 무역에서 모두 이익을 얻을 수 있다. 생산자들의 행동을 통해 무역이 이루어지는 과정을 설명하는 데 도움이 되는 요소 중 하나가 바로 **규모의 경제**(economies of scale)이다. 산업내 무역이 이루어지는 이유를 이해하는 데도 이 개념이 중요하므로 이 개념을 간단히 설명하고자 한다.

규모의 경제

한 기업의 최적 규모에 영향을 미치는 핵심적 요인 중 하나는 **장기평균비용**(long-run average cost)이다. 장기평균비용은, 기업이 자본, 토지, 노동, 기업가정신 등과 같은 모든 생산요소의 양을 조정할 수 있을 시, 생산량에 대한 총생산비의 비율이다. 일반적으로 기업들은 상대적으로 긴 기간, 즉 **장기**(long run)에 걸쳐 자본의 양을 조정할 수 있는데, 장기는 통상 몇 달에서 몇 년의 기간이다. 대부분의 기업에서 생산량이 상대적으로 적은 범위에서는 생산능력을 확장해 생산량을 증가시키면 장기평균비용이 보통 감소한다. 이런 경우 기업은 **규모의 경제**(economies of scale)를 경험하게 된다. 규모의 경제란 기업의 생산량 증가가 장기평균비용의 감소로 이어지는 상태를 가리킨다.

- **장기평균비용**(long-run average cost): 기업이 모든 생산요소의 양을 변경할 수 있을 정도로 기간이 긴 상황에서 생산량에 대한 총생산비의 비율.
- **규모의 경제**(economies of scale): 기업의 생산량 증가에 따른 장기평균비용의 감소.

규모의 경제는 특화 생산의 결과 발생할 수 있다. 즉 기업의 규모가 증가하면 생산요소의 사용에 특화할 수 있는 기회도 증가한다. 예를 들어 규모가 큰 기업은 기존 노동력을 특정 생산과정에만 집중하는 개별 단위들로 분리함으로써 장기평균비용을 줄일 수 있다. 그리고 기업은 더 적은 투입으로 더 많은 산출물을 생산하는 물리적 과정들을 활용할 수도 있다. 예를 들어 화학물질이나 기타 액체 생산물을 운송하는 기업을 생각해 보자. 이 기업은 부피가 큰 저장 컨테이너를 사용함으로써 비용을 줄일 수 있다. 왜냐하면 기업의 운송능력을 결정하는 컨테이너 부피는, 컨테이너 제작에 사용되는 철판이나 플라스틱의 양을 결정하는 컨테이너 표면적 이상으로 증가하기 때문이다.

하지만 규모의 경제는 일반적으로 한계가 존재한다. 기업이 생산규모를 계속 확장하면, **규모의 불경제**(diseconomies of scale), 즉 생산량 증가에 따른 장기평균비용의 증가를 유발하는 요인에 직면하게 된다. 예를 들어 기업 규모가 커지면서 관리의 단계가 늘어나 정보축적이나 의사소통의 비용이 기업 규모보다 더 큰 비율로 증가한다면 규모의 불경제가 발생한다.

최소효율규모와 국제무역

일반적으로 기업의 규모가 증가하면 처음에는 규모의 경제가 나타난다. 하지만 규모를 계속 확장하면 결국은 장기평균비용이 증가하는 규모의 불경제가 나타나기 시작한다. 규모의 경제에서 규모의 불경제로 넘어가는 지점의 규모를 그 기업의 **최**

- **규모의 불경제**(diseconomies of scale): 기업 생산량 증가에 따른 장기평균비용의 증가.

소효율규모(minimum efficient scale)라고 한다. 이것은 장기평균비용을 최소화 하는 기업규모이다. 어느 산업에서 모든 기업이 각자의 최소효율규모를 달성하면, 산업의 최소효율규모가 나타난다.

한 국가의 국경 내에서만 생산과 판매활동을 하는 산업은 최소효율규모를 달성하지 못할 수도 있다. 이것도 각국이 특정 재화나 서비스 생산에서 비교우위를 획득할 수 있는 이유가 될 수 있다. 예를 들어 미국의 항공기 산업은 다른 많은 나라들의 동종 산업에 비해 더 낮은 장기평균비용에서 최소효율규모를 달성할 수 있을 것이다. 따라서 미국의 항공기산업은 미국 국민들의 소비량 이상으로 생산을 확장할 수 있다. 미국은 국내 소비량 이상의 제트기, 터보프롭 비행기나 헬리콥터를 더 낮은 단위 비용으로 다른 나라에 수출할 수 있다. 미국이 세계 항공기의 상당 부분을 생산하는 반면 대다수 국가들은 항공기를 생산조차 못하는 것은 바로 이 이유 때문일 가능성이 크다. (이런 현상에 대한 자세한 설명은 "도표로 이해하는 글로벌 경제 이슈 12.1"을 참조하라.)

규모의 경제는, 유사하지만 약간 다른 생산물

- **최소효율규모**(minimum efficient scale): 기업이나 산업이 모든 생산요소의 양을 조정할 수 있을 정도로 충분히 긴 시간이 주어진 상황에서 장기평균비용이 최소화되는 기업이나 산업의 규모.

📄 도표로 이해하는 글로벌 경제 이슈

12.1 국제무역과 규모의 경제

도표 12.2를 이용해, 규모의 경제를 이용하기 위해 각국이 특정 재화와 서비스의 생산에 특화하게 되는 이유를 살펴보자. 이 도표는 모든 국가가 동일한 항공기 생산기술을 이용할 수 있다는 가정하에서 한 국가 항공기 산업의 장기평균비용곡선(LRAC)을 나타내고 있다.

무역이 없는 상태에서 미국과 이스라엘 두 나라가 프로펠러기, 제트기 그리고 헬리콥터를 내수용으로 생산하는 항공기 산업을 보유하고 있다고 가정하자. 미국 내 항공기 수요가 이스라엘 국내 수요보다 훨씬 크다. 따라서 무역이 없는 경우 미국의 항공기 생산은 미국 장기평균곡선 상의 점 US에서 이루어지고 생산량은 Q_{US}이다. 이스라엘 항공기 생산은 점 I의 Q_I이다. 따라서 무역이 없는 경우 이스라엘 항공기 제조사는 미국에 비해 비용 측면에서 열위에 있게 된다. 그 이유는 단순히 생산규모가 미국에 비해 더 작기 때문이다.

이제 두 국가가 무역을 시작했다고 가정하자. 이스라엘 항공기 제조사가 미국과 동일한 생산 기술을 보유하고 있음에도 불구하고 미국 제조사는 이스라엘에 비해 곧바로 비용우위 상태에서 생산을 할 수 있다. 나아가 미국 회사는 생산을 확대함으로써 항공기 생산의 최소효율규모인 점 MES에 도달할 수 있다. 그 결과 미국 항공기 제조사는 Q_{MES} 단위의 항공기를 생산할 수 있다. 미국 회사는 이 중 많은 부분을 국내시장에 판매하겠지만 나머지는 이스라엘과 같은 다른 국가에 수출할 수도 있다. 결국 미국은 항공기 부문에서 특화 생산을 발전시키게 되고, 이스라엘은 결국 항공기를 대부분 미국에서 수입하게 될 것이다.

심화 학습: 미국기업이 이스라엘이나 다른 나라에 항공기를 수출하지 못하도록 하는 무역장벽이 생긴다면 누가 손해를 입을까? 그리고 누가 이익을 볼까? (힌트: 이 경우 미국과 이스라엘의 항공기 생산수준은 도표 12.2의 Q_{US}와 Q_I에 그대로 있게 될 것이다.)

도표 12.2 항공기 산업의 장기평균비용 곡선 예시

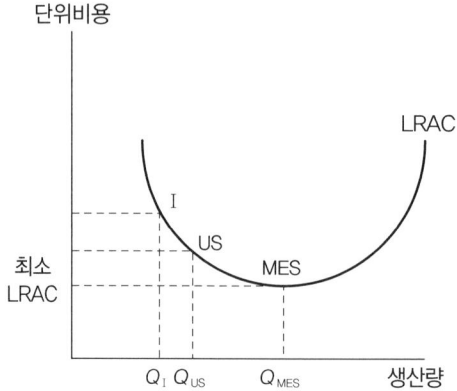

* 미국과 이스라엘 내의 항공기 제조사들은 동일한 생산기술을 사용해 동일한 제품을 생산한다. 따라서 모든 회사의 장기평균비용 곡선도 동일하다. 하지만 미국 내 항공기 제조사 제품에 대한 수요가 이스라엘 내 제조사 제품에 대한 수요보다 크기 때문에 점 US에 해당하는 미국 생산량이 점 I에 해당하는 이스라엘 생산량보다 많다. 따라서 무역이 없는 경우 이스라엘 항공기 제조사는 미국기업에 비해 상대적으로 비용열위에 있다. 항공기의 국제무역이 시작되면 미국기업은 이스라엘 기업에 비해 비용우위에 있기 때문에, 미국기업이 최소 효율규모까지 확장하는 데 더 유리한 위치에 있게 된다.

을 국가 간에 교역을 하는 이유를 설명하는 데도 도움이 되는 것으로 밝혀졌다. 서로 관련성이 있지만 약간 차별성이 있는 생산물을 판매하는 국가들의 기업들 간 경쟁 가능성과 규모의 경제를 결합하면 이런 형태의 무역을 설명할 수 있다. 이제 그 이유를 설명해 보자. (미국 내 기업들은 항공기 제조에서 규모의 경제를 실현할 뿐만 아니라, 물리적으로 규모가 큰 다른 품목의 생산과 판매에서도 비용 효율성을 달성해 이득을 얻는다. "참고사례 12.1"을 참조하라.)

> ♣ **참고사례**
>
> ### 12.1 대형제품의 수출을 미국이 주도하는 이유
>
> 미국 소유의 캐터필러와 일본 소유의 고마츠 두 기업이 세계 광산용 트럭 생산 전체의 85퍼센트를 차지한다. 이 트럭은 이층 건물 크기이며 가격은 250만 달러 내지 600만 달러에 이른다. 이 트럭들은 모두 미국에서 생산되며 대부분은 다른 나라로 수출된다.
>
> 미국 소유 기업들은 물리적으로 부피가 큰 수많은 제품의 글로벌 시장 판매에서 절반 이상을 차지한다. 앞에서 설명한 트럭 외에도 광산 및 채굴용 기계, 상업용 항공기, 산업용 엔진, 대형 화물용 트럭 등이 그 예이다.
>
> 미국기업들은 대형 품목들을 대량으로 생산하고 조립하고 수출할 수 있기 때문에 최소의 단위당 비용으로 운영이 가능하다. 그 결과 규모의 경제를 달성하기 때문에 내수판매 및 수출을 통해 얻는 수익으로 기업의 명시적 지출과 기회비용을

충당하고도 남는다. 이런 방식으로 기업들은 무한히 사업을 지속할 수 있을 정도로 충분한 이익을 확보하게 된다.

심화 학습: 대형 제품 생산에서 전문성을 보유하고 있지만 생산규모가 상대적으로 작은 미국 외 지역의 기업들이 동종 산업의 미국 내 기업만큼 단위비용을 낮추지 못하는 이유가 무엇이라고 생각하는가?

핵심 이슈 #1

산업간 무역에서 나타나는 각국의 특화를 규모의 경제를 이용해 어떻게 설명할 수 있을까?

모든 생산요소의 사용량을 증가시켜 총 생산량을 늘릴 때 장기평균비용이 하락하면 기업이나 산업은 규모의 경제를 달성한다. 기업이나 산업의 최소효율규모에서 장기평균비용은 최소가 된다. 이 점에서 생산량을 더 늘리면 장기평균비용이 올라가서 규모의 불경제가 나타난다. 무역을 개방하면 이미 규모의 경제를 달성하고 있는 국가가 비용우위를 가질 수 있게 된다. 이 나라의 산업은 이 기회를 활용하여 재화나 서비스의 생산에서 최소효율규모에 더 신속히 도달할 수 있다.

■ 생산물 다양성, 불완전 경쟁, 그리고 산업내 무역

앞에서 설명한 것처럼 규모의 경제는 산업간 무역을 초래하는 비교우위를 창출한다. 하지만 산업내 무역은 정의상 유사한 재화나 서비스의 교환을 수반하기 때문에 비교우위나 절대우위에서 무역의 이익이 발생하는 것이 아니다. 산업내 무역의 이익은 생산자들이 얻는 비용 효율성과, 산업내 무역이 소비자들에게 주는 생산물 다양성의 확대 효과에서 발생한다.

서로 다른 나라의 다양한 산업들을 쉽게 구별할 수 있지만 서로에게 상대적으로 밀접한 대체재인 재화나 서비스를 생산하는 것을 우리는 자주 볼 수 있다. 독일과 미국의 맥주, 스웨덴과 일본의 자동차, 스위스와 이탈리아의 손목시계, 영국과 카리브해 지역의 금융서비스 등이 그 예이다. 이런 나라의 국민들은 산업내 무역을 통해서 더 다양한 생산물을 소비할 수 있게 된다.

■ 불완전 경쟁이론

또한 산업내 무역을 통해서 이런 생산물들을 생산하는 기업들은 자신의 재화나 서비스를 더 많은 소비자들에게 판매할 수 있게 된다. 이런 기업들은 완전히 동일하지는 않지만 상호 대체가능한 생산물들을 판매하기 때문에 불완전하게 경쟁하는(imperfectly competitive) 기업이라고 불린다. 소비자들은 여러 기업의 생산물을 구별할 수 있으며, 각 개별기업은 자신의 생산물에 대해 산업 내 다른 기업이 정한 평균가격과 상이한 가격을 설정할 수 있다. 이와 대조적으로 다른 기업의 생산물과 완전히 동일한 생산물을 판매하는 완전하게 경쟁하는(perfectly competitive) 기업은 시장가격과 다른 가격을 설정할 유인이 없다.

규모의 경제 그리고 차별화된 유사 제품과의 불완전 경쟁은 국가 간 산업내 무역이 이루어지는 이유이다. 그 이유를 알기 위해 **독점적 경쟁**

(monopolistic competition)이 이루어지는 상황을 살펴보자. 독점적 경쟁 상황에서는 다수의 기업이 존재하고 각 기업의 생산량 규모는 산업 전체 생산량에 비해 상대적으로 적다. 그리고 이 산업에서 기업의 진입과 탈퇴가 자유롭다. 하지만 기업들은 서로 유사하지만 동일하지는 않은 생산물을 생산한다. 각 기업의 생산물은 경쟁 기업들이 생산하는 생산물과 차별화되기 때문에 각 기업은 자사 생산물에 대한 수요를 고려하여 자사 생산물의 가격을 설정할 수 있는 능력을 갖고 있다. 각 기업의 생산물에 대한 수요는 동일 산업 내 다른 기업이 생산한 밀접한 대체재를 얼마나 쉽게 구할 수 있느냐에 달려있다. (소비재를 전세계 시장에서 판매하기 위해 온라인 판매를 하는 많은 기업들의 핵심 목표는 생산물 차별화이다. "온라인 세계화 12.1"을 참조하라.)

독점적 경쟁 산업 내의 한 기업은 단기적으로는 양(+)의 경제적 이윤을 벌 수 있다. 즉 기업의 총수입이, 다른 산업 대신 기존 산업의 일부로 계속 남아있을 때의 기회비용을 초과할 수 있다. 하지만 양의 경제적 이윤은 다른 기업의 진입을 유도할 것이다. 다른 기업들이 진입하여 기존 기업 고객의 일부를 가져가면 생산물에 대한 수요가 감소하여 결국 경제적 이윤이 0으로 떨어지게 된다. 따라서 장기적으로 독점적 경쟁 산업 내의 기업이 버는 총수입은 그 산업에 존속할 경우의 기회비용과 같아진다. (단기 및 장기에서 독점적 경쟁 기업의 행태를 그래프를 통해 이해하기 위해

- **독점적 경쟁**(monopolistic competition): 기업의 수는 상대적으로 많고 진입과 퇴출이 자유로우며 개별 기업의 생산물들은 서로 유사하지만 동일하지는 않은 성격을 가진 산업구조.

✈ 온라인 세계화

12.1 글로벌 소비재 수출기업의 생산물 차별화

엣시(Etsy)는 뉴욕에 본사를 두고 있는 웹기반 기업이다. 1,100만 명 이상이 이 사이트의 사용자로 등록되어 있는데, 이 사이트는 150여개국 판매자와 구매자를 연결하여 연간 200만 내지 300만 개의 소비재 판매를 중개하는 시장의 역할을 하고 있다.

엣시가 다른 온라인 소비재 시장으로부터 차별화된 점은 모든 판매 상품이 수제품이어야 한다는 것이다. 20센트짜리 유리구슬이든 10만 달러에 팔리는 조각품이든 모든 제품은 대규모 생산 공정 대신 손으로 만들어져야 한다.

엣시의 관리자들은 엣시 상품을 다른 온라인시장의 상품과 차별화하기 위해 수제품 판매만 고집하고 있다. 관리자들은 이 사이트에서 상품을 구매하는 사람들이 수제 소비재를 선호한다는 것을 알고 있다. 그 결과 이 사이트의 고객들은 경쟁 웹사이트에서 구매할 때와 비교해 더 높은 가격을 지불할 의사를 갖고 있다. 즉 수제품 판매만 고집하기 때문에 엣시는 자신들의 독특한 판매 서비스에 대한 수요를 늘리고 자신들의 서비스에 대해 더 높은 가격을 책정할 수 있다. 현재 전세계를 대상으로 한 이 사이트의 온라인 판매에서 개별 거래 당 수수료율은 3.5퍼센트이다.

심화 학습: 엣시 사용자들이 상품을 공급하거나 주문을 할 때 사용하는 언어의 수가 계속 늘어나고 있는 이유가 무엇이라고 생각하는가?

서는 "도표로 이해하는 글로벌 경제 이슈 12.2"를 참조하라.)

독점적 경쟁, 규모의 경제 및 산업내 무역

두 국가의 독점적 경쟁기업들이 자신들의 상품을

📊 도표로 이해하는 글로벌 경제 이슈

12.2 장기와 단기에서의 독점적 경쟁

독점적 경쟁 기업은 다른 모든 기업과 적어도 약간은 차별화된 생산물을 판매하기 때문에, 그 상품에 고유한 고객들의 수요가 있다. 도표 12.3(p. 366)의 그림(a)에서 그 기업의 고객들이 각 생산량에 대해 지불하려고 하고 또 지불할 수 있는 가격을 나타내는 수요곡선은 우하향한다. 따라서 그 기업이 생산물 한 단위를 추가해서 판매하려면 가격을 낮추어야 한다. 가격이 하락하면 한편으로는 낮은 가격에서 소비자들이 구매하려는 상품의 양이 증가하기 때문에 기업의 수익을 높이는 효과를 가져올 수 있다. 하지만 다른 한편으로는 가격이 내려갔기 때문에, 더 높은 가격에서 더 적게 판매했을 때에 비해 수익이 낮아지는 효과도 있다.

한계수입과 한계비용

가격 하락으로 인한 이 두 가지 효과 때문에 기업의 모든 판매량 수준에서 한계수입, 즉 생산물 한 단위를 더 판매했을 때 얻는 추가적 수입은 항상 가격보다 작다. 따라서 각 판매량 수준에서 기업의 한계수입을 나타내는 **한계수입곡선**은 수요곡선 아래에 위치하게 된다.

그림(a)는 기업이 단기적으로 직면하게 되는 수요, 한계수입곡선 그리고 생산비용을 나타내고 있다. 단순화를 위해 기업이 모든 생산요소를 항상 변경할 수 있다고 가정하여 장기평균비용 곡선이 적용되도록 한다. 그림(a)의 또 다른 비용곡선은 한계비용곡선이다. 이 곡선은 각 생산량 수준에서 기업이 생산물을 한 단위 더 생산할 때 추가적으로 지불해야 하는 비용, 즉 **한계비용**(marginal cost)

을 나타낸다.

독점적 경쟁에서 단기 및 장기 균형

경제적 이윤 — 총수입에서 총비용을 뺀 것이며, 비용에는 다른 사업 대신 이 사업을 계속 유지함으로써 발생하는 기회비용도 포함한다 — 을 극대화하기 위해서, 기업은 한계수입과 한계비용이 일치하는 점에서 생산한다. 그림에서 이 점은 한계수입과 한계비용 곡선이 교차하는 점S이다. 따라서 그림(b)의 단기 상황에서 기업의 이윤극대화 산출량 수준은 Q_S이다. 이 수준보다 생산량이 작으면 한계수입이 한계비용을 초과하게 되고 따라서 기업은 생산량을 늘림으로써 이윤을 더 높일 수 있다. 반대로 생산량을 Q_S 이상으로 늘리면 한계비용이 한계수입을 초과하게 되어 기업의 이윤은 떨어지기 시작한다. 따라서 Q_S가 기업의 이윤을 극대화하는 생산량 수준이라는 것을 알 수 있다. 기업은 수요곡선에 따라 이 생산량에서 고객들이 지불하고자 하는 가격 P_S에서 가격을 결정한다. Q_S 단위를 생산하는 평균비용은 AC_S이다. 따라서 기업의 총이윤은 빗금 친 사각형의 높이인 $(P_S - AC_S)$에 밑변의 길이 Q_S를 곱한 값과 같다. 따라서 빗금 친 사각형의 넓이가 이 기업의 양의 **경제적 이윤**(economic profit)을 나타낸다.

독점적 경쟁 산업에서는 새로운 기업이 산업에

- **한계비용**(marginal cost): 각 생산량 수준에서 기업이 생산물을 한 단위 더 생산할 때 추가적으로 지불하는 비용.
- **경제적 이윤**(economic profit): 총수입에서 명시적 비용과 암묵적 기회비용을 뺀 것.

진입하는 것이 용이하다. 그림(a)에 묘사된 기업이 양의 경제적 이윤을 얻는다는 것은 이 산업의 수익이, 타산업이 아닌 이 산업에 계속 머무를 때의 기회비용을 초과함을 의미한다. 그림(b)는 새로운 기업의 진입 이후 기존 기업에 어떤 일이 발생하는지를 보여준다. 첫째, 기존 기업 고객의 일부가 다른 기업이 생산한 유사한 제품을 구매하기 때문에 이 기업 생산물에 대한 수요는 감소할 것이다. 그 결과 수요곡선이 왼쪽으로 이동한다. 둘째, 새로운 기업의 진입은 대체상품이 더 많아졌다는 것을 의미하기 때문에 기존 기업의 생산물에 대한 수요의 탄력성은 증가한다. 즉 가격이 일정 비율 상승하면 그 기업 생산물에 대한 수요량은 더 큰 비율로 감소할 것이다. 기업의 한계수입곡선은 수요곡선에서 도출된 것이기 때문에 한계수입곡선 역시 좌측으로 이동하고 더 탄력적으로 변한다. 새로운 기업이 진입해도 기업의 비용은 변하지 않기 때문에 기업의 경제적 이윤은 장기적으로 0으로 감소한다. 그림(b)에 나타난 것처럼 기업의 수요곡선이 이동해 점L에서 장기평균비용곡선과 접하게 되면 이윤은 0이 된다. 이 점에서 기업의 경제적 이윤은 0이 된다. 그 결과 생산량은 Q_L로 감소하고 가격은 P_L로 하락하여 총수입은 이 산업에 남아 있을 때의 기회비용과 같아진다. 결국 새로운 기업이 이 산업에 진입할 유인도 사라진다.

심화 학습: 처음에 지나치게 많은 기업들이 산업에 진입해 기업의 수요곡선이 점L을 벗어나 기업이 손실을 보게 된다면 (음의 경제적 이윤) 어떤 일이 벌어질까?

도표 12.3 독점적 경쟁기업의 수요, 생산, 및 가격 결정

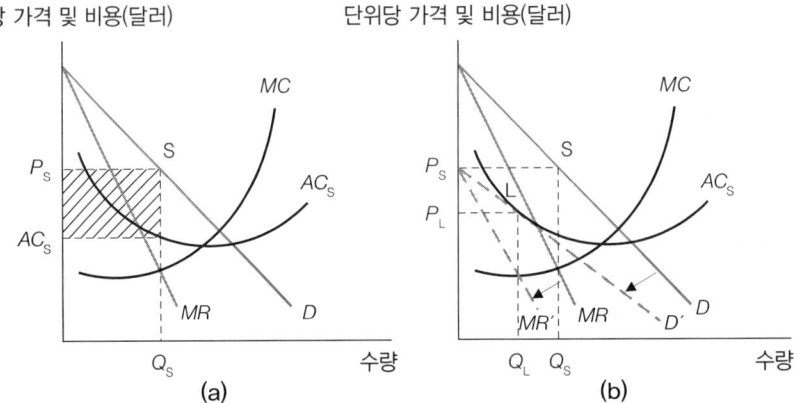

* 그림(a)는 독점적 경쟁기업이 처음에 직면한 단기적 상태를 나타낸다. 한계수입, 즉 한 단위 추가판매로 얻는 추가수입은 기업이 책정하는 가격보다 항상 작다. 기업은 한계수입이 한계비용과 일치하는 점S에서 생산량을 결정함으로써 단기적으로 이윤을 극대화할 수 있다. 점S에서 생산량은 Q_S, 가격은 P_S가 되어 극대화된 이윤은 $(P_S - AC_S) \times Q_S$가 된다. 이 산업의 기업들이 양의 경제적 이윤을 획득하면, 장기적으로 새로운 기업들이 이 산업으로 진입한다. 그림(b)가 설명하는 것처럼 진입이 이루어지면 이 기업의 기존 고객 중 일부가 다른 기업이 생산한 유사한 제품을 구매하기 때문에, 이 기업 상품에 대한 수요가 감소하고 더 탄력적으로 변한다. 따라서 가격이 일정비율 상승하면 이 기업 상품에 대한 수요량이 더 큰 폭으로 감소하게 된다. 장기적으로 기업의 경제적 이윤은, 수요곡선이 기업의 장기평균비용곡선과 접하는 점L에서 0이 된다. 기업의 총수입은 이 산업에 존속할 때의 기회비용과 정확히 같아지게 되고 기업들이 추가로 이 산업에 진입할 유인이 사라진다.

상대국에 수출할 수 있게 되면 어떤 일이 일어나는지 생각해보자. 이제 외국인들이 국내기업의 상품을 구매할 수 있기 때문에 대표적 국내기업의 수요가 증가하게 된다. 이는 기업의 생산 확대를 촉진한다.

하지만 동시에 외국기업들도 이제 자신들의 상품을 국내 거주자에게 판매할 수 있기 때문에 대표적 국내기업의 상품에 대한 수요가 다소 감소하기 시작한다. 전체적으로 무역개방의 순효과가 생산량 증가라고 해도, 이 효과만을 고려하면 국내기업은 생산량을 약간 줄여야 한다. 그리고 국내 거주자들은 더욱 다양한 상품들을 선택할 수 있기 때문에 국내기업 상품에 대한 수요량은 그 제품의 가격에 더욱 민감하게 반응할 것이다. 그 결과 기업은 가격 인하 압력을 받게 된다.

실제로 국내기업은 장기적으로 가격을 다소 인하함으로써 무역개방에 대응한다. 그 이유는 생산의 확대로 국내기업이 규모의 경제를 누릴 수 있기 때문이다. 즉 생산량이 증가함에 따라 평균 생산비용이 하락한다. 기업은 더욱 효율적으로 생산하기 때문에 해외로부터의 경쟁압력 증가에 직면해 기업이 고객 확보를 위해 가격을 인하하는 것은 이윤극대화 노력에도 부응하는 것이다. 그럼에도 불구하고 장기적으로 개별 국내기업이 얻는 최대 이윤은 0이 된다. (독점적 경쟁하에서의 산업내 무역이론을 더 자세히 이해하기 위해서는 "도표로 이해하는 글로벌 경제 이슈 12.3"을 참조하라.)

도표로 이해하는 글로벌 경제 이슈

12.3 독점적 경쟁하에서의 산업내 무역

산업내 무역이 독점적 경쟁기업의 생산 및 가격결정에 미치는 영향을 이해하기 위해 도표 12.4를 보자. 도표에서 산업내 무역이 이루어지기 전에 국내기업은 점N에서 장기적 균형 상태에 있다. 이 기업은 이윤을 극대화하기 위해 한계비용과 한계수입이 일치하는 이 점에서 생산을 한다. 이 '비무역' 상태에서 기업은 Q_N 단위를 생산하고 가격은 P_N에서 설정하며 경제적 이윤은 0이다. 따라서 총수입은 이 산업에 존속했을 시의 기회비용과 동일하다.

이제 산업내 무역이 이루어지면 어떤 변화가 나타나는지 생각해보자. 이 기업이 상품의 일부를 다른 국가의 거주자들에게 수출할 수 있게 되면 상품 수요는 증가하기 시작한다. 하지만 동시에 다른 국가 기업들도 국내에서 경쟁상품을 판매할 수 있게 된다. 그 결과 국내기업 상품에 대한 수요가 다소 줄어들게 되며 상품수요의 탄력성도 증가하게 된다. 결국 국내기업은 점T의 새로운 장기 '무역'균형에 도달하게 된다. 전체적으로 보면 생산량은 Q_T로 증가한다. 그리고 기업의 장기평균비용곡선에 따라 아래로 움직이기 때문에 규모의 경제가 나타난다. 장기평균비용이 낮아지기 때문에 기업은 더욱 효율적으로 운영되어 더 낮은 단위가격 P_T에서 더 많은 생산물을 생산한다. 따라서 기업의 국내 및 해외 고객 모두 산업내 무역에서 이득을 얻게 된다.

심화 학습: 산업내 무역이 있든 없든 이 기업의 경제적 이윤은 장기적으로 0이다. 그렇다면 왜 상품을 수출하려고 할까? (힌트: 외국기업들은 산업내 무역에 참가해 경쟁이 심화되는 상황에서, 만약 이 기업이 수출을 하지 않는다면 어떤 일이 벌어질까?)

도표 12.4 독점적 경쟁하에서의 산업내 무역 효과

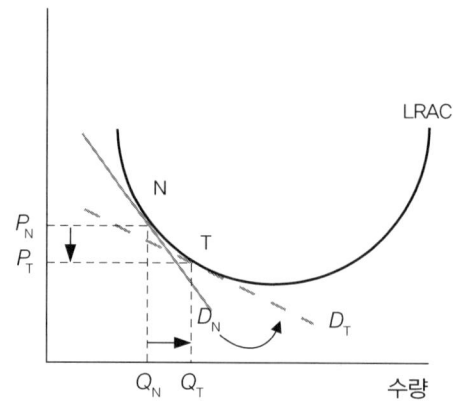

* 국제무역이 없는 경우 독점적 경쟁기업의 최초의 장기균형점은 점N이다. 이 점에서 기업은 Q_N만큼 생산하고 P_N의 가격으로 판매하며 경제적 이윤은 0이다. 산업내 무역이 발생하면 이 기업의 상품에 대한 해외 거주자의 수요가 증가한다. 하지만 동시에 해외기업 역시 자사 상품을 국내에서 판매할 수 있게 되기 때문에 수요가 다소 감소하는 경향이 있다. 이제 해외에서도 대체상품을 찾을 수 있기 때문에 국내기업 상품의 수요 탄력성은 증가하게 된다. 그 결과 산업내 무역이 발생하는 경우의 장기균형점은 점T가 되고 이 점에서 기업의 생산량은 Q_T로 증가하고 판매 가격은 새로운 장기평균비용인 P_T로 하락한다.

따라서 산업내 무역은 소비자가 선택할 수 있는 상품의 범위를 확대시킨다. 국내기업들은 상품수출을 확대할 수 있는 기회를 갖게 되어 생산을 증가시킨다. 생산량이 증가하면서 규모의 경제도 발생하므로 외국 수입품과의 경쟁에 직면한 기업들은 가격을 낮출 수 있게 된다. 따라서 전체적으로 보면 국내 거주자들은 보다 다양한 기업들이 생산한 다양한 상품들 중에서 더 낮은 가격으로 더 많은 상품을 소비할 수 있게 된다. 해외 거주자들도 동일한 혜택을 누릴 수 있게 된다. 따라서 국내와 해외 거주자 모두 산업내 무역으로 혜택을 얻는다.

> **핵심 이슈 #2**
>
> **규모의 경제와 생산물의 다양성을 이용해 산업내 무역을 어떻게 설명할 수 있을까?**
>
> 오늘날 국제무역 중 상당부분이 산업내 무역이다. 소비자들이 서로 다른 기업들의 생산물을 쉽게 구분할 수 있고 기업들은 이 산업에 쉽게 진입하거나 탈퇴할 수 있으면 독점적 경쟁이 이루어진다. 장기적으로 기업들이 자유롭게 이 산업에 진입하거나 탈퇴하여 기업들의 수입이 해당 산업에 존속할 때의 기회비용과 정확히 같아지게 된다. 국제무역이 발생하는 경우 각 기업은 생산량을 늘려 장기평균비용을 줄이는 경향이 있다. 그 결과 기업들은 가격을 낮출 수 있고, 낮아진 가격은 해외기업으로 인해 산업 내 경쟁 압력이 높아진 상황에서 고객 확보에 도움이 된다.

해외직접투자와 무역패턴

산업내 무역을 증가시키는 중요한 요인 중 하나는 해외직접투자이다. 대부분의 해외직접투자는 2개 이상의 국가에서 사업을 하는 다국적기업을 통해 이루어진다.

■ 해외직접투자의 유형

다국적기업이 해외직접투자를 하려고 하면 어디에 투자할지, 어떤 생산기술을 사용할지, 어떤 시설을 건립할지, 기존시설을 매입하거나 임대할 것인지 아니면 새 시설을 설치할 것인지, 그리고 현지 파트너를 참여시킬 것인지 등을 결정해야 한다. 무역의 패턴에 미치는 영향의 측면에서 보면 수평적 해외직접투자를 할 것인지 아니면 수직적 해외직접투자를 할 것인지를 결정하는 것이 가장 중요하다.

수평적 투자

다국적기업이 **수평적 해외직접투자**(horizontal foreign direct investment)를 할 수 있는데, 이 경우 그 기업의 해외자회사는 본국에서 생산하는 것과 유사한 재화나 서비스를 생산한다. 수평적 자회사는 현지시장이나 주변 지역시장을 대상으로 생산하는 경향이 있다. 일반적으로 선진국에 본사를 두고 있는 다국적기업이 다른 선진국에 자회사를 설립할 경우 수평적 투자가 이루어진다.

수직적 투자

다국적기업은 **수직적 해외직접투자**(vertical foreign direct investment)에 참여할 수도 있다. 이 경우 해외자회사는 다른 곳에서 조립될 부품을 생산하거나, 다른 곳에서 생산된 부품을 이용하여 최종 제품으로 조립을 한다. 대부분의 경우 선진국에 본사를 두고 있는 다국적기업이 저개발국에 자회사를 설립하는 경우 수직적 투자가 이루어진다.

생산시설을 2개국 이상으로 분산시키는 기업은 생산비용의 국가 간 차이를 활용할 수 있다. 예를 들어 미국계 다국적기업이 디자인이나 최종재에 사용될 부품의 제조를 위한 시설은 미국에 둠으로써, 상대적으로 자본이 풍부한 나라의 저렴한 자본자원을 활용할 수 있다. 그리고 조립시설은 멕시코와 같이 상대적으로 노동이 풍부한 나라에 설립함으로써 임금비용을 낮출 수 있다.

■ 해외직접투자의 무역효과

수평적 투자가 이루어지면 해당국가로 자본이 유입된다. 하지만 그 국가의 무역 흐름에 큰 변화를 가져오지는 않는다. 그 이유는 다국적기업들이 일차적으로 무역장벽을 피하기 위한 수단으로 다른 국가에도 유사한 생산시설을 두는 경향이 있기 때문이다. 따라서 기업은 수평적 자회사의 생산물 내부분을 재화나 서비스를 생산하는 국가 내에서 판매하는 경향이 있다.

이와 대조적으로 수직적 투자를 하는 다국적기

• **수평적 해외직접투자**(horizontal foreign direct investment): 다국적기업이 본국에서 생산하는 것과 유사한 재화나 서비스를 생산하는 해외 자회사를 설립하는 것.

• **수직적 해외직접투자**(vertical foreign direct investment): 다국적기업이 다른 곳에서 조립될 부품을 생산하거나 다른 곳에서 생산된 부품을 사용하여 최종재를 조립하는 해외 자회사를 설립하는 것.

업은 부품들을 한 국가(예를 들어 미국)의 시설에서 다른 국가(예를 들어 멕시코)로 이전해야 하는데, 이런 활동의 결과 산업내 무역이 이루어지게 된다. 결론적으로 최근 수직적 투자의 급격한 증가가 국제무역 증가의 중요한 원인 중 하나로 작용하고 있다.

> **핵심 이슈 #3**
>
> 해외직접투자는 국제무역의 패턴에 어떻게 영향을 미칠 수 있을까?
>
> 수평적 해외직접투자는 본국의 생산물과 유사한 재화나 서비스를 생산하는 시설을 해외에 설립하는 것이다. 수평적 해외직접투자의 증가는 세계적 자본이동을 촉진하지만 국제무역에는 그만큼 큰 영향을 미치지는 않는다. 이와 대조적으로 한 기업의 생산과정을 여러 나라에 분산시키는 수직적 해외직접투자는, 최종조립을 위해 부품을 국가 간에 이동시키기 때문에 집계된 무역량의 상당한 증가를 유발한다. 최근에 산업내 무역이 증가한 데는 이런 영향이 작용한 것이다.

세계화, 산업구조 그리고 지리학

독점적 경쟁 산업에서 산업내 무역을 통해 소비자는 더욱 다양한 생산물을 소비할 수 있게 되고 국제경쟁의 증가로 생산자는 생산을 늘리고 가격을 낮추기 때문에 소비자는 이득을 보게 된다. 따라서 불완전 경쟁은 산업내 무역이 발생하는 이유를 설명하는 데 도움이 된다. 그런데 불완전 경쟁이 글로벌 무역체계에서 수행하는 중요한 역할이 이것만은 아니다. 불완전 경쟁은 다른 방식으로도 영향을 미친다.

■ 진입장벽

산업에 자유롭게 진입하거나 퇴출하는 독점적 경쟁 기업이 모든 불완전 경쟁산업에 존재하는 것은 아니다. 국가 내에서나 전세계적으로 한 산업에 기업의 수가 고작 몇 개에 불과한 경우가 많다. 어떤 국가에서는 한 산업에 기업이 하나밖에 없는 경우가 있다. 이제 이런 산업이 세계무역에 어떤 영향을 미치는지 생각해 보자.

기업가들이 새로운 기업을 즉각 설립할 수 없도록 하는 요인인 **진입장벽**(barriers to entry) 때문에 상대적으로 소수의 기업만이 존재하는 산업들이 있다. 진입장벽에는 네 가지 유형이 있다.

첫째는 상당한 정도의 규모의 경제가 존재하는 경우이다. 한 산업 내의 기업들이 비교적 큰 규모에 이르기까지 생산규모를 증가시켜도 계속 장기평균비용을 낮출 수 있다면, 시장에서 소수의 기업만 최소효율규모를 달성할 수 있게 된다.

두 번째 진입장벽은 재화나 서비스 생산에 사용되는 핵심 자원 중 상당 부분의 소유를 독점하고 있는 경우이다. 예를 들어 드 비어스(De Beers)라는 다이아몬드 기업은 전세계 다이아몬드 원석의 상당 부분을 생산하는 광산을 오랜 기간 동안 소유하고 있었다. 그 결과 드 비어스는 다른 다이아몬드 광산이 발견되어 새로운 광산기업이 다이아몬드 원석 시장에 활발히 참가하기 시작한 1990년대까지 전세계 다이아몬드 시장을

• **진입장벽**(barriers to entry): 기업가들이 새로운 기업을 즉각적으로 설립하는 것을 방해하는 요인들.

지배할 수 있었다.

　세 번째 진입장벽은 독점적 경쟁을 설명하는 생산물 간 차이에서 발생한다. 어떤 경우에는 한 회사가 **선발자의 이익**(first-mover advantage)을 누릴 수 있다. 선발자의 이익이란 한 기업이 시장 내의 유일한 기업으로 있는 동안 상대적으로 낮은 마케팅 비용을 활용하여 자사 생산물을 곧 산업의 생산물로 만듦으로써 장기간 진입장벽을 유지하는 것을 의미한다. 예를 들어 복사기 산업에 늦게 진입한 기업이 복사가 곧 '제록싱(Xeroxing)'이라는 많은 사람들의 인식을 바꾸는 데는 오랜 기간이 걸렸다.

　넷째, 정부가 스스로 지원하는 기업만 허가하거나 산업 진입에 필요한 허가요건을 설정한 후 허가 수를 제한하는 방식으로 진입장벽을 설정할 수 있다.

■ 불완전 경쟁의 대안적 형태

완전 경쟁하에서는 다수의 기업과 다수의 소비자가 존재하고 기업들은 무차별적인 생산물을 생산하며 그 산업으로의 진입과 탈퇴가 자유롭다. 독점적 경쟁은 불완전 경쟁의 한 형태인데 이런 산업구조에서는 각 기업의 생산물은 서로 차별화된다. 하지만 이것만 제외하면 독점적 경쟁 산업 내에서도 다수의 기업과 다수의 소비자가 존재하고 아주 작은 비용으로 기업들은 진입이나 탈퇴를 할 수 있다. 진입장벽이 존재하면 새로운 기업들이 단기간에 진입하는 것이 어려워지고 장기라고 해도 진입하는 데 많은 비용이 든다. 이런 상황에서는 산업 내 기업의 수가 한정되기 마련이다.

과점

소수의 기업이 산업 전체 생산물의 대부분을 공급하는 산업구조를 경제학자들은 **과점**(oligopoly)이라고 부른다. 예를 들어 전세계 자동차 생산의 대부분은 GM, 포드, 다임러, 토요다, 혼다와 같은 소수의 기업에 의해 이루어진다.

　완전 경쟁기업이나 독점적 경쟁기업과 달리 과점산업의 기업들은 **전략적 가격결정**(*strategic pricing*)을 한다. 기업은 가격과 수량을 결정할 때 자신의 결정이 시장의 다른 경쟁 기업의 결정에 영향을 미칠 것을 알고 있다. 경제학자들은 이것을 **과점적 상호의존**(*oligopolistic interdependence*)이라고 하는데, 소수의 상호의존적인 기업들이 채택하는 가격 및 수량 결정 전략에 관한 많은 이론이 존재한다.

독점

전략적 가격결정의 특수한 예는 과점적 산업 내의 협조적 의사 결정이다. 소수의 기업들은 원칙적으로 같이 행동하면서 카르텔(cartel)을 형성하여 생산물을 제한하고 가격 결정을 조율하며 결합이윤을 극대화 할 수 있다. 이들은 본질적으로 하나의 **독점기업**(monopoly) 즉 시장 내의 유일한 생산자처럼 행동한다. 진정한 독점 상황은 상대적으로 드물다. 그럼에도 불구하고 전통적으로

- **선발자의 이익**(first-mover advantage): 산업 내의 최초 기업이 자신의 생산물을 산업 전체 생산물과 동일시하는 방식으로 마케팅 우위를 발휘하는 능력에서 비롯된 진입장벽.
- **과점**(oligopoly): 소수의 기업이 한 산업의 전체 생산량의 압도적 공급자가 되어 이들의 가격결정과 생산량 결정이 상호의존적인 산업구조.
- **독점기업**(monopoly): 단일 기업으로 구성된 산업.

국내통신, 수도, 에너지 서비스는 일반적으로 정부의 규제를 받는 독점기업이 공급한다. 독점기업을 모방한 카르텔은 아마 훨씬 더 드물 것이다. 그 이유는 카르텔에 속한 각 기업은 카르텔협정을 몰래 위반해서 카르텔에서 정한 한도 이상으로 생산하려는 유인을 갖고 있기 때문이다. 따라서 대부분의 카르텔은 장기간 독점적 생산자처럼 행동하지 못한다.

협조적 카르텔 혹은 사실상의 독점이 효과적으로 작용하면 소비자의 후생이 감소하는 경향이 있다. 그 이유는 이윤극대화를 추구하는 독점기업은 그 산업 생산물에 대한 수요 전체에 직면하기 때문이다. 독점기업은 생산량을 줄이고 생산물 가격을 완전 경쟁기업이 선택하는 가격 수준 이상으로 높임으로써 소비자잉여를 줄인다. (독점의 이런 부정적 후생 효과를 그림을 이용해 이해하기 위해서는 "도표로 이해하는 글로벌 경제 이슈 12.4"를 참조하라.)

시장구조와 수입품 가격: 덤핑

제4장에서 수입품에 대한 국가의 중요한 처벌 수단이 반덤핑 관세라고 설명했다. 국제법에 따르면 기업이 국내 가격이나 단위당 생산비용보다 낮은 가격으로 해외시장에서 상품을 판매하는 것이 바로 덤핑(*dumping*)이다.

불완전 경쟁하에서 기업들은 완전 경쟁산업하

▧ 도표로 이해하는 글로벌 경제 이슈

12.4 독점의 후생효과

규제받지 않는 독점기업이 왜 소비자 후생을 감소시키는지 이해하기 위해서는 도표 12.5를 보자. 도표에는 완전 경쟁산업과 독점산업의 시장수요곡선이 그려져 있다. 단순화를 위해 완전 경쟁 하에서 시장공급곡선은 완전히 탄력적이라고 가정하자. 이는 곧 고정비용은 존재하지 않고 각 기업의 한계비용은 모두 동일한 일정한 상황을 가리킨다. 그러면 한계비용과 평균비용은 동일하게 된다. 완전 경쟁하에서 시장가격 P_{PC}는 한계비용과 같고 산업 전체 생산량은 이 가격 수준의 수요량인 Q_{PC}가 된다. 따라서 소비자잉여는 그림의 빗금친 삼각형의 넓이가 된다.

하지만 이 산업이 독점산업이면 독점기업이 시장수요곡선과 그에 대응하는 한계수입곡선에 직면하게 된다. 이윤극대화를 위해 독점기업은 한계수입과 한계비용이 일치하는 점에서 생산을 한다. 따라서 독점기업은 Q_M만큼 생산한다. 그리고 이 생산량 수준에서 소비자들이 지불하려고 하는 가격 즉 P_M에서 가격을 정한다. 따라서 소비자잉여는 독점가격 위의 쌍빗금이 쳐진 삼각형의 넓이가 된다. 이로 인해 독점하에서 소비자잉여는 더 작아진다.

독점적 경쟁과 과점은 독점에 비해 더 일반적인 산업구조 유형이다. 이런 산업구조하에서의 후생을 완전 경쟁과 직접 비교하는 것은 다소 복잡하다. 하지만 거의 모든 상황에서 기본적 결론은 다음과 같다. 불완전 경쟁산업에서는 일반적으로 완전 경쟁 산업에 비해 소비자 후생이 줄어든다.

심화 학습: 독점기업은 '상실된' 소비자잉여의 모든 부분을 이윤의 형태로 가져가는가?

도표 12.5 고정 한계비용하에서의 독점과 완전 경쟁의 비교

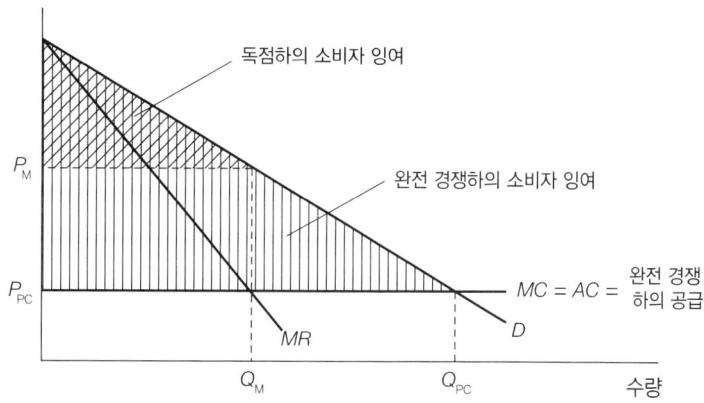

* 이 그림에서 시장수요곡선은 완전 경쟁과 독점하에서 동일하다. 한계비용은 일정하다. 따라서 한계비용과 평균비용이 같으며 산업 내 모든 기업의 한계비용도 동일하다. 따라서 완전 경쟁하에서 시장공급곡선은 완전히 탄력적이다. 시장가격 P_{PC}은 한계비용과 같다. 산업 전체 생산량은 이 가격에서의 수요량 Q_{PC}와 동일하며, 소비자잉여는 그림에서 큰 삼각형의 넓이와 같다. 이 산업이 독점이라면 독점기업이 시장수요곡선과 그에 대응하는 우하향하는 한계수입곡선에 직면하게 된다. 독점기업은 이윤극대화를 위해 한계수입과 한계비용이 동일한 점에서 생산을 한다. 그래서 생산량은 Q_M에서 가격은 P_M에서 정한다. 따라서 소비자잉여는 독점가격 윗부분의 삼각형으로 줄어든다. 결국 독점하에서 소비자잉여는 완전 경쟁일 때보다 줄어들게 된다.

에서의 시장가격보다 더 높은 가격을 매기는 것이 일반적이라고 설명했다. 이제 국내의 완전 경쟁산업이, 국제경쟁으로부터 자국 산업을 보호하는 외국의 불완전 경쟁산업 때문에 갑자기 수입 경쟁에 직면하게 되면 어떤 일이 일어나는지 생각해 보자. 두 산업의 생산비용이 같다고 가정하자. 외국기업은 불완전 경쟁하에 있기 때문에 그들이 자국에서 매기는 가격은 일반적으로 완전경쟁을 하는 국내기업이 내기는 시장가격보다 더 높을 것이다. 하지만 외국기업은 국내 시장에서는 더 낮은 시장가격으로 판매할 수밖에 없을 것이다. 이렇게 하면 국내시장에서 수입 경쟁의 심화로 국내 소비자들은 이득을 보겠지만, 외국기업들은 자동적으로 국제법상 덤핑을 하는 것이 된다. (반덤핑 규정에 논리적으로 문제가 있는 이유를 도표를 통해 이해하기 위해서는, "도표로 이해하는 글로벌 경제 이슈 12.5"를 참조하라.)

■ **경제지리, 산업구조 및 무역**

국제무역을 연구하는 경제학자들은 전통적으로 한 국가의 거주자나 기업이 국경을 넘어 재화나 서비스를 교환할지 결정할 때 직면하는 지리적 제약을 강조하지 않는 경향이 있다. 하지만 산업구조를 고려할 때는 기업이나 그 기업이 보유한 생산설비의 위치와 관련된 문제를 무시하기 어렵다.

외부경제와 집적

앞에서 설명한 산업내 무역이론과 같은 산업구조의 관점에서 국제무역을 설명하는 대부분의 접근

도표로 이해하는 글로벌 경제 이슈

12.5 해외 독점과 국내시장에서의 덤핑: 수혜자와 피해자

반덤핑 규정의 논리에 문제가 있는 이유를 이해하기 위해서는 도표 12.6을 보라(p. 375). 그림 (a)에서 이 산업의 국내기업은 완전 경쟁하에 있으며 상품을 시장가격 P_D^1에서 판매하고 있다. 그림 (b)는 상대적으로 규모가 큰 해외 독점기업의 상황을 나타내는데, 이 기업은 국내외 모두의 경쟁으로부터 보호를 받고 있다. 따라서 이 외국 독점기업은 자국에서는 자국 소비자들이 지불하려고 하는 P_F^1 수준에서 가격을 설정한다.

국내시장은 무역에 개방되어 있지만 외국의 독점기업은 국제경쟁에서 여전히 보호를 받고 있다고 생각해보자. 국내가격이 외국기업의 평균생산비용보다 높은 한 외국기업은 생산량을 늘려 국내 소비자들에게 판매함으로써 이윤을 증가시킬 수 있다. 따라서 그림(a)에서 국내공급곡선은 이 외국기업의 수출량만큼 오른쪽으로 이동하는데, 이 양은 국내 시장의 전체 판매량 중 큰 부분을 차지한다고 가정한다. 그 결과 국내가격은 P_D^2로 다소 하락한다. 국내의 총 판매량은 Q_D^2로 증가하지만 국내기업이 공급하는 생산량은 Q_D'로 감소한다. 외국기업은 국내시장에 $Q_D^2 - Q_D'$만큼 수출하고 이 기업의 총생산량은 Q_F^1에서 $Q_F^2 = Q_F^1 + (Q_D^2 - Q_D')$로 증가한다. 그림(b)에서 외국기업은 자국 소비자들에게 계속 P_F^1의 가격으로 Q_F^1단위를 판매한다. 하지만 이제 새로운 국내시장 가격 P_D^2에서 국내소비자들에게 $Q_D^2 - Q_D'$ 단위를 판매하여 더 많은 이윤을 얻고 있다.

외국기업은 자사 상품을 국내시장에서 자국의 가격 P_F^1보다 낮은 P_D^2의 가격으로 판매하면서 추가 이윤을 획득하고 있기 때문에 외국기업은 덤핑을 하고 있는 것이다. 국내기업은 그림(a)의 A, B, C의 면적을 합한 것만큼 수입이 줄었다고 항의할 것이다. 면적A는 시장가격 하락으로 인한 국내수입 감소분이다. 면적B는 외국기업이 국내시장에서 새로운 시장가격으로 판매함으로써 얻는 수입이다. 그리고 면적C은 과거에 국내기업이 벌었던 수입 중 외국기업으로 이전된 크기를 나타낸다. 하지만 이 세 부분 모두 국내시장을 해외경쟁에 개방한 결과 일반적으로 국내기업이 잃게 되는 수입이다. 물론 경쟁의 심화로 국내 소비자들은 더 낮은 가격으로 더 많은 양의 상품을 구입할 수 있기 때문에 이득을 얻는다.

그렇지만 세계무역기구(World Trade Organization)의 규정에 따라 본국은 외국기업에 반덤핑 벌금을 부과할 수 있는데, 그 규모는 외국시장가격 P_F^1과 국내시장가격 P_D^2 간의 차이에 수입량을 곱한 것과 같다. 이것은 그림(b)의 면적E와 같다. 반덤핑 벌금 면적E의 크기는, 외국기업이 처음에 국내에 수출을 하도록 유도한 추가 이윤과 같거나 더 클 수 있다. 대부분의 경제학자들이 반덤핑 규정을 수입을 억제하고 국내기업을 국제경쟁에서 보호하기 위한 보호주의적 조치라고 생각하는 것은 바로 이런 이유 때문이다.

심화 학습: 기업들은 가끔 외국기업이 상품의 일부를 평균생산비용보다 낮은 가격으로 국내시장에서 판매한다고 불평한다. 이런 행위가 외국기업에게 장기적으로 혹은 장기적으로 이윤극대화 전략이 될 수 있는 경우가 있을까?

은 기업 내부의 규모의 경제 역할을 강조한다. 경제학자들은 이것을 내부 규모의 경제라고 부른다. 그럼에도 불구하고 19세기 말 및 20세기 초기의 경제학자 마샬(A. Marshall)은 기업이 숙련노동자, 자

도표 12.6 외국 독점기업에 의한 국내 덤핑

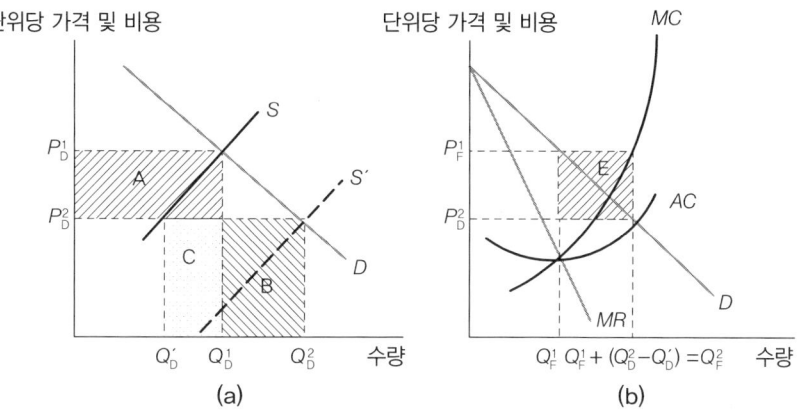

* 그림(a)에서 국내기업은 완전 경쟁적인 산업에서 시장가격 P_D^1에 상품을 판매한다. 그림(b)에서는 국내외 경쟁 모두로부터 보호를 받고 있는 외국의 대규모 독점기업이 P_F^1에서 가격을 설정한다. 국내시장이 무역에 개방되면 외국 독점기업은 $Q_D^2 - Q_D'$만큼 국내시장에 수출하여 그림(b)에서 총생산량이 Q_F^1에서 $Q_F^2 = Q_F^1 + (Q_D^2 - Q_D')$으로 증가한다. 그림(a)에서 국내공급곡선은 오른쪽으로 이동하여 국내가격이 P_D^2로 하락하고 국내판매량은 Q_D^2로 증가한다. 국내기업의 공급량은 Q_D'으로 감소한다. 외국의 가격 P_F^1은 국내가격 P_D^2보다 높기 때문에 외국기업에 덤핑하는 것이다. 그림(a)의 면적 A는 오로지 시장가격 하락 때문에 발생한 수입의 감소분이다. 면적 B는 외국기업이 새로운 시장가격으로 국내시장에서 판매하여 얻는 수입이다. 면적 C는 과거 국내기업이 벌었던 수입 중 외국기업으로 이전된 부분이다. 그림(b)의 면적 E는 수입량에 외국시장가격 P_F^1과 국내시장가격 P_D^2의 차이를 곱한 것으로, 현재의 세계무역 규범에 의한 잠재적인 반덤핑 벌금 규모를 나타낸다.

본자원, 혹은 필요한 천연자원과 같은 중요한 자원과 인접한 곳에 입지함으로써 발생하는 **외부경제**(external economies)의 효과에 주목했다. 마샬은 핵심적 투입요소에 인접한 기업의 물리적 입지를 통해 평균생산비용을 줄일 수 있음을 이론화했다.

물론 많은 기업들이 동일한 핵심 투입요소 부근에 입지함으로써 외부경제를 추구하려고 하면, 그런 공통의 생산요소를 사용하는 기업 및 산업의 클러스터가 형성될 것이다. 경제학자들은 동일한 투입요소를 사용하는 관련 산업의 클러스터 형성을 집적(agglomeration)이라고 일컫는다.

- **외부경제**(external economies) : 기업이 숙련 노동자, 자본자원 혹은 연구개발 시설 등과 같은 기업 외부의 생산요소 근처에서 생산활동을 함으로써 얻는 비용의 감소.

기업이 외부경제로부터 얻는 이익과 집적으로 인한 비용 — 예를 들어 다수의 기업이 생산요소와 아주 근접한 곳에서 생산활동을 함으로써 일으키는 혼잡 — 사이에 균형을 맞추면 최적의 집적도가 달성된다.

지리와 국제무역

경세학사들은 송송 도시의 발생과 구조를 설명하기 위해 외부경제와 집적의 개념을 적용한다. 결국 관련 산업의 많은 기업이 노동, 자본 및 천연자원과 같은 공통 자원과 인접한 곳에 자리를 잡으면, 그런 기업이나 다른 업종에서 일자리를 찾으려는 사람들이 그 부근에 모여들게 된다. 다른 요소가 동일하다면 집적된 산업과 연관된 생산활동은 그 지역 중앙 부근의 도시 지역, 즉 **중심부**(*core*)에서 발생할 것이다. 외부경제와 관련 없이 도시지역 및 그 부근 거주자들 간의 교환과 관련된 경제활동은 중심부의 외곽 혹은 그 너머 지역, 즉 **주변부**(*periphery*)에서 이루어질 것이다. 따라서 외부경제나 집적 개념을 적용하면, 도시 및 그보다 더 작은 공동체 및 농촌지역의 존재를 설명하는 경제지리학의 중심부-주변부 모형이 만들어진다.

세계의 여러 나라들은 정의상 대부분 정치적 경계로 구획된 지리적 환경에 놓여있다. 지리적 환경의 어떤 부분은 다른 나라와 공유하고 어떤 부분은 바다나 해양에 의해 경계가 나뉜다. 외부경제와 집적의 개념을 국제무역으로 확장하면 중심부와 주변부 지역들의 집합체 개념으로 이어진다. 이런 지역들의 다양한 집합이 독립적인 정치적 국가나 민족을 구성한다. 재화 및 서비스의 지역 간 교환 중 국경을 넘어서는 부분이 곧 국제무역이 된다.

거리와 무역의 비용

물리적 지리의 핵심적 특징은 거리이다. 특정 상품을 생산하는 한 산업 내의 기업들은 국가 내 한 지역의 중심부에 모여있을 수 있다. 하지만 유사한 상품을 생산하는 기업들은 다소 떨어진 국가에 있는 한 지역 중심부에 모여있을 수 있다. 멀리 떨어져 있는 두 집적 사이에 무역 비용이 매우 크다면 국제무역이 이루어지지 않을 수도 있다. 두 집적 사이의 물리적 거리에도 불구하고 무역 비용이 충분히 하락하면 상품이 유사하더라도 국제무역이 이루어질 수 있다. 따라서 외부경제 및 집적을 무역 비용의 변화와 결합시키면 전통적인 기업의 내부 규모의 경제와 관계없이 산업내 무역의 발생 유무를 설명할 수 있다.

원칙적으로 외부경제와 집적은 특화생산과 무역 우위의 패턴을 설명하는 데 도움이 될 수 있다. 특정 상품을 생산하는 산업 전체가 오직 한 국가에서만 존재하는 지리적 이유가, 이 국가 모든 산업이 한 지역 내에 입지함으로써 외부경제를 달성할 수 있기 때문이라고 설명할 수 있다. 그 산업에 속하는 모든 기업이 핵심 투입요소가 인접한 곳으로 몰리면서 집적이 발생한다. 이 품목의 생산은 특정 국가 내 한 지역의 중심부에 집중된다. 그리고 그 국가는 그 품목의 국제적 교역에서 특화를 달성한다. 이런 방식으로 글로벌 지리환경의 정치적 측면과 물리적 측면이 산업내 무역과 산업간 무역을 이해하는 데 도움이 된다.

재화와 서비스의 이동거리가 멀어지면 국제무역이 줄어든다는 증거들은 상당히 많다. 도표 12.7은 거리효과가 수십년 동안 어떻게 변화했는지 추정한 것을 보여주고 있는데, 이는 엑스-마르세이유대학교의 피에르 필립 콤브(Pierre-Philippe Combes), 씨앙스포의 티에리 마이어(Thierry Mayer), 루뱅대학교의 자크 프랑소와 티스(Jacques-François Thisse)가 추정한 것이다. 다른 대부분의 연구와 마찬가지로 이 추정치도 오프라인이나 온라인에서 세계경제가 점점 상호 연결되어도 거리가 무역에 미치는 효과는 증가해왔다는 것을 보여준다. (경제학자들은 세계가 점점 상호 연결되고 있음에도 불구하고 이런 거리효과가 뚜렷이 증가하는 원인을 설명하기 위해 노력하고 있다. "참고사례 12.2" 참조.)

도표 12.7 거리가 국제무역에 미치는 효과의 추정치

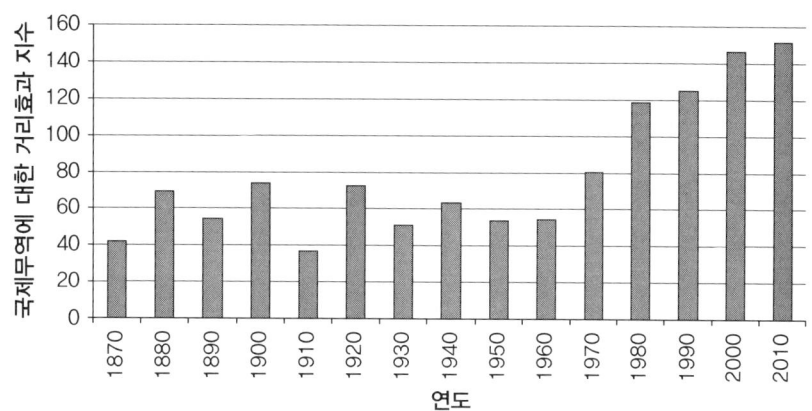

* 교통 및 통신 기술의 급속한 발전에도 불구하고 20세기 중반 이후, 거리가 국제무역에 미치는 효과의 크기는 계속 증가한 것으로 추정된다.

출처: Combes et al. (2008).

♣ 참고사례

12.2 왜 국제무역에서 거리의 중요성이 오히려 증가하고 있나?

별과 행성의 운동을 이해하기 위해서 천문학자들은 중력을 고려해야 한다. 중력은 두 물체의 질량에 비례하고 두 물체 사이의 거리에 반비례하는 기본적 인력이다. 지난 수십년간 경제학자들은 중력, 규모 및 거리의 관계를 국제무역에 적용하여, 양국 간 국제무역의 흐름이 두 나라의 규모에 비례하고 거리에 반비례하는 정도를 분석하였다. 이 아이디어는 국가의 규모가 클수록 더욱 다양한 재화와 서비스를 교역할 가능성이 높고, 교역 국가들 사이의 거리가 가까울수록 무역에 필요한 비용이 더 작을 것이라는 추론에서 출발하였다. 경제학자들은 무역의 흐름이 국가의 규모와 거리에 의존한다고 가정하는 소위 **중력방정식**(*gravity equations*)을 추정함으로써 이 아이디어를 검증했다. 이 방정식을 추정할 때 비교우위, 문화적 요인, 언어장벽과 같은 다른 요인들도 고려한다. 추정 결과 — 다른 요인들이 동일하다면 — 양국 간 무역이 국가의 규모에 비례하고 거리에 반비례한다는 증거를 발견하였다.

UMR 에코노미에 푸플리크(Economie Publique)의 앤셀리아 디스디어(Anne-Célia Disdier)와 브리티시 콜롬비아대학교(University of British Columbia)의 케이스 헤드(Keith Head)는 100개 이상의 경제학 논문의 결과를 분석하여, 20세기 중반 이후 국제무역에 거리가 미치는 효과가 계속 유지되고 있음 — 오히려 확대되고 있을 가능성이 있음 — 을 보여주었다. 세계경제의 상호의존성이 증가하는 상황에서 이런 결과는 많은 경제학자들을 어리둥절하게 만들었다.

코펜하겐 경영대학(Copenhagen Business School)의 라르스 아칸손(Håkanson)과 퀸스랜드대학교(University of Queensland)의 더글라스 다우(Douglas Dow)의 분석에 따르면, 무역에서 거리의 역할이 증가하는 원인에 대한 두 가지의 대립되는 설명이 있다. 우선 소위 네트워크 관점(*network view*)에 따르면 시간이 갈수록 점점 더 많은 정보의 교환이 필요하게 되고, 그래서 매매자들 사이에 더 많은 인적 상호작용이 필요한 재화와 서비스가 국제무역에서 차지하는 비중이 더 커지게 된다. 소위 시장관점(market view)에 따르면, 가용 정보가 늘어나고 시장개방이 확대되면서 물리적으로 더 가까이 있는 매매자들의 매칭이 증가하게 된다. 아칸손과 다우는 거리효과를 두 가지 형태로 나누고 있는데, 하나는 운송비용과 관련된 전통적인 지리적 거리의 효과이며 다른 하나는 정보와 관련된 거래비용에서 발생하는 '심리적(psychic)' 거리효과이다. 두 사람은 25개국의 양국 간 무역을 분석하여 지리적 거리비용은 시간이 지나면서 일부 상품에서는 증가하거나 약간 변화한 반면, 심리적 거리비용은 큰 폭으로 감소한다는 것을 발견했다. 두 사람의 해석에 따르면, 이런 결과는 거리효과의 증가 원인에 대한 시장관점의 설명을 뒷받침하는 것이다. 그들의 주장에 따르면 시장이 점점 효율화되어 근거리에 거주하는 구매자와 판매자들 간의 무역이 더욱 증가하기 때문에 거리효과가 더 중요한 것처럼 나타난다는 것이다.

심화 학습: 앞으로 10년 동안 글로벌 운송비용이 급격히 감소하면 무역의 거리효과에 어떤 변화가 나타날 것으로 예상하는가?

핵심 이슈 #4

산업구조에는 어떤 유형이 있으며, 글로벌 경제에서 산업구조가 중요한 이유는 무엇인가?

완전 경쟁하에서 많은 기업은 차별성이 없는 생산물을 생산하며 해당 산업에 쉽게 진입하거나 탈퇴할 수 있다. 독점적 경쟁산업에는 다수의 기업이 존재하며 진입과 퇴출을 할 수 있지만, 개별 기업의 생산물은 다른 기업의 생산물과 쉽게 구분할 수 있다. 과점은 진입장벽이 존재하여 기업의 수가 제한되는 불완전 경쟁산업구조이다. 독점이라는 극단적 경우에는 특정 시장에 단 하나의 기업만 존재한다. 완전 경쟁과 비교할 때 독점은 산업 생산량의 감소와 생산물 가격의 상승으로 이어진다. 그 결과 한 국가 내에서든 여러 국가에 걸쳐서든 소비자 후생이 감소한다. 국가 간에 시장구조의 차이가 있는 경우 반덤핑 벌금과 같은 무역정책의 효과를 평가하는 것이 쉽지 않다. 기업의 물리적 입지에서 발생하는 외부 경제가 큰 경우, 공통의 핵심 자원에 의존하는 기업이나 산업의 클러스터 즉 산업집적이 국가 내부에서 발생할 수 있다. 서로 떨어져 있는 산업 집적 사이의 무역에 상당한 비용이 발생할 경우 무역에 장애가 발생할 수 있지만 교역 비용의 감소는 유사 생산물들의 산업내 무역을 유발하거나 산업 집적을 지닌 국가에 특화와 무역 우위를 가져다 줄 수 있다.

산업구조와 경쟁

지난 수년 동안 여러 나라의 많은 기업들이 사업을 서로 결합하기 위해 노력해왔다. 어떤 경우에는 규모가 매우 큰 기업들도 이런 결합에 참가했다. 이 기업들이 합병에 참여하려고 하는 이유와 국가 간 기업 합병이 초래할 수 있는 결과에 대해 생각해보자.

■ 국가 간 인수 및 합병의 동기

최근에 초국가 기업의 인수와 합병이 봇물처럼

이루어지고 있다. 예를 들어 이탈리아의 피아트(Fiat)는 미국 크라이슬러(Chrysler Corporation) 지분의 과반을 인수했다. 그리고 프랑스의 대규모 미디어 회사인 비벤디(Vivendi)는 북미 기업인 씨그램(Seagram, Inc.)을 인수한 후 다른 프랑스 회사에 다시 매각했다. 그리고 독일의 도이치뱅크(Deutsche Bank)는 미국 은행인 뱅커스트러스트(Bankers Trust)를 인수했으며 프랑스 자동차회사 르노(Renault)는 한국의 삼성자동차의 자산 일부를 인수했다.

기업 결합에 대한 전통적 설명

전통적인 설명에 따르면 기업이 인수나 합병에 참여하는 데는 기본적으로 두 가지 이유가 있다. 하나는 기업들의 자산을 결합하여 만든 하나의 기업 내에서 규모의 경제를 달성하기 위해서이다. 그 결과 얻게 되는 비용 효율성은 이 기업의 전반적 성과를 높일 것이다.

인수합병에 대한 또 하나의 전통적 설명은 결합된 기업이 더 많은 수익을 올릴 수 있다는 것이다. 두 개 이상 기업의 사업을 통합하여 규모의 경제를 실현하면 결합된 기업의 생산이 확대되고 그 결과 총수입이 증가할 수 있다. 그리고 인수합병을 통해 사업을 통합하면 생산물 가격을 인상할 수 있는 지배력이 커져 수익을 증가시킬 수 있다.

국제 인수합병과 기업지배구조

흥미로운 것은 최근 몇몇 국제 인수합병이 기업지배구조(corporate governance)의 성격 변화를 목표로 하고 있는 것으로 보인다는 점이다. 기업지배구조란 기업 활동에 영향을 미치는 법적 및 제도적 틀을 의미한다. 미국과 같은 일부 국가에서는 **공개기업**(public company)이 아주 일반적이며 소유 지분이 국민들 사이에 넓게 분포되어 있다. 독일과 같은 또 다른 국가에서는 내부의 파트너 그룹이 소유한 **비공개기업**(private company)이 더욱 일반적이며, 공개기업의 소유권은 제한된 수의 부유한 개인들 간에 매우 협소하게 분포되어 있다.

최근에는 소유권이 넓게 퍼져있는 공개기업이 시장의 변화에 더욱 유연하게 반응하는 경향이 있다는 견해가 많은 경영 전문가들의 공감을 얻고 있다. 그렇다고 해서 비공개기업이 공개기업보다 더 나은 성과를 낼 수 없다는 뜻은 아니다. 하지만 비공개기업이나 협소한 소유권 분포를 가진 공개기업이 주축을 이루고 있는 국가에 있어 이는 자국 기업의 구조 변화를 고민하는 계기가 되었다. 기업이 구조변화를 신속히 이룰 수 있는 방법 중 하나는 다수의 주주로 구성된 다른 국가의 공개 기업을 인수 혹은 합병하는 것이다. 피아트가 크라이슬러의 다수 지분을 인수하고, 도이치뱅크가 뱅커스트러스트를 인수하고, 또 도이치텔레콤(Deutsche Telecom)이 미국 통신회사들을 인수하려고 하는 이유가 모두 소유구조를 더 넓히고자 하는 데 있다는 것이 많은 전문가들의 설명이다.

■ 시장 집중과 그 효과에 대한 평가

소수의 경쟁기업과 경쟁하는 대규모 기업들은 반드시 소비자 후생을 크게 해치는 방식으로 행동할까? 불행하게도 이 문제에 대해서는 합의된 결론이 없다. 근본적 이유 중 하나는 기업이 나머지 시장 규모에 비해 얼마나 커야 시장 가격에 영향력을 행사할 수 있는가에 대해 경제학자들 사이에 합의가 이루어지지 않았기 때문이다. 하지만 또 다른 이유는 해외로부터의 경쟁이 '시장'의 정의를 복잡하게 만들 수 있기 때문이다.

시장 집중의 측정

경제학자들은 전체 산업생산에서 소수 기업의 비중이 큰지를 판단하기 위해 전통적으로 **기업집중률(concentration ratio)** 이라는 지표를 이용하였다. 기업집중률은 규모 측면에서 상위의 소수 기업이 산업의 전체 매출에서 차지하는 비중을 의미한다. 가장 일반적으로 사용되는 기업집중률은 4대기업 집중률, 즉 한 시장의 상위 4대 기업이 전체 매출에서 차지하는 비율이다.

기업집중률이 지닌 가장 큰 문제점은 서로 다른 산업들이 가진 구조의 중요한 차이를 반영하지 않는다는 점이다. 예를 들어 서로 다른 두 시장의 상위 4개의 기업이 각 시장에서 각각 20퍼센트의 비중을 차지하고 있어 4대기업 집중률이 80퍼센트라고 하자. 하지만 한 시장에서 이 4대 기업 외에 추가로 하나의 기업만 존재하며 시장 내에서 총 5개의 기업이 경쟁하고 있을 수 있다. 다른 한 시장에서는 10개의 기업이 나머지 20퍼센트의 시장점유율을 균점하면서 4대 기업과 활발히 경쟁하고 있을 수 있다.

단순한 기업집중률이 가진 이런저런 문제점들에 대응하여 미국 법무부와 연방거래위원회(Federal Trade Commission)는 1980년대 초부터 다른 집중도 지표를 강조하기 시작했다. **허핀달-허쉬만 지수(Herfindahl-Hirschman index)** 라고 불리는 이 지표는 한 산업 내 모든 기업의 시장점유율을 제곱하여 합한 값이다. 예를 들어 한 산업 내에서 5개 기업이 각각 20퍼센트의 시장점유율을 차지하고 있다면 허핀달-허쉬만 지수는 2,000이 된다. 상위 4대 기업이 각각 20퍼센트의 시장점유율을 가지고 있고 나머지 10개 기업이 각각 2퍼센트의 점유율을 가지고 있는 산업의 이 지수는 1,640이 된다. 후자의 산업에서 이 값이 더 낮은데, 이는 상대적으로 많은 생산자들 사이에서 더 광범위한 경쟁이 이루어질 가능성이 크다는 것을 의미한다.

개별 기업이 시장가격에 영향을 미칠 수 있는 상당한 힘을 가지고 있는가를 나타내는 기업집중률 혹은 허핀달-허쉬만 지수의 기준은 개인마다 다 다를 수 있다. 하지만 더 큰 문제는 기업집중률 혹은 허핀달지수는 시장이 정확히 정의될 때만 의미가 있다는 점이다. 예를 들어 많은 지역에서 케이블 모뎀 인터넷 접속 산업에서의 4개 기업집중률이 매우 높다는 것을 알 수 있다. 사실 케이블 모뎀 서비스가 이용가능한 대부분의 지역에서 케이블 모뎀 인터넷 접속 공급자의 수는 5개 이하일 가능성이 크다. 따라서 4대 기업집중률이 100퍼센트일 확률이 높다. 하지만 이 비율이 무의미하다는 데 대해 대부분의 경제학들이 동의할 것이다. 왜냐하면 전통적 전화 다이얼업 공급자, 인터넷 전용선 공급자, 위성서비스 공급자와 같은 다른 인터넷 접속 공급자들이 **연관시장(relevant market)** 에 포함되기 때문이다. 연관시장이란 개별 공급자들의 생산물 가격에 직접 영향을 미치는

- **기업집중률(concentration ratio)**: 상위 소수 기업이 산업의 전체 매출에서 차지하는 비중.
- **허핀달-허쉬만 지수(Herfindahl-Hirschman index)**: 한 산업 내 각 기업의 시장점유율을 제곱하여 합한 값.
- **연관시장(relevant market)**: 개별 공급자들의 생산물 가격에 직접 영향을 미치는 모든 생산물의 이용가능성을 고려한 진정한 의미의 경제적 시장.

모든 생산물의 이용가능성을 고려한 진정한 의미의 경제적 시장을 가리킨다.

시장의 범위: 지리적 범위가 적절한가?

국제 인수합병은 연관시장의 범위 결정을 복잡하게 하기 때문에, 시장경쟁의 정도를 평가하는 데서도 어려움이 발생한다. 국제무역을 하는 국가의 경우 국내에서 생산된 재화나 서비스에 대한 밀접한 수입품 대체재가 존재하면 국내 공급자의 가격 결정 능력은 제한될 수 있다. 따라서 집중도 지표를 국내 시장에만 적용하면 잘못된 판단을 할 수 있다.

유효한 국제경쟁이 존재할 경우 합병에 대한 정부의 대응이 복잡해질 수 있다. 예를 들어 최근 캐나다 은행산업의 사례를 살펴보자. 국토의 면적은 매우 넓지만 캐나다 인구는 캘리포니아보다 약간 작다. 캐나다에는 토론토에 기반을 둔 4개의 지배적 금융기관이 존재한다. 이들은 로열 뱅크 오브 캐나다(Royal Bank of Canada), 몬트리올 은행(Bank of Montreal), 토론토-도미니온 은행(Toronto-Dominion Bank), 캐나다 임페리얼 뱅크 오브 코머스(Canadian Imperial Bank of Commerce)이다. 캐나다 은행 전체 자금의 3분의 2가 이 네 은행에 예치되어 있다. 최근 이 네 금융기관이 합병하여 두 개의 기관으로 재편되는 안이 제출되었다. 로열 뱅크 오브 캐나다는 몬트리올 은행과 합병하려고 했고, 토론토-도미니언 은행은 캐나다 임페리얼 뱅크 오브 코머스와 합병을 앞두고 있었다. 네 금융기관은 합병을 통해 미국계 대형 은행의 경쟁에 맞서려고 했다. 그리고 이를 통해 미국 내 경쟁에서도 성공을 거두어 활동 범위를 지리적으로도 다변화하고자 하였다.

하지만 캐나다정부는 '연관은행시장'을 캐나다로 한정하여 이 두 합병 요청을 허락하지 않았다. 이 결정은 합병을 하려고 했던 은행들의 장기 계획, 즉 그들이 느끼기에 연관성이 매우 높은 국제적 은행 시장에서 경쟁력을 향상하기 위한 장기 계획에 치명타가 되었다.

> **핵심 이슈 #5**
>
> 기업들은 왜 국제 인수합병에 참가하며, 국제적 시장 연계는 왜 소수 대규모 기업의 시장지배력을 측정하는 것을 더 어렵게 만들까?
>
> 국제적 합병을 하는 일반적인 이유는, 기존에 독립적이었던 기업들의 사업을 결합하면 통합된 기업이 평균비용을 낮출 수 있고 가격 결정력을 높여 두 기업이 각자 벌었던 수입보다 더 높은 수입을 획득할 수 있기 때문이다. 어떤 경우에는 기업지배구조의 성격을 변경할 목적으로 기업들이 국제적 합병에 참여하기도 한다. 시장집중이 기업의 가격결정력에 영향을 미칠 수 있는 정도를 측정하기 위해 경제학자들은 기업집중률(상위 기업들이 시장 전체 매출에서 차지하는 비중)과 허핀달-허쉬만 지수(모든 기업의 시장점유율 제곱의 합)를 사용한다. 이런 집중도 지표의 해석에는 어려움이 따른다. 특히 이런 지표를 계산할 때 연관 시장의 범위를 정하는 것이 쉽지 않다.

글로벌시스템의 변화와 반트러스트

정부는 **반(反)트러스법**(antitrust laws)을 이용해 시장의 경쟁 정도에 영향을 미치려고 한다. 이런

• 반(反)트러스법(antitrust laws): 소비자와 생산자에게 경쟁의 혜택을 보장하기 위한 제반 법률.

법률은 넓은 의미에서 경제정책의 일환으로 소비자와 생산자들이 시장경쟁의 이익을 얻을 수 있도록 하는 데 목적이 있다.

■ 반트러스법의 목표

과거에는 많은 나라들이 반트러스터법을 국경 내에 적용하는 데 집중했다. 하지만 연관시장이 외국기업을 포함하는 범위로 확대되면서 반트러스트 정책은 점점 글로벌 이슈가 되었다.

전통적으로 반트러스트법의 기본적 목표는 기업의 가격결정 능력을 억제하는 것이었다. 카르텔은 소비자 후생과 경제적 효율성을 희생시켜 기업을 부유하게 하려는 유인을 갖고 있기 때문에, 많은 반트러스트법은 기업 결합을 통해 시장경쟁을 억제하려는 시도를 명시적으로 금지하고 있다. 사실 대부분의 반트러스트법은 독점을 형성하려는 시도 자체를 범죄로 규정하고 있다.

반트러스트법은 일반적으로 **가격차별**(price discrimination)도 금지한다. 가격차별의 한 유형은 동일한 제품에 대해 소비자별로 다른 가격을 부과하는 것이다. 또 하나의 유형은 동일한 제품에 대해 동일한 소비자에게 구매량에 따라 다른 가격을 부과하는 것이다. 많은 국가에서는 소위 **약탈적 가격설정**(predatory pricing) 행위 역시 금지한다. 약탈적 가격설정이란 경쟁기업을 시장에서 몰아내고 잠재적 경쟁자가 시장에 진입하지 못하도록 하기 위해 가격을 낮추는 행위를 말한다. 가격차별과 약탈적 가격설정을 제한하기 위한 반트러스트법은 종종 논란이 되는데, 그 이유는 이런 법 집행으로 인해 시장가격이 인상되는 결과가 자주 발생하기 때문이다.

일부 국가에서는 **산업정책**(industrial policies) 때문에 소비자 보호와 생산자 이익 증진 사이에 균형을 맞추는 데 어려움을 겪는다. 산업정책은 특정 산업을 적극적으로 육성하려는 목적을 지닌 정부정책이다. 예를 들어 2000년에 일본정부는 2005년까지 세계 최고수준의 인터넷 인프라를 갖춘 나라로 발돋움하겠다는 것을 국가 핵심 목표로 설정하였다. 이를 위해 일본정부는 모바일폰과 브로드밴드 인터넷 산업에서 세계 선도국가가 되기 위한 규제 환경을 갖추어야 했다. 이와 같은 산업정책은 생산자에 유리한 반트러스트 정책으로 연결될 수 있었다. 이런 정책을 추구하는 과정에서 정부는 경쟁 기업들 사이의 상호협력을 촉진하였기 때문이다. 이것은 카르텔 결성에 대한 정부의 암묵적 승인으로 이어질 수 있다. (잠재적 위험에도 불구하고 점점 더 많은 국가가 산업정책에 참여하고 있다. "정책사례 12.1"을 참조하라.)

■ 국경을 초월한 반트러스트 규제

만약 AT&T가 브리티시 텔레코뮤니케이션스(British Telecommunications)와 합병하기로 결정하거나 독일의 도이치 텔레콤(Deutsche Telecom)이 스프린트(Sprint)를 인수하고자 한다

- **가격차별**(price discrimination): 동일한 재화나 서비스에 대해 소비자별로 다른 가격을 부과하거나 동일한 재화나 서비스의 구매량에 따라 동일한 소비자에게 다른 가격을 부과하는 것.
- **약탈적 가격설정**(predatory pricing): 경쟁자를 시장에서 몰아내거나 잠재적 경쟁자가 시장으로 진입하는 것을 막기 위해 기업이 인위적으로 낮은 가격을 설정하는 상황.

- **산업정책**(industrial policies): 국가의 특정 산업을 육성하기 위한 정부 정책.

정책사례

12.1 산업정책의 귀환

1970년대와 1980년대에 산업정책은 세계적으로 인기가 높았다. 각국 정부는 세계시장에서 '국가 챔피언'을 만들기 위해 특정한 산업을 육성했다. 다양한 시장불완전이나 심지어 시장실패가 있는 경우 — 한 나라의 기업이 다른 나라의 기업과 동일한 조건에서 경쟁하지 못하도록 하는 민간 시장의 제반 문제들 — 국제시장에서 특정한 국내 산업이 두각을 나타내도록 하기 위해 정부가 개입하는 것은 불가피하다고 합리화되었다. 경제학자 대니 로드릭(Dani Rodrik)은 '(이론상) 산업정책을 지지하는 강력한 논거'를 다음과 같이 요약했다.

> 산업정책의 논거를 찾는 것은 어렵지 않다. 산업정책을 뒷받침하는 이론적 근거의 기반이 되는 시장불완전이 존재하며 또 그런 불완전이 만연해있다는 데 대해 발전경제학자들은 거의 의문을 제기하지 않는다. 비대칭적 정보와 결합된 부수적 제약들은 신용시장의 불완전과 불완전 보험으로 귀결된다. 성과 확인이 어려우면 비효율적인 노동시장 협약이 체결된다. 새로운 생산과정을 채택한 생산자에 의해 학습이 확산된다. 노동자들은 고용주를 옮겨 다니면서 현장훈련에 참가할 수 있다. 경제 규모에 비해 대규모 프로젝트들이 많이 있을 수 있기 때문에 조정이 필요하다 등등.
>
> (Rodrik, 2008: p. 5)

그럼에도 불구하고 1980년대 말 경에 많은 국가들은 특정 국내산업의 이익 증진을 위해 전형적으로 사용한 도구들, 예를 들어 국내 보조금, 내국세 및 관세, 그리고 종종 해외수입품에 대한 쿼터 등이 다른 형태의 시장 불완전을 야기한다는 결론에 도달했다. 나아가 어떤 산업의 성공 혹은 실패 가능성을 예상하는 데 있어 정부의 관리가 민간투자자보다 결코 우월하지 않다는 것이 드러났다. 결국 많은 정부는 산업정책의 추구가, 원래 생각했던 시장불완전에서 야기되는 비용 — 정부는 산업정책을 통해 이 문제에 대응하려고 했다 — 이상의 비용을 사회에 유발한다는 결론에 도달했다. 그 결과 산업정책에 대한 관심은 1990년대와 2000년대에 점차 줄어들었다.

지난 몇 년 동안 공공정책 분야에서 산업정책 도입에 대한 관심이 증가세를 보였다. 중국정부는 철강산업 육성을 위한 정책을 적극적으로 추진하였으며, 프랑스정부 역시 농업에서 금융에 이르기까지 여러 산업을 지원하기 위해 다양한 지원제도를 내놓았다. 미국정부조차 자동차 전지 및 전기차 생산기업을 육성하기 위해 산업정책 추세에 동참했다. 아직까지는 거의 성과가 나타나지 않고 있는데, 중국과 프랑스정부가 지원한 산업은 처음에는 급성장하는 듯했지만 이내 위축되었다. 전기차에 대한 수요 부진으로 미국 전지 생산 기업은 최소 단위비용으로 생산하는 데 필요한 규모의 절반에도 미치지 못했으며, 대부분의 전기차 생산기업들은 자동차 생산 1대 당 약 1만 달러의 손실을 입고 있다. 미국정부가 지원한 몇몇 기업들은 완전히 실패했거나 운영을 중단했다. 다른 나라에서도 성과가 불확실하거나 완전히 실패한 것으로 나타났다. 따라서 최근 여러 정부의 산업정책 시도가 얼마나 더 지속될지는 아직 알 수 없다.

심화 학습: 어떤 산업의 미래 성장가능성을 민간 투자자들이 제대로 예측을 하지 못하면, 이 분야에 투자한 개인들은 손실을 입게 된다. 정부의 관리가 특정 산업에 대해 잘못된 판단을 한다면 누가 자금 손실을 입게 될까?

면 국가의 반트러스트 당국은 연관시장을 어떻게 규정해야 할까? 타임 워너(Time Warner)가 세계 최대 음반 회사의 하나인 EMI와 합병하려고 했을 때 정책당국은 어떻게 대응했어야 할까?

이것은 결코 수사적인 질문이 아니다. 왜냐하면 미국과 EU의 반트러스트 당국은 2000년대에 이런 사안에 실제로 직면했기 때문이다. 많은 재화와 서비스에서 국경을 초월한 시장이 출현하면서 반트러스트 정책은 점점 글로벌한 문제가 되었다.

반트러스트 정책 목표들의 충돌

미국 정책당국은 자동차 및 은행의 연관시장에 대한 면밀한 연구를 거친 후에야 도이치 뱅크의 뱅커스 트러스트 인수와 피아트의 크라이슬러 인수를 승인했다. 미국 규제당국은 각 산업의 연관시장이 충분히 글로벌한 시장이며 이들 기업의 결합이 미국 소비자들에게 반(反)경쟁적인 결과를 초래하지 않을 것이라고 판단했다.

하지만 EU 반트러스트 당국은 2000년에 타임 워너와 EMI의 합병 제안을 불허했는데, 이 안건을 미국 반트러스트 당국은 승인할 것처럼 보였다. 1년 후 EU 정책당국은 두 대형 다국적기업인 제너럴 일렉트릭(General Electric)과 허니웰 인터내셔널(Honeywell International) 간의 또 다른 합병계획을 불허했다. 미국 규제당국은 이 안건을 이미 승인한 상태였다. 이 두 사건은 국경을 초월한 반트러스 규제의 심각한 문제점, 즉 국가 간 반트러스트 정책 목표의 상충을 잘 보여준다.

미국에서는 합병 정책의 일차적 목적은 소비자의 이익을 보호하는 것이다. 이것은 EU 반트러스트 정책의 공식 목표이기도 하다. 하지만 EU에서는 '지배적 지위를 조성하거나 강화하여 유효 경쟁이 심각히 훼손될 수 있는' 합병은 정책당국이 반드시 거부하도록 되어 있다. 이 추가 조항은 현재 미국과 EU의 정책결정 사이에 긴장을 초래하고 있다. 미국의 반트러스트 당국은 단일 기업의 시장지배력 증가를 우려하고 있지만, 시장지배력 증가가 가격 인하를 통해 결국 소비자들에게 이익을 가져다줄 수 있는 특별한 경영능력이나 높은 비용 효율성에서 비롯된 것이라고 판단되면 여전히 반트러스트 규제에 소극적일 것이다. 이와는 대조적으로 EU 규범하에서는 시장지배력 증가가 어떤 요인에서 비롯되었든 생산자의 지배력 증가를 유발할 수 있는 합병에 대해서 반트러스트 당국은 불허할 수밖에 없다.[i]

글로벌한 반트러스트 정책이 가능한가?

EU가 제너럴 일렉트릭과 허니웰 사이의 합병을 무산시킨 데 대해 미국은 우려를 나타냈다. 미국의 반트러스트 당국은 1990년대에 미국과 EU 기업 간 여러 건의 인수 및 합병을 승인했다. 미국 내 일부 비판론자들은 EU 지도부가 반트러스트 정책을 보호주의의 무기로 사용하고 있다고 주장한다. 이들은 EU 반트러스트 정책의 실제 목적이 미국기업이 경쟁적 지위를 유럽으로 확장하는 것을 막는 데 있으며, 이는 유럽기업이 미국기업을 인수하는 경우라고 하더라도 마찬가지라고 주장이다.

2000년대 동안 EU와 미국의 반트러스트 당국은 이런 비판에 대응해 미래의 정책 불일치 위험을 줄이기 위해 양자간 협력을 강화하기로 결의

---

i) **관련 웹사이트**: 여러 나라의 반트러스트 정책에 관한 정보는 www.internationalantiturst.com에서 얻을 수 있다.

했다. EU와 미국의 정책당국자들은 법률 및 경제 전문인력의 교류를 확대하였다. 그리고 제안된 국경 간 인수 및 합병에 관한 평가 및 집행 정책에 접근하는 방법을 서로 조화시킬 수 있는 방안을 폭넓게 논의했다.

이런 양측 간 노력이 시작되자 일부 반트러스트 전문가들은 교류의 범위를 반트러스트의 적절한 목표, 규범 및 집행 메커니즘에 관한 다자간 협의로 확대할 것을 제안했다. 하지만 지금까지는 세계 반트러스트 당국 사이의 다자 협력이 실현되지는 않고 있으며 목표로만 남아 있다.

핵심 이슈 #6

정부는 국제 인수합병 활동을 어떻게 규제할까?

정부는 제안된 반트러스트 당국에 국경 간 인수합병이 기업의 가격결정 능력에 영향을 미치는가의 여부를 결정할 수 있는 권한을 부여한다. 반트러스트 당국은 통상 가격차별을 제한하거나 약탈적 가격결정을 금지하는 규정을 집행한다. 일부 국가에서는 특정 국내산업의 육성을 목표로 하는 국가의 산업정책 때문에 반트러스트 규제가 어려워진다. 최근에는 미국과 EU의 반트러스트 정책의 목표가 서로 충돌하여 두 지역에 기반을 둔 기업들 사이의 합병 계획에 대해 서로 상반된 결정이 내려지고 있다. 이에 대응하여 미국과 EU의 반트러스트 당국은 기업이 국경 간 인수합병을 제안했을 때 정책결정을 조율할 수 있는 방안을 모색하고 있다. 하지만 지금까지는 이런 아이디어가 협의 단계 이상으로 발전되지 않았다.

요약

1. **규모의 경제를 이용해 국가의 산업간 무역 특화를 설명하는 방법**: 모든 생산요소의 투입을 증가시켜 총 생산이 증가할 때 장기평균비용이 하락하면 기업이나 산업에 규모의 경제가 나타난다. 기업이나 산업의 최소효율규모에서 장기평균비용은 최소가 된다. 생산량이 이 점을 넘어서면 장기평균비용이 증가하게 된다. 기업이 이미 규모의 경제를 달성하고 있는 나라에서는 국제무역이 이루어지면 다른 나라의 기업보다 더 낮은 생산비용을 유지할 것이다. 따라서 이런 나라들은 특정 산업의 재화나 서비스의 생산에 더 쉽게 특화할 수 있다.

2. **규모의 경제와 생산물 다양성을 이용해 산업 간 무역을 설명하는 방법**: 독점적 경쟁하에서 기업들은 유사한 생산물을 생산한다. 따라서 기업들은 그 산업에 잔류할 때의 수입이 기회비용을 상회하거나 하회할 때마다 쉽게 그 산업에 진입하거나 탈퇴할 수 있다. 국제무역이 이루어지게 되면 전형적인 독점적 경쟁 기업의 생산량이 증가하게 된다. 기업은 규모의 경제를 달성하게 되고, 해외기업과의 산업 내 경쟁이 심해진 상황에서 고객을 유인하기 위해 생산물 가격을 인하할 수 있다. 수평적 해외직접투자자는 세계적 자본이동의 증가를 초래하지

만, 해외직접투자에 의한 산업내 무역의 증가는 주로 수직적 투자를 통해 이루어진다. 수직적 투자에 참여하는 다국적기업은 국경을 넘어 부품을 운송하게 되는데, 이것은 통계상 국제무역의 증가로 나타난다.

3. **해외직접투자가 국제무역 패턴에 미치는 영향**: 기업이 국내 생산시설에서 생산하는 생산물과 유사한 재화나 서비스를 생산하는 시설을 해외에 설립하는 것은 수평적 해외직접투자이다. 이와 대조적으로 다양한 생산단계의 생산물을 처리하는 시설을 여러 나라에 두는 것은 수직적 해외직접투자이다. 수평적 해외직접투자가 증가하면 글로벌 자본이동이 촉진되지만 국제무역에 미치는 효과는 상대적으로 작다. 수직적 해외직접투자가 증가하면 생산부품의 국가 간 이동이 증가하기 때문에 산업내 무역이 큰 폭으로 증가할 수 있다.

4. **산업구조의 유형 및 글로벌 경제에서 산업구조가 중요한 이유**: 완전 경쟁하에서는 다수의 기업이 동일한 생산물을 생산하며 산업의 진입과 탈퇴가 자유롭다. 독점적 경쟁산업에는 다수의 기업이 존재하며 진입이나 탈퇴가 자유롭지만 각 기업의 생산물은 쉽게 구별이 가능하다. 과점은 불완전 경쟁적 산업구조의 하나인데, 기업의 수를 제한하는 진입장벽이 존재하는 것이 특징이다. 극단적 경우인 독점에서는 시장에 단 하나의 기업만 존재한다. 완전 경쟁과 비교할 때 독점은 산업 생산량의 감소와 생산물 가격의 증가를 초래해 소비자 후생을 낮춘다. 국가 간 산업구조의 차이로 인해 반덤핑 처벌과 같은 무역정책의 효과에 대한 평가가 어려워질 수 있다. 국가 간 산업구조의 차이에 영향을 미칠 수 있는 또 다른 요인은 외부경제이다. 외부경제란 기업이 핵심 자산을 이용할 수 있는 공통의 물리적 입지를 선택함으로써 지리적 공간 내에서 산업 집적이 발생하여 평균비용이 감소하는 것을 일컫는다. 집적된 산업들 사이의 거리에서 발생하는 상당한 규모의 교역 비용은 무역을 방해할 수 있지만, 이론적으로 교역비용의 감소는 산업내 무역이나 산업간 무역을 촉진할 수 있다.

5. **기업 간 국제적 합병의 동기와 국제적 시장연계로 인한 시장집중도 측정의 복잡성**: 국가 간 합병이 일어나는 이유에 대한 전통적 설명은, 통합된 새 기업이 통합 이전 개별 기업에 비해 평균비용을 낮출 수 있다는 것이다. 또 다른 설명은 기업결합으로 가격결정력이 높아져 통합 이전 두 기업의 수입을 합한 것보다 더 많은 수입을 얻을 수 있다는 것이다. 그리고 기업들은 기업지배구조의 국가 간 차이를 활용하기 위해 국제적 합병에 참여하기도 한다. 경제학자들이 시장집중의 정도를 측정하는 방법 중 하나는 기업집중률을 계산하는 것인데, 기업집중률이란 상위 기업들이 산업 전체 매출에서 차지하는 비율이다. 다른 하나의 지표는 허핀달-허쉬만 지수인데, 이는 모든 기업의 시장점유율 제곱의 합이다. 어느 지표를 사용하든 주관적 판단이 불가피한데, 지표를 적용하고자 하는 연관시장의 범위를 정확히 정의하는 것이 어려울 수 있다.

6. **국제 인수합병 행위에 대한 정부의 규제**: 일반적으로 정부는 제안된 국제적 인수나 합병이 적절한지를 판단할 수 있는 권한을 반트러스트 당국에 부여한다. 인수나 합병이 국내가격에 미치는 효과가 반트러스트 정책의 일반적 요점이다. 하지만 많은 국가의 반트러스트 당국은 가격차별을 제한하고 약탈적 가격책정을 금지하는 법률을 집행하며 특정 국내산업을 지원하기 위한 산업정책을 집행하기도 한다. 2000년대 초에 미국과 EU는 반트러스트 정책의 목표가 서로 달라 두 지역의 반트러스트 당국이 다국적 기업들 사이의 합병 제안에 대해 서로 상충되는 판결을 하기도 하였다. 그 후 두 지역의 반트러스트 정책의 조율 가능성에 대한 논의가 예비적 수준에서 이루어졌다.

연습문제

1. 일부 경제학자들은 이베이(eBay.com)나 아마존(Amazon.com)과 같은 미국의 온라인기업이 해외의 인터넷기반 경쟁기업에 대해 비교우위를 갖고 있는 것은, 미국기업들이 사업의 장기 규모를 확장하면서 상대적으로 많은 생산물을 상대적으로 낮은 평균비용으로 차별화된 생산물을 공급할 수 있는 능력에서 비롯된 것이라고 주장한다. 이런 주장이 '타당'한지 여부를 판단하지 말고, 적절한 그래프를 이용하여 이 주장이 인터넷기반 국제무역에서 많은 미국기업들이 현재 차지하고 있는 지배적 지위를 설명할 수 있는 유효한 가설이 될 수 있는 이유를 설명하라.

2. 문제 1에서 언급한 기업과 같은 미국의 온라인 서비스 시장이 독점적 경쟁 구조를 띠고 있다고 생각하자. 그렇지만 경험상 미국과 외국의 온라인 기업이 기본적으로 동일한 장기평균비용 곡선, 즉 처음에는 하락하지만 사업규모의 확대에 따라 결국에는 상승하는 곡선을 갖고 있다고 가정하자. 전형적 미국 온라인 기업의 단기 및 장기비용은 동일하다고 가정하자. 미국기업이 인터넷을 통해 해외 거주자들에게 자신의 생산물을 판매할 수 있는 능력을 확대함에도 불구하고 해외의 온라인 기업이 미국 소비자들에게 생산물을 공급하기 시작한다면, 이 기업이 직면한 수요가 어떤 영향을 받을지 설명하라. 미국기업이 생산에서 차지하는 비율과 미국기업이 생산물에 부과하는 가격에는 어떤 영향을 미칠까?

3. 과거에 독점적 경쟁기업이 존재하는 국내시장은 해외 경쟁에 노출되어 있었다. 그런데 국내기업들은 정부를 설득하여 국경을 막음으로써 해외와의 경쟁을 차단하는 데 성공하였다. 이에 대응하여 외국도 국내기업의 자국 내 생산물 판매를 금지하였다. 이런 국내외 조치가 국내 생산자의 생산 및 가격결정에 미치는 효과를 평가하라.

4. 수평적 해외직접투자와 수직적 해외직접투자의 차이를 자신만으로 방식으로 설명하라.

5. 어느 국가에서 외국인 직접투자가 크게 증가하여 자본유입이 크게 증가한 것으로 나타났다. 하지만 지금까지 그 국가의 무역흐름은 변하지 않았다. 이것을 어떻게 설명할 수 있을까?

6. 최근에 어느 국가가 생산요소를 포함하여 재화와 서비스의 무역을 시작했다. 그랬더니 수출입량이, 국내외 소비자에 의한 최종 재화 및 서비스의 구매 증가로 인해 나타날 수 있는 증가율보다 더 크게 증가하였다. 이 국가 수출입의 높은 증가율의 다른 요인이 무엇인지 생각해 보라.

7. 어느 재화의 글로벌 시장에서 수년 동안 생산자의 수는 소수에 불과했다. 그리고 각 생산자는 차이가 없는 생산물을 생산한다. 이것은 어떤 유형의 시장구조인가? 어떤 요인이 이런 구조를 낳았을까?

8. 어느 국내산업에서 해외 생산자가 덤핑을 하는 것으로 드러났다. 이에 대해 해외생산자는, 진입장벽 때문에 독점적 가격결정력을 가진 자국 내 시장에서 이윤극대화 전략에 따라 더 높은 가격을 부과한 반면, 상당한 경쟁이 존재하는 자국 시장에서는 더 낮은 가격을 책정할 수밖에 없었다는 반론을 제기하였다. 이것이 경제적으로는 합리적 주장이 될 수 있지만 현재의 국제반덤핑 규범에 따르면 반덤핑 과징금 부과를 피하는 데 별로 설득력이 없는 이유를 설명하라.

9. 국내기업과 외국기업들의 가상 매출액이 아래와 같다고 하자. 다음 질문들에 답하라.

국내기업들의 국내매출액				외국기업들의 국내매출액			
기업	매출액	%	$\%^2$	기업	매출액	%	$\%^2$
1	750	7.5	56.25	7	4,200	42.0	1764.00
2	50	0.5	0.25	8	2,000	20.0	400.00
3	50	0.5	0.25	9	1,950	19.5	380.25
4	50	0.5	0.25	10	450	4.5	20.25
5	50	0.5	0.25	11	400	4.0	16.00
6	50	0.5	0.25				
합계	1,000			합계	9,000		

* 매출액의 단위는 100만 원임.
* %는 국내 전체 매출에서 국내기업과 외국기업이 차지하는 비율을 나타내며 소수점 둘째 자리에서 반올림하였다.
* $\%^2$은 매출액의 시장점유율을 제곱한 값이다.

(a) 국내공급자 1–6과 외국기업 7–11이 유사하지만 구별가능한 생산물을 공급한다. 현재 반트러스트 당국은 연관시장을 국내외 기업 모두를 포함하는 것으로 정의한다. 연관시장에 대한 이런 정의하에서 4대 기업집중률과 허핀달-허쉬만 지수를 계산하라.

(b) 이제 반트러스트 당국이 연관시장을 국내 공급자만을 포함하는 것으로 결정했다고 하자. 연관시장에 대한 새로운 정의에 따라 시장점유율과 시장점유율의 제곱을 다시 계산하라. 그리고 이를 이용하여 4대 기업집중률과 허핀달-허쉬만 지수를 계산하라.

(c) (a)와 (b)에 대한 답을 이용하여 한 생산물의 연관시장을 정확히 결정하는 것이 반트러스트 정책에서 중요한 이유를 설명하라.

10. 교역 비용은 국가 간 거리에 비례해야 될 것으로 보인다. 하지만 일정한 거리에 대해서도 교역비용이 감소할 수 있음을 설명하라. 그리고 동일한 거리에 대한 교역비용 하락이 산업내 무역 및 산업간 무역의 증가를 어떻게 유발할 수 있을지 설명하라.

온라인 응용학습

URL: www.justice.gov/art/lcpac/finalreport.html
제목: Final Report of the International Competition Policy Advisory Committee
검색: 미국 법무부의 반트러스트국 홈페이지(www.usdoj.gov/atr)를 방문하여 'Public Documents'를 클릭한 다음 다시 'International Program'을 클릭하라. 'Policy Documents, Reports, and Updates' 제목 아래에 있는 'International Competition Policy Advisory Committee (ICPAC)'를 클릭하고 마지막으로 'ICPAC Final Report'를 클릭하라.
응용: 아래 지시 사항을 따른 후 다음 문제에 답하라.

1. 'Chapter 3.....'을 클릭하라. 주요 국가 및 지역의 'merger challenge rate(합병 이의제기율)'에 관한 정보를 제시하는 Box 3-A를 보라. 이들 국가에 있는 기업의 인수를 고려하고 있는 다국적기업이, 반트러스트 당국의 이의제기율을 제안된 인수에 이의를 제기할 확률의 지표로 정책당국이 생각한다고 가정하자. 다국적기업은 기업을 인수하는 과정에서 어려움에 직면할 확률이 가장 높을 것으로 그리고 가장 낮을 것으로 예상하는 지역은 어디일까?

2. 이제 Box 3-B를 보라. 이것은 기업이 주요 국가의 반트러스트 당국에 인수 및 합병 계획을 통보해야 하는 기업결합의 세계 전체 매출액 규모 추정치이다. 이런 통보 의무는 합병 파트너나 인수 대상 발굴을 통해 기업을 세계적으로 확대하고자 하는 외국기업의 결정에 어떤 영향을 미칠 수 있을까?

팀과제: 전체 수강생에게 이 장을 읽도록 한 다음 학생들을 가상의 세 국가 A, B, C로 나누어라. 각 국가의 반트러스트 목표는 다음과 같다. 국가 A: 소비자 후생의 극대화, 국가 B: 개별 기업의 지배력 최소화, 국가 C: 해외경쟁으로부터 국내기업의 보호. 각 그룹으로 하여금 자국 내 인수 및 합병을 판정하기 위한 한 문단의 '정책 가이드라인'을 작성하도록 하라. 학생들을 다시 모은 다음 각 그룹이 만든 가이드라인을 비교하도록 하라. 목표가 다르면 반트러스트의 규범과 집행이 왜 국가들 사이에 크게 다를 수 있는지 토론하라.

참고문헌

Broda, Christian, and David Weinstein. "Are We Underestimating the Gains from Globalization for the United States?" Federal Reserve Bank of New York *Current Issues in Economics and Finance* 11 (April 2005).

Brülhart, Marius. "An Account of Global Intra-Industry Trade, 1962-2006." *World Economy* 32 (2009): 401-459.

Carlton, Dennis, and Jeffrey Perloff. *Modern Industrial Organization*, 4th edn. Reading, MA: Addison-Wesley-Longman, 2005.

Choi, Jai-Young, and S.H. Yu. "External Economies in International Trade Theory: A Survey." *Review of International Economics* 10 (2002): 708-728.

Cimoli, Mario, Giovanni Dosi, and Joseph Stiglitz, eds. *Industrial Policy and Development*. Oxford, U.K.: Oxford University Press, 2009.

Combes, Pierre-Philippe, Thierry Mayer, and Jacques-François Thisse. *Economic Geography: The Integration of Regions and Nations*. Princeton, NJ: Princeton University Press, 2008.

Disdier, Anne-Célia, and Keith Head. "The Puzzling Persistence of the Distance Effect on Bilateral Trade." *Review of Economics and Statistics* 90 (February 2008): 37-48.

Evenett, Simon, Alexander Lehmann, and Benn Steil,

eds. *Antitrust Goes Global*. London: Blackwell, 2000.

Feenstra, Robert. *Product Variety and the Gains from International Trade*. Cambridge, MA: MIT Press, 2010.

Grossman, Gene, and Estaban Ross-Hansberg. "External Economies and International Trade Redux." *Quarterly Journal of Economics* 125 (2010): 829–858.

Håkanson, Lars, and Douglas Dow. "Markets and Networks in International Trade: On the Role of Distances in Globalization." *Management International Review* 52 (2012): 761–789.

Krugman, Paul. *Rethinking International Trade*. Cambridge, MA: MIT Press, 2000.

Morici, Peter. *Antitrust in the Global Trading System*. Washington, DC: Economic Strategy Institute, 2000.

Pack, Howard, and Kamal Saggi. "Is There a Case for Industrial Policy? A Critical Survey." *World Bank Research Observer* 21 (Fall 2006): 267–297.

Ramanarayanan, Ananth. "Distance and the Impact of 'Gravity' Help Explain Patterns of International Trade." Federal Reserve Bank of Dallas *Economic Letter* 6 (July 2011).

Rodrik, Dani. "Normalizing Industrial Policy." Working Paper No. 3. Washington, DC: Commission on Growth and Development, 2008.

Utton, Michael. *International Competition Policy: Maintaining Open Markets in the Global Economy*. Cheltenham, U.K.: Edward Elgar, 2006.

13장

글로벌 경제의 공공부문

핵심 이슈

1. 정부 규제당국은 소비자 이익의 보호를 위해 어떤 노력을 기울이는가?
2. 세계 각국은 지적재산권을 어떻게 보호하는가?
3. 국제적 외부성과 글로벌 공공재는 무엇이며, 각국 정부와 다국적기구는 이와 관련하여 어떤 일을 할 수 있는가?
4. 세계 각국은 지구의 환경을 어떻게 보호할 수 있는가?
5. 세계화의 심화와 더불어 정부의 재원조달 노력이 복잡하게 되는 이유는 무엇인가?

2011년과 2014년 사이에 대부분의 유럽국가가 폭은 서로 다르지만 세율을 인상하였다. 예를 들어 이탈리아정부는 고급 자동차의 시장가치 평가액에 대해 특별세율을 적용하였다. 반면 프랑스와 스페인정부는 세율을 가장 큰 폭으로 인상하였다. 프랑스정부는 최고소득세율을 50퍼센트 이상 인상하여 75퍼센트로 높였다. 스페인정부는 '부유세'를 도입하여 최고 부유층의 비셜자산 — 금융기관 예금, 물적 자산 및 지적재산권 — 에 대해 세금을 부과하였다.

정부가 이렇게 세율을 인상하는 목적은 정부의 조세수입을 늘리는 것이다. 하지만 이탈리아에서는 과거 같으면 고급 승용차를 구입했을 사람들 중 다수가 특별세율 적용 대상 자동차의 구매를 포기했다. 프랑스와 스페인에서는 높은 소득과 많은 재산을 가지고 있어 소득세 인상과 부유세 도입으로 가장 큰 타격을 입은 사람들 중 다수가 모국을 떠나거나 다른 나라로 자산을 옮기는 방식으로 대응을 했다. 그 결과 이 세 나라에서 실제 조세수입 증가액은 정부가 처음 예상했던 것보다 훨씬 작았다.

세율인상에도 불구하고 많은 경우 실제 조세수입 승가가 정부가 예상한 것보다 작은 이유는 무엇일까? 세계화는 공공지출에 필요한 조세수입을 늘리려는 정부의 노력에 어떤 영향을 미칠까? 이 장에서는 세계경제에서 공공부문의 일반적 역할을 살펴보면서 이런 구체적인 문제들도 검토할 것이다.

글로벌 경제에서 소비자와 생산자 이익의 보호

정부가 존재하는 기본적인 이유는 시민들의 이익을 보호하기 위한 조정 시스템을 제공하기 위해서이다. 따라서 정부는 오랫동안 생산자의 특허 수익권을 보호해왔다. 최근에는 또한 생산자의 잠재적 부당 행위로부터 소비자를 보호하기 위해 노력하고 있다.

■ 소비자 보호: 공통점이 있나?

과거에는 기업과 소비자 간 거래에서 '소비자 주의사항'이라는 문구만 넣으면 문제가 없었다. 하지만 지금은 많은 국가에서 기업이 소비자에 대해 구체적인 최소 기준을 충족하도록 하고 있다. 예를 들어 21세기에 들어서면서 미국 연방거래위원회(FTC)는 크리스마스에 맞추어 고객에게 약속한 제품을 제대로 운송하지 못한 일부 인터넷 판매업체에 대해 여러 차례 과징금을 부과했다. 수십년 전에는 대부분의 국가에서 이러한 조치를 찾아보기 어려웠다.

소비자보호의 근거

정부는 왜 소비자보호에 나설까? 기업과 소비자 간 관계에 대한 정부개입을 지지하는 주장은 **비대칭적 정보**(asymmetric information)의 문제, 즉 거래 참여자 한쪽이 갖고 있지 않은 정보를 다른 한쪽은 갖고 있는 상황에서 발생하는 문제를 지적한다. 비대칭적 정보가 가진 문제는 **역선택**(adverse selection)을 통해서 발생한다. 역선택은 특히 불량 생산품을 생산하는 기업이 제품 판매를 위해 이를 숨기려는 강한 유인을 가질 수 있음을 의미한다. 일부 기업은 판매를 늘리기 위해 판매 후 서비스에 대해 거짓 정보를 제공한다. 판매자가 판매 후 (소비자의 관점에서) '비도덕적'인 방식으로 행동할 가능성은 **도덕적 해이**(moral hazard)의 사례 중 하나다. 도덕적 해이란 경제적 거래가 이루어진 이후 구매자나 판매자가 바람직하지 않은 방향으로 자신들의 태도를 변경할 가능성을 가리킨다.

이런 비대칭적 정보의 문제점은 FTC와 같은 정부기구가 소비자보호 서비스를 제공하는 중요한 근거가 된다. 이런 기구는 역선택 문제를 최소화하기 위해 '소비자 감시자'의 역할을 하고, 또 도덕적 해이를 막기 위해 '산업 경찰'의 역할을 수행한다.

정부의 소비자 보호 역할에 대한 다른 견해들

소비자 보호를 위한 정부개입이 가장 일반화된 나라는 북미나 유럽과 같은 선진국이며, 정도는 덜하지만 아시아에서도 이루어지고 있다. 다른 지역에서는 이 지역들보다 정부개입이 훨씬 덜 이루어지고 있다. 선진국 사이에서도 소비자 보호법 및 그 집행의 적정 범위가 어디까지인가에 대해 의견이 완전히 일치하는 것은 아니다.

예를 들어 유럽의 경우, 기업들이 소비자들에

- **비대칭적 정보**(asymmetric information): 경제적 거래 과정에서 거래 참여자 한쪽이 갖고 있지 않은 정보를 다른 한쪽은 갖고 있는 상황.
- **역선택**(adverse selection): 가장 낮은 품질의 생산품 생산자가 제품의 속성을 속이려는 유인을 가장 많이 갖는 경향.
- **도덕적 해이**(moral hazard): 구매자나 판매자가 경제적 거래가 이루어진 이후, 거래 전에 약속했던 것과 다르게 행동할 가능성.

관해 보유하고 있는 모든 정보의 비밀을 유지해야 한다. 기업은 소비자의 요청이 있을 때만 이러한 정보를 다른 기업에 제공할 수 있다. 이와는 대조적으로 미국에서는 기업간 정보 공유가 오랫동안 일반화되어 있다. 미국의 기업들은 소비자의 명단, 주소, 전화번호 및 이메일 주소를 종종 판매하기도 한다. 최근 법 개정으로 미국기업의 이런 행위 중 일부는 제한을 받게 되었다. 하지만 이에 관한 미국의 법규는 아직도 유럽에 비해 훨씬 덜 엄격하다. 앞으로 소비자 보호의 문제는 다자간 무역 협상에서 중요한 논쟁거리로 등장할 것이 분명하다.

인터넷을 통한 국제무역의 증가로 규제환경이 더욱 복잡해졌다. 예를 들어 몇 해 전 인터넷 경매회사인 이베이가 제2차 세계대전 시기 나치의 공예품이 자사 웹사이트를 통해 경매될 수 있도록 허용하자, 프랑스 법원은 나치관련 상품의 거래를 금지하는 프랑스의 법률을 위반했다고 판결했다. 이 판결은 앞으로 웹기반 기업은 세계 각국의 누구나 접근할 수 있으면서도 동시에 수 십 개국가의 소비자보호 법규를 모두 충족하는 웹사이트를 만들어야 하는 것 아니냐 하는 우려를 자아냈다. 이미 일부에서는 온라인 소비자를 위한 최소한의 온라인 규범에 대해 다자간 논의가 필요하다고 주장하고 있다.

> 있기 때문에 비대칭적 정보의 문제가 발생할 소지가 있다. 이 문제는 역선택 즉 저품질 상품이 시장에서 판매되는 문제로 이어질 수 있다. 그리고 도덕적 해이, 즉 거래가 이미 체결되거나 이루어진 이후 거래의 한쪽이 다른 한쪽에게 불리한 행동을 할 가능성의 문제도 있다. 이런 문제에 대응하기 위해 정부는 상품의 질이나 서비스에 관한 최소한의 기준을 규정한 법규를 마련하고 그 법규의 집행을 위한 기관을 설립하기도 한다.

■ 지적재산권의 보호

새로운 생산물을 발명하고, 새로운 생산과정을 도입하며, 마케팅, 판매, 재화와 서비스의 배송에서 새로운 방법을 채택함으로써 과학자, 엔지니어 및 기업가는 경제발전과 경제성장에 기여한다. 이런 개인들의 노력을 장려하기 위해 정부는 종종 창조적 아이디어의 소유에 관한 법적 규범인 **지적재산권 제도**(intellectual property rights)를 도입한다. 오늘날 지역 및 다자간 무역 협상의 주요 이슈 중 하나는 지적재산권의 국제적 규범에 관한 적절한 프레임워크를 어떻게 만들 것인가 하는 문제이다.

정부가 지적재산권을 보장하는 데는 세 가지 방법이 있다. 하나는 **저작권**(copyright) 부여인데, 이를 통해 창작자는 창조적 저작물의 재생산, 배포, 공연 및 전시에 대해 배타적 권리를 가진다. 저작권은 기사, 소설, 컴퓨터 프로그램, 오디

> **핵심 이슈 #1**
>
> 정부 규제당국은 소비자 이익의 보호를 위해 어떤 노력을 기울이는가?
>
> 기업은 종종 자사 상품의 질이나 소비자 서비스에 관해 소비자보다 더 많은 정보를 갖고

- **지적재산권 제도**(intellectual property rights): 창조적 아이디어의 소유권을 보장하는 법률로, 이 소유권은 흔히 저작권, 상표권 및 특허권의 형태를 띤다.
- **저작권**(copyright): 기사, 도서, 소프트웨어, 오디오 및 비디오 기록물을 포함한 창조적 저작물의 재생산, 배포, 공연 및 전시에 대한 창작자의 독점적 권리.

오 녹음물, 영상물과 같은 작품에 적용된다. 정부는 **상표권**(trademark)에 관한 법규를 통해서도 지적재산권을 보호할 수 있다. 상표란 기업이 자신의 재화나 서비스를 다른 회사의 것과 구별해 나타내기 위해 사용하는 문자나 도안을 의미한다. **특허권**(patent)은 발명가에게 일정 기간 동안 발명품을 생산, 사용, 판매할 수 있는 배타적 권한을 부여하는 법적 문서이다.

지적재산권 보호에 관한 찬반

현재 많은 국가가 무역관련 지적재산권협정(TRIPS: Trade-Related Aspects of Intellectual Property Rights)이라는 다자협정이 규정한 지적재산권에 관한 국제기준을 준수하고 있다. TRIPS는 최소 50년 저작권 보호, 국제상표권 보호에 관한 공통 규범, 그리고 최소 20년간의 특허권 보호를 규정하고 있다.

사회적으로 보면 지적재산권 보호에는 상충관계가 작용한다. 지적재산권 보호의 논리적 근거는, 재산권이 보호되지 않을 경우 발명가나 혁신가들이 새로운 생산물이나 기술을 개발할 유인이 약해질 것이라는 점이다. 사람들이 타인의 창조적 아이디어를 자유롭게 모방한다면, 생산물과 생산공정의 급속한 확산이 이루어져 사회가 혜택을 얻게 된다. 하지만 이런 아이디어를 사용하는 산업 내 기업들 사이의 경쟁으로 경제적 이윤은 0이 된다. 따라서 산업에 존속함으로써 발생하는 기회비용을 충당하는 것 이상으로, 새로운 생산물이나 생산공정의 개발을 위해 발명가들이 투자한 시간과 노력을 보상해줄 수익은 발행하지 않는다. 하지만 정부가 발명가에게 특허권을 부여하면 발명가는 새로운 생산물이나 생산공정을 사용하고자 하는 사람들에게 독점 가격을 부과할 수 있으며, 그렇게 되면 소비자 후생이 감소한다. (이런 상충관계의 설명을 그래프를 통해 이용하려면 "도표로 이해하는 글로벌 경제 이슈 13.1"을 참조하라.)

지적재산권 강화의 수혜자와 피해자

최근에 많은 국가들이 지적재산권을 법률을 통해 보호하기로 합의했다. 도표 13.1은 지적재산권 보호에 관한 공통 기준을 규정한 다양한 국제협약에 참가하는 국가의 수가 크게 증가했다는 것을 보여준다.

지적재산권 보호의 강화는 당연히 현재 재산권 소유자들에게는 직접적인 이익을 가져다준다. 하지만 새로운 아이디어와 공정을 기업활동에 접목하려는 사람들에게는 지적재산권의 강화가 기업의 비용을 증가시키는 요소로 작용할 가능성이 크다. 저작권, 상표권 및 특허권 소유자들에게 대가를 지불해야 하기 때문이다.[i]

현재 대부분의 지적재산권 소유자들은 미국과 유럽에 거주하고 있다. 이것은 이 지역 거주자들이 글로벌 차원의 지적재산권 강화의 직접적 혜택을 받을 가능성이 크다는 것을 의미한다. 대부

- **상표권**(trademark): 기업이 자신의 재화나 서비스를 다른 회사의 것과 구별해 나타내기 위해 사용하는 문자나 도안.
- **특허권**(patent): 발명가가 일정기간 동안 발명품을 제작, 사용, 판매할 수 있는 독점적 권리.

i) **관련 웹사이트**: 미국 특허청(U.S. Patent and Trademark Office)의 전자상거래 프로그램에는 어떤 것이 있을까? 이에 관한 정보를 얻으려면 www.uspto.gov를 방문해 'Patents'를 클릭하고 팝업 목록 중에서 'Electronic Business Center'를 클릭하면 된다.

도표로 이해하는 글로벌 경제 이슈

13.1 특허권 보호의 상충관계

지적재산권 보호에 사회적 상충관계가 존재한다는 것을 이해하기 위해서는 도표 12.5(p. 373)로 돌아가보자. 한 생산물의 이용이 가능해져 다수의 완전 경쟁적 생산자가 아무런 구애를 받지 않고 이 생산물을 모방함으로써 자기 회사 이름으로 완전한 대체재를 판매하면 소비자잉여는 최대가 된다. 그 결과 생산물가격은 그 산업 전체에 걸쳐 한계비용과 동일해지고, 해당 가격에서 생산량은 수요량과 일치하게 된다.

하지만 이러한 완전 경쟁적 결과는 생산물을 자유롭게 모방할 때만 가능하다. 완전 경쟁이 이루어지면 경제적 이윤은 0이 되어 발명가가 생산물을 최초로 개발할 때 발생하는 상당한 초기비용을 부담할 유인이 없어진다. 그 결과 지적재산권을 부여하지 않으면 도표 12.5에서 소비자잉여에 해당하는 빗금 친 큰 삼각형이 완전히 사라진다.

지적재산권을 완전히 부여하면 특허권 보유자는 생산물에 대해 독점가격을 부과할 수 있다. 그러면 소비자잉여가 도표 12.5의 빗금 친 작은 삼각형으로 줄어든다. 특허권 소유자의 경제적 이윤이 사회에서 발명가에게 이전된 부분이다. 따라서 특허권 보호에 따른 상충관계란, 특허권 부여가 발명가로 하여금 생산물을 개발하도록 유도하지만 완전 경쟁하에서의 후생수준과 비교해 보면 소비자 후생은 줄어들게 된다는 것이다.

심화 학습: 특허권을 가진 발명가가 다른 나라에 살고 있다면, 도표 12.5에서 이 발명가에 대한 글로벌 특허권 부여로 인해 발생하는 국제적 자원이전을 나타내는 부분은 어디인가?

도표 13.1 국제적 지적재산권 보호의 강화

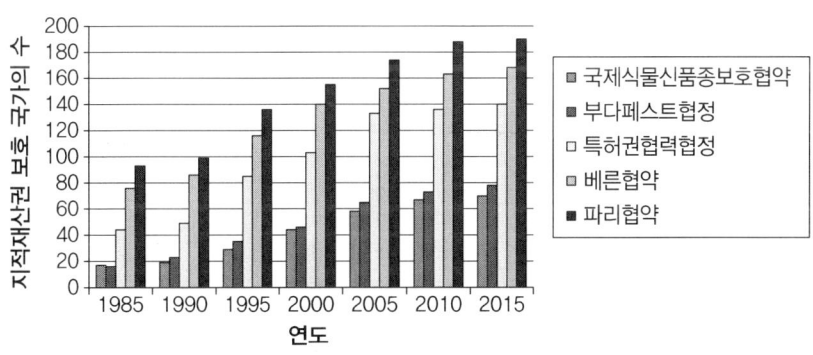

* 지적재산권을 보호하는 협정이나 협약에 가입한 회원국의 수가 크게 증가하고 있다.

출처: World Intellectual Property Organization 및 저자 추정치.

분 저개발국가인 다른 지역 거주자들은 직접적 피해를 입게 된다.

그런데 지적재산권 보호에 관한 국제협약에 최근 가입한 회원국의 거의 대부분은 개발도상국이다. 물론 이 국가들 중 일부는 이런 협정에 가입하지 않을 경우 미국으로부터 무역보복을 당할 수도 있다는 압력을 분명히 느꼈을 것이다. 아마 이 국가들 중 다수는 앞으로 경제발전이나 경제성장의 촉진을 통해 상당한 이익을 얻을 수 있기 때문에 현재 피해를 감수하는 것이 자신들에게 이익이 된다고 판단했을 것이다. (TRIPS협정과 도표 13.1에 정리된 다양한 협정과 협약의 발효 이후 선진국과 신흥국가 모두에서 특허권 신청이 크게 증가했다. 이에 관해 "참고사례 13.1"을 참조하라.)

> ### ♣ 참고사례
> #### 13.1 전세계 특허권 신청의 급증
>
> 1995년 TRIPS협정이 체결되었을 때 많은 비판론자들은 세계적 차원의 지적재산권 보호의 주된 수혜자는 대부분의 지적재산권을 보유하고 있는 최선진국 거주자들이 될 것이라고 우려했다. TRIPS에 대한 이런 비판은 지적재산권이 앞으로도 최선진국에 계속 집중될 것이라는 우려를 반영한 것이었다.
>
> 도표 13.2에 나타난 것처럼 통계의 국제비교가 가능한 가장 최근 기간인 1995년과 2008년 사이에 특허권 신청이 실제로 미국에서는 2배가 증가했고 EU에서는 거의 3배가 증가했다. 그럼에도 불구하고 같은 기간 특허권 신청이 한국에서는 2배 이상, 브라질과 인도에서는 3배 이상 증가했다. 중국에서는 1,300퍼센트 이상 증가했다. TRIPS협정 발효 이후 신흥국의 특허권 신청 증가는 선진국의 증가 속도를 추월했다. 지적재산권의 소유는 여전히 최선진국에 집중되어 있지만 지적재산권 소유의 분포는 점점 세계 전체로 확산되고 있다.
>
> **심화 학습**: 특허권 보유자의 소유권 강화를 위한 신흥국의 노력이 이 지역에서 특허권을 신청하려는 개인과 기업의 인센티브에 어떤 영향을 미쳤을 것으로 생각하는가?

도표 13.2 주요국의 특허권 신청 건수 (1995년과 2008년)

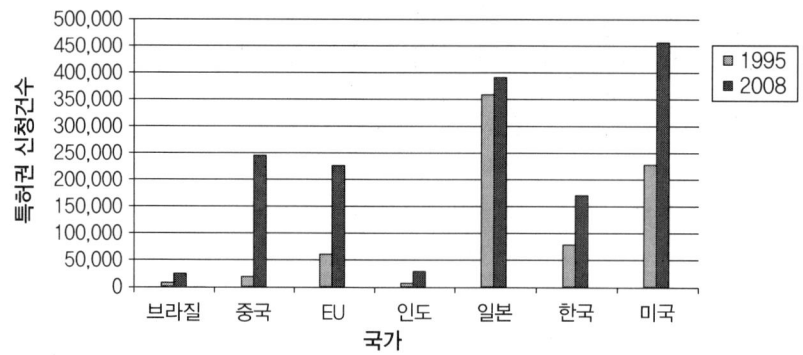

* EU, 일본, 미국과 같은 선진 지역은 물론이고 브라질, 중국, 인도, 한국과 같은 신흥국가에서 특허권 신청 건수가 큰 폭으로 증가하였다.

출처: Maskus (2012).

지적재산권의 회피: 병행수입

세계적인 지적재산권 보호 강화 추세에도 불구하고 국제무역에 참여하는 일부 사람들은 저작권, 상표권 및 특허권 소유자들에 대한 대가 지불을 회피할 수 있는 방법을 계속 찾아내고 있다. 최근 특별히 주목을 끈 이슈 중 하나는 **병행수입품(parallel imports)**이다. 병행수입품은 종종 회색시장 수입품이라고 불리기도 하는데, 처음에 일부 지역에서 합법적으로 유통된 이후 저작권, 상표권 혹은 특허권 소유자의 승인 없이 다른 나라로 유입된 재화나 서비스를 가리킨다.

예를 들어 미국에서 제조된 소프트웨어를 판매하는 캐나다의 공식 유통업자가, 멕시코의 소매가격보다 낮은 도매가격으로 캐나다에서 소프트웨어를 판매할 수도 있다. 따라서 캐나다 딜러는 이 소프트웨어를 멕시코에 넘겨서 이윤을 얻을 수 있다. 이런 방식으로 캐나다 기업은 병행수입품을 유통시킨다.

지금까지 다자간 TRIPS협정은 병행수입품에 대한 대응을 각국 정부에 맡겨두고 있다. 일부 TRIPS 회원국은 더욱 엄격한 다자간 규범의 마련과 철저한 집행 메커니즘을 촉구했다. 이 문제는 앞으로 다자간 무역협상에서 중요한 의제가 될 것이다.

- **병행수입품(parallel imports)**: 일명 회색시장 수입품으로 처음에 일부지역에서 판매 허가가 이루어진 다음 당국의 승인 없이 다른 나라로 유입된 재화나 서비스.

> **핵심 이슈 #2**
>
> **세계 각국은 지적재산권을 어떻게 보호하는가?**
> 발명가나 혁신가의 노력을 장려하기 위해서 정부는 일반적으로 지적재산권이나 창조적 아이디어의 소유권을 규정하는 법규를 도입한다. 기사, 소설, 컴퓨터 프로그램, 오디오 기록물 및 영화와 같은 창조적 저작물에 대해 정부는 저작권, 즉 저작물을 재생산, 배포, 공연 및 전시할 수 있는 배타적 권리를 부여한다. 정부는 기업이 자사 제품을 다른 회사의 제품과 구별하기 위해 사용하는 문자나 도안인 상표에 관한 법규를 확립한다. 그리고 특허를 발행하여 발명자에게 발명품을 제조, 사용, 판매할 수 있는 배타적 권리를 일정 기간 동안 부여한다.

시장실패에 대한 대응: 글로벌 차원의 규제가 필요한가?

완전 경쟁하에서도 때로는 어떤 경제활동에 자원이 너무 많이 혹은 너무 적게 분배될 수 있다. 그런 상황은 경제적 효율성, 개인의 자유 그리고 다른 잠재적인 사회적 목표 달성을 가로막는 **시장실패(market failure)**이다. 전통적으로 많은 경제학자들은 시장실패의 치유를 위해 각국 정부의 적극적 개입이 필요하다고 주장했다. 오늘날에는 시장실패가 국제적으로 영향을 미치기 때문에 초국가적인 글로벌 기관의 개입 필요성을 주장하는 경제학자들이 점점 증가하고 있다.

■ 시장외부성은 국경 안에서만 나타나는가?

개인이 자신의 결정에 따르는 실제 기회비용을 알아야만 경제적 효율성이 달성된다. 어떤 경우에는

- **시장실패(market failure)**: 자유로운 민간시장 활동이 경제적 효율성, 개인의 자유 및 기타 다양한 사회적 목표에 부합하는 결과를 달성하지 못하는 상황.

개인이 재화나 서비스의 대가로 지불하는 가격이 사회 전체가 부담해야 하는 기회비용보다 높거나 낮을 수 있다. 또 다른 경우에는 민간시장이 거의 모든 사람에게 혜택이 돌아가는 재화를 공급하지 못할 수도 있다. 이런 상황이 국내에서 발생할 수도 있지만 국경을 넘어서 발생할 수도 있다.

시장파급효과와 국제적 영향

다뉴브 강의 지류인 티사 강(Tisza River)에서 하루하루 물고기를 잡아 생계를 유지하는 헝가리나 슬로바키아 어부의 어려움에 대해 생각해보자. 몇 해 전 루마니아 광산에서 발생한 부산물인 청산가리 함유 슬러지 10만 톤 가량이 그 강을 쓸고 지나갔다. 불과 며칠 안에 100톤 이상의 죽은 물고기가 강 하류로 떠내려와 헝가리와 슬로바키아로 유입되었다.

청산가리는 금광산에서 금을 다른 광석과 분리할 때 자연스럽게 발생하는 물질이다. 루마니아의 금 생산업체는 청산가리를 이용해서 작업을 해야 하기 때문에 안전한 처리를 위해 청산가리를 빼내기 전에 통상 청산가리를 수조탱크에 일시적으로 보관한다. 그 사이 최종생산물인 순금을 금 거래업자에 운송하고 금 거래업자는 금을 산업용 사용자, 보석 도매상 등등에게 판매한다. 헝가리와 유고슬라비아의 어부는 **외부성**(externality)을 경험한 것이다. 외부성이란 금생산과 같은 시장 내부의 활동이 이 어부들과 같이 시장에 직접 참가하지 않는 제3자에게 파급되어 영향을 미치는 경제적 결과를 의미한다.

루마니아산 금을 사용하는 대부분의 소비자들은 청산가리가 동유럽의 하천을 오염시킬 수 있다는 사실을 모르고 있었다. 따라서 이들의 관점에서 보면 2000년 초에 이들이 지불한 금의 가격은 청산가리의 생산과 아무 관계가 없었다. 헝가리와 유고슬라비아 어부가 겪은 말 그대로의 파급효과는, 금이라는 생산물의 시장가격이 그것의 생산과 관련된 넓은 의미의 사회적 비용을 제대로 반영하지 못한다는 것을 아주 명확히 보여준다. 루마니아산 금의 시장가격은 사회 전체가 금에 대해 지불해야 하는 가격보다 낮기 때문에, 이 금의 생산은 **음의 외부성**(negative externality)을 유발한 것이다. 사회 전체의 관점에서 보면 민간시장의 금 가격을 통해서 지나치게 많은 자원이 금 생산에 배분되고 있는 것이다. 나아가 이 외부성은 루마니아의 국경을 넘었기 때문에 **국제적 외부성**(international externality)이 발생한 것이다. 한 나라 내의 시장활동에서 비롯된 파급효과가 다른 나라에 있는 제3자에게 영향을 미치는 경우를 국제적 외부성이라고 한다. (미국 태평양연안의 항구에서 중국으로 전력 생산용 석탄을 운송하기 위한 운반계획이 미국농부에게 영향을 미칠 수 있다는 우려가 제기되었다. 이와 관련하여 "정책사례 13.1"을 참조하라.)

어떤 상황에서는 민간시장이 특정 재화나 서비스의 생산에 자원을 지나치게 적게 배분할 수도 있다. 예를 들어 개발도상국 주민들에게 백신을 접종하면 다른 개발도상국이나 선진국으로 병이 확산되는 것을 막을 수 있고 따라서 모든 나라 주민들의 삶의 질을 개선할 수 있다. 하지만

- **외부성**(externality): 한 시장 내의 거래에 참여하지 않는 제3자의 후생에 영향을 미치는 파급효과.

- **국제적 외부성**(international externality): 한 나라의 시장활동에서 발생한 파급효과가 다른 나라 제3자의 후생에 영향을 미치는 현상.

정책사례

13.1 미국의 새로운 대중 수출 때문에 민트차에서 석탄 맛이 나게 될까?

미국의 전력생산에 사용되는 석탄의 40퍼센트는 남동부 몬태나와 북동부 와이오밍의 파우더강(Powder River) 유역에서 생산된다. 미국의 발전소는 터빈을 돌리기 위해 파우더강 유역 석탄을 사용하여 전력을 생산한다. 하지만 최근 국내 발전소들은 석탄연소 터빈 대신 가격이 싼 천연가스 설비로 교체하였다. 그 결과 전력생산용 석탄에 대한 국내수요가 감소하자 파우더강 유역 석탄생산업체들이 해외의 석탄수요 증가에 대응하려고 노력하고 있다. 미국산 석탄에 대한 중요한 잠재적 해외수요처는 계속 석탄연소 터빈을 사용하고 있는 중국 발전소들이다. 사실 중국 발전소들은 매년 1억 5,000만 톤의 미국산 발전용 석탄을 수입할 의사가 있는 것으로 알려졌다. 이는 현재가격으로 10억 달러 이상의 규모이다.

몬태나와 와이오밍에서 생산된 석탄을 태평양을 건너 중국까지 운송하기 위해서는 새로운 운송 루트를 사용해야 할 것이다. 이에 대해 대부분의 전문가들은 파우더강 유역 석탄을 철도를 이용하여 서쪽으로 운반하는 루트로 몬태나주 중부, 아이다호주 북부, 오레곤주 북부를 가로지른 다음 북쪽으로 워싱턴주 동부를 관통하는 루트를 제안하고 있다. 이렇게 철도를 통해 석탄은 특수설비를 갖춘 워싱턴주 북부의 항구로 운반될 것이다. 그 다음 석탄은 배에 실려 중국까지 운송될 것이다.

석탄 운송을 위한 철도 루트는 민트 재배 농장들이 많은 지역을 통과하게 된다. 이 민트는 민트 오일 생산에 사용되며 민트 오일은 다시 껌, 치약, 캔디 및 다른 식품의 제조에 사용된다. 이 철도 루트 제안에 반대하는 농민 단체는 "석탄가루가 민트 위로 날리면 우리는 끝이다. 아무도 석탄 냄새가 나는 민트차를 마시려고 하지 않을 것이다"라고 걱정했다. 이 농민들의 관점에서 보면 중국이 미국산 발전용 석탄을 수입하기 위한 루트가 부정적 파급효과의 원인이 될 수 있다. 따라서 중국 전력 생산에 사용되는 석탄에 대한 수요 증가는 국제적 외부성을 유발할 가능성이 있다.

심화 학습: 석탄연소로 심각한 대기오염을 이미 겪고 있는 중국인들 중 일부는 미국 석탄의 중국 내 추가 수입이 국제적 외부성의 원인이 될 수 있을 것이라고 생각할까?

개발도상국 내 예방접종의 민간시장 가격이 너무 낮아서 접종 서비스의 잠재적 공급자들이 사회 전체가 필요로 하는 만큼의 접종을 공급하지 않을 수 있다. 이 경우는 **양의 외부성**(*positive externality*)이 존재하는 상황이다. 양의 외부성은 국내에서 발생할 수도 있고 이 경우처럼 국제적으로도 발생할 수 있다.[ii]

ii) **관련 웹사이트**: 미국정부는 환경을 보호하기 위해 어떤 규제를 사용할까? www.epa.gov/lawsregs에 방문해 알아보라.

외부성의 교정을 위한 정부의 역할

민간시장은 외부성을 고려하지 않고 작동하기 때문에 정부는 외부성이 존재하는 시장에 참여하는 생산자와 소비자가 외부성을 고려하도록 유도할 수 있다. 청산가리 오염과 같은 음의 외부성이 있는 경우 다국적 기관이 청산가리의 안전한 저장에 관한 최소 기준의 부과 및 집행, 청산가리 생산에 관한 제한 — 그리고 그에 따른 금 생산의 제한 — 혹은 청산가리를 부산물로 유발하는 금과 같은 재화 생산자에 대한 과세 등의 조치를 취할 수 있다.

예방접종을 통한 질병억제와 같은 양의 외부성이 있는 경우 다국적 기관이 직접 접종 서비스를 제공할 수도 있으며, 민간의 백신 및 접종 서비스 공급자에게 보조금을 지급할 수도 있고, 백신과 접종 서비스의 수요 촉진을 위한 정책을 도입할 수도 있다. (수요 및 공급 곡선을 이용하여 이런 정책이 음의 외부성이나 양의 외부성을 어떻게 교정하는지 이해할 수 있다. 이에 관해서는 "도표로 이해하는 글로벌 경제 이슈 13.2"를 참조하라.)

도표로 이해하는 글로벌 경제 이슈

13.2 다자간 개입을 통한 국제적 외부성의 교정

여러 나라의 협력으로 만들어진 다국적 기관이 금 생산업체가 유발한 국제적 청산가리 오염에 어떻게 대처할 수 있는지 이해하기 위해 도표 13.3의 그림(a)를 보자. 금 생산업체와 소비자가 금 생산 과정의 부산물인 청산가리의 사회적 비용을 인식하지 못한다면, 금의 민간시장 가격은 P_1이 되고 금의 생산량 및 수요량은 Q_1이 된다. 하지만 전세계 금 생산업체들이 청산가리 오염으로 인한 추가의 사회적 비용을 고려한다면 이들은 더 높은 가격에서만 이런 비용을 부담하고 일정량의 금을 생산하려고 할 것이다. 따라서 시장공급곡선은 S_1에서 S_2로 상방 이동할 것이다. 그 결과 세계의 금 소비자들은 더 높은 가격 P_2를 지불하고 금 생산업체는 Q_2단위의 금을 생산할 것이다.

사회적으로 바람직한 결과를 달성하기 위해 다국적 기관은 금생산과 같은 청산가리 유발 활동을 제한하는 정책을 검토할 수 있다. 원칙적으로 한 가지 방법은 세계 전체 금 생산을 사회적으로 바람직한 수준으로 줄이기 위해 금의 무역을 제한하는 것이다. 하지만 대부분의 경제학자들은 생산량이 사회적으로 바람직한 수준에 정확히 이르도록 다국적 기관이 정책을 세밀하게 수행하기는 어려울 것으로 생각한다. 따라서 전통적으로 경제학자들은 음의 외부성을 유발하는 재화나 서비스의 생산자에게 세금을 부과하는 방안을 선호한다. 만약 다국적 기관이 금 생산의 오염 효과로 인한 단위당 사회적 비용을 확정할 수 있다면, 금 생산자에게 이 비용을 부담하도록 요구할 수 있다. 이렇게 하면 도표 13.3의 그림 (a)에서 시장공급 곡선은 정확히 이 금액만큼 위로 이동하게 되어 민간시장 가격은 상승하고 금 생산도 줄어들어 청산가리 오염도 줄어든다. 다른 한편 각국 정부로 하여금 이 비용과 동일한 단위당 세금을 부과하도록 해도 결과는 마찬가지이다. 다국적 기관이든 각국 정부든 세금부과를 통해 얻은 수입을 오염물질 제거 및 오염방지 활동에 필요한 자금으로 사용할 수 있을 것이다.

그림(b)는 다국적 기관이 양의 외부성에 대응하는 방법을 보여주고 있다. 이런 상황에서는 예방접종을 받을 의향과 능력이 있는 시장 참여 소비자들만이 예방접종의 혜택을 받는다. 따라서 D_1이 시장수요 곡선이다. 하지만 예방접종 확대로 다른 사람들도 혜택을 받을 것이기 때문에, 사회 전체는 수요곡선이 D_2가 되기를 원할 것이다. 그러면 시장가격은 P_1에서 P_2로 상승해 민간 공급자는 더 많은 백신을 공급하려고 할 것이고 그 결과 전체 접종자 수는 Q_1에서 Q_2로 증가할 것이다.

심화 학습: 시장에 대한 정부의 개입과 관련하여 경제학자들은 생산자에게 일정 양을 공급하도록 강제하는 것보다 가격을 통한 접근을 왜 더 선호할까?

도표 13.3 외부성 교정을 위한 정책

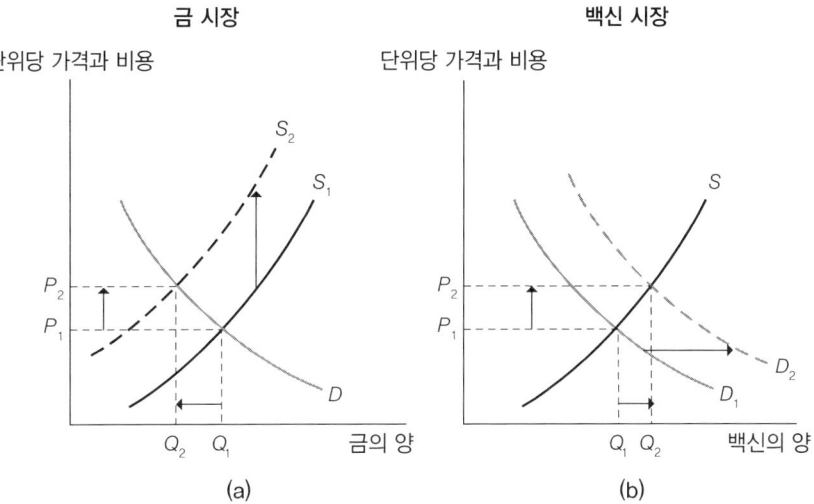

* 그림(a)에서 금 생산자가 금생산 과정의 청산가리 부산물로 인한 사회적 비용을 무시할 경우 금의 민간시장 가격은 P_1, 금의 생산량과 소비량은 Q_1이다. 금 생산자가 청산가리 오염으로 인한 추가의 사회적 비용을 고려하면 시장공급곡선은 S_1에서 S_2로 위로 이동한다. 그 결과 전세계의 금 소비자는 상승한 시장가격 P_2를 지불하고 금 생산자는 Q_2만큼의 금을 생산한다. 그림(b)에서 D_1은 접종을 받을 의사와 능력이 있는 소비자만 백신 생산과 판매의 혜택을 받는 경우의 백신에 대한 시장수요 곡선이다. 접종이 확대되면 이 외에 다른 사람들도 혜택을 볼 수 있기 때문에 사회는 수요곡선이 D_2가 되기를 원한다. 그래서 시장가격은 P_2로 올라가고 생산자도 더 많은 백신을 공급해서 전체 접종자 수는 Q_2로 증가한다.

글로벌 공공재가 존재하는가?

대부분의 재화나 서비스는 한 번에 개인 한 명이 소비할 수 있는 **민간재**(*private goods*)이다. 밴드나 오케스트라 콘서트가 제공하는 공연서비스처럼 다수의 개인들이 동시에 다수의 재화나 서비스를 소비할 수 있다. 이런 재화와 서비스 중에는 한 그룹의 소비자는 혜택을 얻지 못하도록 하면서 다른 소비자에게만 제공하는 것이 불가능한 것들이 있다. 그리고 한번 공급되면 추가 비용을 발생시키지 않으면서 다른 사람도 추가로 그 재화나 서비스를 소비할 수 있는 속성을 지닌 것들도 있다. 나아가 대가를 지불하지 않는 사람에게는 재화나 서비스의 혜택을 차단하는 것이 불가능하지는 않지만 적어도 상당히 어렵다. 이런 기준을 충족하는 재화나 서비스가 **공공재**(public goods)이다.

글로벌 경제의 공공재

대부분의 경제학자들이 공공재가 존재한다는 데 대해서는 동의하지만 종종 특정한 사례에 대해서는 의견 일치가 이루어지지 않는다. 예를 들어 가장 일반적으로 인용되는 공공재의 사례가 등대이다.

• **공공재**(public goods): 동시에 많은 사람들이 소비할 수 있고, 추가비용을 지불하지 않은 사람들은 소비하지 못하도록 한 상태에서 한 개인만 소비하는 것이 불가능하며, 생산을 위한 대가를 지불하지 않은 사람을 배제하기 어려운 재화나 서비스.

논란의 여지가 있지만 등대의 서비스는 다수의 항해사들이 동시에 사용할 수 있다. 그리고 등대가 한번 설치되면 추가로 아무런 비용을 들이지 않아도 항해하는 다른 배들도 등대를 사용할 수 있다. 하지만 13세기 프랑스 국왕 루이9세는 두 가지 목적을 가지고 105피트의 타워를 건립했다. 이 타워는 등대 역할을 할 뿐만 아니라 빛을 볼 수 있는 거리에서 항해하는 배를 탐지하는 망루 역할도 했다. 국왕 휘하의 해군 군함은 이런 배들이 등대 서비스 사용료를 지불하지 않고 도망가면 신속하게 출동했다. 이렇게 프랑스 국왕은 등대 서비스를 사용하는 모든 사람들이 그 대가를 지불하도록 하는 방법을 고안해냈다.

그럼에도 불구하고 여러 재화와 서비스가 국가 단위 혹은 지역 단위 공공재로 언급된다. 예를 들어 국가 혹은 지역의 방위, 산불진압, 지하수 오염방지, 홍수방지, 동물 질병 관리 등이 있다. 어떤 사람들은 공원, 하천, 수로, 고속도로, 심지어 인터넷을 포함시키는데, 대부분의 경제학자들은 이런 것을 '비순수' 공공재로 분류한다. 왜냐하면 이런 서비스는 대가를 지불하지 않는 사람들을 사용에서 배제할 수 있기 때문이다. 전세계 사람들에게 혜택을 주는 **글로벌 공공재(global public goods)**에 포함될 수 있는 재화나 서비스도 많이 있다. 예를 들어 해양 오염방지, 기후예측, 세계 오존층 보존, 질병 퇴치 등이 여기에 속한다. 글로벌 공공재의 범위는 사람에 따라 다르다. 어떤 학자들은 위성궤도, 대륙 및 해양의 선박 및 항공기 항로, 전자기 스펙트럼 대역 등을 포함시키기도 하는데, 이런 경우는 대가를 지불하지 않은 사람을 사용에서 배제하는 것이 가능하다.

공공재를 정부 기관이 종종 제공하는 재화나 서비스와 구분하는 것이 중요하다. 예를 들어 일부 전문가는 의료 서비스를 국가, 지역, 심지어 글로벌 공공재로 분류하기도 한다. 하지만 경제학자의 관점에서 보면 의료 서비스를 공공재로 분류하는 것은 정확하지 않다. 왜냐하면 사람들이 의료 서비스의 대가를 지불하지 않으려고 하거나 지불할 수 없을 경우 이 서비스에 대한 접근을 차단하는 것은 간단하기 때문이다. 그럼에도 불구하고 많은 나라에서 정부가 의료서비스의 비용을 부분적으로 또는 전액 부담한다. 일부 국가에서는 상대적으로 큰 액수의 의료서비스를 직접 제공한다. 이런 나라에서는 의료서비스는 **가치재(merit goods)**로 간주되어 시장에 대한 정부 개입을 통해 사회가 그 소비를 촉진하고자 하는 것이다. 따라서 정부가 민간 의료서비스와 병행하여 혹은 그것을 대체하여 의료서비스를 제공하는 것이다.

의료서비스는 정부가 어떤 재화나 서비스를 직접 제공해야 하는가 여부를 결정하는 것이 쉽지 않다는 것을 보여주는 한 예이다. 공공재의 경우 정부 공급의 근거를 경제이론에서 찾을 수 있다. 이와는 달리 가치재의 경우 정부 개입의 명확한 근거를 경제이론에서 찾기가 쉽지 않다.

- **글로벌 공공재(global public goods)**: 전세계 다수의 사람들에게 동시에 혜택을 주면서, 추가 비용을 지불하지 않은 사람들은 혜택을 누리지 못하도록 한 상태에서 한 개인에게만 공급하는 것이 불가능한, 그리고 대가를 지불하지 않은 사람을 소비에서 배제시킬 수 없는 재화나 서비스.

- **가치재(merit goods)**: 어느 나라의 국민들이 정치적 과정을 통해서 사회적으로 필요하다고 판단한 재화나 서비스.

무임승차 문제

진정한 글로벌 공공재의 범위는 사람에 따라 다를 수 있지만 모든 공공재의 공통된 문제점은 **무임승차 문제**(free-rider problem)이다. 각 개인들이 공공재의 대가를 다른 사람이 지불할 것이라고 생각해, 공공재의 생산을 줄이지 않으면서 각 개인은 자신의 몫을 지불하지 않을 수 있게 될 때 무임승차 문제가 발생한다.

일반적으로 매우 많은 사람들이 무임승차자가 되려고 하면 공공재 공급에 필요한 비용을 마련하기 어렵다. 조세체계가 강제적인 것은 바로 이 이유 때문이다. 세금이 세계 모든 지역에서 매우 뜨거운 논쟁의 주제가 되는 것도 바로 이 이유 때문이다. 결국 어떤 재화나 서비스를 공공재 혹은 가치재로 분류해야 하는가에 대해 국민들이 의견 일치를 이루지 못하면 이런 재화나 서비스의 공급에 필요한 비용 마련을 위해 국민들이 얼마나 세금을 납부해야 하는가에 대해서도 합의를 이루지 못할 수 있다.

- **무임승차 문제**(free-rider problem): 공공재 공급에 필요한 비용을 다른 사람이 지불할 것이라고 생각해 각 개인이 그 부담을 피하려고 하는 상황.

핵심 이슈 #3

국제적 외부성과 글로벌 공공재는 무엇이며, 각국 정부와 다국적기구는 이와 관련하여 어떤 일을 할 수 있는가?

국제적 외부성은 한 나라에서의 시장 활동이 다른 나라 제3자의 후생에 영향을 미치는 파급효과이다. 글로벌 공공재는 전세계 다수의 사람들에게 동시에 혜택을 주면서, 추가적 비용지불 없이는 다른 사람들이 혜택을 누리지 못하도록 한 상태에서 한 개인에게만 공급하는 것이 불가능하며, 대가를 지불하지 않은 사람을 소비에서 배제시킬 수 없는 재화나 서비스를 가리킨다. 국경을 초월한 환경오염과 같은 음의 국제적 외부성을 교정하기 위해서는 정부나 다국적 기관이 외부성을 유발하는 재화나 서비스의 생산 및 교역을 제한할 수도 있고, 생산자가 외부성 비용을 부담하도록 할 수도 있으며, 생산자에게 세금을 부과할 수도 있다. 세계의 환경을 공공재로 인식할 수 있지만, 환경보호 촉진을 위해서 어떤 국제무역 정책이 적절한 정책인가에 대해서는 합의된 바가 없다.

글로벌 환경의 보호: 다국적 문제지만 다자간 해결책은 없다?

외부성은 세계의 환경에 영향을 미칠 수 있다. 어떤 사람들은 세계 전체의 환경이 글로벌 공공재라고 생각한다. 분명히 세계 환경의 많은 부분은 **공유재산**(common property)이다. 공유재산이란 어느 특정 개인이 아니라 모든 사람이 소유한 비배제적 자원이다. 예를 들어 모든 사람이 세계의 대기를 공유하는 것이지 특정 개인이 그 일부를 소유하는 것은 아니다. 개인이 특정 자산을 소유하지 않으면 그 자원의 오용에 대해서도 관심이 없다.

■ 글로벌 환경의 공공재적 성격

지구 표면의 상당 부분은 사적으로 소유되고 있지

- **공유재산**(common property): 어느 특정 개인이 아니라 모든 사람이 소유한 비배제적 자원.

만 개인이나 기업은 이런 자원을 사용하면서 환경을 무시하거나 오염시켜 음의 외부성을 발생시킬 수 있다. 정부가 민간 재산을 매입하거나 심지어 몰수하여 현재 많은 민간 토지를 공공 토지로 전환시키는 것이 이런 문제에 대응하는 한 가지 방법이 될 수 있다. 이런 관점에서 보면 세계의 자원들은 글로벌 공공재이다. 따라서 청정한 환경을 유지하기 위해서는 정부간 협력이 필요하다.

세계의 '모든' 환경이 공공재인가?

각국의 정부가 항상 그 나라 환경을 효과적으로 관리할 수 있는 주체는 아니다. 과거에는 깨끗했지만 지금은 황폐해져 불모의 땅이 된 아랄해 연안이나 그 주변에 지금도 거주하는 구소련의 주민들은 정부가 환경을 얼마나 파괴할 수 있는지 증언할 수 있을 것이다.

그리고 대부분의 국가에서 민간 재산의 소유는 인간의 기본적 자유에 해당한다. 따라서 많은 정부가 토지를 매입해 공유지로 만들지만 대부분의 정부는 환경보호를 목적으로 토지를 몰수하지는 않는다.

나아가 세계 환경이 가진 많은 특징은 글로벌 공공재의 정의에 전혀 부합하지 않는다. 그리고 그 중 일부는 국가 단위의 공공재나 지역 단위의 공공재도 아니라고 할 수 있다. 예를 들어 혜택의 내용이 무엇이든 대부분의 토지로부터 발생하는 혜택을 누리지 못하도록 사람들을 배제하는 것은 그리 어렵지 않다. 그리고 토지 사용에 대해 대가 지불을 거부하는 사람들은 울타리나 장벽을 이용해 들어오지 못하도록 막을 수 있다. 어떤 경우 토지의 사용이 다른 지역 사람들에게 외부성을 유발할 수는 있지만 세계의 토지는 글로벌 공공재로서 분류될 수 없다.

글로벌 공공재로서 세계의 대기와 해양

하지만 세계 환경의 다른 요소들은 글로벌 공공재 분류기준을 대부분 충족한다. 지구의 대기와 해양이 가장 대표적이다. 특정 지역의 공기나 지구표면 위의 공기를 특정인들이 사용하지 못하도록 배제하는 것은 원칙적으로 가능하다. 하지만 실질적인 관점에서 보면 시장 메커니즘을 이용해 그렇게 하는 것은 어려울 것이다.

마찬가지로 세계의 해양과 수많은 하천의 대부분도 글로벌 공공재의 기준을 충족하는 것으로 보인다. 경찰력을 동원하여 특정 개인들이 특정 해역에서 수영을 하거나 보트를 타거나 운송활동을 하는 것을 막을 수 있다. 그리고 해안선을 보유하고 있는 나라들은 종종 이런 활동을 할 수 있는 범위를 해안선으로부터 일정 거리까지 법으로 제한한다. 하지만 공해상에서 이런 활동을 하지 못하도록 막기 위해 사적 수단을 개발하는 것은 거의 불가능할 것이다. 해양에 있는 물은 당연히 한 곳에서 다른 곳으로 흘러간다. 따라서 해양의 일부에 소유권을 부여하는 것은 문제를 유발할 것이다.

대기와 해양은 공유재산의 전통적 사례이다. 어떤 개인도 지구 대기의 일정 부분을 '소유'하지 않으며, 어떤 개인도 지구 해양의 일정 부분을 '소유'하지 않는다. 바로 이런 이유 때문에 토지와 달리 지구의 물과 공기를 보호하기 위한 다자간 합의가 성공한 사례가 많다.

■ 세계 환경문제 해결을 위한 대안들

세계의 환경을 개선하기 위한 대부분의 노력은 환경 전체를 공공재로 보는 것이 아니라, 세계 환경 내부의 사적 재산의 오용에 따른 음의 외부성 문제를 해결하는 데 초점을 맞추고 있다. 따라서 대부분의 환경보호 노력은 사적 재산의 사용을 규제하는 데 초점을 맞춘다.

세계 오염방지에 대한 경제적 시각

세계 각국은 오염으로부터 환경을 보호하기 위해 많은 방법을 시도하고 있다. 예를 들어 습지를 파괴하거나 동물의 서식지나 멸종위기 종에 피해를 입히는 행동을 하기 전에 소유자들에게 환경영향평가서를 제출하도록 국가가 의무화 할 수 있다. 많은 국가에서는 오염 유발을 피하기 위해 기업이 상당한 비용을 부담하도록 법으로 강제하고 하고 있다. 일부 국가에서는 오염 유발자에게 세금을 부과하고 있다.

하지만 무엇을 국가 차원 혹은 국제적 차원의 적절한 환경보호 목표로 설정할 것인가는 어려운 문제이다. 세계 여러 나라의 시민이나 정책결정자들 중 일부는 공해감축 또는 소위 오염저감의 목표는 모든 오염의 궁극적 제거가 되어야 한다고 주장한다. 하지만 대부분의 경제학자들은 오염의 완전한 제거가 반드시 사회에 최선은 아니라고 주장한다. 그 이유는 오염저감 노력의 편익도 있지만 사회가 그 비용도 부담해야 하기 때문이다.

환경을 깨끗하게 보호하려는 노력이 유익하다는 데 대해서는 거의 모든 사람이 동의한다. 예를 들어 물을 더 맑게 할 때마다 사회 후생이 증가한다. 하지만 물의 깨끗함을 한 단계 높일 때 사회후생이 얼마나 더 개선되느냐는 기존에 환경이 얼마나 오염되어 있느냐에 따라 다르다. 예를 들어 물리적 측정 기준에 따라 물의 최대 청정도가 100퍼센트라고 하자. 여러 나라가 인접해 있는 어느 호수의 청정도가 62퍼센트인 상태에서 청정도를 8퍼센트 포인트 개선했을 때 사회 후생의 증가폭은, 청정도가 이미 91퍼센트인 상태에서 8퍼센트 포인트 개선했을 때에 비해 더 클 것이다. 겨우 62퍼센트 깨끗한 물은 마시기 어려울 텐데, 청정도를 8퍼센트포인트 개선하면 사람이 소비하기에 충분할 정도의 수질이 될 것이다. 이와 대조적으로 청정도가 이미 91퍼센트 수준인 호수라면 많은 용도로 사용할 수 있기 때문에 청정도가 8퍼센트 더 개선되어도 대부분의 사람은 그 차이를 알기 어려울 것이다.

오염방지는 비용을 수반한다. 더욱이 오염을 줄이는 데 필요한 단위당 비용은 환경의 질에 따라 달라질 것이다. 예를 들어 청정도가 62퍼센트에 불과한 호수는 수많은 원인 때문에 오염되었을 것이다. 주변 생산시설에서 오염물질을 방류했을 수도 있고 이러한 시설에서 나온 열 때문에 플랑크톤이 과잉축적 되었을 수도 있다. 수질을 8퍼센트 포인트 개선할 수 있는 오염감축을 위해 오염물질 방류를 줄이거나 제거하는 데는 큰 비용이 들지 않을 것이다. 하지만 같은 호수가 이미 91퍼센트 수준의 청정도를 유지하고 있는 상태에서는 수질을 8퍼센트 포인트 더 개선하기 위해 열 전달 억제가 필요할 수 있다. 그런데 이것은 생산과정의 상당한 변화를 필요로 하기 때문에 매우 큰 비용과 노력이 들 것이다.

따라서 수질을 점점 개선시키는 오염감축 노력에서 얻는 추가 편익은 감소하는 동시에 추가 오염감축에 들어가는 비용은 증가한다. 이것은 완전히 깨끗한 물을 확보하는 것이 사회적으로 최선의 결과가 아니라는 것을 의미한다. 여러 나라가 인접한 이 호수의 청정도 목표를 예를 들어 90퍼센트로 하는 것이 사회적으로 최선이 될 수 있다. (경제학자들이 한 사회의 최적 환경수준을 어떻게 도출하는가를 이해하기 위해서는 "도표로 이해하는 글로벌 경제 이슈 13.3"을 참조하라.)

글로벌 오염 감축을 위한 다자간 노력

물론 세계의 많은 지역에서 주민들의 일차적 목표는 오염도를 지나치게 높은 기존의 오염수준 이하로 낮출 수 있는 방법을 찾는 것이다. 일부 국가는 오염도가 하락하기 시작할 때 비로소 정확한 목표 오염 수준을 결정하는 과정에 돌입한다.

최근까지 대부분의 오염감축 노력은 국가 내부에서만 이루어졌다. 하지만 오늘날 다양한 환경 관련 비정부 기구(NGOs: non-governmental organizations) — 글로벌 환경보호를 비롯한 특정 목적을 추구하는 민간 국제단체들 — 는 국제적인 차원에서 환경보호 노력을 조율하기 위해 노력하고 있다.

이런 노력의 일부는 이제 결실을 거두고 있다. 많은 국가들이 최소한의 국가 오염 기준과 공유 환경자원에 대한 세계적 규범을 규정한 국제조약에 가입하였다. 현재 약 500개의 환경규제 관련

▨ 도표로 이해하는 글로벌 경제 이슈

13.3 오염감축 목표의 결정

수질이 일정 폭 개선됨으로써 사회가 얻는 추가 편익을 경제학에서는 오염감축의 **사회적 한계편익**(marginal social benefit)이라고 한다. 수질이 91퍼센트 수준일 때에 수질을 일정 폭만큼 개선함으로써 사회가 얻는 편익은 수질이 62퍼센트 수준일 때보다 더 작다. 이것은 사회적 한계편익 곡선이 도표 13.4에 나타난 것처럼 오른쪽 아래로 내려간다는 것을 의미한다. 수질이 전반적으로 증가함에 따라 한 단위의 추가적 수질 개선으로 사회가 얻는 추가 편익은 감소한다.

반면 일정 폭의 수질 개선을 위해 사회가 부담해야 하는 추가 비용을 오염감축의 **사회적 한계비용**(marginal social cost)이라고 부르는데, 이것은 전반적 수질 수준이 높을수록 증가한다. 따라서 사회적 한계비용 곡선은 도표 13.4에 나타난 것처럼 오른쪽 위로 올라가게 된다.

이제 전반적 수질 수준이 75퍼센트라고 가정하자. 보는 바와 같이 이 수준에서는 오염감축의 사회적 한계편익이 오염감축의 사회적 한계비용보다 더 크다. 따라서 수질 개선을 위한 추가 노력으로 사회는 순편익을 얻게 된다. 하지만 수질의 전반적 수준이 90퍼센트라고 하면 사회적 한계비용은 사회적 한계편익을 초과해 오염 감축을 위한 사회적 노력이 과도해진다. 이런 논리에 따라 사회적으로 최적 수질 수준 C^*는 오염감축의 사회적 한계편익과 사회적 한계비용이 정확히 일치하는 83퍼센트가 된다. 주목할 것은 최적 수질 수준이 100퍼센트에 이를 가능성은 거의 없다는 점이다. 어느 정도의 수질 오염이 있는 상태에서 사회적 후생은 최대가 된다.

심화 학습: 도표 13.4에서 C^*가 100퍼센트에 근접한 정도에 영향을 미치는 요인에는 어떤 것이 있을까?

도표 13.4 사회적 최적 수질 수준의 결정

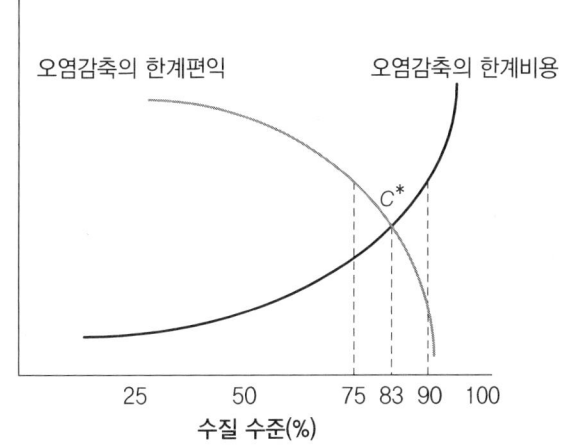

* 일정 폭의 수질개선으로 사회가 얻는 추가적 편익, 즉 오염감축의 사회적 한계편익은 수질의 전반적 수준이 증가함에 따라 하락한다. 따라서 사회적 한계편익 곡선은 오른쪽 아래로 내려간다. 반면 일정 폭의 수질개선을 위해 사회가 부담해야 하는 추가비용, 즉 오염감축의 사회적 한계비용은 수질의 전반적 수준이 상승함에 따라 증가한다. 따라서 사회적 한계비용곡선은 오른쪽 위로 올라간다. 전반적 수질 수준이 75퍼센트라면 오염감축의 사회적 한계편익은 오염감축의 사회적 한계비용을 초과한다. 따라서 사회는 수질 개선 노력을 통해 순편익을 얻는다. 하지만 전반적 수질 수준이 90퍼센트라면 사회적 한계비용이 사회적 한계편익보다 커 사회가 오염감축에 지나치게 많은 자원을 배분하게 된다. 사회적으로 최적의 수질 수준은 오염감축의 사회적 한계편익과 사회적 한계비용이 정확히 일치하는 83퍼센트이다.

국제협약이 있는 것으로 추정된다. 표 13.1에는 가장 주요한 다자간 협정의 예가 정리되어 있다. 이런 조약에 서명한 국가 중 국내의 그리고 글로벌 차원의 오염감축 노력 목표에 동의하기 전에 오염감축의 비용과 편익을 상세히 연구한 경우도 있다. 그럼에도 불구하고 다자간 환경 규범을 규정하기 위한 최근의 노력이 국제무역 협정 분야에 집중되고 있다.

국제무역과 환경

하지만 환경보호가 중요하다는 공감대를 넘어 환경정책 방안에 대해서는 NGO들 사이에 아직 의견일치가 이루어지지 않고 있다. 예를 들어 환경

표 13.1 주요 국제환경협정

협정	연도
포경규제협약	1946
해양오염방지협약	1972
멸종위기종의 국제거래에 관한 협약	1973
선박에 의한 오염방지협약	1973
장거리 월경 대기오염에 관한 협약	1979
오존층 보존을 위한 빈협약	1985
유해 폐기물의 국가 간 이동 및 그 처리의 통제에 관한 바젤협약	1989
기후변화협약	1992
생물다양성협약	1992
사막화 방지를 위한 국제협약	1994
교토기후변화협약	1997

에 초점을 맞춘 일부 NGO는 국제무역을 환경에 대한 위협으로 생각하고 있다. 이런 견해의 기저에는 외국인 직접투자나 선진국에서 개발도상국으로 흘러들어가는 다른 자본이동이 개발도상국에 주로 존재하는 처녀지를 훼손할 것이라는 인식이 깔려 있다.

일부 NGO가 국제무역에 반대하는 네 가지 주요 이유는 다음과 같다.

- 국제무역은 세계시장의 폭을 확대하여 환경을 해치는 글로벌 시장실패의 범위를 넓힌다.
- 국제무역의 확대에 따른 국제경쟁 심화에 대응하여 각국 정부가 국내산업 지원 목적으로 규제를 완화하기 때문에 규제의 표준을 훼손시킨다.
- 경제성장률의 상승은 궁극적으로는 지속불가능하며 성장률 상승을 동반한 국제무역은 세계의 자원 고갈을 가속화 할 뿐이다.
- 다자간 무역협정과 제도는 무역이 환경에 미치는 효과는 제대로 고려하지 않은 채 무역의 경제적 측면에만 초점을 맞추는 경향이 있다.

따라서 국제무역을 환경에 대한 위협으로 판단하는 사람들은 그 결과 나타나는 시장실패가 극복 불가능하며, 미국이 가져오는 경제성장은 비생산적이라고 생각한다. 그 결과 NGO들은 글로벌 무역의 확대 노력에 반대하는 로비를 벌이거나 시위를 한다. 일부 조직은 최근의 무역 증가를 역전시키려고까지 한다.

반면 다른 NGO들은 국제무역의 증가를 장기적으로 세계 환경을 위해 꼭 필요한 요소가 될 수 있다고 생각한다. 이런 입장은 다음과 같은 주장을 그 근거로 삼는다.

- 무역의 이익은 개발도상국의 생활수준을 높이는 데 도움이 되고, 여러 증거들을 볼 때 1인당 소득이 증가하면 환경보호 노력도 증가할 것이다.
- 개발도상국이 시장개방을 하면 국내기업들이 더욱 효율적으로 운영되어 환경피해를 줄일 것이다. 그리고 개발도상국에 직접투자를 한 다국적 기업은 가장 발전된 환경통제 기술을 적용하여 개발도상국의 환경 악화를 줄이는 데 기여할 것이다.
- 국제무역과 국제투자의 증가는 혁신의 속도를 높여 글로벌 경제의 지속가능한 성장을 실현할 수 있을 것이다.
- 다자간 무역협정과 제도는 환경보호를 위한 국제협력을 촉진할 수 있는 대화의 장을 제공한다.

물론 이런 시각은 국제무역을 세계적 환경 위기를 초래하는 요인으로 보는 사람들의 시각과 극명한 대조를 이룬다. 이 두 시각을 뒷받침하기 위해 다양한 경제 논리들이 제시된다. 따라서 지역 및 다자 차원의 무역협정이나 규범에서 다루어야 하는 바람직한 환경보호의 범위는 정치적 논란을 거치면서 결정될 것이다.

환경보호는 국경을 초월한 문제라는 데 대해서는 거의 모든 사람이 동의한다. 하지만 국제무역이나 투자를 통한 국제적 연계가 환경에 미치는 영향에 대해 상반된 시각들이 존재하는 상황에서 다자 차원의 정책적 해결책이 조속히 도출될 가능성은 낮다. 그럼에도 불구하고 환경보호에 대한 다자적 접근에 관한 논의가 앞으로 국제무대를 지배하게 될 것이다.

핵심 이슈 #4

세계 각국은 지구의 환경을 어떻게 보호할 수 있는가?

대부분의 국가는 환경오염에 의한 음의 외부성에 대응하기 위한 오염감축 정책을 통해 일방적 환경보호 노력을 기울인다. 국경을 초월한 환경의 외부성에 대처하기 위해 정부나 다국적 기구는 외부성 억제의 한계 편익과 한계 비용에 대한 평가를 기반으로 수량제한을 시도할 수 있다. 현재 환경보호를 위한 다자간 노력은 상호 합의 가능한 환경 목표를 명시한 조약을 통해 이루어진다. 일부 환경 관련 NGO는 선진국과의 무역이 개발도상국의 환경 악화를 초래할 것이라고 주장하는 반면, 무역으로 유발된 생활수준의 향상이나 기술 개선이 개발도상국의 환경개선 노력을 강화시킬 것이라고 주장하는 NGO들도 있다.

공공부문의 자금조달: 세계화와 국가 간 세금 경쟁

기업을 규제하고 공공재와 가치재를 공급하며 외부효과를 교정하는 것은 개별 정부나 다국적 기구에게 비용을 유발하는 활동들이다. 따라서 정부나 다국적 기구는 자금의 원천을 갖고 있어야 한다. 이런 공공부문의 활동에 필요한 자금을 어떻게 조달할 것이냐는 어려운 문제이다.

■ 세금수입을 위한 국제경쟁의 심화

이런 활동에 필요한 수입 창출을 위해 각국 정부는 국내의 세금, 이용료, 관세 및 기타 수입에 주로 의존한다. 국내 거주자에 대한 과세가 대부분 정부의 가장 중요한 수입원천이다. 각국 정부는 일반적으로 개인이나 기업의 소득, 기업의 매출, 가계 및 기업의 소비에 세금을 부과한다.

과거에는 정부가 세금체계를 설계할 때 국내 여건을 주로 고려하였다. 하지만 세계화와 더불어 국제적 고려사항이 국내 세금 정책에 점점 더 큰 영향을 미친다.

세금수입 총액의 결정: 정태적 관점

대부분의 세금 체계는 **세율**(tax rate) 즉 정부에 납부해야 하는 세금의 비중을 수반하는데, 이 세율은 **세원**(tax base) 즉 과세 대상이 되는 노동 소득, 소비지출 혹은 자본소득과 같은 경제적 수량에 곱해진다. 도표 13.5는 노동, 소비, 자본에 대한 EU, 일본, 미국의 평균 세율을 나타내고 있다.

개인소득세의 경우 적정 소득세율과 세원인 과세 대상 총소득을 곱해 전체 소득세액이 결정된다. 법인소득세의 경우 법인세율을 세원인 기업의 전체 순소득에 곱해서 기업이 자신의 순소득에 대해 납부해야 할 법인세 총액을 계산한다. 미국식 판매세의 경우 판매세율을 과세대상 매출총액 즉 세원에 곱하면 기업이 정부에 납부해야 할 판매세 총액이 결정된다.

따라서 대부분의 세금 체계에서 정부가 거두게 되는 세금수입 혹은 세수 총액은 세율과 세원의 곱과 같다. 가장 좋은 예가 고정비율의 소득세 체계이다. 소득세율이 t이고 과세대상 소득액 즉 세원이 B라고 하면 정부의 소득세 수입 총액 T는 t

---

- **세율**(tax rate): 세원 중 개인이나 기업이 법률에 따라 정부에 납부해야 하는 부분의 비율.
- **세원**(tax base): 과세의 대상이 되는 재화, 서비스, 소득 혹은 재산의 가치.

도표 13.5 EU, 일본, 미국의 평균세율

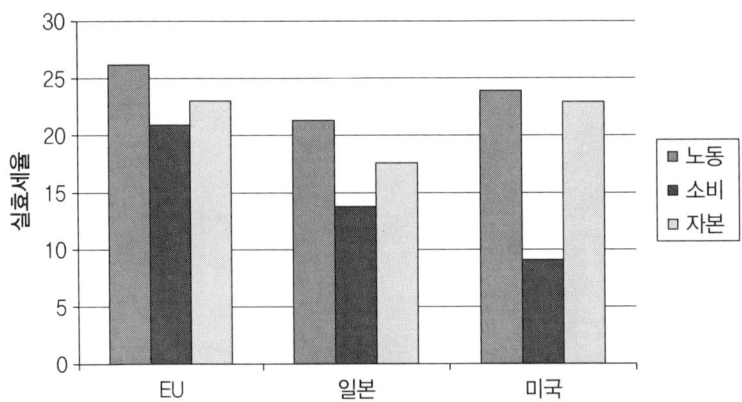

* 세 선진 지역 중에서 소비지출과 노동소득에 대한 세율이 가장 높은 지역은 EU이다. 자본에 대한 세율은 일본이 약간 낮고 미국과 EU는 비슷한 수준이다.

출처: Martinez-Mongay (2000).

x B가 된다. 즉 정부의 세수 총액은 세원의 일정 비율 즉 t만큼의 비율이 된다. 이 방정식은 세수, 세율, 세원의 관계에 대한 하나의 관점을 이해하는 기초가 된다.

이런 접근 중 하나가 정태적 관점(static view)이다. 이런 관점에 따르면 한 나라의 세원 B가 감소하면 동일한 규모의 세수 T를 유지하기 위해서는 정부가 세율 t를 높여야 한다. 즉 정부는 세원의 하락에 대해 세율인상으로 대응할 수 있다. 이렇게 대응하면 세수의 추가 하락을 막을 수 있을 것이다. (이에 대해서는 "도표로 이해하는 글로벌 경제 이슈 13.4"를 참조하라.)

도표로 이해하는 글로벌 경제 이슈

13.4 세수하락에 대한 정태적 대응

조세정책에 대한 정태적 견해를 그림으로 이해하기 위해 도표 13.6의 그림(a)를 보자. 여기서 한 나라의 세수 방정식, $T = t \times B$는 원점을 지나는 직선으로 표현된다. 세수의 변화액 ΔT는 이 직선의 수직 거리로 나타나는데, 이것은 수평의 거리로 측정되는 세원의 변화 ΔB에 세율 t를 곱한 것과 같다. 따라서 $\Delta T = t \times \Delta B$가 된다. 이 식을 다시 쓰면 $t = \Delta T/\Delta B$이다. 그림 (a)에 나타난 세수 그래프의 기울기, 즉 '수직의 거리'를 '수평의 거리'로 나눈 값은 세율 t가 된다.

도표 13.6의 그림 (b)는 정부가 목표로 하는 세수 총액을 T^*로 설정한 상황을 설명하고 있다. 세수의 목적은 병원을 건립하는 것일 수도 있고 다른 다양한 사회서비스를 제공하는 것일 수도 있다.

만약 세원이 B_1이라면 정부는 세율을 t_1으로 정해 점A에서 세수목표 T^*를 달성할 수 있다. 이 세율에서는 세원 B_1에 해당하는 직선 상의 점이 A가 되어 세수는 T^*로 정부 목표와 같아진다.

이제 이 국가나 다른 국가의 거주자들이 세율이 더 낮은 다른 국가에서 소득을 벌 수 있게 되어서 (소득세의 경우) 혹은 대체재를 구매할 수 있게 되어서(판매세의 경우) 이 국가의 세원이 감소했다고 가정하자. 이것은 세원이 B_2로 감소하여 점C로 이동한 것을 의미하는데, 그러면 세수는 T_2가 되어 정부의 세수목표 T^*에 미치지 못하게 된다.

조세에 대한 이런 정태적 관점에 따르면 각국 정부는 세율을 인상함으로써 이런 상황에 대응할 수 있다. 그림(b)처럼 세율을 t_2까지 올리면 세금 함수의 기울기가 커진다. 세원은 B_2로 줄어들었지만 이제는 세율이 인상되었기 때문에 점D에서 세수는 T^*가 된다. 따라서 세원은 감소했지만 정부는 세율의 인상으로 세수 목표를 달성할 수 있게 된다.

심화 학습: 한 나라가 경제성장을 달성하여 소득세의 세원이 증가하였다면, 정태적 관점에 따른다면 세수를 목표 수준에서 유지하기 위해 정부는 어떻게 해야 할까? 정부는 조세정책을 변경하고 싶지 않을 수도 있는데, 왜 그럴까?

도표 13.6 세금체계와 세율 조정을 통한 세수목표 달성

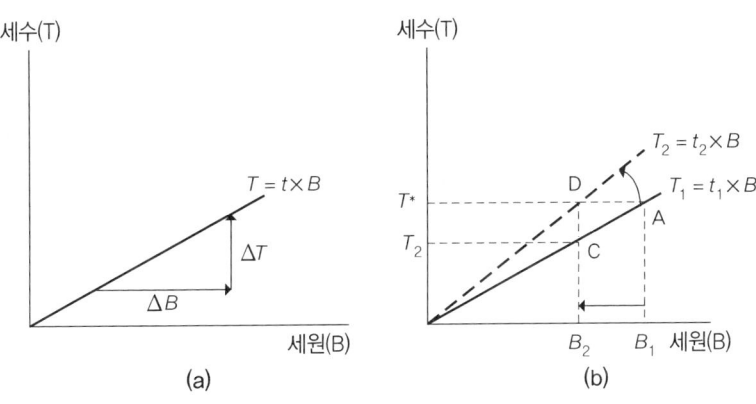

* 그림(a)는 세수체계이며 $T = t \times B$이다. T는 정부의 세수이고 B는 세원 그리고 t는 세율이다. 수직의 거리인 ΔT를 수평의 거리인 ΔB로 나눈 직선의 기울기는 세율을 나타낸다. 그림(b)는 최초 세원이 B_1인 상태에서 정부가 세율을 t_1으로 정해 점A에서 정부의 세수목표인 T^*를 달성하는 상황을 설명한다. 만약 이 나라나 다른 나라의 거주자들이 세율이 더 낮은 다른 나라로 경제활동을 이전하여 세원이 B_2로 하락하면 점C에서 정부의 세수는 T_2로 감소하게 된다. 세율과 세수 사이의 관계에 대한 정태적 관점에 따르면 정부는 세율을 t_2로 인상하는 방식으로 이 상황에 대처할 수 있다. 그러면 세금 함수의 기울기가 상승하여 점D에서 세수는 다시 T^*로 올라간다.

세금수입 총액의 결정: 동태적 관점

세율과 세수의 관계에 대한 정태적 관점에는 문제가 있다. 즉 세율인상에 직면한 납세자들이 이에 대응해 다른 방법을 찾으려고 하고 그 결과 세원이 변경될 수 있다는 것을 정태적 관점은 무시하고 있다.

예를 들어 소득세의 경우 국내 거주자들은 다른 나라에서 소득을 버는 방법을 찾을 수 있다. 마찬가지로 판매세의 경우에도 국내 거주자들이 해외 구매를 늘릴 수 있다. 세율과 세수의 관계에

대한 **동태적**(*dynamic*) 관점은 이런 유인을 고려한다.

세원 감소에 대해 정부가 세율인상을 통해 세수 목표를 달성하려고 하면 실패할 가능성이 크다는 것이 동태적 관점의 설명이다. 그 이유는 세율인상이 세원 감소를 초래할 것이기 때문이다. 고도로 세계화 된 경제에서 한 나라의 거주자들은 다른 나라에서 소득, 판매 및 기타 과세 가능한 경제 활동을 하는 방법을 얼마든지 찾을 수 있다. 그렇게 되면 국내의 세원과 세수가 줄어들게 된다. 세원 감소에 대응해 세율을 인상하면 정부가 직면한 세수 문제는 더욱 악화될 것이다. (이에 대해서는 "도표로 이해하는 글로벌 경제 이슈 13.5"를 참조하라.)

세율인상 이후 세원이 훨씬 더 많이 감소하면 정부의 세수는 다시 목표에 못 미치게 될 것이다. 줄어든 세수에 맞추기 위해 정부가 지출을 삭감하는 것이 선택 가능한 방안이 아니라면, 그리고 정부가 단독으로밖에 행동을 할 수 없다면 정부는 다음과 같은 세 가지의 선택이 가능하다.

- **세율의 추가 인상**: 이 선택은 기본적으로 정태적 관점이 제안하는 조치를 다시 반복하는 것이다. 하지만 동태적 관점이 지적한 것처럼 이것은 국내 세원의 추가 하락을 초래할 가능성이 크다.
- **다른 영역에서의 세수 확대를 목표로 국내 다른 세금체계의 세율인상**: 물론 다른 부문에서도 외국의 세율이 더 낮다면 세원 감소라는 동일한 문제가 발생할 것이다. 예를 들어 국내 소득 감소에 대응하여 정부가 기업의 판매세율을 인상하면 국내 거주자들은 판매세율이 더 낮은 나라에서 대체재를 구매하려고 할 것이다.
- **세원의 확대**: 예를 들어 소득세의 경우 정부는 자국 거주자가 다른 나라에서 버는 소득에 대해 과세를 시작할 수 있다. 그렇게 해서 소득을 해외로 이전시키려는 유인을 제거할 수 있다. 이 경

🗏 도표로 이해하는 글로벌 경제 이슈

13.5 세원 감소에 대응한 세수목표 달성 노력: 동태적 관점

세율, 세원 및 세수의 관계에 대해 동태적 관점을 가진 사람들은, 세원이 하락하는 상황에서 정부가 세수를 유지할 수 있는 능력에 대해 비관적으로 평가한다. 그 이유를 이해하기 위해서 도표 13.7을 보자. 도표 13.6의 그림(b)처럼 도표 13.7도 세원이 B_2로 감소하여 점C에서 세수가 목표치 T^*보다 적은 T_2에 그치는 상황을 나타내고 있다.

정태적 관점은 이런 상황에 대응하여 세율을 t_2로 인상하여 점D에서 세수를 목표치인 T^*로 올리는 방안을 제시한다. 하지만 이런 분석이 가진 문제점은 글로벌 경제에서 세율인상에 대한 개인과 기업의 **동태적** 대응을 무시하고 있다는 점이다. 국내의 많은 거주자들은 새로운 세금 인상에 대응해 세금이 부과될 수 있는 활동을 세율이 더 낮은 해외로 이전할 것이다. 그 결과 국내의 세원은 도표 13.7의 B_3와 같이 더 줄어들어 점E에 이르게 될 것이다. 그 결과 정부는 여전히 세수 목표를 달성하지 못하게 된다. 그림에서 나타난 것처럼 실제 세수는 목표에서 오히려 더 멀어지게 된다.

심화 학습: 동태적 관점에서 보면 정부는 세율을 인하해서 실제로 세수를 증가시키는 것이 가능할까?

도표 13.7 세율과 세수의 관계에 대한 동태적 관점

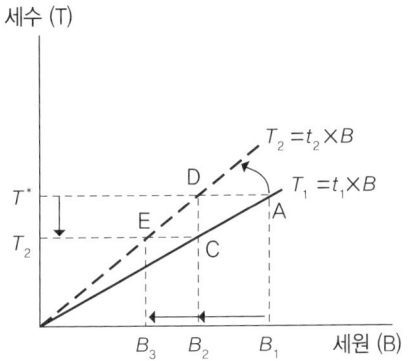

* 동태적 관점에서 보면 도표 13.6의 그림(b)의 마지막 상황이 세원 감소에 대응한 정부의 세수 유지 노력의 최종적 결과가 될 수 없다. 세원이 B_2로 감소하여 세수가 목표치 T^*보다 적은 T_2에 머무는 상황에 대해 정부가 t_2로의 세율인상으로 대응하면, 세수가 다시 점D의 T^*로 반드시 돌아간다는 보장이 없다. 그 이유는 세계화 된 경제에서 다수의 국내 거주자들이 국내의 세율인상에 대응해 세금부과가 가능한 경제활동을 세율이 더 낮은 다른 나라로 이전할 수 있기 때문이다. 그러면 국내의 세원은 더 줄어들어 B_3가 되고 그 결과 점E에서 국내 세수는 T_3로 더 떨어지게 될 것이다.

우 적어도 일부 거주자들은 새로 확대된 세원을 피하기 위해 그 나라의 거주를 포기할 것이다.

원칙적으로 정부는 이런 대안들 모두 혹은 일부를 선택할 수 있다. 하지만 다른 나라가 이 나라보다 더 낮은 세율을 적용하면 이런 다양한 조치는 기껏해야 국내 세원 축소의 속도를 늦추는 정도의 효과만 거둘 것이다.

■ 세계화와 세금 경쟁

국내 세율인상의 효과에 대한 동태적 관점은 상대적으로 높은 세율을 가진 나라들이 세원 및 세수 감소를 겪을 가능성이 높은 이유에 대해 설명한다. 예를 들어 개인소득세를 인상하면 개인들은 해외에 가서 소득을 창출할 것이고 판매세나 법인세를 높이면 기업들은 다른 나라에서 생산물을 생산하거나 판매하려고 할 것이다.

반대의 경우도 마찬가지이다. 상대적으로 세율이 낮은 나라는 상대적으로 더 많은 세원을 확보할 가능성이 크다. 이런 이유 때문에 각국 정부는 **세금 경쟁**(tax competition)을 벌인다. 즉 개인이나 기업이 과세가 가능한 경제활동을 자국의 영토 내에서 하도록 유도하기 위해 다른 나라의 전반적 세율보다 더 낮은 수준으로 세율을 인하하기 위해 경쟁한다. 세율을 인하함으로서 세수의 순증가를 가져올 수 있을 정도로 세원을 충분히 확대할 수도 있다. 혹은 다른 나라가 세율을 인상할 때 자신들은 세율을 변경하지 않음으로써 세원과 세수를 확대할 수도 있다. (실제로 캐나다정부가 캐나다 공항을 통해 출입국하는 항공기 승객에 대한 세금을 인상할 때 미국정부는 세수 증

• **세금 경쟁**(tax competition): 개인이나 기업이 과세가 가능한 경제활동을 자국의 영토 내에서 하도록 유도하기 위해 다른 지역보다 낮게 세율을 인하하는 것.

가 혜택을 보았다. 이에 대해 "참고사례 13.2"를 참조하라.)

세금 경쟁에 대한 대응: 조세 당국의 국제협력

세계화와 더불어 나타난 국제적 세금 경쟁의 심화에 대해 두 개의 서로 다른 시각이 있다. 첫째 시각은 세금 경쟁이 바람직하지 않다는 것이다. 이 시각에 따르면 각국 정부가 상대적으로 높은 세율을 유지하면 세원은 감소하게 된다. 왜냐하면 일부 거주자들이 자국 세원에 대한 기여를 줄이면서 무임승차자가 되려고 하기 때문이다. 국내 세원의 감소를 피하기 위해 정부는 어쩔 수 없이 세율을 인하할 것이다. 이렇게 해서 정부는 사회적으로 바람직한 지출 프로그램을 유지하는 데 필요한 세수 확보에 어려움을 겪게 된다.

세금 경쟁이 바람직하지 않다고 생각하는 사람들은 일반적으로 세금 정책의 국제적 조율을 지지한다. 세원이 잘 개발된 선진국의 많은 정부는 세금 조율에 적극적이다. 예를 들어 1999년 유럽통화동맹(European Monetary Union) 결성 이후 회원국들은 조세체계의 일부를 조율하기 위한 메커니즘을 형성해 나가고 있다.

일부 국가들은 다른 나라가 기존의 세금 조율 체계에 동참하도록 유도하는 노력을 공동으로 펼치기도 한다. 미국, 일본, 캐나다 및 유럽의 주요 국가를 포함한 경제협력개발기구(OECD:

♣ 참고사례

13.2 미국 항공사들, 캐나다 항공기 승객을 위해 자리를 마련하다

운전을 해서 미국 공항에 갈 수 있는 지역에 거주하는 캐나다인들은 자국 공항을 이용할 때와 미국 공항을 이용할 때의 비용을 비교할 수 있다. 국내선 티켓의 가격이 미국의 국제선 가격에 비해 100달러 이상 더 비싼 경우가 종종 있다. 이런 가격 차이의 대부분은 항공여행에 대해 캐나다정부가 부과하는 세금이 더 높기 때문에 발생한다. 캐나다정부가 항공권에 대해 부과하는 세금이 미국의 경우보다 더 높은 것이다.

캐나다와 미국 사이의 이런 세후 가격 차이 때문에 미국 국경 근처에 사는 많은 캐나다인들이 직접 운전을 하거나 대중교통을 이용하여 미국 내 공항으로 가서 캐나다나 미국 내 목적지로 가는 비행기를 이용한다. 이에 대응해 캐나다 국경 근처의 공항에 취항하는 미국 항공사들은 항공 편수를 늘렸다. 벨링햄, 나이아가라폭포, 플래츠버그, 뉴욕과 같이 캐나다에 근접한 미국 공항에서 출발하는 많은 미국 항공사 비행기의 경우 일반적으로 캐나다인들이 승객의 60퍼센트 이상을 차지한다. 최근 캐나다 승객의 유입이 크게 늘면서 이 공항의 이용객이 큰 폭으로 증가하였으며, 공항들은 더 많은 비행 편수를 수용하기 위해 시설을 확장하고 있다.

점점 더 많은 캐나다인들이 미국 공항에서 출발하는 미국 비행기를 이용하자, 항공세를 통해 미국정부가 거둔 세수가 증가하고 있다. 동시에 캐나다 공항을 통해 출발하는 승객 수가 감소하면서 캐나다의 항공세 세수는 당초 항공세율을 인상할 때 예상했던 규모에 크게 못 미치고 있다.

심화 학습: 캐나다의 항공세 인상을 피하기 위해 미국 공항을 이용하려는 캐나다인들이 증가하는 데 대해, 미국과 캐나다 사이의 도시를 운행하는 미국의 민간 버스회사들은 어떻게 대응했을 것으로 생각하는가?

Organization for Economic Co-operation and Development) 회원국들은 '유해한 조세체계'를 가진 국가를 블랙리스트에 올리도록 하는 '양해각서(MoU: memorandum of understanding)'를 준수하기로 합의하였다. 특히 '다른 나라의 세원을 불공정하게 침식하고 자본과 서비스의 입지를 왜곡'할 정도로 낮은 세율을 책정한다고 OECD가 판정한 국가에 대해서는 다양한 제재를 가할 수 있도록 하였다. 유해한 조세체계를 가진 국가의 거주자들의 소득에 대한 원천징수, 외국인 대상 세금공제 거부, 때로는 직접적 무역제재까지도 제재 방법에 포함된다. 흥미로운 것은 OECD의 정의에 따르면 룩셈부르크, 스위스, 영국, 미국과 같은 OECD 회원국의 조세체계도 때로는 유해한 조세체계에 해당되기도 했다는 점이다. 하지만 OECD에 의한 세금 제재는 비회원국만을 대상으로 하고 있다.

세금 조율이냐 세금 카르텔이냐?

다른 시각은 세금 경쟁을 세계화 과정의 긍정적 부수 효과로 평가한다. 이러한 시각을 지지하는 사람들은 국제적 세금 경쟁이 세율을 낮추고 세수를 전반적으로 억제함으로써 각국 정부로 하여금 공공 서비스 제공의 효율성 향상과 다양한 공공지출의 낭비억제를 유도한다고 주장한다. 그리고 세금 경쟁의 결과 정부가 저축이나 투자와 관련된 성장 촉진적 활동에 높은 세금을 부과하려는 유혹을 억제시킬 수 있다고 주장한다.

이 견해의 지지자들에 따르면 정부의 조세정책 조율 노력에 시민들이 저항해야 한다고 주장한다. 그런 활동은 결국에는 전세계 주민들에게 단일한 고율의 세금을 부과하고자 하는 정부들 간의 국제적 세금 카르텔(tax cartels) 형성 시도로 이어질 것이라고 주장한다. 당연한 것이지만 세금 조율을 반대하는 사람들은, 특히 세계적 조세정책 조율, 나아가 글로벌 조세기구 창설을 목표로 한 2002년 UN의 제안을 거부하였다. (11개 EU 회원국들은 금융거래세 카르텔의 형성을 고려하고 있다. 이에 대해서는 "정책사례 13.2"를 참조하라.)

정책사례

13.2 유럽의 세금 카르텔 형성을 어렵게 하는 요인들

1972년 노벨 경제학상 수상자인 고(故) 제임스 토빈(James Tobin)은 민간의 외환시장 거래를 줄여 당시 재무부와 중앙은행에 의한 고정환율 유지를 쉽게 할 목적으로 외환거래에 세금을 부과하는 방안을 제안하였다. 최근 유럽의 11개 국가 — 오스트리아, 벨기에, 에스토니아, 프랑스, 독일, 그리스, 이탈리아, 포르투갈, 슬로바키아, 슬로베니아, 스페인 — 은 주식, 채권, 선물 및 옵션 등의 파생증권 등의 금융거래에 과세하는 방안을 제안하였다. 주식과 채권의 거래에 대해서는 0.1퍼센트, 파생금융거래에 대해서는 0.01퍼센트의 세율을 제안하였다.

이 제안에 따르면 11개국에 소재한 기관들이 발행한 모든 증권의 거래는 과세의 대상이 된다. 11개국 내의 기업이나 정부가 발행한 증권을 거래하는 비유럽 거래자들도 기술적으로는 이 세율을 적용받게 된다. 반면 다른 지역의 기업이나 정부가 발행한 채권을 이 11개국 이외의 지역에서 거래하면 과세 대상이 되지 않는다. 따라서 금융거래자들은 거래세 카르텔에 참가한 11개국에서 발행된 증권 대신 다른 나라의 증권을 보유하거나 거래하는 것을 훨씬 더 선호하게 될 것이다. 따라서 다른 나라의 증권 대신 이 나라들의 증권을 보유하고 거래하도록 유도하기 위해서는, 11개국의 기업이나 정부가 발행하는 증권에 대해서는 더 높은 수익률이 제공되어야 할 것이다.

한편 거래세 카르텔은 거래되는 주식, 채권 및 파생증권이 어느 나라의 것이든 11개국 내에서 활동하는 개인과 기업에 대해 세금을 부과하기로 되어 있다. 예를 들어 11개 카르텔 국가 내에 존재하는 은행이 미국의 머니마켓펀드(MMF: money market fund)에 미국 재무부 증권을 일시 매각하는 방식으로 하루 평균 3,000억 달러 이상을 차입할 경우 이 거래에 대해 매일 세금을 납부해야 한다. 그러면 유럽 은행의 연간 차입비용은 연 0.15퍼센트에서 거의 연 22.00퍼센트라는 엄두도 못 낼 정도의 수준까지 상승한다. 대부분의 금융시장 전문가들은 유럽 은행들이 이런 막대한 세금을 납부하는 대신 미국 MMF에서의 차입을 중단할 것이라고 전망한다. 즉 과세에 대한 동태적 관점의 설명처럼 세원이 줄어들어 11개국 정부가 유럽 은행에서 징수하는 세금의 규모는 예상했던 것보다 훨씬 작을 것이다.

심화 학습: 세금 경쟁의 효과는 왜 금융거래세 카르텔 계획을 어렵게 만들었나? 이런 과세계획에 동참하려고 했던 11개국 정부는 왜 다른 나라도 이 카르텔안에 동참하라고 계속 촉구하고 있을까?

핵심 이슈 #5

세계화의 심화와 더불어 정부의 재원조달 노력이 복잡하게 되는 이유는 무엇인가?

고도로 세계화 된 경제에서 개인소득, 법인소득, 기업매출 등과 같은 세원에 상대적으로 높은 세율을 부과하는 나라의 거주자는, 자신의 소득창출 및 생산판매 활동을 상대적으로 세율이 낮은 나라로 이전함으로써 국내 세원에 대한 기여도를 줄일 수 있다. 상대적으로 높은 세율을 부과하는 정부는 세율을 추가 인상함으로써 세수를 유지하려고 할 수도 있지만, 이로 인해 국내의 세원이 오히려 더 축소되는 부작용에 직면할 가능성이 크다. 일부 국가의 정부는 다른 국가 거주자들이 자국으로 경제활동을 옮기도록 유도하기 위해, 세율을 상대적으로 낮게 책정하는 국제적 세금 경쟁에 뛰어들 수도 있다. 국제적 세금 경쟁은 무임승차자들로 하여금 경제활동을 저세율의 국가로 옮기게 만들어 넓은 의미의 사회적 이익에 해가 된다는 시각이 있다. 하지만 세금 경쟁은 정부를 더욱 효율적으로 만들고 경제성장을 지연시킬 수 있는 세율인상을 방지할 것이라는 상반된 시각도 있다.

요약

1. **소비자보호를 위한 정부 규제당국의 활동**: 거래 참여자 한쪽이 소유하지 않은 정보를 다른 한쪽은 갖고 있을 때 비대칭적 정보 상황이 발생한다. 이런 상황에서는 역선택, 즉 판매자가 저품질 상품을 소비자에게 제공할 가능성이 발생한다. 그리고 거래가 이미 약정되거나 이루어진 후에 거래의 한쪽 편이 상대방에게 피해를 줄 수 있는 행동을 취할 가능성 즉 도덕적 해이도 발생할 수 있다. 이런 비대칭적 정보의 문제에서 발생할 수 있는 피해로부터 소비자를 보호하기 위해 각국 정부는 품질이나 서비스의 최소 기준을 명시한 규정을 도입할 수 있다. 그리고 정부는 이런 기준을 집행할 수 있는 기관을 설립할 수도 있다.

2. **각국 정부의 지적재산권 보호 방법**: 정부는 지적재산권을 확립함으로써 기업의 발명이나 혁신을 장려할 수 있다. 지적재산권이란 창조적 아이디어에 소유권을 부여하는 법률상의 규칙이다. 정부는 기사, 이야기, 소설, 컴퓨터 프로그램, 오디오기록물, 영화 등과 같은 작품의 창조자인 개인이나 기업에게 창작물의 재생산, 배포, 공연 및 전시할 수 있는 독점적 권한을 부여하는 방식으로 저작권을 부여한다. 기업이 자신들의 재화나 서비스를 다른 기업의 것들과 구별하기 위해 사용하는 문자나 도안, 즉 상표를 등록할 수 있는 수단을 제공한다. 그리고 정부는 발명가에게 일정기간 동안 발명품을 제조, 사용, 판매할 수 있는 독점적인 법적 권한인 특허권을 부여하기도 한다.

3. **국제적 외부성, 글로벌 공공재, 그리고 각국 정부 및 다국적 기구의 관련 활동**: 국제적 외부성이란 한 나라 시장 내의 활동이 다른 나라 제3자에게 미치는 후생의 파급효과를 의미한다. 글로벌 공공재는 세계의 많은 사람들에게 동시에 편익을 가져다주고, 다른 사람은 편익을 누리지 못하게 하면서 한 개인에게만 제공하는 것이 불가능한 재화이다. 그리고 이 재화의 생산에 기여하지 않은 개인을 이 재화의 편익으로부터 배제하는 것도 불가능하다. 정부나 다국적 기관은 국제적 환경오염과 같은 음의 국제적 외부효과를 교정하기 위해 외부성을 유발하는 재화나 서비스의 생산 및 교역을 제한할 수도 있고, 생산자에게 외부성의 비용을 부담하도록 할 수도 있으며, 생산자에게 세금을 부과할 수도 있다. 일부 사람들은 세계의 환경을 공공재라고 인식하지만, 환경보호를 촉진하기 위해 어떤 국제무역정책이 적절한지에 대해서는 아직 합의가 이루어지지 않았다.

4. **글로벌 환경의 보호를 위한 각국의 노력**: 현재 세계의 환경을 보호하기 위한 글로벌한 노력은, 오염에 대한 양적 제한을 목표로 오염감축 정책을 추구하겠다고 각국이 약속한 조약을 통해 이루어지고 있다. 각국 정부나 다국적 기관은 외부성 대응의 한계편익과 한계비용에 대한 평가를 바탕으로 양적 제한 목표를 설정할 수 있다. 환경문제를 강조하는 일부 NGO는 국제무역이 자본유입을 촉진하여 개발도상국의 환경을 악화시킨다고 주장하는 반면, 다른 NGO는 무역이 생활수준을 개선시키고 기술개선 및 친환경 혁신을 촉진하는 한편 오염감축을 국제무역협정의 일부로 포함시키기 위한 논의의 장을 제공한다고 주장한다.

5. **세계화의 진전과 공공 재원조달의 어려움**: 세계화의 진전으로 세율이 상대적으로 높은 나라의 거주자들이 과세가능한 경제활동을 해외로 이전함으로써 국내 세원을 줄이는 것이 더욱 쉬워졌다. 세율이 상대적으로 높은 나라의 정부는 세율의 추가 인상으로 세수를 유지할 수도 있을 것이다. 하지만 세율의 추가 인상은 자국 세원의 추가 감소를 초래할 가능성이 크다. 일부 국가는 다른 나라의 거주자들이 경제활동을 자국 영토 안으로 이전하도록 유도하

기 위해 상대적으로 낮은 세율을 책정하는 국제적 세금 경쟁에 참가한다. 한편으로는, 국제적 세금 경쟁이 벌어지면 무임승차자가 경제활동을 저세율 국가로 이전하려고 하기 때문에 사회에 유해할 수 있다. 다른 한편으로는, 세금 경쟁은 정부의 효율성 향상과 경제성장을 촉진하는 세율 인하를 유도할 수 있다.

연습문제

1. 이 장에서 설명한 정부 규제의 핵심적 근거에 대해 논하라. 여러 나라가 소비자보호 규제의 적정 범위에 대해 합의를 이루지 못할 수도 있는데, 그 이유가 무엇이라고 생각하는가?
2. 기준미달 의약품과 같은 잠재적 유해 생산물로부터 자국 국민을 보호하는 것과 자유무역 사이의 잠재적 상충관계가 국제무역과 관련된 갈등의 원인 중 하나이다. 여러 나라가 이 문제를 협력해서 대응할 수 있는 방안을 의약품의 온라인 거래의 상황에서 간략히 설명하라.
3. EU의 규정에 따르면 인터넷에서 재화나 서비스를 판매하는 자는 누구나 EU의 모든 회원국의 법률을 준수해야 한다. 보호주의를 위해 이 규정이 도입된 것은 아니라고 해도, 국제적 경쟁을 위축시킬 가능성이 있을까?
4. 21세기에 들어선 이후 미국 의회는 향수, 샴푸, 손목시계 등과 같은 여러 재화가 적절한 안전표시를 하지 않는 경우 수입을 불법화하려고 여러 차례 시도했다. 이런 법안은 즉각 온라인 할인 소매업체들의 거센 반발을 불러왔다. 이들은 이런 법률이 자신들의 사업에 악영향을 미칠 수 있는 위장된 형태의 무역 쿼터라고 주장했다. 이런 법률이 어떻게 해서 국제무역에 대한 명시적 쿼터와 동일한 효과를 나타낼 수 있을까?
5. 어느 나라가 전자제품 시장에서 특허권, 저작권, 상표권 중 어느 하나만 발급하기로 결정한다면, 정부가 어떤 형태의 지적재산권을 보호해야 한다고 생각하는가? 그 이유를 설명하다.
6. 지적재산권 보호를 위한 국제적 기준의 확립이 개발도상국에 미치는 이익과 불이익은 무엇인가?
7. 매우 많은 품목에 대해서는 글로벌 공공재 여부를 합의하기가 쉽지 않은데, 이것은 글로벌 공공재의 정의 중 어떤 측면 때문일까?
8. 미국정부는 법적으로 허용된 오염 한계까지 오염 물질을 배출할 수 있는 권리를 기업들이 사고 팔 수 있도록 하는 오염감축 정책을 도입하였다. 다자 차원에서 이 정책을 다른 국가로 확대하는 데 대해 찬성과 반대 의견을 제시하라.
9. 일부 환경분야 NGO들이 오염감축에 대해 '한계편익과 한계비용의 일치' 원칙이 바람직하지 않다고 생각하는 이유는 무엇일까?
10. 조세정책을 조율하는 국제조직을 설립하고 세계의 모든 나라들이 이 조직에

가입하도록 압박하는 방식으로 '유해한 세금 경쟁'에 맞서는 데 찬성할 가능성이 가장 높은 나라는 어떤 나라일까? 이 조직에 가입하는 것을 가장 꺼릴 나라는 어떤 나라일까? 그 이유는?

온라인 응용학습

URL: www.ciesin.org
제목: Trade Policy and Global Environmental Change
검색: 콜롬비아 대학의 국제지구과학 정보 네트워크의 홈페이지(www.ciesin.org)를 방문하라. 탐색 창에 'Trade Policy and Global Environmental Change'라고 써 넣어라. 그리고 'Trade Policy and Global Environmental Change Home Page'를 선택하라.
응용: 아래 지시를 따른 다음 질문에 대답하라.

1. 아래로 내려가 'Trade and the Environment: Conflicts and Opportunities'를 클릭한 다음 해당 기사를 읽어라. 개발도상국 거주자들은 선진국 거주자들에 비해 글로벌 외부성과 환경 문제의 공공재적 측면에 대해 관심이 별로 없을 가능성이 높은데 그 이유가 무엇일까? 이 기사에서 설명한 개발도상국의 환경문제 대응 메커니즘들 중 성공 가능성이 가장 높은 것은 무엇이라고 생각하는가? 그 이유는?

2. 'Trade Policy and Global Environmental Change' 페이지로 다시 돌아간 다음 'Harmonization, Trade, and the Environment'를 클릭하여 해당 기사를 읽어라. 환경문제와 관련하여 저자가 말하는 '조화(harmonization)'의 뜻은 무엇인가? 저자가 설명하는 조화의 장점과 단점 중 무엇이 가장 중요하다고 생각하는가? 전체적으로 보았을 때 조화는 좋은 아이디어인가 아니면 나쁜 아이디어인가? 이 장에서 배운 경제학적 논리를 바탕으로 자신의 견해를 뒷받침하라.

팀과제: 수강생을 두 팀으로 나눈 다음, 국제적 환경 외부성을 유발하는 활동을 규정하기 위한 가이드라인, 환경 중 글로벌 공공재로 간주되어야 하는 분야, 국제적 환경문제에 대응하기 위한 다국적 메커니즘에 대해 각 팀이 설명하도록 하라.

참고문헌

Abrams, David. "Did TRIPS Spur Innovation? An Empirical Analysis of Patent Duration and Incentives to Innovate." University of Pennsylvania Law School Institute for Law and Economics Research Paper No. 09-24, August 2009.

Braithwaite, John, and Peter Drahos. *Global Business Regulation*. Cambridge, U.K.: Cambridge University Press, 2000.

European Policy Forum. *Tax Competition: Broadening the Debate*. June 2000.

Frankel, Jeffrey. "Globalization and the Environment." In Michael Weinstein, ed., *Globalization: What's New*. New York: Columbia University Press, 2005, pp. 129-169.

Gorter, Joeri, and Ashok Parikh. "How Mobile Is Capital within the European Union?" Research Memorandum No. 172. Netherlands Bureau for Economic Policy Analysis, The Hague, November 2000.

Horner, Frances. "The OECD, Tax Competition, and the Future of Tax Reform." Paris: Directorate for Financial, Fiscal, and Enterprise Affairs, OECD, January 2000.

Kaul, Inge, and Pedro Conceição, eds. *The New Public Finance: Responding to Global Challenges*. New York: Oxford University Press, 2006.

Kaul, Inge, Pedro Conceição, Katell Le Goulven, and Ronald Mendoza, eds. *Providing Global Public Goods*. New York: Oxford University Press, 2003.

Martinez-Mongay, Carlos. "ECFIN's Effective Tax Rates: Properties and Comparisons with Other Tax Indicators." Economic Paper No. 146. Directorate for Economic and Financial Affairs, European Commission, October 2000.

Maskus, Keith. *Private Rights and Public Problems: The Global Economics of Intellectual Property Rights in the 21st Century*. Washington, DC: Peterson Institute for International Economics, 2012.

Maskus, Keith, and Jerome Reichman, eds. *International Public Goods and Transfer of Technology under a Globalized Intellectual Property Regime*. Cambridge, U.K.: Cambridge University Press, 2005.

May, Christopher. *The Global Political Economy of Intellectual Property Rights*. London: Routledge, 2010.

Rosen, Harvey, and Ted Gayer. *Public Finance*, 9th edn. New York: McGraw-Hill, 2010.

14장

금융위기 대응: 새로운 국제금융체제가 필요한가?

> **핵심 이슈**
>
> 1. 최근 지역별 글로벌 자본시장 상황이 어떠한가?
> 2. 금융시장은 어떤 문제들을 지니고 있으며, 금융위기란 무엇인가?
> 3. 포트폴리오 투자와 외국인 직접투자의 차이는 무엇인가? 이런 자본 흐름은 최근 금융위기에 어떤 영향을 미쳤나?
> 4. 개발도상국에게 가장 적절한 환율제도는 무엇인가?
> 5. IMF의 주요 기능은 무엇인가?
> 6. IMF의 정책결정 중 어떤 부분이 최근 논란이 되었나?
> 7. 국제금융체제의 변화를 위해 경제학자들은 최근 어떤 제안을 내놓고 있는가?

2013년 4월 유로존 17개국 — 유럽중앙은행이 발행한 유로를 통화로 사용하는 국가들의 집합 — 중 대부분 국가에서 민간은행의 예금수준이 눈에 띄게 줄어들었다. 규모면에서 가장 크게 줄어든 나라는 스페인이었는데, 민간예금이 230억 유로나 감소했다. 그리고 그리스에서도 상당한 감소가 있었는데 약 30억 유로가 감소했으며, 사이프러스에도 30억 유로 이상 감소했다. 월간 감소율로 보면 사이프러스가 7.3퍼센트로 최대였으며 그리스는 1.6퍼센트, 스페인은 1.5퍼센트였다.

사이프러스의 예금 급감 원인은 사이프러스 은행들의 자산가치 하락으로 인한 손실의 상당 부분을 예금자들이 부담하도록 하겠다는 계획을 유럽정부 당국자들이 제시했기 때문이다. 사이프러스의 은행 예금자들은 급격히 예금 인출을 하기 시작했으며, 정부가 인출을 제한한 후에야 인출 사태가 중지되었다. 정부 당국자들이 자산가치가 크게 감소한 은행의 예금자에게 손실을 넘기려고 할 수도 있다는 우려 때문에 그리스와 스페인에서도 예금 감소 현상이 나타났다. 이외에 다른 10여개 유로존 국가에서도 은행시스템이 취약해졌다.

그렇지만 2013년 4월에 유로존 전체의 민간예금 총액은 증가했다. 사람들은 유로표시 예금을 인출하여 오스트리아, 에스토니아, 프랑스, 독일, 슬로바키아와 같은 몇몇 유로존 국가 내 은행으로 옮겨놓았다. 사이프러스 은행의 자산 손실을 예금자가 부담하도록 하는 계획을 제안했던 유럽정부 당국자들은, 앞에서 언급한 상대적으로 강건한 나라의 은행들도 '예금 인출'에 직면할 수 있다고 걱정하기 시작했다. 당국자들은 결국 이 계획을 철회했으며, 몇 주 지나지 않아 예금은 3월 수준으로 회복되거나 그 수준을 넘어섰다. 적어도 일시적으로는 유로존 전체가 금융위기를 피한 것이다.

최근 많은 금융시장 참가자들과 각국 정부는 2007~2010년의 글로벌 금융위기에 이어 다시 국제금융위기가 발생하는 것 아닌가 걱정하고 있다. 이 장에서는 국제금융위기의 원인에 대해서 공부하고, 금융위기의 예측과 예방 능력을 향상하기 위한 정책담당자들의 노력에 대해 살펴볼 것이다.

국제자본이동

미국을 포함한 많은 나라에서 2008년 금융위기는 1930년대 대공황 이후 가장 심각한 위기였다. 위기의 여파로 세계의 정책담당자들과 경제학자들은 **국제금융체제(international financial architecture)**를 재검토하기 시작했다. 국제금융체제는 국제기구, 국가의 정책 및 규제기구, 국제통화 및 금융시장의 활동을 관리하는 국제협정 등을 포함한다. 국제금융체제를 변경해야 할 것인가, 변경한다면 어떻게 개혁해야 할 것인가 하는 문제는 현재 가장 중요한 글로벌 정책 이슈 중 하나이다.

■ 자본이동의 방향

브레튼우즈체제의 붕괴 이후 국제금융체제의 가장 큰 특징은 국가 간 금융 흐름의 규모가 증가한 것이다. 제1장에서 설명한 것처럼 최근 국제자본시장에서 거래량이 급격히 증가하였다. 이런 급증의 성격을 이해하기 위해서는 선진국과 신흥경제에서 나타나는 다양한 자본이동의 차이를 이해하는 것이 중요하다. 그리고 외국인 직접투자(FDI: foreign direct investment)와 단기자본이동의 차이를 구별하는 것이 중요하다.

외국인 직접투자와 선진국

FDI의 증가는 글로벌 자본시장의 변화에서 가장 중요한 특징 중 하나이다. FDI는 해외 금융자산을 인수하여 지배지분을 갖게 되는 것을 의미한다. FDI를 집계하는 많은 — 전부는 아니지만 — 국가 기관은 한 기업 주식의 10퍼센트 이상을 인수하면 '지배'지분이라고 판단한다. 따라서 해외 거주자가 국내 금융자산을 인수하여 국내 어느 기업 주식의 10퍼센트 이상의 지배지분을 갖게 되면 FDI의 유입이 이루어진다. 반면 국내거주자가 해외 금융자산을 인수하여 해외 어느 기업 주식의 10퍼센트 이상의 지배지분을 갖게 되면 FDI 유출이 이루어진다.

최근 금융위기에도 불구하고 2000년대 전반과 후반 사이에 세계 전체 FDI의 증가는 세계 수출 증가를 추월했다는 것을 제1장에서 설명했다. 그런데 이런 자본이동 — 사실 장기자본이동의 상당 부분 — 은 선진국 사이에만 주로 이루어지는 경향이 있다. 1995~1998년 주요 신흥경제에서 발생한 금융위기 직후 몇 년간 선진국으로의 FDI 유입이 급증했다. 그후 2008년에 본격적으로 시작된 글로벌 금융위기 동안에는 감소하였다. FDI는 2010년과 2011년에서 선진국과 개발도상국

• **국제금융체제(international financial architecture)** : 국제통화 및 금융시장의 활동을 규율하는 국제기구, 정부 및 비정부 조직, 그리고 관련 정책들.

표 14.1 FDI의 지리적 분포 (총액 대비 %)

	1990~1995	1996~2000	2001~2005	2006~2010	2011~2012
선진국	50.5	67.8	65.4	57.6	46.1
개발도상국	37.1	29.2	31.0	37.1	48.9
이행기 경제	3.3	3.0	3.5	5.4	6.0

출처: UNCTAD, *World Investment Report*, various issues.

에서 모두 회복되었지만 선진국 사이의 FDI가 가장 큰 폭으로 증가했다. 2012년에는 세 지역 모두에서 크게 감소했지만, 특히 선진국의 감소폭이 컸다. 특히 유럽의 FDI 유입은 41퍼센트 감소했는데 이는 유럽통화동맹의 지속가능성에 관한 불확실성 때문이었다.

국제 인수합병의 집중

제11장에서 설명한 것처럼 서로 다른 나라의 기업을 결합하는 국제 인수합병(M&A: mergers and acquisitions)은 글로벌 통화 금융시장의 또 하나의 주목할 만한 특징이다. 사실 최근 선진국 내부 FDI의 증가나 감소를 좌우하고 있는 것이 국제 M&A 활동이다. **국제 M&A(cross-border mergers and acquisitions)**는 서로 다른 나라의 기업을 결합하는 것이다. 합병은 한 기업이 다른 기업의 자산과 부채를 흡수하는 것을 의미한다. 인수는 한 기업이 다른 기업의 자산과 부채를 매입하는 것을 의미한다. 국가의 세금제도 변화, 기업규제 및 노동법의 완화, 주주 문화의 변화 등이 국제 M&A 거래의 급격한 증가를 가져왔다. 도표 14.1에 나타난 것처럼 1990년대 중반 이후 M&A 규모가 연간 8,000억 달러 이상으로 증가했다. 경기 침체기 동안 그리고 그 이후 M&A 규모는 감소하는 추세를 보이고 있다.

도표 14.1을 보면 FDI의 지리적 분포와 마찬가지로 M&A 활동도 미국, 일본, EU 회원국과 같은 선진국에 집중되어 있다. OECD가 집계한 통계를 보면 대체로 미국과 영국 두 나라가 다른 모든 나라를 합한 것보다 더 많은 M&A 거래를 유치한다. 금융위기가 발발하기 직전인 2007년에 미국과 영국이 글로벌 M&A 매입의 약 3분의 1을 차지했다. 전체 FDI 규모와 마찬가지로 2010년과 2011년에 M&A 활동이 회복되기 시작했다. 하지만 2012년에는 선진국과 개발도상국 모두에서 M&A 건수가 크게 줄어들었다.

FDI는 선진국에 매우 집중되어 있다. 평균적으로 전체 FDI의 3분의 2 이상이 선진국으로 유입된다. 선진국 내 FDI 유입은 1990년대 말에 감소했다가 2000년대 전반에는 다시 증가하였으며 2000년대 후반에 발생한 금융위기 기간 동안 다시 감소했다. 2010년과 2011년에는 다시 회복되었지만, 2012년에는 모든 지역에서 FDI가 크게 줄어들었다. 선진국에서 감소폭이 가장 컸는데, EU 내 FDI 유입은 41퍼센트 감소하였으며 미국 내 유입은 26퍼센트 감소하였다. 개발도상국의 경우 2012년 감소폭이 4.5퍼센트에 그쳐 사정이 상대적으로 나은 편이었다.[i]

- **국제 M&A(cross-border mergers and acquisitions)**: 서로 다른 나라에 위치한 기업의 결합으로, 한 기업이 다른 기업의 자산과 부채를 흡수(합병)하거나 매입(인수)하는 것을 뜻한다.

[i] **관련 웹사이트**: FDI, M&A, 자본이동에 관한 통계는 OECD 홈페이지(www.oecd.org)와 UNCTAD 홈페이지(www.unctad.org)에서 얻을 수 있다.

도표 14.1 국제 인수합병 자금의 유입

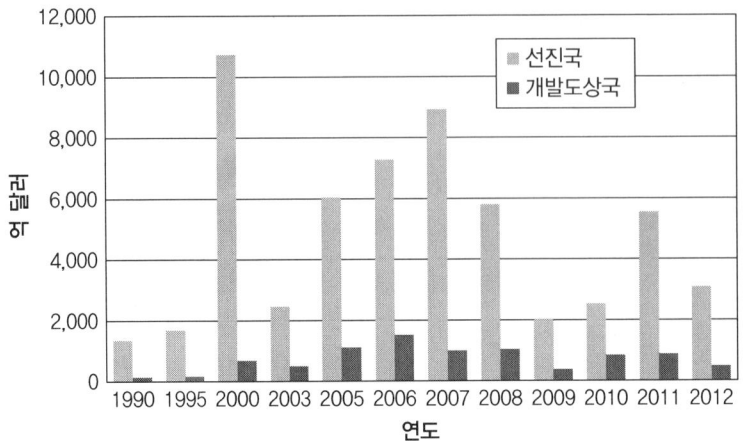

* 국제 인수합병이 최근의 FDI 증감을 좌우하고 있다. 도표에 나타난 기간 동안 국제 인수합병 자금은 2000년과 2005~2007년에 급격히 증가하였다. 그리고 2010년과 2011년에 다시 증가하기 시작했지만 2012년에는 감소했다.

출처: United Nations Conference on Trade and Development Cross-border M&A database, www.unctad.org/fdistatistics.

개발도상국 및 신흥경제 내 민간 자본유입

제1장에서 최근 글로벌 자본시장의 변화 중 또 하나의 중요한 특징, 즉 신흥경제 및 개발도상국으로의 민간 자본유입 증가에 대해 자세히 설명했다. 1990년대와 2000년대 초에 많은 개발도상국들이 금융위기를 겪었지만, FDI와 포트폴리오 투자가 2007년까지 이 지역으로 계속 유입되었다. 그렇지만 2008년과 2009년의 금융위기와 글로벌 경기침체는 포트폴리오 투자에 커다란 부정적 영향을 미쳤다. FDI는 2010년과 2011년에는 회복되었는데, 선진국에 비해 개발도상국과 신흥경제 내 FDI가 더 빠르게 증가했다.

많은 경제학자들은 대규모의 급격한 포트폴리오 자본유입이 나중에 금융위기의 원인이 되는 경우가 많다고 주장한다. 사실 최근 수십년 동안 위기를 겪은 나라들의 경우, FDI와 같은 장기 투자 대신 포트폴리오 자본이나 다른 형태의 개발금융 — 즉 단기 자본유입 — 에 대한 의존도가 매우 높았다.

핵심 이슈 #1

최근 지역별 글로벌 자본시장 상황이 어떠한가?

글로벌 자본시장의 두 가지 중요한 변화는 선진국 간 국제 M&A 및 FDI의 증가와 신흥경제 내 민간 자본유입의 급증이다. 일반적으로 FDI는 미국, 일본, EU 사이에 집중되어 있는데, 국제 M&A의 증가가 이 지역 내 FDI 유입에 큰 역할을 한다. 1990년대 초 이후 개발도상국 내 민간 자본유입도 큰 폭으로 증가했다. 2000년대 후반에 시작된 금융위기 이후 이 지역 내 FDI 및 포트폴리오 유입은 급격히 줄어들었다. 글로벌 경기침체 이후 FDI는 처음에는 증가했지만 다시 감소로 반전되었다. FDI 유입 지역별 비중을 보면 개발도상국과 신흥경제의 비중이 선진국에 비해 증가했다.

■ 자본의 배분과 경제성장

자본시장 자유화(capital market liberalization) — 주식 및 채권시장에서 상대적으로 자유로운 발행과 경쟁 — 를 옹호하는 사람들은 자본이 자유롭게 이동하면 저축이 가장 생산적으로 사용되어 희소한 자원의 배분 효율성이 향상된다고 주장한다. 상대적으로 높은 수익을 제공하는 프로젝트들은 저축자들 — 사실상은 금융 투자자 — 이 부담한 리스크에 대해 보상을 해준다. 이런 방식으로 시장은 자원을 가장 효율적으로 배분하여 실물자원의 개발과 생산성 향상을 가져온다. 결국 저축자들은 국제금융거래에서 위험을 부담하면서 국민경제에 꼭 필요한 유동성을 제공한다.

자본유입과 국내경기 안정화

국내의 가계와 기업이 대출과 차입 활동을 해외로 확장하여, 해외 저축자가 제공한 FDI와 포트폴리오 자본에 접근할 수 있다. 그러면 국내기업과 소비자들은 국내 경기의 둔화에도 불구하고 소비와 투자를 계속할 수 있다. 그리고 경제성장기에는 해외 저축자에게 자금을 상환한다. 이런 방식으로 국제자본이동은 국내의 경기변동을 상쇄하여 국내경제의 안정성을 높일 수 있다.

따라서 국내 저축자들은 국내의 경제적 충격에 대한 노출을 해외로 분산하여 위험을 줄일 수 있다. 국제자본이동의 이러한 긍정적 측면 덕분에 국내 저축자들은 더 높은 위험조정 후 수익률을 얻을 수 있고, 저축과 투자 활동도 촉진할 수 있다. 저축과 투자의 증가는 다시 경제성장을 촉진한다.

자본이동과 장기적 발전

개발도상국들이 FDI와 포트폴리오 자본이동을 통해 글로벌 자본을 이용하게 되면 투자 프로젝트에 필요한 재원 조달 비용을 크게 줄일 수 있다. 그 결과 국내의 기업과 개인은 더 많은 투자 프로젝트를 수행할 수 있고 그 결과 실물 자원의 개발이 촉진된다. 이것은 장기적으로 생활수준을 향상시키고 경제성장률을 높인다. 또한 해외의 민간저축은 외국정부가 제공하는 불확실한 개발원조를 대체할 수도 있다. 개발원조는 종종 관료주의적 절차나 여러 제약으로 인해 비효율성을 유발한다.

신흥경제가 글로벌 자본을 유치하고 국내 저축을 촉진하기 위해서는 **금융부문의 발전**(financial-sector development) — 금융기관, 지불체계 및 규제기구의 발전과 강화 — 이 필요하다. 하지만 경제이론에 따르면 금융부문의 발전은 저축을 증가시킬 수도 있고 감소시킬 수도 있다. 앞에서 설명한 것처럼 금융부문의 발전은 국내 및 해외 저축의 배분을 향상시킬 수 있다. 그렇지만 제6장에서 설명한 다양한 위험회피 수단의 이용가능성이 높아지면 예비적 저축을 줄일 가능성이 생긴다. 그리고 가계대출을 위한 시장이 발전하면 가계는 그렇지 않은 경우에 비해 더 많은 자금을 차입할 수 있어, 현재 소비를 계속하거나 이전에는 금융지원의 가치가 없었던 사업을 시작할 수 있게 된다. 따라서 금융부문의 발전이 순(net)저축 — 저축에서 차입을 뺀 것 — 의 규모를 줄이는 결과를 가져오면 경제성장이 실제로 둔화될 수도 있다.

일반적으로 경제학자들은 금융부문이 장기적

• **금융부문의 발전**(financial-sector development): 한 나라 금융부문의 기관, 지불체계 및 규제기구의 강화와 성장.

경제발전에 미치는 영향에 대해 상반된 두 가지 견해를 갖고 있다. 어떤 경제학자들은 공장이나 설비와 같은 실물 자원의 개발과 기술 및 인적자본의 개발이 장기적 경제성과의 핵심적 결정요인이라고 주장한다. 이 견해에 따르면 금융부문은 장기적으로 중요한 역할을 하지 않는다.

대립되는 견해는 금융부문의 발전이 경제적 기본요소의 변화를 가져온다는 것이다. 금융부문은 외국의 자본을 끌어올 수 있으며, 민간 주체의 장기적 저축과 차입 결정 그리고 장기적 투자전략에 영향을 미칠 수 있다. 이런 방식으로 금융부문의 발전은 장기적 경제성과에 영향을 미친다.

국가마다 금융발전의 과정에 차이가 나타나는 이유는 불명확하다. 그런데 금융발전과 실물부문 성장 사이의 인과관계에 대한 최근 연구는 후자의 견해를 지지하는 경향이 있다. 금융발전이 저축을 촉진하고 자금이 가장 생산적인 투자 프로젝트에 흘러가도록 함으로써 실제로 경제성장에 영향을 미친다는 것이 이런 연구의 결론이다.

■ 잘못된 자본배분과 그 결과

금융시장 자유화에 대한 옹호에도 불구하고 **금융시장의 불완전성**(financial market imperfections)과 **정책유발 왜곡**(policy-created distortions)으로 인해 한 나라의 금융제도가 경제발전에 기여하지 못할 수도 있다. 이 점에 대해서 살펴보자.

금융시장의 불완전성

많은 경제학자들은 금융시장에는 **비대칭적 정보**(asymmetric information) — 금융거래의 한쪽 당사자(차입자)가 상대방(대출자)이 갖고 있지 않은 정보를 갖고 있는 상황 — 가 만연하다고 주장한다. 비대칭적 정보는 역선택, 쏠림 행위, 도덕적 해이 등을 유발하여 자본의 비효율적 배분을 초래할 수 있다.

금융시장에 영향을 미치는 시장 불완전성의 또 다른 형태인 **역선택**(adverse selection) 상황에서는 투자가치가 없는 프로젝트를 위해 자금이 필요한 사람이 차입을 가장 희망하는 상황이 발생할 수 있다. 두 가지 형태의 시장 불완전성에 대해서는 제12장에서 설명하였다. 역선택 때문에 저축자들은 대출이나 채무의 보유를 꺼릴 수 있다. 양질의 프로젝트를 위해 자금이 필요한 사람에게도 대출을 하지 않으려고 할 수 있다. 그리고 정보의 부족은 쏠림 행위로 이어질 수 있다. 완전한 정보를 갖고 있지 않은 저축자가 더 많은 정보를 가지고 있을 것으로 생각하는 다른 사람들의 행위를 보고 의사결정을 할 때 **쏠림 행위**(herding behavior)가 발생한다. 글로벌한 상황에서 쏠림 행위는 금융 불안정이 지역수준으로 확산되는 **전염**(contagion)의 촉매제가 될 수 있다. 쏠림 행위는 자산가격이나 통화가치를 정상 수준 이상으로 하락시키는 결과로 이어질 수 있다.

금융시장에 영향을 미칠 수 있는 다른 문제점은 **도덕적 해이**(moral hazard)이다. 즉 차입자가 채무 증서를 발행한 이후 훨씬 더 위험한 행위를 할 수 있다. 예를 들어 기업이나 은행이 파산하지 않도록 정부가 암묵적 혹은 명시적으로 보증을 할 경우 도덕적 해이가 발생한다. 자신이 파산 상태에 이르지 않도록 정부가 도와줄 것이라는 것을 알고 있다면, 기업은 더 높은 수익을 얻기 위해 더욱 위험한 프로젝트에 참여하려고 할 수 있다. 이와 마찬가지로 IMF와 같은 국제기구는 유동성 위기에 처한 국가를 구제할 준비를 하고 있기 때문에, IMF가 도덕적 해이를 유발한다는 비판이 있다. 자국의 외환보유고가 고갈되면 IMF가 자금을 빌려줄 것이라는 사실을 개별 국가들이 알고 있다면, 각국 정부는 환율제도가 요구하는 방식대로 정책을 실시하지 않으려고 할 것이다.

정책유발 왜곡

자본이동이 정책유발 왜곡에 반응해서 자본의 비효율적이고 불안정한 배분이 이루어질 수 있다. 정부정책의 결과 시장이 바람직한 산출 수준 즉 경제적으로 효율적인 산출 수준과 다른 산출 수준을 초래하면 **정책유발 왜곡**(policy-created distortion)이 발생한다. 거시경제정책 (예를 들면 철강이나 타이어와 같은 특정산업에 대한 수입관세나 보조금)은 해당 산업의 생산자를 국제경쟁에서 보호한다. 일반적으로 글로벌 시장에서 경쟁력이 없는 산업에 대해 이런 형태의 보호가 이루어진다. 하지만 이런 정책은 산업을 보호함으로써 경쟁적 환경하에서의 산출과는 다른 산출 수준 그리고 더 높은 경제적 이윤을 초래한다. 이런 높은 이윤 때문에 보호를 받은 산업으로 더 많은 자본이 유입되고, 이 산업보다 더 생산적인 다른 산업에서는 자본이 이탈한다. 차별적인 조세정책, 무역제한 및 거시경제정책은 잘못된 자본배분을 초래할 수 있는 정책유발 왜곡의 몇 가지 예이다.

한편 금융거래에 대한 국가 간 규제의 차이는 **규제 차익거래**(regulatory arbitrage)를 유발할 수 있다. 즉 국내의 규제나 감독을 피하기 위해 국내 기관이 해외로 이전하거나 활동의 일부를 해외에서 수행한다. 이로 인해 정부의 규제 능력이 약화되고 규제기관이 최소화하려고 했던 형태의 위험에 국내 금융중개기관이 노출되게 된다.

이런 왜곡이 국내의 경제정책 때문에 유발되었지만 국제적인 맥락에서도 살펴볼 필요가 있다. 원칙으로 국가 간의 협력과 조율이 없으면 '바닥을 향한 경주(race to the bottom)' 즉 규제 및 조세 환경이 규제가 가장 덜 엄격한 국가의 수준으로 수렴하는 현상이 야기될 수 있다. 이런 가능성을 줄이기 위한 다자 차원의 정책 협력과 조율에 대해서는 뒤에서 살펴볼 것이다.

금융 불안정과 금융위기

시장 불완전성과 정책유발 왜곡이 심각하면 **금융 불안정**(financial instability), 즉 금융부문이 자금을 가장 생산적인 프로젝트에 배분할 수 없는 상황이 발생할 수 있다. 심각한 불안정은 **금융위기**(financial crisis), 즉 금융시장의 기능이 완전히 중지되는 상황을 촉발할 수 있다. 금융위기는 일반적으로 은행위기, 통화위기, 외채위기와 연관되어 있다. 따라서 모든 나라의 핵심적 정책목표 중 하나는 안정된 금융환경을 창출하여 이런 문제들이 발생할 수 있는 가능성을 줄이는 것이다.

- **정책유발 왜곡**(policy-created distortion): 정부정책의 결과 시장이 경제적으로 효율적이지 않은 산출 수준을 초래하여 희소한 자원의 최적 배분이 이루어지지 않는 상황.
- **금융 불안정**(financial instability): 금융부문이 자금을 가장 생산적인 프로젝트에 배분할 수 없는 상황.
- **금융위기**(financial crisis): 금융 불안정이 심각하여 한 나라의 금융시스템이 기능을 할 수 없는 상황. 금융위기는 일반적으로 은행위기, 통화위기, 외채위기와 연관되어 있다.

■ 금융중개기관의 역할은 무엇인가?

금융중개기관(financial intermediaries) — 예금자의 자금을 최종적으로 자본투자를 하는 사람에게 중개하는 기관 — 은 여러 가지 방식으로 금융안정과 경제성장에 기여한다. 금융중개기관의 핵심적 기능 중 하나는 비효율성을 최소화하여 예금을 차입자에게 전달하는 것이다. 중개과정에 비용이 발생하기 때문에 차입자에게 전달되는 예금의 일부를 수취한다. 효율적인 중개기관일수록 중개비용으로 수취하는 비율이 더 작기 때문에 더 많은 비율의 예금을 차입자에게 전달할 수 있다. 그 결과 한 나라의 총저축 중 더 많은 부분이 투자로 연결되어 경제성장을 촉진한다. 제9장에서 설명한 중앙은행의 정책수단인 법정지급준비금과, 불필요하고 낭비적인 규제를 줄이는 것도 금융중개기관의 효율성을 개선할 수 있는 방법이다.

금융중개기관이 비효율성을 낮추는 다른 방법은 많은 사람들이 자금을 한 곳으로 모으도록 하는 것이다. 그러면 하나의 기관이 관리하는 총 저축액이 증가하게 된다. 이런 집중화는 규모의 경제를 가져와서, 자금관리에 필요한 평균비용을 예금자 각자가 관리할 때 부담해야 하는 비용 이하로 낮출 수 있다. 금융중개기관은 이렇게 불필요한 비용을 절감함으로써 최종적으로 투자되는 예금액을 증가시킬 수 있다.

그리고 효율적인 금융중개시스템은 정보비대칭의 정도를 완화하여 자본의 배분을 개선하고 금융시장 안정성을 높일 수 있다. 부채의 질을 전문적으로 평가하고 채무증서를 발생하는 기업의 성과를 지속적으로 관찰함으로써 금융중개기관은 정보 불완전성의 정도를 줄일 수 있다. 그러나 만약 예금자들이 자신의 위험을 분산시킬 수 없다면 가장 유동성이 높은 프로젝트에만 투자해야 할 것이다. 생산성은 높지만 유동성은 낮은 프로젝트에는 자금이 공급되지 않아 잠재적 경제성장률이 낮아질 것이다.

이렇게 금융중개기관은 다면적인 역할을 한다. 금융중개기관은 정보획득 능력을 이용하여 투자 프로젝트를 평가하고, 잠재 수익률이 가장 높은 프로젝트를 결정하며, 낮은 평균비용으로 위험을 분산할 수 있는 수단을 제공함으로써 위험은 높지만 수익성도 높은 프로젝트에 투자가 이루어질 수 있도록 한다. 자본배분에서 중요한 역할을 하기 때문에 금융중개기관에 대한 규제와 감독은 국제금융체제 개혁을 위한 다양한 제안의 핵심적 구성요소가 되고 있다. 이에 대해서는 뒤에서 살펴볼 것이다.

핵심 이슈 #2

금융시장은 어떤 문제들을 지니고 있으며, 금융위기란 무엇인가?

금융시장에는 몇 가지 문제들이 광범위하게 나타날 수 있다. 금융시장 실패 중 하나는 비대칭적 정보, 즉 차입자와 대출자가 서로 다른 정보를 갖고 있는 문제이다. 비대칭적 정보는 역선택, 쏠림 행위, 그리고 도덕적 해이의 문제를 낳을 수 있다. 조세제도와 규제의 차이와 같은 정책 왜곡은 자본의 최적 배분을 방해할 수 있다. 금융시장의 불완전성과 정책왜곡이 심각하면 금융불안정과 금융위기가 발생할 수 있다. 한 나라의 금융시스템이 작동하지 않을 정도로 금융불안정이 심각한 상태를 금융위기라고 부르는데, 금융위기는 일반적으로 은행위기, 통화위기, 외채위기 등

> 의 형태로 나타난다. 효율적인 금융중개기관은 금융시장 불완전성의 충격을 줄여 저축을 촉진하고 더욱 많은 투자프로젝트에 자금이 공급될 수 있도록 한다.

자본이동과 국제금융 위기

경제학자들의 최근 연구에 따르면 자본시장 자유화는 일반적으로 자본의 배분을 개선하고 금융부문의 발전을 촉진하는 것으로 나타났다. 하지만 지난 30여년 동안 자본시장을 자유화한 거의 모든 나라에서 금융위기가 발생했다. 국제적 자본이동은 최근의 금융위기 발생에 어떤 영향을 미쳤을까?

■ 모든 자본이동이 동일한가?

자본시장 자유화를 통한 글로벌 자본에 대한 접근이 투자 프로젝트의 비용을 낮추고 경제성장을 촉진할 수 있지만, 그로 인한 전체 부채가 경제의 불안정을 야기할 수 있다. 공공 및 민간 외채의 만기구조가 중요한 측면 중 하나이다. 단기 부채와 장기 부채를 모두 이용하면 부채의 포트폴리오 다양화, 상환구조의 관리 그리고 그에 따른 부채 포트폴리오의 안정성 제고에 도움이 된다.

정부, 기업 및 가계의 차입 수요가 서로 다르고 투자 프로젝트들의 기간이 서로 다르기 때문에, 금융을 통한 단기 투자와 장기 FDI 자본 모두를 유치하는 것이 중요하다. 소유 지분의 10퍼센트 미만의 금융수단 매입을 **포트폴리오 투자**(portfolio investment)라고 한다. 포트폴리오 자본의 이동은 만기가 짧고 차입비용이 낮은 특징을 가지며, 일반적으로 단기 소득의 창출을 목적으로 한다. 다른 한편 FDI는 장기적 투자전략의 일환이며, 이를 통해 자금을 제공하는 주체는 금융 통제권을 확보하려고 한다. 포트폴리오 자본과 FDI는 다른 투자전략을 내포하고 서로 다른 만기구조와 차입비용을 갖고 있기 때문에, 장단기 효과 역시 동일하지 않다.

포트폴리오 자본의 이동

성격상 단기적인 포트폴리오 자본 거래의 경우 차입비용은 낮으며, 기업은 금융에 대한 통제권을 외국 투자자에게 넘겨줄 필요가 없다. 포트폴리오 자본유입은 시간이 지나면서 자본배분을 개선시키고 금융부문의 발전을 촉진할 수 있다. 하지만 포트폴리오 자본은 통제권의 이전을 동반하지 않으면서 유동성이 상대적으로 높은 투자형태이기 때문에 그 흐름의 방향이 쉽게 역전될 수도 있다. 포트폴리오 자본이 개발도상국에서 빠져나가게 되면 취약한 금융부문에 심각한 유동성 부족 현상이 발생하여 금융 불안정이 야기될 수 있다. 이것은 금융위기를 촉발하여 개발도상국 금융중개기관들의 상환능력과 환율체제의 유지를 위협할 수 있다.

외국인 직접투자

이와 달리 FDI는 상대적으로 유동성이 낮으며 통제권 이전을 동반하는 투자형태로서 국민경제를 안정시키는 효과를 지닐 수 있다. 앞에서 설명한 바와 같이 다국적기업이 해외지사를 설립하거나

• **포트폴리오 투자**(portfolio investment): 한 회사 소유 지분의 10퍼센트 미만에 해당하는 금융자산을 해외에서 취득하는 것.

외국기업과 전략적 동맹을 체결할 때 주로 FDI가 이루어진다. 이런 활동을 통해 다국적기업은 장기적 관계를 추구한다. 다국적기업이 외국에서 활동을 하게 되면 그 나라 소비자나 공급업체들과 중요한 관계와 네트워크를 형성한다. 따라서 FDI 투자를 한 다국적기업이 해외시장에서 빈번하게 진입이나 탈퇴를 할 가능성은 높지 않다. 장기적이면서도 강고한 기업 간 관계가 형성될 가능성이 높기 때문에 FDI는 국민경제에 안정적인 영향을 미치게 된다. 하지만 이런 장기적 관계를 형성하고 현지의 외국인기업을 어느 정도 소유하는 것이 쉬운 일은 아니다.

따라서 포트폴리오 자본과 직접투자는 각각 서로 다른 긍정적 혹은 부정적 특징을 지닌다. 모든 자본이동이 동일한 것이 아니기 때문에 한 국가의 금융부문이 장기자본과 단기자본을 모두 유치할 수 있는 환경을 만드는 것이 중요하다. 이로써 자본배분이 개선되며, 금융불안정을 최소화 하면서 실물부문과 금융부문의 발전이 촉진될 것이다.

■ 최근 금융위기에서 자본이동의 역할

지난 수십년간 많은 개발도상국들이 여러 번에 걸쳐 습득한 핵심적 교훈은 포트폴리오 자본이동에 지나치게 의존하면 불안정성이 유발될 수 있다는 것이다. 하지만 외국인 포트폴리오 자본의 유출이 반드시 과거 개발도상국 금융위기의 근본원인은 아니라는 점에 유의할 필요가 있다. 외국인 자본 유출은 하나의 징후일 뿐이며, 일반적으로 한 나라의 거시경제 및 미시경제 정책, 정치적 안정도, 금융시장 및 실물의 생산 및 제조업 부분의 건전성에 대한 신뢰 상실 때문에 촉발되는 것이다.

안정적 요소인 외국인 직접투자

FDI는 안정적 요소이기 때문에, 많은 국가는 FDI를 유치할 수 있는 환경을 조성하기 위해 노력한다. 하지만 표 14.1(p. 423)을 보면 FDI는 선진국 사이에 집중되는 경향이 있다. 따라서 투자 프로젝트에 필요한 자금을 조달하기 위해 어떻게 FDI를 유치하고, 또 포트폴리오 자본이동에 대한 의존도를 최소화할 것인가는 개발도상국이나 신흥경제의 중요한 정책 의제 중 하나이다.

다국적기업의 국적보다는 외국기업의 생산 및 유통 활동의 자국 내 유치가 고용과 소득에 미칠 긍정적 효과에 더 많은 관심을 기울여야 한다는 것이 중요한 결론이다. 실증 분석 결과에 따르면 다국적 기업은 해외투자를 통해 얻을 수 있는 이점이 있기 때문에 투자를 한다. 그 이점이란 바로 숙련된 노동력, 양호한 유통 네트워크, 발전된 공급체인, 금융에 대한 접근성 등등이다. 교육, 연구, 훈련 및 인프라에 투자하는 나라는 지속적으로 FDI를 유치하여 높은 고용과 소득 수준을 유지할 가능성이 높다. 이렇게 성장과 투자의 선순환을 만들어 국내투자와 FDI가 계속 상승 작용을 일으키게 된다.

1990년대와 2000년대의 국제적 금융위기 이후, 학계, 민간기구 및 국제정책그룹은 자본유입의 조합을 개선할 수 있는 다양한 정책 제안들을 내놓았다. 뒤에서는 이런 제안들 중 몇 가지를 소개할 것이다.

자본통제가 필요할까?

일부 경제학자들은 FDI 유치에만 노력을 기울여서는 안 된다고 말한다. 신흥국가는 포트폴리오 자본이동에 대한 의존도를 줄이기 위한 적극적 조치를 해야 한다고 주장한다. 정부개입을 선호하는 경제학자들은 금융시장이 점진적으로 자유화되는 속도 조절을 위해 단기 포트폴리오 이동에 대해 통제를 해야 한다고 주장한다.

하지만 대부분의 경제학자들은 자본이동에 대한 통제에 대해 회의적이다. UCLA(University of California at Los Angeles)의 세바스찬 에드워즈(Sebastian Edwards) 교수는 칠레의 자본통제가 그 나라 자본이동의 구성과 거시경제적 안정에 미친 효과에 대해 연구했다. 이 연구의 중요한 결론 중 하나는 법률을 통한 자본통제의 유형이나 정도와 상관없이 민간부문은 결국은 법률의 규제를 회피할 수 있는 방법을 찾아낸다는 것이다. 에드워즈는 자본 유출(outflows)에 대한 통제는 특히 비효율적이기 때문에 해서는 안된다고 주장한다.

자본유입(inflows)에 대한 통제는 단기적으로는 효과가 있을 수 있는데, 단기 자본유입의 속도를 늦추고 외채의 만기를 길게 하는 효과를 나타낸다. 채무의 만기가 연장되면 정책결정자들은 자본시장을 자유화 하고 금융시장을 발전시킬 수 있는 기회를 갖게 된다. 예를 들어 칠레의 경우 자본유입에 대한 통제의 결과 전체 자본유입 중 단기 자본유입의 비중이 1988년 95퍼센트에서 1997년에는 3퍼센트 미만으로 줄어들었다.

하지만 에드워즈는 자본통제를 임시방편적인 조치(temporary stop-gap)로만 사용해야 한다고 주장한다. 자본통제는 추가 차입비용을 유발하기 때문에 결국에는 폐지를 해야 한다는 것이다. 앞에서 설명한 바와 같이 칠레의 자본통제는 자본조달 비용의 인상을 초래했기 때문에 칠레는 남은 자본통제 조치들을 제거하고 있다. 금융부문이 일단 발전되면 완전한 자본자유화가 자본의 배분을 개선하고 실질적 경제발전을 촉진할 수 있다.

2010년 대규모 포트폴리오 자본이 많은 개발도상국과 신흥경제로 유입되기 시작하였다. 이런 자본유입은 이 나라 통화의 절상 압력을 유발하였다. 그 결과 대규모 자본유입 이후 갑작스런 유입 중단의 사례가 재발할 수 있다는 우려가 있었다. 브라질, 한국, 태국을 포함한 몇몇 나라들은 자본유입을 줄이기 위해 자본통제 정책을 실시하였다. 예를 들어 한국정부는 한국 국채에 대한 외국인의 투자 소득에 대해 14퍼센트의 세금을 부과하였다. (유럽의 섬 나라인 사이프러스에서는 국내 거주자들이 자금을 국외로 가져가지 못하도록 하기 위해 자본통제가 실시되었다. 이에 관해서는 "정책사례 14.1"을 참조하라.)

정책사례

14.1 유로는 사이프러스를 제외하면 어디서든 동일하다

유로존을 구성하는 17개 회원국들과 같이 어느 나라가 통화동맹에 가입하는 기본적인 이유는, 회원국 내에서 재화, 서비스 및 금융자산을 거래할 때 공통 통화를 사용할 수 있기 때문이다. 유로가 출범한 후 13년 동안 유로존은 그렇게 작동되었다. 하지만 2013년 3월 은행위기에 직면한 사이프러스정부는 그 나라에서 유출될 수 있는 유로의 액수 — 유로존 회원국으로 유출되는 것도 포함 — 를 제한하는 형태의 자본통제를 실시하였다. 정부의 자본통제 조치로 사이프러스에서 다른 나라로 향하는 모든 전자 거래가 금지되었으며, 사이프러스인은 1인당 최대 3,000유로까지만 가지고 나갈 수 있었다.

최근에 사이프러스정부는 전자 거래에 대한 통제 중 일부를 단계적으로 완화했다. 그럼에도 불구하고 2013년 이후 사이프러스정부의 조치로 사이프러스 내의 유로는 전세계 다른 지역의 유로와 동일하지 않게 되었다. 사이프러스 내 거주자들은 다른 나라에서 유로를 자유롭게 사용할 수 없게 되었다. 따라서 그들이 보유한 유로의 가치는 다른 나라 사람들이 보유한 유로의 가치보다 낮아졌다. 외부인들이 사이프러스에 유로를 가지고 들어갈 유인이 거의 없었다. 중요한 의미에서 사이프러스는 자신들만의 독자적 형태의 유로를 가지게 된 것이다.

심화 학습: 자본통제를 제외하면 위험이나 다른 측면에서 다른 나라에 존재하는 유로표시 자산과 동일한 사이프러스의 유로표시 자산이 이제는 왜 더 낮은 시장가치를 갖게 되었을까?

핵심 이슈 #3

포트폴리오 투자와 외국인 직접투자의 차이는 무엇인가? 이런 자본 흐름은 최근 금융위기에 어떤 영향을 미쳤나?

포트폴리오 자본이동은 통제권의 이전 없이 소득을 창출하는 투자형태이기 때문에, 이런 자본이동은 FDI에 비해 더 단기적이고 유동적인 자본이동이다. 따라서 투자 프로젝트의 재원조달을 위해 포트폴리오 자본이동에 과도하게 의존하는 것은 불안정을 야기할 수 있다. 이와 대조적으로 FDI는 장기적인 금융투자 전략이기 때문에 경제를 안정화시키는 효과를 가져올 수 있다. 포트폴리오 자본이동에 대한 과도한 의존은 최근에 신흥경제권에서 금융위기를 유발한 요인들 중 하나인 것으로 판단된다.

환율제도와 금융위기

환율정책이 1990년대와 2000년대에 발생한 금융위기에 미친 영향은 국제경제학을 연구하는 사람들에게는 특히 중요하다. 예를 들어 1990년대 중반부터 21세기 초까지 금융위기를 겪은 멕시코, 동남아시아, 브라질, 러시아, 터키, 아르헨티나와 같은 지역은 모두 형태는 약간씩 다르지만 고정환율제도를 채택하고 있었다. 따라서 표면상으로는 고정된 환율제도가 위기에 어느 정도 영향을 미쳤을 수 있다.

■ 환율제도에 관한 견해들

앞에서 말한 금융위기들 직전에 환율제도에 대한 두 가지 견해가 등장했다. 첫 번째 견해는 통화의 가치를 명시적인 목표나 통화 간 일정 비율에 페그(peg)하려고 해서는 안 된다는 주장이다. 이 견해에 따르면 외환시장 참가자들은 현물환율과 공식 고정환율 간의 차이를 확인하면서 정책담당자의 행동을 밀접히 관찰할 수 있다. 그러므로 외환시장 참가자들은 공식 고정환율에서 조금만 벗어나도 그것을 알아채고 환율제도의 신뢰성 여부를 결정한다. 외환시장 참가자들은 환율 페그를 신뢰하지 않으면 국내통화 표시 자산을 대량 매도할 것이다. 만약 정부가 고정환율을 유지할 수 있을 만큼 충분한 외환 보유고를 갖고 있지 않다면 환율제도는 붕괴될 것이다. 따라서 이 견해의 지지자들은 환율이 완전히 자유롭게 변동할 수 있도록 해야 한다고 주장한다.

반대로 두 번째 견해는 정부가 시장 참가자의 신뢰를 얻기 위해서는 명시적인 환율 목표가 필요하다는 것이다. 환율 목표를 설정함으로써 정책담당자는 환율정책의 방향을 투명하게 할 수 있다. 이 견해에 따르면 환율목표나 공식 고정환율이 통화정책의 행동 준칙이 된다. 이렇게 하면 외환시장 참가자들은 환율정책을 면밀히 관찰할 수 있고 정책당국이 환율목표를 지키도록 압박할 수 있기 때문에 정책당국에 대한 신뢰성이 높아진다. 결국 이 견해에 따르면 환율은 고정되거나 페그되는 것이 바람직하다.

코너 가설

많은 경제학자들은 중간적(intermediate) 환율제도 — 조정가능 페그(adjustable peg), 크롤링 페그(crawling peg), 바스켓 페그(basket peg) 같은 제한적 환율변동성을 가진 제도 — 에 대해서는 의구심을 갖게 되었다. 1990년대와 2000년대 초반에 외환시장 참가자들이 통화를 대량 매도하자, 멕시코, 태국, 한국, 인도네시아, 러시아, 브라질과 같이 위기를 겪은 많은 나라들이 중간적인 환율제도를 포기할 수밖에 없었다.

그 결과 환율관리에 관한 제3의 견해, 즉 **코너 가설(corners hypothesis)**이 등장했다. 이 이론에 따르면 정책당국은 극단적인 두 가지 제도 중 하나를 확실히 선택해야 한다. 즉 정책당국은 커런시보드(currency board)를 설립하거나 달러를 도입해 사용하거나 환율이 외환시장에서 완전히 자유롭게 변동하도록 해야 하며 중간적인 환율제도를 선택해서는 안된다.

이런 코너 가설에 입각해 위기를 겪은 나라들의 환율제도와 정치, 경제적인 상황을 비교하고 대조하는 연구들이 많이 이루어졌다. 다른 한편 IMF와 같은 국제기구와 G7은 개발도상국 정부에 중간적 형태의 페그 환율제도를 버리고 자유변동 환율제도를 채택하거나 달러화(dollarize)를 하도록 권고했다.

고정, 변동, 중간 중 어느 것을 선택해야 하나?

금융위기를 피하기 위해서 개발도상국은 어떤 환율제도를 선택해야 할까? 최근에 점점 더 많은 경제학자들이 코너 가설을 거부하고 있다. 반대의 핵심적 논거는 이 가설의 이론적 근거가 부족하고 실제 경험으로도 뒷받침되지 않는다는 것이다. 위기를 겪은 많은 나라들이 중간적 환율제도를 채택하고 있었지만, 이 환율제도가 반드시 위기의 원인이라고 말할 수 없다는 것이다.

코너 가설을 거부하는 경제학자들은 모든 나라에게 적절한 하나의 환율제도는 존재하지 않으며, 특정 국가의 경우에도 어느 한 환율제도가 언제나 적절한 것은 아니라고 주장한다. 제3장에서 설명한 것처럼 어떤 환율제도가 계속 유지될 수 있는가를 결정하는 데는 환율제도의 선택보다는

• **코너 가설(corners hypothesis)**: 정책당국은 완전 자유변동환율제도나 견고한 페그 환율제도를 선택해야 하며 조정가능 페그, 크롤링 페그 혹은 바스켓 페그 제도 같은 중간적 제도를 채택해서는 안 된다는 견해.

경제적, 법적 제도와 건전한 경제정책이 더 중요하다. 따라서 세 가지 유형의 환율제도 — 엄격한 페그, 중간적 페그, 자유변동 환율제도 — 모두 나라에 따라 적절할 수 있다. (아이슬란드는 변동환율로 혜택을 입은 국가의 예이다. 이에 관해서는 "정책사례 14.2"를 참조하라.)

으며, 크롤링 페그, 바스켓 페그 같은 중간적 제도가 어떤 개발도상국에게는 바람직할 수 있다고 주장한다.

금융위기와 국제적 정책대응

핵심 이슈 #4

개발도상국에게 가장 적절한 환율제도는 무엇인가?

개발도상국에게 가장 적절한 환율제도가 무엇인가에 대해서는 지금도 뜨거운 논쟁이 이루어지고 있다. 어떤 경제학자들은 엄격한 페그 환율제도나 완전 자유변동 환율제도 중 하나를 선택해야 한다고 주장한다. 다른 학자들은 모든 개발도상국에 적절한 환율제도란 없

지금까지 많은 나라들이 국내외 예금자로부터 지속적이면서도 다양한 원천의 자금을 동원할 수 있는 안정적 금융 체계를 발전시키려고 노력했다. 하지만 이런 노력에도 불구하고 수많은 나라들은 금융위기를 겪었다. 그리고 일부 국가에서 시작된 위기는 글로벌 금융시스템을 통해 전파되어 다른 나라에 영향을 미쳤다. 1997년과 1998년의 아시아 금융위기나 2007년 이후 미국과 유럽에 영향

정책사례

14.2 변동환율의 혜택을 입은 아이슬란드

2008년에 아이슬란드의 3개 은행이 모두 파산하여 경제규모 대비 사상 최대의 은행시스템 붕괴가 발생하였다. 금융위기 직후 아이슬란드는 무역흑자가 사라지고 큰 폭의 무역적자를 겪기 시작했다. 그리고 실업률은 3퍼센트 미만에서 2010년에는 8퍼센트 이상으로 급등했다.

1999년과 2008년 사이에 유로를 통화로 채택한 17개 국가들과 통화가치를 유로에 페그하고 있던 많은 나라들과 달리, 아이슬란드는 자국 통화인 크로나(króna)를 유지했으며 환율도 변동하도록 하였다. 아이슬란드의 금융위기 직후 크로나는 50퍼센트 이상 절하되었다. 통화가치의 하락 덕분에 수출이 크게 증가하고 수입은 줄어들어 연간 기준으로 다시 무역흑자로 복귀하였다. 아이슬란드 국민들의 재산 수준은 위기의 충격에서 완전히 회복되지 않았지만, 연간 순소득은 큰 폭으로 증가하였으며 실업률은 5퍼센트 미만으로 떨어졌다. 많은 전문가들은 아이슬란드의 장기 경제전망이 유로를 채택하거나 자국 통화를 유로에 페그한 다른 많은 유럽국가들보다 훨씬 낙관적이라고 평가한다.

심화 학습: 일부 경제학자들은 실업률이 20퍼센트를 넘는 그리스나 스페인과 같은 나라가 유로 이전의 통화체제로 복귀하여 통화가치의 변동을 허용한다면 이 나라들의 실업률이 매우 낮아질 것이라고 주장하는데 그 이유가 무엇일까?

을 미친 금융위기가 그런 사례이다.

개별 국가가 위기를 예방하는 것이 매우 어렵고 위기가 국제적으로 확산될 수 있다는 것을 인식하면서 세계 여러 나라는 다자간 정책 협조 및 조정을 담당할 수 있는 다국적 기구들을 설립하였다. 이런 기구의 목표는 위기 발생 가능성을 줄이고, 위기가 발생했을 때 위기의 확산을 억제하는 것이다.

■ 국제통화기금(IMF)

제7장에서 설명한 바와 같이 IMF는 국제통화협력, 환율조정, 경제성장을 촉진하며, 국제수지에 문제가 발생한 국가에 일시적 금융지원을 제공하기 위한 다국적 기구이다. 도표 14.2는 1944년 7월 설립 이후 IMF 회원국의 수가 꾸준히 증가했음을 보여준다. 현재 IMF에는 188개 회원국이 가입해 있다.

IMF의 구조

한 국가가 IMF에 가입하면 IMF의 계정에 자금을 예치해야 하는데, 이 자금을 **쿼터지분**(quota subscription)이라고 한다. IMF의 혼합 통화(composite currency)단위인 **특별인출권**(SDR: special drawing rights)으로 측정되는 이 자금은 IMF가 회원국에게 대출할 때 인출할 수 있는 자금의 풀이다. 도표 14.3은 주요 IMF회원국의 현재 쿼터지분을 나타내고 있다.

IMF는 회원국의 실질국민소득을 기준으로 각국의 쿼터지분을 결정한다. 쿼터지분은 IMF의 표준차관협정(standard credit arrangement)에 따라 각 회원국이 IMF에서 차입할 수 있는 규모

- **쿼터지분**(quota subscription): IMF 회원국이 예치한 자금의 풀로서, IMF는 금융상의 어려움을 겪고 있는 회원국에게 차관을 제공할 때 이 자금을 사용한다.
- **특별인출권**(SDR: special drawing rights): IMF가 사용하는 혼합 통화단위로 이것의 가치는 5개 회원국 통화가치의 가중평균으로 결정된다.

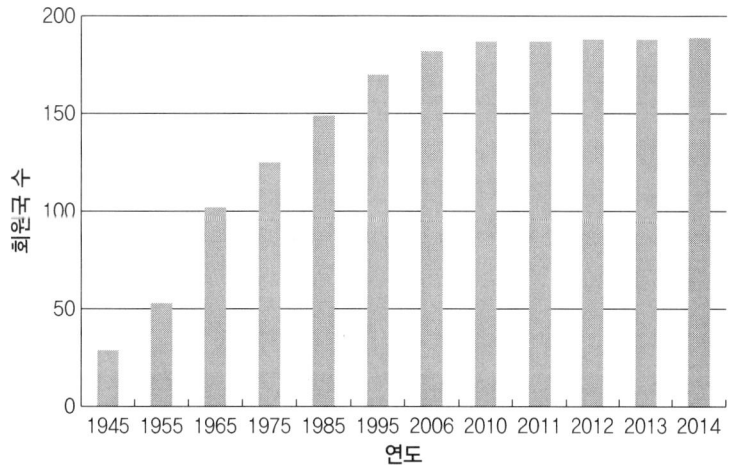

도표 14.2 IMF 회원국 수의 증가

* 현재 IMF의 회원국 수는 설립 당시에 비해 6배 이상 증가하였다.

출처: International Monetary Fund.

도표 14.3 IMF 쿼터지분

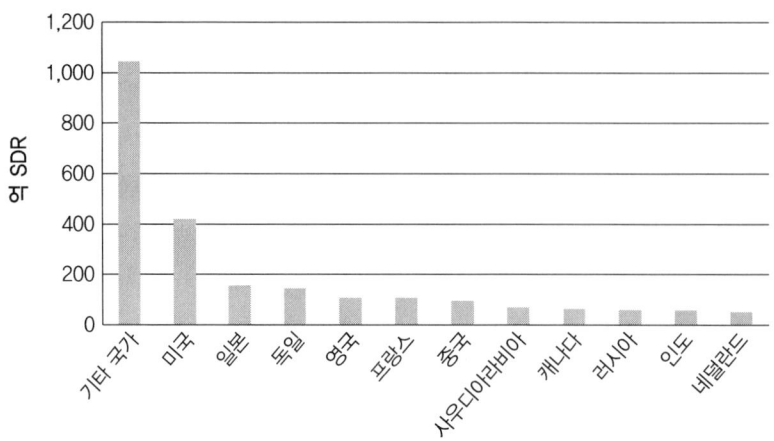

* SDR로 표시되는 IMF 회원국의 쿼터지분은 해당국의 실질국민소득에 따라 결정된다. 한 나라의 쿼터지분은 IMF 내 투표권과 IMF 표준차관협정하에서의 차입규모 한도를 결정한다.

출처 : International Monetary Fund.

를 결정한다. 그리고 IMF 내 회원국별 투표권을 결정한다. 예를 들어 미국의 쿼터지분은 전체 기금의 17퍼센트를 약간 넘는데 이것은 미국이 보유한 IMF 내 투표권과 동일하다.

IMF가 단기 차관의 형태로 회원국에 대한 금융지원 제공을 고려할 때는, 일반적으로 대상국 정부의 정책에 대해 일정한 제약을 부과한다. 이 **행조건**(conditionality)이라고 불리는 IMF가 부과한 정책에 따라 회원국은 금융정책 계획 수립 시 IMF와 협의를 해야 한다. 경우에 따라서는 회원국이 차관을 받기 전에 요구한 조치를 취하지 않을 경우 IMF가 금융지원을 하지 않게 된다. 넓은 의미의 이행조건 충족의 일부로 IMF는 차입국에게 정책을 특정 방향으로 하겠다는 약속을 할 것을 요구하기도 한다. 이것을 **낮은 수준의 이행조건**(low conditionality)라고 한다. 이 경우 IMF

- **이행조건**(conditionality): IMF에서 차관을 받은 나라의 정책에 부과된 다양한 제약.

가 해당국과 **정책 양해**(policy understanding)를 한다고 말한다. 반면 IMF는 **높은 수준의 이행조 건**(high conditionality)을 부과할 수도 있다. 즉 IMF는 해당국이 **성과기준**(performance criteria)이라는 수량화된 구체적 목표를 달성하도록 요구할 수도 있다. 이런 목표를 달성하지 못하면 IMF의 차관 제공이 중지될 수도 있다.

표 14.2는 IMF의 주요 자금 제공 프로그램을 정리한 것이다. 처음에 IMF의 일차적 기능은 소위 대기성협정(stand-by arrangements)과 단기차관의 제공이었으며, 지금도 비양허성(non-concessional) 수단을 통해 이런 형태의 금융지원을 하고 있다. 원래 이런 수단들은 국제수지에 어려움을 겪는 국가에 일시적 자금을 제공하고 재정적자와 채무 문제에 대처할 수 있는 기회를 제공할 목적으로 도입되었다. 확대신용공여제도(EFF: Extended Fund Facility)와 대기성협정은 IMF의 원래 기능을 가장 잘 대변하고 있다.

표 14.2 IMF의 자금지원 프로그램

프로그램	기능
비양허성 프로그램	
대기성 협정 (SBA: stand-by arrangements)	중소득국가를 지원하기 위한 IMF의 핵심적 수단. 국제수지 문제에 대응하거나 예방하기 위한 자금이며 예방적인 목적으로 제공될 수도 있다. 지원대상국이 국제수지 문제에 대응하기 위해 설정한 프로그램의 목표를 달성한다는 '조건하에서' 자금이 지급된다. 자금의 만기는 12~24개월이며 3.5~5년 내에 상환이 이루어져야 한다.
탄력대출제도(FCL: flexible credit line)	이 프로그램의 목적은 경제펀드멘털이 강건하고 정책이 건전하며 정책 집행이 적절한 나라에서 위기가 발생하는 것을 예방하는 것이다. 지원대상국가는 사전에 정해진 자격 기준을 충족해야 한다. 만기는 1~2년이며 상환조건은 SBA와 동일하다.
예방대출제도(PCL: precautionary credit line)	이 대출제도의 목적은 경제펀드멘털이 강건하고 정책이 건전하며 정책 집행이 적절한 나라가 '중간 정도'의 취약성에 노출되었지만 (SBA의 경우처럼) 대규모 조정이 필요하지는 않은 국가를 지원하는 것이다. 예상하지 못한 필요가 발생할 때 이 대출제도를 이용할 수 있다.
확대자금공여제도 (Extended fund facility)	이 제도는 장기적인 국제수지 문제에 대응할 수 있도록 지원하기 위해 1974년에 도입되었다. 차관은 일반적으로 3년 만기이며, 지급 이후 4.5~10년 이내에 상환이 이루어져야 한다.
양허성 프로그램	
확대신용공여제도 (ECF: Extended credit facility)	'장기간' 국제수지 문제를 겪고 있는 저소득국가에 중기 차관을 제공하는 IMF의 핵심적 수단이다. 이 차관의 이자율은 0%이며 거치기간은 5.5년, 만기는 10년이다.
대기성 신용공여제도 (SCF: standby credit facility)	국제수지 문제로 단기 자금이 필요한 저소득국가에 제공하는 차관이다. 이자율은 0%, 거치기간은 4년, 만기는 8년이다.
신속신용공여제도 (RCF: rapid credit facility)	국제수지 문제로 '긴급한' 자금 수요가 있는 저소득국가에 신속히 자금을 제공하는 제도이다. 이자율은 0%, 거치기간은 5.5년, 만기는 10년이다.
긴급지원(emergency assistance)	자연재해를 겪거나 전쟁이나 내전에서 벗어난 나라들이 이 자금을 이용할 수 있다. 이자가 부과되며 3.25~5년 이내에 상환되어야 한다.

출처: International Monetary Fund.

2010년에 IMF는 EU와 협력하여 그리스에 총 1,100억 유로의 지원 패키지를 마련하였다. 이 중 300억 유로는 IMF의 대기성협정 기금을 통해 조달되었다. 유럽의 금융위기가 확산되자 2013년 초에 IMF는 9개 유럽국가들과 자금제공 협정을 체결하였는데 4개의 자금지원 수단을 통해 총 1,400억 달러 이상을 지원한다는 계획이었다. 2013년 말에 IMF는 확대자금공여제도를 통해 사이프러스에 새로운 자금을 지원하기로 결정했는데, 그 규모는 사이프러스의 IMF 쿼디의 5배를 넘었다. 그 후 IMF는 비정상적인 혹은 예상하지 못한 수출입의 변동, 금융시스템에 대한 신뢰 상실, 다른 지역 금융위기의 파급영향을 겪는 적격 회원국을 지원하기 위해 비양허성 수단의 크레디트 라인(credit line)을 도입했다. 예를 들어 탄력대출제도(FCL: flexible credit line)는 2009

년에 처음 도입되었다. IMF는 멕시코의 거시경제상황은 양호하고 국제수지 포지션은 '관리가능(manageable)'하지만, 글로벌 금융위기와 멕시코의 주요 무역대상국인 미국의 경기침체가 멕시코 경제에 위협이 될 것으로 판단했다. 멕시코 정책당국은 이 협정은 예방적 조치에 불과하며 실제로 자금을 인출할 의사는 없다고 밝혔다.

고정환율제를 채택한 브레튼우즈체제가 종말을 고한 이후, 일반적인 혹은 비양허성 IMF 퍼실리티에 따른 단기조정차관의 필요성은 줄어들었다. 대신 IMF는 다른 대출 프로그램을 확대했다. 새로운 프로그램은 양허성 IMF 퍼실리티에 속했는데, 이 퍼실리티들은 IMF가 빈곤국가나 고채무국가에 성장촉진 프로젝트 지원을 목적으로 장기차관을 제공하거나 기존 채무의 상환에 어려움을 겪는 국가를 지원할 목적으로 단기 혹은 장기차관을 제공하는 것이다. 예를 들어 2010년 IMF는 그레나다에 대해 3년 만기 확대신용공여제도(Extended Credit Facility) 협정을 체결했다. 이 협정에 따라 글로벌 금융위기와 경기침체 이후 관광산업의 위축으로 타격을 입은 그레나다의 경제 회복을 돕기 위해 약 1,400만 달러의 차관이 제공되었다.

> 제수지에 어려움을 겪는 나라에게 일시적 혹은 장기적 금융지원을 제공한다. 세계은행 역시 경제성장을 촉진하지만 주된 지원내용은 개발도상국 내의 투자 프로젝트에 필요한 장기 차관을 제공하는 것이다.

IMF의 사전 및 사후 이행조건

다른 대부자와 마찬가지로 IMF 역시 앞에서 설명한 것과 같은 두 가지 문제, 즉 역선택과 도덕적 해이 문제에 직면한다.

IMF가 자금 차입국에 이행조건을 부과하는 것은 도덕적 해이 문제를 대응하기 위한 것이다. 하지만 대부분의 전문가들은 IMF의 접근은 적어도 두 가지 문제점을 지니고 있다고 생각한다. 첫째, IMF는 특정 국가에 대한 차관제공 협정의 구체적 조건을 공개하지 않는다. 이것은 차입국이 다른 나라가 납부한 자금을 제대로 사용하고 있는지 여부를 확인할 수 있는 기관은 오로지 IMF뿐이라는 것을 의미한다. 종종 IMF가 계획되어 있던 차관 할부액의 지급을 중지할 때에만 민간투자자들은 차입국이 IMF와의 합의를 제대로 이행하지 않았다는 것을 짐작할 수 있다. IMF의 조치 이후 시장 역시 신속히 대응하면 차입국의 금융상황은 더욱 나빠지고 IMF와 당초 합의한 조건을 충족하는 것이 더욱 어려워지게 된다. 따라서 IMF가 차관협정의 내용을 비밀로 하는 것은 회원국 자금이 잘못 사용되는 것을 막는 데 도움이 되지 않는다.

둘째, IMF는 처음에는 차관 제공의 조건을 매우 기본적인 수준에서만 설정한다. 그리고 차입국이 낮은 수준의 이행조건을 위반하는 정책을 실시한 이후에야 IMF는 높은 수준의 이행조건으

핵심 이슈 #5

IMF의 주요 기능은 무엇인가?

IMF와 세계은행은 180개국 이상의 회원국으로 구성된 다국적 경제기구이다. IMF의 포괄적 목표 중 하나는 국제통화협력과 효과적 환율조정을 유도하여 경제성장을 촉진하는 것이다. 다른 기본 목표는 국제금융위기를 방지하거나 그에 대응하는 것인데, 이를 위해 국

로 변경하는 경향이 있다. 물론 이때는 도덕적 해이를 피하기에는 이미 늦은 상태이다.

정보를 공개하지 않고, 또 임박해서야 높은 수준의 이행조건을 부과하는 IMF의 관행 때문에 실질적으로 이행조건이 사후적으로 확정된다는 비판이 존재한다. IMF를 비판하는 사람들은 IMF의 대출 조건 확정에 관한 이런 사후적이고 자의적인 접근, 소위 **사후 이행조건**(ex post conditionality)은 IMF에 대한 실제 차입자와 잠재적 차입자의 신뢰도를 손상시킨다고 주장한다. 신뢰도의 부족은 도덕적 해이의 가능성을 높임과 동시에, 낮은 수준의 이행조건이 가진 모호성을 최대한 활용하려고 하는 차입국들을 유인하는 역선택의 가능성을 넓힌다고 주장한다.

그리고 이들은 이 두 가지 문제를 줄이기 위해서는 IMF의 차관에 대해 미리 이행조건을 공표하는 **사전 이행조건**(ex ante conditionality) 정책이 도입되어야 한다고 주장한다. 두세 가지의 간단한 조건을 부과하여 차입국의 이행 여부를 모든 사람이 쉽게 확인할 수 있도록 해야 한다는 것이다. 하지만 지금까지도 IMF는 전반적으로 비공개적이며 자의적인 대출 정책을 계속 유지하고 있다.

- **사후 이행조건**(ex post conditionality): IMF가 대출을 한 후에 대출 조건을 부과하는 것.
- **사전 이행조건**(ex ante conditionality): IMF가 대출을 하기 전에 대출 조건을 부과하는 것.

핵심 이슈 #6

IMF의 정책결정 중 어떤 부분이 최근 논란이 되었나?

IMF는 대출 조건을 회원국들에게 공개하지 않는다는 비판을 받고 있다. 비판론자들은 IMF가 측정이 곤란한 지나치게 일반적인 조건만을 부과하는 경향이 있다고 주장한다. 이런 IMF의 정책 때문에 차입국들이 IMF의 자금을 위험이 큰 프로젝트에 사용하려고 함으로써 도덕적 해이의 가능성이 증가한다고 비판한다.

국제금융체제의 구조변화가 필요한가?

다국적 기구는 최근 두 가지 비판에 직면해 있다. 하나는 이 기구들이 제대로 설계되고 구성되어 있지만, 금융위기의 발생을 미리 억제하는 역할을 더 잘 수행해야 한다는 것이다. 하지만 다른 한편에서는 다국적 금융기구의 운영, 그리고 때로는 그 존재 자체에 대해 비판하는 사람들도 있다. 후자의 견해를 가진 사람들은 국제금융체제가 적어도 재조정되거나 구조가 크게 변화되어야 한다고 주장한다.

■ 정책당국이 국제금융위기를 미리 알 수는 없을까?

국제금융위기를 억제 혹은 예방하기 위해서는 위기의 근저에 있는 원인을 잘 이해해야 한다. 하지만 실제로는 위기의 주요 원인에 대해서는 여러 가지 견해들이 있다. 이 견해들을 하나씩 살펴보고, 위기 가능성을 줄이기 위해 한 나라 혹은 초국가적 정책당국이 개입해야 하는 시점을 결정하는 데 각 견해들이 어떤 시사점을 주는지 생각해 보자.

경제적 불균형과 국제금융위기

금융위기에 대한 전통적 시각은 **경제 기초여건**(economic fundamentals)에 주목한다. 경제 기초여건이란 한 나라의 현재상황 및 향후 전망, 그리고 통화 및 재정정책과 같은 기본적인 요인들을 의미한다. 이 견해에 따르면 한 나라의 경제 기초여건에 대응하는 환율과 공식적인 목표 환율 사이의 불일치가 금융위기를 유발할 수 있다. 만약 외환거래자들이 통화의 공식 가치가 경제 기초여건을 반영한 민간 외환시장에서의 실제 가치보다 높다고 생각하면, 손실을 피하기 위해 해당 통화로 표시된 자산을 매각하려고 할 것이다. 정부나 중앙은행이 공식 환율을 유지하기 위해 자국 통화를 매입하는 과정에서 외환보유고를 모두 사용해 버리면, 해당 통화 표시 자산의 보유자는 손실을 입게 되는데 위험을 회피하고자 하는 거래자들은 이런 자산을 매각함으로써 손실 위험을 줄이고자 할 것이다.

나아가 공식 외환보유고가 곧 고갈될 것으로 예상하는 투자자들은 그 나라 통화 표시 자산을 매각함으로써 이윤을 얻으려고 할 것이다. 그리고 이들은 정부나 중앙은행이 환율 지지를 통해 공식 목표 환율을 유지하려는 노력을 포기하도록 압력을 넣을 것이다. 동시에 선물, 옵션, 스왑 시장에서 자신이 갖고 있는 포지션을 통해 공식 환율의 붕괴 쪽에 베팅을 할 수 있다. 이런 유형의 행태를 공식 환율에 대한 **투기적 공격**(speculative attack)이라고 부른다.

투기적 공격이 성공하면 투자자들은 이런 포지션을 통해 막대한 이윤을 얻을 수 있다. 이들은 외화 표시 자산을 높은 공식 가격으로 매각하고 파생금융시장에서는 경제 기초여건에 더 부합하는 낮은 가격으로 동일한 자산을 매입하는 거래를 통해 이윤을 얻을 수 있다. 물론 투자자들은 이런 베팅에 실패할 수도 있으며 실제로 종종 실패하여 손실을 입기도 한다. 따라서 투기적 공격이 항상 성공하는 것은 아니다. 그럼에도 불구하고 공식환율이 경제 기초여건으로부터 크게 벗어나 있으면 투기적 공격이 성공할 가능성이 높다.

자기실현적 예상과 전염효과

두 번째 시각은 **자기실현적 예상**(*self-fulfilling anticipations*)과 **전염효과**(contagion effects)의 가능성에 주목한다. 이 두 가지는 경제 기초여건이 공식 고정환율과 부합하거나, 정부의 목표 환율이 균형에서 약간 벗어나 있지만 정부나 중앙은행이 충분한 외환보유고를 갖고 있는 경우에 국제적 금융위기를 초래할 수 있다. 이런 견해에 따르면, 정책당국이 공식환율을 유지하는 데 따른 상대적으로 높은 내부적 비용 — 예를 들어 정치적 곤란 — 에 직면해 있다고 대다수 금융거래자들이 인식하기만 하면 투기적 공격은 얼마든지 발생할 수 있다.

예를 들어 정책당국의 의지가 약하다고 통화 투자자들이 인식하고 있다고 생각해 보자. 투자자들은 정책당국이 부정적 경제파급효과를 낳을

- **경제 기초여건**(economic fundamentals): 한 나라의 현재 및 미래 경제정책 및 경제상황과 같이 현재 환율을 결정하는 기본적 요소들.

- **투기적 공격**(speculative attack): 한 나라의 공식외환보유고의 고갈을 예상하는 금융시장 거래자들이 그 나라 통화 표시 자산을 매각함으로써 이윤을 얻고자 하는 협조적 행위로, 거래자들은 정책당국이 목표 환율을 포기하도록 하여 파생금융시장에서 이윤을 획득하려고 한다.

수 있는 이자율 인상이나 다른 변화를 선택하는 대신, 투기적 공격에 굴복하고 통화를 평가절하할 것이라는 예상을 통해 이윤을 얻으려고 할 수도 있다. 충분히 많은 수의 투자자들이 정부 당국이 그런 파급효과를 감수하려는 의지가 부족하다고 예상하면, 그들은 해당 통화 표시의 자산을 대량 매도할 것이다. 그러면 다른 위험 회피 투자자들도 손실을 피하기 위해 이들을 따라서 외화표시 자산을 매각할 것이다. 이 견해에 따르면 기본적으로 투기적 공격은 단지 그것이 성공할 것이라는 예상 때문에 발생하는 것이지, 경제 기초여건에 문제가 있어서 발생하는 것은 아니다.

구조적 도덕적 해이 문제

마지막으로 세 번째 견해는 국가의 금융시스템 구조에 내재하는 결함을 위기의 주요 근본 원인으로 생각한다. 이 견해에 따르면 정부 정책으로 인해 도덕적 해이 문제가 만연하게 되면 위기 상황이 만들어진다. 예를 들어 정부가 은행에 특정 기업이나 산업에 대출을 하도록 요구하면 이 기업이나 산업은 자금을 어떻게 사용하든지 대출을 받을 수 있다고 생각해 위험한 사업을 벌이게 된다. 1990년대에 말레이시아와 인도네시아에서 발생한 금융위기를 관찰한 사람들은 이 두 나라에 앞에서 말한 도덕적 해이 문제가 있었다고 주장한다. 궁극적으로 정부가 관리하는 자금을 받은 기업들이 선택한 위험이 실제로 손실이나 실패를 초래함으로써 위기 상황이 촉발되었다는 것이 이들의 결론이다.

도덕적 해이 문제로 인한 금융위기 유발 가능성을 강조하는 다른 사람들은 IMF나 세계은행과 같은 다국적 기관의 정책이 금융위기를 조장할 수 있다고 주장한다. 그런 기구가 차입국 내의 시장 차입비용보다 낮은 이자율로 산업이나 정부에 자금을 제공하면 이 나라의 신용도를 낮추는 경향이 있다고 주장한다. 이들의 논리는 다음과 같다. 즉 민간 대출기관은 IMF나 세계은행이 적용하는 시장금리 이하의 금리 수준에서는 차입자를 찾을 수 없기 때문에 이윤을 창출하기 위해서는 자신들의 신용 기준을 낮추어 신용도가 더 낮은 차입자들에게 대출을 해줄 수밖에 없다. 다른 한편 신용도가 낮은 차입자에 대한 대출이 광범한 금융실패로 이어지더라도 정부는 IMF나 세계은행에 지원을 요청할 수 있다는 것을 알고 있기 때문에 자국의 금융시스템 내에서 위험한 대출을 줄이려는 인센티브가 거의 없다.

위기예측과 조기경보체계

이런 각각의 견해는 금융위기를 예측하는 데 도움이 될 수 있는 서로 다른 요인들을 지적한다. 경제 기초여건의 불균형을 강조하는 견해에 따르면, 수출, 수입, 외환보유고, 실질소득, 통화지표, 환율, 이자율과 같은 변수가 위기 가능성을 예측하는 데 모두 유용한 지표가 될 수 있다. 예를 들어 어느 나라의 무역수지가 급격히 악화되고 외환보유고가 급격히 줄어들면 위기가 곧 닥칠 가능성이 있다.

하지만 도덕적 해이 문제를 강조하는 견해는 경제 기초여건의 이러한 변화는 위기가 이미 진행되었을 때 나타날 가능성이 크다고 생각한다. 따라서 경제 기초여건의 변화로는 금융위기를 방지할 수 있을 정도로 미리 위기를 예측하기 어려울 수 있다. 자기실현적 예상이 위기를 유발할 수 있다는 견해는 위기 지표로 경제 기초여건의 유용성에 대해 훨씬 더 비관적인 생각을 갖고 있다. 이 견해에 따르면 위기는 기초여건의 큰 변화가 사전에 있었던 상태에서도 종종 발생할 수 있기 때문에, 기초여건과 위기 사이에는 밀접한 연관을 발견하기 어려울 수 있다.

금융위기를 예측하는 데 도움이 되는 지표를 생각하기에 앞서, 어떤 경우가 위기인지에 대해 경제학자들이 합의를 할 수 있다면 도움이 될 것이다. 하지만 위기의 발생 여부를 판단하는 기준에 대해서도 다양한 견해가 존재한다. 예를 들어 하버드대학교의 프랑켈(Jeffrey Frankel)교수와 캘리포니아 버클리대학교의 로즈(Andrew Rose)교수는 어느 나라의 통화가 명목가치 기준으로 1년에 최소 10퍼센트 절하되고 다시 1년 동안 최소 25퍼센트 절하되면 분명히 위기라고 판단할 수 있다고 제안했다. 하지만 대부분의 경제학자들은 환율의 변화와 외환보유고의 변동을 고려하여 좀 더 유연한 투기압력지표를 고안했다. 이들은 이 지표가 기준 수준을 넘어서면 위기가 발생한 것으로 판정하는데, 이 기준 수준은 과거의 정상적인 시기에 보여주었던 변동 패턴에 따라 달라진다.

이와 관련된 연구를 통해 경제학자들은 어떤 경제변수가 **금융위기지표(financial crisis indicators)**, 즉 일반적으로 금융위기에 선행하는 특징을 갖고 있어 위기를 예측하는 데 도움이 되는 지표들인지를 알아내기 위해 노력하고 있다. 국제경제연구소(Institute for International Economics)의 모리스 골드스타인, 조지워싱턴대학교의 카민스키(Graciela Kaminsky) 교수와 매릴랜드대학교의 라인하르트(Carmen Reinhart)교수도 그런 연구를 하였다. 이들은 무디스(Moody's)나 다른 신용평가기관의 신용등급과 같은 국가 채무의 신용등급을 고려하였다. 이 등급은 도덕적 해이 문제를 반영하고 있을 수 있다. 하지만 이 외에도 이들은 금융위기의 많은 잠재적 '선행지표(leading indicators)'들을 검토하였는데, 여기에는 환율, 이자율, 국민소득수준, 유통화폐량 등등이 포함된다. 이런 변수들은 금융위기에 대한 전통적 견해에 따르면 위기 유발에서 중요한 역할을 하는 경제 기초여건을 자연스럽게 반영하게 된다. 그리고 이런 변수들은 거래자들이 예상을 할 때 사용하는 중요한 정보가 된다.

이들은 신용등급은 금융위기를 예측하는 데 도움이 되지 않는다는 사실을 발견하였다. 이것은 도덕적 해이 문제가 위기의 핵심적 유발 요인이 아니기 때문일 수 있다. 하지만 무디스와 같은 신용평가기관이 도덕적 해이의 수준 그리고 그것이 국제 차입자의 실제 신용도에 미치는 영향을 정확히 평가할 수 있는 충분한 정보를 갖고 있지 못하기 때문일 수도 있다. 이들은 금융위기를 예측할 때 몇몇 경제 기초여건들을 동시에 고려하는 것이 어느 하나의 특정 지표만을 보는 것보다 훨씬 더 유용할 수 있다는 것을 발견했다.

금융위기지표를 탐색하는 연구의 목표는 **조기경보체계(early warning system)**, 즉 위기상황

- **금융위기지표(financial crisis indicators)**: 금융위기 이전에 일반적으로 일정한 방향으로 그리고 일정한 상대적 크기로 변동하여 다가올 위기를 예측하는 데 도움이 되는 경제변수.

- **조기경보체계(early warning system)**: 다국적 기구가 위기와 관련된 금융위기지표를 모니터하는 데 사용하는 메커니즘으로 위기 예방에 필요한 신속한 대응에 도움이 될 수 있다.

으로 발전할 수 있는 문제의 징후를 포착하기 위해 금융 및 경제 통계를 관찰하는 메커니즘을 개발하는 것이다. 다국적 기구가 효과적인 조기경보체계를 개발할 수 있다면, 위기가 발생하기 전에 충분한 경고를 포착하여 위기의 싹을 자르기 위해 신속히 개입할 수 있을 것이라는 아이디어에서 출발한 것이다.

IMF와 세계은행 내외부에는 경제학자들이 신뢰할 만한 조기경보체계를 개발할 수 있을 것이라는 낙관론도 있다. 하지만 많은 경제학자들은 여전히 그 가능성을 확신하지 못하고 있다. 일부에서는 국제금융위기에 대한 단 하나의 관점 — 경제 기초여건의 변화, 자기실현적 예상에 따른 투기, 혹은 국내 및 다국적 대출에 대한 부적절한 조건이 야기한 도덕적 해이 문제 — 은 모든 위기를 단순하게 '설명'만 할 수 있을 것이라고 비판한다. 따라서 이런 비관론자들은 한정된 수의 지표들을 이용해 구축한 조기경보체계가 다국적 기구가 신속히 반응하여 위기를 예방할 수 있는 능력을 향상시키지 못할 것으로 생각한다.

■ 경제제도와 정책을 다시 생각한다

다국적 기구에 대해 가장 강하게 비판하는 사람들은 이런 기구가 금융위기를 사전에 억제할 수 있는 능력을 향상시켰다는 증거가 거의 없다고 주장한다. 사실 많은 비판론자들은 다국적 기관 스스로가 오히려 국제금융위기의 가능성을 조장할 수 있다고 주장한다. 따라서 세계 각국은 이런 기구의 구조를 근본적으로 개혁하는 것을 고려해야 한다고 주장한다.

장기 개발차관을 다시 생각한다

초국적 기관에 의한 모든 차관이 위기 상황과 관련된 것은 아니다. IMF와 세계은행 모두 가난한 나라들의 생활수준 향상을 목적으로 하는 장기 차관을 제공한다.

1990년대 초 이후 개발경제학의 주요 명제 중 하나는, 개발도상국이 기본적 소유권, 양질의 법률제도, 투명한 정부기관과 같은 더욱 효과적인 제도를 갖고 있으면 시장이 경제성장을 더욱 촉진하는 방식으로 작동한다는 것이다. 시장이 규제상의 장애를 받지 않고 기능한다고 하더라도, 소유권이 제대로 보장되지 않고 법에 의한 지배가 취약하고 정부가 부패한 나라는 성장률이 낮은 경향이 있다는 것을 보여주는 증거들은 매우 많이 있다.

이것은 개발도상국의 생활수준 향상을 위해 노력하는 초국적 기구는 이들 나라의 기본적 제도를 개선시킬 수 있는 방법을 모색하는 데 가장 중점을 두어야 한다는 것을 의미한다. 가장 기본적인 수준에서 경제학자들은 소유와 계약의 권리와 같은 시장의 기초적 기반을 마련하는 작업의 중요성을 강조한다. 이를 위해서는 신뢰할 수 있는 법 집행 체계를 구축하고 더 나은 정책을 할 수 있는 기관들을 설립하는 것이 필요하다. 예를 들어 독립적인 중앙은행의 설립과 재정당국의 투명한 예산 절차를 수립하는 것이 필요하다.

나아가 장기적으로 높은 성장률을 달성할 수 있는 구조개혁을 위해서는 개혁을 지속할 수 있는 전략이 마련되어야 한다. 이를 위해서는 개혁에 대한 국민적 공감대가 형성되어야 하며 때로는 개혁으로 피해를 입는 사람들에 대한 보상도 필요하다.

금융위기 억제를 위한 대안적 제도

국제금융체제의 변경을 위한 대부분의 제안들은 금융위기와 관련된 다국적 정책에 초점을 맞추고 있다. 이 제안들의 내용은 기존 제도 및 절차의 사소한 변경에서부터 기존 다국적 기구의 교체에 이르기까지 다양하다.

하지만 제안들의 몇 가지 공통된 특징을 찾을 수 있다. 다국적 대출기구와 차입국이 정보를 더욱 자주 그리고 더욱 상세하게 공개할 것, 다국적 대출기구가 제공하는 자금에 대해 금융 및 회계 기준을 개선할 것, IMF 차관에 대해 높은 수준의 사전적 이행조건을 더 적극적으로 사용할 것 등이 그 예이다. 그리고 일부 제안은 민간 대출기관에 의한 대출을 유도해야 한다고 제안한다. 하지만 이런 공통점에서 더 나아가면 매우 상반된 견해들도 나타난다. 일부에서는 IMF에 대한 감독 강화를 요구하는 반면 다른 한편에서는 IMF 관리 체계의 전면적 변화를 제안한다. 나아가 어떤 제안은 IMF를 해체하고 새로운 다국적 기구로 대체해야 한다고 주장한다.

국제금융체제의 변화에 관한 제안들 중 지금까지 실현된 것은 거의 없다. IMF는 정보의 수집과 공개에 관한 절차를 일부 변경하였다. 그리고 차입국이 차관을 얻기 위해 준수해야 하는 금융 및 회계기준의 일부를 더욱 엄격히 하였다. IMF 회원국들은 당연히 더 큰 변화가 필요하다는 제안을 수용해야 할 것이다. 하지만 지금까지 이런 움직임은 거의 없다. 그럼에도 불구하고 현재 상태(*status quo*)를 유지한 가운데 작은 변화가 바람직하다는 견해와 상당한 변화가 필요하다는 견해 사이에서 논쟁은 계속되고 있다. 물론 국제금융체제의 변경에 관한 다양한 제안을 둘러싸고 앞으로도 세계적 차원의 논란이 계속될 것이다.

핵심 이슈 #7

국제금융체제의 변화를 위해 경제학자들은 최근 어떤 제안을 내놓고 있는가?

IMF와 세계은행을 비판하는 많은 사람들은 국제금융위기의 예측과 방지에 도움이 되는 조기경보체계를 개발해야 한다고 주장한다. 하지만 이런 노력을 하는 과정에서 직면하는 근본적인 문제는 위기가 왜 발생하는지, 그리고 위기예측을 위해 어떤 지표들이 사용되어야 하는지에 대해 합의된 결론이 없다는 것이다. 국제금융체제 변경에 관한 기존 제안들이 공통적으로 지적하고 있는 것은, 다국적 기구가 차입국에 장기 및 단기 차관을 제공할 때 부과하는 조건을 더욱 엄격히 해야 한다는 것이다. 많은 제안들은 IMF와 세계은행의 내부 운영 및 대출 정책에 관한 정보를 더 많이 공개해야 한다고 주장한다. 하지만 일부 제안은 IMF와 세계은행의 관리 구조의 변경, 다른 다국적 기구를 통한 이 기구들의 보완을 요구한다. 나아가 이 기구들을 없애고 다른 절차와 목표를 가진 새로운 다국적 기구를 설립할 것을 요구하기도 한다.

요약

1. **글로벌 자본시장 상황의 지역별 특징**: 선진국 사이의 FDI 및 신흥시장으로의 민간자본이동은 글로벌 자본시장에서 나타나고 있는 가장 중요한 두 가지 특징이다. FDI의 급격한 증가에도 불구하고 많은 FDI가 미국, 일본, EU라는 선진국 세 축 사이에 집중되어 있다. 최근 FDI 급증을 주도하고 있는 것은 M&A이며 M&A 역시 앞의 세 축에 집중되어 있다.

2. **금융시장에 내재된 문제와 금융위기**: 금융시장에 내재된 문제 중 하나는 비대칭적 정보인데, 이는 차입자와 대출자가 소유하고 있는 정보의 차이에서 발생하는 문제이다. 비대칭적 정보는 역선택, 쏠림 행위 및 도덕적 해이로 이어질 수 있다. 다른 하나의 문제는 조세정책 및 규제정책의 국가 간 차이와 같은 정책왜곡이다. 이런 문제가 심각해지면 금융불안정과 금융위기를 낳을 수 있다. 금융위기는 금융불안정이 심각해 한 나라의 금융시스템이 제대로 작동하지 않는 상황을 의미한다. 금융위기는 일반적으로 은행위기, 통화위기, 외채위기와 연관되어 있다.

3. **포트폴리오 자본이동과 외국인 직접투자의 차이, 그리고 자본이동이 최근 금융위기에 미친 영향**: 포트폴리오 자본이동은 경영권 이전을 동반하지 않는 투자이며 단기적 성격을 띤다. FDI는 경영권 확보 전략의 하나이며 성격상 장기적 자본이동이다. 최근 금융위기를 보면 포트폴리오 자본이동에 대한 과도한 의존은 경제의 불안정을 초래할 수 있는 반면, FDI는 경제를 안정화시키는 효과를 낼 수 있음을 알 수 있다.

4. **개발도상국을 위한 적절한 환율제도**: 어떤 환율제도가 개발도상국에 가장 적절한가에 대해서는 많은 논쟁이 있다. 개발도상국이 엄격한 고정환율, 완전자유변동환율제도, 그리고 크롤링페그나 바스켓페그제도 같은 중간적인 제도 중 어떤 것을 선택해야 하는지에 대해 경제학자들 사이에 다른 의견들이 존재한다.

5. **IMF와 세계은행의 주요 활동**: IMF와 세계은행은 다국적 경제기구로 180개국 이상의 회원국에 의해 소유되고 운영된다. IMF의 목적은 국제통화협력과 효과적인 환율조정을 촉진하여 글로벌 경제성장을 지원하는 것과, 국제수지에 어려움을 겪고 있는 나라들에게 일시적 혹은 장기 금융지원을 제공함으로써 국제금융위기의 가능성을 억제하는 것이다.

6. **최근 논란이 되는 IMF 정책의 문제점**: IMF가 대출의 조건으로 엄격하고 확인 가능한 조건을 부과할 수 있다고 해도 그렇게 하지 않는 경우가 종종 있다. IMF는 대출 조건에 관한 정보를 모두 제공하지도 않는다. IMF의 이런 정책 때문에 차입국이 IMF의 자금을 부적절한 프로젝트에 더 쉽게 사용하도록 하여 국제금융시장의 도덕적 해이 문제를 심화시킨다는 점이 논란이 되고 있다.

7. **국제금융체제 변경에 관한 최근의 제안들**: IMF와 세계은행이 국제금융위기를 예측하고 또 그에 신속히 대응할 수 있도록 하는 조기경보체계를 개발하여 위기를 미리 차단하는 데 더 많은 노력을 기울이기를 많은 경제학자들이 기대하고 있다. 하지만 위기 발생의 원인에 대해, 그리고 위기예측을 위해 IMF와 세계은행이 어떤 지표를 사용해야 할지에 대해 경제학자들 사이에 의견이 다르기 때문에 조기경보체계 구축 노력이 실효성이 있을지는 의문이다. 국제금융체제를 개편하기 위한 많은 방안들은 IMF와 세계은행의 장기 및 단기 자금 차입국에 대해 더욱 강력하고 측정이 더욱 용이한 조건을 사전에 부과할 것을 제안한다. 한편 많은 제안들은 이런 국제기구의 내부 운영 및 대출 정책에 관해 더 많은 정보를 공개할 것을 공통적으로 주장하고 있다. 일부 방안

은 더욱 급격한 변화를 요구하는데, IMF와 세계은행의 경영구조 개편, 두 기관의 활동을 보완할 수 있는 새로운 다국적 기구의 창설, 다른 운영방식과 다른 목표를 가진 새로운 기구를 통한 기존 다국적 기구의 대체 등을 제안하기도 한다.

연습문제

1. 여러분이 만약 개발도상국의 정책결정자라면 어떤 형태의 자본이동을 장려하겠는가? 그리고 그런 자본이동을 장려하기 위해 어떤 정책을 채택하겠는가?

2. 포트폴리오 자본과 외국인 직접투자의 장점을 각각 세 개씩 들어라. 그리고 각각의 부정적 측면을 하나씩 설명하라. 포트폴리오 자본에만 의존하는 것이 왜 바람직하지 않을까? 그리고 FDI에만 의존하는 것이 바람직하지 않은 이유는 무엇일까?

3. 여러분이 고정환율제도를 갖고 있는 나라의 중앙은행 총재라면, 다음과 같은 상황에서 고정환율제도를 유지하기 위해 어떤 정책적 대응을 하겠는가?
   (a) 일시적 성격의 자본으로 판단되는 단기 (포트폴리오) 자본유입이 증가하고 있다.
   (b) 최소 몇 년은 지속할 것으로 판단되는 장기 (FDI) 자본유입이 증가하고 있다.

4. 국내금융시장으로의 해외은행 진출 및 경쟁 참가는 시장의 자본배분을 어떻게 개선할 수 있을까? 금융중개기관들 사이의 경쟁이 대체로 금융안정에 도움이 되는 이유를 설명하라.

5. 금융중개기관에 대한 규제로부터 저축자와 차입자가 얻는 혜택에 대해 설명하라. 규제에는 비용이 유발될까? 이 비용은 장기적 경제발전에 어떤 영향을 미칠까?

6. 중부유럽과 동유럽국가의 정치적 변화 직후인 1990년대 초에 IMF는 러시아에 수십억 달러의 차관을 제공하였다. 러시아는 이 차관에 대해 부분적으로 상환을 하지 않은 채 상환기간을 재조정하고 또 다시 더 많은 차관을 요구하였다. 그후 아시아 금융위기 와중인 1990년대 말에 IMF는 러시아에 수십억 달러의 차관을 추가로 제공하였다. 러시아는 다시 차관 상환을 중지하고 많은 부분의 상환을 연기한 상태에서 추가 대출을 요청했다. 1990년대 동안 IMF와 러시아 사이의 이런 관계가 반복된 이유에 대해 설명하고, IMF와 러시아가 앞으로 이런 일의 반복을 피할 수 있는 방안을 두 가지 제시하라. 여러분의 제안이 성공할 것이라고 생각하는 근거를 설명하라.

7. 2010년에 EU와 함께 IMF는 그리스의 국채 디폴트를 막고 그리스정부가 재정문제에 대응할 수 있는 시간을 주기 위해 그리스에 자금을 지원하였다. 같은 해에 IMF는 EU와 함께 금융안정을 뒷받침하기 위해 아일랜드의 대형은행이 지급불능 혹은 파산상태에 빠지지 않도록 자금을 지원하였다. 이 두 가지

지원 프로그램이 어떻게 다른지 그리고 아일랜드 프로그램이 IMF의 새로운 형태의 차관이라고 할 수 있는 이유를 설명하라.
8. 세 칸으로 구성된 표를 그린 다음, 첫째 칸에는 국제금융위기의 원인에 대한 견해들을 정리하라. 둘째 칸에는 각 견해별로 금융위기예측을 위한 IMF의 조기경보체계가 추적해야 할 금융위기지표를 하나 이상 적어라. 셋째 칸에는 둘째 칸의 각 지표가 위기를 예측하는 데 실제로 도움이 될지 여부를 평가할 방법을 설명하라. 이런 작업을 통해 경제학자들이 신뢰할 만한 조기경보체계를 구축하는 데 어려움을 겪는 이유를 이해할 수 있었는가?
9. 다국적 기구가 민간 시장이자율과 같거나 낮은 이자율로 자금을 대출해야 할 필요가 있을까? 이에 대한 여러분의 입장과 그 근거를 설명하라.

온라인 응용학습

URL: www.imf.org
제목: International Monetary Fund
검색: 위 주소의 IMF 홈페이지로 가서 'About the IMF'를 클릭한 후 'More Resources'로 내려가라. 'Factsheets'를 클릭한 후 'Where the IMF Gets Its Money'로 내려가서 'IMF Quotas'를 클릭하라.
응용: Factsheet를 읽은 후 다음 문제에 답하라.

1. 회원국의 쿼터를 계산하는 식은 무엇인가?
2. 쿼터는 어떤 통화로 표시되는가?
3. IMF 쿼터의 핵심적인 세 가지 역할은 무엇인가?
4. 2010년 11월 쿼터 변경안에 나타난 두 가지 큰 변화는 무엇인가?

팀과제: 쿼터에 관한 14차 종합검토가 제안한 변경 내용에 대해 토의하라. 쿼터의 전반적 증액과, '역동적인' 신흥경제 및 개발도상국의 쿼터 증액 중 어느 것이 더 중요한지에 대해 토론하라.

참고문헌

Agénor, Pierre-Richard, and Peter J. Montiel. *Development Macroeconomics*, 3rd edn. Princeton, NJ: Princeton University Press, 2008.

Ariyoshi, Akira, Karl Habermeier, Bernard Laurens, Inci Otker-Robe, Jorge Iván Canales-Kriljenko, and Andrei Kirilenko. "Capital Controls: Country Experiences and Their Use and Liberalization." Occasional Paper 190. Washington, DC: International Monetary Fund, May 2000.

Aziz, Jahangir, Francesco Caramazza, and Ranil Salgado. "Currency Crises: In Search of Common Elements." Working Paper 00/67. Washington, DC: International Monetary Fund, 2000.

Corden, Max W. *Too Sensational: On the Choice of Exchange Rate Regimes*. Cambridge, MA: MIT University Press, 2002.

De Grauwe, Paul. *Economics of Monetary Union*. Oxford, U.K.: Oxford University Press, 2012.

Goldstein, Morris, Graciela Kaminsky, and Carmen Reinhart. *Assessing Financial Vulnerability: An Early Warning System for Emerging Markets*. Washington, DC: Institute for International Economics, 2000.

Krugman, Paul, ed. *Currency Crises*. Chicago, IL:

University of Chicago Press, 2000.

Montel, Peter J. *Macroeconomic in Emerging Markets*. Cambridge, U.K.: Cambridge University Press, 2003.

Pincus, Jonathan, and Jeffrey Winters. *Reinventing the World Bank*. Ithaca, NY: Cornell University Press, 2002.

Vreeland, James Raymond. *The IMF and Economic Development*. Cambridge, U.K.: Cambridge University Press, 2003.

White, William. "What Have We Learned from Recent Financial Crises and Policy Responses?" Working Paper No. 84. Basel: Bank for International Settlements, January 2000.

용어해설

1인당 실질소득(per capita real income): 인플레이션을 조정한 후의 전체 소득을 인구로 나눈 비율.

72의 법칙(rule of 72): 한 나라의 1인당 실질소득이 2배가 되는 데 필요한 해의 수는 72를 연평균 경제성장률로 나눈 값과 거의 같다.

G10(Group of Ten): 프랑스, 독일, 일본, 영국, 미국, 캐나다, 이탈리아, 벨기에, 네덜란드, 스웨덴.

G5(Group of Five): 프랑스, 독일, 일본, 영국, 미국.

G7(Group of Seven): 프랑스, 독일, 일본, 영국, 미국, 캐나다, 이탈리아.

G8(Group of Eight): 프랑스, 독일, 일본, 영국, 미국, 캐나다, 이탈리아와 러시아.

M1: 시중에 유통 중인 통화와 요구불 예금의 합.

M2: M1과 저축성예금, 소액정기예금, 일일유로커렌시, 환매조건부계약 및 개인과 브로커-딜러가 보유한 머니마켓펀드의 합.

가격차별(price discrimination): 동일한 재화나 서비스에 대해 소비자별로 다른 가격을 부과하거나 동일한 재화나 서비스의 구매량에 따라 동일한 소비자에게 다른 가격을 부과하는 것.

가치재(merit goods): 어느 나라의 국민들이 정치적 과정을 통해서 사회적으로 필요하다고 판단한 재화나 서비스.

거래노출(transaction exposure): 자국 통화로 표시된 거래와 관련된 수입(revenue)이나 비용이 환율 변동으로 인해 변하게 되는 리스크.

결합관세(combination tariff): 종량관세와 종가관세를 결합한 형태의 관세.

경기변동(business cycles): 한 국가의 기업이 생산한 재화와 서비스에 대한 지출로부터 파생된 소득 흐름의 변동추이.

경상수지(current account): 자국 주민과 기업 및 정부와 다른 국가들 사이에 발생한 재화, 서비스, 소득 및 이전지출 혹은 증여의 흐름을 측정한다.

경제 기초여건(economic fundamentals): 한 나라의 현재 및 미래 경제정책 및 경제상황과 같이 현재 환율을 결정하는 기본적 요소들.

경제동맹(economic union): 참가국 사이의 무역에 대해서 모든 장벽을 제거하고, 참가국 이외 국가에 대해서는 공통의 무역장벽을 유지하며, 참가국 간 생산요소의 자유이동을 허용하며, 나아가 모든 경제정책을 회원국들 사이에 밀접히 조율하는 무역협정.

경제성장(economic growth): 가용자원의 양이 증가하거나 기술진보가 발생하고 생산가능집합이 확장될 때 그 나라는 경제성장을 경험하게 된다.

경제성장의 정의(economic growth definition): 한 나라의 경제성장률은 총실질소득 증가율에서 인구 증가율을 뺀 것이라고 정의할 수 있다.

경제적 노출(economic exposure): 환율변동이 기업

의 미래소득흐름의 현재가치를 변하게 하는 리스크.

경제적 순손실(deadweight loss): 소비자잉여나 생산자잉여의 감소분 중 경제 내 어떤 주체에게도 이전되지 않은 부분이며 경제적 효율성의 악화를 나타낸다.

경제적 이윤(economic profit): 총수입에서 명시적 비용과 암묵적 기회비용을 뺀 것.

경제적 효율성(economic efficiency): 희소한 자원이 가장 생산적이며, 가장 비용이 적게 발생하는 형태로 배분되는 조건.

경제통합(economic integration): 실물부문과 금융부문의 국가 간 연계성의 정도와 강도.

고정환율제도(pegged exchange-rate system): 한 국가가 자국 통화의 가치를 다른 국가의 통화가치에 고정시켜 놓은 환율제도.

고평가된 통화(overvalued currency): 경제 이론이나 경제 모형에 의해 예측되는 가치보다 현재 시장에서 결정된 가치가 높은 통화.

공개시장 조작(open-market operations): 중앙은행이 정부채권이나 민간채권을 매매하는 행위.

공공재(public goods): 동시에 많은 사람들이 소비할 수 있고, 추가비용을 지불하지 않은 사람들은 소비하지 못하도록 한 상태에서 한 개인만 소비하는 것이 불가능하며, 생산을 위한 대가를 지불하지 않은 사람을 배제하기 어려운 재화나 서비스.

공급(supply): 일정 기간 동안 다른 모든 조건이 일정하다는 가정하에 생산자가 시장에 공급하는 생산물의 수량과 그 가격 간의 관계.

공급의 법칙(law of supply): 생산자가 시장에서의 생산물 판매를 위해 수락할 의사가 있는 가격과 공급량 사이에 정(正)의 관계가 존재한다는 경제법칙.

공동시장(common market): 회원국간의 무역에 대해서는 모든 장벽을 제거하고 회원국 이외 국가에 대해서는 공통의 무역장벽을 유지하며 회원국 사이에 생산요소의 자유이동을 허용하는 무역협정.

공유재산(common property): 어느 특정 개인이 아니라 모든 사람이 소유한 비배제적 자원.

공적결제수지(official settlements balance): 공적 정부 기관에 의한 준비 자산의 거래를 표시하는 국제 수지 계정.

공표 효과(announcement effect): 중앙은행의 정책행위로 인해 발생할 것으로 예상되는 시장 조건의 변화에 기인하는 시장이자율이나 환율의 변화.

과점(oligopoly): 소수의 기업이 한 산업의 전체 생산량의 압도적 공급자가 되어 이들의 가격결정과 생산량 결정이 상호의존적인 산업구조.

관리변동환율제(managed or dirty float): 주로 시장에 의해 통화의 가치가 결정되지만, 통화가치가 급격한 변동을 보이면 통화가치를 안정시키기 위해서 정부가 가끔 시장에 개입하는 환율제도.

관세 및 무역에 관한 일반협정(GATT: General Agreement on Tariffs and Trade): 140개국 이상이 가입한 재화의 국경 간 교역에 관한 국제적 협정.

관세(tariff): 수입한 재화와 서비스에 부과되는 세금.

관세동맹(customs union): 참가국 사이의 무역에 대해 장벽을 제거하고, 나아가 참가국 이외 국가와의 무역에 대해서는 공통의 장벽을 유지하는 무역협정.

관세율쿼터(tariff-rate quota): 특정 관세율 이하에서 특정 수량의 수입이 허가되는 쿼터. 그 특정 수량이상의 수입에 대해서는 더 높은 고율 관세율이 적용됨.

구매력평가(PPP: purchasing power parity): 한 국가에서의 재화와 서비스의 가격은 환율로 조정된 후 다른 나라에서도 동일한 가격을 가져야만 한다는 명제.

구조적 상호의존성(structural interdependence): 재화와 서비스 시장 및 금융자산시장의 연결성으로 인해 한 나라에서 발생한 사건이 다른 나라의 경제에 영향을 미치는 상황.

국내신용(domestic credit): 중앙은행이 자산으로 보유하고 있는 총 국내채권과 대출.

국제 M&A(cross-border mergers and acquisitions): 서로 다른 나라에 위치한 기업의 결합으로, 한 기업이 다른 기업의 자산과 부채를 흡수(합병)하거나 매입(인수)하는 것을 뜻한다.

국제 아웃소싱 혹은 오프쇼어링(international outsourcing or offshoring): 기업이 자기가 위치하고 있는 나라 외에 있는 노동을 고용하는 행위.

국제결제은행(BIS: Bank for International Settlements): 스위스 바젤에 위치한 국제기구로서 각국의 중앙은행을 보조하며 선진 공업 국가 간의 경제적 협력 센터로 기능하고 있다.

국제금융체제(international financial architecture): 국제통화 및 금융시장의 활동을 규율하는 국제기구, 정부 및 비정부 조직, 그리고 관련 정책들.

국제수지(balance of payments): 특정 기간 동안 자국 주민과 기업 및 정부와 세계 각국 사이에 발생한 재화와 서비스, 소득 및 금융자산의 거래를 기록하는 계정들의 체계.

국제적 외부성(international externality): 한 나라의 시장활동에서 발생한 파급효과가 다른 나라 제3자의 후생에 영향을 미치는 현상.

국제적 정책 공조(international policy coordination): 공동의 이익을 얻기 위하여 타국과 함께 정책을 공동으로 결정하는 것.

국제적 정책 외부성(international policy externalities): 어떤 국가의 정책 행위가 다른 국가의 경제에 파급되어 이익 혹은 비용을 발생시키는 현상.

국제적 정책 협력(international policy cooperation): 다른 국가의 정책결정자와 자국의 데이터 및 정책 목표와 전략을 공유하고 통보하는 제도와 과정의 개발.

국제통화기금(IMF: International Monetary Fund): 외환준비금의 부족을 겪는 회원국에게 준비금의 융자를 주요 기능으로 하는 초국가적 조직.

규모의 경제(economies of scale): 기업의 생산량 증가에 따른 장기평균비용의 감소.

규모의 불경제(diseconomies of scale): 기업 생산량 증가에 따른 장기평균비용의 증가.

균형시장가격(equilibrium market price): 공급량이 수요량과 일치할 때의 가격. 균형시장가격에서는 초과수요량도 초과공급량도 존재하지 않음.

근린궁핍화정책(beggar-thy-neighbor policy): 한 국가는 경제적 이득을 얻으나 다른 국가의 경제는 악화시키는 정책.

글로벌 공공재(global public goods): 전세계 다수의 사람들에게 동시에 혜택을 주면서, 추가 비용을 지불하지 않은 사람들은 혜택을 누리지 못하도록 한 상태에서 한 개인에게만 공급하는 것이 불가능한, 그리고 대가를 지불하지 않은 사람을 소비에서 배제시킬 수 없는 재화나 서비스.

금융 불안정(financial instability): 금융부문이 자금을 가장 생산적인 프로젝트에 배분할 수 없는 상황.

금융부문(financial sector): 금융자산의 거래가 이루어지는 경제부문을 일컫는 말.

금융부문의 발전(financial-sector development): 한 나라 금융부문의 기관, 지불체계 및 규제기구의 강화와 성장.

금융위기(financial crisis): 금융 불안정이 심각하여 한 나라의 금융시스템이 기능을 할 수 없는 상황. 금융위기는 일반적으로 은행위기, 통화위기, 외채위기와 연관되어 있다.

금융위기지표(financial crisis indicators): 금융위기 이전에 일반적으로 일정한 방향으로 그리고 일정한 상대적 크기로 변동하여 다가올 위기를 예측하는 데 도움이 되는 경제변수.

기관차 효과(locomotive effect): 한 국가의 경제활동

증가가 다른 나라의 경제활동을 자극하는 현상.

기술발전(technological improvement): 동일한 양의 자원으로 생산할 수 있는 재화와 서비스의 양을 확대하는 것.

기업가(entrepreneurs): 재화와 서비스의 생산을 위해 노동자원과 자본자원을 전문적으로 조직하는 사람.

기업집중률(concentration ratio): 상위 소수 기업이 산업의 전체 매출에서 차지하는 비중.

기회비용(opportunity cost): 어떤 것을 얻기 위해 포기해야 하는 대안 중 가장 가치가 높은 대안의 가치.

노동의 한계생산(marginal product of labor): 노동 한 단위를 추가 고용함으로써 추가로 생산한 산출의 양.

노동의 한계수입생산(marginal revenue product of labor): 노동 한 단위를 추가 고용함으로써 발생한 추가 수입 혹은 한계수입과 노동의 한계생산의 곱.

다자주의(multilateralism): 무역질서에서 모든 나라가 다른 나라를 동등하게 취급하도록 하는 목표를 가지고, 많은 나라들 사이의 상호작용을 통해 더욱 자유로운 국제무역을 달성한다는 접근.

달러본위 환율제도(dollar-standard exchange-rate system): 자국 통화의 가치를 미국 달러에 고정시켜 놓고 이 고정환율에서 달러와 자국 통화를 자유롭게 교환하는 제도.

달러통용제(dollarization): 타국 통화를 자국의 유일한 법정 화폐로 사용하는 체제.

대국(large country): 주민들이 생산과 소비에 관해 내리는 의사결정이 재화와 서비스의 글로벌 가격에 영향을 미칠 정도로 세계시장에서 차지하는 시장점유율이 충분히 큰 나라.

대변(credit entry): 자국에 대한 외국 주민의 지급을 초래하는 거래를 기록하는 국제수지상 정(正)의 값으로 기입되는 부분.

덤핑(dumping): 기업이 국내 소비자에게 적용하는 가격보다 낮은 가격에서 외국 소비자에게 생산물을 판매하거나 수출품의 가격을 생산비보다 낮게 책정하는 경우에 덤핑이 발생한다.

도덕적 해이(moral hazard): 구매자나 판매자가 경제적 거래가 이루어진 이후, 거래 전에 약속했던 것과 다르게 행동할 가능성.

독점기업(monopoly): 단일 기업으로 구성된 산업.

독점적 경쟁(monopolistic competition): 기업의 수는 상대적으로 많고 진입과 퇴출이 자유로우며 개별 기업의 생산물들은 서로 유사하지만 동일하지는 않은 성격을 가진 산업구조.

레온티에프의 역설(Leontief paradox): 헥셔-올린 정리의 결론과 달리 상대적으로 자본부존량이 더 많은 미국의 수입품이 수출품보다 더 자본집약적이라는 사실.

롬바르드 금리(Lombard rate): 유럽중앙은행과 같은 일부 중앙은행이 시장이자율보다 높게 책정하여 대출에 적용하는 이자율.

루브르협약(Louvre Accord): 1987년월 2월 G7 국가 중 이탈리아를 제외한 국가의 중앙은행 총재와 재무장관이 모여 만든 협정. 달러의 가치가 경제의 펀더멘털과 양립하는 수준까지 조정되었음을 공표하고, 앞으로 중앙은행은 환율의 안정성을 확보하기 위해서만 시장에 개입한다는 내용의 합의.

리소싱(resourcing): 생산과정에 이용되는 기업의 모든 투입 요소를 획득하는 것.

립진스키 정리(Rybczynski theorem): 한 국가에서 어떤 자원의 부존량이 증가하면 생산과정에서 그 자원이 상대적으로 더욱 집약적으로 사용되는 재화를 더 많이 생산하며 다른 재화는 덜 생산한다는 정리.

명목이자율(nominal interest rate): 기대인플레이션을

반영하지 않고 현재의 화폐단위로 평가된 수익률.

명목환율(nominal exchange rate): 두 나라에 발생하는 물가변동의 차이를 조정하지 않은 양국 간 환율.

무역굴절(trade deflection): 무역협정에 포함되지 않은 국가의 재화 혹은 재화의 부품을 협정에 참가한 회원국으로 옮겨옴으로써 판매자가 협정이 제공하는 무역특혜를 누리는 것.

무역비중(trade share): 한 나라의 국제무역 규모를 지역 혹은 세계 전체 무역에서 차지하는 비중으로 표시한 것.

무역의 이익(gains from trade): 외국과 무역을 한 결과, 무역을 하지 않았을 경우의 국내생산량을 초과하여 국내소비자가 소비할 수 있었던 추가적인 재화와 서비스의 양을 의미.

무역의 재분배 효과(redistributive effects of trade): 국제무역의 변화로 인해 자국 국민들 사이에 발생하는 소득 재분배.

무역전환(trade diversion): 무역특혜 제공의 결과 교역의 방향이 바뀌어 제3국과의 무역이 감소하는 효과.

무역집중도지수(trade concentration ratio): 양자간 지역무역블록 내 무역의 비중을 세계 전체 무역 중 그 블록의 비중으로 나눈 것.

무역창출(trade creation): 무역상대국에게 제공한 무역특혜의 결과 무역이 추가로 증가하는 효과.

무위험 이자율평가(covered interest rate parity): 한 나라의 채권이자율이 다른 나라의 유사한 채권이자율과 선물프리미엄의 합과 같아지는 조건. 여기서 선물프리미엄은 선물환율과 현물환율의 차이를 현물환율로 나눈 값.

무임승차 문제(free-rider problem): 공공재 공급에 필요한 비용을 다른 사람이 지불할 것이라고 생각해 각 개인이 그 부담을 피하려고 하는 상황.

반(反)트러스트법(antitrust laws): 소비자와 생산자에게 경쟁의 혜택을 보장하기 위한 제반 법률.

발전경제학(development economics): 한 나라의 기술능력, 소비 가능한 생산물의 증가, 국민소득의 증가 등에 기여하는 요인들을 연구하는 경제학의 한 분야.

변동환율제도(flexible exchange-rate system): 통화의 가치가 시장에 의하여 결정되는 환율제도.

병행수입품(parallel imports): 일명 회색시장 수입품으로 처음에 일부지역에서 판매 허가가 이루어진 다음 당국의 승인 없이 다른 나라로 유입된 재화나 서비스.

본원통화(monetary base): 중앙은행이 보유하고 있는 국내채권과 대출액에 외환보유고를 합한 금액, 혹은 시중에 유통 중인 통화와 은행준비금의 합.

부가가치(value added): 생산자가 생산물을 팔아서 얻은 수입에서 중간재 구입비용을 뺀 금액.

불태화(sterilization): 본원통화의 변화를 막기 위하여 외환보유고에 발생한 변화와 반대방향으로 국내 신용을 변화시키는 중앙은행의 정책.

비관세장벽(non-tariff barriers): 수입관세 외의 국제무역 제한 수단.

비교우위(comparative advantage): 어떤 나라가 특정 재화나 서비스를 한 단위 추가 생산할 때 다른 나라보다 더 낮은 기회비용으로 생산할 수 있는 능력이 비교우위의 개념.

비대칭적 정보(asymmetric information): 경제적 거래 과정에서 거래 참여자 한쪽이 갖고 있지 않은 정보를 다른 한쪽은 갖고 있는 상황.

사전 이행조건(*ex ante* conditionality): IMF가 대출을 하기 전에 대출 조건을 부과하는 것.

사후 이행조건(*ex post* conditionality): IMF가 대출을 한 후에 대출 조건을 부과하는 것.

산업간 무역(inter-industry trade): 서로 쉽게 대체가

능한 재화나 서비스의 국제무역.

산업내 무역(intra-industry trade): 완전히 서로 다른 재화나 서비스의 국제무역.

산업정책(industrial policies): 국가의 특정 산업을 육성하기 위한 정부 정책.

산업조직론(industrial organization): 기업과 시장들의 구조와 상호작용을 연구하는 경제학 분야.

삼위일체 불가능론(trilemma): 고정환율제도와 재량적 통화정책 및 자유화된 자본시장의 세 가지 정책 옵션 중 두 개만 선택할 수 있다는 개념.

상계관세(CVD: countervailing duty): 외국의 수출정책이 국내 가격에 미치는 영향을 상쇄하기 위해 수입되는 재화나 서비스에 부과하는 조세.

상대적으로 노동이 풍부한 국가(relatively labor-abundant nation): A국과 B국, 두 나라만 존재한다고 할 때, A국이 B국보다 자본 1단위 당 노동의 양이 많으면 A국이 상대적으로 노동이 풍부한 국가이다.

상대적으로 노동집약적인 재화(relatively labor-intensive good): 두 개의 재화만 생산한다고 가정할 때, 자본 1단위 당 노동투입량이 더 많은 재화.

상대적으로 자본이 풍부한 국가(relatively capital-abundant nation): A국과 B국, 두 나라만 존재한다고 할 때, B국이 A국보다 노동 1단위 당 자본의 양이 많으면 B국이 상대적으로 자본이 풍부한 국가이다.

상대적으로 자본집약적인 재화(relatively capital-intensive good): 두 개의 재화만 생산한다고 가정할 때, 노동 1단위 당 자본투입량이 더 많은 재화.

상표권(trademark): 기업이 자신의 재화나 서비스를 다른 회사의 것과 구별해 나타내기 위해 사용하는 문자나 도안.

생산가능집합(production possibilities): 현재 주어진 가용 기술과 자원을 이용하여 한 국가의 국민들이 생산할 수 있는 재화와 서비스의 모든 조합.

생산요소(factors of production): 재화와 서비스를 생산하기 위해 기업이 사용하는 자원.

생산자잉여(producer surplus): 시장가격의 존재로 인해 생산자가 얻게 되는 편익. 생산자잉여는 특정 수량의 재화나 서비스를 공급하기 위해 생산자가 받을 의사가 있는 가격과 시장가격과의 차이를 이용하여 측정됨.

서비스무역에 관한 일반협정(GATS: General Agreement on Trade in Service): 130여개국 이상이 참가한 서비스의 국제무역 규범에 관한 국제 협정.

선물할증 혹은 할인(forward premium or discount): 현물환율에 대한 백분율로 표시되는 선물환율과 현물환율 간의 차이.

선물환시장(forward exchange market): 특정 환율에 특정 외화의 미래 시점에서의 인도나 지급을 보장하는 계약들이 거래되는 시장.

선발자의 이익(first-mover advantage): 산업 내의 최초 기업이 자신의 생산물을 산업 전체 생산물과 동일시하는 방식으로 마케팅 우위를 발휘하는 능력에서 비롯된 진입장벽.

성장방정식(growth equation): 한 나라의 총실질소득 증가율을 다음 세 가지 구성요소의 합으로 표시한 식. 노동자원과 자본자원의 생산성 증가율, 노동자원의 총실질소득 기여도와 노동자원 증가율의 곱, 자본자원의 총실질소득 기여도와 자본자원 증가율의 곱.

세계무역기구(WTO: World Trade Organization): 다자간 무역협상을 총괄하고 GATT와 GATS하에서 형성된 다자간 무역협정에서 발생하는 무역분쟁에 대해 판결을 내리는 국제기구.

세계은행(World Bank): IMF의 자매기관으로서 100여개 개발도상국의 장기 경제개발 및 성장을 촉진하기 위한 차관 제공에 전문화되어 있다.

세계화(globalization): 사람과 사람, 사회와 사회 사이의 국가 간 상호연관성이 증가하고 각 나라의 경제, 정부 및 환경 사이의 상호의존성이 심화되는 현상.

세금 경쟁(tax competition): 개인이나 기업이 과세가 가능한 경제활동을 자국의 영토 내에서 하도록 유도하기 위해 다른 지역보다 낮게 세율을 인하하는 것.

세원(tax base): 과세의 대상이 되는 재화, 서비스, 소득 혹은 재산의 가치.

세율(tax rate): 세원 중 개인이나 기업이 법률에 따라 정부에 납부해야 하는 부분의 비율.

소국(small country): 자국 주민들의 소비 및 생산에 관한 의사결정이 국제가격에 영향을 미치지 못하기 때문에 국제가격을 주어진 가격으로 받아들여야 할 정도로 작은 국가.

소비가능조합(consumption possibilities): 한 국가의 국민들이 소비를 위하여 선택할 수 있는 재화와 서비스의 모든 조합.

소비자 물가지수(CPI: consumer price index): 매년 전형적인 소비자가 구입하는 재화와 서비스 가격의 가중평균.

소비자잉여(consumer surplus): 시장가격의 존재로 인해 소비자가 얻게 되는 편익. 소비자잉여는 특정 재화나 서비스를 구입하기 위해 소비자가 지불할 의사가 있는 가격과 시장가격과의 차이를 이용하여 측정됨.

소액대출기관(microlender): 저소득 기업가들에게 소규모 신용을 제공하는 데 특화된 금융기관.

수요(demand): 일정 기간 동안 다른 모든 조건이 일정하다는 가정하에 소비자가 지불할 의사와 능력이 있는 재화와 서비스의 가격과 수량 사이의 관계.

수요의 법칙(law of demand): 소비자가 지불할 의사와 능력이 되는 가격과 소비자가 구매를 원하는 수요량 사이에는 역(逆)의 관계가 존재한다는 경제법칙.

수입쿼터(import quota): 수입물량을 제한하는 무역정책.

수직적 해외직접투자(vertical foreign direct investment): 다국적기업이 다른 곳에서 조립될 부품을 생산하거나 다른 곳에서 생산된 부품을 사용하여 최종재를 조립하는 해외 자회사를 설립하는 것.

수출보조금(export subsidy): 재화나 서비스의 수출 대가로 수출기업에 정부가 지불하는 금액.

수평적 해외직접투자(horizontal foreign direct investment): 다국적기업이 본국에서 생산하는 것과 유사한 재화나 서비스를 생산하는 해외 자회사를 설립하는 것.

스톨퍼-사뮤엘슨 정리(Stolper-Samuelson theorem): 요소부존비율 모형의 맥락에서 자유무역이 어떤 나라가 상대적으로 풍부하게 보유한 생산요소의 수익을 증가시키고 상대적으로 희소한 생산요소의 수익을 감소시킨다는 이론.

시장가격(market price): 시장에 참가하고 있는 모든 소비자와 생산자 사이의 상호작용의 결과로 결정되는 가격.

시장공급곡선(market supply curve): 일정 기간 동안 가격을 제외한 다른 모든 조건이 동일하다는 가정하에 다양한 수량의 재화나 서비스를 시장에 공급하기 위해 생산자들이 받을 의사가 있는 다양한 가격들을 나타내는 곡선. 가격과 공급량 사이에 존재하는 정(正)의 관계 때문에 수요곡선은 우상향한다.

시장수요곡선(market demand curve): 일정 기간 동안 가격을 제외한 다른 모든 조건이 동일하다는 가정하에 다양한 수량의 재화나 서비스를 구입하기 위해 소비자들이 지불할 의사가 있는 다양한 가격들을 나타내는 곡선. 가격과 수요량 사이에 존재하는 역(逆)의 관계 때문에 수요곡선은 우하향한다.

시장실패(market failure): 자유로운 민간시장 활동이 경제적 효율성, 개인의 자유 및 기타 다양한 사회적 목표에 부합한 결과를 달성하지 못하는 상황.

시장에 대항하는 개입(leaning against the wind): 자국 통화가치의 현재 추세를 중지시키거나 반전시키기 위한 중앙은행의 시장 개입.

시장에 순응하는 개입(leaning with the wind): 자국 통화가치의 현재 추세를 지지하거나 강화하기 위한 중앙은행의 시장 개입.

시장임금(market wage rate): 노동시장에서 모든 노동자가 공급하는 노동량과 시장에서 기업이 수요하는 전체 노동량이 일치하는 상태의 임금 수준.

신용정책(credit policy): 민간금융기관과 비금융기관에 중앙은행이 직접 대출을 공급하는 정책.

실물부문(real sector): 재화와 서비스의 생산을 담당하는 경제부문을 일컫는 말.

실질이자율(real interest rate): 채권을 보유하는 동안 발생할 것으로 예상되는 인플레이션이 채권수익으로 구입할 수 있는 재화와 서비스의 양을 감소시키는 정도를 고려한 기대수익률.

실질이자율평가(real interest rate parity): 위험 이자율평가와 상대구매력평가가 동시에 성립할 때 두 나라의 실질이자율이 동일해지는 현상.

실질환율(real exchange rate): 두 나라에 발생하는 물가변동의 차이를 조정한 양국 간 환율.

실효환율(effective exchange rate): 2개 이상의 통화에 대한 어떤 통화의 상대적 가치의 가중평균치.

아메리칸 옵션(American option): 계약 만기일과 만기일 이전에 언제든지 계약보유자가 일정량의 통화를 사거나 팔 수 있는 옵션.

아웃소싱(outsourcing): 어떤 조직이 생산과정 중 어떤 특정 단계를 완성하기 위해서 다른 조직을 고용하는 전략.

약탈적 가격설정(predatory pricing): 경쟁자를 시장에서 몰아내거나 잠재적 경쟁자가 시장으로 진입하는 것을 막기 위해 기업이 인위적으로 낮은 가격을 설정하는 상황.

역선택(adverse selection): 가장 낮은 품질의 생산품 생산자가 제품의 속성을 속이려는 유인을 가장 많이 갖는 경향.

연관시장(relevant market): 개별 공급자들의 생산물 가격에 직접 영향을 미치는 모든 생산물의 이용 가능성을 고려한 진정한 의미의 경제적 시장.

외국인 직접투자(Foreign Direct Investment): 장기적인 사업관계 유지를 목적으로 외국에 위치한 기업의 자산을 취득하여, 10% 이상의 지배지분을 보유하는 것.

외부경제(external economies): 기업이 숙련 노동자, 자본자원 혹은 연구개발 시설 등과 같은 기업 외부의 생산요소 근처에서 생산활동을 함으로써 얻는 비용의 감소.

외부성(externality): 한 시장 내의 거래에 참여하지 않는 제3자의 후생에 영향을 미치는 파급효과.

외화표시 금융수단(foreign-currency-denominated instruments): 외국 통화로 표시된 채권과 주식, 혹은 은행 예금과 같은 금융자산.

외환리스크(foreign exchange risk): 미래의 수취(receipt)금액이나 부채(obligation)금액이 환율 변동으로 인해 변하게 될 가능성.

외환시장(foreign exchange markets): 가계, 기업 및 정부가 각국 통화를 거래할 때 사용하는 민간은행, 외환브로커 및 중앙은행으로 구성된 일련의 시스템.

외환시장의 효율성(foreign exchange market efficiency): 균형현물환율과 균형선물환율이 접근 가능한 모든 정보를 반영하는 수준으로 조정되는 상황으로서, 이 때 선물할증은 기대절하율과 리스크 프리미엄의 합과 동일해진다. 이는 다시 선물환율이 평균적으로 기대현물환율이 됨을 의미한다.

외환파생상품(foreign exchange derivative instruments): 수익률이 다른 금융상품의 수익률과 연결되어 있거나, 그로부터 파생되는 구조의 통화 관련 금융상품.

요소가격 균등화의 정리(factor price equalization theorem): 요소부존비율 모형의 가정이 성립하는 경우 자유무역은 재화가격과 요소가격이 국가 간에 동일해진다는 정리.

원산지에 관한 규정(rules of origin): 무역협정이 제공하는 무역특혜의 대상이 될 수 있는 상품의 조건을 명시한 규정.

위험 이자율평가(uncovered interest rate parity): 다른 통화로 표시되었다는 점을 제외하고는 동일한 채권이자율 간의 관계. 이 조건에 의하면 개인이 외국에서의 채권 매입에 필요한 자금을 조달하기 위하여 헤지하지 않은 통화거래를 할 때, 채권매입자가 절하를 예상하는 통화로 표시된 채권의 이자율은 다른 통화로 표시된 채권의 이자율보다 예상절하율만큼 높아야 한다.

유로피안 옵션(European option): 계약 만기일에만 계약보유자가 일정량의 통화를 사거나 팔 수 있는 옵션.

이행조건(conditionality): IMF에서 차관을 받은 나라의 정책에 부과된 다양한 제약.

인적자본(human capital): 노동자가 소유하고 있는 지식과 기술.

자메이카협정(Jamaica Accords): 1976년 1월 자메이카에 모인 IMF 회원국들은 IMF 헌장을 수정하여 각 회원국이 자신의 환율을 결정할 수 있게 하는 자메이카협정을 맺음.

자발적 수출규제(VER: voluntary export restraints): 한 나라에서 다른 나라로 수출을 자제하겠다는 두 나라의 정책결정자와 생산자 사이의 협정.

자본(capital): 재화와 서비스를 생산하는 데 사용되는 실물장비와 건물.

자본수지 및 금융수지(capital and financial account): 자국 주민 및 자국 민간기업과 외국 주민 및 외국 민간기업 사이의 금융자산의 흐름을 표현한 표.

자본의 한계생산(marginal product of capital): 자본 한 단위 추가 사용으로 증가되는 추가 생산.

자본의 한계수입생산(marginal revenue product of capital): 자본 한 단위 추가 사용으로 증가되는 추가 수입.

자유무역지대(free trade area): 참가국 사이의 무역에 대해서는 모든 장벽을 제거하지만, 자유무역지대 이외 국가와의 무역에 대해서는 참가국 고유의 무역장벽 유지를 허용하는 무역협정.

장기평균비용(long-run average cost): 기업이 모든 생산요소의 양을 변경할 수 있을 정도로 기간이 긴 상황에서 생산량에 대한 총생산비의 비율.

재정대리인(fiscal agent): 정부를 대신하여 채권을 발행하고 이자를 지급하며 만기연장 등의 업무를 수행하는 정부의 재정 담당부처로서의 중앙은행의 기능.

저작권(copyright): 기사, 도서, 소프트웨어, 오디오 및 비디오 기록물을 포함한 창조적 저작물의 재생산, 배포, 공연 및 전시에 대한 창작자의 독점적 권리.

저평가된 통화(undervalued currency): 경제 이론이나 경제 모형에 의해 예측되는 가치보다 현재 시장에서 결정된 가치가 낮은 통화.

적응적 기대(adaptive expectations): 과거 정보에만 의존하는 기대.

전략적 정책수립(strategic policymaking): 국가 간의 구조적 연결성과 다른 나라의 정책결정자의 의사결정 방식까지 고려한 국가 정책의 수립.

전방전가(forward shifted): 소비자가 조세 부과 전보다 높은 단위 가격의 형태로 지불하게 되는 조세의 부분.

절대우위(absolute advantage): 어떤 재화나 서비스를 생산함에 있어서 필요한 자원의 양으로 평가할 때 어떤 국가가 다른 나라보다 더 낮은 비용으로 생산할 수 있을 때 그 나라는 그 재화나 서비스의 생산에 절대우위가 있음. 달리 표현하면 주어진 생산요소를 이용하여 다른 나라보다 어떤 재화나 서비스를 더 많이 생산할 수 있는 능력이 절대우위의 개념.

절대쿼터(absolute quota): 특정 기간 동안 수입될 수 있는 상품의 양을 규제하는 양적 제한 조치.

정책유발 왜곡(policy-created distortion): 정부정책의 결과 시장이 경제적으로 효율적이지 않은 산출수준을 초래하여 희소한 자원의 최적 배분이 이루어지지 않는 상황.

조기경보체계(early warning system): 다국적 기구가 위기와 관련된 금융위기지표를 모니터하는 데 사용하는 메커니즘으로 위기 예방에 필요한 신속한 대응에 도움이 될 수 있다.

종가관세(ad valorem tariff): 재화나 서비스의 가치에 대하여 일정 비율로 부과되는 관세.

종량관세(specific tariff): 재화의 판매 단위 당 부과되는 일정 금액의 관세.

주권(sovereignty): 국가의 국경 내에 존재하는 자원을 그 국가의 시민들이 자유의지로 통제할 수 있는 최상의 권위.

죽은 자본(dead capital): 소유권이 불명확하여 소유할 수 없는 자본으로, 이런 자본은 기업가들 사이의 이전이 어렵다.

준비통화(reserve currency): 주로 한 국가의 부채 청산 시 사용하며, 다른 국가의 통화가치를 표현하는 데 사용하는 통화.

지급준비금(reserve requirements): 민간은행에 예치된 예금의 일정 부분을 시재금(vault cash)으로 보유하거나 중앙은행에 가지고 있는 계좌에 예치해두도록 하는 중앙은행의 규제.

지역주의(regionalism): 지리적으로 인접한 국가들 사이에 무역협정을 체결하는 현상.

지적재산권 제도(intellectual property rights): 창조적 아이디어의 소유권을 보장하는 법률로, 이 소유권은 흔히 저작권, 상표권 및 특허권의 형태를 띤다.

진입장벽(barriers to entry): 기업가들이 새로운 기업을 즉각적으로 설립하는 것을 방해하는 요인들.

차변(debit entry): 외국에 대한 자국 주민의 지급을 초래하는 거래를 기록하는 국제수지상 음(陰)의 값으로 기입되는 부분.

차선의 무역정책(second-best trade policy): 정책결정자가 교정하고자 하는 문제점을 간접적으로 다루는 무역정책.

차익거래(arbitrage): 어떤 시장에서 물건을 싸게 사서 다른 시장에서 비싸게 파는 행위.

초과공급량(excess quantity supplied): 주어진 가격 수준에서 공급량이 수요량을 초과하는 부분.

초과수요량(excess quantity demanded): 주어진 가격 수준에서 수요량이 공급량을 초과하는 부분.

최선의 무역정책(first-best trade policy): 정책결정자가 교정하고자 하는 문제점을 직접적으로 다루는 무역정책.

최소효율규모(minimum efficient scale): 기업이나 산업이 모든 생산요소의 양을 조정할 수 있을 정도로 충분히 긴 시간이 주어진 상황에서 장기평균비용이 최소화 되는 기업이나 산업의 규모.

최적통화지역 이론(theory of optimal currency area): 정부가 환율을 고정하거나 공동통화를 채택 시 후생수준이 증가하는 지역을 결정하는 방법론.

최적통화지역(optimal currency area): 노동이동성이 충분히 높아서 환율이 고정되고 공동통화를 채택한 상황에서도 국제수지의 불균형과 실업이 빠르게 조정되는 지역.

최종대부자(lender of last resort): 단기적으로 유동성 위기를 겪고 있는 금융기관이 시장의 신뢰를 상실하지 않도록 필요자금을 항상 융자해 줄 준비가 되어있는 중앙은행의 기능.

최혜국(MFN: most favored nation): 개방적인 국제무역 촉진을 위해 무역장벽 해소 대우를 받는 국가.

커버된 노출(covered exposure): 헤징 수단을 통하여 완전히 제거된 외환리스크.

코너 가설(corners hypothesis): 정책당국은 완전 자유변동환율제도나 견고한 페그 환율제도를 선택해야 하며 조정가능 페그, 크롤링 페그 혹은 바스켓 페그 제도 같은 중간적 제도를 채택해서는 안 된다는 견해.

콜 옵션(call option): 특정 환율에서 일정 금액의 통화를 매입할 수 있는 권리를 옵션소유자에게 부여하는 옵션 계약.

쿼터지대(quota rent): 수입쿼터로 인해 발생하는 소비자잉여의 감소분 중 외국 공급자에게 추가적인 이익의 형태로 이전되는 부분.

쿼터지분(quota subscription): IMF 회원국이 예치한 자금의 풀로서, IMF는 금융상의 어려움을 겪고 있는 회원국에게 차관을 제공할 때 이 자금을 사용한다.

크롤링 밴드(crawling band): 환율밴드의 신축성과 크롤링 페그의 특성이 결합된 교환가치의 범위.

크롤링 페그(crawling peg): 자국 통화의 가치를 타국 통화에 고정시키고, 평가(parity value)가 주기적으로 변하도록 하는 환율제도.

태환성(convertibility): 준비재화(reserve commodity)나 준비통화(reserve currency)와 자유롭게 교환되는 화폐의 성질.

통화 스왑(currency swap): 다른 통화로 표시된 지급 흐름의 교환.

통화동맹(monetary union): 공동통화를 선택한 국가들의 집합.

통화바스켓 페그(currency-basket peg): 선택된 몇 개의 외국통화가치의 가중평균에 자국통화가치를 고정시키는 환율제도.

통화선물(currency futures): 특정 날짜에 특정 통화의 표준화된 수량을 인도한다는 합의.

통화옵션(currency option): 특정 기간이나 특정 시일에 특정한 가격에서 어떤 통화의 고정된 금액을 사거나 팔 수 있는 권리를 부여하는 계약.

통화위원회(currency board): 중앙은행을 대체하는 독립적인 통화기구. 통화위원회는 자국통화의 가치를 고정시킨 후, 외환보유고의 변화에 따라 국내통화량을 조정한다.

통화총계(monetary aggregate): 통화량을 측정하는 지표로서 충분한 유동성을 보유한 자산의 합계.

투기적 공격(speculative attack): 한 나라의 공식외환보유고의 고갈을 예상하는 금융시장 거래자들이 그 나라 통화 표시 자산을 매각함으로써 이윤을 얻고자 하는 협조적 행위로, 거래자들은 정책당국이 목표 환율을 포기하도록 하여 파생금융시장에서 이윤을 획득하려고 한다.

특별인출권(SDR: special drawing rights): IMF가 사용하는 혼합 통화단위로 이것의 가치는 5개 회원국 통화가치의 가중평균으로 결정된다.

특허권(patent): 발명가가 일정기간 동안 발명품을 제작, 사용, 판매할 수 있는 독점적 권리.

특혜무역협정(preferential trade arrangement): 한 나라가 1개 이상의 무역상대국에게 차별적 무역특혜를 부여하는 무역협정.

평가절상(revalue): 고정환율제도를 채택한 국가가 고정환율, 즉, 자국 통화의 평가(parity value)를 조정하여, 한 단위의 외국통화와 더 적은 자국통화가 교환되도록 하는 조치.

평가절하(devalue): 고정환율제도를 채택한 국가가 고정환율, 즉, 자국 통화의 평가(parity value)를 조정하여, 한 단위의 외국통화와 더 많은 자국통화가 교환되도록 하는 조치.

포트폴리오 밸런스 효과(portfolio balance effect): 정부와 중앙은행이 보유한 외화표시 금융자산의 변동 때문에 발생한 환율조정.

포트폴리오 투자(portfolio investment): 한 회사 소유 지분의 10퍼센트 미만에 해당하는 금융자산을 해외에서 취득하는 것.

풋 옵션(put option): 특정 환율에서 일정 금액의 통화를 팔 수 있는 권리를 옵션소유자에게 부여하는 옵션 계약.

플라자합의(Plaza Agreement): G5 국가의 중앙은행 총재와 재무장관이 1985년 9월 뉴욕의 플라자호텔에 모여 만든 합의. 달러의 가치가 지나치게 고평가되어 있다는 사실에 인식을 같이 하고 G5 국가가 외환시장에 조직적으로 개입하여 달러의 평가절하를 유도한다는 합의.

한계비용(marginal cost): 각 생산량 수준에서 기업이 생산물을 한 단위 더 생산할 때 추가적으로 지불하는 비용.

한계생산체감의 법칙(law of diminishing marginal product): 다른 생산요소의 양이 고정된 상태에서 노동과 같은 한 생산요소의 양이 증가함에 따라, 생산요소 한 단위 추가에 따른 산출물 증가량이 감소하는 법칙.

한계수입(marginal revenue): 생산물 한 단위를 추가로 판매함으로써 기업이 추가로 얻는 수입.

할인율(discount rate): 연방준비은행이 예금금융기관에게 할인창구를 통해 제공하는 대출에 적용하는 이자율.

합리적 기대(rational expectations): 개인들이 접근 가능한 모든 과거와 현재의 정보 및 시장의 작동원리에 대한 기본이해에 기초하여 미래에 대한 기대를 형성한다는 개념.

행사가격(exercise price): 옵션보유자가 어떤 금융자산을 사거나 팔 수 있는 권리를 행사할 수 있는 가격. 영어로는 exercise price 혹은 strike price 라고 함.

허핀달-허쉬만 지수(Herfindahl-Hirschman index): 한 산업 내 각 기업의 시장점유율을 제곱하여 합한 값.

헤징(hedging): 리스크에 대한 노출을 상쇄하거나 제거하는 행위.

헥셔-올린 정리(the Heckscher-Ohlin therorem): 상대적으로 노동 부존량이 많은 국가는 상대적으로 노동집약적인 재화를 수출하고 상대적으로 자본 부존량이 많은 국가는 상대적으로 자본집약적인 재화를 수출한다는 정리.

혁신(innovation): 시장에서 채택될 수 있을 정도의 충분한 가시적 이득을 발생시킬 수 있는 새로운 과정이나 생산물.

현물시장(spot market): 통화의 즉각적인 매매와 인도가 이루어지는 시장.

화폐적 질서(monetary order): 개인이 거래를 시행하고 결제하는 체제를 확립해주는 법과 규제의 집합체.

확대원칙(magnification principle): 생산요소의 가격 변동이 그 생산요소를 상대적으로 더 집중적으로 사용하여 생산하는 재화의 가격 변동보다 크다는 스톨퍼-사무엘스 정리의 명제.

환산노출(translation exposure): 기업의 외화 표시 자산과 부채를 자국 통화 기준으로 환산할 때 발생하는 외환리스크.

환율(exchange rate): 특정 통화의 가치를 다른 통화의 가치에 대하여 상대적으로 표현한 것이며 구체적으로 다른 통화 한 단위를 구입하는데 필요한 특정 통화의 단위로 나타낸다.

환율밴드(exchange-rate band): 자국 통화의 교환가치가 상한과 하한 사이에서 변동할 때, 그 교환가치의 변동범위.

환율제도(exchange-rate system): 통화의 국제적 가치를 결정하는 규칙들의 집합체.

효율적 시장가설(efficient-markets hypothesis): 합리적 기대가설을 금융시장에 적용한 이론으로서, 채권의 균형가격과 수익률은 과거와 현재의 모든 정보와 채권거래자의 시장가격 및 수익률 결정과정에 대한 이해를 반영해야만 한다.

후방전가(backward shifted): 생산자가 조세 부과 전보다 낮은 단위 당 수입(revenue)의 형태로 지불하게 되는 조세액.

찾아보기

A
APEC ☞ 아시아태평양경제공동체 참조
ASEAN ☞ 동남아시아국가연합 참조

E
EEC ☞ 유럽경제공동체 참조
EMU ☞ 유럽통화동맹 참조

F
FDI ☞ 외국인 직접투자 참조

G
G5 202, 265
G7 203, 269-270, 433
G8 201
G10 199, 202-203, 270-271

I
IMF ☞ 국제통화기금 참조

M
M&A 423-424
Mercosur 116, 118-121, 128-130, 133-134, 136-137

N
NAFTA ☞ 북미자유무역협정 참조
NWTA국가 119-120

P
PPF ☞ 생산가능곡선 참조

ㄱ
거래노출(transaction exposure) 166-168
거시경제정책 186, 199, 201, 210, 271, 427, 430
결합관세(combination tariff) 87
경기변동(business cycles) 278-279, 425
경상수지(current account) 147-148, 151-153
경제 기초여건(economic fundamentals) 440
경제동맹(economic union) 115
경제적 순손실(deadweight losses) 89, 101
경제적 이윤(economic profit) 365
경제통합(economic integration) 5-6
고소득국가(HIC: high-income countries) 331
고정명목환율제도 210
고정환율 달러본위제(adjustable-peg dollar standard) 204
고정환율제도 193, 195, 200, 204-205, 208, 210-211
고채무국 349, 351
공개기업(public company) 379
공개시장 조작(open-market operations) 255
공공재(public goods) 401, 405
공급의 법칙(law of supply) 13
공동시장(common market) 115, 128
공유재산(common property) 403-404
공적결제수지(official settlements balance) 147, 151-152
공표 효과 264-265, 268
과점(oligopoly) 371-372, 378
관리변동환율제(managed float) 203
관세 및 무역에 관한 일반협정(GATT: General Agreement on Tariffs and Trade) 135, 138, 193
관세(tariff) 83, 87, 89-90, 104; 관세동맹(customs union) 115, 127; 관세의 재분배 효과 92, 98; 관세장벽 82, 95
교차환율 159-160, 208
교환가치 166, 188, 192, 197, 200-201, 207-208
교환비율 37, 41-42, 58, 188-189
구매력평가(PPP: purchasing power parity) 218, 221, 223, 332

462

구조조정 349
국내신용(domestic credit) 250
국민총소득(GNI: gross national income) 332
국제 인수합병(M&A) 379, 381, 385, 423-424
국제개발은행(IBRD: International Bank for Reconstruction and Development) 193
국제결제은행(BIS: Bank for International Settlements) 191, 270
국제노동 아웃소싱 311-312, 315, 318
국제무역 3, 6-9, 22, 24-25, 29, 33-34, 38, 43-46, 55, 57-58, 60, 66, 70, 82, 115, 119, 134-135, 193, 208, 290, 292, 300-308, 315, 339-343, 359-362, 370, 375-376
국제수지(balance of payments) 146-148, 154
국제적 정책 공조(international policy coordination) 246, 270
국제통화기금(IMF: International Monetary Fund) 7, 193, 204, 269, 435, 438
규모의 경제 360-361, 365, 368, 370, 379, 428
규모의 불경제(diseconomies of scale) 360
규제 차익거래(regulatory arbitrage) 427
균형시장가격(equilibrium market price) 21-22
균형환율(equilibrium exchange rate) 172-173
근린궁핍화정책(beggar-thy-neighbor policy) 92, 108, 273-274
글로벌 공공재(global public goods) 402-404
글로벌 금융위기 3, 165, 345, 422
금본위제(gold standard) 188-192, 204, 208
금융수지(financial account) 149-153

금융위기(financial crisis) 427, 429-430, 432-434, 441; 금융위기지표(financial crisis indicators) 442
기대평가절하율 240
기대현물환율 237-239
기업가정신 336, 338
기회비용(opportunity cost) 30, 32-33, 37-39, 42, 44-45, 56, 58; 기회비용의 감소 38; 기회비용 절감 39

ㄴ

남아프리카관세동맹(SACU: Southern African Customs Union) 116
네트워크 관점(network view) 377
노동 생산성 325, 336
노동수요 316; 노동수요 곡선 297-298
노동의 한계생산(marginal product of labor) 294-295, 298
노동의 한계수입생산(marginal revenue product of labor) 293-294, 296-298, 303-304, 308-309, 316
노동집약 57-59, 67; 노동집약적 재화 74, 308; 노동집약적 제품 60
노동투입량 74

ㄷ

다국적기업 369
다자간 무역협정 101, 104, 113, 138,
다자주의(multilateralism) 134, 136-137
단기자본이동 422
단위노동비용 341
달러 스왑 라인(dollar swap line) 246
달러본위 환율제도(dollar-standard exchange-rate system) 193
달러통용제(dollarization) 204, 209-210

대국(large country) 91; 대국(big-country) 파급효과 306; 대국경제 91-93, 95, 98
대체재(substitute goods) 16
덤핑(dumping) 104-105, 136, 372-373
도덕적 해이(moral hazard) 392, 426-427, 438-439, 441-442
독점 378; 독점기업(monopoly) 371; 독점적 경쟁(monopolistic competition) 363-365, 378
동남아시아국가연합(ASEAN) 116, 118, 136-137
동남아프리카공동시장(COMESA: Common Market for Eastern and Southern Africa) 116
동아프리카공동체(East African Community) 116

ㄹ

런던클럽(London Club) 351
레온티에프(Wassily Leontief) 63-64, 78; 레온티에프의 역설(Leontief paradox) 64; 레온티에프의 접근법 63
로마조약(Treaty of Rome) 127
롬바르드 금리(Lombard rate) 254-255
루브르협약(Louvre Accord) 203, 265
루이스(W. Arthur Lewis) 325
리소싱(resourcing) 317
리스크 프리미엄 231, 238, 240
립신스키 정리(Rybczynski theorem) 74-77

ㅁ

마샬 플랜(Marshall Plan) 196
마스트리히트(Maastricht)조약 276, 280-281
마텔 코퍼레이션(Mattel Corporation) 73

만화경 비교우위(kaleidoscopic comparative advantage) 73
명목실효환율 165
명목이자율(nominal interest rate) 239, 274
명목환율(nominal exchange rate) 160, 162, 165, 211
모기지 채권 257
무역: 무역분쟁 136; 무역의 이익(gains from trade) 43, 130, 339; 무역의 재분배효과(redistributive effects of trade) 45; 무역장벽 105, 108, 309, 343; 무역전환(trade diversion) 129-131
무역관련 지적재산권 협정(TRIPS) 394-397
무역수지 43, 60, 441; 무역수지 적자 43
무역집중도지수(trade concentration ratio) 119-120, 126, 129
무역촉진권한(TPA: trade promotion authority) 123
무위험 이자율평가조건(covered interest rate parity) 225-226
무임승차 문제(free-rider problem) 403
무조건 최혜국 원칙(unconditional most favored nation principle) 134
미주자유무역지대(Free Trade Area of the Americas) 123
민간자본수지 147, 152

ㅂ

바그와티(Jagdish Bhagwati) 73
바젤협약(Basel Agreement) 270-271
반덤핑 관세 372
반트러스트법(antitrust laws) 381
발전경제학(development economics) 324
뱅크런(bank run) 249
법정화폐(fiat money) 187

변동환율 278; 변동환율제도 200-201, 203-204, 210, 212, 277
병행수입품(parallel imports) 397
보완재(complement goods) 16
보조금 및 상계조치에 관한 협정 (Agreement on Subsidies and Countervailing Measures) 136
보조금: 보조금 융자 103; 보조금정책 105
보호무역 105, 108; 보호무역정책 97, 105-106, 192
복식부기 146; 복식부기의 원칙 146
본원통화(monetary base) 252-253, 260
북미자유무역협정(NAFTA) 113, 116, 118-119, 124-127, 136
불완전 경쟁 363, 370, 372, 378
불태화 263, 267; 불태화 개입(sterilized intervention) 264
브레튼우즈 198; 브레튼우즈체제 194, 197, 199, 203-205, 422, 438; 브레튼우즈협약(Bretton Woods Agreements) 193
비관세장벽(non-tariff barriers) 95, 100
비교우위(comparative advantage) 29, 38-46, 53-54, 58-59, 62, 72-73, 304-305, 307, 341, 360
비대칭적 정보(asymmetric information) 392, 426
빅맥지수(Big Mac index) 220-221, 224
빈곤 감축 348-349

ㅅ

사무엘슨(Paul Samuelson) 54, 70
사회적 한계비용(marginal social cost) 406
사회적 한계편익(marginal social benefit) 406
산업내 무역(intra-industry trade) 311, 358-359, 363, 365, 368
산업정책(industrial policies) 382

산업조직론(Industrial Organization) 359
삼위일체 불가능론(trilemma) 212
상계관세(CVD: countervailing duty) 104-105, 109, 136
상대구매력평가 217, 222-224
상위중소득국가(UMC: upper-middle-income countries) 331
상표권(trademark) 394, 397
상품화폐(commodity money) 187
생산가능곡선(PPF: production possibilities frontier) 32, 42, 44-45, 56-58, 75
생산물 다양성 363
생산자잉여(producer surplus) 12, 19-20, 24, 89, 92, 95, 98-100, 103-104
서비스무역에 관한 일반협정(GATS: General Agreement on Trade in Service) 135
서아프리카경제공동체(ECOWAS: Economic Community Of West African States) 116
석유수출국기구(OPEC: Organization of the Petroleum Exporting Countries) 20, 201
선물계약(forward contract) 167-168, 176
선물할증 174-175; 선물할증률 237
선물환시장(forward exchange market) 167, 174, 226
선물환율 174-175, 225, 238-239
성장방정식(growth equation) 334
세계무역기구(WTO: World Trade Organization) 135
세계은행(World Bank) 193, 331, 348
세금 경쟁(tax competition) 413-415
세금 카르텔(tax cartels) 415
소국(small country) 88; 소국경제 88-93
소비자 물가지수(CPI) 161

소비자잉여(consumer surplus) 12, 18–19, 24–25, 89–90, 92, 97, 101–102, 105, 372
숏 포지션(short position) 168, 176
수요의 법칙(law of demand) 12
수입쿼터(import quota) 95, 99
수직적 해외직접투자(vertical foreign direct investment) 369
수출보조금(export subsidy) 102–103, 105, 109; 수출보조금의 재분배 효과 103; 수출보조금의 효과 109
수평적 해외직접투자(horizontal foreign direct investment) 369
숙련노동 집약적(skilled-labor-intensive) 304; 숙련노동집약적인 산업 65; 숙련노동집약적인 상품 65
순 자본계정거래 149–150
순 자본유출 150, 153
스네이크체제(snake in the tunnel) 200
스무트-홀리 법(Smoot-Hawley Act) 192
스미소니언협약(The Smithsonian agreement) 199–200
스왑(swap) 267; 스왑 파트너 181
스톨퍼-사뮤엘슨 정리(Stolper-Samuelson theorem) 70–71
승수효과(multiplier effect) 259
시장임금(market wage rate) 298–299, 303, 318
시장청산(market-clearing)환율 172
신흥경제(emerging economies) 331; 신흥경제권 228, 249, 256, 279
실질성장률 274
실질이자율(real interest rate) 239, 241; 실질이자율평가 217, 240
실질환율(real exchange rates) 160, 162, 210, 220, 222–224
실효환율(effective exchange rate) 163, 208

ㅇ

아메리칸 옵션(American option) 180
아시아태평양경제공동체(APEC: Asia-Pacific Economic Cooperation) 123, 130, 137
아웃소싱(outsourcing) 72, 318
안데스공동체(Andean Community) 116, 118, 128
양자투자협정(bilateral investment treaty) 344
역선택(adverse selection) 392, 426, 438–439
연관시장(relevant market) 380–382, 394
열등재(inferior good) 15
영란은행(Bank of England) 151, 163, 190, 195, 247, 249, 274
올린(Bertil Ohlin) 54
완전변동환율제도 204
외국인 직접투자(FDI: Foreign Direct Investment) 10–11, 344, 347, 422–424
외부경제(external economies) 375–376
외환리스크(foreign exchange risk) 166, 168, 227, 229–230, 277
외환브로커 155
외환시장(foreign exchange markets) 9, 156, 169; 외환시장 개입 265–267; 외환시장의 효율성 237
외환파생상품(foreign exchange derivative instruments) 176–177, 181
요소가격 균등화의 정리(factor price equalization theorem) 66, 70, 74
요소부존비율(factor proportions) 53, 304, 307; 요소부존비율 모형(factor proportions model) 54, 63–65, 71, 74–75, 77
우드(Adrian Wood) 65

위험 이자율평가(uncovered interest rate parity) 229
윌리암슨(Jeffrey Williamson) 70
유럽경제공동체(EEC: European Economic Community) 127–128, 199
유럽공동체(European Community) 113
유럽자유무역협정(EFTA: European Free Trade Association) 123
유럽재건프로그램(European Recovery Program) 270
유럽중앙은행(European Central Bank) 203, 233, 248, 254, 257–258, 276, 421
유럽지급동맹(European Payments Union) 196
유럽통화동맹(EMU: European Monetary Union) 186, 254–255, 276, 282
유형재화(tangible good) 148, 187
은행예금증서 256
은행지급준비금 255
이자율평가 231; 이자율평가조건 236–237, 239
이중과세방지협정(double taxation treaty) 344
인소싱(insourcing) 317–318
인적자본(human capital) 65, 336
일물일가의 법칙(law of one price) 218

ㅈ

자가통제자본(self-directed capital) 62
자발적 수출규제(VER: voluntary export restraints) 100, 108
자본수지(capital account) 149–151, 153
자본시장 307; 자본시장 자유화(capital market liberalization) 425, 429
자본의 한계생산(marginal product of capital) 308

자본의 한계수입생산(marginal revenue product of capital) 307–308
자본집약 57–59, 67; 자본집약적 산업 75; 자본집약적 생산물 344
자유무역지대(free trade area) 114–115, 127
자유변동 환율제도 433–434
장기평균비용(long-run average cost) 360
장기평균비용곡선(LRAC) 361
전략적 가격결정(strategic pricing) 371
전략적 정책수립(strategic policy-making) 269
전방전가(Forward shifted) 84, 89
전통적 고정체제(conventional pegged arrangement) 204
절대구매력평가(absolute purchasing power parity) 217, 219–220, 222–223
절대우위(absolute advantage) 29, 34–39, 44–46, 360
절대쿼터(absolute quota) 95–96
정보비대칭 428
정책유발 왜곡(policy-created distortions) 426–427
정태적 관점(static view) 410–411
조기경보체계(early warning system) 441–443
종가관세(ad valorem tariff) 87, 108
종량관세(specific tariff) 87, 90–92, 108
주조평가비율(mint parity rate) 194
죽은 자본(dead capital) 338
준비통화(reserve currency) 196
중력방정식(gravity equations) 377
중앙아프리카국가경제공동체(Economic Community of Central African States) 116
지급준비금(reserve requirements) 252, 256

지역무역협정 101, 104, 113, 119, 129, 131–132, 136
지역주의(regionalism) 115, 134, 137
지적재산권 393–394, 397; 지적재산권 제도 393
진입장벽(barriers to entry) 370

ㅊ

차변(debit entry) 146
차선의 무역정책(second-best trade policy) 106
차익거래(arbitrage) 218, 220, 224–225, 227, 229
채권수익 260
채무조정 349
체결가격(strike price) 179
초과공급량(excess quantity supplied) 21
초과수요량(excess quantity demanded) 21
최소효율규모(minimum efficient scale) 360–361, 370
최적통화지역이론(theory of optimal currency area) 276
최혜국(MFN: most favored nation) 134–135

ㅋ

카르타헤나협정(Cartagena Agreement) 127
카르텔(cartel) 371–372, 382
카리브해지역 이니셔티브(Caribbean Basin Initiative) 122
케넌(Peter Kenen) 199
케인즈(John Maynard Keynes) 190, 193
코너 가설(corners hypothesis) 433
콜 옵션(call options) 180
쿼터지대(quota rent) 98
쿼터지분(quota subscription) 435

쾰른채무이니셔티브(CDI, Cologne Debt Initiative) 351
크롤링 밴드(crawling band) 207
크롤링 페그(crawling peg) 204, 206–208

ㅌ

태환성(convertibility) 188
통화 170; 통화가치 231
통화 스왑(currency swaps) 178, 180
통화동맹(monetary union) 276, 279
통화바스켓 페그(currency basket peg) 204, 207
통화선물(currency futures) 178
통화옵션(currency options) 178
통화위원회(currency board) 204, 208, 210
투기적 공격(speculative attack) 440
투입-산출 분석(input-output analysis) 63–64
특별인출권(SDR: special drawing rights) 151, 435
특허권(patent) 394, 396–397
특혜무역지대(preferential trade area) 122
특혜무역협정(preferential trade arrangement) 114–115, 122, 127

ㅍ

파생상품 수단(derivative instruments) 167
파생수요(derived demand) 169, 307
평가비율(parity rate) 204
평가절상 199, 205, 230
평가절하 199, 203, 229–230

포트폴리오 밸런스 효과(portfolio balance effect) 264
포트폴리오 자본투자 11
포트폴리오 투자(portfolio investment) 424, 429
표준 선물할증(standard forward premium) 174
풋 옵션(put options) 180
플라자합의(Plaza Agreement) 202, 265

ㅎ

하위중소득국가(LMC: lower-middle-income countries) 331
한계생산체감의 법칙(law of diminishing marginal product) 295
한계수입(marginal revenue) 294
한계수입생산 곡선 297-298
한계이자율(marginal interest rate) 254
합리적 기대가설(rational expectations hypothesis) 234-235
허핀달-허쉬만 지수(Herfindahl-Hirschman index) 380
헤징(hedging) 167, 177
헥셔(Eli Heckscher) 54
헥셔-올린 무역이론 53, 63, 77
헥셔-올린 정리(Heckscher-Ohlin theorem) 54, 57-58, 60, 63-64, 66-67, 74, 77
헥셔-올린-사뮤엘슨 모형(Heckscher-Ohlin-Samuelson model) 54
현물환시장 225-227, 237
현물환율(spot exchange rates) 158, 174-175, 177, 219, 225, 239
화폐교환비용 278
환율결정이론 223-224, 232
환율밴드(exchange-rate band) 207
환율변동 166, 224; 환율변동성 205, 207, 212
환율안정기금(ESF: exchange stabilization fund) 263
환율제도(exchange-rate system) 187, 189, 197, 207, 433-434
환율평가밴드(exchange-rate parity bands) 204
환태평양경제동반자협정(TPP: Trans-Pacific Partnership) 123
효율적 시장가설(efficient market hypothesis) 232, 236
후방전가(Backward shifted) 84, 89

역자소개

전종규 _ jkjeon@khu.ac.kr (1, 2, 3, 4, 6, 7, 8, 9장 번역)

연세대학교 경제학과 졸업
연세대학교 경제학과 석사
UCLA 경제학 박사

현 경희대학교 국제학과 교수
LG경제연구원 책임연구원 / SK경영경제연구소 연구위원 / 대외경제정책연구원 부연구위원 역임

주요논저

『글로벌 이슈: 세계화의 도전과 대응』(공역, 명인문화사)
『세계화의 논쟁: 국제관계 접근에서의 찬성과 반대논리』(공역, 명인문화사)
"Financial Market Integration in East Asia: Regional or Global?" (공저, *Asian Economic Papers*)
"Equilibrium Indeterminacy in a Small Open Economy with Traded and Non-traded Capital" (*Journal of International Economic Studies*)
"Indeterminacy and Business Fluctuations Under Partial Capital Mobility" (*Journal of International Economic Studies*)
"Global Imbalances, Subprime Crisis, and Financial Development in East Asia" (*New Asia*)
"Global Imbalances after Global Financial Crisis." (공저, *Changes in International Economic Order after the Global Financial Crisis and Korea's International Economic Policy*)
"How to Recover from the Great Recession: The Case of a Two-Sector Small Open Economy with Traded and Non-Traded Capital" (*Journal of East Asian Economic Integration*) 외 다수

박복영 _ bokyeong23@khu.ac.kr (5, 10, 11, 12, 13, 14장 번역)

서울대학교 경제학과 졸업
서울대학교 경제학 석사
서울대학교 경제학 박사

현 경희대학교 국제대학원 부교수
    International Economic Journal co-editor

대외경제정책연구원 연구위원 / 대통령자문 국민경제자문회의 위원
    미 존스 홉킨스대, U.C.버클리대 방문학자 역임

주요논저
『황금족쇄』(역서, 미지북스)
The World Economy after the Global Crisis: A New Economic Order for the 21st Century (편저, World Scientific)
"발전경제학과 국제원조의 진화" 『경제학연구』
"Motivations for Bilateral Aid Allocation in Korea: Humanitarian, Commercial, or Diplomatic?" (공저, *Asian Economic Papers*)
"External adjustment and trading partners' exchange rate regimes" (공저, *Japan and the World Economy*) 외 다수

명인문화사 관련서적

국제정치경제
- David N. Balaam & Bradford Dillman 지음 | 민병오, 김치욱, 서재권, 이병재 옮김
- ISBN: 978-89-92803-85-4 | 가격: 30,000원

1부 국제정치경제학의 시각 / 1. 국제정치경제란 무엇인가? / 2. 자유방임: 경제적 자유주의 시각 / 3. 부와 권력: 중상주의적 시각 / 4. 경제결정론과 착취: 구조주의 시각 / 5. 국제정치경제의 대안적 시각 / **2부 국제정치경제의 구조** / 6. 생산과 무역의 구조 / 7. 국제통화·금융체제 / 8. 국제 부채위기와 금융위기 / 9. 세계 안보구조 / 10. 지식과 기술구조 / **3부 세계경제에 있어 국가와 시장** / 11. 발전의 수수께끼 / 12. 더욱 완전한 (유럽)통합을 향하여 / 13. 위치 이동: 신흥강대국 / 14. 중동: 경제개발 및 민주주의 추구 / **4부 초국가적 문제와 딜레마** / 15. 불법 글로벌경제 / 16. 이주와 관광 / 17. 초국적기업 / 18. 식량과 기아 / 19. 에너지 자원의 국제정치 경제 / 20. 환경

세계화와 글로벌 이슈, 제6판
- Michael T. Snarr & D. Neil Snarr 외 지음 | 김계동, 민병오, 박영호, 차재권, 최영미 옮김
- ISBN: 979-11-6193-005-3 | 가격 25,000원

1. 세계화와 글로벌 이슈의 탐구 / **1부 분쟁과 안보 차원** / 2. 글로벌 안보: 과거 이슈와 새로운 현실 / 3. 무기 확산의 위협 / 4. 민족주의와 정체성 충돌 / 5. 보편적 인권의 추구 / 6. 자연자원을 둘러싼 갈등 / 7. 건강 보장 / 8. 식량 안보의 확보 / **2부 글로벌 정치경제의 차원** / 9. 글로벌 정치경제의 진화 / 10. 자유무역의 딜레마 / 11. 빈곤의 종말과 불평등의 축소 / 12. 인구증가와 이주의 문제 / 13. 개발에서 여성의 역할 / 14. 지속가능한 개발의 달성 / 15. 대기환경 보호 / **3부 결론** / 16. 미래전망

세계화의 논쟁: 국제관계 접근에서의 찬성과 반대논리, 제2판
- Peter M. Haas & John A. Hird 엮음 | 이상현 옮김
- ISBN: 978-89-92803-93-9 | 가격: 27,000원

서론: 세계화의 이해 / **1부 국제정치경제** / 1. 자유무역과 경제성장 / 2. 무역과 평등 / 3. 빈곤 / 4. 금융위기 / **2부 안보** / 5. 테러리즘과 안보 / 6. 핵무기 / 7. 군사적 개입과 인권 / 8. 해상안보 / 9. 국제분쟁 / **3부 환경, 에너지와 공중보건** / 10. 기후변화와 환경 / 11. 에너지의 미래 / 12. HIV/AIDS / **4부 사회이슈, 인구와 민주주의** / 13. 성 / 14. 이민 / 15. 문화와 다양성 / 16. 시민사회 / 17. 민주주의

자본주의
- David Coates 지음 | 심양섭 옮김
- ISBN: 978-89-92803-98-4 |
  가격: 13,000원

1. 자본주의란 무엇인가?
2. 위로부터의 자본주의
3. 아래로부터의 자본주의
4. 자본주의 논쟁
5. 자본주의와 그 결과
6. 자본주의와 그 미래

신자유주의
- Damien Cahill & Martijn Konings 지음 | 최영미 옮김
- ISBN: 979-11-6193-012-1 |
  가격: 12,000원

1. 신자유주의의 역사적 관점
2. 신자유주의 금융
3. 노동과 복지
4. 기업 권력
5. 권력, 불평등, 그리고 민주주의
6. 위기와 복원